Werner Lips

Istrien mit Kvarner Bucht

025is wl

„In Histria Veritas“
(lat.: In Istrien liegt die Wahrheit)

Impressum

Werner Lips
Reise Know-How Istrien mit Kvarner Bucht

erschienen im Reise Know-How Verlag Peter Rump GmbH,
Osnabrücker Str. 79, 33649 Bielefeld

6., neu bearbeitete und aktualisierte Auflage 2020

ISBN 978-3-8317-3313-2

Gestaltung und Bearbeitung
Umschlag: Günter Pawlak, Peter Rump (Layout);
Caroline Tiemann (Realisierung)
Inhalt: Günter Pawlak (Layout);
Caroline Tiemann (Realisierung)
Karten: der Verlag
Fotonachweis: Werner Lips (wl); Franziska Feldmann (ff);
Britt Küster (bk); www.fotolia.de/adobe.stock.com
(Autorennachweis jeweils am Bild)
Lektorat: Caroline Tiemann
Lektorat (Aktualisierung): Katja Schmelzer

Druck und Bindung
mediaprint solutions, Paderborn

Reise Know-How Bücher finden Sie in allen gut sortierten Buchhandlungen. Falls nicht, kann Ihre Buchhandlung unsere Bücher hier bestellen:
D: Prolit, prolit.de und alle Barsortimente
CH: AVA Verlagsauslieferung AG, ava.ch
A, Südtirol: Mohr Morawa Buchvertrieb, mohrmorawa.at
B, LUX, NL: Willems Adventure, willemsadventure.nl
oder direkt über den Verlag: **www.reise-know-how.de**

Bildlegende Umschlag und Vorspann
Titelbild: Kap Kamenjak in Istrien
(adobe.stock ©mmphoto)
Vordere Umschlagklappe: Die Festung Senj, Istrien
(adobe.stock ©LianeM)
S. 1: Mädchen in Istrien
S. 2/3: Blick über Kap Kamenjak und die Halbinsel
von Medulin
Umschlag hinten: Brücke vom Festland auf die Insel Krk,
Kvarner Bucht (adobe.stock ©vuk)
Hintere Umschlagklappe: Rovinj in Istrien
(adobe.stock ©EXTREMFOTOS)

adobe.stock ©Herby (Herbert) me

Wir freuen uns über Kritik, Kommentare und Verbesserungsvorschläge, gern auch per E-Mail an info@reise-know-how.de.

Alle Informationen in diesem Buch sind vom Autor mit größter Sorgfalt gesammelt und vom Lektorat des Verlages gewissenhaft bearbeitet und überprüft worden.

Da inhaltliche und sachliche Fehler nicht ausgeschlossen werden können, erklärt der Verlag, dass alle Angaben im Sinne der Produkthaftung ohne Garantie erfolgen und dass Verlag wie Autor keinerlei Verantwortung und Haftung für inhaltliche und sachliche Fehler übernehmen.

Die Nennung von Firmen und ihren Produkten und ihre Reihenfolge sind als Beispiel ohne Wertung gegenüber anderen anzusehen. Qualitäts- und Quantitätsangaben sind rein subjektive Einschätzungen des Autors und dienen keinesfalls der Bewerbung von Firmen oder Produkten.

Werner Lips

ISTRIEN
MIT KVARNER BUCHT

Vorwort

Die **Halbinsel Istrien,** das Westeuropa am nächsten gelegene kroatische Ferienziel, gilt wegen der Vorzüge ihrer 242 km langen Küste und der etwa 2400 Sonnenstunden im Jahr als klassische Sommerdestination, besonders bei italienischen, österreichischen und deutschen Urlaubern. Bevorzugt werden dabei die istrischen Küstenorte bereist, das grüne Hinterland der an Kultur- und Naturschätzen so reichen Adria-Halbinsel wartet dagegen noch auf seine (massen-)touristische Entdeckung.

Während die istrische Halbinsel historisch eher italienisch geprägt war, bietet sich dem Besucher der **Kvarner Bucht** ein ganz anderes Bild: Hier war es die kaiserlich-königliche Doppelmonarchie Österreich, die der Region einen unverwechselbaren Stempel aufdrückte und dafür Sorge trug, dass die Region Kvarner auch heute noch eine touristisch herausragende Rolle, insbesondere im deutschsprachigen Raum, spielt. Neben dem mondänen Opatija und der quirligen Hafenstadt Rijeka sind es vor allem die Inseln Cres-Lošinj, Krk und Rab, die zahllose Kleinode abseits der touristischen Hauptrouten bereithalten.

Mit der **Republik Kroatien** wurde 2013 der zweite aus dem ehemaligen Jugoslawien hervorgegangene Staat Vollmitglied der Europäischen Union. Das Land verzeichnet dabei eine politische und touristische Erfolgsgeschichte ohnegleichen. Wie schon im „alten" Jugoslawien erfreut sich die kroatische Küste – und dabei vor allem der Norden – dank der malerischen Buchten, ungezählten Inseln und traumhaften Kleinstädte einer großen Beliebtheit – wobei kleine Mankos im touristischen Komfort eher sympathisch und lebensnah und nicht als Ärgernis empfunden werden.

adobe.stock ©Andreas

☐ Blick von der Stadt Rabac über die Adriaküste

Dieser Reiseführer soll all denen eine Hilfestellung geben, die – egal ob pauschal oder individuell unterwegs, ob mit eigenem Fahrzeug, Mietwagen oder öffentlichen Verkehrsmitteln – die wundervolle istrische Küste und die Kvarner Bucht bereisen möchten, und zwar sowohl bei der Vorbereitung wie auch bei der Urlaubsgestaltung vor Ort. Neben der **Beschreibung aller lohnenswerten Ziele** mit ihren **kulturellen Highlights** wird einer breiten **Interessensvielfalt** Rechnung getragen. So finden sich wertvolle Tipps für Segler, Taucher und Schnorchler, zum Wandern und Radfahren, für Familien mit Kindern, Strandurlauber u.v.m. Eine kleine Landeskunde macht mit der Kultur und Geschichte des Landes, mit den Menschen und ihrem Alltag vertraut.

Bleibt mir noch, die außerordentliche **Gastfreundschaft** der Bewohner der jungen Republik Kroatien hervorzuheben und allen Reisenden einen interessanten und gelungenen Urlaub zu wünschen. Gute Reise!

Werner Lips

Inhalt

Duftende Mitbringsel aus der Region

adobe.stock ©gelilewa

Steckbrief Kroatien

- **Landesname:** Republika Hrvatska
- **Lage:** mediterraner und mitteleuropäischer Staat mit Grenzen zu Slowenien, Ungarn, Serbien, Bosnien-Herzegowina, Montenegro
- **Größe:** 56.542 km² plus 1185 Inseln (davon 67 bewohnt) mit einem Küstenhoheitsgebiet von insgesamt 31.139 km²
- **Bevölkerung:** ca. 4,5 Mio., davon ca. 90 % Kroaten, 7 % Serben, 3 % Sonstige
- **Landessprache:** Kroatisch (verbreitete Fremdsprachen Deutsch, Englisch, Italienisch)
- **Religionen:** 80 % römisch-katholisch, 5 % serbisch-orthodox, 1 % muslimisch
- **Hauptstadt:** Zagreb (ca. 800.000 Einw.)
- **Unabhängigkeit:** Unabhängigkeitserklärung (von Jugoslawien) am 25.6.1991
- **Staats- und Regierungsform:** parlamentarische Demokratie; Zwei-Kammer-System und starke Stellung des Präsidenten, unterstützt von einem Regierungschef (*Andrej Plenković*, voraussichtlich bis Dezember 2020)
- **Staatsoberhaupt:** Präsident/in der Republik (derzeit *Kolinda Grabar-Kitarović*)
- **Währung:** Kuna
- **Zeitzone:** Mitteleuropäische Zeit (MEZ, MESZ)
- **Telefonvorwahl:** 385

Preiskategorien der Unterkünfte in diesem Buch

Kategorie	Hotel	Apartment/FeWo	Campingplatz
①	DZ 45–70 €	2er Apt. 30–50 € 4er Apt. 50–80 € 6er Apt. 70–100 €	4 Pers./Zelt 30 € 4 Pers./WoWa 35 € 4 Pers./WoMo 35 €
②	DZ 70–120 €	2er Apt. 50–80 € 4er Apt. 80–110 € 6er Apt. 100–150 €	4 Pers./Zelt 30–40 € 4 Pers./WoWa 40 € 4 Pers./WoMo 40 €
③	DZ 120–180 €	2er Apt. 75–120 € 4er Apt. 120–150 € 6er Apt. 150–200 €	4 Pers./Zelt 40–50 € 4 Pers./WoWa 50 € 4 Pers./WoMo 55 €
④	DZ 180–250 €	2er Apt. ab 120 € 4er Apt. ab 150 € 6er Apt. ab 200 €	4 Pers./Zelt ab 50 € 4 Pers./WoWa ab 50 € 4 Pers./WoMo ab 60 €
⑤	DZ ab 250 €	–	–

Berücksichtigt sind jeweils die Richtpreise in der Hauptsaison. Alle Angaben gelten pro Tag, die Hotelpreise mit Frühstück für zwei Personen im Doppelzimmer. Bei Campingplätzen gelten die Preise für Wohnwagen und Wohnmobile inkl. Strom. Oftmals bietet übrigens schon die Preiskategorie ① gute Qualität.

Karten

Übersichtskarten

Regionalkarten

Ortspläne

Lageplan

Thematische Karte

Exkurse

Hinweise zum Gebrauch des Buches

Nicht verpassen!

Die Highlights der Region erkennt man an der **gelben Hinterlegung.**

Mein Tipp: ...

... steht für spezielle Empfehlungen des Autors: abseits der Hauptpfade, persönlicher Geschmack.

Der Schmetterling ...

... zeigt an, wo man besonders gut Natur erleben kann oder Angebote im Bereich des nachhaltigen Tourismus findet.

Kinder-Tipps

Das Symbol kennzeichnet Sehenswürdigkeiten und Aktivitäten, an denen auch kleine Kroatien-Besucher ihre Freude haben.

Party-Tipps

Die Discokugel kennzeichnet besonders empfehlenswerte Party-Lokalitäten.

Verweise auf die Stadtpläne

1 Die **farbigen Nummern** in den „Praktischen Tipps" der Ortsbeschreibungen verweisen auf den jeweiligen Karteneintrag.

Updates nach Redaktionsschluss

Auf der Produktseite dieses Reiseführers in unserem Internetshop finden Sie zusätzliche Informationen und wichtige Änderungen.

Abkürzungen in diesem Buch

a/c – Air condition (Klimaanlage)
AC – Autocamp (Campingplatz)
Apt. – Apartment
EZ/DZ – Einzel-/Doppelzimmer
FeWo – Ferienwohnung
HP bzw. **VP** – Halb-/Vollpension
TI – Touristeninformation

Die Regionen im Überblick

1 Umag und der Norden | 24

Das **Kap Savudrija (S. 27)** und das Städtchen **Umag (S. 30)** bilden für viele Reisende den ersten Eindruck der Region Istrien. Ländliche Perlen wie **Hum (S. 46),** die kleinste Stadt der Welt, oder der „Adlerhorst" **Motovun (S. 39)** fügen sich idyllisch ins bergige Hinterland ein.

2 Poreč und das Zentrum | 56

Die zentrale Westküste bildet mit der Riviera von **Poreč (S. 62)** das touristische Zentrum der Halb insel. Die Region hat mit den **Tropfsteinhöhlen Baredine Jama (S. 79)** ein großartiges Naturwunder und mit der **Basilika von Poreč (S. 67)** eine UNESCO-Welterbestätte zu bieten. Die nominelle Hauptstadt **Pazin (S. 81)** lohnt mit ihren Sehenswürdigkeiten einen Abstecher ins Inland.

3 Rovinj und der Südwesten | 104

Der landschaftlich reizvollste Abschnitt der Westküste wartet mit Schönheiten wie der **Limski-Bucht (S. 107),** den schon zu *Titos* Zeiten legendären **Brionischen Inseln (S. 128)** und Naturparks am **Zlatni Rt (S. 110)** sowie am Kap Gustinja auf.

4 Pula | 134

Pula ist nicht nur **Istriens größte Stadt,** sondern auch die **geschichtsträchtigste.** Neben dem Kolosseum und dem Augustustempel aus römischer Zeit wacht in Pula eine Festung aus der Epoche der k.u.k. österreichisch-ungarischen Doppelmonarchie über die Hafenzufahrt. Nicht unbedingt als Standort, aber als Tagesausflug gehört Pula unbedingt ins Programm jeder Istrienreise.

5 Medulin und der Südosten | 158

Istriens Ostküste ist ein ruhiger Küstenbereich. Hier sind es nicht Kleinstädte mit ihrem historischen Erbe, die Besucher in ihren Bann ziehen, sondern Badebuchten und Landschaften. Heraus ragen die **Halbinsel Medulin (S. 161)** mit Bade- und Campingplätzen zwischen Pula und Kamenjak-Regionalpark sowie die „Doppelstadt" **Labin-Rabac (S. 174).**

6 Riviera von Opatija | 186

Der nordöstliche Abschnitt der Halbinsel Istrien gehört bereits zur **Kvarner Bucht.** Der hinter Brestova, dem Fährort zur Insel Cres, beginnende Küstenstreifen unterscheidet sich geografisch und kulturell vom Rest der Halbinsel. **Opatija (S. 189)** ist ein mondänes Seebad mit langer Tradition. Benachbarte Küstenorte wie **Lovran (S. 198)** und **Mošćenička Draga (S. 202)** schmiegen sich in hübsche Buchten und sind durch Promenaden-Uferwege miteinander verbunden. Die Riviera von Opatija, eine Art Flaniermeile der Kvarner Bucht, lohnt als Tagesausflug.

7 Inseln Cres und Lošinj | 208

Mit der Fähre von Brestova, ganz im Westen der Kvarner Bucht, setzt man auf die durch eine Brücke miteinander verbundenen Inseln Cres und Lošinj über. Hierher zieht es Individualisten und Aktivurlauber vom Segler oder Taucher bis FKK-Anhänger, aber auch Familien, die die Ruhe der Inseln bevorzugen. Cres bietet malerische Bergdörfer wie **Lubenice (S. 223)** und schöne Felsbuchten: so das als „Schweiz Kroatiens" bekannte **Valun (S. 221).**

9 Insel Krk | 298

Rab und Krk – zwei Namen, die schon immer als Sinnbild für traumhaft schöne Adriainseln standen. Krk, die größere, liegt in der Mitte der Kvarner Bucht und ist am schnellsten aber über eine Brücke vom Festland zu erreichen. Der Hauptort **Krk (S. 316)** mit mittelalterlicher Stadtbefestigung oder das malerische **Baška (S. 331)** vor grandioser Bergkulisse sind allein den Besuch wert.

8 Ostküste der Kvarner Bucht | 256

Mit **Rijeka (S. 258)** beginnt der östliche Abschnitt der Festlandküste der Kvarner Bucht. Die Hafenstadt ist das Zentrum der Region Kvarner und bietet Sehenswürdigkeiten sowie die Möglichkeit für ausgiebiges Shopping. Entlang der Küste nach Südosten folgen Ferienzentren, die in Sachen Strand-, Sport- und Abendvergnügung viel zu bieten haben. Orte wie **Crikvenica (S. 276)** und **Novi Vinodolski (S. 284)** haben hübsche alte Ortskerne, die zum Bummeln einladen und mit kulinarischen Angeboten locken. Als Ausflugsmöglichkeiten ins Hinterland lohnen eine Rundfahrt durchs Kvarner Hochland mit dem Nationalpark **Risnjak (S. 273)** oder zu den **Plitwitzer Seen (S. 291).**

10 Insel Rab | 346

Rab ist eine Spur nobler ausgerichtet als Krk, hier sind die Yachten in den Marinas vielleicht noch eine Idee größer. Ihre wunderschönen Sandbuchten auf der **Halbinsel Lopar (S. 367)** ziehen vor allem Familien und junge Leute an.

Reiserouten und Touren

Auch wenn Kroatien ein **relativ kleines Land** ist – es gibt **sehr viel Interessantes** zu sehen, entlang der Küste reihen sich sehenswerte Orte aneinander wie Perlen auf einer Kette.

„Kurzurlauber“ (unter zwei Wochen) bleiben meist an einem Standort und unternehmen Ausflüge. Wer dagegen **zwei, drei oder noch mehr Wochen** zur Verfügung hat, sollte wöchentliche Standortwechsel in Erwägung ziehen. Die dritte Option ist die **klassische Rucksack-Rundreise** mit permanentem Ortswechsel alle 2 bis 3 Tage; ein gewichtiger Nachteil sind hier aber die Auscheck-Zeiten aus der Unterkunft (Bezug aber erst nach 14 Uhr) und die Tatsache, dass öffentliche Busse nur wenige Hauptrouten bedienen.

Verkehrsmittel

Das Wegenetz ist feinmaschig und sehr gut ausgebaut, wobei **Autobusse** das Rückgrat des öffentlichen Verkehrssystems in Istrien bilden. Für die Inseln der Kvarner Bucht kommen noch die **Personen- und Fahrzeugfähren** hinzu. Die Busfahrpläne sind stark auf die Bedürfnisse der Werktätigen zugeschnitten (sehr frühe/späte Anbindung), etliche Verbindungen sind zudem an den Wochenenden stark eingeschränkt.

Das **eigene Fahrzeug** verspricht weit mehr Flexibilität und Unabhängigkeit – besonders auch, wenn man das Hinterland besuchen möchte. Wer aber vorhat, von Stadt zu Stadt zu reisen, sich mehr mit Kultur zu beschäftigen und kroatische Geschichte in Kirchen und Museen erleben will, der ist mit Bussen gut bedient. Und möchte man kurzfristig doch flexibler sein, finden sich **Leihräder, Mopeds, Quads** und **Mietwagen** fast überall.

Routenvorschläge

Um die „Machbarkeit“ einer touristischen Reiseplanung aufzuzeigen werden im Folgenden ein paar Reisevorschläge skizziert. Selbstredend ist jede derartige Planung sowohl von den **eigenen Interessen** (ein Surfer wird kaum von Stadt zu Stadt ohne Strand reisen), der zur Verfügung stehenden **Reisezeit** (je mehr Zeit desto eher sind Standortwechsel empfehlenswert), den **Mitreisenden** (Familie, Kleingruppe, solo), der **Fortbewegungsart** (ein eigener Pkw ist schneller als öffentliche Busse oder Radfahrer) und nicht zuletzt auch der **Unterkunftsart** (Ferienwohnungen sind oft erst ab drei Tagen überhaupt – und dann auch nur gegen Aufpreis zur Wochenmiete – erhältlich) abhängig.

Die nachfolgenden Ideen für Reisende, die Nordwestkroatien zum ersten Mal bereisen und „auch etwas sehen wollen“, orientieren sich daher vor allem an der zur Verfügung stehenden Zeit und der Verfügbarkeit eines eigenen Transportmittels.

Istrien – Eine Woche Kulturtrip

Für eine Woche unter dem Motto „Kulturtrip“ empfiehlt es sich **einen einzigen Standort in Istrien** auszusuchen und von dort aus dann z.B. fünf Tagestouren zu unternehmen.

Wer einen festen **Standort zwischen Rovinj und Medulin** wählt, kann dann leicht an einem Tag **Poreč** mit seiner berühmten Kathedrale und **Novigrad** (Altstadt) besuchen. Eine zweite Tagestour führt nach **Pazin** mit seiner Grotte und **Motovun** im istrischen Hinterland. Einen Tag sollte man vollständig für **Pula** (Aquarium, Museen, Amphitheater) reservieren, einen weiteren für den Besuch der **Brionischen Inseln.** Und schließlich soll auch das Badevergnügen nicht zu kurz kommen, wofür sich ein Ausflug zum **Kap Kamenjak** mit seinen wundervollen Buchten anbietet.

Kvarner Bucht – Eine Woche Badeurlaub, Besichtigung der landschaftlichen Schönheiten mit einer Prise Kultur

Wer nur eine Woche Zeit hat und die Kvarner Bucht mit Schwerpunkt „Landschaft/Badeurlaub“ bevorzugt, sollte sich für „Festland“ oder „Insel“ entscheiden und ebenfalls einen einzigen Unterkunftsstandort erwägen.

Vom Festland aus – etwa bei **Crikvenica** – kann man nun bequem in den verbleibenden Tagen Ausflüge nach **Rijeka,** dem urbanen Zentrum der Kvarner Bucht (Tagestour) und nach **Opatija** und an die kleineren Orte der gleichnamigen Riviera unternehmen (ebenfalls ein Tag).

Wer auch vom Festland aus einmal eine Insel ganz bequem erkunden möchte, fährt (als Tagestour machbar) über die Krk-Brücke auf die **Insel Krk** (Krk-Stadt, Baška/Strand, Tropfsteinhöhle Biserujka špilja und Soline/Schlammbucht). Ein vierter Tagesausflug könnte nach **Senj** führen mit seiner malerischen Uškokenburg. Und schließlich sind auch die **Plitwitzer Seen** im Hinterland unbedingt einen Besuch wert.

Wer sich für eine Woche **Inselurlaub** entscheidet, wählt meist **Krk,** da durch die Brückenanbindung die schnellste An- und Abreisemöglichkeit besteht. Der am häufigsten gewählte Standort auf Krk ist der Badeort **Baška,** von wo aus die Insel in mehreren Halb- und Ganztagestouren ausgiebig erkundet werden kann.

Kvarner Inseln in zwei Wochen

Bei einer Reisezeit vor Ort von zwei Wochen ist ein Standortwechsel durchaus empfehlenswert, wobei dann – wie oben geschildert – wiederum jeweils ein fester Standort für je eine Woche ratsam ist. Auch hier stellt sich für die Kvarner Bucht die Frage, ob Festland oder Insel und – wenn Insel – welche.

Krk hat (s.o.) die schnellste Anbindung ans Festland und die Autobahn bei Rijeka; für die Rückreise hat man dann zudem die Wahl ab Krk über Istrien und Ljubljana oder über Zagreb zu fahren. Da nun aber eine volle Woche zusätzlich zur Verfügung steht sind **Rab** und **Cres/Lošinj** ebenso empfehlenswert.

Rab ist die am dichtesten besiedelte der Kvarner Inseln. Man findet sowohl Kultur **(Rab-Stadt)**, große Badestrände **(Lopar)** als auch ruhigere Buchten und ist zügig per Fähre wieder auf dem Festland, von wo aus Zagreb in zwei Stunden erreicht ist.

Cres/Lošinj schließlich ist sehr lang und schmal und bringt einige Fahrzeiten mit sich (Hauptort M. Lošinj zur Fähre 1 Stunde, bis Ljubljana 4 Stunden). Dafür aber ist die Doppelinsel – zugegeben subjektiv betrachtet – die landschaftlich attraktivste der drei größten Kvarner Inseln mit tollen Bade- und Wandermöglichkeiten und mehreren charmanten Kleinstädten **(Cres, Veli Lošinj, Mali Lošinj)**.

Istrien, Kvarner Inseln und Bucht – Rundumschlag in drei Wochen

Für eine dreiwöchige Reise bieten sich **zwei grundlegende Strategien** an, um möglichst viel zu sehen: je eine Woche Istrien, Kvarner Festland und eine Insel oder aber Istrien plus „Kvarner Inselhüpfen".

Möchte man alle drei großen Kvarner Inseln (mit Tagesausflügen aufs Festland per Brücke) kennenlernen, muss man nicht etwa jeweils zurück zum Festland, sondern kann als **„Inselhüpfer"** in folgender empfohlener Reihenfolge reisen: Man kann mit der Autofähre nach **Cres/Lošinj,** anschließend direkt nach **Krk** und schließlich von dort auf der Fährverbindung Valbiska – Lopar nach **Rab** übersetzen. Da Krk immer in der Mitte liegt, macht nur die Reihenfolge Cres – Krk – Rab oder umgekehrt Sinn.

> Auf der Insel Krk mit Blick aufs Festland

adobe.stock ©STphotography

Tag der offenen Weinkeller
Ende Mai kann man in der Region Buje Weine verkosten.

Ölmesse
Anfang Mai findet die Ölmesse *Oleum Olivarum* in Krasica statt.

Radrennen „Istrischer Frühling"
Mitte März führt ein Radrennen durch Umag, Novigrad, Brtonigla und Buje.

Skisaison im Kvarner Hochland

JAN | FEB | MÄR | APR | MAI | JUN

Fasching
Ende Februar wird auf der Insel Krk Fasching gefeiert.

Start der Tourismus-Saison
Um Ostern herum beginnt in Istrien und der Region Kvarner Bucht die Saison.

Sea Star Festival
Ende Mai findet in Umag das jährliche *Sea Star Festival* statt – ein Musikfestival mit nationalen und internationalen Stars der Electronic-Dance-Music-Szene.

Kulinarisches Fest
Anfang bis Mitte Juni findet in Novigrad das *NgamNgam* statt – ein gastronomisches Gourmet-Festival rund um das Thema Fisch und Meeresfrüchte.

Theaterfestival
Ende Juni findet in Umag das Festival *Goldener Löwe* statt.

Paragliding
In der 3. Juliwoche findet in Buzet das *National Open Championship Paragliding* statt.

Historisches Fest
Ende Juli wird auf den Straßen und Plätzen von Umag das historische Fest *Sepomaia Viva* gefeiert.

Sommerferien in Kroatien

Kulinarisches Fest
Am Wochenende nach Allerheiligen findet in Buzet ein *Trüffelfest* statt.

Weihnachtslauf
Am 26. Dezember findet in Umag traditionell ein Weihnachtslauf statt.

JUL | AUG | SEP | OKT | NOV | DEZ

Mittelalterliche Ritterfestspiele
Während der Sommerferien in Kroatien werden mehrfach mittelalterliche Ritterfestspiele in Rab-Stadt auf der Insel Rab veranstaltet.

Sommernachtsfest
Mitte August wird die *Nacht von Lopar* auf der Insel Rab gefeiert, bei dem Besucher sich in die Antike versetzt fühlen.

Weinfeste
Mitte September wird in Buje das *Fest der Trauben* gefeiert und in Novograd das *Weinfest.*

Radmarathon
Anfang Oktober wird der Radmarathon *Istria Granfondo* (von Umag bis Novigrad) ausgerichtet .

Fünf Orte zum Bummeln

900i2019 wl

Promenade, Mali Lošinj | 237

Rund um das Hafenbecken der alten Schiffbau-Metropole bietet es sich zu jeder Tages- und Nachtzeit an zu flanieren, zu staunen, die ein- und ausfahrenden Boote und Schiffe zu verfolgen oder einfach das Dasein inmitten der Inselmetropole zu genießen.

901i2019 wl

Kandlerova Ulica, Pula | 141

Die **zentrale Fußgängerzone des einstigen K.-u.-k.-Haupthafens** glänzt mit Relikten aus zahlreichen Epochen, einladenden Cafés, Kirchen und Klöstern, römischen Portalen und Mosaiken, verwinkelten Gassen mit zahlreichen Ecken zum Stöbern und entdecken. Egal ob zum Shoppen und Bummeln oder auf der Suche nach interessanten Fotomotiven – die Kandlerova lohnt unbedingt einen Besuch.

902i2019 wl

Lungomare, Opatija | 190

Der rund acht Kilometer lange Spazierweg **entlang des zerklüfteten Meeresufers beidseitig des einstigen K.-u.-k.-Badeortes Opatija** (damals Abbazzia) mit seinen zahlreichen gut erhaltenen Bauten aus der Zeit der Donaumonarchie lädt zum Flanieren und Spazieren ein.

903i2019 wl

Rab-Stadt | 352

Die Innenstadt von Rab bietet verwinkelte Gässchen, beschauliche Aussichtspunkte, das einmalige Panorama der berühmten vier Kirchtürme in einer Reihe – und weit weniger Massenbetrieb als andernorts.

904i2019 wl

Korzo, Rijeka | 264

Wer das genießerische Flanieren mit einem Einkaufsbummel durch kleine Boutiquen, Fachgeschäfte oder einer gelegentlichen Einkehr in einem Straßencafé verknüpfen möchte, sollte die **zentrale Fußgängerzone von Rijeka** nicht auslassen.

Fünf Orte zum Wandern

Čunski – Osor, Nerezine – Osor, Insel Lošinj | 232

Vorzügliche Wandermöglichkeiten bietet die Insel Lošinj mit längeren (Čunski – Osor) oder kürzeren Routen (Nerezine – Osor) über das „Rückgrat" der Insel und den 588 m hohen Berg Televrin. **Einsame Landschaft, phänomenale Ausblicke** und ein **uriges Wanderheim** zur Einkehr locken auf der gerade bei deutschsprachigen Reisenden sehr beliebten Insel der Kvarner Bucht.

905i2019 wl

Pazin-Rundwanderung, Istrien | 84

Wenn man das istrische Hinterland auch etwas erwandern möchte, bietet die Gespanschafts-Hauptstadt Pazin einen **einfachen** und **erholsamen Rundwanderweg.** Die berühmte Paziner Grotte passierend, werden sanfte Hügel und üppige Felder sowie ein faszinierender Sakralschrein auf einer für jedermann gut zu bewältigenden Rundroute erkundet.

adobe.stock ©dejank1

Lehrpfad Baška – Batomalj, Krk | 337

Auch Baška auf Krk ist ein beliebter Ausgangspunkt für kürzere und längere Wanderrouten im Südosten der Insel. Sehr beliebt ist der erst 2018 liebevoll angelegte Lehrpfad *Poučna Staža,* praktisch vom Ortsstrand bis zum Weiler Batomalj, wobei nicht nur das hübsche Kirchlein Crkva Majke Božje Goričke, sondern auch Flora, Fauna und historische Relikte in rund 2 bis 3 Stunden ganz nebenbei kennengelernt werden.

906i2019 wl

Gračišće, Istrien | 87

Eine **mittelschwere halbtägige Rundwanderung** bietet das istrische Dörfchen Gračišće mit der so genannten „Rundwanderung des heiligen Simeon". Tolle Blicke auf das massive Učka-Gebirge, kleine landwirtschaftliche Weiler und Gehöfte, eine kleine Ruine sowie eine idyllische Kapelle bieten allerlei Abwechslung auf maximal 450 Höhenmetern.

907i2019 wl

Punta Križa, Cres | 228

Ohne die sonst in Kroatien oftmals abschreckend hohen Erhebungen in unmittelbarer Ufernähe kann man auf der Landzunge Punta Križa eine **wenig anstrengende Wanderung** von der Bucht Uvala Ul bis zum Camping-Areal *Baldarin* unternehmen. Touristen wird man auf dieser Route selten begegnen, eher dem vor einigen Jahren hier angesiedelten Rotwild.

908i2019 wl

Fünf Orte zum Baden

909i2019 wl

Lubenice, Cres | 223

Das kleine Schäferdörfchen im Westen der Insel Cres ist an sich schon ein lohnenswertes Ziel, seine tief unterhalb gelegene Bucht gilt allein aufgrund der malerischen Lage als **eine der schönsten Badebuchten im Norden Kroatiens** – selbst wenn man einen kleinen Fußmarsch hinunter in Kauf nehmen muss.

910i2019 wl

Kap Kamenjak, Istrien | 171

Gleich gut ein halbes Dutzend wunderschöner kleinerer und größerer Felsbadebuchten reihen sich **im Naturpark Rt Kamenjak** an der istrischen Südspitze aneinander. Ruhige Abschnitte mit Liegemöglichkeiten, kleine Klippenstrände zum Springen und Kiesbuchten sowie kristallklares Wasser bieten Badespaß pur für jedermann.

911i2019 wl

Osor, Inseln Cres-Lošinj | 229

Einen besonderen Badeplatz findet man **am kleinen künstlichen Kanal in Osor,** der die Doppelinsel Cres-Lošinj voneinander trennt. Vor allem Kinder lieben den Sprung von den Kanalmauern, ein kleiner dörflicher Liegestrand auf der einen und ein Campingareal auf der anderen Kanalseite machen Osor zum Badeziel für Kurz- und Langzeitgäste gleichermaßen.

912i2019 wl

Baška, Krk | 331

Seit Jahrzehnten zählt der Strand von Baška zu den Top-Destinationen für Sonnenanbeter und Wasserratten in Kroatien. Der **Vela Plaža Strand** erstreckt sich auf einer Länge von 1800 m entlang der malerischen Bucht von Baška und trägt seit 1999 die blaue Flagge. Wegen seines glasklaren Wassers und des einmaligen Panoramas, eingerahmt von den hohen Gebirgszügen des Velebit, wurde der *Vela Plaža* bereits 1908 der erste offizielle Badestrand auf Krk.

913i2019 wl

Lopar, Rab | 367

Der **Rajska Plaža Strand** in Lopar auf der Insel Rab, der auch liebevoll „Paradiesstrand San Marino" genannt wird, ist einer der wenigen Sandstrände in Kroatien. Der Strand verläuft mehrere hundert Meter flach ins Meer und ist daher besonders gut für Familien mit Kleinkindern wie auch Senioren geeignet.

Fünf Orte zum Staunen

Open-Air Schlammbäder, Soline, Insel Krk | 343
Gut, es ist vielleicht nicht jedermanns Sache sich gleichsam einem vierbeinigen Borstenvieh in schwarzem Schlamm zu wälzen – vor Ort jedenfalls ist es **der Renner** sich im ufernahen Heilschlamm von Soline ausgiebig, und auch noch kostenlos, nach Herzenslust auszutoben.

914|2019 wl

Tropfsteinhöhle Biserujka, Rudine, Krk | 345
Die kroatische Karstlandschaft ist eine der prägenden geologischen Erscheinungen der Region, und die Biserujka špilja (*biser* = Perle) zeichnet sich durch einen **besonderen Reichtum an Tropfsteinen, Stalagmiten, Stalagtiten und Stalagnaten** aus. 12 m unter der Erde gelegen, fasziniert sie mit mehreren unterschiedlichen Sälen und den erstaunlichen Resultaten ewigen geomorphologischen Wirkens.

915|2019 wl

Brionische Inseln, Istrien | 128
Exotische Tiere, historischer Boden, Forschungsgebiet, *Titos* Privatrefugium, exklusive Urlaubsinsel – der **Nationalpark** Brionische Inseln, von denen nur eine (Veli Brijun) überhaupt besucht werden kann, hat so gar nichts mit dem übrigen Istrien gemein. Der Besucher wird hier in eine gänzlich andere Welt entführt – ein Erlebnis für Jung und Alt.

916|2019 wl

Amphitheater, Pula | 140
Das unter Kaiser *Augustus* erbaute und weltweit zu den **Top-Sechs Arenen der Römer** zählende Open-Air Amphitheater war nicht nur Austragungsort von Gladiatoren- und Löwenkämpfen – ein unvergleichliches Eintauchen in die römische Geschichte Istriens – sondern war unlängst auch (bei 23° Celsius) Austragungsort zweier Eishockeyspiele (!) der österreichischen Liga.

917|2019 wl

Kaskaden, Plitvice (Plitwitzer Seen) | 291
Der seit 1979 zum UNESCO-Weltkulturerbe zählende, **älteste Nationalpark Südosteuropas** (und größte Kroatiens) liegt mit seinen knapp 300 km^2 inmitten einer atemberaubenden Karstlandschaft und wurde mit seinen 16 kaskadenartig ineinander verschachtelten Seen, gespeist auch durch unterirdische Flüsse, weltberühmt. Über eine Million Gäste jährlich geraten bei diesem Anblick ins Verzücken.

918|2019 wl

www.fotolia.de © Christian Schwier

1 Umag und der Norden

Der erste Eindruck ist oftmals entscheidend – Nordwestistrien mit kleinstädtischen Urlaubszentren und idyllischen Dörfern im Inland überzeugt schon bei der Ankunft auf der Halbinsel.

< Blick von Motovun auf die Berge im nördlichen Hinterland

UMAG UND DER NORDEN

Von Norden (Slowenien) über die Grenzübergänge Kaštel bzw. Sečovlje kommend, gewinnt der Reisende zunächst den Eindruck eines eher **dünn besiedelten und landwirtschaftlich genutzten Landstrichs** zwischen der Grenze und Savudrija. Entlang von Getreidefeldern lädt lediglich der kleine **Waldpark Frančiskane Hrvatske Šuma** an der Strecke ein, sich nach der langen Fahrt erstmals auf kroatischem Boden die Beine zu vertreten (nach links ausgeschildert). Daran schließt sich die **Riviera von Umag** an.

NICHT VERPASSEN!

- Exquisite kulinarische Spezialitäten – in der Trüffelstadt **Buzet** | 43
- Die kleinste Stadt der Welt – Rundgang durch **Hum** | 46
- 1000 Jahre Geschichte auf einem Fleck – die **Basilika Pelagia** in Novigrad | 49

Diese Tipps erkennt man an der gelben Hinterlegung.

Savudrija

Mit Savudrija, einem winzigen **Dorf,** in dem die ersten Obst- und Weinhändler den Straßenrand säumen, beginnt die **Riviera von Umag** mit ihrem reichhaltigen Angebot an touristischer Infrastruktur. Besonders **Wochenendurlauber** aus Italien und Slowenien nutzen Savudrija als das am schnellsten zu erreichende Feriendomizil in Istrien. Wer länger in Istrien Urlaub macht, wird sich eher einen zentraler gelegenen Standort suchen wollen. Als **„letzte Etappe"** nach einer großen Rundfahrt vor der Heimfahrt ist Savudrija allerdings gut geeignet.

Kap Savudrija

Der äußerste Landzipfel mit dem **Leuchtturm** wird Kap Savudrija (ital. Capo Salvore) genannt. Historikern ist er ein Begriff für den Sieg der venezianischen Flotte von 1117 gegen Kaiser *Barbarossa* und Papst *Alexander III.*

Praktische Tipps

Unterkunft

■ In den vergangenen Jahren wurden zahlreiche einfache Unterkünfte und Mini-Campingplätze durch große Resort- und Hotelanlagen ersetzt. Kurz vor den großen Anlagen von Moj Mir findet man im Ortsteil Basanija die 7 **Agentur Sirene** für Ausflüge und Unterkunftsorganisation (am Ortseingang rechts, Trg Marije i Line 9, Tel. 052-759541, www.sirene.hr). Hier vermittelt man Privatunterkünfte, Apartments und Mobilheime, über die Webseite ist auch eine Unterkunfts-*App* für unterwegs abrufbar.

2 **Turističko naselje Kanegra**②, Savudrija-Kanegra, www.plavalaguna.com/de/appartements/kanegra. Einfache, ältere Bungalowsiedlung (4–6 Personen) mit Frühbucherpreisen zu unter 500 €/Woche (4er-Bungalow).

3 **Resorthotel Skiper**④, Alberi 300, Tel. 052-708000, www.skiper.hr. Topmoderne Anlage mit Golfresort, großzügigem Poolbereich sowie Apartments und Villen.

5 **Kempinski-Adriatic**④, *Skiper Operacije d.o.o.*, Alberi 300A, Tel. 052-707000, www.kempinski.com/en/istria/hotel-adriatic, Luxushotel mit Fitness, Spa, Hallenbad und vorzüglichem Restaurant; direkte Meereslage mit Kiesstrand.

4 Das **Porto Salvore**② (s.u.: „Essen und Trinken") bietet Zimmer und Apartments. Direkte Meereslage, mit angeschlossenem Restaurantbetrieb.

Camping

8 **AC Pineta**③, Istarska bb, Tel. 052-709550, www.istracamping.com. Beliebte Anlage mit 460 Stellplätzen für Zelte und/oder WoMo/WoWa, mit WLAN, Tennisschule, Minigolf, Wassersport, Animation/Miniclub für Kinder.

1 **FKK-Camp Kanegra**③, Kanegra 2, Tel. 052-700700, www.istracamping.com, praktisch direkt hinter der slowenischen Grenze, uferseitig mit Blick auf Portorož. Wird oft als *Umag-Camping* bezeichnet, ist aber doch ein ganzes Stück von der Stadt entfernt. Gehört zur *Istraturist*-Gruppe, die zahlreiche Hotels im Ort managt. Etwa halb so groß wie *Pineta,* somit auch kleineres Freizeitangebot.

Essen und Trinken

4 Kulinarisch empfiehlt sich in Savudrija die direkt am Hafen gelegene kleine Taverne **Porto Salvore,** Porto Savudrija, Tel. 052-759213, www.porto-salvore.com, mit tollen Muschel- und Fischgerichten.

Mein Tipp: 6 Im Ortsteil Basanija liegt die **Taverna Bruno** (Belvedere 5, Tel. 052-759 592). Das seit 30 Jahren familiengeführte Lokal gilt als eines der besten im Raum Umag und als Tipp für Fischliebhaber. Die Gerichte werden mit heimischen Gartenkräutern zubereitet. Besonders empfehlenswert sind, je nach Fangsaison, Flunder *(Sogliola)*, Wolfsbarsch *(Branzino)*, Steinbutt *(Rombo gigante)* oder Goldbrasse *(Orata)*.

Einkaufen

- Im Ortsteil Basanija gibt es eine **Bäckerei.**
- Der Campingplatz *Pineta* (s.o.) verfügt über einen eigenen **Minimarkt.**
- In der Touristensiedlung *Kanegra* (s.o.) hat ein **Konzum-Minimarkt** tgl. 7–18 Uhr geöffnet.

Zambratija

Weiter Richtung Umag durchquert man das 3 km entfernte **Dorf** Zambratija, wo neben einigen Restaurants vor allem die vielen Schilder *Sobe/Zimmer/Appartmani* auf sich aufmerksam machen – das *Turist Biro* am Ortsausgang vermittelt hier und für Umag Zimmer, wechselt Devisen und erteilt Auskünfte aller Art. Zambratija hat sich mit seinen zahlreichen Pensionen als **Alternative zum teureren Umag** entwickelt. Die meisten Pensionen heißen hier *Villa – Nada, Angiola, Madonna, Gisella, Bonaca* u.v.m. Hier ein paar Empfehlungen:

Umag-Riviera

Übernachtung
1 FKK-Camp Kanegra
2 Bungalows Kanegra
3 Resorthotel Skiper
4 Hotel Porto Salvore
5 Hotel Kempinski Adriatic
8 AC Pineta
9 Villa Rosetta
11 Apartments Dolcea
12 Villa Vilola
14 Sol Polynesia
15 Hotel Sol Aurora
16 Sol Stella Maris
17 AC Stella Maris
20 Plava Laguna Park Resort
21 Hotel Sol Umag
22 Hotel Adriatic
27 Ma-Ni
31 AC Finida, AC Park

Essen und Trinken
4 Taverne Porto Salvore
6 Taverna Bruno
12 Konoba Pizzeria Vili
13 Restaurant Toni
23 ACI Restaurant Maremoto
25 Pizzeria Passage, Café/Bar Glembay

Unterkunft

9 Als schöne Unterkunft sei das Hotel **Villa Rosetta**④ empfohlen, Crvena Uvala 31, Tel. 052-725 710, www.villarosetta.hr. Kleines, modernes Hotel mit nur 23 Wohneinheiten, kleinem Wellness-Bereich sowie Golf- und Radfahrerpaketen. Direkte und ruhige Meereslage.

12 Ein ähnliches Angebot bietet die **Villa Vilola**③, Umaška 2/a, www.villa-vilola.hr, am Ortsausgang Richtung Umag. Die tollen Zimmer, teilweise mit Meerblick, liegen zwar ufernah, aber anders als in der *Rosetta* landseitig der Hauptstraße – daher preiswerter. Gehört zur *Konoba Pizzeria Vili* (s.u.).

11 Günstiger kommt man bei Herrn *Trifunović* in seinen **Apartments Dolcea**③, Cvjetna ulica 24, Tel. 091-5311472, www.apartmentsdolcea.com, unter. Er bietet zwei Wohnungen für je 4 Pers. an.

Essen und Trinken

12 **Konoba Pizzeria Vili,** Savudrijska cesta bb, Tel. 052-742145, ganzjährig tgl. 11–24 Uhr. Große Außenterrasse, Spezialitäten sind Nudelgerichte, Reispfannen und Meeresfrüchte.

13 **Restaurant Toni,** Siparska 8, Tel. 052-759570, sehr ordentliche Fischgerichte, tgl. 12–22 Uhr.

Katoro

Der letzte der zahlreichen mehr oder minder zusammengewachsenen Vororte von Umag heißt Katoro, wo **mehrere größere Touristensiedlungen** der geho-

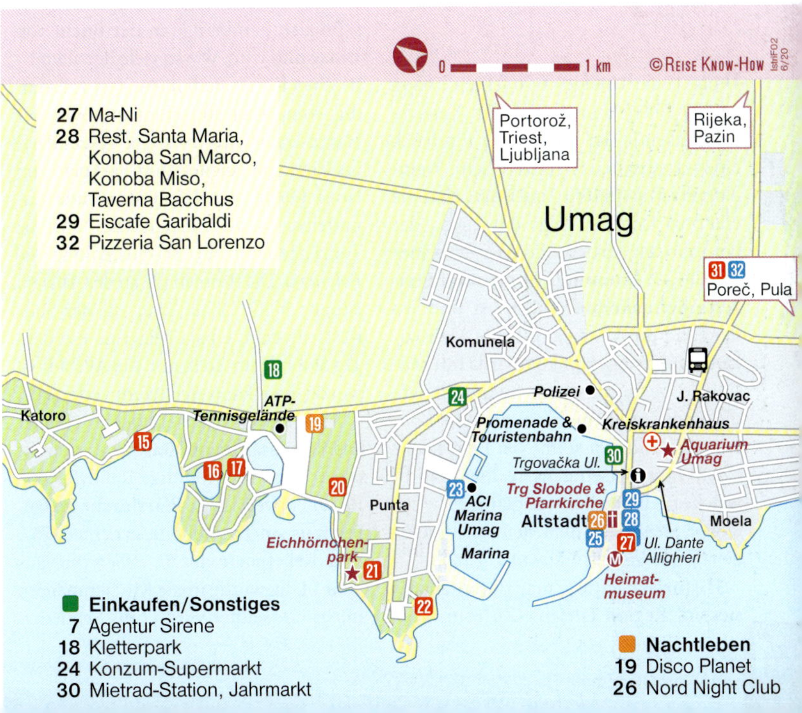

benen Preis-Leistungsklasse ihre Dienste anbieten, u.a. die Traumanlage *Meliá Coral*⑤ (www.melia.com, nur Erwachsene), die schöne Anlage *Sol Aurora*④ (s. Umag, Unterkunft) sowie das *Hotel-Village Sol Istra Garden*③ (www.plavalaguna.com/de/hotels/sol-garden-istra).

Die **günstigste Touristensiedlung** ist hier noch das *Sol Polynesia,* wo 4 Personen in der Hauptsaison um die 100 €/Nacht im Apartment und mehr zahlen (s. Umag, Unterkunft).

Dann folgen der **Riesen-Campingplatz** *Stella Maris* und das **ATP-Tennisgelände** sowie gegenüber der **18 Kletterpark** und schließlich die Ortszufahrt von Umag.

Umag

Umag (ital.: Umago) mit seinen knapp 14.000 Einwohnern wird für viele Istrienreisende der erste echte Eindruck einer kroatischen Kleinstadt sein. Weinbau im Umland und Tourismus sind die Hauptwirtschaftszweige des Ortes, der bei Touristen insbesondere wegen seiner vielfältigen **Camping-, Sport- und Freizeitmöglichkeiten** beliebt ist und wo der rund um Umag angebaute Malvazija-Wein gern getrunken wird. Internationale Bekanntheit im Sport erlangte die Stadt vor allem durch die *ATP Konzum-Croatian Open* im *Niki Pilić Tennis Camp* (am Ortseingang rechter Hand), welches Anfang Juli ausgetragen wird; letzter Sieger aus dem deutschsprachigen Raum war 2015 *Dominic Thiem.*

Historisch zählt Umag zur „italianisierten" Region Istriens: Zu römischer Zeit als Umacium (später: Humagum) besiedelt, gehörte die Stadt im Mittelalter als Lehen zum Bistum von Triest, ab dem 13. Jahrhundert zu Venedig und von 1797 bis 1918 zu Österreich-Ungarn. Anschließend war Umag italienisch und fiel erst 1953 (nachträgliche Grenzkorrekturen) an Jugoslawien, obgleich hier nach Volkszählungen des frühen 20. Jh. weder Kroaten noch Slowenen ansässig waren. Die Zukunft Umags blieb nach dem Zweiten Weltkrieg zwischen Italien und dem neuen Staat der Südslawen daher lange umstritten.

Sehenswertes

Umag ist gewiss keine Hochburg an Sehenswürdigkeiten im eigentlichen Sinne. Die **historische Altstadt** liegt auf einer schmalen Landzunge in der Bucht von Umag und wird, wie so viele der alten istrischen Küstensiedlungen, fast vollständig vom Meer umschlossen. Von der Hauptstraße wird man (gut beschildert) ins Zentrum geleitet zum Parkplatz am Nova Obala, der **Uferpromenade** unmittelbar vor der Altstadt. Hier fährt die Touristenbahn zur Feriensiedlung *Sol Polynesia.* Die Promenade an der Altstadt entlang heißt Obala Tita, auf der Südwestseite dann Obala Pelegrina mit dem Trg Slobode im Zentrum; die Altstadt ist winzig, man kann sich kaum verlaufen.

Viele der einst ansehnlichen **Häuser aus Renaissance und Barock** warten auf die dringend notwendige Renovierung. Beachtenswert ist die **Pfarrkirche St. Pellegrinus** am Trg Slobode, errichtet 1757. Eine Reliefplatte des *St. Pellegrinus* aus dem 14. Jh. wurde in die Kirchenmauern integriert, seither wird er als Schutzpatron der Stadt verehrt; ihm zu Ehren wird der 23. Mai feierlich begangen.

An der Pfarrkirche zweigt die **Ulica Garibaldi** ab, eine kleine Flanier- und Einkaufsmeile in der Altstadt. Hier steht auch ein hübsch renoviertes, ockerfarbenes Gebäude mit grünen Fensterläden, das den Stadtrat beherbergt.

Heimatmuseum

Kulturhistorisch Interessierte können das kleine Heimatmuseum in der Altstadt besuchen.

■ **Heimatmuseum,** Trg sv. Martina 1, Tel. 052-720386, Eintritt 15 K, Di–Sa 10–13 und 18–21 Uhr, So 10–13 Uhr; im Winterhalbjahr tgl. 10–12 Uhr, Do und Fr auch 17–20 Uhr.

☑ An der Uferpromenade von Umag

Eichhörnchenpark

Reisende mit Kindern könnte der kleine Eichhörnchenpark neben dem Hotel *Sol Umag* anziehen. Das **Umweltprojekt** wurde vom Tourismusverband und einer Grundschule ins Leben gerufen. Im Park können die possierlichen Tierchen in ihrem natürlichen Lebensraum beobachtet werden, **Infotafeln** liefern Hintergründe zu den Lebensgewohnheiten.

■ **Infos und Leitung,** Hotel *Melia Coral,* Katoro bb, Tel. 052-701000, www.istriasun.com/istrien/eichhornchenpark.

Aquarium

Das *Aquarium Umag* ist eines einer kleinen Kette istrischer Aquarien, die in ähnlicher Form auch in Pula, Rovinj und Poreč eingerichtet wurden. Wer große

Meerwasserbecken erwartet, wird eher enttäuscht sein, die kleine Sammlung bietet einen Einstieg in die lokale Meeresfauna – mehr nicht.

■ **Aquarium Umag,** 1. Svibnja bb, Tel. 052-721 041, geöffnet 9–21 Uhr, Okt. 10–15 Uhr, November–März geschlossen. Eintritt 30 K, Kinder 20 K.

Baden

Selbst **in der Altstadt** kann man an der Südseite (in die Altstadt gehend: linke Seite) am befestigten Uferbereich, umsäumt von Cafés und Eisdielen, ganz ordentlich schwimmen; besser sind aber die **Strandareale der Campingplätze** (siehe bei Unterkunft) geeignet.

Kletterpark

Direkt gegenüber der Zufahrt des Campingplatzes *Stella Maris* liegt der 18 **Kletterpark Jangalooz Umag** (http://jangalooz.com/umag/index.php/hr. Tel. 098-279 788, geöffnet April, Mai, Oktober 10–18 Uhr, Juni/Sep. 9–21 Uhr, Juli/Aug. 9–23 Uhr. Unterschiedliche Schwierigkeitsgrade auf 4 Kletterparcours (ab 3 J.), Free-Fall, Kletterwand. Je nach Aktivität 70–180 K p.P.). Der dazugehörige Parkplatz bietet zwei Tarife (8–20 Std. 40 K; 14–20 Std. 20 K). Für Snacks und Erfrischungen sorgen hier die *American Bar* und das Fast-Food-Lokal *Shark* unmittelbar nebenan.

Praktische Tipps

An- und Weiterreise

■ Der **Busbahnhof** liegt ca. 1000 m landeinwärts in der Neustadt an der Durchgangsstraße Kolodvorska (ab hier J. Rakovca hinunter zur Stadt). Rund um den Busplatz befinden sich ein **Taxistand,** mehrere **Supermärkte** sowie **Tankstellen.** Die Verbindungen sind eher mäßig und für die Bewohner der umliegenden Siedlungen gedacht. Am besten fährt man nach Pula via Poreč (10.15, 14.15 und 19.15 Uhr tgl.), wo man Anbindung an die größeren Orte Istriens hat.

Info und Agentur

■ Die **Turistička Zajednica** liegt in der Trgovačka 6 (vom Parkplatz an der Bucht am Ufer entlang zum Altstadtzentrum gehend linker Hand), Tel. 052-741363, geöffnet 8–22 Uhr, im Sommer bis 21 Uhr. im Netz gibt es die offiziellen Informationen zu Umag unter www.coloursofistria.com. Hier findet man auch wichtige Saisonbroschüren als PDF-Download, Veranstaltungskalender oder speziell für Radfahrer die detaillierten Routenbeschreibungen „Nordwest-Istrien" (alle auch deutschsprachig). Die genannte Webseite ist ein Zusammenschluss der Nordwestistrischen Stadtinformationsämter von Umag, Novigrad, Brtonigla und Buje.

Stadtverkehr

■ Umag-Altstadt ist sehr klein und binnen weniger Minuten zu Fuß zu durchqueren. Sofern man außerhalb des Zentrums wohnt, ist man entweder auf Pkw/Fahrrad angewiesen oder man nutzt den **Touristenzug,** der im Sommer von 9 bis 22.45 Uhr etwa halbstündig zwischen der Ferienanlage *Polynesia* und Umag/Obala Nova (Höhc „Rummelplatz" am Ufer) fährt (20 K).

■ Einige Hotels und Ferienanlagen bieten zudem **eigene Shuttlebusse** zwischen Anlage und Altstadt an.

Unterkunft

20 Im Raum Umag dominieren die Häuser der Kette *Plava Laguna* das Unterkunftsgeschehen. Rund 25 Anlagen wurden schrittweise aufgekauft, die letzten unabhängigen Unterkünfte werfen schrittweise das Handtuch. Erst 2018 wurde das **Plava Laguna Park-Resort**④ mit Hotel, Bungalows und Ferienwohnungen (Špadići, Tel. 052-415500, www.plavalaguna.com) eröffnet. Moderne und gleichzeitig ruhige Anlage in einem ehemaligen Waldpark im nördlichen Vorort Špadići. Familienfreundlich, hübsche Pools, Unterkünfte teils mit Meerblick.

15 **Hotel Sol Aurora**④, Katoro bb, Tel. 052-717000, www.melia.com, zwischen den beiden Feriensiedlungen *Polynesia* und *Sol Stella Maris* (mit Zugang zu beiden) gelegen, nette Anlage mit hübscher Poollandschaft. All-inclusive-Angebote liegen bei rund 200 €/Nacht und DZ; das ist in Ordnung wenn man ohne eigenes Fahrzeug überwiegend am Standort bleiben möchte. Nur Ende April bis Anfang Oktober geöffnet!

21 **Hotel Sol Umag**④, Jadranska bb, Tel. 052-714000, www.plavalaguna.com. Beliebtes Familienhotel mit vielen Prämierungen. Eigener Strandabschnitt, Hallenbad, Freibad, Sauna, Fitness.

22 **Hotel Adriatic**①, Jadranska bb, Tel. 052-741644, www.plavalaguna.com, keine Schönheit, aber strandnah und preiswert. Die Hotels *Sol Umag* und *Adriatic* liegen in Umag-Punta und somit in Gehnähe zu Marina, Altstadt und Tennis-Zentrum.

14 Feriensiedlung **Sol Polynesia**③, Katoro bb, Tel. 052-718000, www.plavalaguna.com/en/apartments/polynesia, gigantische Touristensiedlung (700 Bungalows und Apartments!), aber reiches Angebot (Kinderbetreuung, Tennis, Bike-Service, Minigolf, Disco usw.), FKK- und Textilstrände. Die Größe mag zunächst abschrecken, doch verläuft sich das Ganze etwas auf dem enorm großen Areal. Und: der Preis liegt hier um einiges niedriger als in den *Sol*-Anlagen.

16 Feriensiedlung **Sol Stella Maris**④, Savudrijska bb, Tel. 052-710000, www.plavalaguna.com, schließt unmittelbar an *Sol Aurora* an, näher zum Zentrum, aber nicht netter (über 600 Wohneinheiten), Animationsclubs für Kinder und Jugendliche. Beide Feriensiedlungen sind nur Mitte April bis Ende September geöffnet. *Konzum*-Supermarkt und *Subaquatic Diving* Tauchbasis im Camp.

■ **Privatunterkünfte** vermitteln die zahllosen Reiseagenturen in und um Umag, insgesamt werden derzeit knapp 1000 offizielle Privatvermieter geführt. Eine nahezu vollständige Übersicht bietet die offizielle Tourismusseite www.istra.hr/de/unterkunft mit direkter Buchungsfunktion.

Camping

Die Riviera von Umag bietet diverse Camping- und Strandfreuden:

17 **AC Stella Maris**④, Savudrijska bb, Tel. 052-710900, www.istracamping.com, Richtung Savudrija, April–Okt., Riesencamp für über 1400 Personen, Erste Hilfe, Poststelle, Supermarkt, Tauchbasis.

31 **AC Finida**④, Tel. 052-725950, www.istracamping.com, 3 km südlich von Umag (Richtung Novigrad) mit eigener Bucht, Einkaufs- und Essensmöglichkeiten im Dörfchen Lovrečica (knapp 1 km); 285 Stellplätze.

31 **AC Park**③, auf der anderen Seite von Lovrečica, Karigador bb, 5 km bis Umag, 10 km bis Novigrad, Tel. 052-713740, www.istracamping.com, wirkt nicht so nett wie *Finida,* weniger schattig, da relativ neu angelegt und neu bepflanzt. Ausgelegt für 5000 (!) Personen entlang eines gut 4 km langen Kiesstrandes. Hier ist auch die Buchung von Mobilheimen möglich. Textil- und FKK-Bereiche, Kinderpools, etliche Restaurants, Bars, Einkaufsmöglichkeiten, Rad- und Bootsverleih.

Essen und Trinken

In und um Umag säumen Hunderte von Restaurants, Buffets, Pizzerien und Konobas die Straßen und Uferpromenaden. Alle großen Hotels verfügen über eigene Restaurants, in den Touristensiedlungen wird nicht weniger emsig für die jeweils eigene Gastronomie geworben.

25 In der Altstadt ist in der einfachen/mittleren Preisklasse die **Pizzeria Passage** in der Josipa Broza Tita 1a, Tel. 052-741836, sehr empfehlenswert, die für Pizza und Pasta als eines der besten und dabei günstigen zentral gelegenen Lokale gilt. im Winter ab 17 Uhr, sonst ab 11 Uhr geöffnet.

27 Hinter der Kirche liegen die sehr verwinkelten Zentrumsgassen, hier findet man etliche Restaurants und Kneipen, u.a. das **Rest./27 Pension Ma-Ni** (Marino Bembo 3, Tel. 052-751222, www.restorani-mani.com, tgl. 8–24 Uhr). Spezialitäten sind hier Meeresfrüchte, z.B. als Risotto mit Muscheln oder Scampi mit Wildspargel.

28 Ferner findet man hier die **Konoba-Taverna Santa Maria** (Rijecka 35, tgl. 10–23 Uhr), welche ein schönes Setting bietet, allerdings – wie auch die Speisen im *Ma-Ni,* manchmal sehr zwiespältige Urteile von Reisenden hervorruft.

28 Bestes Lokal hier in der unteren Altstadt ist wohl mit Abstand die **Konoba Mišo,** Rijecka 33, Tel. 098-420730, tgl. 11–24 Uhr, wobei sowohl fangfrischer Fisch/Meeresfrüchte je nach Saison, als auch Fleischgerichte und Pizza im Angebot stehen. Schöne Uferterrasse.

28 Auch die **Taverna Bacchus** um die Ecke (Rijecka 39, Tel. 091-9433865, tgl. 11–24 Uhr) ist nicht nur auf Laufkundschaft aus.

32 Man kann auch am Yachthafen gut essen. An der ACI Marina liegt die sehr beliebte **Konoba San Lorenzo,** Setaliste V. Gortana 74, Tel. 095-9074762, tgl. außer Mi 12–23 Uhr; Fisch-/Meeresspezialitäten, gehobene Preis-Leistungsklasse.

■ Auch kleine Eisdielen und Bars gibt es reichlich; zentral am Kirchplatz liegt die 25 **Café/Bar Glembay** (Trg Slobode 1b, Tel. 091-9353115), am Ortsstrandbad das 29 Eiscafé/Snacklokal **Garibaldi.**

23 **ACI Restaurant Maremoto** (Tel. 052-741382) an der Marina Umag-Punta, sehr gute Fischgerichte zu moderaten Preisen. Sehr beliebt bei Reisenden aus dem deutschsprachigen Raum.

32 In Lovrečica, zwischen den Campingplätzen *Park* und *Finida,* darf sich die **Pizzeria San Lorenzo** (Vodovodna 3, Tel. 052-756257, 25.4.–25.9. tgl. 12–15 und 18–23 Uhr) der besten Pizza- und Nudelgerichte der Stadt rühmen.

Nachtleben

Für abendliche Disco-Unterhaltung zum Drink bieten sich die 19 **Disco Planet,** Koparska Ulica, Tel. 091-5454221) oder in der Altstadt der 26 **Nord Night-Club** (Marino Bembo 4, Tel. 091-5454221) an.

Im Hinterland

MEIN TIPP: Die mit diversen Auszeichnungen prämierte **Konoba Buščina** (Fam. *Mijanović,* Buščina 18, Tel. 052-732088, www.kono-buscina.hr, tgl. außer Di 12–24 Uhr) bietet in gehobenerem, aber rustikalem Ambiente lokale Spezialitäten wie Trüffel oder Spargel, wobei wechselnde Fleisch- und Fischgerichte auf der Karte stehen, da der Schwerpunkt auf der Verwendung saisonal erhältlicher Zutaten liegt. Trotz des eher gehobenen Niveaus nicht überteuert, auch an jüngere Gäste wurde mit einem Spielplatz gedacht. Leider nicht ganz leicht zu finden: ab Umag (große Kreuzung der Küstenstraße B5002 mit der B300/Buje) über Finida und Petrovija der B300 folgen; auf Höhe Petrovija links abbiegen Richtung Vilanija, dahinter immer geradeaus bis zum Hof *Buščina.*

Aktivitäten

Es ist nicht das Flair der Stadt Umag, das alljährlich Zehntausende von Besuchern anzieht, sondern die beinahe umwerfend **breite Angebotspalette** an Freizeitmöglichkeiten, die sämtlich aufzuführen jeglichen Rahmen sprengen würde. Neben den üblichen **Wassersportaktivitäten** (einschl. Tauchen, Banane, Wasserski, Surfen) werden angeboten:

■ **Rundflüge** entlang der Riviera von Umag (*Aeroklub Umag,* Zemljoradnička 10, Tel. 052-753571, am ATP-Stadion).

■ **Reiten:** *Konjički Centar Juricanija* (*Polynesia,* s. bei Unterkunft, Tel. 052-759659), *Ranch Goli Vrh* (Goli Vrh 31, Tel. 052-721820). Bei beiden kostet der Ausritt ca. 150 K, die 10er-Karte 1100 K.

■ **Mannschaftssportarten** und sehr viel **Tennis** (über 100 Tennisplätze), vorwiegend in den Feriensiedlungen sowie im *International Tennis Center Stella Maris* (Jadranska 66, Tel. 052-710886, www.tkumag.hr, 1.3.–31.10., 13 Sandplätze, 1 Betonplatz, umgerechnet ab 100 K/Stunde).

■ **Radverleih** gibt es in den Camping- und Ferienanlagen, Auskünfte im Bereich Umag erteilt der Radclub *Bujstina* (Tel. 098-224101 und 098-431506) oder über die Homepage www.coloursofistria.com/de/sport/fahrrad (hier auch Events, Routenvideos, Downloads).

■ **Mietradsystem:** Umag bietet für Innenstadt und Vororte (insbesondere Hotel/Campingbereiche) ein recht ordentliches „Park and Ride" – Mietfahrradsystem: für 42 K/Tag (E-Bike 90 K/Tag) und ein Kreditkartenpfand erhält man einen Zahlencode, mit dem an sechs Stationen Räder vollautomatisch entnommen und abgestellt werden können. Alle Details und weitere Infos unter www.coloursofistria.com/de/radfahren/park-and-ride-umag.

Stationen: Katoro (bei den Hotels *Meliá Coral* und *Sol Garden Istra*), Siedlung *Polynesia,* Campingplatz *Stella Maris,* Punta (bei *Hotel Sol Umag*), **30** Umag Zentrum (Anfang der Uferpromenade), Campingplatz *Park* (10 km außerhalb/Süd).

Zentrale Notrufnummer: (0)91-9000994.

■ Rund um Umag wurden eine ganze Reihe einfacher und mittelschwerer **Radrouten** angelegt (z.B. die 93 km lange Montanara-Tour oder die 36 km lange Pelegrinus-Route), deren genaue Streckenbeschreibung unter www.istria-bike.com heruntergeladen werden kann. Eine weitere allgemeine Radbroschüre zu Nordwestistrien findet man unter www.istra.hr oder der Seite www.coloursofistria.com (s.o.: „Info und Agenturen").

■ Wichtigste **Tauchbasen** sind *Subaquatic, Sol Stella Maris,* Tel. 052-710981, www.subaquatic.info, und *Sea Turtle,* Camping *Park,* Karigador bb, Tel. 099-575230, www.sportndiving.hr. Beide sind langjährig im Geschäft, bieten Ausbildung, Ausrüstung und unterschiedlichste Tauchgänge (meist Boot, auch Wrack usw.), Hausriff (Blei/Luft) 120–150 K.

■ **Schiffsausflüge** nach **Venedig** (rund 500 K), zum **Limski-Fjord** (200 K) oder nach **Rovinj** (220 K) können in Reiseagenturen oder direkt an der Promenade (Obala Tita und Nova Obala) gebucht werden, ebenso **Hafenrundfahrten** mit dem roten „U-Boot".

■ Ein allgemeiner Anbieter zur Voraborganisation von **Venedig-Touren, Fischpicknick** oder **Bootstouren** in die Umgebung ist z.B. *Heju-Tours Nenad Heinrich,* Tel. 098-232083, https://excursions-heju.com.

Jahrmarkt

30 Am unbebauten Uferareal findet im Sommer ein kleiner Rummelplatz/Jahrmarkt mit Kinderkarussell, Zuckerwatteverkäufern und kleinen Fahrgeschäften statt. Höhepunkt ist hier die 5-D-Simulation (*Cosmic Race,* Motorrad, Achterbahn, Crashtest u.ä., 25 K).

Nützliches

■ **Polizei:** Notruf 92, in Umag in der Jadranska 11, Tel. 052-533444.

■ **Hafenmeisterei:** Obala Tita, Tel. 052-741662.

■ **Marina:** *ACI Umag-Punta,* Tel. 052-741066, www.aci-club.hr, 500 Liege- und 150 Trockenplätze, Kran, Slip, Werkstatt.

■ Eine **Apotheke** *(Ljekarna Škoko)* befindet sich zentral in der Trgovačka ul. 3, sowie 300 m nördlich in der Ul. Ernest Miloša 2C die *Istarska Ljekarne* (Mo–Fr 7–20 Uhr, Sa/So nur vorm.).
■ **Ärztliche Hilfe** findet man in der Sanitätsstation des *Polynesia* (Zufahrt), in der Jadranska Ulica in Umag-Punta sowie im Camp *Stella Maris*.
■ Das kleine **Kreiskrankenhaus** *(Dom zdravlja)* liegt in der Edoardo Pascali 3 und ist unter Tel. 052-702222 rund um die Uhr erreichbar.

Einkaufen

■ In der **Innenstadt** bietet sich ein Bummel durch die Trgovačka Ulica an, wo mehrere **Bäckereien, Fast Food-Lokale, Banken, Agenturen** und die **Buchhandlung** *Nove Istarske Knjižare* zu finden sind.
■ **An der Haupt-Zufahrtsstraße** Richtung Zentrum (Jadranska 5) liegt ein großer 24 **Konzum-Supermarkt** (Jadranska 5), eine kleinere Filiale beim Campingplatz *Stella Maris* (tgl. 8–19 Uhr) dient hauptsächlich den dortigen Gästen. Eine weitere Filiale liegt am Zugang zur Altstadt.

▷ Sv Marija in Buje

Buje

Buje (ital.: Buie d'Istria, knapp 5300 Einwohner) liegt verkehrsgünstig im Nordwesten Istriens zwischen der Landesgrenze, Umag und den Routen nach Pazin bzw. Pula. Weniger als Hauptort der gleichnamigen Region denn als **Landwirtschaftszentrum** (Wein, Kartoffeln, Tomaten, Oliven, Mais) sowie als Tipp für **Jagd- und Reittourismus** hebt sich Buje von den Küstenstädten ab. Durch die leichte Hügellage des Ortes sind die beiden Kirchtürme weithin sichtbar.

Aus Umag kommend, fährt man an der einzigen Ampel links 100 Meter ins Zentrum. 20 Meter rechts von der Ampel befindet sich ein Supermarkt. Gleich rechts am Trg Tito liegen zwei Banken, und es gibt auch einige Parkmöglichkeiten. Von hier aus geht man die Ulica 1. Svibnja (Straße des 1. Mai) hinauf. Lässt man die Post (tgl. 7.30–20, Sa 7.30–14 Uhr) links liegen, gelangt man zum Museum und zu den beiden Kirchen.

Sehenswertes

Geht man die Ulica 1. Svibnja 150 Meter hinein, erreicht man auf der linken Seite das kleine **Ethnografische Museum** mit landwirtschaftlichen Exponaten der Region und traditionellen kleinstädtischen Alltagsgegenständen. Neben dem Museum öffnet sich der ehemalige „Freiheitsplatz" (Trg Slobode, heute Trg Josipa Broza Tita) mit schöner Aussicht über das Umland bis zum Meer.

Dem Museum gegenüber liegt die hübsch renovierte **Kirche Sv Marija** mit holzgetäfelter Decke und acht großen Wandgemälden, allesamt Werke von *Gaspare della Vecchia* aus dem frühen 18. Jahrhundert. Die Kirche selbst wie auch das Titularwerk, eine geschnitzte Marienfigur, stammen aus dem 15. Jahrhundert.

Eine kleine Gasse neben der Kirche (Ulica Mazzini) führt hinauf zum Trg Sv Servola und zur gleichnamigen **Pfarrkirche.** Sie wurde im 16. Jahrhundert erbaut, vermutlich auf den Relikten eines alten römischen Tempels, da Fragmente römischer und frühmittelalterlicher Säulen erhalten sind. Das Innere birgt Holzskulpturen der Hl. Jungfrau (15. Jh.), Skulpturen des örtlichen Schutzpatrons *Hl. Servulus (G. Marchiri,* 1737) sowie ein Barockgemälde mit dem Titel „Ansicht von Buje" (18. Jh.).

■ **Ethnografisches Museum,** Trg J.B. Tita 6, Tel. 091-1772023, www.buje.hr/hr/clanak/etnografski-muzej-buje, geöffnet 1.7. bis 31.8. Mo–Sa 9–13 und 17–21 Uhr, sonst nach tel. Anmeldung.

031is wl

Praktische Tipps

Essen und Trinken

■ Unter dem Torbogen des Museums liegt das sehr nette und günstige Restaurant **Pod Voltom** (Babić bb, Tel. 052-772232, tgl. 10–23 Uhr). Schmackhafte Gnocchi mit Gulasch kosten 50 K. Schinken und Käse stammen aus dem Umland.

■ Ebenfalls sehr gut kann man im **Rondo** (Trg Tita 4, Tel. 052-772898, außer Di. tgl. 12–23 Uhr) essen. Insbesondere Frühaufsteher finden hier reichhaltige Frühstücksangebote. Die Hauptmahlzeiten sind auf Nudelgerichte und Pizza fokussiert, allerdings kein Fastfood, sondern lecker und glutenfrei.

Aktivitäten

■ Radler fürchten den dreistündigen **Momjan-Muskat-Rundtrail** ab/bis Buje, der mehr als 320 m Höhenunterschied aufweist und über Berge von knapp 500 m führt. Details siehe www.istria-bike.com/de/routen/strecken/7-ch-0?&l_over=1.

■ **Unterkunft und Reiterferien** bietet die *Pizzeria Rondo* (s.o.); im Angebot stehen Studio-Apartments und organisierte Ausritte. Vorherige Kontaktaufnahme über www.rondo-buje.com.

Grožnjan

Nur acht Kilometer südöstlich von Buje erhebt sich auf 260 Metern oberhalb des Mirna-Tals das **mittelalterliche Dorf** Grožnjan (ital.: Grisignana) mit rund 150 Bewohnern (mit Umland ca. 750). Erste urkundliche Erwähnung fand der Ort um 1100, als die mittelalterliche **Zitadelle** dem Patriarchat von Aquilea (s. Glossar) zugesprochen wurde, ehe 1358 Venedig die Geschicke des Städtchens lenken sollte. 1394 wurde Grožnjan zum Sitz der venezianischen Besitztümer in Nordistrien erkoren, insbesondere die Verteidigungsanlagen (Wehrmauern) aus dieser Zeit sind recht gut erhaltenen.

Hinter dem Ortstor sind die alte **Renaissance-Stadtloggia** (1587) und die **Pfarrkirche Maria und Vitus** (1770), davor die **Kapelle Damian und Cosma** (1554) sehenswert. Bei einem Rundgang wird man leicht feststellen können, dass heute kaum noch Erwerbsmöglichkeiten im Ort bestehen, was beinahe zum Aussterben des Dorfes geführt hat. Lediglich einigen regionalen Künstlern ist es zu verdanken, dass Grožnjan als **Austragungsort musikalischer Workshops und Konzertveranstaltungen** Bedeutung zukommt. So pilgern Mitte bis Ende Juli alljährlich Tausende Jazzfreunde nach Grožnjan, um dem internationalen Jazzfestival *Jatt is back!* mit täglich wechselnden Konzerten beizuwohnen.

Interessant ist auch die ethnische „Zugehörigkeitsangabe" der Einwohner, wonach jeweils ungefähr 40 % Italiener, 30 % Kroaten und 20 % Istrianer seien – knapp 60 % der Bevölkerung geben **Italienisch** als Muttersprache an.

Praktische Tipps

Information

■ Die kleine **Information** in der Umberto Gorjan 3 (Tel. 052-776131, www.tz-groznjan.hr) ist Mai–September tgl. 9–12.30 und 16–19 Uhr (Mo nur vorm.), Oktober–April Mo–Fr 8–15 Uhr geöffnet.

Unterkunft, Essen und Trinken

■ **Privatunterkünfte** findet man schon ab 50 Euro/DZ über die Touristeninformation oder direkt bei z.B. Herrn *Peter Pucer,* Trg 1. Maja 2, Tel. 052-776116, pucer.peter@hi.hinet.hr. Auch Wohnungen/Landhäuser sind erhältlich, z.B. die **Villa Margherita**③ (www.casa-margherita-istra.com) mit zwei Apartments für jeweils vier oder mehr Personen zu 2600 €/Woche im Sommer, wobei auch das komplette Haus für acht bis 10 Personen angemietet werden könnte. Ruhige Lage, eigener Pool.

■ Die **Konoba Bastia** im Zentrum (Ul. Svibnja 1, Tel. 052-776370) bietet istrische Spezialitäten wie *Fuži,* Hausmacher-Brot und Trüffel sowie Wild und Fischgerichte; sehr angenehmes Ambiente mit schönem Innenhof und Terrasse mit toller Aussicht. Mittleres bis gehobenes Preissegment.

■ Das **aModomio-caffe VERO,** Korner 3, Tel. 052-776026, tgl. 8–22 Uhr, bietet sich sowohl für kleine Mahlzeiten als auch für einen gelungenen, entspannenden Café-/Baraufenthalt mit fantastischer Aussicht an. Hausmacher-Kuchen, frischgepresste Säfte und eine gute Auswahl an Snacks in gemütlichem Ambiente innen und außen. Geöffnet tgl. 8–22 Uhr.

▷ Im alten Stadtkern von Motovun

Adobe.Stock ©stavrida

Motovun

Der italienische Name *Montona* („die Bergige") deutet darauf hin, dass es sich um ein **Bergstädtchen** handelt – aber dass Motovun derart spektakulär auf das gesamte Umland herabblickt, lässt der Name nicht vermuten. Eigentlich ist Motovun ein Dorf mit gut 500 Einwohnern, das auf 312 Höhenmetern oberhalb des Mirna-Tals liegt. Architektonisch wie historisch gilt der Ort als Paradebeispiel einer mittelalterlichen istrischen **Festungsstadt.** Ein Besuch bietet sich auf dem Weg nach Slowenien via Buzet oder zur Glagoliter-Allee (Roč, Hum) an.

Cineasten seien auf die jährliche Verleihung des *Propeller of Motovun* und die **internationalen Filmfestspiele** im Juli

1

hingewiesen (http://motovunfilmfestival.com).

Bedingt durch eine geschützte Hügellage oberhalb des sehr fruchtbaren Flusstals war der Hügel schon zu illyrischer Zeit eine Art Fluchtburg. Ebenso wie Pazin wurde Motovun im Mittelalter Poreč zugeschlagen, der Ausbau zur Festung folgte erst unter **venezianischer Herrschaft.** Der alte Stadtkern ist von vollständig erhaltenen und von **begehbaren Mauern** aus dem 13. und 14. Jh. umgeben; ein Rundgang dürfte für jeden ein unvergessliches (und kostenloses) Erlebnis sein. Aus der gleichen Epoche stammen einige romanische und gotische Gebäude der Altstadt. Vom 14. bis zum 17. Jh. wurde Motovun außerhalb der Befestigung erweitert, sodass die heutige Stadt aus der Unterstadt sowie zwei ummauerten Bereichen besteht.

Sehenswertes

Man betritt die Stadt durch das **äußere Stadttor** mit den **steinernen Wappen** zur Stadtgeschichte – hier achte man auf die Darstellungen des venezianischen Markuslöwen. Hinter dem Tor passiert man die **Lipovna Kunstgalerie und Museum** und die *Café-Bar Montona Gallery* (Trg Josef Ressel 2 , Tel. 052-681754, tgl. außer Do 9–1 Uhr). Von einem **Aussichtspavillon,** der ehemaligen Stadtloggia, kann die Aussicht genossen werden, dahinter folgt ein zweites Stadttor, durch das man hinauf ins innere Kastell, ebenfalls mit Aussicht, gelangt und zum **Trg Andrea Antico** (1470–1540, istrischer Maler, Komponist und Schnitzer).

Auf dem schönen Zentralplatz liegen rechts die Post, links das noble Hotel Kastell sowie die **Pfarrkirche Sv Stjepan.** Die Spätrenaissance-Kirche entstand im frühen 17. Jh. und birgt einen Marmoraltar *(F. Bonazza)* sowie das Gemälde „Das heilige Abendmahl" aus dem 17. Jh. von *Stefano Celestio.* Der Eintritt zum daneben liegenden Campanile kostet 10 K, die Kirche ist außerhalb der Gottesdienste frei besuchbar.

Auf dem Weg zu den eigentlichen Ummauerungen des inneren Kastells durchstreift man die **alten Gassen,** in denen ältere Frauen häkeln oder Künstler sich in Landschaftsmalerei üben. Ein Rundgang um die praktisch vollständig erhaltenen **Kastellmauern** bildet den krönenden Abschluss des Besuchs.

Praktische Tipps

An- und Weiterreise

- Motovun liegt weithin sichtbar zwischen der E 751 und Buzet; sowohl von Vižinada/Grožnjan wie auch von Beram/Karojba kommend, achte man auf die wie auf einem Vulkankegel thronende Stadt. Selbstfahrer können entweder entlang der Zufahrtsstraße bis zum Stadttor oder am P & R Parkplatz am Fuß des Hügels (Shuttlebus 10 K/Pers., ca. 10–15 Gehminuten, Infotel. 091-9441906) parken.
- Die **Busse** Buzet – Küstenstädte halten in der Unterstadt; von/nach Pula: 5 und 12 Uhr ab Pula, 9.25 und 18.25 Uhr ab Motovun.

Information

- Die kleine **Informationsstelle** am Trg Andrea Antico 1 (Tel. 052-681726, www.tz-motovun.hr) ist täglich außer Di und So 11–15 Uhr geöffnet.

Unterkunft

■ Angenehme Unterkunft bietet das renovierte traditionelle Hotel **Kaštel**③ (Trg Andrea Antico 7, Tel. 052-681607, www.hotel-kastel-motovun.hr) am Dorfplatz. Das Hotelrestaurant serviert hervorragende istrische Trüffelgerichte im gehobenen Preissegment.

■ In den **Apartments Bella Vista**② (Kanal 27, Tel. 052-681724, www.apartmani-motovun.com) sind sehr hübsche Feriendomizile für 2–4 Personen erhältlich. Auch kulinarisch ist man hier in besten Händen, denn die Eigentümer betreiben vor Ort auch ein Trüffelgeschäft.

■ Wer nur ein Zimmer sucht, kann gut und günstig im **House of Motovun**② (Ulica Gradiziol 46, Richtung Groblje/Friedhof, Tel. 098-9557978, www.housesofmotovun.com) in sehr modernen Zimmern unterkommen.

■ Ähnliches bieten die **Rooms Sara**② (V. Gortana 2, Tel. 091-5288253, www.roomssara.com) in einem restaurierten Dorfhaus, welches zusätzlich über ein Studio mit Kochmöglichkeiten verfügt und auch Räder verleiht.

MEIN TIPP: **Apartments Villa San Vito**③, Park Spinotti Morteani 2, Tel. 052-776113, www.apartments-villasanvito.com), toll restauriertes Herrenhaus mit Studios und Apartments. Hübsche Anlage und idealer Ausgangspunkt für Wanderungen und Radtouren ins Umland.

Auch **Agrotourismus** („Ferien auf dem Lande") wird angeboten, Informationen findet man beispielsweise unter www.agro-istra.hr und www.agroturizam-stefanic.hr. Hier sind zahlreiche Objekte im Angebot, die für Kleingruppen oder größere Familien in Frage kommen könnten. Ein Beispiel:

■ Interessant für kleine Gruppen bis 9 Personen, wenngleich nicht billig (ab 225 Euro/Tag), dürfte die Anmietung der **Stancija Scodanella**③ sein, einem im frühen 18. Jh. erbauten **Landgut bei Motovun,** welches vor wenigen Jahren von einem deutschen Paar erworben und restauriert wurde. Neben stilvoller Unterkunft und lokalen Küchenspezialitäten werden auch Reit-, Rad- und Wanderausflüge sowie Tauchgänge arrangiert. Kontakt: *B. Müller,* Tel. (0049) 0171-4404691, muellers-buero@scrive.de oder u.a. über www.ferienhausmiete.de.

Essen und Trinken

■ Das **Mondo** (Ul. Barbican 1, Tel. 052-681791, tgl. 12–15.30 und 18–22 Uhr) beim Stadttor bietet hervorragende istrische Trüffelgerichte im gehobenen Preissegment. Kleine Außenterrasse, über 300 Weine zur Auswahl.

■ Etwas versetzt von der Touristeninformation liegt in der Ressela 6 das urige **Pod Voltom** (Tel. 052-681923, tgl. außer Mi 12–22 Uhr) mit istrischen Spezialitäten wie *Fuži*, Trüffel- und Wildgerichten (mittleres Preissegment).

■ Im Umland von Motovun, etwa 3 km außerhalb im Dörfchen Livade, hat das **Restaurant/Enoteka Zigante** (Liva-de 7, Tel. 052-664302, tgl. 12–22 Uhr) einen weit über Istrien hinausgehenden Ruf als Trüffelrestaurant. Besitzer *Giancarlo Zigante* fand 1999 einen gut 1,3 kg schweren Trüffelpilz, der im Guinness-Buch der Rekorde als schwerster bislang gefundener Gourmetpilz firmiert. Die Trüffelmenüs zum Festpreis (ab 160 K aufwärts) sind etwas Besonderes. Im benachbarten Geschäft vertreibt *Zigante* Trüffel- und Weinspezialitäten der Region zum Mitnehmen.

Istarske Toplice

Von Motovun aus zehn Kilometer weiter Richtung Buzet, im Mirna-Tal, beginnt ein **Eichenwaldgebiet,** genannt „Motovunska Šuma" (Motovun-Wald). Hier liegt Istarske Toplice, das **bekannteste**

www.fotolia.de © Kaligaski

Heil- und Kurbad Istriens. Die schon in der Antike bekannten Thermen wurden 1807 erstmals wissenschaftlich analysiert, als Arthritis-Patienten von erstaunlichen Heilungsprozessen berichteten. Doch erst 1873 konnte man schwach radioaktive Sodium-Kalziumchloridsalze nachweisen und die internationale Reputation von Istarske Toplice begründen. Die Schwefelquellen sind auch ohne Hotelunterkunft gegen eine Gebühr von 40 K tgl. von 9 bis 21 Uhr nutzbar, mit Wellness/Sauna 120 K.

Unterkunft

■ **Kurhotel Mirna**②, mit Beauty- und Wellnessbereich, Bädern (Frei- und Hallenbad), 150 einfachen Zimmern im Hauptgebäude sowie etwas besseren in der Dependance **Sv. Stepan**③ (Sv. Stjepana 60, Livade, Tel. 052-603000, www.istarske-toplice.hr).

Buzet

„Cita Tartufo" – **Trüffelstadt** – nennt sich Buzet (ital. Pinguente, ca. 6200 Ew.), die kleine Kastellstadt an der Hauptstrecke von der slowenischen Küste nach Opatija, recht vollmundig. In der Tat soll der äußerst seltene und ausgesprochen wertvolle Pilz in den Wäldern des Mirna-Tals bei Istarske Toplice gut gedeihen (siehe *Restaurant Zigante,* Motovun). Immerhin rund 3000 Euro bringt das Kilo istrischer Trüffeln ein, was noch lange kein Rekord ist: Das Kilo weißer Trüffeln kostet bis zu 9000 Euro, in Japan sogar 15.000 Euro!

Wer von Motovun heraufkommt, wird eher enttäuscht sein; Neuankömmlinge aus Slowenien dagegen gewinnen hier einen ersten Eindruck von der Architektur einer typisch istrischen **Berg- und Festungsstadt.**

Zur Altstadt hinauf kommt man (aus Richtung Motovun), indem man vor der ersten Tankstelle im Ort nach links auf die Überführung fährt. Der Gesamteindruck der Altstadt ist erschütternd: Viele Gebäude wirken kaum gepflegt, die alten Stadtmauern sind nur an wenigen Stellen zugänglich.

☐ Buzet nahe der slowenischen Grenze

Abstecher zur Kastellruine Petropilosa

Mein Tipp: Der Straße von Buzet Richtung Istarske Toplice folgend, achte man auf das Restaurant *Old River* auf der linken Seite. Direkt gegenüber zweigt ein unscheinbares Sträßchen ab, welches nach 2,5 km zum Parkplatz der *Konoba Petro Pilosa* führt. Unmittelbar dahinter geht ein Schotterweg nach links hinauf zur Ruine des einstigen Wehrkastells Petropilosa (ca. 15 Minuten zu Fuß).

Das Kastell soll schon im 10. Jh. als Beobachtungsposten errichtet worden sein und diente bis ins 18. Jh. hinein als Wehrfeste. Bei Ausgrabungen entdeckte Artefakte sind im Heimatmuseum Buzet ausgestellt.

Gegenüber vom Parkplatz fließt die **Mirna,** Einheimische nutzen hier mehrere Stellen zum Kneipp-Fußbaden oder als schöne **Picknickplätze.**

Sehenswertes

Durch das **Stadttor** von 1547 folgt man der Ulica Petra Fleger hinauf zum Titov Trg, dem zentralen Ortsplatz mit der renovierten **Pfarrkirche Sv Marija** von 1784. Sie beherbergt zahlreiche Wandgemälde mit alttestamentarischen Motiven und solchen aus der Zeit der Christenverfolgungen. Das hübsch restaurierte Gebäude am Kirchplatz ist das Bezirksgericht. Ein Stück weiter oben liegt die **Bruderschaftskirche Sv Juraj** (Georgsstift), von deren Vorplatz sich ein netter Panoramablick über das Umland bietet. Ebenfalls gut erhalten ist das kleine Stadttor (Mala Vrata, 1592). Geht man zurück Richtung Pfarrkirche, kann man noch im kleinen **Heimatmuseum** vorbeischauen.

■ **Heimatmuseum** (Zavičajni muzej), Ulica rašporskih, Kapetana 5, Tel. 052-662792, nur Juli/August Mo–Fr 9–15 Uhr und 17–20 Uhr, Sa/So 9–12 Uhr; Erwachsene 15 K, Kinder 10 K. Zu sehen sind alte (nachgebaute) Handwerksbetriebe wie Backstube, Kammmacherei oder Schmiede sowie Gebrauchs- und Schmuckgegenstände.

Praktische Tipps

An- und Weiterreise

■ Buzet dient in erster Linie als **Transitpunkt** für Alternativrouten von Slowenien nach Zentralistrien und an die Riviera von Opatija, wobei der nur schwach frequentierte **Grenzübergang** ein wesentlicher Vorteil dieser Route ist. Von Buzet aus sind es rd. 20 km bis Motovun, 25 km zum ins Kvarner Land führenden Učka-Tunnel und 10 km bis zur Grenze.

■ Eine nicht besonders gute **Busanbindung** besteht nach Umag, Poreč und Pazin sowie nach Pula (7.05, 9, 15.25, 15.45 und 18 Uhr).

■ Theoretisch gibt es eine **Bahnverbindung** nach Pula (2–4x tgl.), jedoch liegt der „Bahnhof Buzet" rund 5 km außerhalb in Počekalj.

Information

■ Die **Touristeninformation** beim Hotel *Fontana*, Trg Fontana 7 (Tel. 052-662343, www.tz-buzet.hr) ist von Okt. bis März Mo bis Fr 9–15 Uhr sowie von April bis Sept. Mo bis Fr 8–16 Uhr und Sa 9–14 Uhr geöffnet.

Unterkunft

■ **Hotel Fontana**②, Trg Fontana 1, Tel. 052-662 615, www.hotelfontanabuzet.com. Einfaches, modernes kleines Hotel im untouristischen Buzet mit DZ und kleinen Studio-Apartments für max. drei Personen.

■ **Boutique Hotel Vela Vrata**③, Šetalište Vladimira Gortana 7, Tel. 052-494750, www.velavrata.net, ebenfalls modernes, sehr komfortables Mittelklassehotel mit angeschlossener Vinothek.

■ Wen das ruhige Landleben *(agroturizam)* mehr anzieht, sollte sich z.B. mit dem Weiler **Počekaji,** 4 km außerhalb, anfreunden. Vor-/Nachteile je nach Interesse: Apartment/Selbstverpflegung, Zuganbindung, Minidorf/Landleben, wenig touristische Infrastruktur). Dort gibt es mehrere **Apartmentvermieter,** die man kontaktieren kann, z.B. *Apartment Bella Vista,* Finderli 13, 52420 Buzet/Počekaji, Tel. 91-5705372, oder *Apartment Finderli,* Finderli 18, 52420 Buzet/Počekaji, buchbar z.B. über www.bedandbreakfast.eu.

Essen und Trinken

■ Empfehlenswert ist das Restaurant **Most** (Tel. 098-327673) an der Mirna-Brücke (Ortsteil Juričići; im Ort von der Durchfahrtstraße vor dem Riesenparkplatz abbiegen, ca. 500 m) mit gutem Spanferkel; tgl. außer Mi 12–22 Uhr geöffnet.

■ An der Auffahrt zur Altstadt bietet das **Vrh** (Vrh 1, Tel. 052-667123) istrische Spezialitäten wie Schnecken-, Trüffel- und Schinkengerichte, geöffnet tgl. außer Mo 13–22 Uhr.

■ Wer mit eigenem Fahrzeug unterwegs ist, sollte das **Old River** besuchen, Most Bračana bb, Tel. 052-681548. Es liegt etwa mittig zwischen Buzet und Istarske Toplice an der Straße, geöffnet 10–22 Uhr, Sa bis 2 Uhr. Großzügiger Innen- und Außenbereich in einer ehemaligen Mühle mit neuem Anbau. „Mr. Bean" hätte am Steak Tatar seine Freude, ansonsten sind die Speisen vom Rost lecker, auch die Hausmacher-Brote und Nudelgerichte sind klasse. Besonders empfehlenswert ist das gegrillte Beefsteak im Vulkanstein.

Nützliches

■ Ein guter **Minimarkt** mit integrierter **Bäckerei** liegt vor der T-Gabelung hinter der **Tankstelle** rechts – er ist in Richtung Slowenien die letzte Möglichkeit Kuna „loszuwerden"!

Roč und Hum

Von besonderem sprachwissenschaftlichen Interesse ist die sogenannte **Glagoliter-Allee** (Aleja Glagoljaša), die einige Städte in Nord- und Zentralistrien verbindet, in denen sehr lange und intensiv die **glagolitische Schrift** als Ausdruck der slawischen Nationalkultur ge-

Die glagolitische Schrift

Die Wurzeln von Roč und Hum als Zentren der glagolitischen Schrift und des kroatischen Schrifttums reichen bis in das 9. Jahrhundert zurück, als der Kaiser von Byzanz im Jahre 863 die missionierenden Brüder *Ciril* und *Mefodi* (*Kyrill* und *Method*) aussandte, um den Slawen das Christentum zu lehren. Zu diesem Zweck mussten die lateinischen Bibeltexte ins Altslawische übersetzt werden – eine Schrift kannte man aber im Slawischen vermutlich noch nicht. Daher entwickelte *Ciril* die glagolitische Schrift, die sich in Kroatien als Kirchen- und Literaturschrift durchsetzen konnte. In der sogenannten (erzkonservativen) Glagoliter-Allee wurde noch bis ins frühe 20. Jahrhundert die glagolitische Schrift aktiv verwendet.

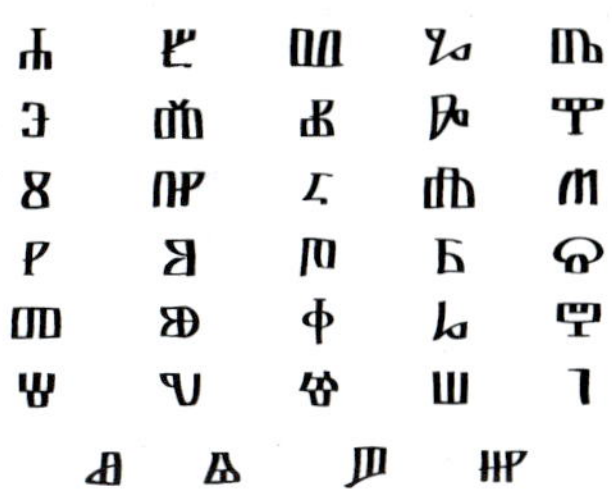

Die Schriftzeichen sind unter Verwendung christlicher Ursymbole frei erfunden

pflegt wurde (siehe Exkurs). Die an der Glagoliter-Allee gelegenen Orte Roč und Hum vermitteln darüber hinaus einen Einblick in **mittelalterliche Dorfstrukturen** und -lebensweisen, ohne dabei übertrieben touristisch zu wirken.

Rundgang in Roč

Elf Kilometer hinter Buzet in Richtung Rijeka liegt linker Hand der Ort Roč (dt. Rotz, ital. Rozzo d'Istria). Die Ortsschilder in dieser Gegend sind bewusst historisierend in glagolitischer und kroatischer Schrift gehalten. Roč liegt, anders als die meisten Orte der Gegend, nicht auf einem Hügel – und gerade die „Normalität" seiner Lage macht den Ort auf Anhieb sympathisch. Die etwa 180 Einwohner leben vorwiegend von der Nutzung des sehr fruchtbaren Bodens (Anbau von Kartoffeln, Kürbissen, Kräutern) und nur am Rande vom Tourismus.

Man betritt Roč durch das teilweise erhaltene Stadttor. Bedeutendstes Bauwerk im hervorragend restaurierten Städtchen ist die **Kirche Sv Rok** *(Rochus der Pestheilige)* mit Fresken aus dem 14. Jahrhundert. Die alte **Druckerei** in ihrer Nähe zeugt von der literarischen Bedeutung des Ortes: 1483 wurde hier die Vorlage für das erste gedruckte kroatische Buch zusammengestellt. Allgegenwärtig sind im Ort die glagolitischen Schriftzeichen. Weiterhin sehenswert sind die **Kapelle Sv Antun** (12. Jh.) und die barocke **Bartholomäuskapelle** mit dem markanten Glockenturm (17. Jh.). Leider stören einige recht deplatziert wirkende moderne Skulpturen das Erscheinungsbild des Ortes.

Rundgang in Hum

Noch vor Roč windet sich von der Hauptstraße nach rechts eine schmale Straße durch hügelige Ackerlandschaft hinauf zum sieben Kilometer entfernten Hum – **laut Guinness-Buch die kleinste Stadt der Welt!** Die Strecke erweist sich, von vereinzelten Gehöften abgesehen, als total abgeschieden. Hum ist nicht ausgeschildert, man muss immer auf dem neu asphaltierten Hauptweg bleiben. Nach etwa zwei Dritteln der Strecke liegt rechter Hand ein **Skulpturenpark:** ein steinernes Bildmonument zum Gedenken an die Erfinder der glagolitischen Schrift, u.a. *Kyrill* und *Method.*

Durch das Stadttor erreicht man den Kirchplatz mit der **Pfarrkirche Sv Petr i Pavel** (1802) und die beiden Gassen des Ortes. In der hinteren findet man ein **Museum** mit landwirtschaftlichen Geräten und glagolitischen Tafeln und Schriften sowie einen Souvenirshop. Insgesamt wirkt Hum wie ein künstlich erhaltenes, ummauertes Filmdorf ohne Komparsen.

Die zuletzt offiziell registrierten **23 Einwohner** (die Angaben schwanken zwischen 17 und 30) wechseln sich in der Bewirtschaftung der Dorfkneipe ab oder sind als Nebenerwerbslandwirte tätig. Ein Griff in die Kuriositätenkiste zeigt, dass eine bei uns zur Redewendung gewordene Sitte in Hum heute noch (bzw. seit 1997 wieder) praktiziert wird: Ein Dorf, und sei es noch so klein, braucht natürlich einen „Meier", den Bürgermeister. Zu dessen Wahl geben die nominierten Kandidaten ein Stück Holz mit ihren Initialen an die Wähler aus, die im Kreis oder in einer Reihe am alten Steintisch der Loggia sitzen. Jeder Wähler schnitzt nun eine Kerbe in das

Holz seines Kandidaten – wer schließlich am meisten „auf dem Kerbholz hat“, wird in Hum Bürgermeister!

Unterkunft in Roč

■ Wer in Roč eine Unterkunft sucht, wird nahe des kleinen Kastells in den **Apartments Nemarnik**② (einfache FeWo für 4 Pers., Roč 35, Tel. 091-169 4545, www.apartman-nemarnik-roc.hr), im **Turizam Cerovac**②-③ (Roč 58, Tel. 091-5312731, info @agroturizam-cerovac.hr) mit FeWo und Camping oder einem der zahlreichen Zimmeranbieter entlang der Hauptstraße (sehr beliebt ist hier z.B. **Pod Lipom**②, Roč 44, Tel. 052-666642, www.podli pom.com, hübsche Zimmer/Studios) fündig.

Essen und Trinken

■ Außen hinter dem Stadttor von **Hum** bietet die **Humska Konoba** (Tel. 091-6003456, Mitte Mai bis Mitte September tgl. 11–22 Uhr, 15.3.–15.5. und 15.10.–15.11. ebenso außer Mo, im Winter nur Sa/So) Spezialitäten wie Humer Mistelschnaps, Gulasch, Sauerkraut, Käse, Schinken oder Trüffelgerichte an (nicht ganz billig).

■ Zum Einkehren in **Roč** bietet sich die kleine **Konoba Roč** mit istrischer Küche an, April bis Oktober tgl. außer Mo 12–22 Uhr (Roč 14, Tel. 091-5828129).

■ In den Schänken sowohl in Roč als auch in Hum wird man mit etwas Glück **Biska** auf der Getränke-Karte finden; dabei handelt es sich um einen nach streng geheimen Rezept (naja, dient der Vermarktung!) gebrannten heimischen Tresterschnaps ähnlich dem Grappa.

Die Küste von Umag bis Novigrad

Prächtige Weinfelder erstrecken sich von Umag über Lovrečica bis zur Bucht von Tar (Tarski Zaljev), wo die **Mirna,** neben der Raša einziger auch im Hochsommer Wasser führender Fluss Istriens, in die kroatische Adria fließt.

Im Dörfchen **Lovrečica** wird *Kart Crossing* (Squad-/Buggytouren) direkt links der Hauptstraße angeboten, Tel. 091-5333070, www.kartcross.hr.

Der nächste Weiler **Karigador** bietet mit einem Fischgeschäft (*Ribarnica,* kleiner Stand direkt rechts am Ufer) und einem Minimarkt am Ortsausgang Einkaufsmöglichkeiten. Außerdem findet man hier einige Apartment-Anbieter, z.B. die *Villa Plavo More*② (Trgovačka 3a, Tel. 052-752740, buchbar u.a. über www. plavo-more.hr) oder die noble Hotelpension *Villa San Roko*④ (etwas abseits, http://sanrocco.hr).

Schließlich folgt in idyllisch-ruhiger Lage der Weiler **Dajla** mit dem guten *Belveder-Restaurant* am Ortsausgang rechts (Dajla 51, Tel. 052-735199, hübsche Uferterrasse, Fisch und Meeresfrüchte, tgl. außer Di 12–24 Uhr), einer guten Pizzeria (*Riva,* günstig, Tel. 052-735198, tgl. 18–22 Uhr) sowie einer kleinen Beach-Bar. Selbstversorgern bietet das Dorf einen Minimarkt mit Bäckerei und Metzgerei. Festunterkunft bietet das Hotel *Benedikt*③ (Dajla bb, Tel. 052-735 513, www.sv-benedikt.com), strandnah, mit Pool und Restaurant.

Nur rund 500 m weiter folgt der große **Campingplatz** *Aminess-Maravea.*

18 **AC Aminess-Maravea**③ (bis 2019 *Mareda),* 4 km nördlich, etwas größer als AC *Aminess Sirena,* Tel. 052-858690, www.aminess-campsites.com/de/aminess-maravea-camping-resort (hier Infos für beide großen Campingplätze). Sehr modern mit einigem Komfort, auch Mobilheime. Beide bieten neben Sportmöglichkeiten und Disco auch Rad- und Bootsverleih.

■ Ein **City-Bus** (22-Sitzer) wird zwischen Novigrad/Zentrum und Campingplatz *Maravea*/Dajla eingesetzt. Dieser pendelt im Sommerhalbjahr (angepasst an die Öffnungszeiten des Platzes) von 9.10 bis 22.30 Uhr 8x tgl. für 15 K (Kinder 10 K).

Novigrad

Novigrad (ital.: Cita Nova, knapp 5000 Einwohner) steht in vielerlei Hinsicht in einem krassen Gegensatz zu Umag. Aufgrund der **geschützten Buchtlage** siedelten schon die Griechen an dieser Stelle (Emonia), und auch die Römer unterhielten später eine Ansiedlung unter dem Namen *Civitas Nova* (neue Stadt, kroatisch Novigrad). Die Stadt zählt mit ihren architektonischen Stilrichtungen, der weitgehend erhaltenen Stadtmauer unmittelbar am Ufer und den zum Teil

sehr hübsch restaurierten Altstadtbauten zu den **Perlen der istrischen Westküste.**

So besticht Novigrad mehr durch sein altstädtisches Erscheinungsbild denn durch ein Angebot an touristischen Aktivitäten. **Baden** ist rund um die Altstadt an der befestigten Promenade möglich, wobei die innere Bucht ruhiger ist als die der offenen See zugewandte Seite; die Wasserqualität ist ausgezeichnet.

Sehenswertes

Von der Ampelkreuzung an der Durchfahrtstraße werden die Umag-Poreč-Busse wie auch die Selbstfahrer vorbei an Touristenagenturen ins Zentrum zum **Park Irma Benčić** geleitet (Parkplatz, Busbahnhof 300 m vorher linker Hand). Hier liegen die Marina, die Hauptpost sowie die Ulica Mandrac. Ein Rundgang durch die **Altstadt** beginnt am Uferpark vor den **Stadtmauern** mit der Kapelle Sveta Agatha. Die Altstadt ist überschaubar, binnen weniger Minuten hat man alle Gassen und Sträßchen erkundet. Das Ortszentrum bilden die **Velika Ulica** („Große Straße") mit Geschäften und Lokalen sowie an deren Ende der **Veliki Trg** („Großer Platz") mit seinen Cafés und hübsch renovierten mittelalterlichen Bauten und der Pfarrkirche.

adobe.stock ©epiximages

Pfarrkirche Sv Marija

Die im Volksmund **Basilika Pelagia** genannte Pfarrkirche Sv Marija vereint Fragmente einer frühchristlichen Basilika (6. Jh.), romanische wie barocke Elemente. Unter dem barocken Hauptaltar (*Picco von Palmanova,* 1749) liegt eine dreischiffige romanische Krypta verborgen, in der römische und romanische Steindenkmäler sowie ein Sarkophag aus dem 12. Jh. aufbewahrt werden. Die Seitenaltare stammen von 1790, darunter findet sich ein hölzerner mit Muttergottesstatue aus der Tiroler Schnitzerschule (18. Jh.). Der Glockenturm kann täglich 9–19 Uhr erklommen werden (15 K).

Blick über Novigrad bei Sonnenaufgang

Novigrad

Übernachtung
10 Hotel Cittar
12 Villa Ana
13 Villa Baissero
16 Hotel Nautica
18 AC Kastanija, Riviera Park, Youth Hostel Pineda, AC Aminess-Maravea
21 Hotel Aminess-Maestral
22 Hotel Laguna
23 AC Aminess-Sirena

Essen und Trinken
1 Konoba Amfora-Bonaca
4 Konoba Ristorante Romagna Mia
5 Kavana Istra
8 Konoba kod Kristijana
9 Gostionica Torci 18
10 Restaurant Lungomare
16 Restaurant Navigare
17 Konoba Tri Palme

Nachtleben
20 Element Disco

Einkaufen/Sonstiges
3 Vinarija
6 Bio Garden Lokalprodukte und Burek-Bäckerei
10 Mad Car Fahrzeugvermietung
11 Automatenklub Cesar
14 Rakam Trade & Travel
15 Konzum-Supermarkt
19 Mercator-Supermarkt
22 Laguna Agentur

Wassersport
2 Ufer-Seebad

Muzej Lapidarium

Östlich der Pfarrkirche am Veliki Trg beherbergt das Muzej Lapidarium eine interessante Sammlung an spätantiken und altkroatischen **Steindenkmälern,** vorzugsweise Schrankenplatten und andere sakrale Architekturfragmente, die z.T. aus Kirchen der Umgebung, auch aus Zufallsfunden, stammen.

■ **Muzej Lapidarium,** Veliki Trg 8a, Tel. 052-726 582, www.muzej-lapidarium.hr, Sept–März Mo–Fr 9–15 Uhr, April/Mai Mo–Fr 9–15 Uhr, Sa/So 10–13 Uhr, Juni–Aug. tgl. 10–13 und 19–22 Uhr. 10 K, Kinder 5 K, Familie 20 K.

Promenade

Hinter der Kirche liegt der kleine **Park Novigradske Biskupije,** von wo aus sich ein Rundgang an der hübschen und fast vollständig um die Stadt herumführenden, befestigten Promenade anbietet. Hier lockt ein **2 Bad** im kristallklaren Wasser. Auch für Kleinkinder wurde gesorgt: Mehrere steinerne Planschbecken sind in die Promenade integriert.

Praktische Tipps

An- und Weiterreise

■ Vom **Busbahnhof** in der Ulica Murvi (Tel. 052-757660) Direktanbindung je 2 x täglich von/nach Umag, Pula, Zagreb und Triest (im Sommer häufiger, www.autobusni-kolodvor.com/kolodvor.aspx).

■ **Selbstfahrer** parken am besten an einem der Automaten-Parkplätze nahe der neuen Marina (im nördlichen Uferparkbereich 5 K/Std., sonst 6 K/Std.; 30 K/Tag).

Stadtverkehr

■ Für die Bewohner der Campingplätze und Hotels von Novigrad fährt im Sommerhalbjahr eine kleine **Touristenbahn** stündlich die Strecke Benčić-Park – Kaprinjan – Pineta – *Maravea,* eine zweite über die Hotels *Aminess-Maestral* und *Laguna* bis zum Camp *Sirena* (einfach die Sirena-Route 15 K mit der *Maravea*-Bahn 10 K). Die Bahn fährt von 8.20 bis 23.20 Uhr.

Außerdem verkehrt zwischen Novigrad/Zentrum und Campingplatz *Maravea*/Dajla ein City-Bus. Dieser pendelt im Sommerhalbjahr (angepasst an die Öffnungszeiten des Camps) von 9.10 bis 22.30 Uhr 8x tgl. für 15 K (Kinder 10 K).

Info und Agenturen

■ Die **Touristeninformation** am Hafen liegt in der Porporela 1, Tel. 052-757075, www.novigrad-cittanova.hr (offizielle Seite der Tourismusbehörde Novigrad) und www.istra.hr/novigrad (offizielle Seite der Gespanschaft Istrien), und www.coloursof istria.com/en/destinations/novigrad, Okt.–April tgl. außer So 8–15 Uhr und Sa bis 13 Uhr, Ostern/Mai tgl. 8–20 Uhr, Juni/Sept. 8–21 Uhr und Juli/Aug. 8–21 Uhr.

■ Mehrere **Agenturen** säumen die Straßen der Stadt, alle mit etwa gleichem Angebot an Unterkünften und Ausflügen (z.B. Touren nach Plitvice, Venedig, Brijuni, Lim-Fjord per Boot, Fischpicknick), zum Beispiel:

22 **Laguna,** Skverska Ul. (beim Hotel *Aminess-Maestral*), Tel. 052-757463.

14 **Rakam Trade & Travel,** am Kreisel zwischen Ul. Murvi und Altstadt, bietet Geldwechsel, Ausflüge und Unterkunftsvermittlung (Gradska Vrata 45, Tel. 052-757047, www.rakam-trade.hr).

Unterkunft

10 **Cittar**③, Tel. 052-758540, www.cittar.hr. Zentral in die Stadtmauer der Altstadt integriert. Pseudohistorisches Interieur, aber klein und familiär. Angeschlossenes 10 **Restaurant** *Lungomare.*

21 **Hotel Aminess-Maestral**④, Škverska bb, Tel. 052-757557, www.aminess.com/de/aminess-maes tral-hotel. Bestes Hotel am Platz, zentral, u.a. mit Casino, Hallen- und Freibad.

22 **Hotel Laguna**③, Škverska 8, Tel. 052-858600, www.aminess.com/de/aminess-laguna-hotel. In Gehnähe zum Zentrum und strandnah, kleiner und älter als das unter demselben Management geführte *Maestral,* dafür günstiger. Mehr für Badeurlauber geeignet. *Maestral* und *Laguna* liegen nebeneinander, sind durch Campingplatz und Sportanlagen vom Ufer getrennt.

16 **Hotel Nautica**③, Sv. Antuna 15, Tel. 052-600 480, www.nauticahotels.com. Mit der Umgestaltung der städtischen Marina entstand vor wenigen Jahren das vor allem bei Seglern beliebte Hotel *Nautica* unmittelbar an der inneren Promenade. Modern und großzügig angelegt, eine empfehlenswerte Alternative zu den *Aminess*-Großhotels.

■ Wer eine **Privatunterkunft** sucht, kann bei Hunderten von Anbietern über die Internetseiten **www.istra.hr/novigrad/de** („Privatunterkünfte") **und www.croatia.hr** (Unterkunft – Stadt: Novigrad – Unterkunft beim Hausherrn) ein Arrangement vor der Reise treffen.

■ Als **Beispiele in ruhiger Lage** an einem kleinen Uferpark-Waldstück mit Badeufer nahe der neuen Marina seien die 12 *Villa Ana*④ (Tel. 052-758147, http://villa-ana.de), eine stilvolle Apartment-Villa in Gehnähe zum Zentrum mit komplett ausgestatteten FeWo, Balko/Terasse, TV, WLAN und eigenem Parkplatz, nebenan die etwas günstigere 13 *Villa Baissero*③ (www.app-istra.com, Tel. 052-757926) mit netten Studios und Apartments für max. 3 Personen, sowie die 2016 eröffnete *Villa Lemaliante*③ einige Kilometer entfernt im Inland, ebenfalls mit Mietwohnungen (selbe Betreiber wie *Baissero*), erwähnt.

18 Kurz vor dem Campingplatz *Kastanija* am Nordrand der Stadt bietet der **Park Riviera**③, Kastanija 1, Tel. 098-9134334, www.ericaturizam.hr, teils in direkter Uferlage Bungalows, Apartments und Mobilheime für 2 bis 6 Personen.

Camping und Hostel

23 **AC Aminess-Sirena**②, Tel. 052-858690, www.aminess-campsites.com, stadtnah in Waldgebiet, teils schattig mit Kiefernhainen. Direkt am Felsstrand (Betonliegeflächen) gelegenes Riesencamp für knapp 2000 Personen. Im *Sirena* wie im *Maravea* werden auch Mobilheime③ angeboten.

18 **AC Kastanija (Baia Bianca)**①, Novigrad-Kastanja, Tel. 052-726444, www.camping-adria.com.

Mitte April bis Mitte Oktober geöffnet. Klein, gut bewaldet; Disco, Minimarkt, kein Camping-Gas direkt vor Ort.

18 Hier liegt auch das erst 2016 eröffnete **Youth-Hostel Pinesta**② (https://youth-hostel-pinesta-novigrad.hotel-mix.de), welches einfache Doppel- oder Mehrbettzimmerunterkunft bietet. DZ/Gemeinschaftsbad ab 40 €/Nacht. Kastanija ist eine Sackgasse, zu Fuß ist es etwas weit zum Zentrum, Rad-/Fußwege verbinden das Areal mit der Stadt.

Essen und Trinken

1 Günstig und gut ist die mit Holzbänken ausgestattete, urige **Konoba Amfora-Bonaca** (Ribarnička 12, Tel. 052-726298, 1.3.–30.9. tgl. 11–23 Uhr) direkt an der Uferpromenade.

8 Die in einer Seitengasse versteckte **Konoba kod Kristijana** (vorm. *Tabasco*, Bolnicka 8, Tel. 098-420314, tgl. 12–15 und 18–22 Uhr geöffnet) bietet sehr ordentliche Muschelgerichte und Grillteller sowie Steaks und istrische Nudelspezialitäten. Wird von Reisenden sehr gelobt.

5 Am Veliki Trg bietet sich **Kavana Istra** (Veliki Trg 5a, Tel. 091-5220983, tgl. 8–24 Uhr) für ein Frühstück oder ein Getränk im Ortszentrum an.

4 Ebenfalls sehr zentral in der Brolo Ul. Ecke Veliki Trg – oder Piazza Grande, wie man im italienischen Ristorante insistiert – liegt das **Romagna Mia** (Tel. 091-1540616). Nennt sich *Piadineria-Crostineria* und hat sich auf deftige sandwichähnliche und italienische Snacks spezialisiert, es werden auch klassische italienische Standardgerichte angeboten.

9 Schwer zu finden, aber ganz besonders zu empfehlen ist die **Gostionica Torci 18,** Tel. 052-7571 74: von der Velika über den Veliki Trg gerade hinweg bis zur Stadtloggia am Ufer, davor links die Torci hinein bis zu Nr. 34. Das Lokal liegt hübsch versteckt und ruhig in der Altstadt und bietet von 8 bis 21 Uhr Fleisch- und Fischgerichte an. Jan./Febr. geschl.

16 Gourmets schwärmen vom **Navigare** (Hotelrestaurant des *Nautica*-Hotels, Sv. Antuna 15, Tel. 052-600400, tgl. 10–24 Uhr), das istrische Spezialitäten wie Goldbrasse auf Radicchio mit Pinienkernen oder Oktopus gesotten auf Rucola und Trüffel kreiert – gehobenes Preis-Leistungssegment.

17 Nicht weit entfernt am nördlichen Uferpark findet man die recht ordentliche und beliebte **Konoba Tri Palme,** Karpinjanska 14, Tel. 052-757081 tgl. 11–23 Uhr. Traditionelle, kroatische Küche in angenehmen, urigen Ambiente; besonders gelobt werden hier die Fischgerichte.

Nachtleben/Aktivitäten

■ In den zusammengehörigen Hotelanlagen *Maestral* und *Laguna* bietet ein **Casino** „spielerische" Abendunterhaltung.

20 Die Jugend zieht es in die **Element Disco,** Murve ul. 15 (am Busbahnhof), durchgehend geöffnet.

■ In den beiden großen Campinganlagen werden u.a. **Minigolf, Radverleih, Tennis- und Surfunterricht** angeboten.

■ In der Stadt – z.B. rund um die alte Stadtloggia – gibt es mehrere Möglichkeiten zum **Sonnenbaden** direkt am Ufer; z.B. unterhalb der Pfarrkirche sehr nett gemacht mit Kinderhüpfburg und *Waikiki-Beachbar* (Ul. Gradska vrata 15, tgl. bis 2 Uhr, gelegentlich Live-Musik). Auch entlang der (langen) Zufahrtsstraße zum Camp *Kastanija* kann man im Waldpark nördlich des Zentrums gut dem Badevergnügen frönen: Kioske, Liegeverleih und Rad-/bzw. Wanderwege ergänzen den schönen Blick auf die Altstadt.

■ **Radverleih/Radtouren:** *Aminess-Laguna,* Škverska ul. (beim Hotel *Maestral*), Tel. 052-757463, und *Rent-a-bike,* Rotonda ul., Tel. 052-757737; ferner bieten die Campingplätze *Mareda* und *Sirena* Leihräder an.

Ein ausgeschilderter, ca. 35 km langer Radweg führt beim Hotel *Maestral* beginnend über Sv Roželo über Antenal, Srbani und Nova vas bis Karigador, dort an den Campingplätzen *Maravea* und *Pinta* entlang zurück bis Novigrad. Details zu weiteren

Routen bei Novigrad unter www.istria-bike.com *(St. Pelagius Trail);* Routen zum Download s. Kap. „Praktische Reisetipps A–Z, Radfahren".

10 **Mad Car** vermietet Räder, Scooter, Quads und Pkw. Ul. Sv. Antona 6, Tel. 052-422222, www.madcar.hr.

11 **Automatenklub Cesar,** tgl. 10–2 Uhr, an der Stadtmauer beim Benčić-Park.

Feste und Veranstaltungen

- Wer am 28. August in der Stadt sein sollte, kann sich glücklich schätzen, die **farbenfrohen Feierlichkeiten** zu Ehren des Stadtheiligen *Pelagius* miterleben zu dürfen.
- Auch das **Heineken Jazzfestival Music Nights** im Juli/August darf hier nicht vergessen werden.

■ **Weitere lokale Feste** sind u.a. das *Piazza Grande Music & Wine* (Ende April, Weinfest/Live-Musik am Veliki Trg), das *Park Food-Fest* (Street-Food, erster Samstag im Mai), der Straßenkünstlerabend (Mitte Juni, Veliki Trg, Street-Art-Aufführungen), die *Piazza Grande Music Nights* (Juli/August, Veliki Trg) oder das *Che gusto!*-Bierfest (Ende Juli, Altstadt, regionale Wein-, Bier- und Wurstspezialitäten).

www.fotolia.de © Fotolyse

Nützliches

■ Selbstversorger finden einen guten 6 **Bäcker** in der Velika Ulica/Ecke Porporella Ulica sowie einen 19 **Mercator-Supermarkt** am Veliki Trg und den 15 **Konzum-Supermarkt** am Park I. Benčić, weitere, größere **Supermärkte** *(u.a. Konzum, Plodine)* liegen direkt an der Umgehungsstraße. Neben der alten Stadtloggia bietet der 6 **Bioladen** *Bio Garden* (Gradska vrata 2, Tel. 099-2825361) lokale und regionale Produkte wie Honig, Kräuter, Obst, Duftöle, Olivenöl u.v.m. an.

■ **Apotheke:** Ul. Rižanskog placita 2 (andere Kreiselseite vom Plodine), Tel. 052-757039, Mo–Fr 7–20, Sa bis 15 Uhr, mit Filiale im Zentrum (Veliki Trg).

■ **Marina:** Tel. 052-757330, www.nauticahotels.com. Knapp 400 Liege- und rund 100 Winterplätze, Supermarkt usw.

3 *Vinarija* (an der Promenade beim Park Novigradskih Nr. 18): **regionale Weine** zum verkosten und Mitnehmen. Mo–Fr 8–15, Sa bis 13 Uhr.

◁ Eine Touristenbahn bummelt durch das Zentrum von Novigrad

EGO SVM
OSTIVM
PER ME
SI QVIS
INTROIERIT
SALVABITVR
EUFRAZIJANA

www.fotolia.de © Jgz

2 Poreč und das Zentrum

Die zentrale Westküste Istriens fasziniert jeden – sei es als Camper rund um die Touristenhochburg Vrsar oder um in Poreč auf historischen Spuren zu wandeln.

‹ UNESCO-Welterbe: die Eufrasius-Basilika in Poreč

POREČ UND DAS ZENTRUM

Die Region um Poreč, auch „Riviera“ genannt, ist nicht umsonst das **touristische Herz Istriens.** Die faszinierende Stadt liegt zentral an der Westküste und bildet damit einen guten Ausgangspunkt für Kurztrips ins Hinterland. Letztlich sind aber alle Highlights der Halbinsel von hier per Tagesausflug gut zu erreichen.

NICHT VERPASSEN!

- Das beeindruckendste Sakralbauwerk Istriens – die **Eufrasius-Basilika von Poreć** | 67
- Die bekannteste **Tropfsteinhöhle** des Landes – **Baredine Jama** | 79
- Jules Verne in Istrien – die **Pazinska Jama bei Pazin** | 83
- Auf den Spuren des Heiligen Simeon – **Wanderung in Gračišće** | 87

Diese Tipps erkennt man an der gelben Hinterlegung.

Tar-Vabriga

Von Westen kommend, passiert der Reisende hinter dem hübsch anzuschauenden Mirna-Damm das **Doppelstädtchen** Tar-Vabriga, das sich beidseitig der Küstenstraße erstreckt. Es liegt an der Strecke Umag – Poreč und bietet selbst keinen direkten Zugang zum Meer. Ziel der meisten Besucher sind daher die nahe **Landzunge Lanterna** mit ihren beiden Campingplätzen (3 km in Richtung Küste, gut beschildert), eines der großen Campingzentren Istriens, und Cervar-Porat als Unterkunftsorte am Meer. Ansonsten sind die beiden Dörfer – auch in der Hochsaison – der **ruhigste Teil der Riviera von Poreč.** Viele Touristen bleiben auf ihren Campingplätzen oder bevorzugen das Nachtleben in Poreč selbst, sodass spätestens am Abend wieder ländliche Idylle einzieht.

Ein netter **Strand** befindet sich in der Nähe von Vabriga: In Richtung Fischrestaurant *St. Marina* fahren, direkt beim Verlassen des Waldes kurz vor dem Wasser links abbiegen und dem Radweg folgen; nach ca. 2 km rechts im Wald Parkmöglichkeiten mit Bäumen fast bis zum Ufer.

Auf einem 112 Meter hohen Plateau gelegen, waren die ursprünglich getrennten Orte seit jeher eine Hochburg des **Wein- und Olivenanbaus.** Besonders das Olivenöl stellt einen für die Umgebung wesentlichen Produktionszweig dar. Heute spielt allerdings der Tourismus durch die nahe gelegenen Campingplätze eine ebenso große Rolle, sodass mittlerweile etwa jeder zweite Einwohner direkt oder indirekt vom Fremdenverkehr profitiert.

Sehenswertes in Tar

Von offizieller Seite wird der famose Ausblick hervorgehoben, den man vom **Glockenturm** von Tar (Eintritt 15 K) habe: „Bis zur St. Markuskirche in Venedig" soll er reichen – doch selbst mit Fernglas blieb dieses Spektakel bislang nur wenigen Auserwählten mit außergewöhnlicher Sehkraft vorbehalten ...

Die an Säulen und Heiligenskulpturen reiche **Pfarrkirche Sv Martin,** in den Sommermonaten Schauplatz **klassischer Musikkonzerte,** wurde im 19. Jh. anlässlich des Gedenkens an einen Papstbesuch in der nahegelegenen Tarska Vala erweitert und erneuert. Von diesem Besuch zeugt auch die lateinische Inschrift über dem Kircheneingang: „Seine Heiligkeit Papst Pius VII. weilte im Hafen der Tarska Vala am 13. und 14. August 1800."

Weltliche Vergnügungen stehen im Frühsommer im Mittelpunkt, wenn das alljährliche **Tarer Volksfest** mit Eselswettritt, Blasmusik und Weinausschank fröhlich begangen wird. Höhepunkt ist dabei am 16. Juli die Prozession „Hl. Maria von Karmel" mit anschließendem Dorffest und Livekonzerten. Interessant ist sicherlich auch das **„Wassermelonenfest"** am ersten Freitag im August (Rošini Stadion, 20 Uhr) – ein nur lokal bekanntes Volksfest mit Live-Musik und Wassermelonenverköstigung, inklusive Schnell-Ess-Wettbewerb!

Motodrom Poreština

Eine Besonderheit, die vor allem jüngere Reisende interessieren wird, liegt zwischen Tar und Poreč unmittelbar an der

Nordseite der Küstenstraße (auf Höhe des AC *Ulika*): das *Motodrom Poreština*. Auf einer Pistenlänge von 550 m kann man in **Go-Karts** mit drei verschiedenen Motorenstärken Formel 1 spielen.

- **Motodrom Poreština,** tgl. 10–18 Uhr, www.istra-kart.com, ab 90 K/10 Min.

Adrenalinpark Sky-Fox

Nebenan wurde einer der drei größeren istrischen **Kletterparks** eingerichtet, der ebenfalls zum *Motodrom*-Areal gehört wie das nebenan liegende Paintball-Gelände *Paintball Balin* (Tel. 095-9100589, Ausrüstung inkl. 100 Schuss 140 K).

5 **Sky-Fox,** Tel. 091-3345490, www.skyfox.com.hr, Juli–September tgl. 10–24 Uhr, Nebensaison bis 18 Uhr; je nach Alter 100–150 K.

Praktische Tipps

An- und Weiterreise

- **Busse** der Linie Umag – Poreč halten an der Durchgangsstraße und auch in Tar.
- **Shuttle:** Die Touristenbahn fährt 3x tgl. die Route **Lanterna – Solaris – Tar** (15 K, um 8.20, 9.15 und 13.50 Uhr ab Lanterna, 20 Min. später ab Tar zurück).

Info

- **Tourist Association Tar-Vabriga,** Istarska 8a, Tar, Tel. 052-443250, www.tar-vabriga.com, Okt.–März Mo–Fr 8–15 Uhr, April/Mai Mo–Sa 8–15 und So 8–13 Uhr sowie Juni–Sept. tgl. 8–21 Uhr. Hier sind auch nahezu alle Privatanbieter von Feriendomizilen aller Art zusammengeschlossen.

Unterkunft

Die Apartmentanlagen vor Ort entsprechen landesüblichem Standard, liegen aber deutlich ruhiger als

Das beste Olivenöl der Welt

Experten haben wissenschaftlich bewiesen, dass just in der Tar-Ebene, auf der Plantage *Larun*, Oliven heranreifen, die das beste Öl in ganz Europa ergeben! Wie bitte? Ist diese Behauptung nicht eine Gotteslästerung in Bezug auf die Oliven des südlicheren Mittelmeerraumes, aus Spanien, Sizilien und Griechenland? Die Olive, diese biblische Pflanze, reift heran und wird im November geerntet. Das Geheimnis liegt in der milden Kälte, wenn die Olive völlig reift und das Öl somit einen reicheren Säuregehalt bekommt. Aber dies war auch schon den antiken Völkern bekannt. Der bekannteste römische Epigrammschreiber, *Marcus Valerius Martialis* (40–103 n. Chr.), pries in seinem Lobgesang sein heimatliches Cordoba mit folgenden Worten: „Uncto Corduba leatior Venafro Histria nec minus absolute testa" (Cordoba, welch du fruchtbarer als das ölreiche Venafra und vollkommen, gleich dem Öl Istriens).

etwa im benachbarten Poreč. In den letzten Jahren hat die *Valamar*-Gruppe im Raum Tar-Vabriga fast alle Anlagen aufgekauft (s. auch Poreč).

■ Zwei sehr hübsche (u.a. deutschsprachige) Anlagen, das restaurierte Landgut 1 **Vila Bernaca**③ (Sv. Martin 12, Tar, Tel. 052-443556, buchbar über www.tar-vabriga.com) und das stilvolle Altstadthaus 6 **Vila Lorenzo**③ (Istarske kontrade 77, Vabriga, Tel. 098-334158, ugo.musizza@pu.t-com.hr) seien an dieser Stelle empfohlen. Letzteres kann z.B. über www.uniline.hr/hrvatska/privatna-vila/lorenzo-vabriga.php gebucht werden.

10 **Hotel Tamaris**③, Lanterna, Tel. 052-465000, www.valamar.com. Große, aber nicht überlaufene und kinderfreundliche 4-Sterneanlage mit eigenem Strandzugang. Haben auch eine kleine angeschlossene Apartmentanlage.

15 **Ferienapartments Solaris**③, Lanterna, Tel. 052-465000, www.valamar.com, nur für FKK-Touristen (im Bereich des *Solaris*-Campingareals gelegen und zur *Valamar*-Gruppe gehörend).

12 **Apartments Lanterna**②, Tel. 052-465000, www.valamar.com, gigantische, traditionelle Anlage mit knapp 3000 Betten.

Camping

Es besteht sowohl per **Shuttle-Bus** als auch per **Minibahn** Anbindung der Camps an Poreč.

8 **Camping Lanterna**③, Lanterna, Tel. 052-423 073, www.camping-adriatic.com. Mit einer Kapazität von über 8000 Personen einer der größten Campingplätze des Landes – und natürlich auch schon von der *Valamar*-Gruppe aufgekauft. Disco, zahlreiche Sportmöglichkeiten, Freibad, Rad- und Bootsverleih sowie Bungalows/Mobilheime von 120 bis 230 € in der Hauptsaison (Nebensaison bis ca. 75 % günstiger!). Beim *Lanterna* findet man auch eine Paintball-Anlage (derselbe Betreiber wie Poreč, siehe dort). Sehr beliebt ist das **Lanterna-Bier-Festival** Mitte August mit Live-Vorführungen, Essensständen und bayerischen Laugenbrezen.

15 **FKK-Camp Solaris Naturist**②, Tel. 052-465 010, http://de.campingsolaris.com. Bietet ebenfalls Disco, zahlreiche Sportmöglichkeiten, Rad- und Bootsverleih sowie Bungalows/Mobilheime und ist insgesamt nur halb so groß wie Camping *Lanterna*.

16 **FKK-Camp Ulika**③, Červar, Tel. 052-410102, www.istracamping.com/de/campingplatze/ulika, Mitte April–Ende September. Auf bis zu 3000 Personen ausgelegt und damit der kleinste der drei Campingplätze, bei etwa gleichem Angebot inkl. WLAN, Pool, Miniclub sowie Mobilheimen.

11 **Boutique Camping Santa Marina**④, Tel. 099-3591669, www.campingsantamarina.com. Noble Anlage auf der Landzunge Lanterna mit Fertigzelten, Mobilheimen oder klassischen Stellplätzen. Minigolf, Tennis, Rad/Bootsverleih. Erster 5-Sterneplatz Istriens.

Nützliches

■ **Erste Hilfe:** Eine Sanitätsstation im Bereich Lanterna (Erste Hilfe, Tel. 052-402030) bietet lediglich das Camp *Ulika*, auf welches auch die beiden anderen im Notfall zurückgreifen können (ca. 1 km).

■ **Ambulanz Tar:** Istarska 8, Tel. 052-443334.

14 **Reiten:** Zwischen den Anlagen *Lanterna* und *Solaris* liegt etwa mittig das *Konjički centar Lanterna*, Lanterna bb, Tel. 091-5051770, http://horse-centar.com.

9 **Tauchen:** Basis *Valeta*, Lanterna, Tel. 052-405 040, www.zeus-faber.com.

Einkaufen

4 **Tommy Supermarkt,** an der Haupt-Durchfahrtsstraße Brajde 9.

3 **Olivenöl** und **Wein** bietet der Weinkeller *Cocola Vina*, Istarska 4 (an der Durchfahrtsstrasse als *Vina Cocolo* nach Tar hinein beschildert). **Olivenöl vom**

Tar-Vabriga und Riviera von Poreč

Erzeuger gibt es kurz vor dem Campingplatz *Santa Marina* bei der *OPG Perčić,* Ribarska 24, tgl. 8–19 Uhr.

2 Eine gute **Metzgerei** liegt an der Ecke Istarska/Borgo in Tar, Meeresfrüchte-Liebhaber kaufen **Muscheln** bei 7 *Marcanela* (Ul. Istarske Kontrade 34, südl. Hauptzufahrt/Vabriga entlang).

Poreč

Die Riviera von Poreč

Von der Tarski-Bucht bei Tar-Vabriga bis zur Limski-Bucht bei Vrsar/Koversada erstreckt sich **Westistriens größtes Feriengebiet,** die Riviera von Poreč. Mit knapp 1 Million Gästen jährlich aus aller Welt ist sie sogar mit Abstand das bedeu-

Nachtleben
22 Colonia Julia Parentium und Villa Club
25 Casino Parentium

Einkaufen/Sonstiges
2 Metzgerei
3 Cocola Vina
4 Tommy-Supermarkt
5 Adrenalin-Kletterpark & Paintball Balin
7 Marcanela Meeresfrüchte
9 Tauchbasis Valeta
13 Paintballclub Poreč
14 Konjički centar Lanterna
18 Pressluft-Füllstation
19 Supermarkt, Lacop-Centar

Sportangebote im ...
23 Hotel Diamant/ Diving Center Poreč
26 Hotel Albatros
27 Hotel Laguna-Galijot/ Tauchschule Blue Lagoon
28 Hotel Galeb

tendste touristische Zentrum Kroatiens. Im Sommer sind die Küstenabschnitte und Siedlungen in und um Poreč mehr als gut besucht, eine Vorabbuchung der Unterkunft ist unbedingt ratsam, wenn man nicht weit im Hinterland unterkommen möchte. Pauschalreisende werden in unmittelbarer Nähe des Städtchens untergebracht; Campingfreunde werden einen der zahlreichen Plätze der Umgebung zumindest in Erwägung ziehen, und schließlich wird auch der Durchreisende nicht umhin können, zumindest der wahrlich einmaligen **Kathedrale** eine Stippvisite abzustatten.

Umso bemerkenswerter daher die Tatsache, dass es kaum (gravierende) ökologische Schäden wie „Vermüllung“ oder Vergleichbares gibt; die Gewässer der Riviera von Poreč sind auffallend klar, wozu auch das Fehlen jeglicher belastender Industrie erheblich beiträgt.

Die Stadt

Die besondere Stellung der Stadt Poreč (ital.: Parenzo, gut 18.000 Einwohner) drückt sich schon in der Selbstverwaltung innerhalb der Gespanschaft Istrien aus, ein Privileg, das nicht jeder kroatischen Stadt zusteht. Poreč bezeichnet sich selbst als einen „würdigen Nachbarn von Venedig auf der gegenüberliegenden Seite der Adriaküste".

Der Stadtheilige, der Märtyrer *St. Mauro,* seinerzeit erster Bischof von Poreč, lebte im 3. Jahrhundert in der Stadt, die ihre große Bedeutung von einst nicht nur erhalten hat, sondern ihren Ruhm dank der touristischen Entwicklung sogar noch mehren konnte. Der **Tourismus** ist für den Ort und seine Umgebung schon lange wichtig: Die ersten Touristen in Poreč waren im Jahr 1886 Adelige der österreichisch-ungarischen Monarchie, zuerst die Erzherzogin *Stephanie,* dann die Erzherzöge *Karl Stephan* und *Karl Ludwig.* Das Altstadt-Hotel *Riviera* an der Spitze der Halbinsel ist das älteste Hotel von Poreč, wie noch heute in allen öffentlichen Publikationen stolz vermerkt wird.

Mitten auf der vorgelagerten kleinen **Insel Sv. Nikola,** dem grünen Schutzwall der städtischen Uferpromenade, befinden sich einer der ältesten Leuchttürme der Adria (1406) sowie das Lustschlösschen Isabella, erbaut im pseudo-klassizistischen Stil und mittlerweile umgewandelt in ein Aparthotel.

Die Stadt Poreč, oder besser: ihre Repräsentanten, waren es über viele Jahre hinweg gewohnt, als **Seriensieger touristischer Auszeichnungen** (Tourismuschampion Kroatiens, Blüte des Tourismus, Stern des Tourismus, höchster Qualitätsstandard, gepflegteste Straße) nahezu automatisch auf dem Siegerpodest der nationalen Ausschreibungen zu landen. Doch die Konkurrenz hat nicht nur dazu gelernt, sondern dem einstigen touristischen Überflieger Istriens inzwischen auch den Rang abgelaufen: Städte wie Rovinj, Strände wie die von Hvar oder Inseln wie Krk und Losinj liegen in der Gunst der Juroren (und des Publikums) derzeit mindestens gleichauf.

Blick über die Altstadt von Poreč

Geschichte

Um die Bedeutung von Poreč zu verstehen, müssen wir in der Geschichte einige Jahrtausende zurückgehen und die Entwicklung seit der Steinzeit betrach-

www.fotolia.de © WitR

ten: Zeugnisse menschlicher Siedlungen datieren bis in die **Jungsteinzeit,** eine durchgehende Stadtchronik lässt sich jedoch erst mit der **römischen Gründung eines Castrum** (Stadt, Quartier) im 2. Jahrhundert v. Chr. beziehungsweise mit der Erhebung zur „Colonia Juliae Parentium" im ersten vorchristlichen Jahrhundert nachweisen. Mit dem Zusammenbruch Westroms fiel Poreč zunächst unter die Herrschaft der siegreichen Ostgoten (476 n. Chr.), dann an **Ostrom** (Byzanz, 539). In diese Epoche fällt auch der Bau der berühmten Basilika. Nach der Kaiserkrönung *Karls des Großen* (800) und der Anerkennung des „Heiligen Römischen Reiches Deutscher Nation" durch Byzanz im Vertrag von Aachen (812), einhergehend mit der Abtretung Venetiens, Istriens und Dalmatiens, fiel auch Poreč an das **fränkische Karolingerreich.**

Ab 1267 stand die Stadt unter **venezianischer Herrschaft** und war daraufhin oft die Zielscheibe des großen Widersachers Genua (Raub der Reliquien des *Hl. Mauro* 1354).

Im 15. und 16. Jahrhundert fielen wechselweise Korsaren und Uškoken in das von der Pest auf die Hälfte seiner ursprünglichen Einwohnerzahl dezimierte Poreč ein, bis die Mutterstadt Venedig 1797 von *Napoleon Bonaparte* besetzt wurde. Dieser gab praktisch ganz Venetien, Istrien und Dalmatien unter die Regentschaft **Österreich-Ungarns,** und unter dieser Ägide (1861) wurde Poreč zur **Hauptstadt von Istrien** ernannt. Handel und Wirtschaft florierten, und auch der hier tagende istrische Landtag hatte einige Autonomie. Nach dem Zusammenbruch der k.u.k. Doppelmonarchie am Ende des Ersten Weltkriegs fiel ganz Istrien an **Italien** (1918 bis 1943).

Poreč erlitt durch alliierte Luftangriffe im Zweiten Weltkrieg erhebliche Schäden und ging schließlich nach der italienischen Kapitulation in das befreite **Jugoslawien Titos** ein.

Diese wechselvolle Geschichte hinterließ ihre Spuren in den unterschiedlichsten **Bauwerken** – die Spanne reicht von prächtigen Kolonialpalästen über die unvergleichliche Eufrasius-Kathedrale bis hin zu den schlichten Wohngebäuden aus der sozialistisch-jugoslawischen Epoche.

Sehenswertes

Die Lage von Poreč auf der kleinen **Landzunge** ließ den Grundriss der Stadt über zwei Jahrtausende nahezu unverändert. Die Römer legten zwei Straßenachsen an, um die herum sich öffentliche

und private Anwesen gruppierten; diese Achsen sind noch heute die beiden Hauptstraßen von Poreč und tragen ihre antiken römischen Namen: **Decumanus** („zur 10. Legion") und **Cardo Maximus** („große Achse"). Die Decumanus ist eine **Fußgängerzone** und bildet heute die zentrale Flaniermeile und Einkaufsgasse mit zahlreichen Cafés, Boutiquen und Andenkenläden. An ihrem oberen Ende sowie entlang der nordwestlichen Uferpromenade sind die ehemaligen **Stadtmauern** mit insgesamt noch drei Türmen am besten erhalten.

Galerie Ante Potočnjak

In der Eufrasieva, kurz vor der Basilika, kann man einen Blick in den Wirkensbereich des lokalen **Malers, Innenausstatters** und **Bühnenbildners** *Ante Potočnjak* werfen; er stellt u.a. in Köln, Berlin, Venedig und Florenz aus und wurde für einige Werke u.a. mit dem Orden der kroatischen *Danica* sowie der Mitgliedschaft des Ritterordens *Von Delo* als Humanist und Künstler geehrt (https://antepotocnjakgallery.business.site).

Eufrasius-Basilika

Als das **sakrale Prunkstück der Riviera von Poreč,** wenn nicht ganz Istriens, darf die zum **UNESCO-Welterbe** gehörende Eufrasius-Basilika bezeichnet werden. Kaum jemand wird sich dem Zauber der prächtigen Mosaiken und Verzierungen dieser Andachtsstätte entziehen können. Selbst wer ansonsten wenig oder gar nichts für Kirchenbesichtigungen übrig hat, wird die eigentümliche Faszination dieser außergewöhnlichen Basilika auf geradezu magische Weise spüren.

Der Basilikenkomplex umfasst die eigentliche Kirche, das Atrium, die Taufkapelle und den ehemaligen Bischofspalast. Mit ihren reichen Verzierungen und dem hohen Erhaltungsgrad ist die Eufrasius-Basilika das **bedeutendste Monument byzantinischer Sakralbaukunst** auf kroatischem Boden.

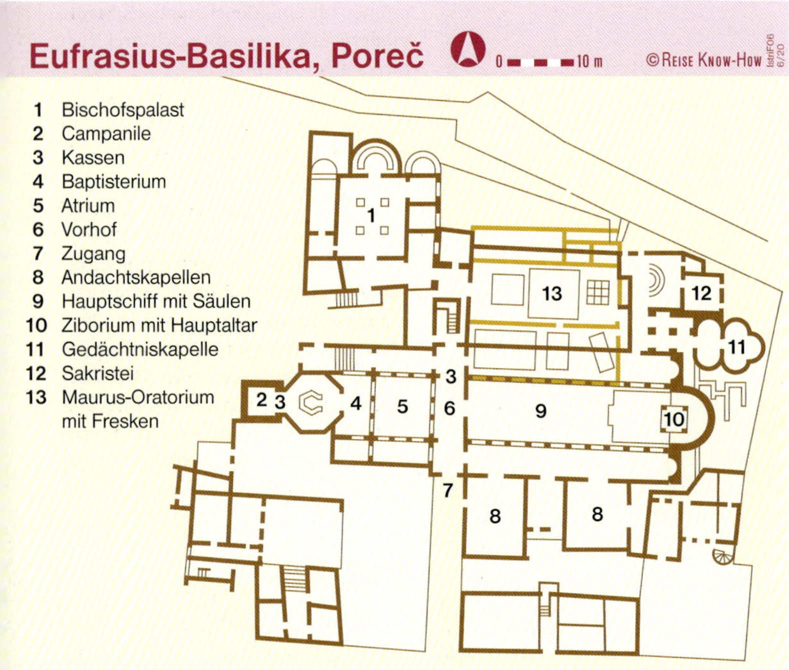

Eine erste **Kapelle** zu Ehren des Stadtheiligen *St. Mauro* entstand im frühen 3. Jahrhundert, wovon erhaltene Mosaikfragmente zeugen. Nach dem Edikt von Mailand (313) wurde an dieser Stelle eine öffentliche Kirche mit mehr als den doppelten Ausmaßen errichtet. Hierbei diente ein Teil als Gebetsstätte, ein anderer zur Verwahrung der sterblichen Überreste des *Hl. Mauro.* Unter dem im 5. Jahrhundert inaugurierten Bischof *Eufrasius* entstand dann, wiederum auf den Fundamenten des Vorgängerbaus, die prunkvolle Hauptkirche mit ihren unvergleichlichen Mosaiken rund um den Hauptaltar.

Die Basilika wurde dreischiffig errichtet, wobei das mittlere Schiff erhöht wurde. Die Stuckarbeiten der Säulenbögen sind im Original erhalten, zum Teil mit den Initialen des Bischofs *Eufrasius.* Das **Zentralschiff** endet in einer tiefen Apsis mit einem erhöhten, säulengetragenen Hauptaltar, der mit einem goldbesetzten Antependium aus dem Jahre 1452 dekoriert wurde. Auch der steinerne, gotische Ziborium-Baldachin (1277) wurde mit **farbigen Mosaiken** versehen, die Szenen der Verkündigung sowie lokale Märtyrer zeigen. Die Mosaiken der Apsis, alle aus der Hand unbekannter venezianischer Künstler, werden als Meisterstücke byzantinischer Sakralkunst auch Laien in ihren Bann ziehen: Die Halbkuppel wird von der Muttergottes auf einem Thron dominiert, flankiert von zwei Erzengeln und istrischen Märtyrern. Die Figur auf der linken Seite (mit der Kirche in den Händen) stellt den Bischof *Eufrasius* als Auftraggeber des Basilikenbaus dar, neben ihm sein Bruder *Claudius* mit Kind. Die beiden Figurengruppen darunter zeigen den Erzengel *Gabriel, Zacharias* und *Johannes den Täufer,* gegenüber die Begegnung *Elisabeths* mit *Maria.* Der Bogen zur Halbkuppel ist innen mit Bildnissen der seinerzeit bekannten Heiligen versehen sowie in der Mitte mit einem symbolischen Opferlamm. Den oberen Abschluss der Mosaiken bildet eine Christusfigur mit je sechs Aposteln zu seinen Seiten. Diese Gruppe wurde im 18. Jahrhundert schwer beschädigt und 1891 restauriert.

Das **nördliche Seitenschiff** – vom Eingangstor linker Hand – weist zwei Schichten von älteren Mosaiken auf, die zu den Vorgängerbauten aus dem 4. und 5. Jahrhundert gehörten. Auch das z.T. gut erhaltene Zentralmosaik des linken Schiffes fällt in diese Phase. Die Tür der Nordwand führt zur Sakristei (15. Jahrhundert) sowie zum Oratorium mit der Krypta des *Hl. Mauro,* die auf das Jahr 1247 zurückgeht. Sie wurde auf der Hauskapelle des *Mauro* aus dem 3. Jahrhundert – also dem ältesten Teil aller Bauten, zu erkennen an den Original-Fischmosaiken – errichtet.

Das **Basilikenschiff der Südseite** (rechter Hand) mit seinen ländlichen Motiven stammt vorwiegend aus dem 15. Jahrhundert und wurde erst kürzlich renoviert. Die drei hier angrenzenden Kapellen wurden nacheinander zwischen dem 17. und 19. Jahrhundert angefügt, die Zentralkapelle birgt heute die ehemaligen Chorstühle von 1452. Ansonsten sind noch das Polyptichon (siehe Glossar) der westlichen Kapelle zu erwähnen, ein Meisterwerk von *Antonio Vivarini* (um 1440), eine Darstellung des letzten Abendmahls *(J. Palma der Jüngere)* sowie „*Christus* im Hause von *Matthäus* und *Martha*" aus der Schule *Francesco Bassanos.*

> Die Basilika

Die beiden Säulenreihen zu je neun Säulen, typisch für die byzantinische Sakralarchitektur, setzen sich gekonnt nach außen in das unmittelbar vor dem Eingang befindliche **Atrium** fort, welches von einem an allen vier Seiten überdachten Portikus umgeben wird. An die Westseite des Atriums schließt sich eine oktagonale (achteckige) **Taufkapelle** mit Zugang zum **Campanile** (Glockenturm) aus dem 16. Jahrhundert an (Eintritt: 30 K), von dem man eine fantastische Aussicht hat. An der Nordseite führt das Atrium zu einem der ältesten Teile der Anlage mit zahlreichen prächtigen Mosaiken (20 K) sowie zum bischöflichen Palast.

■ **Eufrasius-Basilika:** Die Basilika ist außer bei Messen tgl. außer So ab 9 Uhr zu besuchen, und zwar von November bis März bis 16 Uhr, Juli/August bis 21 Uhr, sonst bis 18 Uhr, Eintritt 40 K, Kinder/Studenten 20 K. Es empfiehlt sich durchaus auch einmal ein Besuch in den Abendstunden, wenn durch die künstliche Beleuchtung eine gänzlich andere Stimmung entsteht als bei Tageslicht. Das Fotografieren ist erlaubt, jedoch nicht während der Messen, zu denen der „informative Besuch" generell nicht gern gesehen wird.

Erzbischöflicher Palast

Im Bereich der Basilika liegt auch der bischöfliche Palast (Eingang: Eufrazijeva/Ecke Eleuterija), dessen erhaltene Wände aus dem 5./6. Jahrhundert als einmalig gelten. Derzeit ist das Bistum mit einer umfangreichen Restauration insbesondere der ältesten Teile beauftragt; zu besichtigen ist im Moment nur das **Lapidarium** im Untergeschoss des Anwesens

136is wl

mit Mosaiken, Wappen und frühchristlichen Monumenten.

Heimatmuseum

In einem als *Galerija* bezeichneten, eher unscheinbaren Souvenirladen findet der geschichtlich Interessierte den Zugang zum städtischen Heimatmuseum. Das **älteste Museum Istriens** wurde schon 1884 im barocken Stadtpalast der wohlhabenden Händlerfamilie *Sinčić* gegründet. Heute sind hier über 2000 Exponate aus allen Epochen von der Altsteinzeit bis zur Gegenwart zur Stadtgeschichte ausgestellt. Ein Lapidarium zur römischen Geschichte nimmt einen besonderen Teil des Museums ein – insgesamt interessant und sehenswert.

■ **Poreština-Heimatmuseum,** Decumanus 9, Tel. 052-431585, www.muzejporec.hr, Mo–Fr 8–16 Uhr, Eintritt 20 K, Kinder 10 K. Achtung: Der Stadtpalast wird 2019/20 umfassend renoviert, die Dauerausstellung ist daher derzeit nicht individuell zugänglich. Gruppen können aber gegen Voranmeldung und eine Gebühr von 300 K (bis 30 Personen) an einer geführten Tour (begrenzte Wechselausstellungen, altes Parlament u.a.) auch während der Bauarbeiten teilnehmen.

Forum Romanum

Der in der römischen Antike zentrale Platz liegt am Ende der Decumanus, an einigen Stellen tritt noch das einstige Pflaster hervor. Beachtenswert ist das steinerne dreistöckige Gebäude mit dem umlaufenden Holzbalkon, ein **romanisches Haus** aus dem 13. Jahrhundert. Die **Romanicka Kuca** aus dem 10.–13. Jahrhundert war früher ein kleines Hei-

◁ In der Altstadt von Poreč

Die Triest – Parenzo Lokalbahn

Unter seinerzeit österreichischer Federführung wurde 1899–1902 die **Schmalspurstrecke Triest – Koper – Savudrija – Buje – Grožnjan –Motovun – Poreč** auf einer Länge von 122 km geplant und gebaut. Ziel war eigentlich die Fortführung der Linie bis Kanfanar (Anschluss an die reguläre Bahntrasse Wien – Pula). Aufgrund der hügel- und kurvenreichen Streckenführung mit langen Fahrtzeiten war die Strecke vorwiegend für den Gütertransport, teilweise auch für den Personentransport konzipiert. Bereits 1918 fiel Istrien (Zerfall Österreich-Ungarn) an Italien, der Betrieb wurde 1935 bereits weitgehend aus Rentabilitätsgründen eingestellt. Mit Hilfe von EU-Fördermitteln wurde erst ab 2006 ein Teil der alten Strecke, besonders nördlich von Poreč im Hügelland mit alten Viadukten, als Radwanderweg restauriert. Der bekannteste Abschnitt führt 62 km lang (Einweg) von der Ferienanlage *Kanegra* nahe der slowenischen Grenze bis Vižinada und bietet sich entweder als Teiletappe einer mehrtägigen Radtour oder, wenn man zum Ausgangspunkt zurückkehrt, als stramme Tagestour an (Infos: www.istriaexperience.com/de/mtb-weg-parenzana).

■ Man findet im Raum Poreč häufig Prospekte oder Plakate mit Hinweis auf die **„Parenzana Train-Route":** Entweder bezüglich eines jährlich stattfindenden Mountainbike-Rennens, oder wegen der an einigen Teilabschnitten verkehrenden Touristenbahn (Vižinada – Motovun 4–5x tgl., ca. 50 Min., 130 K, mit organisierter Einkehr 230 K; Infos unter Tel. 052-496068 oder unter www.parenzana.hr).

matmuseum, heute sind nur für Fachbesucher Sonderführungen gestattet.

Unmittelbar am Trg Marafor sind die Reste eines römischen **Neptun-Tempels** (Westseite) sowie des **großen Tempels** (Nordwestseite) aus dem 1. Jahrhundert zu sehen. Von Letzterem wird vermutet, dass er der größte römische Tempel Istriens war.

Franziskanerkirche

Am Ende der kleinen Ulica Gundulića trifft man unvermittelt auf eine äußerlich sehr unscheinbare, verfallen wirkende Kirche. Hierbei handelt es sich um eine ehemalige gotische Franziskanerkirche aus dem 13. Jahrhundert. Im 18. Jahrhundert wurde die Kirche umgestaltet, wobei die Decke mit **Barockstuck und illusionistischen Freskenmedaillons** versehen wurde. Hier tagte der vom österreichischen Kaiserreich genehmigte **istrische Landtag,** heute werden Gespanschaftsversammlungen abgehalten. Der Prunksaal ist der Öffentlichkeit nicht zugänglich, vom Türfenster der Kirche aus kann man aber einen Blick auf die prunkvolle Decke erhaschen (Einblick frei).

Aquarium

Recht unterschiedlichen Kritiken sieht sich das städtische Aquarium ausgesetzt. In den 24 großen und kleinen Becken können Meeresbewohner unterschiedlichster Art bewundert werden, allerdings auf recht kleinem Raum, zudem wirkt die Anlage etwas ungepflegt – interessant wohl nur für Familien mit Kindern an einem Regentag.

■ **Aquarium,** Ul. Frane Glavinića, Tel. 052-428720, April und Oktober 10–17 Uhr, Mai/Juni und September 9–21 Uhr, Juli/August 9–23 Uhr, November bis März nur Sa und So 10–15 Uhr, Eintritt 40 K, Kinder (ab 3 J.) 20 K.

Mini-Vergnügungspark und Bootsausflüge

Für die jüngeren Besucher der Altstadt wurde am Nordrand beim Park Olge Ban, unübersehbar am Ufer, ein kleiner Rummelplatz mit Fahrgeschäften wie einer Mini-Achterbahn, Trampolin, Souvenirbuden usw. eingerichtet (nur in den Sommermonaten).

Unmittelbar benachbart am Ufer werben zahlreiche **Boots-Ausflugsanbieter** um die Gunst der Kunden.

Aquapark Aquacolours

Eine der jüngsten Attraktionen für große und kleine Wasserratten ist der Aquapark *Aquacolours,* von Funtana kommend, kurz hinter dem Campingplatz *Puntica* an der Haupt-Küstenstraße Richtung Poreč. Neuer und teilweise etwas spektakulärer als *Istralandia* (u.a. *freefall-slide*). Ansonsten recht ähnliches Angebot mit Beach-Sportarten, Relax-Pools, Gastronomiebetrieben, Liegen/Schirmen (inklusive), WLAN.

■ **Aquapark Aquacolours,** Erwachsene zahlen 185 K, Kinder bis 15 Jahre 140 K, Familien (2+2) 575 K. Es sind auch 6- und 3 ½-Stunden-Tickets erhältlich. Für die Restaurants erhält man ein Armband mit Chip zur späteren Abrechnung. Der Park hat im Sommer tgl. 10–19 Uhr geöffnet. Tel. 052-219671, www.aquacolors.eu.

Spaziergänge

Mein Tipp: Zum Lustwandeln und Promenieren laden die **Uferpromenaden** der Stadt ein, wobei sich die Obala Maršala Tita als die geschäftigere Seite erweist. Hier ankern die Ausflugsboote und allabendlich werden an Ständen fangfrischer Bratfisch sowie Wein und Bier angeboten. Die Nordwestseite dagegen (Obala Matka Lagine) bietet sich an, wenn ein wenig Ruhe oder ein Plätzchen zum Schwimmen gesucht wird.

Zum Ausruhen und Verweilen empfehlen sich der **Park Olge Ban** (Obala N. Tesle) sowie der **Gupča-Park** in der Altstadt.

Praktische Tipps

An- und Weiterreise

Auto

Poreč liegt auf einer kleinen Landzunge unmittelbar an der Küstenmagistrale. Von wo aus man auch kommt (Uferpromenade Nikole Tesle, Hauptstraße Zagrebačka oder Ulica Karla Hugesa vom Busbahnhof), man landet unwillkürlich auf dem **Trg Slobode** (Freiheitsplatz), wo die Hauptachse von Poreč,

Die Giostra von Poreč

Wer gegen Ende der Sommersaison, etwa Mitte September, in Poreč weilt, mag das Glück haben, ein „ewiges" historisches Ereignis der Stadt mitzuerleben – die *Giostra,* ein **Reiterturnier.** Der italienische Begriff (*giostra:* Karussell) bezieht sich auf ein Ereignis, welches bis ins Jahr 1672, teils gar bis 1364 zurück reicht. Damals nämlich wurde ein Passus in die städtischen Statuten aufgenommen, wonach „… das Fest ab diesem Jahr einmal jährlich für alle Zukunft" stattfinden solle, und wenn sich die städtische Obrigkeit nicht daran halte, „… zahle der Stadtvorstand zur Strafe sechs Golddukaten."

Am Michaelstag – dem 8. Mai also – 1672 wurde das Volksfest *Fiera Franca Triduana* abgehalten, deren zentraler Bestandteil jedoch das (alte) *Giostra* war und fortan als Bezeichnung für das gesamte Volksfest verwendet wurde. Neben den Reiterspielen kamen nun auch **Jongleure, Gaukler und Kirmes** aller Art hinzu, wobei aber stets der traditionelle Gedanke (auch in der Kostümierung vieler Besucher) gewahrt blieb. Die Regeln der *Giostra* gehen auf Ritter *Bartolomeo Rigo* zurück, der 1745 den Parcours auf 180 m Länge festsetzte mit zwei an einer karussellartigen Konstruktion befestigten Zielen *(Sarazenen),* die der Reiter während des Galopps zu treffen hatte. Jeder der acht zugelassenen Ritter *(Giostranten)* durfte dreimal die Strecke absolvieren, dann wurde der Sieger (bestes Treffergebnis) ermittelt.

Im Laufe der Zeit wurde daraus ein **Volksfest,** dazu kommen heute **historische Musik** und entsprechende Gastronomie – etliche Restaurants bieten zu dieser Zeit **historische Menüs** und Getränke an; über den genauen Ablauf und Termine kann man sich unter www.giostra.info informieren.

Der künftige Fortbestand der *Giostra* wurde übrigens auch von Bürgermeister *Edi Štifanič* geflissentlich bestätigt: „Ich jedenfalls werde die sechs Golddukaten nicht zahlen!"

die Decumanus, beginnt. Da kaum eine andere Kleinstadt im Verhältnis so viele Besucher aufnimmt, ergibt sich fast zwangsläufig ein **Parkplatzproblem.** So sind denn auch alle Parkflächen im Sommer automatisch eine zusätzliche Einnahmequelle (je nach Zone/Innenstadtnähe 8 K/Std. in Zone 1 bis 4 K/Std. in Zone 4). Zum großen, gebührenpflichtigen Stadtparkplatz fährt man am besten an jener Kreuzung der Küstenstraße westwärts Richtung Zentrum, wo auf der anderen Seite (ostwärts) das Krankenhaus ausgeschildert ist. Kostenlos parkt man (noch) nördlich der Polizei an der Ulica Gaspara Kalčica, etwa beim *Lagunacommerce* (keine 10 Minuten zum Zentrum).

Bus

Der **Busbahnhof** (Anfragen und Reservierungen: Tel. 052-432153, 5–22 Uhr) liegt in der Ul. Karla Huguesa (am Stadion seewärts) unmittelbar am *Hotel Poreč.* Trotz passabler Anbindungen empfiehlt es sich für Langstrecken und grenzüberschreitende Routen, zunächst nach **Pula** zu fahren, um dort die besseren Anschlussmöglichkeiten zu nutzen.

Tagesausflüge per Bus sind wie folgt ins Umland machbar: nach Vrsar (4–6x tgl., 28 K), Pazin (6x tgl., 42 K), Rovinj und Pula (6x tgl., teils Umstieg in Rovinj, Rovinj 40–45 K, Pula 62 K), Rijeka/Zagreb (5–8x tgl., 70–99 K).

Touristenbahn und Bootstaxi

Zu den Badebuchten/Campingbereichen **Porat/Lanterna** (6–10x täglich) und **Zelena Laguna** (8–10x täglich) fahren Touristen-Minibahnen: Von der äußeren Promenade (Obala Nikola Tesle) fährt ein kleiner Touristenzug 20x tgl. über die Hotels *Zagreb* und *Pical* zum Hotel *Luna* und zurück (15 K, Kinder 10 K). Von der Maršala Tita fährt ein Zug bis zur *Zelena Laguna.* Beide Züge verkehren nur von Juni bis September 9–24 Uhr.

Ebenfalls im Sommer verkehren **Pendelboote** zwischen der Anlegestelle am alten Hotel *Riviera* und dem Hotel *Delfin/AC Zelena Laguna* (Stopps in Brulo, Plava Laguna und *Zelena Laguna*).

Zur **Insel Sv Nikola** fährt in der Hauptsaison ca. alle 45 Minuten 7.30–0.30 Uhr eine **Fähre** (*Isabella Island Resort*-Hotelgäste erhalten eine Shuttle-Karte, sonst 20 K).

Info und Agenturen

- Die **Touristeninformation** liegt in der Zagrebačka 8, Tel. 052-451293 (zwei Gehminuten vom Trg Slobode), www.myporec.com. Juli/Aug. tgl. 8–22 Uhr, So 9–13 und 17–21 Uhr, Sept./Okt. tgl. 8–20 Uhr, So 9–13 und 17–20 Uhr, Nov.–April tgl. 8–16 Uhr, So 9–13 und 17–20 Uhr, April–Juni tgl. 8–20 Uhr, So 9–13 und 17–20 Uhr. Unterkunftsvermittlung, Veranstaltungsinfos und Verkauf von fremsprachlichen touristischen Publikationen.
- Im Raum Poreč dominiert die *Valamar*-Gruppe das **Unterkunftsangebot.** Für Anfragen, Auskünfte und Anliegen aller Art wenden sich deren Kunden an das *Valamar Rezervacijski centar,* St. Kaligari 1, Tel. 052-465000, www.valamar.com.
- Für **Agenturen/Reisebüros** mit Unterkunft, Ausflügen, Fahrzeugvermietung, Tickets für Freizeitparks usw. gibt es in Poreč zwei „Zentren", die Promenade Obala M. Tita sowie die Ul. Partizanska (nahe Olge Ban Park/landeinwärts).

9 **I.D. Riva,** M. Tita 16, Tel. 052-452002, www.idriva.com, bekanntes größeres Unternehmen für Unterkunft und Pauschaltouren.

5 **Aviomar,** für internationale Buchungen, aber auch Tagestouren: Obala M. Tita 21, Tel. 052-427 312, www.aviomar.hr.

Unterkunft

Poreč als **beliebtestes Pauschalreiseziel Istriens** verfügt über eine Reihe von Hotels der Mittel- und Oberklasse; hier eine winzige Auswahl ordentlicher Häuser im Zentrum (Gehnähe zur Altstadt).

Speziell zur Vorabbuchung von **Ferienwohnungen** in Poreč bietet sich ein Blick auf die deutsche

Webseite www.porec-fewo.de an, deren Betreiber zusätzliche Rabatte für die gebuchten Unterkünfte bieten. Büro vor Ort: Losinjska 10, Tel. 052-433583, in Deutschland 49-8131-908990 (Nov.–Febr.). Die meisten Hotels und Anlagen sind auf den Seiten www.riviera.hr und www.plavalaguna.com zu finden, gleiches gilt für die offiziellen TI-Seiten www.myporec.com und www.istra.com.

In Poreč trifft man häufig auf die *Valamar*-Gruppe als Betreiber, der etliche der einst eigenständigen Anlagen aufgekauft hat. Als Gegengewicht hat sich in den Strandgebieten die Gruppe *Laguna* als großer Widersacher herauskristallisiert.

Stadtplan S. 66

2 **Hotel Valamar-Riviera** und Dependance **Parentino**④, Tel. 052-465000, www.valamar.com/de/hotels-porec/valamar-riviera-hotel-residence schön renoviertes Boutique-Luxushotel an der Uferpromenade Maršala Tita 15.

22 **Hotel Poreč**③, Tel. 052-451811, www.hotel-porec.com, günstig am Busbahnhof (Rade Kočara 1) gelegen; Casino, Beauty, Quaderblockstil.

■ **Privatunterkünfte:** Einfach und günstig wohnt man in unmittelbarer Kathedralnähe in den 7 *Futurum-Apartments*① in der Eufrazijeva 33 in einem stilvoll restaurierten Bürgerhaus (Tel. 099-1662758). Es handelt sich um die beste Möglichkeit für Reisende im absoluten Zentrum (FeWo ab 30–65 €, 2 bzw. 4 Pers./Hauptsaison, Zi. 30–50 €). Eine weitere offizielle Privatpension in der Altstadt ist das 6 **Hostel Alma II,** Ul. Cardo Maximus 3, www.hostel-alma.com.hr oder über www.german.hostelworld.com, Tel. 092-3456920. Ein stilvolles Domizil findet man um die Ecke der *Galerie Potočnica* im 17 **Art House**② (Konzula Istranina 8, Tel. 091-5612522, https://art-house-vacation-appartment.business.site). Hübsche Ferienwohnung mit Balkon im Zentrum.

Karte S. 62

■ **Apartments** werden ferner von der Touristeninformation und den unzähligen Touristenagenturen vor Ort vermittelt. Wer abseits vom Trubel (ca. 1 km zum Zentrum) unter Einheimischen in der Neustadt wohnen möchte, sei auf das **MEIN TIPP:** 20 **Haus Casa Nova** der deutsch-kroatischen Familie *Radovčić* (Visnjanska 8, Tel. 052-434626, http://casa-nova-porec.com) verwiesen. Angeboten werden 5 Apartments (bis 90 €/Hauptsaison, je nach Größe) und vier Studios (30–55 €) sowie ein stilvolles istrisches Steinhaus (50–80 €/Tag).

21 Eine Besonderheit ist das **Resort Valamar-Isabella**⑤ auf der Insel Sv Nikola, Tel. 052-406000, www.valamar.com/de/hotels-porec/valamar-isabella-island-resort, das wegen seiner Insellage (Shuttle-Boote) naturgemäß absolute Abgeschiedenheit bietet. Neben Restaurants, Wellness und Süßwasserpools liegen auf der Insel mehrere unterschiedliche Unterkunftsteile, zum einen das *Hotel Isabella* (mit 250 €/HP pro Zimmer im August noch das günstigste), die sehr weitläufige Apartmentsiedlung *Isabella-Villas* (ab 350 €/Sommer), das Wellnesshotel *Isabella-Miramare* sowie das etwas kitschig anmutende *Isabella-Castle* (HP kostet in den beiden letztgenannten im August um die 500 €). Ein P & R-Parkplatz nebst Shuttle zum Pier sowie Pendelboote sind von 7 bis 22 Uhr inklusive (Boote bis 23 Uhr).

Zwei Kilometer südlich der Altstadt beginnt (von Nord nach Süd) der Ortsteil **Brulo** mit unzähligen weiteren Hotels in Gehnähe (oder per Touristenbahn angebunden), dann folgt die **Plava Laguna** mit Bus-, Fähr- und Touristenbahnanbindung (3 km ab Zentrum).

Karte S. 62

27 Hier liegt das Hotel **Laguna-Galijot**④, das unter Tel. 052-410102 Hotelunterkunft und Luxusapartments (ca. 240 €/4 Pers. in der Hauptsaison) bietet, www.plavalaguna.com.

24 In der Nachbarschaft befindet sich die zum selben Management gehörende Apartmentanlage **Laguna Bellevue**④, Tel. 052-410102, www.plavalaguna.com, welche je nach Lage und Ausstattung

der 114 Reihenhaus-Apartments 400–1600 K/4er-Zimmer verlangt.

30 Den Abschluss des unmittelbaren Einzugsbereiches von Poreč bildet die weitläufige Zelena Laguna, wo viele Pauschalreisende im **Delfin**② (Tel. 052-410102, www.plavalaguna.com) untergebracht werden – qualitativ sicher nicht schlecht, jedoch weit außerhalb und eine 1500-Betten-Burg.

17 Die Anlage **Laguna-Park**④ ist deutlich höherwertiger und bietet neben dem überschaubaren Hotelkomplex mit Freibad, Rutschen, Kinderspielplatz usw. auch Apartments in den Villen *Laguna Park*, Tel. 052-410102, www.plavalaguna.com.

Camping

Beide Campingplätze liegen **im Bereich Zelena Laguna,** einer sehr gepflegten Landzunge ca. 5 km außerhalb des Zentrums. Durch eine Pendelfähre, den regulären Bus und auch eine Touristenbahn ist das Areal gut an die Stadt angebunden.

Karte S. 62

27 **AC Bijela Uvala**③, Tel. 052-410102, www.istracamping.com/de/campingplatze/bijela-uvala, schattig, aber recht gedrängt bei bis zu 6000 Gästen. Die Anlage war schon mal Kroatiens „Campingplatz des Jahres"! Vier Schwimmbecken, Hundestrandabschnitt, Mobilheime, Tennis, Tischtennis, Minigolf, Beachvolleyball, Tanzterrasse, Bootshafen Kinderspielplatz, Miniclub, Kreativworkshops, Live Musik, Animationsprogramme.

29 **AC Zelena Laguna**③, Tel. 052-700700, www.istracamping.com/en/camping/zelena-laguna, mehr Platz und aufgelockerter, aber nur teilweise schattig. Größeres Freizeitangebot: Reitkurse, Wasserski-kurse, Surfkurse etc.

Essen und Trinken

In Poreč bieten rund **150 Restaurants** ihren Service an – neben unzähligen Pizzerien, Fast Food Shops, Gelaterien und Cafés. Gastronomisch dürfte daher auch für ausgefallene Geschmäcker etwas dabei sein. In der Altstadt, vor allem aber auf der Touristenhalbinsel Zelena Laguna, kann jedes zweite Haus behaupten, vom Tourismus zu leben. Eine umfassende kulinarische Bewertung würde ein eigenes Buch füllen, hier daher nur einige Etablissements, die durch eigene Erfahrung und jahrelange Beständigkeit positiv aufgefallen sind.

Einfach und günstig

15 **Kavana Central,** Decumanus (nahe Trg Slobode, Tel. 052-431801); Toasts, Snacks, Pizzen.

19 Für einen Pizzasnack bietet sich die **Lunch Bar** (Obala Maršala Tita 19, Tel. 052-434273, tgl. 9–21 Uhr) zwischen Promenade und Kirchplatz an.

3 **Pizzeria Bijeli San,** Ul. Carda Maximus/Trg Gupca, Tel. 052-431819; Pizzastücke, Burek und Teilchen – auch ausgedehnte Sitzmöglichkeiten auf dem Platz.

20 **Altercaffe,** Zagrebačka, Tel. 052-452451; tolle Sandwiches und Croissants, tgl. 7–20 Uhr.

15 Weitere **Cafés** und **Eisdielen** liegen im Meter-Abstand in Decumanus und Obala Maršala Tita.

28 Die empfehlenswerte Snackbude **Gusti & Boje** in der Sv. Eleuterija 6 bietet Burger und Fastfood auf die Hand.

Mittelklasse

8 **Gostionica Marconi,** Eufrazijeva (am Zugang zur Basilika; Tel. 052-431922, tgl. 12–23 Uhr); gehobene Mittelklasse mit sehr guten Fleischplatten.

10 Die Top-Pizzeria ist die **Peterokutna Kula,** Decumanus 1 (Tel. 052-451378, „fünfeckiger Turm", integriert in die Stadtmauer, nahe Trg Slobode, tgl. ab 12 Uhr bis Mitternacht); wirkt sehr stilvoll, das Essen ist ausgezeichnet bei fairen Preisen.

27 Leser loben die Gastwirtschaft **Artha** in der Ulica Jože Šuran 10 (Tel. 052-435495, tgl. 11–

15 und 18–23 Uhr, auch Lieferservice) am oberen Altstadtrand. Geboten werden neben Brunch/Frühstück frisch zubereitete kalte und warme Speisen **ausschließlich für Vegetarier und Veganer.** Goße Portionen, reiche Auswahl – auch istrische Trüffelgerichte.

Mein Tipp: 16 Wer ein wenig Zeit mitbringt (für eine vorherige Reservierung, die im Sommer unumgänglich ist), sollte zumindest einmal in der **Konoba Aba,** Ul. Vlacica 2, Tel. 052-438669, geöffnet tgl. 12–24 Uhr, gegessen haben. Ambiente, Service und vor allem die Qualität der diversen Fleisch- und Fischspeisen (Steak, fangfrische Meeresfrüchte, Trüffelgerichte) stimmen hier ebenso wie das gesamte Preis-Leistungs-Verhältnis.

18 Für ein sehr angenehmes Ambiente bei vorzüglichen Gerichten wird die **Vinoteka Bacchus** (Ul. Eufrazijeva, Tel. 091-4040051, tgl. 10–2 Uhr) gelobt. Istrische Spezialitäten, regionale Weine.

Oberklasse

4 Am obersten Ende der Preis-Leistungsskala rangiert aktuell vor Ort das erst 2018 mit zwei *Gault & Millau*-Hauben ausgezeichnete **Spinnaker** (Obala M. Tita 15, Tel. 052-400800, tgl. 12–22 Uhr). Mediterrane und Meeresfrüchtekreationen vom Feinsten, gehobener Service und Ambiente.

23 **Vila Romana,** Zelena Laguna, Tel. 052-411527, mobil 098-224662. Istrische Spezialitäten (Nudel-Trüffelgerichte).

13 **Škaleta,** Obala Maršala Tita 15, Tel. 052-438364; wird für tolle Grillgerichte sehr gelobt.

Nachtleben

Nachtclubs/Casinos

■ **Hoteleigene Nachtclubs** haben ferner die Hotels *Diamant, Mediterran* und *Pical.*

25 Wer die schnelle Kuna riskieren möchte: **Casino Parentium** (Karte S. 62), *Hotel Parentium,* Zelena Laguna, Tel. 052-411500; Roulette, Blackjack, Baccara und Automatenspiele.

Discos und Kneipen

24 Größter Dance-Tempel ist das **Byblos,** Zelena Laguna 1, Tel. 91-2925678, www.byblos.hr, tgl. ab 22 Uhr; bei Live-Events Online-Ticketreservierung.

25 Ein reiner **Videospiele- und Billardtreff** ist **TREF,** Ulica Vladimira Gortana 9.

■ Beliebte **Beachclubs** sind der 22 *Villa Club* (Ul. Rade Končara 4a, Tel. 099-2149004, tgl. 10–22 Uhr) und die Schirmbar 22 *Colonia Julia Parentium* (beide Karte S. 62, geöffnet nur in den Sommermonaten) in Hafennähe Richtung Brulo an der Strandpromenade.

■ Für Alt und Jung gleichermaßen empfehlen sich die Bars 1 **Old Time** (Trg Marafor 12, tgl. 19–2 Uhr) sowie die 1 Cocktailbar **Comitium** (Trg Marafor 14a, gelegentlich abends Live-Musik, tolle Cocktails). Beide liegen sehr zentral am Hauptplatz und lohnen einen Besuch.

11 Ebenfalls empfehlenswert für einen netten Drink am Abend ist der Turm **Rotonda** am Altstadtufer (Narodni Trg 3, Tel. 098-255731) – stylische Bar mit famosem Rundblick.

■ Weitere hübsche Schänken findet man auch in der **Eufrazijeva,** hier u.a. die 18 *Cafébar Casablanca* (Eufrazijeva 4, Tel. 052-453131, tgl. bis Mitternacht).

Aktivitäten

Karte S. 62

Die Stadt Poreč bietet eine erstaunlich breite Palette an Aktivitäten. Unübersehbar am Ortsrand ist der **Športska dvorana Žatika,** der moderne, 14.000 m² große Mehrzweckkomplex des Handballvereins *RK Poreč,* errichtet seinerzeit für die Handball-WM 2009 (Poreč war damals Spielort des deutschen Teams). In den organisierten **Sportzentren** (in aller Regel hoteleigen oder innerhalb der

Campinganlagen) kann man sich in allen denkbaren Land- und Wassersportarten betätigen (einschließlich entsprechender Anfängerkurse), einige zeichnen sich auch durch „Spezialitäten" aus:

Karte S. 62

■ Die Hotels 26 *Albatros* und 30 *Delfin* organisieren **Fallschirmspringen.**

23 28 Hotels *Diamant, Galeb* (Tel. 052-451357): **Reiten, Wasserskilift** und **Deltaplanfliegen.**

■ AC *Bijela Uvala,* AC *Zelena Laguna* (Tel. 052-410576): **Bogenschießen, Squash.**

■ **Sportzentren:** *Plava Laguna* (Tel. 052-451955); *Veli Jože* (Hallenboccia!), Vukovarska Ulica.

13 **Paintballclub Poreč,** Varvari-Piantade 32, Tel. 052-452896, http://istra-kart.com/ paintball, s. Tar-Vabriga.

Tauchen, Karte S. 62

23 **Diving Center Poreč,** Brulo bb (Hotel *Diamant*), Tel. 091-4529070, www.divingcenter-porec.com.

27 **Blue Lagoon Diving,** Hotel *Galijot* – Plava Laguna, Tel. 095-2526465, www.plava-laguna-diving.hr.

18 Außerdem gibt es eine **Füllstation** (nur Flaschenfüllen) in der Nikole Tesle 9, Tel. 052-452300.

Sportfischen

Die Küstenregion von Poreč ist ein beliebtes Sportfischfanggebiet, vom Boot und vom Ufer aus. Häufig werden diverse Brassen und Meeräschen gefangen, aber auch oft Seebarsche und Tintenfische. Genehmigungen und Organisation von Bootstouren:

■ **Club für Sportfischfang und Unterwasseraktivitäten (DPDSR),** Nikole Tesle 9, Tel. 052-452300, http://scuba-porec.hr (dort: „ribolov").

Strand

Neben den Bademöglichkeiten in der Stadt (Obala Laginje) sind alle weiteren Badeplätze, die sich die gesamte Küste entlangziehen, für **jedermann zugänglich.** Auch auf den Landzungen Zelena Laguna, Plava Laguna, Brulo oder Pical kann man gut baden. Die Einheimischen springen am liebsten nahe dem AC *Bijela Uvala* ins Wasser. Man kann auch mit dem *Isabella*-Hotelboot nach Sv. Nikola übersetzen und einen der dortigen Badeplätze nutzen.

Ausflüge

■ Am Pier zur Insel Sv Nikola bietet ein **Glasbodenboot** seine Dienste an (ca. 15 € für eine 45-Minuten-Tour).

■ Von den Touristenagenturen wird eine **große Palette an Touren** angeboten (Baredine Jama, Limski-Fjord je ab 250 K, Venedig um die 600 K, s.o.: „Info und Agenturen").

Einkaufen

Es wäre sicherlich übertrieben, Poreč als „Shopping-Paradies" darzustellen, dennoch bietet die Stadt dank der starken Stellung des Tourismus ein überdurchschnittliches Angebot an Fachgeschäften, Boutiquen und Kaufhäusern, zum Beispiel:

Karte S. 66

12 **Kaufhaus Riva,** Rade Končara, mit *Mr. Minit* für Schuhreparaturen, Angelzubehör, Musikfachabteilung etc.

■ Selbstversorger finden **Supermärkte** nahe der Altstadt (z.B. *Lagunacommerce,* Ulica Kalčica) sowie im Bereich Zelena Laguna.

21 Einen kleineren **Konzum-Supermarkt** findet man in der N. Tesle vor der Fußgängerzone.

18 **Vinoteka Bacchus** (Eufrazijeva 10, landestypische kalte Platten zum Wein, tgl. 10–1 Uhr).

Karte S. 62

19 **Lacop-Centar,** Ulica Mate Vlašica 20; *Konzum*-Supermarkt, Möbel, Bank, Friseur, Kinderboutique etc., gleiche Öffnungszeiten wie *Riva.*

Nützliches

■ **Polizei,** Gimnastička 2, Tel. 052-432555, 451 025, 24-Stunden-Dienst.

■ **Erste Hilfe:** *Poreč Medical Center,* Ul. Mauro Gioseffi 2, 24 Stunden, Tel. 052-451244 und 4516 11. Saisonambulanzen u.a. in den Hotels *Albatros* (Tel. 052-451411) und *Delfin* (Tel. 052-451311) sowie den Camps *Ulika* (Tel. 052-436782) und *Koversada* (Tel. 052-441378).

■ **Apotheke:** u.a. 14 (Karte S. 66) Trg Slobode 12 (Tel. 052-432362) und am Krankenhaus.

■ **Feuerwehr Poreč,** *Partizansko Šetalište,* Tel. 052-451122, 24 Stunden.

■ **Hafenmeisterei,** Obala M. Tita 17, Tel. 052-431663 (Bootsführer und Taucher), tgl. 7–20 Uhr.

■ **Taxistand:** am Busbahnhof, Ulica Karla Hugesa, 24-Stunden-Ruf unter Tel. 052-431301, tagsüber außerdem Tel. 052-432465.

■ **Fahrräder** vermieten die großen Hotels und Campingplätze, ferner gibt es derzeit drei Spezialanbieter: 26 **Vetura,** Trg. J. Rakovica 2, Tel. 052-434700, www. vetura-rentacar.com (Autos, Mopeds und Räder, auch E-Bikes), **Contigo,** Rade Končara 5, Tel. 052-451149, Tel. 098-1662449, contigo.hr@gmail.com. Schließlich betreibt auch der große Kroatien-Reisespezialist *ID-Riva* eine Filiale vor Ort mit Radverleih: 9 **ID-Riva-Tours** (Karte S. 66), Obala Maršala 16, Tel. 052-452002, www.idriva.com. Die Mietpreise für Räder liegen bei 25–35 K/Stunde je nach Ausführung.

Tropfsteinhöhlen Baredine Jama

Zwischen Poreč und Vižinada passiert man in einer vorwiegend von Weinbau geprägten Gegend den Weiler **Nova Vag-Gedići.** Einen Kilometer abseits der Hauptstraße (gut beschildert: „Baredine") liegt das **Tropfsteinhöhlenlabyrinth** der Baredine Jama. Ausschließlich geführte Touren sind möglich, die 40-minütige Rundtour führt durch fünf Höhlensäle mit bizarren Tropfsteinformationen, pittoresken Naturskulpturen und einem unterirdischen See. Außerdem wird man mit endemischen Tierarten (Grottenolmen, „durchsichtigen" Krebsen) vertraut gemacht. Zu überwinden sind 120 Höhenmeter und eine Gesamttiefe der Höhlen von 150 Metern; passiert wird dabei auch ein vier Meter breiter Schacht, der zu einem knapp 67 Meter tiefer gelegenen unterirdischen Karstsee führt.

■ **Baredine Jama,** geöffnet April/Okt. 10–16 Uhr, Mai/Juni und Sept. 10–18 Uhr, Juli/Aug. 10–18 Uhr, Nov.–April nur nach Voranmeldung, sonst 11–14 Uhr, Tel. 052-421333, www.baredine.com; Eintritt: 75 K, Studenten 40 K, Kinder 65 K. Die Führungen finden alle 30 Minuten statt und dauern etwa eine Dreiviertelstunde. Baredine ist ein sehr bekanntes Höhlensystem – entsprechend lang sind die Wartezeiten, Massenabfertigung ist die Regel. Wer – auch im Hochsommer – eine Privatführung für weit weniger Geld in einer ebenso schönen Höhle im kroatischen Hinterland (Region Kvarner) bevorzugt, dem sei Lokve zwischen dem Nationalpark Risnjak und Delnice wärmstens empfohlen.

090kb wl

Die kroatische Karstlandschaft

Der Begriff Karst (kroatisch: *kras*, italienisch: *carso*) bezeichnet die meist waldlose Kalkhochfläche östlich des Golfs von Triest auf dem Balkan sowie in Italien. Diese Karstlandschaften dürften eine jener natürlichen Besonderheiten sein, von denen jedes Kind im Geografieunterricht hört, wenn das südöstliche Europa besprochen wird.

Karst bezeichnet einen **Millionen Jahre dauernden Prozess,** an dessen Ende bizarre Tropfsteinhöhlen, Täler und Kraterlandschaften stehen. Voraussetzung dafür sind extrem **weiche Kalkgesteine** sowie Kohlensäure. Die wasserlöslichen Gesteine wie Kalk und Gips werden vom Oberflächen- und Grundwasser ausgelaugt und ausgespült. Das Ergebnis sind **Höhlen** (Blasen) und **Schluchten** (aufgeplatzte Blasen). Sickerwasser lässt später in diesen Hohlräumen **Tropfsteinhöhlen** entstehen. Der Prozess setzt sich permanent fort und wird in Millionen von Jahren weitere Naturkunstwerke kreieren. Die Karstlandschaften sind sehr kalkhaltig und erstrecken sich entlang der gesamten Küste sowie im Hinterland. In der Kvarner Bucht sind derartige Höhlen im Nationalpark Risnjak oder auf der Insel Krk zu besichtigen.

Tropfsteine in der Rudine-Höhle auf Krk

Pazin

Die **im Zentrum Istriens** gelegene Stadt Pazin (ital.: Pisino) ist nicht nur eine administrative Schaltstelle, sondern es wird auch der gesamte Agrarhandel des Umlands hier abgewickelt. Mehrere Textil- und Chemiewerke haben ihre Produktionsstätten, in denen auch die meisten Berufstätigen der knapp 9000 Einwohner beschäftigt sind, in Pazin. Touristisch kann die Stadt mit einigen netten Sehenswürdigkeiten sowie einem sehr seltenen **Naturereignis,** der Pazinska Jama, aufwarten.

Kaiser *Otto II.* unterzeichnete 983 eine Urkunde, in welcher er die Burg von Pazin (Kaštel) der Diözese von Poreč zusprach. Mit der Gründung einer eigenen Paziner Region ist der Name Graf *Mejnhard* verbunden, der aus Roč stammt und im 12. Jahrhundert Kaštel übernahm. Das Haus Habsburg löste die gräfliche Familie ab und kürte die Stadt im 19. Jahrhundert zur **Hauptstadt Istriens.** 1861 wurde der Landtag nach Poreč verlegt, Pazin verlor an Bedeutung. 1918–1943 italienisch und anschließend jugoslawisch, rückte erst die kroatische Unabhängigkeit im Jahr 1991 Pazin wieder in den Blickpunkt: Die *Tudjman*-Administration entschloss sich, die Stadt wieder zum **Sitz der istrischen Provinzverwaltung** zu machen, womit Zagreb sich den Volkszorn Pulas auflud.

Sehenswertes

Stadtpark

Von der Stadthalle Richtung Altstadtzentrum liegt linker Hand der kleine Park **Istarskih Velikana,** in dem „istrische Größen" geehrt werden. Gemeint sind diverse Künstler und Gelehrte der Provinz Istrien aus dem 18. bis 20. Jahrhundert; im Park erinnern zahlreiche Büsten an sie. Im altjugoslawischen Monumentalstil gehalten ist das deplatziert wirkende Kriegerdenkmal.

Sv Nikola

Die Muntriljska Ulica vom Park geradeaus weitergehend, erreicht man die **Pfarrkirche** Sv Nikola. Sie stammt aus dem Jahre 1266 und birgt ein interessantes, **netzartiges Gewölbe** mit einem Freskenzyklus von 1460. Diese Gewölbebauart ist vergleichsweise selten in Istrien, man findet sie auch im Franziskanerkloster von Pazin. In Sv Nikola werden die Relikte des *Sv Liberat* aufbewahrt, dem zu Ehren am letzten Aprilsonntag der Kindersegen gesprochen und ein lokales Kirchenfest begangen wird. Der 45 m hohe **Glockenturm** neben der Kirche wurde 1705 hinzugebaut.

Franziskanerkloster

Über die Gasse Prolaz Vicenta betritt man die eigentliche Altstadt mit dem **Stari Trg** (Alten Platz), an dem linker Hand eine Treppe zum Franziskanerkloster (Franjevački Samostan) führt. Mit dem Bau der Klosterkirche war be-

041is wl

reits 1463 begonnen worden, offiziell nahm der Orden aber erst auf Empfehlung von Kaiser *Friedrich III.* im Jahre 1481 seine Arbeit auf. Das spätgotische Presbyterium entstand, wie auch der gewölbte Chorraum, nach dem Vorbild der nahe gelegenen Nikolauskirche. Die Ordensbrüder unterhielten unter anderem ein Spital und eine Apotheke, im 18. und 19. Jahrhundert kam ein Gymnasium mit Unterricht in deutscher Sprache hinzu. Höchster Feiertag ist für die Paziner Franziskaner noch heute der „Rim-Dan“ (Rom-Tag, 2. August), basierend auf dem Brauch der Sündenvergebung an diesem Tag.

Kaštel und Museum

Vom Stari Trg die Prilaz Kaštelu entlanggehend, nähert sich der Besucher nunmehr der **alten Burg.** Sie gilt als außerordentliches historisches Denkmal; von hier nahm die Stadtentstehung ihren Ausgang. Der Kern der Burg wurde 983 errichtet, von 1537–1540 kamen noch die Ost- und Nordflügel hinzu. Markant

Pazinska Jama – die Felsspalte bei Pazin, in der das Wasser einfach verschwindet

ist seither die wehrhafte Form mit hohen Mauern und Wachttürmen.

Geht man ganz um das Kaštel herum, führt eine unscheinbare Pforte in das sehr empfehlenswerte **ethnografische Museum** des Ortes. Ausgestellt ist u.a. eine heimatkundliche Sammlung historischer Trachten, Möbel und Gebrauchsgegenstände in teils permanenten und auch Wechselausstellungen.

■ **Ethnografisches Museum,** Tel. 052-622220, www.emi.hr, im Sommer tgl. außer Mo 10–18 Uhr, im Winter Di–Do 10–15 Uhr, Fr 11–16, Sa/So 10–16 Uhr, Eintritt 25 K, Kinder bis 14 J./Senioren 18 K.

Pazinska Jama

Das Paziner Kaštel steht auf einer Art Steilklippe und ragt über 90 Meter oberhalb der begrünten **Pazinčica-Schlucht** empor. Vom Museumstor folgt man dem Sträßchen weiter bis zur Brücke und klettert den stufigen Pfad davor hinunter. Nach zehn Minuten endet er am Pazinčica-Bach. Doch anders als bei 99 % aller Gewässer, die aus einem Bergloch entspringen und sich dann durch ein Flussbett schlängeln, hat die Natur hier offenbar aus einer Laune heraus beschlossen, dass der Bach in einer **Bodenspalte** unter dem Steilhang spurlos verschwindet! Bei hohem Wasserstand im Frühjahr staut sich das Wasser sogar kilometerweit zurück und flutet die Schlucht. Im Sommer (Niedrigwasser) kann man bis zur Felsspalte, der Pazinska Jama, vordringen – rutschfeste Schuhe und Riechtüchlein nicht vergessen!

Wer das kleine Tal besucht, hat übrigens sehr berühmte „Vor-Gänger" (im wahrsten Sinne des Wortes): Der französische Reiseschriftsteller *C. Yriarte* beeindruckte den großen Science-Fiction-Pionier **Jules Verne** so sehr mit den Beschreibungen der Pazinska Jama, dass dieser einen Teil der Handlung seines berühmten Romans „Matthias Sandorf" im Kaštel und der Schlucht spielen ließ.

Aktivitäten

■ Wer eine **geführte Höhlentour** unternehmen möchte: Die Firma *Speleo-Adventure* (Valvasorova ul. 1, Tel. 091-5121528, www.pazincave.com) arrangiert von Juli bis September tgl. um 10, 11.30, 13, 14.30 und 16 Uhr eine 2½-stündige Höhlenführung inkl. Ausrüstung, Einweisung und Höhlengang bis zu einer per *Zip-Line* erreichbaren Sandbank am unterirdischen See für 190 K (25 €); eine Voranmeldung ist obligatorisch, die Gruppen umfassen drei bis maximal 15 Personen.

■ **Zip-Line:** Am Ortsrand bietet *Zip-Line Pazin Cave* (Ul. Šime Kurelića 4, Tel. 091-5437718, tgl. 10–19 Uhr) rasanten Fahrspaß auf vier Teilabschnitten rund um das Höhlenareal für 160 K/Person.

Beram

In dem kleinen, unscheinbaren Weiler Beram, etwas abseits der Straße von Pazin nach Poreč gelegen, lohnt der Besuch der 1 km außerhalb des Ortes in einem Waldstück gelegenen **Friedhofskirche „Sv. Marija na Škriljinah".** Der einschiffige Innenraum ist zur Gänze mit spätgotischen Fresken ausgemalt (1474). Eine Inschrift über dem Seitenportal gibt Auskunft über den Schöpfer dieses Freskenzyklus: Meister *Vinzenz* aus Kastav. Als besonders eindrucksvoll erweist sich der „Totentanz" an der Westwand. Das Kirchlein wird im Sommer von einer Aufsicht geöffnet – einen festen Zeitplan gibt es nicht.

Essen und Trinken

■ Unweit der Hauptkirche von Beram bietet sich eine Einkehr in die Taverne **Vela Vrata** (Beram 41, Tel. 052-622801, Di–So 12–23 Uhr) an – eine der unbekannteren Hinterland-Konobas mit originalen Hausmacher-Nudelgerichten und handgeschnittenem Schinken aus eigener Schlachtung.

Rundwanderung Pazin – Beram – Pazin

Die **Pazinska Jama** und die **Kapelle von Beram** kann man prima auf einer schönen Rundwanderung miteinander verbinden. Man startet ab Pazin/Ortsmitte Richtung Pazinska Jama, hält sich vor der Grottenanlage jedoch links (als Wanderweg 711 markiert) und folgt diesem Weg (Valvasorova) über die ehemalige Fabrik hinauf zu den Gortan-Höhen mit **schönen Rundumblicken** und der istrischen Kochakademie. Kurz darauf biegt man auf den Pfad nach Beram hinunter ab, wo man auf ein Sträßchen trifft (links Beram Hauptkirche und Taverne), dem man nach rechts folgt. Nach 10 Minuten passiert man das **Kirchlein Marija na Škriljinah** (s.o.) und folgt dem Schotterweg gut 2 km bergan, ehe dieser nach rechts ins Pazinčica-Tal hinunterführt. Dort bietet sich eine Erfrischung am **Wasserfall Pazinski krov** („Paziner Dach", im Hochsommer allerdings nur ein Rinnsaal) an, ehe der gut markierte Pfad zurück hinauf ins Ortszentrum nach Pazin führt.

■ Die gesamte **Wegstrecke** ist knapp 12 km lang und dauert ca. drei Stunden reine **Gehzeit.** Alle Details nebst Karten- und GPS-Daten findet man unter http://istria-trails.com/de/routen/strecken/97-ch-0?&l_over=1.

Praktische Tipps

An- und Weiterreise

■ Pazin liegt an der Bahnlinie nach Pula. Der **Bahnhof** befindet sich an der Ulica Kostanji, vom Busbahnhof 5 Min. zu Fuß über die Ulica Hrvatskog Narodnog Preporoda in östlicher Richtung. Es halten nur wenige Züge, meist auf der Strecke Buzet – Pula.

■ Der **Busbahnhof** liegt in der Ulica Bulešica/Ecke Ulica Pazinske Gimnazije. Es bestehen gute Anbindungen an alle größeren Küstenorte sowie die kleineren Orte an der jeweiligen Route. Wichtigste Zielorte sind **Poreč** (13, 16 und 20.05 Uhr, 42 K), **Pula** (3–7x tgl., 47–54 K), **Rovinj** (8x tgl., 47 K) und **Rijeka** (je 2x vorm. und nachm., 49 K).

■ Selbstfahrer halten sich an das Schild „Centar" und werden auf den großen **kostenlosen Parkplatz** am Stadion (Stadthalle) geleitet. Von hier gehen sie – den Touristenschildern folgend – die Ulica Soline hinein zum Stadtpark Istarskih Velikana.

Information

■ Die **Touristinformation** befindet sich in der Franine i Jurine 14, Tel. 052-622460, www.tzpazin.hr, www.central-istria.com (auch Hinterland).

Unterkunft

■ Unterkunft bietet das alte **Hotel Lovac**②, Šime Kurelića (genau gegnüber der *Pazinska Jama:* am Hrvatski trg nicht rechts zum Kaštel, sondern links die Buraj entlang bis zur Šime Kurelića), Tel. 052-624324, www.hotel-lovac.com.hr.

Essen und Trinken

■ Als außerordentlich beliebt und auch preiswert kann die **Pizzeria Peperone** (Jurine i Franine 6,

Tel. 052-622950, Di–So 12–23 Uhr) empfohlen werden. Neben Pizza auch *Burger, Tortillas, Chicken Wings* und andere deftige Speisen.

■ Recht nett, trotz des martialischen Namens, ist das nahe gelegene **Bunker** in der Jurine i Franine 15 Ecke Velog Jože (von der Nikolauskirche durch die Gasse Richtung Altstadt), Tel. 052-616676, geöffnet tgl. außer So 8–23 Uhr, Fr/Sa bis 1 Uhr.

■ Rund ein **halbes Dutzend** weiterer **Lokale** und **Restaurants** liegen in der Ulica 25. Rujna: vom Kirchdurchgang/Altstadtkern nicht rechts (Velog Jože), sondern links in die Franine i Jurine 150 m hineingehen.

■ **Café-Bar Bombonijera** (Ul. 25. rujna 1943 Nr. 9, Tel. 098-9041781, tgl. 6.30–23 Uhr), tagsüber Café-Bistro, abends gemütlicher Pub.

■ Im mittleren bis gehobeneren Preis-Leistungssegment bietet sich die **Taverna Vela Vrata** in Beram (s.o.) an.

Einkaufen

■ Einen **Minimarkt** für Getränke und Kleinigkeiten findet man am Stari Trg im Zentrum.

Nützliches

■ **Ambulanz:** in der Pazinske Gimnasije/Jurja Dobrile, Tel. 052-624643.

■ **Anglertipp:** Ein Preisangeln der Stadt Pazin findet unregelmäßig Anfang November statt. Auch individuell können im beliebten Anglerrevier Pazin Lizenzen erworben werden beim Šrd „Pazincica" Pazin, 43. Istarske divizije 15, Tel. 052-621957 bzw. mobil 098-366045. Alternativ können Tageslizenzen in der Cafè-Bar im Zentrum von Cerovlje (tgl. 6.30–23 Uhr; 80 K) gekauft werden.

Jezero Butoniga

Seit den späten 1980er Jahren wird das Süßwasser dreier hier in der Region fließenden kleiner Flüsse (Butoniga, Draguc und Račički) im **Stausee** Butoniga aufgefangen und im Sommer dann der allgemeinen Trinkwasserversorgung zugeführt. Der 2,5 km^2 große See ist in vielen Karten Nordistriens (Region Motovun – Buzet – Pazin) verzeichnet und scheint sich als Binnenziel anzubieten. Aus Wasserschutzgründen ist jedweder **Wassersport** am und um das Stauseegebiet **verboten.** Zufahrt von Pazin oder von Motovun aus Richtung Buzet rechts.

Draguć

Im zentralistrischen Hochland rund um den Butoniga-Stausee findet man noch einige interessante und untouristische Dörfer und Weiler, die zwar nicht unbedingt große kulturhistorische oder mediterrane Höhepunkte aufweisen, jedoch in einem wohltuenden Kontrast zur manchmal doch sehr touristischen Küstenregion stehen. **Eines dieser interessanten Dörfchen** ist Draguć (ital. Dragoccio), nur wenige Kilometer ostwärts des Butoniga-Stausees, den man vom Ort aus sehr schön überblicken kann. In den 1920er und -30er Jahren noch mit knapp 1000 Einwohner als Kleinstadt verzeichnet, halten heute nur noch gut 70 Seelen hier die Stellung. **„Stadt der Fresken und Ort der Olivenbäume"** wurde Draguć einst tituliert.

Sehenswert sind an der Durchfahrtsstraße der **Veliki Trg** mit einem Brunnen aus dem Jahre 1888 und dem öffentlichen Richtertisch županski stol sowie wenige Meter entfernt das **Wohnhaus von Anton Grossich** (Habsburger Arzt/Erfinder des Jods) und die **Hauptkirche Sv. Križ** aus dem 15. Jh. Ältestes Sakralbauwerk vor Ort ist jedoch die **Friedhofskapelle des Hl. Eliseus,** die vermutlich bis in die römisch-christliche Epoche zurückreicht, und die mit verschiedenfarbigen Steinen errichtet und in den 1980er Jahren aufwendig restauriert wurde.

Mehrfach im Ort sieht man **Freskensteine** mit dem typischen venezianischen Markuslöwen oder lokalen und regionalen Wappenmotiven. Bekannt für ausgezeichnet erhaltene Freskenmalerei im Inneren ist die **Kuća fresaka** (Haus der Fresken, Tel. 052-523767, kuca.fresaka@central-istria.com, Di–So 10–12 und 16–18 Uhr). Im Haus der Fresken kann man auch einen Besuch der Eliseus-Kapelle arrangieren.

Das gesamte Dörfchen ist übrigens eine beliebte Filmkulisse für kroatische cineastische Produktionen und wird demzufolge gerne auch als **„Hollywood Kroatiens"** präsentiert.

Für das **leibliche Wohl** sorgen die *Konoba Dragué,* neben der Hauptkirche, tgl. 11–23 Uhr, sowie das *Buffet Zora* (Nr. 34, Tel. 052-665105, im Sommer tgl. 13–22 Uhr) mit leckeren Käse- und Schinkenplatten.

Gračišće

Mein Tipp: „Rückständig, provinziell, mittelalterlich" – viele kroatische Orte werden mit solcherlei Attributen reizvoll belegt, doch wenn es in Istrien auf einen Ort unbedingt zutrifft, dann wohl auf Gračišće (ital.: Gallignana, knapp 2000 Einwohner), etwa zehn Kilometer östlich von Pazin.

Die Orientierung fällt mehr als leicht: Gleich hinter dem Stadttor liegen die winzige Dorfpost und gegenüber die absolut urige **Konoba Marino** (s.u.); der Pfad links führt zur **Pfarrkirche.** Ansonsten gibt es in dieser Filmkulissenstadt für einen mittelalterlichen Mantel-und-Degen-Streifen nichts außer der idyllischen Beschaulichkeit einer längst vergessenen Zeit. Bisweilen gackert erschrocken ein Huhn, wenn alle Jubeljahre ein Fremder vorbeispaziert – und selbst die Einheimischen wissen nicht genau, wie viele Seelen noch im Ort wohnen, es mögen vielleicht 50 sein. Die meisten Gebäude stammen aus dem 15. Jh. Einige Bezeichnungen zeugen, wenngleich etwas übertrieben wirkend, von der einstigen Bedeutung der Stadt Gračišće, etwa „Palast der Familie Salamon" (vermischt Elemente der Gotik und der Renaissance) oder „Sommersitz des Bischofs von Pičan".

Essen und Trinken/Einkaufen

- **Konoba Marino,** Gračišće 75, gegenüber der Post, Tel. 052-687081, tgl. 14–23 Uhr, Sa 10–23 Uhr, Mi Ruhetag, istrische Bratwurst mit Sauerkohl, istrische Weinsuppe usw.

Gallignana Vinoteka Suvenirnica, Gračišće 68, Tel. 098-361937, Weinhandel und Souvenirvertrieb.

Wanderung des Hl. Simeon

Wanderfreunden sei der „Weg des Hl. Simeon" sehr empfohlen, eine herrliche, etwa dreistündige, nicht ganz einfache **Rundwanderung** (für Kinder nicht geeignet). Einige Kondition, gute Schuhe und viel Flüssigkeit (2 l/Person) sind unbedingt erforderlich. Auf dem gesamten Weg durch Krüppelkiefern, Zedern, Zypressen, Buschwerk, Brombeeren und Wein genießt man einen herrlichen Blick auf das **Učka-Massiv** (Antennenberg) und die alte Bergstadt Gračišće.

Der Weg beginnt auf 450 Höhenmetern an der großen Wandertafel am Ortsausgang Richtung Pazin rechts (Parkmöglichkeit) mit einem steilen Abstieg den Feldweg links unterhalb der Tafel hinunter zur **Kapellenruine Sv Simun** (10 Minuten, 373 m). Ab hier müssen die Wanderzeichen (roter Kreis mit weißer Mitte oder rot-weiß-rote Striche) sorgsam (!) beachtet werden, da der Weg ansonsten nicht beschildert ist und etliche Abzweigungen für Verwirrung sorgen können. Nach etwa 40 Minuten erneuten steilen Abstiegs hat man nun endlich das hinterste Istrien erreicht, den **Weiler Zlepčari** (110 m), in dem alle fünf Hunde unverzüglich Alarm schlagen (hier halbrechts halten über die kleine Steinbrücke).

Es folgt ein gut begehbarer, fast ebener Feldweg durch Wein- und Apfelplantagen zum **Gehöft Sopot** (30 Min., 80 m), wo sich der Weg gabelt: Rechts geht es zum Weingehöft, scharf links hinauf führt der Rundweg weiter. Die Piste ist plötzlich asphaltiert, man achte nun linker Hand auf das Wanderzeichen; ein schmaler Pfad führt links ab zur malerisch-einsam gelegenen **Kapelle Marija Magdalena** (40 Min., 330 m; der Asphaltweg führt zur Kirche Sv Stjepan). Hier oben hat man einen sehr schönen Rundblick über Zentralistrien.

Beim Rückweg wieder Acht geben: Aus der Kapellentür kommend, gehe man geradeaus zum Hang (Zeichen links am Bäumchen), wo ein schmaler Trampelpfad etwa 100 Meter hinunter führt – halbrechts wird eine Piste sichtbar, auf die der Pfad trifft. Dieser folgt man nun noch etwa eine Stunde in einem weiten Linksbogen um die Schlucht zurück nach Gračišće.

Pićan

Wenige Kilometer südöstlich von Gračišće liegt Pićan (ital. Pedena) auf 360 m Höhe. Seine heute rund 300 Einwohner (Bezirk Pićan knapp 2000) leben von der Viehzucht und dem Ackerbau (u.a. Kürbis, Zucchini, Tomaten, Wein) in den letzten Jahren auch von einem bescheidenen touristischen Aufschwung.

Pićan hat zwei Zufahrten, beide führen hinauf zur alten Stadtmauer mit der Dorfschänke, wo man gut parken kann. Linker Hand steht die **St.-Rochus-Kapelle** mit Blick auf das Umland. Die Stadt selbst wird durch ein Portal aus dem 14. Jahrhundert betreten; dahinter liegt rechter Hand das Geburtshaus von *Marko Brajsa Rašan* (1859–1934), einem lokalen Unabhängigkeitsverfechter.

Wenige Meter weiter auf der gegenüberliegenden Seite steht die dreischiffige **Kirche Maria Verkündigung** (das Titularbild stammt von *Valentin Metzinger)*, errichtet von 1735–1738 auf den Grundmauern einer ehemaligen Kathedrale. Es mutet etwas seltsam an, dass auf die alten Grabplatten des Kirchenfußbodens Bänke gestellt werden. Mit einer Höhe von 48 Metern ist der **Glockenturm** einer der höchsten überhaupt in Istrien.

Gegenüber der Kirche, im Haus Nr. 7, der mit Blumen geschmückten **Podbiskupija,** war vom 5. bis zum 18. Jh. der Sitz des Bischofs; es ist noch heute das schönste Gebäude in Pićan.

Unterkunft

Aktuell werden im Umland von Pićan **Ferienwohnungen und Häuser auf dem Land,** teilweise mit Pool, angeboten, auch wenn für viele Istrienreisende eher das Meer lockt denn das Inland. Ein renommierter Anbieter ist *Casamundo* (www.casamundo.de/ferienwohnung-ferienhaus/kroatien/istrien/pican). Weitergehende Angebote und Hintergrundinformationen zum Ort bieten die Webseiten www.tz-pazin.hr und www.central-istria.com.

■ Wer selbst etwas Feines für eine Kleingruppe/Großfamilie arrangieren möchte: Bis zu 8 Personen (5 Schlafräume) beherbergt die **Villa Uljar**③, einen Kilometer nördlich des Dorfes. Pool, toll restauriertes Anwesen mit Haupthaus und Studiohaus, zusätzlicher Außenküche, Extras (z.B. Tischtennis, *Playstation*) und toller Aussicht; nur wochenweise für 1000–2600 € je nach Saison zu mieten. Außerhalb Juli/August für 6–8 Pers. durchaus preiswert. Gornji kralji 16, Pićan-Jakomići, Tel. 091-1532236, http://weistria.com/properties/villa-uljar.

Malerisches Pićan im istrischen Hochland

060is wl

Sonstiges

Ein **Minimarkt/Bäcker** liegt an der Ortsdurchfahrt gegenüber der Kirche. Ansonsten gibt es noch einen kleinen **Diskont-Minimarkt** im 6 km entfernten Potpićan, wo man auch eine **Tankstelle** sowie die einfache **Cocktail-Bar** *Enigma* findet. Etwa mittig zwischen beiden Dörfen zweigt nach rechts ein Sträßchen zum Weiler Kukurini und der *Vinarija Baćac* **(Weinhandel)** ab; tgl. 9–18 Uhr geöffnet, nette Weinstube mit einigen Spezialitäten (Schinken und Hausmacherkäse, nach Voranmeldung auch andere istrische Spezialitäten). Kredenzt werden *Malvazija, Merlot, Cabernet Sauvignon* und Muskatweine aus eigenem Anbau.

Funtana

Zurück an der Küste kurz vor Vrsar, ca. fünf Kilometer südlich von Poreč, liegt das einstige Bauern- und Fischerdörfchen Funtana (kroat. für Brunnen, ital.: Fontane), umgeben von Feldern, Wiesen, Olivenhainen und Weingärten, die rund 950 Einwohner leben heute allerdings unmittelbar oder mittelbar vom Fremdenverkehr. Die Küste rund um Funtana zählt zu den zerklüftetsten Abschnitten West-Istriens, wovon zahllose kleine **Buchten und vorgelagerte Inselchen** zeugen.

Der Ort wurde vermutlich nach in unmittelbarer Meeresnähe gelegenen **Süßwasserquellen** benannt, aus denen die Bewohner in Holzgefäßen Wasser schöpften und auf Ochsenkarren zum alten Kastell wie auch auf ihre Felder transportierten. Schon im 2. Jahrhundert hatte ein römischer Grundbesitzer die Quellen für seine Villa auf der mehrere Kilometer entfernten Landzunge Zelena Laguna genutzt, indem er mittels eines unterirdischen Aquäduktes sein privates Thermalbad speisen ließ. Die Quellen sind jederzeit kostenlos zugänglich und liegen am nördlichen Ortsrand seeseitig der Hauptstraße (beschildert).

Die **Orientierung** im Ort fällt denkbar leicht: Von Poreč kommend, zweigen von der Hauptstraße (Istarska) drei größere Straßen nach rechts ab, die Ribarska (AC *Puntica,* Pier und FKK-Istra), die Borisi/Grgeti (Ortskern, Kastell, Camp Istra) – beide Straßen führen am Pier zusammen – sowie eine namenlose, ebenfalls gut ausgeschilderte Sackgasse (Hotel *Funtana* und AC *Valkanela*). Fußgänger und Radfahrer finden hier einen bis Vrsar durchgehenden, befestigten **Geh- und Radweg,** der zehn Meter neben der Hauptstraße verläuft. In Richtung Norden, bis kurz vor Poreč, gibt es einen gut begehbaren unbefestigten Weg.

Sehenswertes

Im Ort verdient die **Pfarrkirche St. Bernard** von 1621 (restauriert 1941) Erwähnung. Bemerkenswert ist besonders das Altarbild der Kirche, dessen oberer Teil (Muttergottes mit Kind) eindeutig Stilelemente der Renaissance aufweist, während der untere Teil (Heiligenfiguren) auf den Barock zurückgeht – eine sehr seltene, auch für Laien deutlich erkennbare Stilmischung. Zu Ehren des Dorfpatrons *Bernard* findet am ersten Wochenende nach dem 20. August ein uriges Dorffest statt.

adobe.stock ©art63

Praktische Tipps

An- und Weiterreise

■ Alle **Busse** auf der Strecke Vrsar – Poreč (4x tgl. beide Richtungen, 19 K) halten an der Hauptstraße.

Info und Agenturen

■ **Fremdenverkehrsamt Funtana,** Bernarda Borisija 2 (nahe der Pfarrkirche am Kastell), Tel. 052-441119, www.funtana.com, Okt.–Mai Mo–Fr ,jk8–15 Uhr, Juni–Sept. tgl. 8–21 Uhr.

■ **Turist-Biro Linet,** Ribarska 2, Tel. 052-445012, www.apartments-linet. com, für Unterkunftsvermittlung, Geldwechsel, Ausflüge, Winterstellplätze.

■ **Turist-Biro Funtana,** Istarska 2a, Tel. 052-445045, www.jelena.hr, Unterkunftsvermittlung, Geldwechsel und Ausflüge.

Unterkunft

■ **Hotel Funtana**④, Tel. 052-442700, www.maistra.hr, das einzige Hotel im Ort ist nur im Sommerhalbjahr geöffnet, Schwimmbad und Sportmöglichkeiten, sehr attraktive All-Inclusive-Pakete.

■ **Ferienwohnungen** und **Zimmer** vermitteln die Touristenagenturen, man kann sich auch direkt mit Privatanbietern in Verbindung setzen.

■ Recht modern wurde die **Villa Falcon**③ angelegt (Dalmatinska 15, Tel. 052-445333, http://apartments-villa-falcon.funtana.hotels-istria.net), in der unterschiedliche große Apartments angeboten werden. Arrangieren auch Mietwagen.

■ Sehr schön ist auch die **Villa Linet**② (Ribarska 2a, Tel. 052-445012, www.apartments-linet.com) mit sieben Einheiten für 2–4 Personen und einem

Die Pfarrkirche St. Bernard von Funtana

großen Gartenareal. Über die Linet-Homepage werden zahlreiche weitere Objekte angeboten.

Beide genannten Objekte liegen ruhig und etwa 500 m vom Meer entfernt. Näher am Ufer wohnt man in den modernen **Funtana-Apartments**③ (Grgeti 12, Tel. 091-4231414, www.funtanaapp.com). Pool mit Liegebereich, Wäscheservice, gut ausgestattet (Safe, WLAN, Klima, Balkon/Terrasse).

■ Ebenfalls zentral, angenehm und recht preiswert wohnt man wenige Meter weiter im **4 Palme**② (Tel. 091-8820297, www.4palme-app.com). Die modernen Studio-Apartments für 2–4 Personen bieten Balkon (kein Meerblick), Klima, sogar Handtücher werden gestellt. Die Studios (entsprechen DZ mit Küchenzeile und Balkon) kosten 40–60 €, die Wohnungen 45–90 €.

■ Wer in einer der Top-Konobas Unterschlupf finden möchte, sollte die **Konoba Bare** (s.u.) in Erwägung ziehen – bei 45 €/Person (HP!) geradezu ein Schnäppchen. Nahe Dino-Park und Funtana-Hotelresort.

Camping

■ **AC/Naturist Camp Istra-Sunny**③, Tel. 052-465010, www.camping-adriatic.com/istra-naturist-camp-pore. FKK, für ca. 3000 Gäste, umfangreiche Ausstattung (u.a. Sport, Minigolf, Bootsverleih). 1.4. bis 15.10. geöffnet.

■ **AC Puntica**①, Tel. 052-410102, www.istracamping.com/en/camping/puntica, am Nordrand von Funtana nahe der Quellen gelegen. Klein, kaum Freizeitangebot, v.a. für Freizeitkapitäne (Slip, Kran, Anlegestellen) interessant. 15.4. bis 1.10. geöffnet.

■ **AC Valkanela**②, Tel. 052-445216, www.maistracamping.com/campsite-valkanela-vrsa. 85 ha für bis zu 7000 Personen; der südlichste der drei Plätze in Funtana und einer der größten in Kroatien mit eigenem **Restaurant Cantineta.** Gehört zur Maistra-Gruppe aus Vrsar und wird häufig auch als Platz in Vrsar geführt.

Essen und Trinken

Funtana verfügt über ein breites Angebot gastronomischer Einrichtungen im Ort und auf den Campingplätzen. Zentrum ist die **Ribarska Ul.,** die vom Minimarkt an der Durchfahrtsstraße zum Ufer/Hafenbecken führt.

■ In der Ribarska Ulica bietet die **Bäckerei-Konditorei Oaza** ihre Waren feil.

■ Wenige Meter weiter bietet das **Marina** (Ribarska 7, Tel. 052-445400, tgl. 11–23.30 Uhr) leckere Fischmenüs wie Seebarsch in Salzkruste oder istrische Teigwaren mit Trüffel.

■ Sehr gute istrische Spezialitäten zu gemäßigten Preisen bietet die **Istarska Konoba,** Tel. 052-411511, im *Hotel Funtana.*

■ Wer ein ordentliches Fisch-/Meeresfrüchterestaurant sucht, wird im **Histria,** Istarska 23, Tel. 052-445393, tgl. 12–24 Uhr, nicht enttäuscht. Große Portionen in gepflegtem Ambiente, geschmacklich ausgezeichnet, gutes Preis-Leistungs-Verhältnis.

■ Ein anderes kulinarisches Highlight präsentiert Funtana dem Reisenden mit der traditionellen **Konoba Bare** (ganz offiziell seit Jahren eine der besten Konobas Istriens, Kamenarija 4, Tel. 052-441193, tgl. 12–23 Uhr, im Winter 12–14 und 17–24 Uhr, Mi geschl.). Das Seepolyptartar (!) ist etwas ganz Feines, und das Lammfleisch geschmort zergeht auf der Zunge.

■ Am Ortsrand (Istarska 49, nahe Dino-Park) hat das Eiscafé **Salaj 1978** (sogar bis 1 Uhr nachts geöffnet) sehr gutes Eis, Kuchen und Getränke.

■ Selbstversorger finden zentral im Ort Richtung Marina/Hafenbecken neben dem Barba Čižo den **Minimarkt** *Kaštel* (tgl. 7–20 Uhr) sowie ein Stück weiter die **Metzgerei** *Mesnica Sandro* (tgl. 7.30–12.30 und 16–19 Uhr, So nur vorm.). Der kleine örtliche **Markt** *(Tržnica)* versorgt mit Obst, Gemüse und gelegentlich frischem Fisch. Eine **Bäckerei** *(Pekara,* Ivani, Tel. 091-1559415*)* mit Kebab und Snacks findet man an der Hauptstraße Istarska (tgl. 7–1 Uhr).

Aktivitäten

■ **Bademöglichkeiten** bestehen rund um die Landzunge, meist aber umzäunt auf den Campingplätzen; ansonsten an zwei Stellen: unterhalb des *Hotel Funtana* oder bei den alten **Süßwasserquellen.** Anfahrt: Zufahrtsstraße zum AC *Puntica* (Ribarska), dann Erste rechts (Put Perila), hier parken, am Ende Weg links, nach 50 m rechts zu den Quellen und zum Strand.

■ **Reiten:** Im Raum Funtana werden Ausritte in die folgenden Reitzentren organisiert: *Horse Centre Ban,* Funtana, Bijela uvala, Kontakt: *Dalen Ban,* Tel. 098-334716 banprodukt10@gmail.com; *Horse Centre Benčić,* Zelena Laguna, Kontakt: *Petar Benčić,* mobil 098-694872. Beide nehmen 150 K für die Stunde Ausritt.

■ **Bootsverleih:** *Istra Nautika,* Ribarska Ul. bb, Tel. 099-2488406, www.istra-nautika.com.

■ **Feste:** von Anfang Juli bis Mitte September jedes Wochenende (1 Tag) von 18-01 Uhr Fischerfest; Mitte August Sa/So Dorffest Fešta Sv. Bernarda.

Dinopark Funtana

Irgendwo zwischen Kitsch und (Pseudo-)Wissenschaft ist der lange Jahre heftig propagierte Dino-Park anzusiedeln. In den 1960er Jahren wurden hier in der Nähe versteinerte Saurierspuren gefunden und ein kleiner Dino-Park zwecks wirtschaftlicher Nutzung errichtet. Nachdem dieser erste (eher wissenschaftlich orientierte) Park floppte, wurde unter irreführender Beibehaltung des Namens ein Vergnügungspark mit Fahrgeschäften, Paintball, Trampolin, Labyrinth, Bällebad, Gastronomiebetrieben und Souvenirshops usw. gestaltet. Höhepunkt sind die Shows der *Flying Devils* (Motorradakrobatik auf Hochseil), ein Streichelzoo und die Zirkus-Varietévorstellung im Hauptzelt.

■ **Dinopark Funtana,** geöffnet tgl. 10–18 Uhr, Eintritt 160 K, Kinder 140 K. Am Ortsrand Richtung Vrsar an der Hauptstraße.

Nachtleben

■ Funtanas Abendunterhaltung spielt sich vorwiegend in den Gastrobetrieben rund um das Hafenbecken oder in den Campingarealen ab. Wer etwas „Anderes" (Ruhiges) sucht, wird vielleicht in der **Weinstube „Bei Maria"** (Ul. Gasparini, Tel. 052-445288, tgl. 9–23 Uhr; kurz hinter dem Bäcker an der Durchfahrtsstraße Istarska, Richtung Meer) fündig. Weingarten mit Bistrobetrieb, netter Hof zum Sitzen, auch mit einigen warmen Speisen.

■ Modern und jugendlich präsentiert sich direkt am Ufer die **Fuente Beach Bar** (Istarska 2a/nahe der Quellen, Tel. 091-4451030, tgl. 9–1 Uhr) mit Musik, toller Lage, kühlen Drinks und Cocktails; auch Kaffee, Snacks und Frühstück sind erhältlich.

■ Ansonsten nutzen die Besucher von Funtana die nahe gelegenen Freizeitangebote von **Poreč** (v.a. Casino und Clubs der Zelena Laguna) und **Vrsar.**

Nützliches

■ **Polizeidienststelle:** Vrsar, Obala Tita 35, Tel. 052-441414.

■ **Medizinische Versorgung:** Erste Hilfe leistet (in der Saison) die Ambulanz des AC *Valkanela* unter Tel. 052-441515.

Vrsar

Mit Vrsar (ital.: Orsera, knapp 3000 Einwohner), einem Städtchen an der istrischen Westküste, das die Umwandlung vom einstigen Fischerdorf zum Touristenzentrum mehr oder minder abgeschlossen hat, endet die sogenannte „Riviera von Poreč". Der Name der Stadt basiert auf diversen dokumentierten Ursprüngen wie „Ursaria", „Orsaria" und „Versarium". Man nimmt an, dass sich der Name auf das nahe gelegene Funtana bezieht, wo es schon zu römischer Zeit zwei Quellen gab, in deren unmittelbarer Nähe aber generell wegen möglicher Abwasser-Verunreinigungen niemals gebaut wurde (daher Aquädukte). Gesiedelt wurde deshalb zu Römerzeiten in Ursaria, wovon noch etliche Relikte alter Villen und Mosaikenfunde zeugen. Auch das Stadtwappen mit den zwei Bären deutet auf die römische Besiedlung hin (lat. *ursus* = Bär).

Im Mittelalter dehnte sich die Stadt den Hügel hinauf aus und wurde von einer **Stadtmauer** umgeben, von der zwei Stadttore, Mauerteile, das **Kastell** sowie die Reste einer **frühchristlichen Basilika** erhalten sind. Gesichert ist, dass die Stadt von 983–1778 unter direkter Verwaltung des Bistums Poreč stand, im Zuge der napoleonischen Kriege und der Regentschaft Österreichs dann aber im 19. und frühen 20. Jh. eine eigene Gemeinde im Poreštiner Bezirk wurde. Die weiteren Ereignisse des 20. Jh. verliefen ähnlich wie in Poreč.

Der moderne Tourismus datiert zurück ins Jahr 1961, als die **vorgelagerte Insel Koversada** zum reinen FKK-Gebiet erklärt wurde und damit zu den „Pionieren" in Europa zählte. Vrsar erlangte bereits in vergangenen Jahrhunderten einige Berühmtheit als Touristenort, immerhin errichteten hier die Bischöfe von Poreč ihre Sommerresidenz. Kein Geringerer als der weltbekannte venezianische Herzensbrecher *Giacomo Casanova* – eine Gasse der Oberstadt wurde nach ihm benannt – trieb hier sein Unwesen: In seinen „Erinnerungen" memoriert er ausführlich über die liebreizende *Refoška,* eine seiner „Eroberungen" in Vrsar, die ihm im Gedächtnis blieb – honi soit, qui mal y pense, handelt es sich bei Refoška doch um die hiesige Rotweinrebe ...

Sehenswertes

Das wirklich Besondere an Vrsar ist wohl die unübersehbare Zweiteilung der Stadt mit einer weitläufigen Uferpromenade auf der einen und einer **engen, hügeligen Altstadt** auf der anderen Seite. Rund um die Bucht spielt sich das touristische Leben ab, während 50 Meter den Hügel hinauf die Zeit vor einem halben Jahrhundert stehen geblieben zu sein scheint. Andererseits zeigt ein Rundgang gerade ostwärts der Pfarrkirche viele wunderhübsch renovierte Altstadthäuschen, die nicht selten wohlhabenden Slowenen gehören.

Rund um den Trg Degrassi

Im **Zentrum der Oberstadt** liegt der alte Platz (heute Trg Degrassi) mit seinen historischen Bauten. Er war über viele Jahrhunderte Zentrum des Alltags, ent-

Vrsar

20
Stadtstrand
22
21
Privatstr. AC Turist
Spielplatz und Marinazufahrt
Steinbruch und Skulpturen
MONTRAKER
Camping-Rezeption
P
Privatstr. AC Orsera
Sv Marija
Rade Končara
Rade Končara
Park
Aussichtspunkt
2. Camping-Rezeption
Obala maršalavv
Spielplatz
25
19
29
Porečka
26
Bootsslip
Primorska
27
18
28
17
16
Rovinjska
13
Marina
15
14
Tita
Dalmatinska
Ausflugs-boote
12
Obala maršala Tita
7
8
Obala maršala Tita
11
Polizei & Hafenmeisterei
9
6
Souvenir- und Kirmesstände
Erste-Hilfe-Station
Badeufer
3
P
1
500 m
4
2

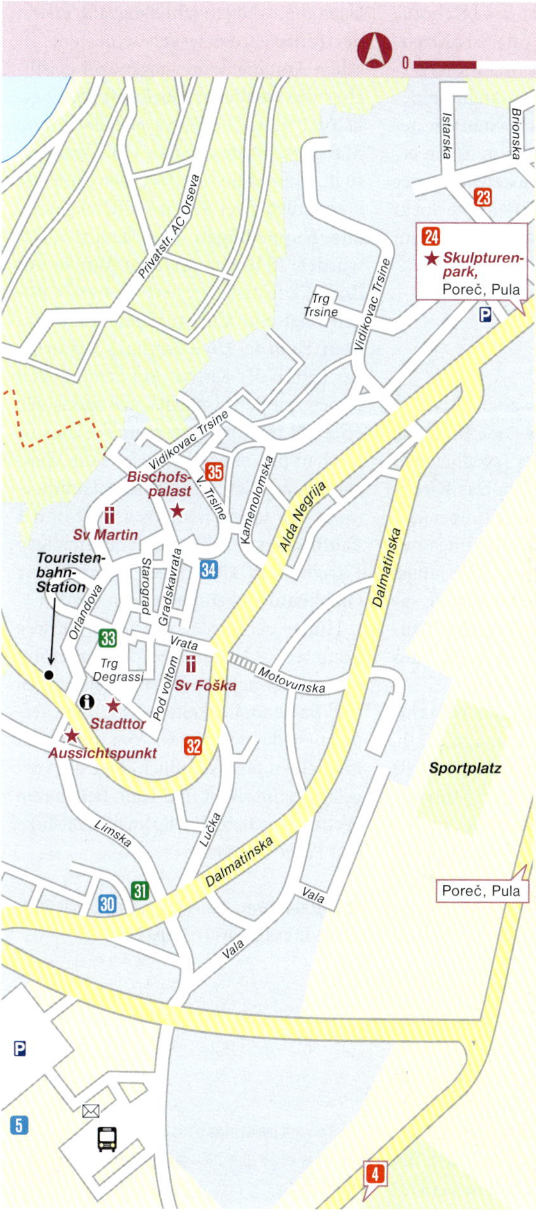

Übernachtung
1 Hotel Petalon-Village, AC Porto Sole-Petalon
2 Aparthotel Belvedere
4 AC Koversada
6 Hotel Pineta
9 Aparthotel Riva
21 AC Orsera
23 Apartmani Miri
24 Villa Vrsar
29 Hotel Vista & Cocktaillounge
32 Aptm. Antica Orsera
35 Stone House Orsera

Essen und Trinken
3 Café-Restaurant Belvedere
5 Restaurant Kod Luce
7 Eisdielen
8 Grill La Rosa 2
11 Rest Dvi Palme
13 Restaurant Stella
16 TikTak-Grill
17 Miramare Grill
19 Restaurant Trošt
27 Restaurant Monte Carlo
28 Grill La Rosa
30 Restaurant Mali Raj
34 Café L'Angelique

Einkaufen/Sonstiges
12 Bäckerei Mediteran
14 Minimarkt Diona
15 Minimarkt Diona
18 Apartmani Adriatic
25 Vinarija (Weinhandel)
26 Metzgerei Saline
31 Plus-Minimarkt Orsera
33 Apotheke

Nachtleben
4 Punta Trole Bar
20 Casanova Beach Bar

Wassersport
1 Tauchschule Starfish
22 Triton Diving

weder als Markt, als Sitz des bischöflichen Salinenverwalters oder als Kirchplatz der kleinen **Kapelle Sv Anton** (zerstört 1941, heute stilvolles Atelier eines Künstlers). Das romanische **Stadttor** neben der Touristeninformation ist ein erhaltener Teil des alten **Kastells.** Auf der gegenüberliegenden Straßenseite lockt eine Holzbank zur Rast – mit nettem Blick über die Bucht.

Sv. Foška

Am östlichen Ende des alten Kastells, der heutigen Oberstraße Rade Končara, kann die kleine Kirche der Lokalheiligen Sv Foška besichtigt werden. Das **Kirchlein** wurde im 17. Jahrhundert überwiegend im Renaissancestil, allerdings mit barocken Elementen, erbaut. Die jüngst restaurierte Gebetsstätte birgt viele sakrale Gegenstände, vor allem das Titularbildnis „Folterung der Hl. Foška" aus dem 17. Jahrhundert.

Neben der Kirche liegt das **romanische Haupttor** der Stadt aus dem 13. Jh. An der Steinplatte oberhalb des Tores ist ein flaches Relief mit einer Miniatur (vermutlich 15. Jahrhundert) des Löwen des *Hl. Markus* zu sehen, dem Wappentier Venedigs.

Sv. Martin

Höchster und von der Sicht her spektakulärster Punkt der Altstadt ist die weithin sichtbare **Pfarrkirche** Sv Martin. Mit ihrem Bau wurde erst Anfang des 19. Jh. auf den Relikten der Stadtmauer mit romanischem Nordtor begonnen. Nach Beendigung der napoleonischen Ära (1813) lagen die Arbeiten jahrelang still, erst in der Amtszeit des wegen seiner energischen Argumentation gegenüber geistlicher wie weltlicher Obrigkeit gelegentlich mit *Don Camillo* verglichenen *Josip Martinoli* wurde der Bau 1935 fertig gestellt. Vom Mittelschiff wurden mittels je vier Säulen zwei Seitenschiffe abgeteilt. Die **Kuppelbögen** des Hauptschiffes wurden 1946 von *Antonio Macchi* aus Rovinj kunstvoll verziert: Der erste Bogen zeigt eine Christusfigur, rechts das Martyrium der *Hl. Foška*, links *Sv Martin*, der Patron der Kirche. Auf dem zweiten Bogen mit der Inschrift „Ace agnus dei: ecce qui tollit peccata mundi" (Dies ist das Lamm Gottes, siehe wie es die Weltsünden auf sich nimmt) sind Lämmermotive zu sehen. Bemerkenswert ist das **Taufbecken,** welches aus der ehemaligen Kapelle vom alten Platz stammt. Der **Glockenturm** kann bestiegen werden.

Hinter der Kirche führt ein Fußweg hinunter zur **Landzunge Montraker** mit dem Campingplatz *Orsera,* Liegewiesen und Bademöglichkeiten sowie zur Uferpromenade des Ortes. Von oben hat man einen famosen Blick über die vorgelagerte Inselwelt und kann bei klarem Wetter deutlich die Eufrasius-Basilika von Poreč erkennen.

■ **Glockenturm,** Besteigung 20 K, Kinder 10 K, 10–12.30 und 17.30–21.30 Uhr.

▷ Blick auf die Marina und die malerische Altstadt von Vrsar, in der ihre 2000-jährige Geschichte noch sichtbar ist

adobe.stock ©ottoflick

175kro wl

Erzbischöflicher Palast

Unmittelbar neben Sv Martin am Kirchplatz steht ein mehrstöckiges, prunkvolles Gebäude – der erzbischöfliche Palast (Palazzo Edbešorša). Schon im 12. Jahrhundert besaßen die Bischöfe von Poreč einen Sommersitz in Vrsar, allerdings war er zunächst deutlich bescheidener. Erst ab dem 14. Jahrhundert wurden bis ins 18. Jahrhundert hinein permanent Erweiterungen und Änderungen vorgenommen. Das Bauwerk wurde mit hohen **Mauern mit Schießtürmen** (Türkengefahr) versehen, was ihm auch den Namen „Kastell" eintrug. Die Wehrhaftigkeit der hohen Kleriker hatte aber nicht nur außenpolitische Gründe: Die Verschwendungssucht und der Prunk der Kirche bedingte höhere Belastungen der Fischer und Bauern, was 1299 zum **Aufstand in Poreč** führte – Bischof *Bonifazius* floh in die Fluchtburg von Vrsar. In der frühen Neuzeit mussten die Bauern dem Bischof u.a. das Gepäck kostenlos von Poreč nach Vrsar transportieren. Im 19. Jahrhundert konnten die Bischöfe dem Volk schließlich nicht mehr genug aus der Tasche ziehen, um den Prachtbau zu halten, sodass der Palazzo an die Patrizierfamilie *Vergotini* aus Poreč verkauft wurde. In den Wirren der Kriege des 20. Jahrhunderts begann dann der Verfall des Bauwerks, welches in den vergangenen Jahren aufwendig restauriert wurde.

⌃ Die Kirche Sv Martin in der Oberstadt von Vrsar

Skulpturenpark

Freunde der modernen Kunst werden eventuell den – künstlerisch umstrittenen – privaten Skulpturenpark von **Dušan Džamonja** (1928–2009), einem der berühmtesten zeitgenössischen Bildhauer der Gegenwart, besuchen wollen. Sein Skulpturenpark liegt, von Poreč/Funtana kommend, knapp einen Kilometer vor Vrsar rechter Hand (Parkplatz und ummauerte Villa). Leider gibt es keine geregelten Öffnungszeiten – Interessierte versuchen es auf gut Glück oder arrangieren über die Touristeninformation einen Besuchstermin. Der berühmteste Sohn der Stadt geht – wie viele andere Bildhauer auch – aus der **Sommerkolonie Montraker** hervor (der **Steinbruch** Montraker liegt im Bereich des Campingplatzes *Orsera*), wo seit 1991 alljährlich Studenten der Bildhauerei aus aller Welt ihre Fertigkeiten proben und die Ergebnisse in der Stadt ausstellen (tgl. außer Mo 9–19 Uhr, Juli/Aug. bis 20 Uhr, Tel. 098-548864, Eintritt frei).

Warum gerade Vrsar? Das **Gestein** dieses Küstenstrichs soll besonders widerstandsfähig gegen Salzwasser sein, was schon die alten venezianischen Baumeister wussten: Für nicht wenige Bauten Venedigs (entlang des Canale Grande, Mollo dei Schiavi) wurde Baumaterial aus Vrsar verwendet!

Praktische Tipps

An- und Weiterreise

Bus

Der **Busbahnhof** (Obala Tita, Tel. 060-333111) liegt nördlich der Tankstelle und der Freifläche, die Anbindungen nach Pula und Poreč sind mäßig, reichen aber für Tagesbesuche aus:

- **Poreč:** tgl. 7, 13, 15 und 20.55 Uhr, im Sommer 6x tgl. (28 K).
- **Pula und Rovinj:** 19x tgl. (19–44 K).
- Für **weitergehende Strecken** ist ein Umstieg in Pula bzw. Poreč notwendig. Für Auslands- und Langstreckenrouten empfiehlt es sich, direkt nach Pula zu fahren.
- Eine **Touristenbahn** verbindet Camping/Hotelbereiche mit der Promenade und der Altstadt (TI).

Auto

Unmittelbar an der **Strecke Pula – Poreč** gelegen, ist Vrsar leicht zu erreichen. **Parkplätze** gibt es vor dem Hafen oder vor der Gabel an der Altstadtzufahrt (hier noch kostenlos; in der Stadt/am Hafen nahezu unmöglich). Die drei **Campingplätze** sind gut ausgeschildert (die *Orsera*-Zufahrt liegt am Ortsausgang Richtung Poreč gleich scharf links). Wer eine Ferienwohnung/ Zimmer in der Oberstadt hat (Belvedere, Petalon und Trsine liegen an den Hauptzufahrtsstraßen), muss sich auf die **Einbahnstraßen** einstellen: Die Alda Negrija/Rade Končara ist Einbahnstraße Richtung Montraker.

Info und Agenturen

- **Touristeninformation:** Rade Končara 46, Tel. 052-441187, http://infovrsar.com, Nov.–Mai nur Mo–Fr 8–15 Uhr, Juni und Okt. tgl. 8–15 und 18–21 Uhr, Juli–Sept. 8–22 Uhr, Sa 9–13 u. 19–22 Uhr; 10 und 17 Uhr jeweils 30 Min. Pause, So/Fe geschl.
- Ein halbes Dutzend **Touristenagenturen** *(Turist-Biro; Agencija)* an der Uferpromenade Obala Maršala Tita, bzw. an der nördlichen Zufahrt Ul. A. Negri/Jadranska, bieten die Vermittlung von Unterkünften (Zimmer①-③), Geldwechsel und Ausflüge an. Zuverlässig ist vor allem 18 **Adriatic Apartmani & Travel,** Obala M. Tita 6, Tel. 052-441338, www.apartmani-adriatic.hr.

Unterkunft

Das etwa mittig an der Westküste Istriens gelegene Vrsar wird sehr gern als Urlaubsstandort gewählt, da sowohl das Hinterland als auch die bedeutendsten Orte der Westküste zumindest mit eigenem Fahrzeug gleichsam gut erreichbar sind und Vrsar selbst trotz des riesigen FKK-Campingdorfes *Koversada* einen eher ruhigen, kleinstädtischen Charakter bewahren konnte. Speziell zu Vrsar kann man sich im Internet unter www.bovi.hr und www.maistracamping.com sowie auf der genannten Webseite der Touristeninformation vorab orientieren und buchen. Zahlreiche private Objekte findet man unter www.infovrsar.com.

23 Günstige Ferienwohnungen für 2–3 Personen findet man bei **Apartmani Mir**②, Istarska bb, Tel. 098-440590 , www.miri.com.hr. Klimaanlage, Sat-TV, Balkon, Küchenzeile – einfach und preiswert.
24 Ein Stück weiter die Strasse hinauf in der Aldo Negri 34 bieten die **Apartments Villa Vrsar**②(Tel. 091-2194340, www.apartmentsvillavrsar.com) in einem renovierten Steinhaus Ein- oder Zweischlafraumwohnungen mit Klimaanlage und WLAN.
32 Etwas moderner und stilvoller sind die drei Einheiten der **Apartments Antica Orsera**③, Rade Koncara 7, Tel. 0393-8717331, www.anticaorsera.com. Moderne und umfangreiche Ausstattung, sehr gepflegt, zentrale Lage.
35 Und wer außergewöhnlich unterkommen möchte, dem sei eine Mischung aus Heimatmuseum und Künstleratelier empfohlen: das **Stone House Orsera**④ (Trsinje 24/Vidikovac, Tel. 051-489000, www.hello-sunshine.eu/stone-house-o). Wasch- und Spülmaschine, gelungene Mischung aus klassisch und modern, 2 Schlafräume, Terrasse, tolle Aussicht.
2 **Aparthotel Belvedere**③, Tel. 052-689100, www.maistra.hr//belvedere_vrsar, unmittelbar an Obala Tita (aber am Meer) gelegen. Sehr weitläufig, öffentlicher Badeabschnitt.
1 **Hotel Petalon-Village**③, Tel. 052-426100, www.maistra.hr//petalon_vrsar, 10 Gehminuten zum Zentrum, sehr schön, beide auch zu buchen über die Agentur *Anita* (liegt vor den Tennisplätzen/AC *Porto Sole* rechts), Tel. 052-44122.
9 **Aparthotel Riva**②, Tel. 052-637500, www.maistra.hr//riva_vrsar, gehört zum beliebten Pauschalreisehotel 6 **Pineta**② an der Obala Tita (Tel. 052-637500, www.maistra.hr//pineta_vrsar), beide Anlagen haben eine gemeinsame Rezeption im Pineta.

An den Internetadressen erkennt man schon, dass auch in Vrsar ein Lokalmatador alle Anlagen (auch Campingplätze) aufgekauft hat, hier die *Maistra*-Gruppe, sodass alle Objekte unter www.maistra. com (auch deutschsprachig) im Netz zu finden sind und dort gebucht werden können.
29 Wer lieber in der oberen Altstadt im Hotel unterkommen möchte: das kleine **Hotel Vista**③, Ul. Rade Končara, Tel. 052-406620, www.hotelvista.hr, bietet moderne Zimmer ab 120 €, teils mit Balkon, inkl. Frühstück, WLAN und Sat-TV. Angeschlossene **Cocktail-Lounge.**

Camping

Vrsar bietet mit seinen **drei Campingplätzen** über 10.000 Gästen Raum:

1 Sofern man im unteren Bereich (direkt an der kleinen Bucht) beim **AC Porto Sole-Petalon**③, Tel. 800200, www.maistracamping.com/campsite-porto-sole-vrsar, etwas bekommt, scheint dieser Platz der schönste zu sein. Teil des *Petalon-Village* (s.o.), dessen Pool mitgenutzt werden kann. Tauchen, Rad- und Bootsverleih, Sportangebote und Animation. Auch Mobilheime für 4 bis 6 Personen – allerdings zu 230 €/Sommer, in der Nebensaison keine 70 €!
21 Wegen der unmittelbaren Stadtnähe und der Lage auf der grünen „Bildhauerlandzunge" Montraker ist der **AC Orsera**②-③, vormals *Turist*), Tel. 052-465010, www.camping-adriatic.com/de/orseracamp-porec, fast ebenso gut – und (noch) nicht

im Besitz der *Maistra*-Gruppe. Nahe dem Skulpturenpark gelegen, stehen u.a. Wassersport (auch Tauchen), Rad- und Bootsverleih, Tennis und eine kleine Disco zur Verfügung. Am Hang liegen auch einige tolle Mobilheime (4–6 Personen).

4 Last but not least bietet der Naturistencampingplatz **AC Koversada**②-④, Tel. 052-441378, www.maistracamping.com/naturist-park-koversada-campsite-vrsar, den Anhängern der Freikörperkultur auf über einer Million Quadratmetern Wiese ungetrübtes Bräunungsvergnügen – allerdings heißt es bei mehr als 5000 Gästen (einer der größten FKK-Campingplätze Europas!) aufpassen, wo man untergebracht werden soll. Der Platz umfasst nicht nur das Ufergebiet, sondern auch die mit einem Damm verbundene Insel Koversada sowie sehr ruhige und verstreut liegende Plätze an den Hängen der Limski-Bucht. Auch Apartments und Villen sind für jeden Geldbeutel erhältlich. Diverse Sportangebote, Animation, Rad- und Bootsverleih.

Essen und Trinken

■ **Gute und günstige Kleinigkeiten** (Pizzastücke, Toasts, Burger usw.) zum Mitnehmen gibt es an der Uferpromenade und/oder in den örtlichen Bäckereien.

34 Leser loben das **Café L'Angelique** beim Glockenturm (Ul. Alda Negri 3, Tel. 098-9570352, Di–So 8.30–14 und 16–23 Uhr) für hervorragende Tees, Kaffee und Hausmachergebäck.

28 **Grill La Rosa** (Rovinjska 8, Tel. 052-441558, tgl. 10–24 Uhr). Seit vielen Jahren vor Ort tätig, preiswert und ausgezeichnet (Nudel-, Fisch-, Fleischgerichte), die guten Pizzen gleichen Wagenrädern!

13 Gegenüber liegt das schlichte **Restaurant Stella** (Rovinjska 13, Tel. 052-441221, tgl. 11–23 Uhr) mit tollen Fischplatten (ab 200 K für 2 Pers.).

27 Zu den sehr beliebten Pizzerien zählt das **Monte Carlo** (Tel. 052-441213, tgl. 12–24 Uhr) in der Primorska 8 mit leckeren Bistro-Gerichten, aber auch Fleisch.

19 Als gutes Fischrestaurant an der Obala Tita sei das **Trošt** (Obala Tita 1a, Tel. 052-445197, tgl. 10–24 Uhr) empfohlen. Spezialitäten sind die Fischkombination *Tris* sowie Nudeln mit Venusmuscheln und Spargel, aber auch Beefsteak mit Trüffeln.

■ Auch die **Campingplätze** beherbergen eigene (einfache) Restaurants, etwa das *Vala* (AC *Orsera*, Tel. 052-441390) oder das *Restaurant Garbin* (Tel. 052-441761) und die einfache *Pizzeria Balun* (Tel. 426333) beim *Koversada*.

11 **Dvi Palme,** Dalmatinska 12, Tel. 052-441203, tgl. 12–23 Uhr. Tipp in der mittleren Preisklasse mit überdurchschnittlichen Gerichten (Fisch, Steaks, aber auch Pizza oder frisches Tartar).

30 **Mali Raj,** Limska 20, Tel. 052-441531, tgl. 11–14 und 17–23 Uhr. Nur Indoor/Wintergarten, kein Außenbereich, etwas zurückgesetzt, früher recht gut, in letzter Zeit scheint die Qualität dem Umsatzstreben etwas nachzugeben; Fisch, Fleisch, Meeresfrüchte.

17 **Miramare,** Obala M. Tita 7, Tel. 098-219034, tgl. 9–24 Uhr. An sich früher ein ordentliches Lokal für Pasta und Fisch, scheint aber nach einem umfassenden Personalwechsel nach Bekunden zahlreicher Reisender nur noch auf Laufkundschaft ausgerichtet zu sein.

16 **TikTak-Grill,** Dalmatinska 1, Tel. 098-9402625. Bistro-Lokal in Vrsar mit Steaks und Nudelgerichten, Pizza und Burgern, aber auch Frühstück und Eis; einfache bis mittlere Kategorie.

8 **La Rosa 2** (vorm. *By Ena*), Obala Tita 31, Tel. 052-441001. Vormals beliebtes Fischlokal, jetzt Filiale des *La Rosa* mit ähnlichem Angebot, nur ufernäher (s.o.)

MEIN TIPP: 5 **Konoba Kod Luce,** Dalmatinska Ul. 18, Tel. 091-9573621, tgl. 7–24 Uhr. Wird von Reisenden wie Einheimischen hoch gelobt und ist dabei keinesfalls überteuert. Angeboten werden Fisch und Fleischgerichte sowie einiges Vegetarisches. Einziger Nachteil ist die Lage am großen Parkplatz, aber die gebotene Qualität macht dies mehr als wett.

Nachtleben

Abends erwacht vor allem die **Uferpromenade** rund um die Bucht von Vrsar mit ihren zahllosen 7 (Eis-)Cafés und Bars erst richtig zum Leben. Beliebt sind die Bars im Abschnitt Koversada, u.a. die 4 **Lounge Bar Punta Trole** (im Sommer tgl. Live-Musik; tgl. 10–24 Uhr) oder auf der Landzunge Montraker die 20 **Casanova Beach Bar** (Tel. 091-2062987) für einen abendlichen Cocktail am Strand. 3 Auf den Terrassen des **Café-Restaurant Belvedere** spielen gelegentlich Livegruppen, oder es wird gesetzte Tanzmusik aufgelegt.

■ Nachtschwärmer finden im Sommer an der Straße Richtung Funtana kurz vor dem Campingplatz *Valkanela* **Disco-Betrieb.**

■ Von Juli bis September findet freitags alle 14 Tage das **Fischerfest** statt – **Fisch- und Weinspezialitäten** können dann überall entlang der Promenade genossen werden.

Einkaufen

■ Mehrere **Minimärkte** (14 15 *Diona* und 31 *Plus*) sorgen für ein ausreichendes Standard-Angebot für Selbstversorger, direkt am Ufer im Zentrum findet man außerdem die 26 **Metzgerei** *Saline* (Tel. 052-441537) sowie die 12 **Bäckerei** *Mediteran*. Weinliebhaber finden eine 25 *Vinarija* **(Weinhandel)** in der Dalmatinska/Ecke Primorska neben dem Restaurant *Monte Carlo* mit regionalen Weinen.

> Das Rathaus von Vrsar

Aktivitäten

■ Tagsüber werden meist **Touren** in die benachbarten Orte, v.a. zur **Limski-Bucht** und ins Hinterland, oder Ausflüge per Boot gemacht. Direkt an der Uferpromenade werden **Bootstouren** u.a. zur Limski-Bucht, nach Rovinj oder eine Fahrt durch die vorgelagerte Inselwelt mit Fischpicknick inkl. Getränken angeboten, z.B. über die Fa. *Fun-Sport*, www.sport-fun.com.hr, Tel. 091-2062890. Auch das überall vertretene „roote U-Boot/Glasbodenboot" findet man in Vrsar unterhalb der *Belvedere*-Anlage (www.semisubmarine-vrsar.com).

■ In den **Ferienanlagen** und auf den Campingplätzen stehen Tennis, Tischtennis, Minigolf, Surfen, Bootsverleih usw. zur Verfügung.

■ Der **Sportflugplatz** von Vrsar liegt 2 km nördlich der Stadt und ist eine der drei Basen der kleinen *North Adria Aviation* (Tel. 052-442075, www.istra.net/naa). Neben Fallschirmspringen (Tandemsprung ab 1500 K) und **Rundflügen** entlang der istrischen Westküste im Doppeldecker (Panorama-Rundflug Lim-Fjord 140 K p.P./10 Min.; Westküste 180 K, Brijuni 350 K, Zentralistrien 400 K; 30–45 Min. Dauer) bietet die Airline **Chartershuttle-Flüge** von/nach Mali Lošinj und Krk oder zur Insel Unije an (nur als Rückflugticket für rund ab ca. 100 € buchbar). Details siehe die Seite der *North Adria Aviation,* sowie über den **Aeroklub Vrsar** (Tel. 098-233676, www.aeroparkvrsar.blogspot.com, tgl. 9–21 Uhr, April–November).

Baden

Am besten baden lässt es sich im Bereich der **Landzunge Montraker,** wo auch der weitläufige AC *Orsera* zu finden ist. Der Zugang liegt nicht, wie oft angenommen, unterhalb der Marina (Zaun), sondern am Parkplatz der Rade Končara. Hier führen Fußwege zu schönen **Liegewiesen,** den Skulpturen der Bildhauerschule und zum Badestrand. Auch an der Promenade unterhalb des Belvedere ist Schwimmen möglich, die gesamte **Lagune** zur Insel Sv Juraj ist für Schwimmer abgesperrt und somit auch für Kinder ideal. Wer zur Insel schwimmt, sollte wegen der dortigen spitzen Felsen Badeschuhe mitnehmen!

Tauchen

1 **Starfish,** Kontakt Frau *Lydia Betz,* Tel. 052-442119, www.starfish.hr, Tauchschule auf dem Campingplatz *Porto Sole.*

22 **Triton Diving,** Campingplatz *Orsera,* Tel. 092-2624083, www.tritondiving.eu.

Nützliches

- **Taxiruf Vrsar:** 098-9622555 und 091-5157707.
- **Hafenmeisterei:** Obala Tita, Tel. 052-427224, neben der Wechselstube.
- **Medizinische Versorgung:** Eine kleine 33 **Apotheke** liegt am Trg Degrassi in der Oberstadt Degrassi 8, Tel. 052-441347, Mo–Fr 8–20, Sa bis 13 Uhr; eine kleine **Erste-Hilfe-Station** neben der Hafenmeisterei, Obala Tita (Tel. 052-441530).
- Die **Marina** liegt neben der Kapelle Sv Marija an der Montraker-Landzunge unmittelbar vor dem Hintereingang zum AC *Orsera,* Tel. 052-441 052, www.montraker.hr. Einkaufsmöglichkeiten, Restaurant, Werkstatt. In der Marina, auf den Campingplätzen sowie an der Promenade **Bootsverleih.**
- **Auto-und Radverleih:** *Bike Maks,* Verleih von Pkw, Fahrrädern, Scootern und Quads, Saline, Tel. 052-423130; *Rent a bike Montraker Sport Centar,* Zona Montraker (Camping-Areal), Tel. 091-5774819.
- An der Uferpromenade/Ecke Rade Končara liegt ein kleiner Park mit **Kinderspielplatz.** An der Freifläche zwischen Tankstelle und Busbahnhof bieten fliegende Händler und kleine **Kirmesstände** im Sommerhalbjahr ihre Waren an. Man findet hier allerlei Nützliches (Handtücher, Sonnenbrillen), Lokalprodukte (Schnäpse, Honig) und Souvenirs (Schnitzereien, Spielwaren).

adobe.stock ©dziewul

3 Rovinj und der Südwesten

Die Region unmittelbar nördlich von Pula faszinierte schon den jugoslawischen Staatschef Tito – sein „privater" Nationalpark Brionische Inseln erlangte Weltbekanntheit.

Die Brionischen Inseln – glasklares Wasser und außergewöhnliche Vegetation

ROVINJ UND DER SÜDWESTEN

Es ist vor allem die **Naturschönheit,** die den Reiz des südlichen Abschnitts der Westküste ausmacht – zwischen der Limski-Bucht bei Rovinj und den unmittelbar vor der Küste gelegenen Brionischen Inseln bei Fažana finden sich mehrere geschützte Gebiete. Der Hauptort **Rovinj** gilt als Perle der Adria und steht anderen Touristenzentren Istriens in nichts nach.

NICHT VERPASSEN!

- Der tiefste „Fjord“ der Adria **die Limski-Bucht** | 107
- Herrlicher Aussichtspunkt in der Altstadt – **Sv. Eufemija in Rovinj** | 112
- Mumifizierte Leichen als Touristenattraktion – **Sv. Blaz in Vodnjan** | 124
- Eine Inselgruppe als Nationalpark – **die Brionischen Inseln** | 128

Diese Tipps erkennt man an der gelben Hinterlegung.

Limski-Bucht

Die heutigen Bezeichnungen in Prospekten und Broschüren (**„Lim-Fjord“, „Limski-Kanal“** usw., kroat.: Limski Zaljev) dienen vornehmlich dazu, das touristische Interesse zu wecken. Geologisch handelt es sich beim schönsten kroatischen „Fjord“ schlicht um ein neun Kilometer langes, durchschnittlich 600 Meter breites und bis zu 100 Meter tiefes **Karsttal,** in welches das Meerwasser eindringt, um sich mit dem Frischwasser des hier mündenden Lim-Baches zu vermischen. Nun muss aber eines deutlich gesagt werden: Der Lim-Fjord wird auf spektakulären Luftbildern in Hochglanzprospekten als das achte Weltwunder hingestellt und heftig als touristisches Highlight umworben – vor übertriebenen Erwartungen sei aber gewarnt, es handelt sich „nur“ um eine **Bucht.** Lohnend ist aber auf jeden Fall eine Bootsfahrt ab Vrsar.

Interessant ist sowohl der **eigentümliche Bewuchs der Hänge** – am Nordhang wachsen immergrüne Bäume, am Südhang dagegen nur Laubbäume wie Eschen und Eichen – als auch die Tatsache, dass wegen des geringen Salzgehaltes des Wassers die Sauerstoffkonzentration sehr hoch ist und daher **Fische und Muscheln** hervorragend gedeihen. So hat denn auch der organisierte Fischfang per Boot eine lange Tradition, und Bischof *Eufrasius* von Poreč ernannte sich wegen des außerordentlichen Fischreichtums im Jahre 543 kurzerhand zum Alleineigentümer des Lim-Fjords. Rund 1000 Jahre blieb die Bucht unter kulinarischer Aufsicht wohlbeleibter Kleriker, ehe die Dogen von Venedig den gesamten Lim-Fjord 1691 der Adelsfamilie *Barbabianca* als „ewiges Geschenk“ überschrieben. Derartige Vereinbarungen berührten das befreite Jugoslawien 1945 wenig, der Fjord wurde der Allgemeinheit zugänglich gemacht und 1980 als **„besonderes Marine-Reservat“** ausgeschrieben. Baden ist daher strengstens verboten.

Ausflug mit dem Fahrzeug

Es gibt vier Möglichkeiten, die Limski-Bucht zu besichtigen: Zunächst kann man schlicht die (beschilderte) **Zufahrtsstraße zwischen Vrsar und Rovinj** nehmen (nicht die Schnellstraße, sondern die Küstenstraße). Hier wird man unmittelbar an das Ende des Fjords mit dem Muschel- und Fischrestaurant *Viking* (Limski Kanal, Tel. 052-448223, mit erstklassigen Fischgerichten der mittleren bis oberen Preisklasse) geführt. Es bieten noch einige Spirituosenverkäufer an Ständen ihre Waren feil, ansonsten ist hier recht wenig zu sehen.

Die zweite Möglichkeit liegt ebenfalls an der erwähnten Verbindungsstraße Rovinj – Vrsar, aber ein Stückchen höher, gleich hinter der Abzweigung nach Vrsar. Nach 50 Metern gibt es linker Hand eine kleine, „wilde“ Parkmöglichkeit, von wo aus man einen sehr guten **Blick über das Tal** hat (ein wenig in die Büsche gehen). 50 Meter weiter liegt dann ein Parkplatz (Holzturm), wo für 10 K/Person derselbe Ausblick genossen werden kann; im Sommerhalbjahr stehen Spirituosenhändler bereit, den Wanderer mit in *Šljivovic* und *Kruškovac* eingelegten Kräutern zu versorgen.

Es gibt auch einen sehr guten **Aussichtspunkt am Nordufer:** Auf der Straße von Vsar Richtung Autobahn rechts zum Vsarer Flughafen abbiegen, an diesem vorbei immer geradeaus fahren bis zu einem verlassenen, aber begehbaren Gaststättengrundstück; hier gibt es mehrere Terrassen mit gutem Ausblick (auch auf den gegenüberliegenden Holzturm).

Und schließlich darf die **Radroute 171 von Vrsar zum Fjord** (insgesamt knapp 15 km Rundweg) nicht vergessen werden, die ufernah fast **bis Kloštar** führt und mehrere spektakuläre Aussichtspunkte über den Fjord bietet (www.istria-bike.com/de/routen/strecken/6-ch-0?&l_over=1).

Bootsfahrt und Rundflug

Die dritte Besichtigungsmöglichkeit besteht in einer **organisierten Boots- oder Angeltour** von einem der Küstenorte aus (siehe dort), am günstigsten ist es von Vrsar.

Zu guter Letzt bietet sich die Möglichkeit eines **Rundflugs ab dem Flugplatz Vrsar.** Der Flug über Poreč, Rovinj, Limski und Vrsar (30 Minuten) beschert unvergessliche Panoramablicke (alter Doppeldecker, unruhiger Flug möglich)!

Romualdova Jama

Direkt am Buchtende führt links der Zufahrtsstraße zu den in der Bucht gelegenen Restaurants ein Pfad in etwa 20 Minuten hangaufwärts zur 97 m hoch gelegenen Romualdova Jama, einer 105 m langen **Karsthöhle,** in der Knochenfunde von mehr als 40 prähistorischen Tierarten, darunter auch des Höhlenbären, gemacht wurden. Ihre geschichtliche Bedeutung bezieht die Höhle aus der Tatsache, dass sie zu Beginn des 11. Jh. der Überlieferung nach dem *Hl. Romuald* (gest. 1027) als Einsiedelei diente. Der spätere Begründer des Eremiten-Ordens der Kamaldulenser (benannt nach der bedeutendsten Klostergründung Camaldoli in der Toskana) gilt auch als Gründer des – heute verfallenen – Klosters Sv. Mihovil beim Dorf Kloštar an der Nordseite der Limski-Bucht.

Essen und Trinken

Mein Tipp: An der Küstenroute Richtung Vrsar passiert man **drei kleine Dörfer,** die allesamt mit wahren Gaumenfreuden aufwarten: in **Kloštar** die **Istarska Konoba Hiža Kontija** (Tel. 091-444595, tgl. 11–23 Uhr), in **Gradina** der **Gradina Grill** (Tel. 052-444585, tgl. 12–23 Uhr) und – besonders zu empfehlen – in **Flengi** die **Konoba Sidro** (Tel. 052-444521, tgl. 12–23 Uhr) – alles berühmte Straßengrills mit Spanferkel nonstop.

Dvigrad-Ruinen

Wer über den Schnellstraßenabschnitt A9/E751 Richtung Vodnjan und Pula fährt, quert eine lange Brücke über die Limska Draga (Lim-Fjord). Hier erspäht man schon östlich der Brücke die **Burgruinen** von Dvigrad (ital.: Duecastello). Die Zufahrt erfolgt über **Kanfanar** (ital. Canfanaro, beschildert), vor der Bahnlinie am Ortseingang führt links die Nebenstraße nach Dvigrad (2,5 km).

046is wl

Im Frühmittelalter standen zwei kleine Burgfestungen direkt nebeneinander, Parentino und Moncastello. Die vordere, etwas jüngere, wurde schon im Hochmittelalter verlassen, Teile davon als Baustoff für die Erweiterung und Reparatur des hinteren, älteren Kastells verwendet, welches sich nun **Duecastelli** (Dvigrad) nannte. Mit der Pest im Jahre 1631 verließen die Bewohner jedoch die Doppelburg und gründeten das nahe gelegene Kanfanar.

Auf dem höchsten Hügel stand einst eine Sofienkapelle – die **Pfarrkirche von Kanfanar** birgt noch heute eine **Statue der heiligen Sofia** mit zwei Kastellen in den Händen. Von den Ruinen aus hat man einen sehr schönen Blick auf die umliegende Landschaft mit der etwa zwei Kilometer entfernten **Kapelle Sv Elija** (genau ostwärts). Ein kleiner Rundweg durch die beiden sehr beeindruckenden und malerisch gelegenen Ruinen ist möglich, es ist irgendwie jedoch recht gruselig, in den Gemäuern herumzuspazieren (Achtung, teilweise ungesicherte hohe Mauern!). In den Sommermonaten bietet ein Imbissstand am Parkplatz Snacks und Getränke an.

Es versteht sich fast von selbst, dass Stätten wie Dvigrad etliche **Legenden** und Anekdoten hervorriefen. Eine davon entstand mit dem Tod des berühmten englischen Abenteurers und Vizegouverneurs britischer Karibik-Besitzungen, *Sir Henry Morgan* (1635–1688). Er lebte zunächst als eine Art Freibeuter, kämpfte gegen die Spanier, plünderte

Von Vrsar ein Katzensprung – die Burgruinen von Dvigrad

Panama und wurde dafür von England inhaftiert, später begnadigt und geadelt. Als Beute seiner Raubzüge soll er einen **sagenhaften Schatz** verborgen haben – und zwar bei Dvigrad: Nur gut einen Kilometer weiter das Sträßchen hinunter liegt das Gehöft *Mrgani,* dessen Entstehung wegen der Namensähnlichkeit *Sir Henry Morgan* zugesprochen wurde und von dem man annahm, dass dort der legendäre Schatz verborgen sei ... viel Spaß bei der Suche!

Rovinj

Rovinj (ital.: Rovignio, ca. 15.000 Einwohner) zählt mit seinen 14 vorgelagerten Inselchen zu den **Perlen der Adria.** Von nicht wenigen Istrien-Reisenden wird der Besuch der Stadt als ein Höhepunkt der Reise empfunden. Die unmittelbare Umgebung ist eine der am stärksten entwickelten touristischen Regionen Kroatiens. Rovinj hat eine malerische Altstadt zu bieten, umsäumt von den Pinienwäldern des **Kap Zlatni Rt.** Das Waldareal wie auch die unmittelbar um

Rovinj – malerisch auch aus der Luft

Rovinj gelegenen Gewässer sind heute besonders **geschützte Naturzonen.**

Die sich auf einer Landzunge erhebende Altstadt erweist sich als typisches Beispiel einer mediterranen, **mittelalterlichen Stadt** und zeugt von den fleißigen Händen einheimischer Meister. Der Gang durch den Stadtkern mit den aus Platzmangel dicht aneinander gedrängten Häusern, schmalen, gepflasterten Gassen sowie großen und kleineren Plätzen gleicht einem Streifzug durch vergangene Zeiten, wobei die Stadtgeschichte recht komplex erscheint: Archäologischen Grabungen zufolge war das Gebiet schon von den Illyrern besiedelt, ehe die Römer die Region ihrem Imperium einverleibten. Im 7. Jahrhundert wird die Stadt erstmals als „Ruigno" und „Rovignio" urkundlich erwähnt, damals zum italienischen Ravenna gehörend. 788 wurde Rovinj zunächst Teil des Fränkischen Reiches, nach einer Reihe von Machtwechseln fiel die Stadt 1283 an Venedig. In dieser Epoche wurde Rovinj 1531 zur Stadt erhoben; mit dem Fall Venedigs (1797) folgte die österreichische Phase. Nach dem Ersten Weltkrieg schließlich erfuhr die Stadt in der italienischen Ära bis 1945 ihre letzte Fremdherrschaft.

www.fotolia.de © Dario Bajurin

Rovinj wurde schon im 7. Jh. mit **Festungsmauern** gesichert, die später mit Stadttürmen verstärkt wurden. Von den ursprünglich sieben **Stadttoren** sind drei erhalten: das Tor des *Hl. Benedict,* die Portica und das Tor des Heiligen Kreuzes. Anstelle des äußeren Stadttores wurde im 17. Jahrhundert der sogenannte Balbi-Bogen im Barockstil errichtet, der heute den Eingang in die Altstadt bildet. Im 17. und 18. Jahrhundert hat man auch außerhalb der eigentlichen Stadtmauern gebaut, schließlich im Jahre 1763 die einstige Insel mit dem Festland verbunden. Dominiert wird das Panorama der Altstadt von der dreischiffigen **Barockkirche Sv Eufemija** (Fuma) auf der höchsten Erhebung der Landzunge.

Unmittelbar an der Spitze der Landzunge der Altstadt gibt es kleine Felsabschnitte, die zum Baden einladen. Sehr beliebt, wenngleich etwas umständlich zu erreichen, sind die beiden **Hotel- und Badeinseln Sv Katarina** und **Crveni Otok** („rote Insel", auch Sv. Andrija genannt) – beide sind per Fähre an die Altstadt angebunden.

Sehenswertes

Zu Fuß beginnt man einen Stadtrundgang am besten an der **Promenade,** um über die Pfarrkirche und die Künstlergasse bis zum Trg Tita zu gehen.

Sv Eufemija

Der großartige Bau der **Kirche der Stadtpatronin** beherrscht den gesamten Altstadtkern. Sie wurde 1736 auf den Fundamenten älterer Gebetsstätten errichtet, 1883 wurde die Frontpartie im Stil venezianischen Barocks neu ausgebaut. Der **Altarbereich** im Inneren verdient besondere Aufmerksamkeit: Auf dem Hauptaltar wird der *Hl. Georg,* der Drachentöter, von *Rochus* und *Markus* flankiert; dahinter befinden sich die Chorstühle sowie das große Bildnis „Das letzte Abendmahl" von *Giovanni Contarini* aus dem Jahre 1574. Hinter dem linken Seitenaltar sind weitere große Ölgemälde mit Szenen aus dem Alten Testament zu sehen.

Das Hauptaugenmerk aber liegt auf dem rechten Nebenaltar, wo die **Hl. Euphemia** (Sv Eufemija) mit der Stadt Rovinj und einem Mühlrad in den Händen zu sehen ist. *Euphemia* wurde im 3. Jahrhundert zur Zeit des römischen Kaisers *Diokletian* in Chalcedon geboren. Wegen ihres christlichen Glaubens starb sie am 16.9.304 als junge Frau den Märtyrertod während der Christenverfolgungen. Ihre Gebeine ruhen angeblich in dem Sarkophag hinter diesem Nebenaltar. Zur Zeit des „Bilderstreites" (7./8. Jahrhundert: Byzanz war gegen, Rom für eine Anbetung von Reliquien und Bildern) verschwand der Sarkophag, der in Byzanz stand, spurlos und tauchte auf wundersame Weise im Jahre 800 in Rovinj wieder auf. Seither fungiert *Euphemia* als Schutzpatronin der Stadt, ihr Todestag am 16.9. wird mit einem Stadtfest begangen. Die besondere Verehrung der *Euphemia* zeigt sich in der Anzahl der Pilger an diesem Tag, auch tragen viele Mädchen der Gegend ihren Namen.

Den 60 Meter hohen **Campanile** (errichtet 1654–80 von *A. Manopola)* ziert eine Kupferskulptur der *Hl. Euphemia,* die den Fischern früher Windrichtung und Hafeneinfahrt anzeigte – und sich noch heute dreht.

Künstlergasse

Mein Tipp: Von der Pfarrkirche die Ulica Grisia (rutschige Stufengasse!) hinuntergehend, kann der Besucher in zahllosen Kunstateliers **Malern, Feinschmieden, Töpfern** und **Porzellanmalern** bei der Arbeit über die Schulter schauen und deren Kunstwerke in den altstädtischen Häuschen bewundern.

Uferpromenade

Ein angenehmes Vergnügen bereitet ein Rundgang auf der sehr weitläufigen Uferpromenade rund um die Landzunge der Altstadt, beginnend an der Obala Negrija. Rund um das Hafenbecken reihen sich zahlreiche **Restaurants und Cafés** aneinander und bieten Tourorganisatoren **Rundfahrten** und Ausflüge an. Weiter um den Kirchhügel herum bis zum Trg Valdibora ist es deutlich ruhiger, hier bieten sich einige Felsnischen unmittelbar unterhalb der Stadt zum **Ba-**

den an, und man kann das geschäftige Treiben der Fischer- und Ausflugsboote in der Bucht von Rovinj beobachten. Den zentralen Punkt der Stadt bildet der **Trg Tita,** wo das alte Rathaus, das historische **Balbi-Tor** (1680), das städtische Museum und insbesondere der markante **venezianische Glockenturm** im Stil der Spätrenaissance der Stadt ein unvergleichliches Flair verleihen.

Vom Museum führt die Ulica Garibaldi (siehe Glossar) zum **Trg Valdibora,** wo das Stadttheater und der farbenfrohe Obst- und Gemüsemarkt zu finden sind. Eher „neosozialistisch" mutet das uferseitige Kriegerdenkmal an.

Heimatmuseum

Rovinjs Heimatmuseum ist in einem Barockbau (ehemals Stadthalle) im Stadtzentrum schräg gegenüber vom „venezianischen Turm" untergebracht. Neben Werken **zeitgenössischer Künstler** und interessanter stadtgeschichtlicher Exponate sind dort auch Sammlungen **alter Meister** (vom 15. bis zum 19. Jh.) zu besichtigen, ein Teil davon sind polychrome Skulpturen aus dem gleichen Zeitraum (Trg M. Tita 11, Tel. 052-816720).

Öffnungszeiten: 15.6.–17.9. tgl. außer Mo 10–14 Uhr und 18–22 Uhr, Sa/So ab 10 Uhr; Mitte September bis Mitte Juni 10–13 Uhr, So und Mo geschlossen. 15 K, ermäßigt 10 K, Kinder/Senioren frei.

700is ff

☐ Kirche Sv Eufemija

Rovinj

Übernachtung

4 Residence Porta Antica
5 Villa Segalla
10 Villa Valdibora
12 Rovinj-Apartments
13 Hotel Angelo d'Oro
21 Hotel Sol Inn Adriatic
22 Porta Antica Seaview Apartment

Essen und Trinken

7 Pizzeria Adria
8 Pizzeria da Sergio
9 Konoba Ulika
11 Restaurant Tipico
24 Restaurant Marinero
27 Eiscafé Sweet Corner
28 Snackimbiss
31 Restaurant Kantinon

Nachtleben

1 Secret Escape Café-Bar
2 Mediterraneo Cocktail Bar
3 Cocktail-Bar Molo Grande
17 Labirint Club
20 Casino Automat Club Istra
25 Irish Pub
31 Restaurant Kantinon
32 TDR-Disco

Einkaufen/Sonstiges

14 Apotheke Centener
15 Elektroscooter-Verleih
16 Diskont-Markt/ Getränkehandlung
19 Konzum-Supermarkt
23 Internet Club A-Mar
29 Stadt-Apotheke
30 Fahrzeugvermieter

Wassersport

6 Scuba Rovinj

0 100 m
©Reise Know-How
Kroat12 6/20
17 Parkplätze/Brücke Brace Brajkovic
19
Obala Palih Boraca
Aquarium
Pietro Ive
16
Franziskanerkloster
Ferri
Augusto
F. de Admicis
20
Vladimira Gortana
Carera
Pignaton
22
24
Vodnjanska
23
Einkaufspassage
Trg Tita
Venezianischer Turm
25
Romanische Kirche
Trg na Lokvi
Uferpromenade
Obala A. Rismonda
21
Batana Eco-Museum
27
Carera
28
29
30
Erste-Hilfe Station
Obala A. Rismonda
31
Obala A. Negria
32

Die „Wiener Gesellschaft“

Die **Geschichte des Tourismus in Rovinj** blickt auf eine rund 150 Jahre alte Tradition zurück, die eng an die k.u.k. Zeiten angelehnt ist und ohne diese wohl nicht denkbar wäre. 1845 wurde zwischen Triest und Rovinj eine erste reguläre Dampfschiff-Linie eröffnet, 1876 folgte das Dampfross mit dem Bau der Linie Wien – Pula. Während letzteres für Österreich militärisch (Kriegshafen!) von Interesse war, lenkte eine ganz andere Institution ihr Augenmerk mehr auf humanitäre Ziele. Die „Wiener Gesellschaft“ (eigentlich: „Wiener Gesellschaft zur Errichtung maritimer Gesundheitszentren und Asylen für arme Kinder sowie Scrofulosis- und Rachitispatienten“) eröffnete 1888 das **Maria-Theresia-Gesundheitszentrum,** das erste seiner Art an der Adria. Kinder der gesamten Monarchie wie auch aus anderen Ländern wurden hier behandelt. Teils zur Unterbringung begleitender Eltern, teils für andere „Heilluft“-Suchende wurde zudem das **älteste Hotel der Stadt,** das *Jadran* (heute *Sol Inn Adriatic*), gebaut. Damit war der lokale Tourismus geboren, andere Adelige folgten der Notwendigkeit zum Bau weiterer Hotels: 1890 kaufte Baron *Georg von Hüterodt* die vorgelagerte Insel Sv Katarina und ließ das dortige Kloster in ein Hotel umbauen – die Hotelinsel Katarina wird noch heute vom *Grand Hotel Zell am See*/Österreich geleitet.

Altstadtkirchen

Das **Franziskanerkloster** mit Kirche ist Anfang des 18. Jahrhunderts in der Ulica de Amicis errichtet worden. In diesem komplexen Bau aus der Barockzeit sind eine Bibliothek und ein interessantes **Museum sakraler Kunst** untergebracht (Franjevački samostan, De Amicis 36, Tel. 052-830390).

Eine Reihe von kleinen **Kirchen und Kapellen** ergänzt das Bild der Stadt: die Kirche der *Hl. Agatha,* die Heiligkreuzkirche, die Kirche des *Hl. Benedictus,* das Oratorio und die Kirche Majka Božja od Milosti (Mutter Gottes von der Gnaden). Sie entstanden zwischen der Byzanz- und der Barockzeit.

Auf dem Trg na Lokvi steht das älteste Bauwerk der Stadt, eine **romanische Kirche** aus dem 13. Jh. An dem siebeneckigen Gebäude beachte man die Transenna (durchbrochene Steinplatte zum Verschließen von Fensteröffnungen) mit einer Golgatha-Darstellung.

Aquarium

Unmittelbar an der Promenade Ulica Palih Boraca liegt das **Maritimmuseum** mit Exponaten zur regionalen Meeresbiologie. Für einen allgemeinen Einblick recht nett angelegt, entlockt es erfahrenen Tauchern jedoch gelegentlich nur ein Schmunzeln ...

■ **Aquarium** (Institut Rudjer Bošković/Ul. Giordana Paliage 5), Tel. 052-804702, tgl. 9–21 Uhr (im Winter 10–17 Uhr), Eintritt 20 K, Kinder 10 K.

Batana Eco-Museum

Noch recht jung ist das Batana Eco-Museum (auch: *Muòstra*), das sich dem Thema **Fischfang und traditionellen Holzbooten** widmet. Es werden zudem Batana-Rundfahrten im Hafen von Rovinj und jeden Mittwoch und Sonntag am Ufer vor dem Museum **Folkloreabende** mit kulinarischen Leckerbissen aus der lokalen Küche arrangiert.

■ **Batana Eco-Museum,** Obala P. Budicina 2, Tel. 052-812593, www.batana.org, Juni bis September 10–14 und 19–23 Uhr, sonst 10–13 und 16–18 Uhr (Jan./Feb. nur bei Voranmeldung). Eintritt 20 K, Kinder und Studenten 10 K.

Praktische Tipps

An- und Weiterreise

Bus

■ **Busbahnhof:** Ul. M. Benussia, Tel. 052-811453.
■ **Poreč:** 5.50–20.20 Uhr, 2–6x tgl., 40–45 K.
■ **Pula** (via Vrsar): 6.45–22.45 Uhr, etwa alle 45 Minuten, 29–44 K.
■ **Pazin:** 7x tgl., 47 K.
■ Es besteht eine brauchbare internationale Anbindung an die **Busse nach Italien** (Triest, Udine) um 10.20 Uhr tgl. für 85 K.
■ **Rijeka, Opatija:** 5x tgl., 102–115 K.

Auto

Rovinj liegt etwa auf halber Strecke zwischen **Poreč und Pula** und ist gut mit dem eigenen Fahrzeug zu erreichen. Von der Küstenstraße kommend, wird man (gut beschildert) Richtung *Centar* geleitet, an der Abzweigung des Franziskanerklosters bestehen dann allerdings zwei Möglichkeiten: Links **Richtung Busbahnhof** *(autobusni kolodvor)* gibt es wenige, jedoch **kostenlose Parkmöglichkeiten,** ideal wäre die unmittelbare Nähe zum Busbahnhof; am Franziskanerkloster nach rechts wird man **zur Uferpromenade** geleitet, wo ein großer **gebührenpflichtiger Parkplatz** direkt am Ufer liegt (6–12 K/Stunde); 250 m vor der Altstadtpromenade kann man auch am großen Parkplatz an der Brücke/Ul. Brace Brajković parken (5 K/Std.).

Info und Agenturen

■ Offizielle Touristeninformation ist die **Turistička Zajednica Grada Rovinja,** Obala P. Budičina 12, Tel. 052-811566, www.rovinj-tourism.com, November bis Mai Mo–Fr 8–16, Sa 8–13 Uhr, Juni und September/Oktober tgl. 8–20 Uhr, Juli/August tgl. 7–22 Uhr.

Touristenagenturen für Ausflüge, Geldwechsel, Unterkunftsvermittlung usw. liegen rund um die Uferpromenade sowie an den Ausfallstraßen, z.B.:

■ **Kompas Travel Atlas,** Trg M. Tita 5, Tel. 813211, https://kompas-travel.com, im Sommer tgl. 9–21 Uhr, Winter Mo–Fr 9–15, Sa bis 13 Uhr.

Unterkunft

■ **Privatunterkunft:** Neben den Agenturen ist auch die offizielle Webseite der Touristeninformation (s.o.) für Zimmer- und Apartmentsuche nützlich, ferner die gute (mehrsprachige) lokale Seite www.rovinj-tourism.com/de/unterkunft.

Stadtplan S. 114

12 In einmaliger Lage, nämlich am und über dem Meer, direkt in der Altstadt, bieten auch die **Rovinj-Apartments**③ des österreichischen Vermieters *Hintermeier* eine tolle Aussicht; insgesamt 9 Einheiten für 4–7 Personen in einem traditionellen Haus, modern ausgestattet; Tel. 043-664-3806468, https://apartment-rovinj.net.

5 Einziger Nachteil der beiden genannten Häuser ist die relative Entfernung zur Innenstadt; wer direkt im Ort eine Pensionsunterkunft sucht: **Villa Segalla**③, Montalbano 12, Tel. 052-811591, www.villasegalla.com. Restauriertes, steinernes Altstadthaus mit romantisch-luxuriösen Zimmern; nur drei Wohneinheiten, sehr familiär. WLAN und Parkplatz inklusive.

■ Eine sehr gute Zimmer- und Studiounterkunft bietet **Porta Antica**④, Tel. 052-812548, die mit mehreren Standorten im Zentrum (22 *Carera*-Einkaufsstraße und 4 Uferpromenade) mit Meerblick und gehobener Ausstattung vertreten ist, die zwischen 80 und 160 € im DZ und 95–220 € im 2er-Apartment kosten.

Rovinj zeichnet sich mehr durch ein breites Hotelangebot in Zentrum und Stadtnähe aus und erst in zweiter Linie durch Ferienbungalows. Insgesamt liegt das Preisniveau – sowohl bei der Unterkunft als auch bei der Verpflegung – in Rovinj leicht über dem Durchschnitt. Im **Altstadtzentrum** liegen folgende Hotels:

21 **Sol Inn Adriatic**③, Trg Tita/Pino Budicin, Tel. 052-800250, www.maistra.com/de/hotel-adriatic-rovinj, zentrales kleines Haus mit 60 Betten.

10 **Villa Valdibora**④, S. Chiurco 8, Tel. 091-592 2867, www.valdibora.com. Fantastisch renoviertes Bürgerhaus mit wenigen Einheiten und stilvollem Ambiente.

13 **Angelo d'Oro**④, V. Švalbe 38–42, Tel. 052-853 920, www.angelodoro.com. In rustikal-antikem Stil restauriertes Altstadthaus mit allen Annehmlichkeiten (Jaccuzi, Sauna). Verfügen auch über zahlreiche Apartments in und um Rovinj.

Karte S. 121

■ Ansonsten empfehlen sich in der Neustadt die beiden einfachen Privatpensionen **9** **Romano**①, Vukovarska 2a, Tel. 052-817275, und **6** **Baron Gautsch**②, Ul. Ronjgova 7, Tel. 052-840538, www.villabarongautsch.com.

7 Etwa 5 km südlich vom Zentrum Richtung Waldpark Zlatni Rat findet man allen erdenklichen Luxus (Sauna, Hallenbad, Freibad) im **Hotel Eden**④, Tel. 052-800400, www.maistra.com/de/hotel-eden-rovinj, einer modernen 750-Betten-Anlage mit DZ ab 140 € bei Onlinebuchung.

5 Wer lieber näher am Ufer wohnt, dem sei das **Park**④, Ulica Ronjigova, Tel. 052-811077, www.maistra.com, empfohlen. HP kostet hier umgerechnet rund 5 € mehr pro Tag und lohnt sich unbedingt.

8 Etwas günstiger, da nicht strandnah, liegen im Bezirk Monvi die **Apartments Hansel**②. Ebenfalls sehr gut ausgestattete drei Wohneinheiten für 2–8 Personen. Zusätzlich können hier Räder gemietet, Flughafentransfer arrangiert und sogar Babysitting in Anspruch genommen werden. Valpereri 30 (Rovinj-Monvi), Tel. 098-9658 170, www.hansel-apartments.com.

2 Als eine der schönsten Anlagen der Stadt seien die **Apartments Roža**③ empfohlen: gelegen im Distrikt Borik knapp 2 km nördlich der Altstadt in unmittelbarer Meeresnähe (Strand) und sehr gut ausgestattet (Waschmaschine, Mikro, Sat, Internet). Brunettija 26a (Rovinj-Borik), Tel. 098-366010, www.rozarovinj.com.

Wer die **Abgeschiedenheit** bevorzugt, kann auf zwei vorgelagerten, **reinen Hotelinseln** wohnen; die Fähren für die **Insel Katarina** liegen an der Promenade vor dem *Hotel Park*, für die **Insel Crveni Otok (Sv Andrija)** am Pier der Obala Palih Boraca. Die Boote fahren immer um „halb" von 5.30 bis 0.30 Uhr ab Rovinj, immer zur vollen Stunde von 6 bis 1 Uhr zurück!

4 **Hotel Katarina**③, Tel. 052-804100, www.maistra.com/de/island-hotel-katarina-rovinj. Die einst österreichisch geführte Anlage auf der Katari-

adobe.stock ©phant

☐ Gasse in der Altstadt von Rovinj

neninsel ist zwar etwas in die Jahre gekommen und wird national als 2-Sterneanlage geführt, doch sind lediglich die Zimmer eher schlicht, das Areal selbst ist immer noch eine Attraktion.

11 Auf der Insel Crveni Otok („Rote Insel", auch Sv. Andrija genannt), 15 Fährmin. von Rovinj entfernt, liegt das **Island Hotel Istra**④, Tel. 052-802500, www.maistra.com/de/island-hotel-istra-rovinj.

Wer eine **günstigere Möglichkeit** sucht, dem seien die beiden großen Anlagen *Amarin-Monsena* und *Rubin* empfohlen:

2 **Feriensiedlung Amarin-Monsena**②, Tel. 052-802000, www.maistra.com/de/family-hotel-amarin-rovinj, renovierte und umgestaltete Aparthotelsiedlung, die über 1600 Gästen günstige DZ ab 100 € und Apartments ab 130 € bietet. Von den beiden örtlichen *Maistra*-Anlagen ist *Amarin* für viele Reisende die schönere.

9 **Aparthotel Rubin**②-③, Tel. 052-801400, www.maistra.com/de/rubin-rovinj, hat sowohl DZ ab knapp 150 € inkl. Frühstück/Hochsommer als auch Apartments (bei Internetbuchung rund 1100 €/ 4 Pers./Woche in der Hauptsaison je nach Größe/Lage) im Angebot.

Camping

Die ersten vier der nachfolgenden Anlagen liegen nördlich der Stadt, die ersten drei verfügen über ein Basisangebot an Freizeitaktivitäten.

Karte S. 121

2 **AC Valalta**④, Tel. 052-804800, www.valalta.hr, FKK-Camp nahe Lim-Fjord, ca. 6 km nördlich vom Zentrum. Ansprechender **FKK-Campingplatz** mit über 500 Mobilheimen. Familienfreundlich (langer Kies-, kleiner Kindersandstrand), Pool, Sport, Rad-/Bootsverleih und – eigene Minibrauerei!

2 **AC Amarin-Monsena**③, Tel. 052-813044, www.maistracamping.com, Monsena, ca. 5 km nördlich vom Zentrum mit Blick auf die Altstadt; Mobilheime, Sport (auch Tauchen), Rad-/Bootsverleih, Animationsprogramme (im Sommer auch lange abends). Wer es ruhiger mag, geht lieber ins nahe gelegene Valsaline.

2 **AC Valsaline**③, Tel. 052-804850, www.camp-valsaline.hr, 4 km nördlich der Innenstadt. Ähnliches Angebot wie im *Amarin-Monsena*, nur viel kleiner. Auch Mobilheime, überschaubares Freizeitangebot.

1 **AC Porton Biondi**②, Tel. 052-813557, www.portonbiondi.hr, von Wohnmobilbesitzern bevorzugter Billigplatz auf der Landzunge nördlich der Stadt und somit zentrumsnächster Platz (3 km), aber kein großes Freizeitangebot.

Südlich des Zentrums liegen folgende Plätze:

9 **AC Polari**③, Tel. 052-801501, www.maistra-camping.com, 4 km außerhalb, mit dem breitesten Freizeitangebot inkl. Pool, Minigolf, Tennis, Boots-/Radverleih und Tauchen.

10 **AC Ulika**④, Tel. 052-817320, www.dn-rovinj.com. Kleiner Campingplatz, 3 km außerhalb und etwas inlandseitig. 2019 zum „Boutique-Camp" mit B & B-Zimmern und Mobilheimen umgestaltet. Kaum Freizeitangebot, dafür ruhig (mehr für Paare als für Familien geeignet); auch Radverleih.

9 **AC Veštar**④, Tel. 052-800200, www.maistra-camping.com, 5 km bis Rovinj, sehr schöne Poolanlage, Beachplatz, Rad-/ Bootsverleih. Einige wenige Mobilheime/Zelte im Verleih.

Essen und Trinken

Stadtplan S. 114

28 Der **Snackimbiss/Bäckerei** in der Carera (nahe Busbahnhof) bietet große Burek, leckeren Kuchen und Sandwiches.

7 Für preiswerte Kleinigkeiten bietet sich die **Pizzeria Adria** in der Grisia 4 an, Tel. 052-418993, geöffnet tgl. 9–24 Uhr. Pizza, Fisch und Snacks.

Großraum Rovinj
0 1 km
©Reise Know-How
IstriF08 6/20
Übernachtung
1 AC Porton Biondi
2 Apartments Roža, AC Valalta, AC Valsaline, Feriensiedlung und AC Amarin-Monsena
4 Hotel Katarina
5 Hotel Park
6 Pension B. Gautsch
7 Hotel Eden
8 Apartments Hansel
9 Pension Romano, Aparthotel Rubin, AC Veštar, AC Polari
10 AC Ulika
11 Island Hotel Istra
Essen und Trinken
2 Konoba Nada
Einkaufen
3 K-Center Einkaufszentrum
Poreč
Lamanova
Pula
Rovinj
Ausschnitt S. 114
Sv. Katarina
Monvi
Zlatni Rt.
Škaraba
Insel Crveni Otok

31 Das **Kantinon** in der Ulica Negrija/Ecke Rismonda 17 (Uferpromenade, Tel. 052-816075) bietet sehr gute Fischgerichte, aber auch Goulasch, Terrinen, Meeresfrüchte u.a. Das Lokal wurde übrigens von der Hotel- und Campingkette *Maistra* aufgekauft. Restaurantbetrieb 12–23 Uhr, Bar bis 1 Uhr.

8 **Da Sergio,** Grisija 11, Tel. 052-816949, wirbt mit zahlreichen Auszeichnungen für leckere Pizzen, Kleinigkeiten, Wein etc. bei sehr gutem Service, wird auch von Reisenden gelobt und ist immer gut besucht. Di–So 11–22 Uhr, im Sommer ab 11 Uhr.

9 **Konoba Ulika,** etwas versteckt in der Gasse Via Parenzo/Porečka 6 (von der Grisija aus zu sehen), Tel. 098-9297541, tgl. 14–22.30 Uhr, im Sommer ab 11 Uhr. Gehobenes Restaurant *(Slow Food)* mit überschaubarem, nicht alltäglichem und stets frisch zubereitetem Angebot wie gedünstetem Steinbutt oder mit Gorgonzola abgeschmeckten *Linguini.* Lokale und regionale Weine in gehobenem Ambiente.

24 **Marinero,** Carera/Ecke Vodnjanska, Tel. 052-830917, tgl. 9–24 Uhr. Pizza-Holzofen und Aquarien im Gastraum, nettes Ambiente, neben Pizza auch Fisch- und Fleischgerichte. Nur Barzahlung, teilweise doch recht teuer.

11 Speziell für Vegetarier/Veganer empfiehlt sich in Rovinj das **Tipico,** Ulica Grisia 32, Tel. 091-3494006, tgl. 10–15 und 17–24 Uhr. Kein kulinarischer Tempel, aber ordentliche Auswahl.

27 Für ein (veganes) Eis zum Nachtisch bietet sich das **Sweet Corner** (Obala Alda Rismonda 19, tgl. 8–1 Uhr) am südlichen Hafenbeckenrand an.

Karte S. 121

MEIN TIPP: 2 Sehr zu empfehlen ist die **Konoba Nada** etwas außerhalb (von Rovinj in nördliche Richtung die Küstenstraße Richtung Camp *Valalta* fahrend, kurz vor dem Campingplatz beschildert, Tel. 052-821188, tgl. 13–24 Uhr). In einem hübschen Garten werden istrische Gerichte mit Gemüse aus eigenem Anbau serviert. Sehr ruhiges und angenehmes Ambiente.

Nachtleben

Stadtplan S. 114

32 Größte Disco vor Ort ist derzeit das **TDR** (Obala V. Nazora, Tel. 052-844000); das Areal samt Fabriken in Kanfanar wurde erst 2019 an die Londoner *BAT (British American Tobacco)* verkauft, der Firmensitz an der Uferpromenade wird derzeit kommerziell umgestaltet (www.inforovinj.com/deu/rovinj/zabava/monvi.asp).

17 Der **Labirint Club** (Put Valsaresi 3, tgl. 23–5 Uhr) ist ein in Istrien bekannter Treffpunkt der *LGBT*-Gemeinde.

■ Gediegene **Abendunterhaltung mit Tanz** bieten im Sommer die Ferienanlagen/Camps *Amarin-Monsena, Valalta* und *Valdaliso* an.

■ Ein **Casino** lockt zum Verlust der Urlaubskasse: 20 *Casino Automat Club Istra,* Pietro Ive 9.

■ Wer im Zentrum nur einen Cocktail oder Drink am Abend zu sich nehmen möchte wird in der 31 **Bar** des *Kantinon* am Ufer (s. oben, Restaurants), oder im 25 **Irish Pub,** Carera 86 (etwas versteckt Richtung Bahnhof linker Hand), Tel. 091-5191340, tgl. 18–2 Uhr, fündig. Letzterer erstreckt sich über mehrere Abteilungen, teils mit Außenbereich, teils klimatisiert. Raucherfreundlich, zahlreiche internationale Biere, gute Musik (1970er–1990er), gelegentliche Live-Events, preiswert.

2 Noch ufernäher sitzt man in der **Mediterraneo Cocktail Bar,** Ul. Sv. Križa 24, Tel. 091-5328357, Standardangebot an Cocktails.

1 Ebenfalls direkt am Ufer kann man in der **Secret Escape Café-Bar** wenige Häuser weiter (Ul. Sv. Križa 45, tgl. 10–1 Uhr) prima entspannen.

3 Die **Cocktail-Bar Molo Grande** (Ul. Sv. Križa 4, Tel. 091-1517491, tgl. 8–2 Uhr) ist etwas teurer, bietet aber optisch wie geschmacklich die vielleicht beste Auswahl in Rovinj.

Einkaufen

■ Zwei Supermärkte mit großen **Getränkeabteilungen** sind der 16 **Diskont-Markt** in der Obala Palih Boraca sowie der **Minimarkt** am Franziskanerkonvent (von der Boraca den Bogen hinauf, gleich links großer Parkplatz).

3 Für den Großeinkauf bietet sich zudem das **K-Centar Einkaufszentrum** (Karte S. 121) an, es liegt am östlichen Stadtrand an der Hauptstraße nach Osten (Braće Božić 4, hinter dem Kreisverkehr, mehrfach beschildert). Hier findet man ein paar Fachgeschäfte sowie den großen Discounter *Konzum*.

19 Für Camper und Hotelgäste der südlichen Bezirke liegt der **Konzum-Supermarkt** in der L. Adamovića bb (zwischen Altstadt und Marina) sehr günstig, eine etwas kleinere Filiale liegt zwischen den Campingplätzen *Valsaline* und *Porton Biondi* in der Ul. Matije Vlačića Ilirika 30.

Aktivitäten

Tauchen

6 Das **Diving Center Scuba Rovinj,** Trg Mateotti 10, Tel. 098-212360, www.diving-rovinj.com, im Campingareal *Veštar* gelegen, hat sich zu einer der besten Adressen für Taucher oder diejenigen, die es werden wollen, entwickelt.

Baden

■ **Katharineninsel** und **Crveni otok** sind sehr schön; man nehme genügend Verpflegung mit, sonst ist man auf die Hotelrestaurants angewiesen. Die Badeplätze an der Altstadt sind damit natürlich nicht zu vergleichen. Die Boote fahren immer um „halb" von 5.30 bis 0.30 Uhr ab Rovinj-Zentrum, immer zur vollen Stunde von 6 bis 1 Uhr von den Inseln zurück!

Bootsfahrten

Die zahllosen Touristenagenturen wie auch Anbieter unmittelbar an den Anlegestellen offerieren die übliche Palette an Ausflügen und Touren. Besonders gefragt sind **Tagestouren nach Venedig** (ab 60 €) und Rundtouren um Rovinj, meist in Form sogenannter „Fischpicknicks" (ca. 30 €).

Ausflug

Ausflug in Düfte und Landschaftsbau – Histria Aromatica: Wer anstatt der Autobahn der alten Küstenstraße von Rovinj Richtung Pula folgt, erreicht kurz vor Bal den kleinen Weiler **Golaš;** hier achte man rechts auf die Zufahrt zum Areal *Histria Aromatica.* Auf rund 150.000 m² wurde ein **Produktions- und Bildungszentrum für Agro-Tourismus** nach dem Motto „Vom Saatgut zur Marke" angelegt. Der nachhaltige Umgang mit natürlichen Ressourcen, Öko-Produktion, Erhalt der Tradition, Kultur und Bildung sowie das Studium der Ethnobotanik als wissenschaftlicher Disziplin stellen einen zentralen Schwerpunkt dar. Zu sehen sind wunderschöne Gärten und Plantagen aus Lavendel, Pyrethrum, Pfefferminz, Kamille, Ringelblume und Salbei, aber auch Olivenhaine und Weinberge, immer wieder unterbrochen von Spazierwegen und Rastbänken. *Histria Aromatica,* Pižanovac 37, Golaš/Bale, Tel. 099-3908161, www.histriaaromatica.hr, 75 K, Kinder 35 K. Mit Souvenirshop und einem Restaurant.

Nützliches

■ **Erste Hilfe:** Die Ambulanz des Rettungsdienstes Rovinj arbeitet rund um die Uhr (Istarska Ulica bb, hinter dem Busbahnhof), Tel. 052-811429.

■ **Apotheken:** 29 Stadt-Apotheke, Ulica M. Benussia, Tel. 052-813589, 8–21 Uhr; 14 Apotheke *Centener,* Trg Ulica 2, Tel. 052-811140, 8–21 Uhr.

■ **Mopeds** und **Räder** werden rund um den Busbahnhof (z.B. *Bike Planet,* Trg na lokvi 3, Tel. 052-811 161, www.planetrovinj.com) und auf den Campingplätzen vermietet (Fahrrad ab 80 K/Tag, 30 K/Stunde). Radverleih bietet auch die *RM*-Gruppe mit mehreren Stationen vor Ort, Tel. 098-9938253, http://rmgroup.hr/hr/najam-bicikala. Radfahrer finden mehrere größere **Routen** unter www.istria-bike.com (dort: „Staze", z.B. *Captain-Morgan-Route* oder *Sv-Eufemija-Tour*).

30 Sehr zentral (direkt am Busbahnhof) bieten mehrere **Fahrzeugvermieter** Pkw und Mopeds an, u.a. *Vetura Rent a Car* (Ul. Matteo Benussi 2A, www.vetura-rentacar.com), *Cronus* (Trg na lokvi), oder *City Rent* (Ratarska Ul., www.enterprise.hr).

15 Am Platz vor dem Markt können **Elektroscooter** angemietet werden (90 K/Std., tgl. 11–23 Uhr, 100 K Kaution), um so die Uferregion um Rovinj mobil zu erkunden.

Internet

- Im **Zentrum** gibt es weitgehend **Free-WiFi.**

Vodnjan

Von West- oder Zentralistrien kommend, führen Richtung Pula alle Wege über Vodnjan (knapp 6300 Einwohner), ein ältliches Städtchen ohne jeglichen Trubel, in dem die Zeit stehen geblieben zu sein scheint. Die – etwas übertrieben propagierte – Hauptattraktion ist die **Pfarrkirche Sv Blaž** mit ihren **mumifizierten Leichen** von Lokalheiligen, die in einer geheimen Behandlung lediglich unter Lufttrocknung präpariert wurden und teilweise mehrere Jahrhunderte überstanden haben (ein ähnliches Verfahren ist in Europa nur noch vom Franziskanerkonvent Floriana auf Malta bekannt). Die Gruft liegt in der hinteren linken Ecke der Kirche (tgl. 9–19 Uhr für Besucher). Die Kirche selbst wurde um das Jahr 1800 im neobarocken Stil über mehreren Vorgängerbauten errichtet und birgt einige interessante **Sakralrelikte** wie ein venezianisches Polyptychon von 1321 und Hunderte von gläsernen und hölzernen Miniaturen.

An- und Weiterreise

- **Stadtbus 22 von/nach Pula** Mo–Fr 10x tgl., Sa/So/Fe 4x tgl. (25 K); von **Rovinj** 6x tgl. (35 K).

Essen und Trinken

- Am kleinen Parkplatz nahe der Kirche liegt die **Konoba/Pansion San Rocco** (Ul. San Rocco 14a, Tel. 052-512200) der freundlichen Wirtin *Jelena* mit einfachen aber deftigen Fleisch- und Fischgerichten. Gegenüber findet sich ein **Turist Biro** für Unterkunft, Geldwechsel usw.

Fažana

Fažana (ital.: Fasana), ein kleines ehemaliges Fischerdorf zwischen Vodnjan und Pula, dient heute vornehmlich als Ausgangspunkt für **Touren zum Nationalpark Brionische Inseln.** Unmittelbar am Pier liegt das offizielle Parkbüro, wo Rundtouren und Unterkünfte auf Brijuni gebucht werden können (Tel. 052-525 888, www.brijuni.hr).

Historisch Interessierten ist vielleicht bekannt, dass der Bereich Fažana-Valbandon im frühen 20. Jh. ein Zentrum der **Fischerei** mit Fabrik war und 1911 von den Berliner Unternehmern *G. Klink, E. Lauer* und *J. Cumar* erworben wurde. Sie erhielten vom zuständigen österreichischen Ministerium des Inneren die Genehmigung, touristische Anlagen zu errichten. So entstand im Jahr 1911 die „Valbandon Erholungsheim- und Seebad Aktiengesellschaft" mit Sitz in Triest. Präsident der Gesellschaft war der ehemalige Minister *Emil Freiherr von Guttenberg* aus Graz.

Der Ort selbst wirkt, vom Rummel rund um die Brijuni-Fähren abgesehen, sehr ruhig, sehenswert ist vor allem die dreischiffige **Pfarrkirche Sv Kosma** mit einem berühmten Gemälde des heiligen Abendmahls von *Z. Ventura* (1578). An der Ecke der Durchfahrtstraße zur Haupt-Fußgängergasse hinunter zum Ufer, der Ulica Don Valentina Zukarica (1918–2004, langjähriger Župnik/Pastor in Fazana), steht die kleine **Kapelle Maria del Carmine** aus dem 14. Jahrhundert mit Säulen-Vorhof und unveränderten Deckenmalereien.

Baden empfiehlt sich in Fažana wegen des gelegentlich angespülten Seetangs nicht immer.

☑ Fažana

adobe.stocj ©Aleksandar Todorovic

Praktische Tipps

Orientierung

Von Vodnjan (Nord) oder Pula (Süd) aus führt die Haupt-Durchfahrtsstraße durch den Ort; uferseitig liegt ein großer öffentlicher **Parkplatz,** von dem aus man am Ufer entlang das **kleine Zentrum** erreicht. An der Hauptstraße, auf Höhe des Obstmarktes/kleiner Parkplatz gegenüber, führt die **Fußgängergasse Cukerića** hinunter über den kleinen Platz župni Trg – jetzt als Brionska – zum Ufer (Brijuni-Tickets, Touristeninformation etc.).

Information

■ **Touristeninformation** am Hafen, Titova Riva Nr. 2, Tel. 052-383727, www.infofazana.hr (TI), www.fazana.hr (Gemeinde).

Unterkunft

■ **Viletta Phazania Historic Hotel**④, Trg Sv. Kuzme i Damjana 1 (am Ufer um die Ecke von der Nationalparksverwaltung), Tel. 052-520558, www.villetta-phasiana.hr. Kleines Wellness-Hotel (Massagen, Sauna) in restaurierter Stadtvilla. Alle DZ mit a/c, Minibar, Sat-TV, Telefon, WiFi, Safe, einige Zimmer mit Meerblick sowie Familienzimmer.

■ Noch recht neu im Geschäft ist das ufernahe **Amfora-Hostel**①, Vladimira Gortana 10 (vom Einkaufszentrum Richtung Ufer rechter Hand), Tel. 098-1634605, www.hostelamfora.com, mit 12 DZ und einem 4er-Zimmer.

■ **Stefanie-Trade**③, Tel. 098-9938663, župni Trg 3, Ecke V. Zukarica Fußgängergasse, stefanie@pu.t-com.hr, bietet zentrale 2er- und 4er-Studios/Apartments mit Balkon.

■ Dutzende **privater Zimmer** und **Ferienwohnungen** werden in zweiter und dritter Reihe Richtung *Camp Valbandon* angeboten; die umfangreichste Sammlung zur Vorauswahl und Kontaktaufnahme findet man unter www.infofazana.hr/de/unterkunft/private-unterkunfte.

Camping

■ Kurz vor Pula liegt der kleine Campingplatz **AC Brioni-Sunny**③, Tel. 052-517490, www.camping-adriatic.com/de/brioni-camp-pula; gutes Freizeit- und Sportangebot, schöne Mobilheime (4 Pers. 1300 €/Woche im August).

■ Ebenfalls empfehlenswert ist der 2 km außerhalb von Fažana gelegene Platz **AC Pineta**② des *Club Adriatic* (Tel. 052-521884, www.pinetafazana.hr) mit Platz für 1800 Gäste, Mobilheime und Radverleih (sonst kaum Angebote).

■ **Bi Village**③, hinter dem Ortsausgang Richtung Pula, Tel. 052-300300, www.bivillage.com, Urlaubsdorf für über 4000 Gäste (auch Zimmer und sehr schöne, großzügige Ferienwohnungen/Bungalows); ein neuerer Abschnitt wurde als **Campingplatz** (mit Mobilheimen) ergänzt; Tauchen, Surfen, Rad-/Bootsverleih, 3 Pools usw.

Essen und Trinken

■ Für Snacks empfiehlt sich **Kroko City-Food** mit Burgern, Sandwiches und anderen Kleinigkeiten (gehört zur *Pension Stefanie,* Župni Trg 3, Tel. 098-9193700, tgl. 9–23 Uhr).

■ In der Brionska liegen sich gegenüber das einfache Fisch-Snacklokal **Antonio** (Brionska 6, Tel. 052-452033) mit nicht allzu vielen, aber guten Fischgerichten (Sardellen, Calamari, Hai, sonst nur *Cevapcici* und Hähnchenschnitzel) und das kleine **Amfora Restaurant** (Brionska 7, Tel. 091-2527654) mit wenigen Tischen und kleiner Karte. Auf Anfrage kann man sich für den nächsten Tag Wunsch-Fischgerichte vom Markt besorgen und zubereiten lassen.

■ An der Promenade Richtung Strandbad findet man etliche Restaurants, zu empfehlen wären hier die **Pizzeria Agava** (Tel. 091-1819070, Titova riva 15) im einfachen Preis-Leistungssegment, oder das **Restaurant Vasianum** (Titova riva 7, Tel. 052-520 743) mit gutem allgemeinen Angebot an Fleisch- und Fisch- sowie Nudelgerichten im mittleren Preissegment.

Mein Tipp: Am Nordrand des Hafens sei auf das **Korta-Restaurant,** Trg Stare Škole 6, Tel. 091-600040, verwiesen. Zum Einen hat es täglich (Sommer wie Winter) von 12 bis 24 Uhr geöffnet, zum Anderen kann man nach belieben drinnen oder auf der beschirmten Veranda sitzen, und essen kann man auch sehr ordentlich. Holzofenpizza als Snack oder Muscheln in diversen Variationen sind besonders zu empfehlen.

Einkaufen

■ Von Pula kommend zwischen Campingplätzen und Ortseingang bietet ein großer **Plodine-Supermarkt** (Puljska Ulica) die größte Auswahl vor Ort. Gegenüber vom Zugang zur Fußgängergasse an der Durchfahrtsstraße liegt landseitig der **Market-Supermarkt** mit Bäcker, links davon davon ein **Obst/Gemüsemarkt.** Hiervor an der Hauptstraße rechts gehend findet man ein **Fischgeschäft** *(Ribarnica)*. Ein Stückchen weiter liegt linker Hand ein **Mini-Einkaufszentrum** mit der **Bäckerei** *Vilson* sowie **Fachgeschäften** und **Boutiquen.**

Nützliches

Verkehr

■ **Stadtbusanbindung Pula** mit Stadtbus 21, Mo–Fr 12x tgl. 5.30–20.30 Uhr, Sa 7x tgl./So/Fe 6x tgl., an der Hauptstraße.

Parken

■ Selbstfahrer parken am besten auf dem großen beschrankten **Feldparkplatz** am Ufer (beschildert, 4 K/Std., mit Personal zum Geldwechsel), insbesondere wenn man ganztägig für eine Brijuni-Tour parken möchte. Es gibt noch kostenlose Möglichkeiten vor dem Sportplatz beim Uferbad (freie Fläche kurz vor dem kleinen Einkaufszentrum links hinein).

Internet

■ *Internetpoint* bei der *Agentur/Pansion Stefanie-Trade* am župni Trg 3. Ansonsten bietet das kleine **Einkaufszentrum** (Vodnjanska/Ecke Galižanska) ebenso kostenlos WiFi wie auch die meisten **Unterkünfte** und **Campingplätze.**

Baden und Wassersport

■ Am Ufer links gehend (oder per Fahrzeug von Pula kommend: vor dem Zentrum linker Hand/Feldparkplätze und kleiner Olivenbaum-Park) findet man ein sehr schönes **Strandbad** zwischen Zentrum und Campingplatz *Valbandon/Bi-Village.* Hier bieten die *Shark-Bar* und die *Batana Beach-Snackbar* Erfrischungen und Snacks, am Ufer entlang werden an Imbissständen Maiskolben, Pfannküchlein und *Hot Dogs* feilgeboten.

■ Am Ufer beim Campingplatzzugang fährt das rote **Glasboden-U-Boot** (www.fazanasemisubmarine.com, für 90 K/Person,), Taucher finden hier außerdem das **Hippocampus Dive-Center** (tgl. 10–18 Uhr, Tel. 099-4006922, www.hippocampus.hr) sowie die **Windsurfschule** des *Bi-Village,* Dragonja 115, Tel. 098-440977, http://histrica.com/de/anu/windsurfstation.

Nationalpark Brionische Inseln

Die **Inselgruppe Brijuni,** unmittelbar vor Fažana und nur rund sieben Kilometer von Pula entfernt gelegen, umfasst etwa 36 km² (Landfläche 7,4 km²). Hauptinseln sind **Veli Brijun** (5,6 km²) und **Mali Brijun** (1,1 km²), hinzu kommt eine Reihe kleiner Inselchen und Riffe. Aufgrund des milden Klimas und der hohen Luftfeuchtigkeit entwickelte sich auf dem Archipel eine außergewöhnliche **Artenvielfalt** mit rund 700 Arten an Blumen, Sträuchern und Bäumen (Lorbeer, Rosmarin, Oliven, Pinien, Zedern, Eukalyptus, Bambus).

Klima, Vegetation und Geschichte der Inseln haben dazu geführt, dass seit jeher ein großes Interesse an dieser Inselgruppe besteht, die 1983 zum Nationalpark erklärt wurde und heute als eines der großen Highlights einer Kroatien-Reise propagiert wird. Dabei muss letztlich jeder für sich selbst entscheiden, ob der Anblick von **afrikanischen Zebras** und **südamerikanischen Lamas** in Kroatien einen touristischen Höhepunkt darstellt oder nicht. Die historischen und zeitgeschichtlichen Gegebenheiten lohnen jedenfalls einen Besuch der Inselgruppe.

Geschichte

Besiedelt schon in der Jungsteinzeit, fiel die Inselgruppe im Jahre 177 an das Römische Reich, nach dem Untergang Westroms (476) an Byzanz. Von 776 an folgten die Inseln den wechselhaften Besitzungen des Festlandes, ehe sie 1331 in venezianischen Besitz kamen. Danach geriet das Archipel für Jahrhunderte in Vergessenheit, da mehrere **Malariawellen** die Bewohner zur Flucht zwangen. Erst im späten 19. Jh. (1893) kaufte der Industrielle *P. Kuppelwieser* die Inseln für 75.000 Gulden und plante ein Sommerresort. Er bat den berühmten deutschen Nobelpreisträger *Robert Koch* um Hilfe, der die Inseln binnen zweier Jahre von der Malaria befreite. Anschließend baute *Kuppelwieser* die Hotels *Brijuni, Carmen* und *Neptun,* eine unterseeische Wasserleitung zur Trinkwasserversorgung, ließ den Badestrand und das erste geheizte Meerwasser-Hallenbad anlegen, die historischen Stätten touristisch „aufputzen“ und schließlich 1913 einen **Safaripark** mit afrikanischem Großwild anlegen – was keinen Geringeren als Kaiser *Wilhelm II.* entzückte, der das Archipel sechsmal besuchte. Weitere Monarchenbesuche folgten, es wurden Sportarten der feinen Gesellschaft (Polo, Tennis) angeboten, sodass rasch der Ruf der Exklusivität etabliert war.

Im Zweiten Weltkrieg dienten die Inseln als Erholungsort der Achsenmächte, was bis 1945 zu mehreren Bombardements führte. Nach Kriegsende wurden die Inseln zum **Präsidentenbesitz Marschall Titos** erkoren, was zunächst die Einstellung des allgemeinen Tourismus nach sich zog (Sperrgebiet). Lediglich führende Politiker (u.a. *Willy Brandt, Nikita Chruschtschow*) oder Hollywoodstars wie *Liz Taylor* und *Richard Burton* gehörten zu den wenigen Glücklichen, denen ein Besuch in *Titos* Privatreich vergönnt war. Nach seinem Tod folgte 1983 die Erhebung zum Nationalpark, und nach dem Ende des alten Jugoslawien übernahm *F. Tudjman* als Präsident von Kroatien die Besitzungen seines berühmten Vorgängers. Gleichzeitig wurde ein **kontrollierter Tourismus** erlaubt, auch werden die nun zu Luxushotels umgestalteten Hotelanlagen von Veli Brijun als Kongresszentrum genutzt.

Auf **Mali Brijun** ist eine alte österreichische Festung erhalten, die zum Festungsgürtel zum Schutz des Hafens von Pula gehörte. Sie wurde in der jüngeren Vergangenheit restauriert und zu einer **Open-Air Konzertbühne** umgestaltet, wo heute exklusive klassische Konzertaufführungen stattfinden.

Sehenswertes

Römisches Kastell

Die gut erhaltenen Relikte der **römischen Anlage** in der **Verige-Bucht** auf der Hauptinsel gelten als ein besonderes Beispiel für die **ländliche Architektur der römischen Antike.** Der Grundriss der Kastellanlage folgt dem Küstenverlauf (ursprünglich in einer Länge von einem Kilometer). Die Anlage beinhaltete neben eng aneinander gebauten ländlichen Unterkünften eine Galeeren-Anlegestelle mit Wellenbrechern. Im Zentrum des Kastells wurden die Spuren

dreier **Tempel** gefunden, gewidmet *Neptun, Venus* und einer noch nicht bestimmbaren Gottheit. Auch ein **Thermalbad** gab es in dieser Anlage des 1. Jh., Mosaikböden sind erkennbar. Die Gesamtanlage bildete eine architektonische Einheit; die Einzelbauten waren durch Wege verbunden, die in einer seeseitig offenen Säulenloggia zusammentrafen.

Byzantinisches Castrum

Die **Verteidigungsanlage** in der **Bucht von Dobrika** ist von einem symmetrischen Grundriss mit starken Verteidigungsmauern gekennzeichnet. Die Anlage war den Spuren zufolge vom 4. bis zum 16. Jahrhundert durchgehend bewohnt; als Gebetsstätte diente eine **dreischiffige Basilika** (Sv Marija) in unmittelbarer Nähe. Benediktinermönche errichteten neben der Kirche eine **Abtei,** die aber infolge der Pest (1312) und späterer Malariaplagen verlassen und erst zwischen dem 16. und frühen 18. Jahrhundert wieder benutzt wurde.

Provinzmuseum

Im Weiler **Brijuni,** an der Anlegestelle, liegen einige weitere Attraktionen sowie gute Bademöglichkeiten (westlich des Hotel *Neptun*). 1955 wurde unter *Tito* ein Provinzmuseum gegründet. Paläontologische, archäologische und kulturhistorische Ausstellungsstücke beleuchten die frühe und jüngere Geschichte der Inseln, insbesondere die Ära *Tito*.

■ **Provinzmuseum:** tgl. 9–13 und 17–22 Uhr, Eintritt in der üblichen Standard-Tour inbegriffen.

Safaripark und Gärten

Das **Wild im Safaripark** wirkt ein wenig deplatziert, bildet für jüngere Besucher jedoch den Höhepunkt einer Brijuni-Tour. Weit romantischer erscheint ein Spaziergang durch die hübschen **Gartenanlagen,** die mit ihren Hainen, seltenen Baumarten und der unglaublichen **Blumenvielfalt** jeden Besucher in ihren Bann ziehen – das Frühjahr ist hierfür die beste Zeit.

Praktische Tipps

Ein Besuch Brijunis ist **beschränkt auf die Hauptinsel Veli Brijun,** da die restlichen Inseln nicht dem breiten Publikum zugänglich sind. Ein **Besuch des Nationalparks** ist nur über die Parkverwaltung (s.u.) möglich. Wer am Bootspier in Fažana die Menschenmengen sieht, meint vielleicht der Besuch verkomme zu einem Massenevent bei dem sich man sich vor lauter Menschen auf die Füße tritt. Doch Dank einer wirklich ausgezeichneten Organisation finden die Fahrten zum einen zeitlich versetzt statt, zum anderen wird nach der Ankunft nochmals eine Aufteilung in Gruppen vorgenommen, die dann „getrennte Wege gehen", sodass stets das Gefühl entsteht, man sei mit seiner überschaubaren Teilgruppe alleine auf der Insel.

Die **Standardtour** (rund 4 Std.) beinhaltet die 15-minütige Überfahrt, nach kurzer Einweisung/Begrüßung durch zugeordnete Führer (Aufteilung in Kleingruppen nach gewünschter Sprache), dann zunächst eine Rundfahrt auf Veli Brijun mit der Touristenbahn einschließlich aller kulturhistorischen Sehenswürdigkeiten (darunter *Titos* Villen, der Safaripark, die römischen Ruinen usw.). Anschließend geht es von der Anlegestelle aus zu Fuß (geführt) erst zur Germain-Kapelle (mit „Totentanz"-Fresko, einer Nachbildung der glagolitischen Steintafel von Baška/Krk sowie römischen Mosaiken), den Blumengarten, dann durch die Robert-Koch Schlucht (eine Gedenkstätte des hier tätigen Entdeckers des Penicillin) sowie zum Abschluss ein Besuch der Sammlung „Tito auf Brijuni", wobei die ausgestopften Tiere im Untergeschoss weniger prickelnd sind.

Dafür ist die *Tito*-Ausstellung (oben) deutlich interessanter. Hier findet man auch zeitgeschichtliche Fotografien *Titos* u.a. mit den ehemaligen österreichischen und deutschen Kanzlern *Kreisky* und *Brandt* oder den einstigen Filmdiven *Elisabeth Tay-*

Steckbrief: Josip Broz „Tito"

Josip Broz (1892–1980), genannt *Tito,* war Sohn eines Kroaten und einer Slowenin und galt daher später schon durch seine Geburt als **Integrationsfigur** des ehemaligen Jugoslawien. Nach einer Schlosserlehre trat er in die Sozialdemokratische Partei Kroatiens und Slavoniens ein und arbeitete in Mlada Boleslaw bei *Laurin & Klement* (*Škoda*-Begründer) sowie in Deutschland bei *Benz & Cie* (vor der Fusion mit *Daimler*).

1914 von der österreichischen K.-u.-k.-Armee eingezogen, geriet *Josip Broz* 1915 in russische Kriegsgefangenschaft, wurde nach der Februarrevolution entlassen und kämpfte in St. Petersburg auf Seiten der „Roten Garden" für die Revolutionäre in Russland. Dergestalt **kommunistisch vorbelastet** trat er nach seiner Heimkehr 1920 der im neugegründeten Königreich Jugoslawien verbotenen **KPJ** (Kommunistische Partei Jugoslawiens) bei und wurde mehrfach verhaftet und inhaftiert. Ab 1934 legte er sich den **„Kampfnamen" Tito** zu und unterstützte 1936–38 die Republikaner im spanischen Bürgerkrieg.

Als **inoffizieller Führer** der *KPJ* erlebte er den deutschen Balkanfeldzug und die Besetzung Jugoslawiens (1940), mit dem deutschen Überfall auf die Sowjetunion (1941) mussten auch die jugoslawischen Kommunisten in den Untergrund ausweichen. Durch seine erfolgreiche Partisanenkriegsführung wurde er im Jahre 1943 militärisch zum **Marschall** und politisch zum **Leiter der AVNOJ** (Antifaschistischer Rat der Nationalen Befreiung) ernannt.

Erst aufgrund seiner Kontrolle weiter Teile Jugoslawiens wurde *Tito* von den Westmächten ab Ende 1944 unterstützt und ließ sich nach Kriegsende im Rahmen einer Volksbefragung als **Ministerpräsident** bestätigen.

Das vorherige Königreich Jugoslawien wurde unter Führung der *KPJ* in einen sozialistischen Staat umgebildet, wobei sich *Tito* einen eigenen Weg zum Sozialismus vorbehielt, sich bereits Ende der 1940er Jahre von *Stalin* distanzierte und daraus eine Rivalität zu Moskau entstand, die sich erst nach *Stalins* Tod mit *Chruschtschow* normalisierte.

Innenpolitisch autoritär verfolgte er andererseits eine **moderatere Wirtschaftspolitik** (Mitverantwortung der Betriebe innerhalb der Planwirtschaft, Westkontakte) und insbesondere außenpolitisch die von ihm initiierte **„Bewegung der Blockfreien Staaten"** (Nicht-NATO/Warschauer Pakt Staaten).

Schon zu Lebzeiten heroisiert fand sein Personenkult auch nach dem Tod 1980 in der Benennung zahlreicher Orte und Plätze seine Fortsetzung; sein Sarkophag in der *Kuća cveća* (Haus der Blumen) gehört zum Museum der Geschichte Jugoslawiens in Belgrad und wird jährlich von Tausenden Menschen besucht.

lor und *Sophia Loren*. Außerdem ist zu erfahren, dass *Tito* hier mit *Nehru* (Indien), *Nasser* (Ägypten) u.a. das Brijuni-Abkommen zur Gründung der blockfreien Staaten geschlossen hatte.

Information

■ Information und Buchung unter **NP Brijuni,** 52214 Brijuni, Tel. 052-525882, www.np-brijuni.hr.

Direkt am Kai in Fažana liegt das **offizielle Parkbüro,** wo **Tickets** gelöst und Standardtouren gebucht werden können (geöffnet Mo–Sa 8–20 Uhr), Juli/August 220 K, Juni/September 210 K, April/Mai/Oktober 180 K, sonst 140 K; Kinder, Studenten und Senioren zahlen die Hälfte, bei Onlinebuchung (www.np-brijuni.hr/de/tickets) statt im Fažana-Büro gibt es 5% Rabatt.

Unterkunft

■ Die Hotelanlagen **2 Neptun-Istra**③-④ und **1 Carmen**③-④ dienen vorwiegend als mondäne Tagungs- und Konferenzhotels.

3 Auch einige wenige **Villen**⑤ für bis zu 8 Personen können angemietet werden und kosten im Sommer ab 1800 € pro Tag; o.k., dafür sind auch eine eigene Hausdame, ein Elektro-Fahrzeug und Fahrräder inklusive. Alle Unterkünfte siehe www.np-brijuni.hr/de /unterkunft.

Aktivitäten

Hotelgästen stehen mehrere gebührenpflichtige sportliche Aktivitäten auf Brijuni zur Verfügung, z.B. **Tennis** (60 K/Std.), **Golf** (Tages-*Greenfee* 240 K), Radverleih (110 K/Tag) – wer mag, kann auch mit einem gemieteten Golfwägelchen (150–300 K/Std.) die Hauptinsel erkunden. Neben so bürgerlichen Freizeitbetätigungen wie **Schwimmen** werden von den Hotelanlagen auch **Ausritte** und **Yachtfahrten** angeboten; am Abend locken **Hotelcasinos.**

Wem es auf der Insel zu langweilig wird: Alle Hotelgäste auf Brijuni können von 6.45 bis 22.15 Uhr ab Pier/Festland und von 7.15 bis 23 Uhr ab Brijuni alle 45 Min. die **hoteleigene Fähre** nutzen.

Blick über die Brionischen Inseln bei Sonnenuntergang

adobe.stock ©mmphoto

4 Pula

Pula ist nicht nur die größte Stadt Istriens, sondern zudem das kulturelle, wirtschaftliche und inoffiziell auch politische Zentrum der Halbinsel. Insbesondere die römische und die österreichische Phase der Geschichte hinterließen beeindruckende Spuren und Monumente – mit Fug und Recht gilt der Rat: „Fremder, der du durch Istrien reisest, vergesse Pula nicht!“

Römische Spuren in Pula: der Augustustempel

PULA

Das heutige Pula zeigt sich dem Besucher als **blühende Metropole** der istrischen Halbinsel mit ausgedehnten Hafenanlagen, suburbanen Wohnvierteln, Museen, Theatern, Bibliotheken und einem großzügigen, einladenden Altstadtkern, der **Sehenswürdigkeiten aus den unterschiedlichsten Epochen** beherbergt. Vor allem aber scheint die geistig-kulturelle Ausnahmestellung der Stadt überall greifbar zu sein, eine Atmosphäre, welche Pula von anderen nordkroatischen Städten unterscheidet. Seit 1972 ist Pula übrigens Partnerstadt von Graz, seit 1971 bereits von Trier.

NICHT VERPASSEN!

- Fast wie im alten Rom – **das Amphitheater** | 140
- Shoppen und Schlemmen – **Fußgängerzone Flanatička** | 141
- Monument eines großen Caesaren – **der Augustustempel** | 143
- Relikte der kaiserlich-österreichischen Marine – **Kastell und Tunnelgänge** | 147

Diese Tipps erkennt man an der gelben Hinterlegung.

Überblick

Von Fažana Richtung Pula (ca. 58.000 Einwohner) reisend, erlebt der Besucher eine spürbare **Landschaftsänderung.** Bot die Westküste bislang das Bild eines dicht besiedelten, kleinstädtischen und für den Tourismus entwickelten Küstenabschnitts mit landwirtschaftlich geprägtem Hinterland, ändert sich nun dieser Eindruck: Zum einen wird das Hinterland – und das spürt man vor allem an der Ostküste – deutlich karger, ohne jedoch den unwirtlichen Eindruck der südkroatischen Küste zu erwecken, zum anderen ist der „Rest" der istrischen Küste wesentlich stärker zersiedelt als der Nordwesten. Eine Art Zentrum bilden hier die Metropole Pula und das ihr vorgelagerte Feriengebiet der Medulin-Landzunge (siehe nächstes Kapitel).

Die Straßenschilder sind übrigens bewusst **zweisprachig italienisch/kroatisch** sowie zweifarbig grün/gelb in den **istrischen Wappenfarben** gehalten (gelbes Kreuz auf grünem Hintergrund). Dies sind auch die Farben der Unabhängigkeitspartei *IDS* (siehe Exkurs „Politischer Sonderfall Istrien und die IDS"); und auch die neueren Stadtbusse glänzen ebenfalls in gelb-grünen Farben.

Mehr als 2000 Jahre alte sichtbare Stadtgeschichte

www.fotolia.de © anshar73

Stadtgeschichte

Altsteinzeitliche Funde deuten auf eine frühe Besiedlung vor rund 35.000 Jahren hin. Der illyrische Volksstamm der **Histrer** (siehe Glossar) errichtete um 1700 v. Chr. eine erste Befestigung am heutigen Kastell sowie im nahe gelegenen Nesaticum. **Griechische Legenden** (Argonautensage) erwähnen den Ort unter dem Namen *Polai* („Flüchtlinge"). Die römische Geschichte beginnt mit dem Sieg Roms über die Histrer um 177 v. Chr. Mit dem Ende des ersten vorchristlichen Jahrhunderts begann eine intensive römische Kolonisation, Pula erhielt 43 v. Chr. den offiziellen Status einer **römischen Kolonie.** Aus der römischen Epoche blieb insbesondere das berühmte **Amphitheater** als unvergleichliches Monument erhalten.

Vom Fall Roms (476) bis zum Frankenreich (788) wurde Pula zunächst dem Territorium von **Ravenna** zugeschlagen. Unter den **Franken** wurde insbesondere der Hafen ausgebaut und für den Handel erweitert. Von 1331 bis 1797 kam Pula, wie viele istrische Städte, unter die Regentschaft **Venedigs** (eine ruinöse Phase für die Stadt), doch erst mit der anschließenden **österreichischen Herrschaft** wurde die Bedeutung Pulas als strategischer Kriegshafen begründet: 1876 entschied der Kaiserhof in Wien, eine **Bahnlinie von Wien nach Pula** zu bauen, weshalb eine Abzweigung an die Route Wien – Laibach (Ljubljana) angeschlossen wurde. 1886 wurde der Kriegshafen fertiggestellt und 1911 schließlich durch eine direkte Bahnlinie Wien – Pula ergänzt. Im gesamten südwestlichen Stadtgebiet von der Landzunge Uljanik bis zum Puljiski Zaljev (heute Werftengebiet) entstanden Marinege-

Übernachtung
2 Villa Jadranka, AC Brioni-Sunny
4 Hotel/Guesthouse Riviera
11 Lodging Pula Hostel Style
16 Hotel Milan und AC Arena-Stoja, Hotel Park Plaza Arena Hotel Modo, Dea-Apartments, Apartments Lara
19 FS Hrvatske JH, Hotel Histria, Punta Verudela
27 City Point Rooms

Essen und Trinken
1 Restaurant Tivoli
6 Restaurant Torta
7 Pizzeria Jupiter
9 Café Coco
10 Bistro Barbara
12 Bistro Orfej
13 Café Forum
14 Restaurant Mediterraneo
15 Fresh Sandwich and Salad Bar
17 Pizzeria Asterix
21 Café/Bistro Korner
22 Restaurant Kantina
23 Veg. Restaurant Mini Street Food
28 Veg. Restaurant Shanti

Einkaufen/Sonstiges
3 Agentur Arenaturist
8 Istraway Rad-/Mopedverleih
9 Agentur A Turizam
24 Manuel Fahrzeugverleih
25 Kino Valli
30 Go-Kart-Bahn, Supermärkte

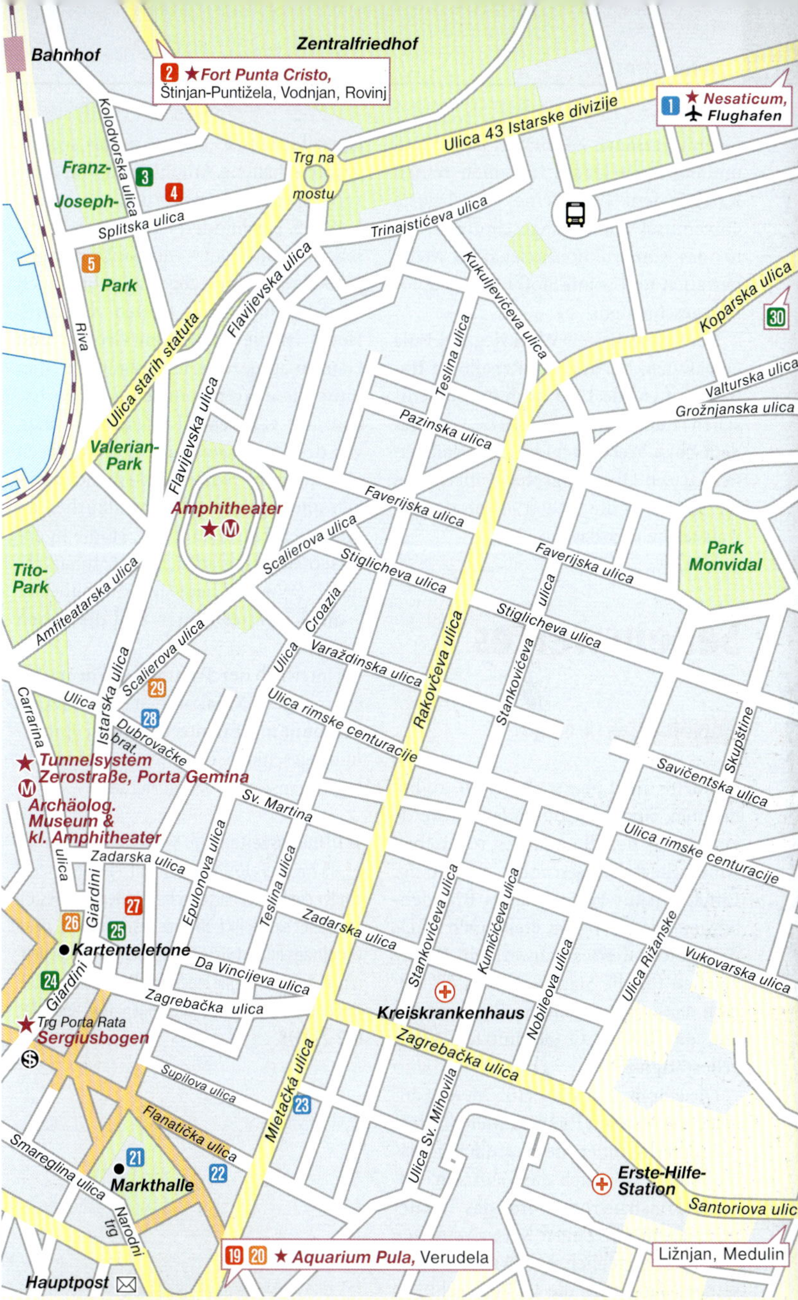

Nachtleben

5 Pietas Julia Disco Bar
20 E&D Lounge
26 Casino Golden Sun
29 Rock Caffe

fängnis, -arsenal, -akademie, -spital und umfangreiche Docks für einen reinen **Kriegshafen.** Die kleine vorgelagerte Oliveninsel war ein abgeschottetes, geheimes Konstruktionsarsenal für Marinewaffen und somit Stoff etlicher Spionagegeschichten.

Nach dem Ersten Weltkrieg fiel Pula gemäß dem Vertrag von Rapallo an **Italien** und wurde 1943 nach der italienischen Kapitulation bis 1945 von der deutschen Wehrmacht besetzt. Nach einer kurzen Übergangsphase übergaben die Alliierten die Stadt 1947 an das sozialistische Jugoslawien *Titos.*

Sehenswertes

Amphitheater (Arena)

Es dürfte nicht übertrieben sein, zu behaupten, eine Reise durch Istrien werde erst durch den Besuch des römischen Amphitheaters abgerundet. So wie der Eiffelturm für Paris und das Brandenburger Tor für Berlin stellt auch Pulas meistfotografiertes Bauwerk ein **Wahrzeichen** für die Stadt wie auch die Region dar, welches völlig zu Recht zu den von der UNESCO geschützten **Welterbestätten** zählt.

Die elliptisch auf 132x105 Metern angelegte Arena mit ihren 31 Meter hohen Wänden dominiert den nördlichen Hafenbereich wie auch das Zentrum. Soweit rekonstruierbar, wurde das Theater im 1. Jahrhundert unter Kaiser *Vespasian* errichtet, angeblich auf Wunsch einer seiner Mätressen, die in Pula gebürtig gewesen sein soll. Mit einer Zuschauerkapazität von 23.000 ist es das sechstgrößte erhaltene Amphitheater im antiken Imperium Romanorum.

Im 15. Jahrhundert – unter venezianischer Regentschaft – wurden Unmengen an Baumaterialien abgetragen und nach Venedig für dortige Bauten verschifft. Heute ist die Anlage im Großen und Ganzen ausgezeichnet restauriert. Man muss diese Arena einfach gesehen haben: Mit ein wenig Fantasie sieht man vor dem geistigen Auge Löwen, Bären und nubische Sklaven miteinander ringen und erinnert sich unwillkürlich an die ersten Lateinstunden: „Hodie in colosseo sumus, gladii crepant, tubae sonant!“ (Wir sind heute im Amphitheater – die Schwerter klirren und die Tuben ertönen!).

Unterhalb der Tribünen wurde in den ehemaligen Katakomben ein kleines **Museum** mit Erläuterungen zur Entstehungsgeschichte und mit römischen Alltagsgegenständen eingerichtet.

■ **Öffnungszeiten:** tgl. 8–20 Uhr (Juli/Aug. bis 23, im Winter 9–16.30 Uhr), Eintritt 50 K, Studenten/Kinder die Hälfte, Musuem inbegriffen. Ein Besuch empfiehlt sich sehr früh oder später am Tag, denn vormittags nutzen viele Geschichts- und Lateinlehrer die Anlage für eine lebendige Unterrichtsgestaltung! Infos/Gruppenanmeldungen usw. unter Tel. 052-219028.

[>] Blick ins Innere des Amphitheaters – Wahrzeichen von Pula und Istriens insgesamt

adobe.stock ©Aleksandar Todorovic

Einkaufsstraße und Markthalle

Einen Stadtrundgang setzt man vom Amphitheater zweckmäßigerweise über die Istarska Ulica Richtung Porta Rata fort. Hier kreuzt die Fußgängerzone die **Flanatička,** eine lebhafte und geradezu üppige **Einkaufsstraße** mit topmodernen Boutiquen, Juwelierläden, Luxusgeschäften und anderem mehr. Farbenprächtiger Höhepunkt dürfte der **größte istrische Markt am Narodni Trg** sein. Nirgendwo sonst wird eine solche Vielfalt an Obst, Gemüse und anderen Erzeugnissen der Region angeboten und kaum irgendwo so preiswert. In der großen Markthalle sind im Obergeschoss sehr günstige Cafés, Bistros und Restaurants untergebracht, im Erdgeschoss befinden sich der Fleisch- und Fischmarkt.

Sergiusbogen und Fußgängerzone

Westlich der Flanatička führt ein alter Torbogen in die Altstadt. Dieser **Triumphbogen** wurde ca. 30 v. Chr. im Auftrag des römischen Gouverneurs *Salvia Sergius* als Baudenkmal für römische Würdenträger errichtet. Am Vorplatz **Trg Porta Rata** bieten **Straßenkünstler** ihre Andenken und Bilder feil, jüngere Anhänger der Muse bemühen sich mit Saiteninstrumenten um eine Erhöhung des Taschengeldes.

Hinter dem Torbogen beginnt die Ulica Sergijevaca (Sergius-Straße), eine teilweise gepflasterte, urige und sehr **belebte Fußgängerzone,** die als zentraler Rundweg durch den Altstadtkern mit seinen prachtvollen historischen Bauwerken führt.

Besichtigungshinweise

Tickets

Für ein umfangreiches Besichtigungsprogramm mehrerer historischer Stätten lohnt sich die sogenannte **Pula-Card,** die für 90 K (Kinder und Studenten 40 K) von Juni bis September den Eintritt ermöglicht zu: Amphitheater, Augustustempel, Tunnel Zerostraße, Historischem und Maritimem Museum, Museum- und Galerieraum „Heilige Herzen", Museum moderner Kunst Istriens und Aquarium Pula. Sie ist bei der Touristeninformation und an den Tageskassen zumindest im Amphitheater (bei den anderen nicht immer) erhältlich. Ferner wird manchmal im Rahmen von Aktionen eine **Kombikarte Denkmäler** für 50 K (Kinder 25 K) angeboten, die zum Eintritt in den Augustustempel, das Amphitheater und das historische Museum berechtigt.

App

Für Besucher ist die kostenlose *iPhone-App* **„Visit Pula"** mit einer touristischen Aufbereitung von Hotels, Restaurants, Apotheken, Stränden, Sehenswürdigkeiten u.a. recht nützlich.

Kirchen

Anders als in Kleinstädten und Dörfern sind in Pula viele Kirchen **nicht durchgehend für Besucher geöffnet,** sondern nur zu Messezeiten und auf individuelle Anfrage. Soweit eine abweichende Regel besteht, wird in den nachfolgenden Beschreibungen darauf hingewiesen.

Besondere Besuchstage

Mein Tipp: Am letzten Freitag im Januar wurde in den letzten Jahren eine **Museumsnacht** mit freiem Eintritt zu allen städtischen Museen und Galerien von 18 bis 1 Uhr angeboten. Für Sommerurlauber dürften auch die **„Antiken Tage – Pula Superiorum"** (Mitte Juni) mit Handwerk, Gladiatorenshow, antiken Tänzen und Gesängen sowie Speis und Trank wie zu Caesars Zeiten von Interesse sein.

Sv. Marija Formosa

Ein Stückchen die Sergijevaca hinein liegt linker Hand die **gotische Kapelle** Sv. Marija od Milosrđa aus dem 15. Jh. Die nächste Gasse (Maksimilianova) links hinunter (fast am Ufer landseitig der Straße) führt zur Sv. Marija Formosa, einer **byzantinischen Basilika** aus dem 6. Jh., die alten Bildbänden zufolge ähnlich grandios gewesen sein muss wie die Basilika von Poreč. Leider wurden wesentliche Bauteile gestohlen, abtransportiert und zum Bau der San-Marco-Kirche in Venedig verwendet. Geblieben sind eine Nebenkapelle mit den Fragmenten eines Mosaiks sowie einige Wandmalereien.

Römische Villa

Unweit von Sv. Marija Formosa (dahinter; Parkplatz – hier Gasse mit Schild „rimski mosaik") wurden nach dem Zweiten Weltkrieg am Ende des Vicolo della Bissa Überreste einer römischen Villa gefunden. Eine 12x6 m große **Mosaikfläche** aus dem 3. Jh. n. Chr. wurde dort konserviert: Die zentrale Szene des Mosaiks zeigt die **„Bestrafung der Dirce":** *Dirce* wurde, da sie ihre Nichte *Antiope* aus Eifersucht gequält hatte, von den beiden Söhnen der *Antiope, Amphion* und *Zethos,* an die Hörner eines Stieres gebunden und durch das Gebirge geschleift, bis *Dionysos* sie in eine Quelle verwandelte. Zugang frei.

Sv Franje

Wieder zurück auf der Sergijevaca führt kurz vor dem Forum die Gasse Uspon Sv

Franje Asiškog rechts zum **Franziskanerkonvent Sv Franje.** Die Ordenskirche aus dem Jahre 1314, gebaut auf den Fundamenten einer Vorgängerkirche von 1227, zählt zu den schönsten ihrer Art. Schon das reich dekorierte Portal mit einer achteckigen romanischen Rose beeindruckt; Prunkstück aber ist ein geschnitztes, farbenprächtiges **Polyptychon** (siehe Glossar) aus dem späten 14. Jahrhundert aus der *Vivarini*-Schule; es ist sicher eines der schönsten Stücke gotischer Holzschnitzkunst auf istrischem Boden. Das Areal ist täglich von 9 bis 18 Uhr geöffnet.

Augustustempel und Forum

Die Sergijevaca weitergehend, öffnet sich unvermittelt der **Platz der Republik** (Trg Republike, auch Forum genannt), ein prächtiger Zentralplatz schon aus römischer Zeit und wunderbares Fotomotiv für alle Besucher der Stadt. Als auffälligstes Monument sticht der große Augustus-Tempel ins Auge, errichtet im 1. Jahrhundert n. Chr. zu Ehren der Göttin *Roma* und des Kaisers *Augustus.* Der Tempel wurde auf einem Podium mit einem Portikus aus sechs korinthischen Säulen sowie einer geschlossenen Cella (einem Zentralschrein mit Götterstatue) gebaut. Die dortige Inschrift „Romae Et Avgusto Caesari Divi Filio Patri Patriae" bedeutet sinngemäß „Für Roma und Augustus, Sohn des göttlichen Cäsar, Vater des Vaterlandes". Im Zweiten Weltkrieg schwer beschädigt, wurde der Tempel bis zum Jahr 1947 restauriert und dient heute als Lapidarium (Museum für steinerne Relikte).

Die mysteriöse Sonnenuhr von Pula

Woher kommt eigentlich der **Begriff „im Uhrzeigersinn"?** Vor der Erfindung des mechanischen Chronometers wurde die Zeit mit Hilfe von Sonnenuhren gemessen, die mit einem Schatten werfenden Stab und einer Skalaeinteilung von 15 Grad pro Zeitstunde die scheinbare Sonnenwanderung am Himmel wiedergaben. Derartige Konstruktionen – es gibt unterschiedlichste Varianten – wurden auf der **nördlichen Erdhalbkugel** erfunden, wo der Schatten, sofern der Stab senkrecht auf einer Ebene steht, von links (Sonne steht im Osten) nach oben (Sonne im Süden) und dann nach rechts (Sonne im Westen) verläuft. Der Zeiger einer mechanischen Uhr ist diesem Sonnenverlauf nachempfunden und läuft daher „im Uhrzeigersinn" von rechts nach unten und weiter nach links usw. Wäre die Sonnenuhr auf der Südhalbkugel erfunden worden, wo der Schatten genau andersherum verläuft, würden alle Uhren möglicherweise heute „gegen den Uhrzeigersinn" gehen – so wie die bayerischen (Souvenir-)Uhren!

An der Frontseite der Kirche Sv Franje in Pula befindet sich ein in diesem Zusammenhang mysteriöses Detail: eine Sonnenuhr mit den seltsamen Ziffern 17 bis 23 sowie quer dazu verlaufend eine „M"-Achse. Der Schatten an der Wand der Kirche verläuft aber richtigerweise entgegen dem Uhrzeigersinn – der Stab steckt waagerecht in der Wand.

Öffnungszeiten: Der Tempel ist Mo–Fr 9–21 Uhr, Sa/So 10–15 Uhr geöffnet, Eintritt in den Innentempel 10 K, Kinder 5 K.

Rathaus

Unmittelbar neben dem Augustus-Tempel steht das Rathaus aus dem Jahre 1296, errichtet direkt auf einem römischen **Diana-Tempel** (bzw. um ihn herum). Das Rathaus wurde mehrfach restauriert und erweitert, unter anderem 1653 um den ebenerdigen Portalgang (Loggia).

Kathedrale Sv Marija

Hinter dem Trg Republike heißt die zentrale Fußgängergasse Ulica Kandlerova. Nach 250 Metern trifft man auf den Trg Sv Tome mit der Kathedrale Sv Marija. Das dreischiffige Gotteshaus wurde im 5. Jahrhundert errichtet und im 15. Jahrhundert erstmals aufwendig restauriert. Ein **Sarkophag** aus dem 3. Jahrhundert dient als Altarsockel, auf dem Boden sind **Originalmosaike** aus dem 5. und 6. Jahrhundert erhalten. Das Hauptportal im Renaissance-Stil stammt aus dem Jahr 1456. Der gegenüberliegende **Glocken-**

turm kam erst im Zuge weiterer Umgestaltungsmaßnahmen im 17. Jh. hinzu. Da täglich um 10.30 und 18 Uhr Messen abgehalten werden, ist die Kathedrale für Besucher tagsüber zugänglich.

Sv Nikola

Die Kandlerova am Kathedralplatz rechts durch die kleine Gasse hinauf zur Ulica Castropola gelangt man zu einer kleinen Kirche, der **serbisch-orthodoxen Nikolauskirche** (Sv Nikola) aus dem 13. Jh. Leider ist Sv Nikola meist verschlossen und nur zu den Messezeiten (in serbisch-kyrillischer Schrift außen angeschlagen) geöffnet; wer das Glück hat, kann dann die wunderhübsche hölzerne Ikonostase mit venezianischen Ikonen aus dem 16./17. Jh. bewundern.

adobe.stock ©st1909

Kastell und Historisches Museum

In unmittelbarer Nähe der Nikolauskirche führt die Gradinski Uspon hinauf zur alten Festung von Pula. An dieser Stelle standen vermutlich schon zu illyrischer Zeit Wehrbauten. Die heutige Form wurde im Wesentlichen zu venezianischen Zeiten vom französischen Festungsbauer *Deville* um 1630 errichtet und zuletzt von den Österreichern um 1830 erweitert. Das Kastell ist von einem **Wassergraben** umgeben, über eine kleine Holzbrücke betritt man den Innenbereich. Ein Besuch lohnt unbedingt: Zum einen genießt man von den Kastellmauern und dem alten, vermutlich seit k.u.k. Zeiten unveränderten **Wachtturm** einen herrlichen **Rundblick** über Pula (Amphitheater!), zum anderen beherbergt das Kastell heute das **Historische Museum** (auch: Historisches- und Marinemuseum) von Pula. Die bebilderte und übersichtliche Ausstellung vermittelt einen sehr guten Eindruck über Pula als Militärhafen der österreichisch-ungarischen Epoche.

■ **Öffnungszeiten:** tgl. 9–18 Uhr; Eintritt inkl. Museum 20 K, Kinder 5 K/Studenten 10 K, www.ami-pula.hr.

◁ Das Kastell von Pula

Archäologisches Museum

Einen krassen Gegensatz zum Historischen Museum stellt das Archäologische Museum (gegründet 1902) in der Carrarina Ulica 5 dar. Zentrale Exponate des Archäologischen Museums sind die drei Sammlungen aus vorgeschichtlicher, römischer und mittelalterlicher Epoche. Beachtenswert sind dabei antike Fundstücke aus Istrien, u.a. aus der erst 2010 fertig erschlossenen archäologischen Stätte Vizula/Medulin (s. dort). Den Zugang bildet die **Porta Gemina,** ein steinerner **Zwillingstorbogen** aus dem 2. Jahrhundert. Es muss an dieser Stelle deutlich darauf hingewiesen werden, dass ein Besuch des Museums vorwiegend Experten zu empfehlen, besser: zuzumuten ist, da die Ausstellungsstücke miserabel, nämlich fast gar nicht, beschriftet sind und der Besucher daher durch eine zusammenhanglose Masse von mehr oder minder geschickt aufgestapelten Säulen und Statuenteilen geführt wird.

Im Erdgeschoss befinden sich einige **Fresken und Säulen** ohne jedwede Erläuterung; Funde aus der Vor- und Frühgeschichte im ersten Obergeschoss sind teilweise kroatisch/italienisch, in Ausnahmefällen kroatisch/englisch beschriftet. Am spannendsten sind noch die **Münzen und Gefäße** der römischen Phase im zweiten Obergeschoss sowie **Waffen, Schmuck** und Ähnliches aus dem Frühmittelalter, sie sind aber ebenfalls sehr dürftig beschildert. Ein Gutteil der Exponate wurde in Nesaticum (Medulin), der berühmtesten istrischen Ausgrabungsstätte, gefunden.

Um den Museumsbau herumgehend, findet der Besucher auf dem Gelände ein kleines römisches **Amphitheater,** leider recht heruntergekommen und vermüllt.

■ **Öffnungszeiten:** Das Archäologische Museum wird erneut umfassend restauriert und ist der Öffentlichkeit bis voraussichtlich Frühjahr 2020 nicht zugänglich; die bisherigen Öffnungszeiten und Eintrittspreise waren: Juli bis September 9–20 Uhr, So 10–15 Uhr, in den anderen Monaten tgl. 9–14 Uhr; Eintritt 20 K, Kinder 10 K.

Museum Olei Histriae

An der Uferstraße Riva, nahe der Marina, bietet sich ein Besuch im **Olivenöl-Museum** an. Die kleine Ausstellung bietet einen Einblick in die Bedeutung des Öls für die gesamte Region, dessen Gewinnung, einen Überblick über unterschiedliche Sorten mit optionaler Verkostung, und außerdem ist ein Shop angeschlossen.

■ **Museum Olei Histriae,** Ul. Svetog Teodora 1a, Tel. 052-661235, März–Mai und Okt.–Dez. 10–18 Uhr, Juni und Sep. 9.30–20 Uhr, Juli/Aug. 9.30–22 Uhr; 50 K, Kinder 25 K, Museum und kleine Verkostung 90 K (Kinder 45 K, Familie 225 K), große Verkostung 130 K (Kinder 65 K, Familie 325 K).

> Unterirdische österreichische Wehrgänge

Tunnelsystem Zerostraße

Auf dem Gelände des Zwillingstores (Carrarina Ulica 3, s.o.) wurde erst vor wenigen Jahren zufällig ein ausgedehntes unterirdisches Tunnelsystem freigelegt, welches zwar bereits für die Besichtigung freigegeben ist, dessen historische Analyse jedoch andauert. Bekannt sind nur wenige Fakten, nämlich dass es sich um ein von den Österreichern um 1850 gebautes **Lager- und Gangsystem** Richtung Festungsarsenal handelt, wobei einzelne Abschnitte bis zu 500 m lang, 6 m breit und 2,50 m hoch sind. Man mutmaßt, dass es sich um Versorgungs- und **Munitionsstollen** gehandelt hat, da die Temperatur 20 °C nicht übersteigt.

Öffnungszeiten: Mitte Juni bis Mitte September tgl. 9–22 Uhr, 15 K, Studenten 10 K, Kinder 5 K, Tel. 052-211740.

Seewasser-Aquarium

Recht interessant finden insbesondere jüngere Besucher das Seewasser-Aquarium *Verudela,* zu erreichen auf der Küstenroute Richtung Süden (im Fort Verudela). Istriens einziges wirklich empfehlenswertes Aquarium wurde in den letzten Jahren sukzessive erweitert und stellt heute auf über 2000 m² zahlreiche Bewohner der Adria und der kroatischen Binnengewässer vor. Das *Marine Educational Centre Pula* ist außerdem die größte kroatische *NGO* (privater Zweckverband) zum Schutz von Meeresschildkröten.

Öffnungszeiten: April bis Okt. 9–20 Uhr, sonst bis 16 Uhr, Tel. 052-381402, www.aquarium.hr. Im Eintrittspreis von 100 K (Studenten/Senioren 70 K, Kinder 3–7 J. 50 K, darunter frei; Nov.–März 75/60/40 K), Möglichkeit einer Laborbesichtigung (Di/Do

700i wl

11–12 Uhr) inbegriffen. Besonderheit: Einstündige bis halbtägige Lehr-Exkursionen und wechselnde Workshops zum vertiefenden Verständnis der Meeresbiologie sind zusätzlich im Angebot – gut gemacht (www.aquarium.hr/blue-school.html).

Praktische Tipps

An- und Weiterreise

Auto

Von der großen **Umgehungsstraße** Poreč – Pula – Rabac Abfahrt „Centar/Amfiteatr" (hinter der Bahnüberführung), hier gleich rechts einordnen zur „Ulica 43. Istarske Divizije". Immer geradeaus, am Busbahnhof (linker Hand) vorbei und dann am besten schon einen Parkplatz suchen. 200 m weiter liegt eine Art Sternkreuzung, dort ganz scharf rechts in die kleine Sackgasse: Parken ist hier kostenlos, weiter im Zentrum dann kostenpflichtig (ab 5 K/Stunde, sonntags i.d.R. kostenlos). Achtung: Es wird rigoros abgeschleppt!

Ob vom Hauptbahnhof, Busbahnhof oder als Selbstfahrer kommend, geht man die **Flavijevska/ Istarska Ulica** entlang, das Amphitheater als Orientierungspunkt passierend, Richtung Zentrum.

Flug

6 km außerhalb Richtung Rabac-Labin bietet der kleine **Flughafen Pula** tgl. außer So Anbindung von/nach Zagreb, Frankfurt/M., Frankfurt-Hahn, Osijek und Split, außerdem in den Sommermonaten **Charterflüge in mehrere deutsche Städte sowie von/nach Wien.** Neben *Croatia Airlines* fliegen hauptsächlich *Ryanair, Lufthansa* sowie die tschechische *Smart Wings* und *Austrian Airlines* Pula an. Taxis vom Flughafen ins Zentrum kosten rund 30 €. Weitere Infos unter https://airport-pula.hr, siehe Kap. „Praktische Reisetipps A–Z/Anreise".

■ **Croatia Airlines,** Flughafenbüro, Tel. 052-218 909, www.croatiaairlines.com.

Flughafenbusse

Abgestimmt auf die Ankunft der Flüge werden Direktbusse **nach Pula-Zentrum** (30 K), **Verudela** (30 K), **Medulin, Fažana** (je 38 K), **Rovinj** (120 K), **Poreč** (240 K), **Novigrad** (270 K) **Umag** (300 K) und **Rabac/Labin** (270 K) eingesetzt; die genannten Preise gelten bei Online-Vorabbuchung unter http://prodaja.fils.hr/lpindex.php?lng=en&l=Shuttle bzw. https://airport-pula.hr/en/passenger-info/shuttle-bus, sonst 20 % mehr.

Mietwagen und Transferagentur

Direkt am Flughafen kann man auch Mietwagen arrangieren (*Sixt,* Tel. 052-634880, www.sixt.hr; *Hertz,* Tel. 052-550968, www.hertz.hr; *Avant-Car,* Tel. 098-9840228, www.avantcar.hr; *Oryx,* Tel. 052-522176, www.oryx-rent.hr; *Carpe Diem,* Tel. 091-512 2149, www.carpediem-rentacar.com; *Uni Rent,* www.uni-rent.net und *Nova,* Tel. 072-535535, www.novarentacar.hr) oder einen Limousinenservice in Anspruch nehmen (*Taxi Pula-Airport,* Tel. 091-2550500, www.airport-line.eu).

Bahn

Obgleich bedeutender Zielort auch für Bahnreisende, sind die Bahnverbindungen nach Pula mehr als bescheiden: Keine zehn Züge fahren derzeit am Tag, Fahrkarten werden nur von 8 bis 16 Uhr verkauft. Mit Ausnahme der internationalen Routen via Slowenien (Ljubljana ca. 350 K einfach) **nach Österreich oder Italien** ist es mehr als umständlich, die Bahn zu benutzen: Bahnhöfe liegen weit außerhalb der Ortschaften, eine Verbindung nach Rijeka (etwa 80 K einfach) oder Zagreb (ca. 135–150 K einfach) besteht nur auf dem Papier; tatsächlich fährt man bis Lupoglav vor dem Učka-Tunnel und wird per Bus zum Bahnhof Rijeka gefahren, da eine Schienenverbindung aus Istrien hinaus nur nach Slowenien besteht. Theoretisch jedenfalls kann man per Zug nach Vodnjan (einfach/retour 16/29 K), Pazin (39/63 K) oder Buzet (94/176 K) fahren.

Bus

Stadtbusse fahren vom/zum zentralen **Busbahnhof** (hier auch Flughafenzubringer); Stadtbusse (Bussteige 15–20) in der Ulica 43. Ist. Divizije, Tel. 052-304030. Die wichtigsten Stadt- und Umlandlinien sind die 1 (Zentrum/Busbahnhof – Stoja), 2a und 3a (Busbahhof – Verudela). Diese fahren von ca. 6–22 Uhr alle 20–35 Minuten und kosten 11 K einfach in der ersten und 15 K in der zweiten, 20 K in der dritten und 25 K in der vierten Zone bei Kauf beim Fahrer. Es gibt auch eine Art *Prepaid-Card,* die für Vielfahrer als Monatskarte erhältlich ist, ca. 40 % Rabatt bietet und an einigen großen Stationen, u.a. am Busbahnhof, sowie teilweise auch beim Fahrer erhältlich ist. Sie kostet 70 K, wobei 30 K als Gebühr (nicht erstattbar) für die blanke Karte und 40 K als Guthaben anfallen. In 20 K-Schritten kann die Karte bei *Pulapromet* am Busbahnhof aufgeladen werden. Zu Zone 1 gehören u.a. Puntižela, Stoja, Štinjan und Verudela, zu Zone 2 u.a. Banjole, Fažana, Ližnjan, Medulin, Pineta, Pješčana uvala, Pomer, Premantura, Valbandon, Valtura, Vinkuran und Vodnjan. Außerdem fahren hier die Umlandbusse 26 und 28 (Pomer, Banjole, Premantura, 5.30–22.30 Uhr, etwa 12x tgl.), 21 (Fažana, 6–22 Uhr, ca. 15x tgl.), 22 (Vodnjan, 5.25–22.30 Uhr, 14x tgl.) sowie die 25 (Ližnjan, Medulin, 5.30–22.30 Uhr, ca. 25x tgl.).

Wichtigste **Überlandrouten** sind: Karlovac via Rijeka/Opatija 4.15–19.05 Uhr 8–13x tgl. (126–159 K), Zagreb (via Rijeka) 3.45–20.25 Uhr, 11–16x tgl. (125–164 K), Labin 6–18 Uhr, 8–14x tgl. (30–49 K), Pazin 7x tgl. (29–54 K), Poreč 6x tgl. (62–63 K), Umag 12.30, 14.10 und 20.45 Uhr (79–90 K), und Rovinj (via Vrsar, 19x tgl. (29–44 K). Wer weiter

Istriens Asterix

Jeder kennt *Asterix,* jenen kleinen, zwirbelbärtigen, gallischen Erzrivalen des SPQR-Imperiums (*senatus populusque romanus,* lat.: der Senat und das römische Volk), verkörpert durch *Gaius Julius Caesar.* Doch *Asterix* ist eine erfundene Comic-Figur; kaum jemandem aber dürfte bekannt sein, dass just in Pula ein **Wildschweinjäger namens Kršan** die Römer tatsächlich gelegentlich das Fürchten lehrte – und Meister *Uderzo* eventuell sogar inspiriert hat: Der als Trunken- und Raufbold bekannte *Kršan* soll – so die zweifelhafte Legende – mehrfach auf dem Heimweg aus den örtlichen Schenken römische Patrouillen alleine gehörig aufgemischt und einige Legionäre ins Hafenbecken geworfen haben. Als Strafe sollte der Aufmüpfige zehn Stück Wild bringen – er aber brachte zehn römische Soldaten, die Worte gröhlend, „da habt ihr eure zehn Stück Wild" – wofür er im Amphitheater im Kampf gegen zwei Löwen mit bloßen Händen sein Mütchen kühlen durfte. Den Löwen soll es sehr übel ergangen sein ...

Kulinarisch greift heute diese Thematik die **20** *Pizzeria Asterix* (Piranesijev prilaz 11, Tel. 052-223680, Mo–Fr 9–23, Sa/So 12–23 Uhr) auf, die leider etwas abseits liegt: der Arsenalska nach Süden/Verudela bis in eine große, langgezogene Linkskurve folgend biegt man hier scharf links (am Anfang der Kurve) in die Rizzijeva Ulica ein und folgt dieser bis zu ockerfarbenen Hochhäusern auf der rechten Seite. Immer weiter bis zu den vorletzten Hochhausblöcken – hier führt eine Stichstraße (Heiningerova) nach links, 100 m weiter folgt eine Gabel, hier rechts und nach 100 m rechter Hand. Kleiner Biergarten, Pizza in unterschiedlichen Größen.

nach Süden reist: Zadar und Split werden täglich um 11 und um 20 Uhr (221–230 K) bedient.

Wichtigste internationale Direktverbindungen sind Triest 5–14.15 Uhr 7x tgl. (120 K), Venedig 5, 5.30 und 6.25 Uhr (165 K) und Mailand 5.45 Uhr (440 K), die je 1x tgl. angeboten werden.

Die **Kartenschalter** sind tgl. von 5–12 und 13–20 Uhr geöffnet, Infotelefon 052-501973. Internationale Anbindungen (D, A, I) siehe Kapitel „Reisetipps A–Z". Details zu den Stadtbussen findet man unter http://pulapromet.com, hier kann man alle Buslinien detailliert als PDF einsehen und herunterladen.

Für **größere Busstrecken in Istrien/Kroatien** bzw. ins Ausland bietet sich www.putovnica.net an, eine Buslinien-Suchmaschine, die alle Anbieter der gesuchten Verbindung nebst Preisen anzeigt.

Hop-on-hop-off Bus

MEIN TIPP: Speziell für Touristen wurde der rote, oben offene **Doppeldeckerbus** „Pula Citytour" ins Leben gerufen. Für eine Innenstadtbesichtigung ist er weniger geeignet (die gesamte Altstadt ist Fußgängerbereich), eher als **50-minütige Stadtrundfahrt,** um einen ersten Eindruck von der erweiterten Innenstadt zu bekommen. Das Ticket gilt 24 Stunden, kostet 100 K (Kinder ab 5 Jahre 50 K) und man kann von 10 bis 18 Uhr jeweils stündlich am Amphitheater abfahren, wobei an den Stationen Giardini (Trg Porta Rata), Marienkirche, Valkanela, Resort *Zlatne Stijene,* Verudela und Universität gehalten wird. Tickets sind in den Campingplätzen, größeren Hotels sowie direkt beim Fahrer erhältlich. Weitere Informationen unter mobil 099-4105002 und www.pulacitytour.com. Auch „zu Fuß" sind Führungen, Rundgänge und Touren machbar, etwa

adobe.stock ©rh2010

eine **Pula Classic Tour** (100 K) mit den wichtigsten kulturhistorischen Sehenswürdigkeiten oder eine **Gourmet Tour** (150 K) mit Einkehr; derartige Stadtführungen können direkt im Amphitheater gebucht werden.

Pula Heritage Tour-App

Eine kleine *App* für das Mobiltelefon führt spielerisch und informativ durch die **wichtigsten historischen Sehenswürdigkeiten** von Pula. Die Tourismusbehörden wollen vor allem jüngeren Besuchern die historischen Stätten nahebringen und haben eine Schnitzeljagd durch die wichtigsten Sehenswürdigkeiten ins Leben gerufen. Die Links zum Download der Apps finden sich unter www.pulainfo.hr/de/pula-heritage-tour/. Nachdem man sie aktiert hat, kann man bei erfolgreicher Bewältigung einiger Aufgaben einen kleinen Preis gewinnen.

Schiff

Was niemand so recht versteht, ist die Tatsache, dass der einstige große Hafen Pula heute fast keine Bedeutung mehr hat. Es gab immer wieder mal Verbindungen nach Rijeka mit der nationalen Gesellschaft *Jadrolinija* (www.jadrolinija.hr) oder nach Venedig (nur Juni–Sept., www.croatiaferries.com/venice-pula-ferry.htm). Die private kleine Gesellschaft *Linijska Nacionalna Plovidba* (www.croatiaferries.com/malilosinj-pula-ferry.htm) bietet momentan eine reine Passagierverbindung von/nach Mali Lošinj an (Juli/Aug. tgl., sonst freitags). Ansonsten gibt es **Ausflugsboote** am Ufer – das war es dann aber auch mit der Herrlichkeit des K. u.-k.-Seehafens!

◁ Der Augustustempel mit dem Rathaus (rechts), das auf einem römischen Diana-Tempel steht

Info und Agenturen

■ Die **Touristeninformation** liegt direkt am Forum rechter Hand (Forum 3, Tel. 052-219197, www.istra.hr/de/regionen-und-orte/stadte/ltz-pula) und bietet neben Infos, Prospekten und Stadtplänen auch Multimedia-Säulen mit weitergehenden, allgemeinen Hintergrundinformationen zur Stadt und ihren Sehenswürdigkeiten. Geöffnet Oktober bis März tgl. 9–16 Uhr, im Sommerhalbjahr 8–22 Uhr.

Die **„Turist Biros"** im Zentrum bieten wie üblich Unterkunftsvermittlung, Geldwechsel, Ausflüge, Bahn- und Flugtickets usw. Es gibt einige solcher Büros in Pula, hier zwei leicht auffindbare bzw. landesweit agierende:

9 **A Turizam,** Kandlerova 24, Tel. 052-212212, www. a-turizam.hr.
3 **Arenaturist,** Splitska 1, Tel. 052-529400, www.arenaturist.hr.

Unterkunft

Pula selbst wird außerordentlich selten als Standort gewählt, weit eher die vorgelagerte **Medulin-Landzunge.** Im Zentrum liegen nur wenige Hotelunterkünfte, aber die **Außenbezirke Verudela** (5 km) und **Stoja** (4 km) bieten Hotels und Campingplätze und sind sehr gut durch Stadtbusse angebunden: nach Verudela Linien 3 und 7, nach Stoja Linie 1. Ganz allgemein empfiehlt sich ein Blick auf die Seite der TI (www.pulainfo.hr/de/accommodations), wo sich viele der privaten Wohnungsvermieter registrieren lassen.

19 **Jugendherberge FS Hrvatske**①, Tel. 052-391133, Ljetovalište Valsaline 4, www.hfhs.hr (direkte Buchungsmöglichkeit). Internationaler JH-Ausweis und Reservierung zwei Wochen vorher empfehlenswert, ca. 18–35 €/P. im Mehrbett- bzw.

Einzelzimmer. Im Grünen an der Valsalina-Bucht gelegen, Busse Nr. 2 und Nr. 3, ganzjährig geöffnet.

27 **City Point Rooms**② (vorm. Hotel *Omir*), Dobricheva 6, Tel. 052-218186, https://city-point-rooms-pula.hotel-mix.de. Zentral, einfach und okay; angeschlossenes **Restaurant-Pizzeria.**

4 **Hotel/Guesthouse Riviera**②, Splitska 1, schlossartiger Altbau im Neobarockstil nahe Hauptbahnhof und Busbahnhof, Tel. 052-211166, www.arenahotels.com. Sieht von Weitem aus wie eine Fürstenresidenz, innen nagt der Zahn der Zeit.

11 Zentral in einer Seitengasse der Fußgängerzone Richtung Amphitheater liegt das **Lodging Pula Hostel Style**②, Upson Pavla Dakona 4, Tel. 099-7990042, www.pulainfo.hr/de/accommodation/city-centre-lodging, mit Mehrbettzimmern.

Istrisches Monopoly

Der aufmerksame Leser und Reisende wird bemerken, dass im Raum Pula-Medulin die Firma *Arenaturist* bei Campingplätzen und Hotels den Markt dominiert. Ähnliche Tendenzen sieht man auch in anderen touristischen Metropolen Istriens, etwa bei der *Valamar*-Gruppe im Raum Tar-Vabriga und *Rabac/Labin* oder der *Maistra*-Gruppe im Raum Rovinj/Vrsar.

In all diesen Fällen ist eine Reinkultur kapitalistischer **Marktverdrängung** zu sehen, die dem Reisenden durchaus zunächst von Nutzen sein kann. Man hat einen zentralen Ansprechpartner, nicht nur breite Auswahl bei diesem vor Ort, sondern eventuell auch an anderen geplanten Urlaubsorten, oder auch Fahrzeug- und Ausflugsorganisation aus einer Hand.

Andererseits bergen **aggressive Aufkäufe** mit erheblichem Fremdkapital naturgemäß auch Gefahren. Das System ist zunächst einfach: Man leiht sich Geld, kauft ein Hotel (bevorzugt ein in finanzielle Schwierigkeiten geratenes) und zahlt die Tilgung nebst Zins mit den Einkünften daraus, nimmt erneut Kredit auf, kauft ein weiteres Objekt, zahlt mit den erzielten Einnahmen pünktlich die Raten usw. Die „freien Anbieter" haben im Laufe der Zeit wegen viel besserer Werbungs- und Preismöglichkeiten der „Großen" kaum eine Chance und neigen eher zum Verkauf denn zum Kampf. Am Ende gewinnt das Monopol und kann die Preise diktieren – das Ziel des Ganzen. Auf Gewinne wird verzichtet zugunsten aggressiver Erweiterungszukäufe, und erst nach Ausschaltung des Wettbewerbes wird zugeschlagen – und dann könnte es für den Kunden (Touristen) teuer werden!

Gefährlich werden solche Systeme auch, wenn Touristenströme deutlich spärlicher fließen. Dann liegen nämlich noch längst nicht genügend Mittel in der Reserve, um eine Zeit lang „durchhalten" zu können, die Rückzahlung stockt, das komplette Unternehmen bricht zusammen. **Anzahlungen von Kundenbuchungen** könnten dann unter Umständen verloren gehen (offene Löhne gehen vor!), etwa wenn kein anderes Unternehmen das angeschlagene aufkauft und die Geschäfte weiterführt.

Genau dies nahm man beim Unternehmen *Arenaturist/Pula* an, das ein öffentliches Übernahmeangebot unterbreitete – meist ein Hinweis auf erhebliche Schwierigkeiten. Das istrische Hotel- und Touristikunternehmen fiel daraufhin mehrheitlich (knapp 62 %) in die Hände der renommierten *Goldman-Sachs*-Gruppe.

Verudela

Im Distrikt Verudela, südlich der Altstadt, liegen rund um das Aquarium etliche Mittel- und Oberklassehotels, allerdings nicht mehr in Gehnähe zum Zentrum (Busse 2 und 3).

19 **Histria**④, Verudela bb, Tel. 052-590000, www.arenahotels.com, ein sehr schönes, aufwendig renoviertes Spitzenhotel.

16 In der Mittelklasse empfiehlt sich das sehr beliebte **Hotel Park Plaza Arena**④, Verudela bb, Tel. 052-375000, www.arenahotels.com, welches nach renovierungsbedingter Wiedereröffnung 2018 als Wellness-Hotel firmiert und etwa glutenfreie Speisen (als erstes Hotel in Istrien) sowie u.a. Fitness, Sauna/Spa und eine E-Tankstelle anbietet.

■ *Arenaturist* (siehe unter Info und Agenturen) bietet auch sehr angenehme **Bungalows,** teils mit Meerblick ab 550 €/Woche für 2 Personen und ab 800 € für 4 Personen in jeweils unterschiedlicher Ausstattung.

19 Wer es etwas einsamer mag: **Leuchtturm Verudica**④, Verudela, Tel. 098-427924, www.myistria.com, wobei nicht der Leuchtturm, sondern die dazugehörige Luxusvilla vermietet wird. Schön, aber mit 2600 €/Woche (4 Pers.) kein Schnäppchen.

Stoja

Ein zweiter Wohnbezirk außerhalb des Zentrums ist Stoja, bekannt für seine Campinganlage, aber auch etliche Hotels und Apartmentanlagen; allerdings ist auch hier der Stadtbus (Linie 1) erforderlich.

16 **Hotel Milan**④, Stoja 4, Tel. 052-300200, www.milanpula.com. Besonders gelobt wird von Reisenden die vorzügliche italienische Küche im Hotelrestaurant.

16 Ganz neu und direkt am Ufer wurde erst 2019 das **Modo Hotel**③, Valovine 42, Tel. 052-219490, http://hotel-modo.hr) eröffnet. Topmodern, WLAN, Restaurant, Ausflugsorganisation.

16 Auch **hübsche Ferienwohnungen,** teils mit Meerblick, sind im Bereich Stoja zu finden, u.a. die **Dea-Apartments**②, Tel. 098-1781626, www.dea-apartments.com. Fünf Studios/Apartments für 2–3 Personen 30–95 € je nach Saison.

16 Etwas größer und moderner, wie auch etwas zentrumsnäher, sind die **Apartments Lara**②-③, Pradorlando ul. 19, Tel. 052-386572, www.apartmentslarapula.com. Insgesamt fünf sehr schöne Wohnungen (Klima, Waschmaschine) mit Balkon und Meerblick für 2 bis maximal 6 Personen in einer Preisspanne von 50 bis 125 €/Nacht je nach Wohnung, Gästeanzahl und Saison.

Štinjan-Puntižela

Der nördlichste Wohnbezirk Pulas, Štinjan-Puntižela, liegt auf halber Strecke zwischen Pula-Zentrum und Fažana und ist mit Stadtbus 5 gut erreichbar. Mit dem eigenen Fahrzeug sind es etwa 5 Fahrminuten nach Pula-Amphitheater. Von Norden kommend, am Ortseingang vor der Tankstelle (links) rechts Richtung Stoja-Puntižela, nach etwa 1 km halblinks bis zum Campingplatz, davor halblinks Hügel hinauf ins Dorf, erste rechts (beschildert).

MEIN TIPP: 2 **Villa Jadranka,** Puntižela 79, Pula, www.villajadranka.com. Sehr schöne Lage oberhalb vom Campingplatz in Štinjan-Puntižela (dessen Strandbereiche genutzt werden können, 5 Minuten zu Fuß), modern und gut ausgestattet (Pool, Gemeinschaftsgrill), sehr ruhig, Blick über die Brijuni-Inseln (obere Etage buchen! Hauptsaison ca. 600 €/Woche für 3 Personen).

Weitere private Anbieter für Ferienwohnungen der Mittelklasse in Puntižela findet man unter www.pula.net/anita oder unter www.apartmanieletic.com.

Camping

2 **AC Brioni-Sunny** (vorm. *Puntižela*)②, beim Vorort Štinjan (Zufahrt siehe *Villa Jadranka*), Tel. 052-517433, www.camping-adriatic.com/brioni-camp-pula, sehr schön in direkter Uferwaldlage mit

Tauchschule, Rad-/Bootsverleih, Kiosk, Obstständen und Minimarkt. Mehrere Fels- und Kiesbadeabschnitte. Verfügt zusätzlich über eine Art Blockhausunterkunft mit einfachen Mehrbettzimmern. Busanbindung Linie 5 im Dorf (500 m).

16 **AC Arena-Stoja**③, Bezirk Stoja, Tel. 052-387 144, www.arenacampsites.com. Mehrfach renoviert und auf 167.000 m² erweitert, inzwischen auch mit Mobilheimangebot, Minigolf, Tauchen, Wassersport, Rad- und Bootsverleih. Bus Linie 1 vom/zum Zentrum.

Essen und Trinken

Das gastronomische Angebot ist der Bedeutung der Stadt entsprechend umfangreich. Die Preise liegen dabei wegen der großen Konkurrenz untereinander keinesfalls über dem Durchschnitt.

Gut und günstig

12 Ähnlich schlicht ist das **Pizza-Bistro Orfej,** Kandlerova Ulica (Tel. 052-214405, tgl. 8–21 Uhr, So ab 12 Uhr), wo man günstige Pizzen und Burger sowie „klassische" kroatische Gerichte *(Čevapi, Pleškavica)* bekommt.

■ Im Obergeschoss der **Markthalle** am Narodni Trg befinden sich mehrere einfache, aber authentische **Bistros und Restaurants,** vorwiegend von einheimischen Marktbesuchern frequentiert, z.B. das 21 **Café/Bistro Korner.** Hauptspeisen wie gefüllte Paprika, Kabeljau oder Gulasch sind hier zu haben.

7 Zentral und gut im Preis-Leistungs-Verhältnis ist die **Pizzeria Jupiter** (Ulica Castropola 38, Tel. 052-214333). Kleine, mittlere und Jumbo-Familienpizzas, Mo–Sa 12–23 Uhr und So ab 13 Uhr, Innen- und Außenbereich.

10 In der Altstadt empfiehlt sich in der einfachen Mittelklasse insbesondere das **Bistro Barbara,** Ul. Kandlerova, Tel. 052-213501, tgl. 12–24 Uhr, wo man sehr hübsch im ummauerten Innenhof sitzt. Das Essen ist für einen Snack ok.

1 Als bestes Lokal im günstigen Bereich empfehlen Einheimische das **Tivoli,** Veli Vrh 8, Tel. 052-508000, Mi–So 10–23, Di 14–23 Uhr. Nachteil: liegt etwas abseits am nördlichen Ortsrand – nach Überquerung der Bahn rechts in die Sv. Petra, dort rechts Richtung Fußballplatz/Veli Vrh. Pizza und Pasta, riesige Portionen, ausgezeichnetes Preis-Leistungs-Verhältnis.

Mittel- und Oberklasse

MEIN TIPP: 22 Das **Kantina** (Flanatička 16, Tel. 052-214054, Mo–Sa 7–24 Uhr, So ab 12 Uhr) ist ein ein sehr modern aufgemachtes Restaurant der gehobeneren Kategorie mit großem Außenbereich. Spezialitäten sind hier diverse Käsezubereitungen, etwa Putenbrust mit *Skuta* (Frischkäseart) gefüllt oder auch 6 Das **Torta** (Riva 1, Tel. 052-219404) an der Marina steht seit vielen Jahren für ein ordentliches Preis-Leistungs-Verhältnis vor allem bei Fischgerichten. Im Unterschied zu manch anderem Lokal in Pula werden hier stets frische und sehr lecker zubereitete Fischgerichte serviert. Schöne Lage und Aussicht.

14 Das **Mediterraneo** bietet seit vielen Jahren ausgezeichnete gleichbleibend gute Meeresfrüchte- und Fischgerichte. Zentral in der Ul. Sergijevaca 9, Tel. 098-380930, tgl. 9–24 Uhr.

■ Besonders nett trinkt sich ein Cappuccino im Café-Restaurant 13 **Forum** (Forum 8) auf dem gleichnamigen Zentralplatz oder im 9 **Café Coco** am Trg Sv Tome.

› In der Altstadt von Pula

adobe.stock ©xbrchx

Vegetarisch/vegan

28 **Shanti,** Dubrovacke Bratovstine 27, Tel. 052-356174, Mo–Fr 9–17 Uhr. Wraps, Salate, Sandwiches, gelegentlich vegane Lasagne. Qualitativ sehr gut, kleine Café-Bar.

23 **Mini Street Food,** Mletačka 12, Tel. 099-4456190, Mo–Fr 9–16 Uhr. Straßenlokal mit kleiner, aber geschmacklich hervorragender Auswahl *(Curries)*.

15 **Fresh Sandwich and Salad Bar,** Anticova 5, Tel. 052-418888, Mo–Fr 8.30–16.30 Uhr. Neben Sandwiches/Baguettes auch Hummus und Falafel sowie einige vegane Gerichte.

Nachtleben

- Nachtschwärmer zieht es zum Hotel *Histria* (siehe Unterkunft) in den dortigen **Nightclub** (Punta Verudela).

20 Im Sommer wird ohnehin im Bereich Verudela am meisten geboten; etwa in der **E & D Bistro-Lounge Bar,** Verudela 22, Tel. 052-213404. Gelungene Universalmischung aus Bistro, Club mit gelegentlichen Live-Events und Abendlounge für einen Drink in sehr hübschem Ambiente (In- und Outdoor mit gemütlichen Sitzecken, tgl. 8–1 Uhr).

5 Wer etwas zentraler gelegenes sucht: **Pietas Julia** (kurz „**PJ**“), Lounge/Disco-Bar, liegt nur 200 m von der Arena entfernt (Riva 20, Tel. 098-881881, tgl. 8–5 Uhr) und bietet zudem einen Bistro-Betrieb (Pizza, Pasta, Salate, Frühstücksmenüs). Die Cocktail Lounge hat eine umfangreiche Getränkekarte, und ab den frühen Abendstunden Discobetrieb mit gelegentlichen Live-Events. Pulas angesagteste Disco. Eintritt manchmal frei.

29 Ebenfalls um die Ecke vom Amphitheater findet man in einer Seitenstraße das **Rock Caffe** (tgl. außer So 8–2 Uhr, Winter 8–24 Uhr, fetzige Musik, vergleichsweise günstige Drinks. Scalierova 8, Tel. 052-210975.

26 Rund um die Uhr kann man im **Golden Sun Casino** (Giardini ul. 3, Tel. 052-219242) bis auf eine kurze Schließung von 23.30 bis 24 Uhr täglich sein Glück mit zahlreichen Automaten- und Tischspielen versuchen.

Besondere Veranstaltungen/Festivals

- Am Nordrand der Stadt, im alten Fort Punta Christo, fand bis zum Sommer 2019 jahrelang das alljährliche **Seasplash-Outlook Festival,** Europas größtes Bass-/Soundsystem Music-Festival statt – für Insider DAS jährliche Highlight. Das Festival ist nun jedoch nach Martinska bei Šibenik umgezogen.
- Natürlich wird auch die römische Kulisse des Amphitheaters in lokale Festivitäten einbezogen, u.a. während der **„Tage der Antike“** (meist Mai–Juni, freitags) oder während der **„Spectacvla antiqva“** Anfang Sept. (Gladiatorenkämpfe, Workshops).
- Cineasten seien auf das **Pula-Filmfestival** mit begleitenden Workshops und der jährlichen nationalen Prämierung (*Goldene Arena,* www.pulafilm festival.hr) Mitte Juli verwiesen.

Einkaufen

30 An der vierspurigen Ulica Prekomorskih brigada (zentrale Durchfahrtsstraße) liegen an einem großen Kreisverkehr mehrere große **Supermärkte** und **Discounter** absolut verkehrsgünstig. Von Vodnjan/Fažana (Nord) liegt an dieser Umgehungsstraße (vor der Bahnüberquerung links) der lokale **Großmarkt Getro** und das **Einkaufszentrum Pevec** (Industrijska 15), eine Mischung aus Kaufhaus, Baumarkt und Lebensmittel-Discounter.

- Der **Markt** in Pula (Fisch, Fleisch, Obst, Gemüse, Hausmacherwaren) bietet alles, was das Herz begehrt. Die Fischmarkt-Halle (tgl. 7–30-13.30, So bis 12 Uhr) und die Fleischabteilung (tgl. 7–14, So bis 12 Uhr) sind in getrennten Hallen untergebracht.
- Ein Einkaufsbummel empfiehlt sich in der **Fußgängerzone Flanatička** mit ihrer großen Anzahl

an kleinen **Boutiquen, Souvenirgeschäften** und **Gastronomieeinrichtungen** (Cafés, Bistros, Eisdielen).

Aktivitäten

25 Das größte **Kino** von Pula, *Kino Valli,* Giardini 1, www.kinovalli.net, zeigt überwiegend ausländische Spielfilme im Original mit Untertiteln.

■ Gediegener erscheint das **Istrische Volkstheater & Galerie** *(Gradsko kazalište Pula),* Ulica Laginjina 5, Tel. 052-212677, ein Multimediatheater für Schauspiel, Musik, Film, aber auch Kunstausstellungen (z.B. Wechselausstellung moderner istrischer Maler; tgl. 10–13 und 19–23 Uhr). Programmhinweise/Kartenreservierung unter www.ink.hr.

30 Kleine Rennfahrer drehen ihre Runden auf der **Go-Kart-Bahn Green Garden,** an der Hauptstraße Richtung Labin zwischen der großen Kreuzung und der Flughafen-Abzweigung auf der rechten Seite (Tel. 098-9115500, www.karting.hr, 80–150 K/10 Min. je nach ccm). Die Anlage bietet zudem auch **Quadverleih** und **Paintball-Ballerei** (100 K/100 Schuss).

■ **Bootstouren:** Am Kai gegenüber vom Tito-Park (zahlreiche Stände und Shops, u.a. *Ulika,* www.ulika.tk, Tel. 091-7314280 oder *Jadroagent,* www.martinabela.hr) werden Ausflüge zu den Brionischen Inseln direkt oder über eine der Touristenagenturen angeboten (ab ca. 30 €). Richtpreise der Agenturen für weitere Ziele: Tagesausflug Venedig oder Plitvice ab 80 €, Rovinj mit Limski-Bucht 60 €, Fischpicknick ab 40 €.

■ **Tauch- und Angelgenehmigungen:** z.B. über die Agentur 9 *A Turizam* (Kandlerova 24, Tel. 052-24376) oder die örtliche Tauchbasis *Orca Diving Center* (Verudela 17, Tel. 098-9904246, www.orcadiving.hr) und viele mehr!

■ **Wander-/Radkarte:** Eine kostenlose 1:50.000-Karte zum Bereich Pula und Umland kann man unter www.pulainfo.hr/wp/wp-content/uploads/2017/10/bike-map.pdf herunterladen. Inkl. Steckbriefe von über 50 ausgewiesenen Radrouten. Es gibt auch eine (ebenfalls kostenlos zum Download) „Wanderkarte", die allerdings nur als grober Überblick dienen kann, die erstgenannte Radkarte ist auch für Wanderer deutlich besser.

Nützliches

■ **Medizinische Versorgung:** In Notfällen wendet man sich am besten an das sehr gute Kreiskrankenhaus *(Bolnica)* in der Zagrebačka Ulica, Tel. 052-376000. **Notruf der Dekompressionskammer** in der Ulica Kochova 1a: Tel. 052-215663, Tel. 098-219225 (24 Std.-Notruf), www.oxy.hr.

■ **WLAN-Hotspots** *(Pula Free Air/Free WiFi):* u.a. Forum, Porta Rata, Giardini, Flanatička ul., Kaštel, Narodni Trg, Politehnika Riva, in öffentlichen Bussen sowie in zahlreichen Hotelrezeptionsbereichen und Cafés.

■ **Rad- und Mopedverleihstellen:** 8 *Istraway,* Riva 14, Tel. 052-214868, www.medulinriviera.info/de/anu/istraway (Mopeds); 24 *Manuel,* Giardini 10, Tel. 052-211255, www.rentcar-pula.com (Fahrzeuge aller Art), zahlreiche weitere Anbieter findet man auch direkt am Flughafen (s. An- und Weiterreise). Für Räder, Scooter und Quads ist das *Rental Center* (Tel. 091-6009040, www.rcmedulin.eu) recht gut geeignet, da es zwar weit außerhalb liegt, aber zu allen Unterkünften im Raum Pula kostenlos anliefert bzw. abholt.

■ **Taxiruf Pula:** Tel. 052-223228.

www.fotolia.de © travelpeter

5 Medulin und der Südosten

Südostistrien ist jener Landesstreifen, der sich am meisten vom Charakter des italienisch geprägten Nordwestens unterscheidet. Für viele Reisende gilt er als schönster Küstenabschnitt der gesamten Halbinsel.

< Rabac, Badeort an der Ostküste Istriens

MEDULIN UND DER SÜDOSTEN

Im äußersten Süden der istrischen Halbinsel zeigt die Küste einen deutlich ruhigeren Charakter als im Raum Pula. Das **Kap Kamenjak** bei Premantura wurde aufgrund seiner landschaftlichen Unberührtheit zum Naturpark erklärt. Auf dem Südzipfel rund um **Medulin** haben sich viele größere und kleinere Campingsiedlungen entlang der geschwungenen Küstenlinien angesiedelt. Weiter nördlich lockt das Bergstädtchen **Labin** mit seinem Strand-Vorort **Rabac.**

Die Ostküste Istriens

Die Mehrheit des Tourismus in Istrien spielt sich an der Westseite nördlich von Pula ab. Warum? Zum einen liegt die Ostküste für den westeuropäischen Besucher nicht auf dem Weg zur Kvarner Bucht oder weiter nach Dalmatien, zum anderen gibt es mit Ausnahme von Rabac/Labin kaum nennenswerte Siedlungen entlang der Ostküste bis zur Riviera von Opatija (und die gehört schon zur Kvarner Bucht). Auch historisch endet in Labin der italienische Einflussbereich auf dem Festland. Der Kontrast zwischen der lebendigen Westküste und der ruhigen Küsten- und Agrarlandschaft der Ostseite ist unübersehbar. Bis Mošćenička Draga, der noch auf der Halbinsel liegenden „Grenze" zur Kvarner Bucht, sind nur zwei Orte von Bedeutung: der beliebte Ferienort Rabac mit seiner Bergstadt Labin sowie Brestova, das eine rein logistische Funktion als Fährhafen für Porožina auf Cres einnimmt.

NICHT VERPASSEN!

- Antike Ausgrabungsstätte – **Nesaticum** | 161
- Ein wunderschöner Naturpark – **Kamenjak** | 171
- Zeuge einer kurzlebigen Republik **die Altstadt von Labin** | 176
- El-Dorado für Wasserratten – **Rabac** | 178

Diese Tipps erkennt man an der gelben Hinterlegung.

Die Medulin-Südspitze

In einem Halbkreis mit etwa 15 Kilometern Radius erstreckt sich südöstlich von Pula die **südlichste Spitze Istriens** rund um den kleinen Ort Medulin. Die sehr fruchtbare Gegend beliefert mit ihren Agrarprodukten Pula und das Umland und bietet insbesondere **Campingfreunden** eine ganze Reihe interessanter Plätze in **abgelegenen Buchten.** Nicht zuletzt zieht sie mit der berühmten Ausgrabungsstätte Nesaticum archäologisch Interessierte an.

Nesaticum

Von der Hauptstraße Pula – Labin zweigt drei Kilometer hinter Pula rechts eine befestigte Landstraße nach **Valtura** ab, vorbei an großräumigen Kasernenanlagen und dem **Flughafen.** Um Valtura fallen die Wein-, Oliven und Tomatenpflanzungen auf, im Ort können sich Hobbyarchäologen in der *Konoba Stari Cok* oder im *Bistro Valturka* stärken. Vor der Pfarrkirche (nach links ausgeschildert) führt ein Weg nach Nesaticum, der **bedeutendsten archäologischen Fundstätte Istriens.** Vor Ort sind noch Reste frühchristlicher Basiliken sowie **römischer Tempel und Thermen** erkennbar, erläutert von Planskizzen und Grabungsdokumentationen.

Das **Archäologische Museum** von **Pula** beherbergt heute die meisten der hier gefundenen Artefakte.

Medulin

Orientierung

Von Nesaticum kommend, erreicht man über die Landstraße, oder bei der „Erstanreise", von der Autobahn (endet kurz vor dem Flughafen Pula) geradeaus weiter über die Landstraße, das Städtchen Medulin.

Informationen zum gesamten Bereich Medulin und Umgebung sind unter **www.medulinriviera.info** zu finden. Von Interesse für die praktische Reisedurchführung dürften ferner die Navigationsapps für Navi, *Tablet* oder *Smartphone* (kostenlos, www.medulinriviera.info/de/guide-medulin/navigation-maps) sein.

Camping und **Wassersport** stellen die Hauptaktivitäten in Medulin (ca. 7000 Ew.) dar. Es bietet eine umfangreiche touristische Infrastruktur und ist daher derzeit beliebtester Standort der istrischen Südspitze. Medulin gliedert sich in das **„touristische Zentrum"** am Ufer, den leicht erhöht liegenden, dörflich-ursprünglichen **Altort,** sowie die neueren **Außenbezirke.**

Sehenswertes

Promenade und Luna-Park

Jeder Medulin-Reisende wird sicherlich auch die Promenade besuchen mit ihren zahllosen Gastronomie- und Barbetrieben. Wer aufmerksam am Ufer entlang geht, sieht einen kleinen, brunnenähnlichen, abgesperrten Bereich – hier handelt es sich um eine **Süßwasserquelle,** die direkt am Ufer entspringt. Vor allem Familien zieht es zum sich am südlichen Ende der Promenade unmittelbar anschließenden großen Vergnügungspark mit etlichen Fahrgeschäften, Snackbuden und Souvenirgeschäften.

[>] Blick über die Bucht von Medulin

Altort und Kirche

Im oberen Dorfzentrum, Richtung Kirche, findet man die Post und eine Touristeninformation. Hauptsehenswürdigkeit ist die Pfarrkirche Crkva **Sv Agneze** (Hl. Agnes), Istriens einziges sakrales Bauwerk mit zwei Kirchtürmen. Mit ihren ungewöhnlichen Zwillingstürmen ist Sv. Agneze weithin sichtbar, bei Reisenden ein beliebtes Fotomotiv und mittlerweile ein Wahrzeichen des Ortes geworden. Im Inneren können ein silbernes Prozessionskreuz sowie diverse Fresken aus dem 15. Jahrhundert besichtigt werden (außer zu den Gottesdiensten So 9 und 11 Uhr).

Römische Relikte Vižula

Auf der kleinen, über das Areal des Hotels *Arcus* am Ufer erreichbaren Halbinsel, liegt der **Archeološki Park Vižula** mit relativ gut erhaltenen römischen Relikten (u.a. Mosaike und Villenanlagen). Auf dem früher vermutlich gänzlich vom Festland getrennten Areal (hieß früher auch „Bischofsinsel") befinden sich die Relikte eines für die damaligen Verhältnisse (1.–4. Jh.) luxuriösen Anwesens. Abgesehen von vielen Schmuck- und Alltagsgegenständen, die zum Teil im archäologischen Museum/Pula zu sehen sind, wurden erstaunliche bauliche Maßnahmen entdeckt. So wurden Blei-

Medulin
0 300 m
©Reise Know-How
IstriF28 6/20
Adrenalinpark, Pula, Pomer, Labin
Ližnjan
Biskupije
Munida
Munida
Livadice
Burle
Burle
Katikulić
Vrčevan
Ližnjanska cesta
Sv. Agneze
Katikulić
Brajdine
Brajdine
Kazali
Kazali
Sad
Posesi
Kapovica
Posesi
Römische Relikte Vižula
Halbinsel Vižula
Ausschnitt
Park šuma Kašteja
Übernachtung
5 Apartmani Siga & Burle
6 Apartment Gabi, Vila Mia
7 Camping AC Arena-Medulin
8 Hotel Arena
9 Camping AC Kažela
11 Hotelpension Hilde, Pansion Palma
13 Apartments Oliveto
16 Hotel Ai Pini
19 Hotel Arena Sensimar
20 Hotel Park Plaza-Belvedere Medulin
22 Aron-Apartments
23 Hotel Koral

rohre gefunden, die einerseits für ein Heizsystem (Fußbodenheizung), andererseits aber auch für eine umfangreiche Kanalisation Verwendung fanden. Eine eigene Bootsanlegestelle, vor allem aber der heutige Fußgängerdamm, konnte als seinerzeitiges Aquädukt vom Festland zur Insel identifiziert werden.

Es konnte überdies nachgewiesen werden, dass *Crispo,* der Sohn Kaiser *Konstantins* und bis dato legitimer Thronfolger, hier lebte, ehe er durch Intrige seiner Stiefmutter vom Gerichtshof in Pula verurteilt und hingerichtet wurde.

Adrenalinpark Medulin

Mehr das jüngere Publikum dürfte der Adrenalinpark ansprechen (Biskupijie/ nördlicher Ortsrand, beschildert, Tel. 098-9193 000, www.adrenalinparkmedulin.com). Zipline, Paintball, Kletterpark, Buggy-/Quadrennen, Bogenschießen und Herumtollen in Riesen-Plastikkugeln – es wird wirklich etwas geboten, allerdings gibt es (noch) keine „Kombikarte", alle Attraktionen müssen einzeln gelöst werden, und für Familien sind da 100 € schnell ausgegeben.

Unterkunft

In der **„Hotelstraße" am Ufer** (beim Campingareal) liegen die großen Urlauberhotels des Ortes, allesamt spürbar preiswerter als in Pula; hier seien nur drei genannt:

20 Hotel Park Plaza-Belvedere Medulin④, Osipovica 31, Tel. 052-572601, www.arenahotels.com/de, mittelgroßes Hotel mit mehreren Pools und gelegentlichen Folkloreaufführungen. Strandnah, Fitness, Sport, Außenpoolbereich.

Essen und Trinken
11 Konoba Hilde
13 Restaurant Oliveto
14 Rest. Salt & Pepper
15 Mizerija Restaurant
17 Vagabundo-Restaurant

Nachtleben
18 Roof-Bar Disco
21 Panorama-Bar

Einkaufen/Sonstiges
1 Ribarnica (Fischgeschäft)
2 Plodine-Supermarkt
3 RC Bikerental
4 Bäckerei San Sebastian
10 Bäckerei Diskont & Metzgerei Drago
12 Terraneo

8 Hotel Arena③ (vorm. *Belvedere*), Osipovica 32, Tel. 052-572001, www.arenahotels.com, 2014 komplett neu renoviertes Sporthotel mit Außenpool, Hallenbad, Fitness, Wellness usw.

19 Arena Sensimar④, Osipovica 31, Tel. 052-572601, von außen kein Preisträger, aber innen top-modern mit etlichen Annehmlichkeiten (Pool, Fitness), eigene Rasen-Liegefläche, viele Zimmer mit Meerblick, südliches Zentrum.

16 Ai Pini Resort②, nahe beim *Park Plaza* und ebenfalls der *Arena*-Gruppe zugehörig, Osipovica 34, Tel. 052-572601, www.arenahotels.com. Sehr preiswerte Studios/Apartments für 2–4 Personen ohne Luxus. Etwas in die Jahre gekommen, aber o.k.

23 Hotel Koral②, Osipovica 13, Tel. 052-576100 (*Aldi/Hofer*-Partner). Schönes Mittelklassehotel (gutbürgerlich-rustikal), dicht am Uferpark und strandnah. Eher ein Mehrfamilienhaus mit angeschlossenem Restaurant, kein großer Luxus, aber ideal zum Baden.

Auch **kleinere Pensionen** für B & B sind vor Ort vertreten; **zentral** und empfehlenswert sind u.a.

11 Pansion Palma②, Brajdine 95, www.palma-medulin.com, Tel. 052-576919. Familienpension mit DZ, 3er und 4er Zimmern, mit Frühstück.

11 Hotelpension Hilde③, Brajdine 88, Tel. 052-577066, www.hotelhilde.com. Ebenfalls seit vielen Jahren vor Ort tätig, bietet B & B, kann auch als HP oder VP gebucht werden. Außerdem stehen FeWo in vier Größen im Angebot.

Privatunterkunft/Apartments

Natürlich haben die „Privaten" auch die Landzunge rund um Medulin entdeckt und zahllose Häuser aus dem Boden gestampft. Die meisten Anbieter kann man direkt über die TI unter www.medulinriviera.info/offer/accommodation/private kontaktieren. Hier ein paar Beispiele, jeweils ufernah:

5 Apartmani Siga & Burle②, Hr. I. Lorencin, Burle 121, Tel. 099-8748805, www.siga-medulin.com. Direktes Ufergrundstück (ideal für Luftmatratzen und Schlauchboote), ruhige Lage, hübsches, älteres Steinhaus, liebevoll restauriert. Unterschiedliche Wohneinheiten, 4 Pers. zahlen z.B. im August ab 80 € – das ist preiswert für Uferlage in Medulin.

Die Zufahrt Burle liegt ein wenig versteckt mittig zwischen Kreisel/TI und Ufer/Hotel rechts – immer auf dem Hauptweg bleiben, vor dem Ufer das Gehöft linker Hand.

6 Apartment Gabi②, Burle 141, Tel. 098-548803, gabrijela_vitasovic@hotmail.com, im Web z.B. unter www.direkt-kroatien.de/ferienwohnungen/medulin/appartements-gaby/4310. Sackgasse, ruhig, modern und komplett ausgestattet.

6 Ähnliches bieten nebenan die **Vila Mia**②, www.vanity.hr, Tel. 098-9272563, in Burle 119, sowie die professionelle **Agentur** *Plus Pegasus* an der Zufahrt/Burle Nr. 73, Tel. 098-9807832, www.croatienholiday.info.

13 Zentral an der Uferbeckenstraße bietet **Oliveto**③ (Brajdine 1, www.oliveto.hr, Tel. 091-9208705) stilvolle, traditionelle und dennoch moderne Apartments für 2 bis 6 Personen zwischen 65 und 110 €. Es gibt darüber hinaus eine angeschlossene Pizzeria mit Internetcafé.

22 An der Promenade, nahe dem *Koral*-Hotel, dürften für Nachtschwärmer die **Aron-Apartments**③ (Osipovica 24, Tel. 091-9560231, www.apartments-aron.com) von Interesse sein. Balkon, Garten, Meerblick, modern und gut in Schuss.

Camping

7 AC Arena-Medulin③, Osipovica 30, Tel. 052-57801, www.arenacampsites.com/de/campingplatze-istrien/camping-arena-medulin. Kapazität 4000 Personen, zahlreiche Freizeit- und Sportangebote (u.a. Boots-/Radverleih), Unterhaltung, ca. 120 Mobilheime; April bis Okt., beliebt. Auf dem Campingplatz befindet sich auch das **Tauchcenter** *Shark*, Tel. 098-366110, www.diving-shark.hr.

9 **AC Kažela**③, Kapovica 350, Tel. 052-576050, www.arenacampsites.com/de/campingplatze-istrien/camping-arena-kazela. Riesiges Areal für rund 5000 Gäste, etliche Mini-Chalets, kleiner Aquapark, breites Freizeitangebot inkl. Tauchen, Rad-/Bootsverleih, Surfen und Minigolf. Geöffnet von Mitte April bis Mitte Oktober.

Einkaufen/Essen und Trinken

Selbstversorger

An der Ortszufahrt von Pomer/Pula kommend hat eine 1 *Ribarnica* **(Fischgeschäft)** tgl. 8–13 Uhr geöffnet, der große 2 **Plodine-Supermarkt** liegt wenige Meter weiter an der Hauptstraße. Die Uferstraße Brajdine 200 m zum Kreisel hinaufgehend bieten linker Hand die 10 **Bäckerei** *Diskont* und die 10 **Metzgerei** *Drago* ihre Waren feil. Als beste 4 **Bäckerei** gilt *San Sebastian* (oben am Kreisel); hier gibt es *Burek* und Pizzastücke sowie echte Brötchen – sehr beliebt bei Urlaubern aus dem deutschsprachigen Raum. Ein paar kleinere **Minimärkte** findet man ebenfalls in der Brajdine. Etwas Besonderes ist das 12 **Terraneo** (Brajdine 1, Tel. 095-5552795) mit selbstgebrautem istrischen Bier, Trüffelspezialitäten, Weinen und Schnäpsen sowie weiteren istrischen Spezialitäten.

Die vielfältige Gastronomie erstreckt sich **entlang der Uferpromenade:**

Restaurants

11 Gelobt werden Gerichte und Service im biergartenähnlichen **Konoba Hilde** (gehört zur Pension, s.o.), Brajdine 88, Tel. 052-577066, mit sehr guten Fischgerichten.

13 Schön sitzt man im **Oliveto,** Funtana 1, Tel. 052-576576, bei Pizza und guten istrischen Gerichten, aber auch reichlichen Gemüsevariationen; bieten auch stilvolle Apartments an.

15 Wer einfache und preiswerte lokale Küche sucht, ist im etwas versteckt gelegenen **Mizerija** (direkt am Ufer, hinter dem *Konzum*-Minimarkt am Parkplatz, Brajdine 106/Funtana 1, Tel. 052-576711, tgl. 7–24 Uhr) genau richtig. Einfach, rustikal, frischer Fisch – sehr zu empfehlen.

17 Viele Reisende empfehlen auch das **Vagabundo** (Osipovica 1d, Tel. 098-440831), tgl. 11–24 Uhr, im Sommer bis 2 Uhr, mit großer Freiterrasse und einer breiten Auswahl (u.a. Lamm, Spanferkel) im absoluten Uferzentrum. Im Hochsommer entsprechend voll und etwas hektisch.

MEIN TIPP: 14 Landseitig der Uferstraße (Brajdine/Sad 138, Tel. 092-1662122) wirkt das **Salt & Pepper** auf den ersten Blick wie ein 08/15 Touristenlokal, wird aber von Reisenden zurecht sehr gelobt. Frische kroatische und mediterrane Küche mit Ausgefallenem vom Garnelencarpaccio bis zum Trüffelburger. Regionale Weine, sehr gutes Preis-Leistungs-Verhältnis.

Nützliches

Information und Agenturen

- Die neue **Touristeninformation** liegt verkehrsgünstig an der Zufahrt zum Zentrum (Brajdine 41, Tel. 052-577145, www.tzomedulin.org, www.medulinriviera.info, Mo–Fr 8–16 Uhr).
- **Tourismusagenturen** für Unterkunft, Fahrzeuge, Ausflüge, Geldwechsel usw. findet man an der Uferstraße, z.B. *Luna Rossa,* Munida 31 a, Tel. 052-577483, www.lrossa.com, und *Globus,* Sad 116, Tel. 052-577200.

An-/Weiterreise

- Im Zentrum am Ufer liegt für Selbstfahrer ein größerer **Feldparkplatz** (Parkautomaten: 15.6.–15.9. 9–24 Uhr 5 K/Std., max 30 K/Tag).
- An der Hauptstraße gegenüber der markanten *Roof Bar Disco* fahren **Stadtbusse** (Nr. 25) von 6.55–22 Uhr alle 45–90 Minuten die Route vom Bahnhof Pula *(Kolodvor)* nach Medulin und weiter bis zum Camp *Kazela.*

■ In Medulin und Umgebung kann über die Rufnummer 098-420222 durchgehend ein **Taxi** geordert werden.

Baden und Bootsausflüge

■ **Badestrände rund um die Campingareale** bieten sich an. Die besten Bademöglichkeiten außerhalb der Campingplätze in Medulin bestehen am großen Strand am Südrand des Zentrums beim Hotel *Koral* (langer Kiesstrand mit Tretbooten, Kinder-Minirutschen und Strandlokalen). Von dort kann man auch etliche **Badeausflüge aller Art per Boot** zu den vorgelagerten Inseln Fenoliga, Bodulas und Ceja unternehmen (z.B. auch „Fischpicknick"). Sie werden direkt am Ufer angeboten, z.B. Fa. *Repremo*, Tel. 098-506600.

Nachtleben

■ An der Promenade befinden sich mehrere **Bars** z.B. die 21 *Panorama-Bar*, Osipovica 15b, tgl. bis 2, an Wochenenden bis 3.30 Uhr.

18 Haupt-Nachtschwärmertreffpunkt ist die **The Roof Bar/Disco,** Osipovica 1D, Tel. 091-1811911, mit freiem WiFi, stets wechselnden Unterhaltungsprogrammen (z.B. Gogodancers, Concert-Parties, Barman-Shows) und einer schönen Dachterrasse.

Rad-/Fahrzeugverleih

3 **RC Bikerental,** am Kreisel beim Bäcker (Munida 31, Tel. 091-6009040, http://rentalcenter.hr), breite Auswahl (auch Kinder, Elektro), Quads, Mopeds und Pkw. Arrangieren auch Ausflüge und Bootstouren.

Ližnjan/Uvala Kuje

Den Altort mit der Kirche in Medulin, die zunehmend dünnere Besiedelung (Ližnjanska cesta) passierend, erreicht man nach wenigen Kilometern das inzwischen mit Medulin nahezu zusammengewachsene **Dorf Ližnjan** (4000 Einwohner) an der **Kuje-Bucht** (Uvala kuje), welches sich erst Anfang des 21. Jh. für Reisende zu einer ruhigeren Alternative zum quirligen Medulin entwickelt hat. Auch Bootsführer legen gerne in der Uvala Kuje an.

Wichtigster Festtag ist hier am 4. August die *Ližnjanska noć* (Nacht von Ližnjan), die als Dorffest gefeiert wird. Verkehrsanbindung ist Bus Nr. 25 von/nach Pula, 7–14x tgl. via Medulin.

Unterkunft

Cherry Blossom③, Putza Marleru 23, Tel. 052-542899, www.cherry-blossom.hr. Markantes rotes dreistöckiges Gebäude in ruhiger Alleinlage. Yogakurse, Tantra, Tai Chi, Ausflüge, vegetarisches Restaurant. 42 Betten, Meerblick .

■ Ebenfalls sehr nett wohnt man in den modernen **Apartmani Ines**②, Putza Marleru 61, Tel. 095-5272100, www.apartmani-ines.com, in Wohneinheiten für 3–5 Personen mit schönem Areal und Gemeinschaftspool.

Essen/Trinken

■ **Selbstversorger** können das Nötigste in einem der beiden **Minimärkte** im Dorf kaufen; für größere Einkäufe empfehlen sich die Discounter im nahe gelegenen Medulin.

■ Die **Beachbar Levan** (direkt am Strand Plaža Ližnjan, Tel. 098-9034954) ist zwar hauptsächlich

eine prima Drink-Bar in toller Atmosphäre, bietet aber auch überraschend gute Kleinigkeiten und Snacks.

■ Als gutbürgerliches Allround-Restaurant der ordentlichen Mittelklasse empfiehlt sich im Dorf das **Stari Ribar** (Krasa 30, Tel. 098-861016, tgl. 7–22 Uhr) für Fischgerichte, aber auch Pizza und leckere Kleinigkeiten.

Während es in Medulin selbst bislang keine speziell ausgewiesenen vegetarischen Restaurants gibt, wird in Ližnjan die **Pension-Restaurant Cherry Blossom,** Putza Marleru 23, Tel. 052-542899, als „alternatives Gasthaus" sehr gelobt (lacto-vegetarisch, vegan; s.a. Unterkunft).

Wassersport

Baden kann man recht gut am noch längst nicht so überlaufenen Strand **Plaža Ližnjan** (beschildert; mit *Beachbar Levan,* s.o.), wo sich auch ein beliebter Windsurf-Treff (www.kite-and-windsurfing-guide.com/de) etabliert hat.

Pomer

Pomer erscheint wesentlich **ruhiger** als Medulin, abends ist viel weniger los. In der Bucht liegen der große *ACI Club* (Marina, Tel. 052-573162, www.aci-club.hr) und dahinter ein **Campingplatz.** Im Ort selbst gibt es nicht viel zu sehen, die kleine touristische Infrastruktur beschränkt sich auf zwei Minimärkte und eine Handvoll Gastronomiebetriebe.

Unterkunft

2 **AC Pomer** (vorm. *Tašarela*)③, Karte S. 169, auf halber Strecke nach Premantura an der Straße, Tel. 052-573746, www.arenacampsites.com/de/campingplatze-istrien/camping-arena-pomer, kleiner und angenehmer Platz mit Minimarkt, sonst kein eigenes Angebot. Vom 15.7. bis 15.8. mit rund 120 €/Woche recht teuer, sonst deutlich günstiger (30–60 %) sind die hiesigen noch recht neuen **Mobilheime.** Sie bieten 4–7 Personen Platz (getrennte Schlafräume) und sind sehr geräumig.

■ **Apartmani Mirna Luka**③, Pomer 221a, Tel. 097-7144730 oder in Österreich 0043-676-3148811, apartmani-mirna-luka.com. Studios (385–595 €/Woche), ein 4er Apartment (525–770 €/Woche) in ruhiger Ortsrandlage mit 9 Einheiten.

■ An der Durchfahrtsstraße liegen die **Apartments Vesna**②, Pomer 436, Tel. 051-275438, www.vesna-pomer.com. Rund 60 €/4er-Apartment.

■ Etwas hübscher, mit Terrasse, WiFi und Klima, wohnt man bei **Marcello**③, Pomer 50, Tel. 052-573015, www.apartmani-cukon.hr.

■ In Uferlage, auf großem Grundstück, kann man in der **Beach-Villa Mare**④, R. Stanić, Pomer 346, Tel. 098-335887, https://beach-house-mare.business.site, für 6–8 Pers. geeignet, unterkommen. Sauna, Dampfbad, Strandgrundstück (Alleinlage) – toll, wenn man 3000 €/Woche hinblättern kann.

■ Ähnlichen Luxus, allerdings ohne Meereslage, bietet die **Villa Vedorna**④, Pomer 286, Tel. 098-335887, www.villa-premantura.com/villa-premantura-eng/villas-istria/istria/villa-vedorna, für bis 18 Personen bei 2400–5500 €/Woche; Sauna, Whirlpool, Billard inklusive.

Essen und Trinken

■ In der Bucht vor dem Campingplatz locken das Restaurant **The One** (vorm. *Zlatna Školjka),* tgl. 8–24 Uhr, Tel. 098-1875817, seit vielen Jahren eine Institution in Pomer, sowie an der Marina das **Restaurant Sopravento**, tgl. 8–23 Uhr, Tel. 091-2375601, mit vorzüglichen Fischgerichten.

MEIN TIPP: Im Ort selbst betreiben *Amalija* und *Milan Kerniat* die mehrfach als beste Konoba Istriens prämierte **Konoba Istriana** (Pomer 331, Tel. 092-9044004). Hausgemachte Nudelgerichte, frische Kräuter, Holzkohleofen und Tonglocke *(Peka)* – von den Zutaten bis hin zur klassisch-istrischen Zubereitungsart stimmt hier alles.

■ Im Ort selbst bietet die **Café-Bar Zog** kostenlos WLAN, ansonsten bietet sich noch die **Cocktail-Bar Sky** zur Einkehr an. Gegenüber der *Café-Bar Zog* bietet eine **Bäckerei** frische Brotwaren an. Beim **Plus-Markt** an der Hauptstraße (Pomer 36) erhält man ein kleines, aber umfassendes Sortiment.

> Bucht mit idyllischem Badeplatz im Naturpark Kamenjak bei Premantura

Aktivitäten

■ Der **Wassersport** steht auch in Pomer an erster Stelle, eine Besonderheit ist hier ein Fußgängerdamm, der eine einst offene Bucht teilt, so dass Pomer sowohl am offenen Meer, als auch an einem geschützten See liegt. Von Pomer/Dorfmitte mit dem Pkw die Uferstraße Richtung Premantura fahrend, auf halber Strecke (oder zu Fuß über den Damm) erreicht man die *Windsurfing School Pomer,* Tel. 098-580436, www.surfpomer.hr, Kiesstrandabschnitt, Bushaltestelle, Wave-Bar.

Premantura

Nach weiteren knapp zwei Kilometern erreicht man den Ortseingang von Premantura, der Ort liegt leicht erhaben auf einem Hügel. Alle wichtigen Institutionen findet man direkt an der örtlichen Hauptstraße: mehrere Touristenagenturen (Zimmer, Ausflüge, Geldwechsel usw.), Minimarkt, Eiscafés und etliche Restaurants. Vom **Glockenturm der Hauptkirche** genießt man eine herrliche Aussicht auf die Küstenlandschaft und die umliegenden Inseln.

An der Kirche geht es links hinab zum Campingplatz *Stupice,* halbrechts (Piste, nicht beirren lassen!) weiter zum Eingang des **Naturpark Kamenjak.** Es lohnt sich, hier herumzustreifen und die vielen, sehr angenehmen und versteckten **Badeplätze** zu nutzen. Achtung: Diese Zufahrt (Rupine) über die Ortsmitte bedingt den vorherigen Kauf einer Eintrittskarte beim *House of Nature* in Premantura (s.u.) oder am der Hauptzufahrt Paredine, die man am Ortseingang abbiegend (bestens beschildert) erreicht.

Noch recht neu und in der Besucherbewertung ziemlich umstritten ist der **Dinosaurier-Park** gegenüber dem Inselchen Fenoliga, eigentlich eine Art Lehrpfad anhand der hier gefundenen Urzeit-Stapfen.

■ **Naturpark Kamenjak,** www.kamenjak.hr, 13.6.–15.9. tgl. 7–22 Uhr; Eintritt frei für Fußgänger und Radler, Moped 30 K, Pkw 80 K (Ticket aufbewahren).

adobe.stock ©Ronin

Orientierung

Premantura ist ein größeres Dorf, **alle Institutionen findet man entlang der Ortsstraße.** Zentraler Orientierungspunkt ist der Kirchturm mit dem benachbarten *House of Nature* (www.premantura.net/item/house-of-nature-kamenjak-premantura), einer kleinen naturkundlichen Sammlung zur Region Kamenjak, wo man auch die Karten für den Naturpark erwerben kann (*Kuca prirode/House of Nature,* tgl. 8–22 Uhr, www.kamenjak.hr).

Information und Agenturen

Eine eigene TI hat Premantura nicht, offizielle Informationsseiten sind **www.kamenjak.hr** zur Kapregion und **www.premantura.net** zum Ort.

■ **Agentur Mareta,** Selo 129, Tel. 052-383699 www.mareta-tours.hr, für Räder, Boote, Ausflüge, Geldwechsel, Unterkunft.

■ **Agentur Cronus,** Premantura 127, Tel. 052-575319, info@premantura.com.hr, für Räder, Unterkunft, Transfers und Mietwagen.

Unterkunft

Die Auswahl an Unterkünften ist reichhaltig. Aufgrund der Lage im bzw. am Naturpark ist die Küste nicht mit Hotelanlagen überfrachtet, das Hotelangebot beschränkt sich auf wenige kleinere Anlagen.

■ **Hotel Premantura Resort**④, Runke 43, Tel. 052-453027, www.premantura.net/item/hotel-premantura-resort, moderne Zimmer und Studios/Suiten für bis zu 6 Personen; überschaubar, Pool, kaum Zusatzangebote.

■ **Aparthotel Punta Blu**③, Selo 224, Tel. 098-33449112, www.app-premantura.com/puntablu/homepage-en, Apartments für 4–6 Personen; Hotelrestaurant, Pool.

■ Im einfachen Preis-Leistungs-Segment gibt es noch das **Hostel Erks**②, Runke 17, Tel. 052-57508, www.hostel-erks.istriahotels.net. Nennt sich Hostel, ist aber eigentlich eine kleine, preiswerte Pension ohne großen Luxus.

■ Von Pomer kommend, kurz vor der Ortsmitte, kann man zentral in der **Residence Kamenjak**③ (Kamenjak bb, Tel. 052-650500, http://residencepremantura.com) unterkommen. Größter Anbieter vor Ort mit inzwischen 3 Häusern mit Apartments zu je nach Größe und Saison 60–160 €/Tag mit Balkon/Terrasse, Klima, Safe usw.

■ Weitere Wohnungsanbieter findet man im Ort, etwa die **Apartments Oliva**③, Tel. 098-334491, www.app-premantura.com/apartmani-oliva/o-apartmanima-oliva. Mehrere Häuser mit Wohnungen für 2 bis maximal 6 Personen von 50 bis 110 €/Tag je nach Saison und Personenzahl inkl. a/c und WiFi.

Camping

Die örtlichen Campingplätze sind ausgeschildert, alle s. Karte S. 169:

4 **AC Stupice**③, Premantura bb, Tel. 052-575111, www.arenacampsites.com. Beliebt bei Wohnmobilreisenden, Mobilheime, von April bis Okt. geöffnet, breites Sport- und Unterhaltungsangebot.

4 **AC Runke**②, Runke bb, Tel. 052-575022, www.arenacampsites.com. Langer Steinstrand, Einkaufsmöglichkeiten, Tauchbasis, sehr einfach und ohne großen Komfort, geöffnet Ende Mai bis Mitte Sept.

3 **Kranjski Camp Premantura**③, Runke 52, Tel. 052-575009, http://camping-kranjski.si; geöffnet 15.6.–30.9., Mobilheime, Festunterkunft, Verpflegung bis VP zubuchbar, Yoga, Pilates, Zumba u.v.m.

Verpflegung

■ Rund um das *House of Nature* findet man einen **Minimarkt, Snacklokale** (*Hamjam-Snackbar* mit

Pizzastücken, Kebab/Burek-Stand), ein kleiner **Obst-und Gemüsemarkt** und eine **Bäckerei** sowie die **Weinhandlung** *(Vinarija) Terraneo.*

■ Am Ortseingang bietet die **Pizzeria Da Giovanni** (Selo bb, Tel. 099-2575594, tgl. 10–24 Uhr) ein Angebot im einfachen Preis-Leistungs-Segment.

■ Zu den traditionsreichen Lokalen zählt vor Ort die **Konoba Mamut,** Selo 8, Tel. 052-575546, tgl. 8–14 und 18–24 Uhr. Insbesondere für Fischgerichte. Auch die übliche Auswahl nationaler Standardgerichte sowie Suppen und Salate.

■ Gute Qualität bekommt man im **Ancora,** Selo 144, Tel. 091-5297693, tgl. 12–23 Uhr. Ohne Reservierung im Sommer nur mit Glück ein Tisch zu bekommen! Hausmacher-Suppen aller Art, Vorspeisen einmal anders (Fischcarpaccio, dunkle Ravioli) und zahlreiche Fleisch- wie Fischkreationen vom Feinsten. Mittleres bis gehobenes Preis-Leistungs-Segment, keinesfalls überteuert.

5 Weniger wegen dem kulinarischen Angebot („nur" Kleinigkeiten, *Cevapi,* Calamari, Käse/Schinken usw.), auf jeden Fall aber wegen der Anlage sollte man in der **Safari-Bar** am Kap gewesen sein (Tel. 091-1978142; gut beschildert). Verstreut und urig ins Schilf gebaute Self-Service-Snackbar mit zahlreichen, tollen Spielmöglichkeiten für den Nachwuchs – beinahe ein Abenteuerspielplatz!

Sonstiges

■ **Tauchbasen:** *Diving Club Premantura Scuba Libre* (Runke 5, Tel. 098-9893200, www.scubalibre.net), kurz hinter der Apartmentanlage *Kamenjak* links, und *Vitez Wreck-Diving,* Premanturska 2a, Tel. 098-698821, www.vitezwrecks.com.

■ **Rad- und Kajakverleih:** *Bike-Spot,* www.bikespot.com.hr, am Kirchturm im Zentrum sowie in der *Surf-Bar* (Richtung Campingplatz).

Feiern und Feste

■ Das wichtigste Dorffest wird **„Lovrečevo"** genannt und lehnt sich an den Heiligen *Lovro* (Schutzpatron von Premantura) an. Es findet alljährlich im ganzen Ort am 10. August statt, während des Festes von gibt es u.a. kulturelle Veranstaltungen, Konzerte sowie Wein- und Imbissstände.

■ Für Besucher vielleicht noch interessanter ist das **Krabbenfest** an einem Wochenende Mitte Mai. Früher war Premantura regional berühmt für den reichhaltigen Fang einer Krabbenart (*Maia Squinado,* weibliche Seespinne). Zu Ehren dieser alten Tradition wird am Premantura-Hafen von Polje am Kap Kamenjak das **„Fešta od Raki"** – *Premantura Crab Feast* abgehalten.

Banjole

Letzte Station der Medulin-Südspitze ist Banjole, ein kleines **Hügeldorf** an einer Ringstraße unterhalb des Ortes. Banjole zeichnet sich als Vorort-Standort für Pula-Besucher durch eine große Anzahl höherwertiger Villenangebote und einige kleinere Campingplätze aus. Es bietet, da praktisch von drei Buchten umgeben, **zahlreiche Bademöglichkeiten** und **ufernahe Spazierwege.**

Unterkunft

■ **Apartments Diana**③, Fam. *Grbavčić,* Banjole, Tel. 052-573485, www.dianaville.com, 2er-Studios 52–65 €, 4er-Apartments 80–100 €, 3-Schlafraumwohnungen 105–170 €. Opulente Ausstattung, schöne Anlage, teilweise mit Meerblick.

■ **Vila Elizabeta**④, Indije 73, Tel. 052-573209, www.villa-elizabeta.com. Apartments für 2 bis 6 Personen mit Garten, Grill, Pool und gehobener Innenausstattung (Bidet, Safe, Föhn); Gehweg zum

Strand. Im Juli/August 120 € im 2er- und 180 € im 4er-Apartment.

■ **Vila Feniks**④, Pješčana uvala IX ogr. 20., www.villafeniks.hr, Tel. 052-397400. Elegant ausgestattete Villa mit Pool nahe Yachthafen Richtung Pula.

Camping

Karte S. 169

1 Mira①, Indije 4a, Tel. 052-573025, www.pula-croatia.com/kamp-mira-banjole, ein häufig ausgebuchter und seit über 30 Jahren sehr beliebter Privatplatz, und **1 Brajdice**① (Indije 56, Tel. 052-503 160, www.pula-croatia.com/camping-brajdice), 10 Stellplätze – Duschen, WCs, Strom.

Essen und Trinken

■ Kulinarisch empfehlen sich die Restaurants **Konoba-Pizzeria Nina** (Glavica 1, Tel. 052-573866, Di–So 17–24 Uhr; u.a. frischer Fisch, Pizza zum Mitnehmen) und die beliebte **Konoba Teza** (Cimulje/Ecke Glavica 3, Tel. 052-573550, tgl. 17–24 Uhr).

Sonstiges

■ **Diving Center Indije,** Banjole 96, Banjole, Tel. 052-573658, www.divingindije.com, liegt auf dem gleichnamigen Campingplatz.

■ **Konzum-Supermarkt,** an der Straßenkreuzung Pomer/Premantura/Banjole.

Labin und Rabac

All denjenigen, die einen netten Küstenstandort mit historischen Stätten und idealen Ausflugsmöglichkeiten ins istrische Hinterland, ins Kvarner Land sowie auf die Inseln der Kvarner Bucht suchen, seien Rabac und Labin (zusammen ca. 12.500 Einwohner) wärmstens empfohlen. Der Doppelort besteht praktisch aus drei Teilen: der markanten **Altstadt von Labin** (ital.: Albona, dt.: Tüberg) auf dem 320 Meter hohen Hügel, der unmittelbar dazugehörigen ehemaligen **Zechen-Vorstadt Podlabin** (hier führt die Hauptstraße hindurch) sowie vier Kilometer unterhalb direkt am Meer dem **Badeort Rabac** (ital. Rabaz) mit allen touristischen Annehmlichkeiten, Campingplätzen und Hotels sowie unzähligen Privatzimmern.

Geschichte

Nach dem Zerfall Österreich-Ungarns am Ende des Ersten Weltkrieges (1918) wurde auch die istrische Ostküste **Italien** zugeschlagen. In diese Phase fiel am 2. März 1921 der berühmte Bergarbeiterstreik wegen der katastrophalen Arbeitsbedingungen, der nach 36 Tagen niedergeschlagen wurde und als kurzzeitige „Republik Labin“ (Labinska Republika) in die Geschichtsbücher einging. An der Uferpromenade in Rabac zeugt noch heute eine Erinnerungstafel von den Bauxitförderungen per 9 km langer Seilbahn auf der anderen Seite der Bucht in jener Zeit. Noch im Jugoslawien der 1960er und 1970er Jahre blieb Labin ein

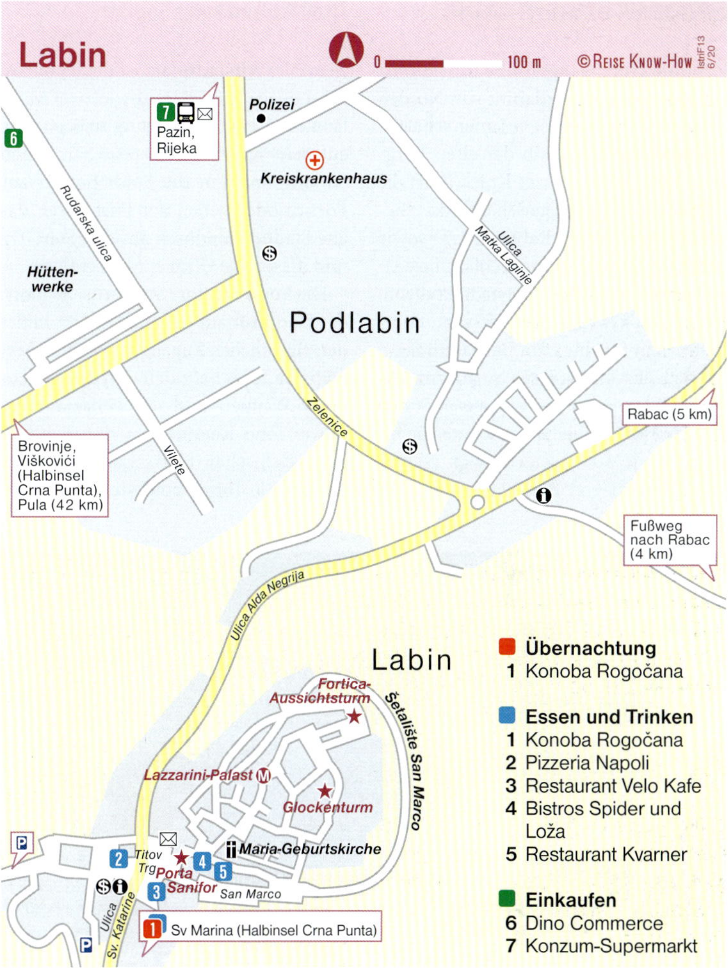

wichtiger Förderort, ehe der Energiesektor in die nahe gelegene Bucht von Plomin (Kraftwerk) verlegt wurde. Heute sind **Tourismus und Landwirtschaft** die Haupterwerbszweige der Region. Alt-Labin wird oft mit Motovun, der zweiten „Bergfeste“ Istriens, verglichen, beide sind jedoch unvergleichlich!

Sehenswertes in Labin

Zentrale Durchgangsstraße in Labin ist die Zelenice von **Podlabin;** von Norden kommend, verläuft sie in einer scharfen Rechtskurve unterhalb der alten Bergstadt entlang. In diesem Knick führt die Abzweigung geradeaus/halblinks (beschildert) Richtung Rabac (4 km) sowie (nächste größere Straße rechts, Ulica Alda Negrija) hinauf zur Altstadt. Podlabin ist vergleichsweise uninteressant, es sei denn, man möchte zum Busbahnhof.

Die Ulica Alda Negrija hinauf zur **Altstadt** halte man sich geradeaus über den Platz hinweg in die Ulica Sv Katerina hinein, nach 100 Metern liegt rechter Hand ein größerer **Parkplatz.**

Titov Trg und Porta Sanifor

Zentraler **Altstadtplatz** ist der Titov Trg mit Lokalen und Bars sowie zwei Möglichkeiten, einen **Rundgang** zu beginnen: entweder außen am Šetalište San Marco entlang und um die Stadt herum zur Fortica oder neben der Post durch das alte Stadttor hindurch auf den Stari Trg und die stufige Ulica 1. Maja entlang.

Die Porta Sanifor (St. Florus, Sv Flor), das **Haupttor** aus dem Jahre 1589, bildet den eigentlichen Zugang zur Stadt. Oberhalb des Tores befinden sich das alte Labiner Wappen und der venezianische Löwe. Eine Kanone aus der Zeit der österreichischen Herrschaft wurde auf der Bastion Torjon aufgestellt.

adobe.stock ©Jana

Lazzarini-Palast

Unbedingt sehenswert ist der Barockpalast der gräflichen Familie *Battiala-Lazzarini,* die mehrere Besitztümer in Labin und Umgebung hatte und diese nach dem Zweiten Weltkrieg wegen der zu erwartenden Beschlagnahmungen durch die Kommunisten verließ. Der an der markanten Rotfärbung leicht erkennbare Bau beherbergt das interessante **Volksmuseum** mit einer gelungenen Darstellung der jüngeren Bergbaugeschichte des Ortes im Souterrain, einem römischen Lapidarium im Erdgeschoss, einer Wanderausstellung regionaler Maler und Bildhauer im ersten Stock sowie einem Prunksaal im zweiten Obergeschoss.

■ **Volksmuseum,** 1. Maja 6, Winterhalbjahr Mo–Fr 7–14 Uhr, Sommerhalbjahr Mo–Fr 10–13 und 17–19 Uhr (Juli/Aug. 18–22 Uhr), Sa nur vormittags, Eintritt 20 K, Kinder 10 K, Tel. 052-852477.

Kirche Maria Geburt

Die dreischiffige Pfarrkirche Crkva Rođenja Blažene Djevice Marije (Maria Geburt) wurde im Jahre 1336 auf den Ruinen einer kleineren Kirche aus dem 11. Jahrhundert erbaut. Ihre heutige Form verdankt sie mehrfachen, aufwendigen Restaurierungsarbeiten, zuletzt 1993. Die Kirche schmücken **sechs Marmoraltäre,** unter ihnen auch der Altar mit den Reliquien des *Hl. Justus,* die im Jahre 1664 aus Rom überführt wurden. Der Hauptaltar zeigt Figuren der *Jungfrau Maria,* der *St. Paulina* und der Heiligen *Justus, Sergius, Julian, Thomas* und *Jakob* – alles Werke des gebürtigen Dalmatiners *Natale Schiavone.* Weit wertvoller aber ist das **Altarbild** der „Muttergottes vom Karmel“ aus dem 17. Jahrhundert, ein Werk des berühmten Malers *Jacopo Negriti,* bekannter unter dem Namen *Palma der Jüngere.* Die Bilder mit der Darstellung des Kreuzweges schließlich stammen vom einheimischen Maler *Valentin Lukas* (19. Jahrhundert). 1604 wurde an der Frontseite des Gotteshauses der **venezianische Löwe** mit einem Dokument im Maul angefügt – ein Symbol der Anerkennung der venezianischen Herrschaft in Labin. 1688 postierte man an der gleichen Stelle die barocke Statue des Senators *Antonio Bollani,* eines berühmten Kämpfers gegen die Türken. Diese Büste ist ein schönes Beispiel für die schlichte Bildhauerkunst im Istrien des 17. Jahrhundert.

Rechts neben der Kirche befindet sich der **Palast** der bekannten Patrizierfamilie *Scampicchio,* der durch eine Kapelle mit der Pfarrkirche verbunden ist.

Weitere Sehenswürdigkeiten

Im alten Ortskern in der Ulica Rike Milevoja steht der 35 Meter hohe **venezianische Glockenturm** aus dem Jahre 1623 – 63 Stufen höher und 20 K leichter (Kinder 10 K) genießt man einen fabelhaften Rundblick über das Labiner Land. Eine ebenso schöne Fernsicht hat man von der alten **Fortica** (17. Jh.), der Festung am oberen Stadtende, von der nur noch ein Aussichtsturm und Teile der schweren Mauern erhalten sind.

Noch eine ganze Reihe weiterer sehr hübsch restaurierter mittelalterlicher Bauten in den verwinkelten, engen Gassen vermitteln einen großartigen Eindruck vom kleinstädtischen Leben früherer Jahrhunderte. Zu erwähnen sind hier vor allem der **Negripalast** mit altem Spital (17. Jh.), der **Sitz des Archidiaconus** (10. bis 14. Jh.) oder der alte **Stadtpalast** am Stari Trg.

Ausflug ins Landesinnere

Eine beliebte Tour durch **Zentralistrien** führt von Labin am fruchtbaren Čepicko Polje entlang Richtung **Pazin,** wobei der ehemalige Bischofssitz **Pićan** passiert wird (s. Kap. „Poreč und das Zentrum“).

Rabac

Durch Rabac führt die Ulica Slobode bis zu den Hotels am Ende der Bucht. Alle anderen Straßen sind sehr eng und meist Einbahnstraßen; man parkt am besten bei einem der Hotelparkplätze *Narcis/Hedera/Mimosa* (vor der Tankstelle rechts hinunter), an der jeweiligen Unterkunft oder für kurze Einkäufe usw. an der Promenade Obala Tita (wenige Möglichkeiten). Hier liegt auch das sehr kleine Zentrum mit Post, Bank und großem Supermarkt.

> Die Hafenbucht von Rabac

In Rabac wird hauptsächlich **Wassersport** betrieben. Am Abend empfiehlt sich ein Spaziergang auf der für Fußgänger ausgebauten, kilometerlangen **Promenade** von der Siedlung *Girandella* bis zum Campingplatz *Oliva.* Schwimmen ist, von der Bucht im Zentrum abgesehen, überall entlang der Promenade möglich.

Fußweg von Labin nach Rabac

MEIN TIPP: Wer gern wandert, dem sei der Fußweg von der Touristeninformation am Ortsausgang von Labin nach Rabac ans Herz gelegt; der Weg schlängelt sich auf 4,5 km durch üppiges Grün und empfiehlt sich erwandert zu werden. Er ist beschildert mit „Vidikovac, Principe, Stari Mrlin“ und mit einem roten Kreis mit weißem Punkt als Wanderzeichen versehen. Schönster Punkt des als „804“ gekennzeichneten Weges ist der kleine **Wasserfall Sentonina staza.** Weitere Wanderwege sowie zudem kürzere und längere Radrouten in und um Rabac/Labin wurden in der Download-Broschüre der Touristeninformation (www.rabac-labin.com, dort: *download of catalogues*) zusammengestellt.

Praktische Tipps

An- und Weiterreise

- Der zentrale **Busbahnhof** liegt in Podlabin, Trg 2. Maja (parallel zur Durchfahrtsstraße Istarska, Tel. 052-333888). Hier besteht von 6 bis 18 Uhr 14–18x tgl. (im Sommer fährt an Wochenenden um 24 Uhr ein Nachtbus) Verbindung nach **Pula,** 6.10–20.52 Uhr 4–8x tgl. Nach **Opatija, Rijeka** 4–9x tgl.,

5 und 12.30 Uhr nach **Rovinj** sowie um 11.55 Uhr und 20.52 Uhr nach **Zadar/Split.**

■ Interessant sind auch die lokalen **Pendelbusse ab Raša** (Zementwerk, 5 km außerhalb) über **Labin** nach **Rabac** und zurück (8–12x tgl.).

■ Recht nützlich ist in Rabac auch die kleine **Touristenbahn,** die im Sommer täglich von 9 bis 19.30 Uhr zwischen dem AC *Oliva* via Altstadthafen, Hotel *Allegro* und Hotel *Sanfior* bis zum Hotel *Girandella* fährt.

■ Außerdem pendelt ein **Ortsbus** zwischen Rabac/Zentrum und Labin/Busbahnhof im Sommer 7–22.20 Uhr ab Rabac, 6.25–21.50 Uhr ab Labin 13x tgl. Außerhalb der Hochsaison verringert sich die Frequenz auf 5–9x tgl. mindestens aber 9.05–16.50 Uhr etwa alle zwei Stunden (www.rabac-labin.com/de/8-lokalbus-fahrplan).

■ **Taxis** erreicht man unter Tel. 098-1858020 oder 366030.

Info und Agenturen

■ **Touristische Gemeinschaft Labin,** 52220 Labin, A. Negrija 20, Tel. 052-852399, www.rabac-labin.com, an der Straße Richtung Rabac am Ortsausgang rechter Hand. Nicht mit der Agentur *Sidro-Tours* nebenan verwechseln.

Zwar erteilen auch die **Agenturen** in Rabac Auskünfte, sie sind aber doch mehr für die Vermittlung von Privatunterkünften, Ausflügen, Geldwechsel u.Ä. zuständig, u.a.:

■ **Apis,** Omladinska 2, Tel. 052-880465, www.apis-istra.com, arrangiert Unterkünfte, Exkursionen, Angellizenzen, verleiht Fahrräder, Scooter, Pkw.

13 **Kvarner Express,** Obala Tita 53 (am Hafen), Tel. 052-872225, www.kvarner-express.hr, organisiert Ferienwohnungen, Ausflüge, Boots- und Pkw-Vermietung.

Unterkunft in Rabac

Das **Unterkunftszentrum der Ostküste** liegt unten in Rabac. Zimmer findet man über die o.g. Agenturen, Ferienwohnungen kann man etwa über die TI (www.rabac-labin.com/de/18-unterkunft) arrangieren. Einige der vermittelten Privatzimmer

adobe.stock ©Guiseppe Antonio Pec

Halbinsel Crna Punta

Südlich von Labin erstreckt sich die **dünn besiedelte Landzunge** Crna Punta. Wer in einem der beiden abgelegenen Camps oder einer sehr günstigen Feriensiedlung wohnen oder einfach mal einen eher unbewohnten Landstrich kennen lernen möchte, sollte als **Selbstfahrer** die folgende **Tour** unternehmen (Achtung: sehr steiles Teilstück, nicht für schwere Wohnmobile oder Gespanne geeignet!).

Rundfahrt ab Labin

Mein Tipp: In der Altstadt Labin über den Platz gerade hinweg der Beschilderung „Ravni/Sv Marina" folgen. Die Gegend zeigt sich bald hügelig, mit Mischwald begrünt und unbewohnt. Erst im Gehöft **Crni** gabelt sich das Sträßchen: Links geht es zum **AC Marina** und rechts weiter zur **Feriensiedlung Ravni** durch eine zersiedelte Villengegend. Im Ferienort bieten eine Grill-Bar, die *Valmini*-Touristenagentur sowie eine Tennisanlage ihre Dienste an; die Wohnungen selbst liegen 250 Meter oberhalb vom Sand-Kiesstrand und wirken beschaulich (zur Rezeption dem Schild „Market" nach links folgen, nach 300 Metern rechter Hand).

Aufgepasst: Es sieht zwar nicht so aus, aber vor dem *Market*-Schild rechts hinauf führt die Straße sehr steil fast bis zum Gipfel des 475 m hohen **Brdo,** wo ein Kreuz steht. Ein kurzes Stück weiter folgt das Dörfchen **Skitača;** im Ort rechter Hand führt ein Wanderweg über den **Goli** (538 m) nach **Gora Glušišći** im Zentrum der Halbinsel. Die Strecke ist acht Kilometer lang, lohnt aber wegen der spektakulären Blicke über die Küste.

Von Skitača fährt man nun hinunter nach **Brovinje,** wo man auf eine Hauptstraße trifft. Links liegt ein Kalkwerk, rechts der Ort **Viškovići,** wo eine Abzweigung zum **AC Tunarica** führt. Der Campingplatz liegt rund 17 km von Labin entfernt; die Strecke von hier bis zur Stadt beendet die Rundfahrt relativ unspektakulär.

Unterkunft

Etliche Unterkünfte liegen in und um **Ravni, Drenje und Sveta Marina.**

- Drei hübsche **Ferienhäuser**④ mit Pool in Ravni kann man unter www.ravni.hr buchen; vier Personen zahlen insgesamt 140–210 €/Tag je nach Saison – außerdem muss hier zusätzlich eine Endreinigungspauschale (70–80 €) entrichtet werden.
- Auch unter **www.turistravni.com** werden unterschiedliche Objekte angeboten (deutschsprachige Buchungsseite).
- Eine hübsche Anlage in Top-Aussichtslage hoch oberhalb der Küste beim Örtchen Drenje zwischen Crni und Ravni ist die **Villa Solea**②, Drenje 29b, Tel. 052-877190, www.villasolea.plus.com) mit zwei Wohnungen für 2–4 bzw. 4–6 Personen.
- Vor dem Campingplatz *Marina* kommt man vergleichsweise preiswert in den **Apartments Ida**②, Sveta Marina bb, Tel. 091-5219984, www.apartments-ida.com.hr, in Einheiten für 2–6 Personen unter. Sehr modern und ruhig, kleiner Garten.

Mein Tipp: Ufernäher sind die **Bodo Apartments** ①, Sveta Marina 49, Tel. 098-665458 (in D: 0175-5360491), www.bodo-apartment-svmarina.de. Drei hübsche Apartments mit Waschmaschine, Geschirrspüler, WLAN, für 2 Personen (Zustellbett mögl.) 59–69 €; Terrasse, Außengrill, Außendusche und Liegen.

Camping

■ **AC Marina**③, Crna Punta, Tel. 052-879058 und 465010, www.camping-adriatic.com. Kleiner, mehrfach prämierter Platz mit Tauchbasis und Bootsverleih, auch einige Mobilheime im Angebot.

■ **AC Tunarica**③, Crna Punta, Tel. 098-290310, www.camping-adriatic.com/tunarica-camp-labin. Tauchbasis, Rad-/Bootsverleih, Kiosk, nettes Bistro-Restaurant *Tuna Bay Grill.* Mit Tretboot-, Boots-, Kajak und SUP-Boardverleih.

Essen und Trinken

■ In **Ravni** kommen meist Selbstversorger unter, eine kleiner **Minimarkt** bietet das Nötigste, ansonsten sorgt die **Café-Bar** am Ufer tgl. von 11 bis 23 Uhr für das leibliche Wohl.

■ Kurz vor dem Campingplatz *Marina* liegt der kleine, für seine HOLCIM-Zementfabrik bekannte Weiler **Koromačno,** wo die **Konoba/Snackbar Uras** (Tel. 098-715850) eine kleine, aber gute Auswahl an Muschel- und Fischgerichten, Gnocchi und Kleinigkeiten anbietet.

■ Im Bereich **Sveta Marina** gibt es ebenfalls einen **Minimarkt** sowie ein paar Lokale, wie die einfache und gute **Pizzeria Marino** (Tel. 052-879042), das **Restaurant Giardin** (Tel. 098-1702666, Mittelklasse, auch Spanferkel) oder die **Pizzeria-Konoba Trattoria Marino** (Pizza, Fischgerichte).

☐ Blick auf Sveta Marina

adobe.stock ©dola710

6 Riviera von Opatija

Die Gegend um Opatija, die bereits zum Gebiet der Kvarner Bucht gehört, zählt zu den großen Küstenseebädern des kroatischen Festlands. Schon der habsburgische Adel wusste das Ambiente des „adriatischen Nizza" zu schätzen.

Park an der Seepromenade in Opatija

RIVIERA VON OPATIJA

Mit den noch auf der Halbinsel Istrien gelegenen kleinen Orten um Mošćenička Draga, die heute schon beinahe vollständig zusammengewachsen sind, beginnt die **Kvarner Bucht.** Das Čičarija-Gebirge mit dem Učka-Massiv bildet eine deutliche Barriere zum Rest der Halbinsel. Diesen Küstenabschnitt – bis zum mondänen **Badeort Opatija** selbst – nennt man gemeinhin auch Riviera von Opatija. Da viele Gäste über die Slowenien-Rijeka Route anreisen (Beschilderung „Matulj – Opatija") werden die wichtigsten Küstenorte der Rivijera von Opatija **von Nord nach Süd** beschrieben.

NICHT VERPASSEN!

- Flanieren wie in alten Zeiten – **die Uferpromenade von Opatija** | 190
- Die **Lungomare von Lovran** ist mit 8 km die längste Promenade der Region | 198
- **Mošćenička Draga** bietet wandern im Mittelgebirge und baden | 202

Diese Tipps erkennt man an der gelben Hinterlegung.

☐ Stadtplan S. 192

Opatija

Opatija sollte man unbedingt einmal besucht haben. Nicht etwa, weil es einzigartige kulturhistorische Monumente beherbergen würde. Auch nicht, weil es etwa der Knüller unter den Riviera-Ansiedlungen Kroatiens wäre. Nein, im Gegenteil: Opatija blickt weder auf eine **jahrtausendealte Tradition** zurück, noch geht hier abends die „Post ab". Und dennoch, ohne Opatija hat man die Kvarner Bucht nicht kennengelernt!

Ab 1843 und nach Fertigstellung der Verbindungsstraße nach Rijeka begann eine rasante Entwicklung als **mondäner K.-u.-k.-Erholungsort:** 1843 baute der Handelsmagnat *Higinio* die Villa Angiolina, noch heute das Prunkstück im Herzen der Stadt. 1844 folgte das **Hotel Quarnero** (*Kvarner;* errichtet von der österreichischen „Gesellschaft der südlichen Eisenbahnen") als **erstes Hotel der kroatischen Adria.** 1860 bekam *Maria-Anna,* Gattin von Ex-Kaiser *Ferdinand,* Seeluft verordnet – *Higinio* stellte daraufhin seine Villa Angiolina zur Verfügung, und der Ruf Opatijas als **exklusives Seebad** war begründet, am 4. März 1889 wurde die Stadt durch ein Dekret von Kaiser *Franz Joseph* offiziell zum **Kurort** ernannt. Weitere stilvolle Villenbauten folgten, das elektrische Licht kam 1896, ein Jahr darauf ein Wasserwerk und 1908 sogar eine Straßenbahn. Opatija war so berühmt geworden, dass höchste Würdenträger den Ort mit ihrem Besuch beehrten: Prinzessin *Luise von Sachsen-Coburg,* der schwedisch-norwegische König *Oskar* und *Karel I.,* König von Rumänien.

Überblick Kvarner Bucht

Die **Vielfalt der geografischen Räume** bietet dem Besucher eine breite Palette an Eindrücken und Gestaltungsmöglichkeiten für einen Aufenthalt in dieser Region: Die an sich schon sehr unterschiedlichen **Inseln** sind ein ganz anderes Erlebnis, als das über 1500 Meter hohe und faszinierende **Bergland** um den malerischen Berg Veli Risnjak (1528 m). Selbst die **Festlandsbucht** muss man zweigeteilt betrachten, mit dem mondänen „Flanier-Bereich" westlich von Rijeka, der **Opatija-Riviera,** und dem eher stimmungsgeladenen „Action-Bereich" **Crikvenica – Novi Vinodolski** sowie **Rijeka** als industriellem und verkehrspolitischem Mittelpunkt der Region.

Während Baumeister und Künstler in Istrien vorwiegend aus Italien kamen, warten die **Baudenkmäler des Kvarner Landes** vor allem mit Namen deutschsprachiger Künstler und Architekten auf. Besonders auffällig ist diese historisch bedingte Tatsache bei den Kirchen.

Unterkunftsprädikat „Kvarner Family"

Kvarner Family ist eine Ergänzung eines **Kategorisierungssystems von Privatvermietern** auf freiwilliger Basis. Für die Gäste steht *Kvarner Family* für heimische Atmosphäre, gut gepflegte Apartments und für Zusatzangebote wie Garten, Terrasse, Grill und Kinderspielplätze, besondere Radler- oder Familienfreundlichkeit u.v.a. Infos sowie Buchungsportal finden sich unter www.kvarnerfamily.hr.

Das noble Ambiente der Pracht vergangener Tage konnte Opatija bis in die Gegenwart sicht- und spürbar bewahren: Luxushotels und Nobelrestaurants, Spielcasino, Palmen, Avocado-Bäume. Mit einem solchen Erscheinungsbild verwundert es nicht, dass Opatija als das **„adriatische Nizza“** bezeichnet wird. Und genau dieses in Kroatien einmalige Flair macht einen Besuch der Stadt zu etwas ganz Besonderem.

Sehenswertes

Maršala Tita und Uferpromenade

Besonders interessant erscheint ein Gang entlang der Maršala Tita mit den prachtvollen Villen, Hotelbauten, Cafés und modernen Geschäften. Auch an der befestigten Uferpromenade promenieren Alt und Jung, nutzen die Bademöglichkeiten der Stadt, tanken frische Seeluft unter einem der markanten, regenbogenfarbenen Sonnenschirme oder begutachten die kleinen Andenken-, Gewürz- und Kunsthandwerksstände. Dieser Abschnitt gehört zur berühmten acht Kilometer langen Uferpromenade **Lungomare,** die von Volosko (zwischen Opatija und Rijeka) bis Lovran führt.

Park Angiolina

Paradestück der Gründungs- und Blütezeit des Seebades Opatija ist und bleibt der Park 1. Maja (1. Mai) mit der zauberhaften **Vila Angiolina,** in der heute das **Kroatische Tourismusmuseum** untergebracht ist. Der exotische Bewuchs mit Bambus, Zedern, Zypressen, Eukalyptus- und Mammutbäumen, Dattelpalmen, Akazien, Agaven und japanischer Kamelie versetzt den Besucher in Entzücken. Im Park finden sich Büsten historischer Persönlichkeiten, etwa die von *Friedrich Schüler* und *Ivan Matičič Runjgov,* zudem Büsten einiger national bekannte Komponisten, z.B. der Komponist der istrischen Hymne *Ivan Matetic Ronjgov,* 1880–1960). Der Arzt und Schriftsteller *Juraj Šporer* (1795–1884, Schöpfer des „Ilirski pokret“, einer politischen Kampfschrift der Nationalisten) wurde in Form eines Gedenkpavillons verewigt. Interessant ist auch das Standbild des Violinisten und Komponisten *Jan Kubelik* (1880–1940), der die Geige mit einem unsichtbaren Bogen spielt, was seine Virtuosität symbolisieren soll. Im Park befindet sich

adobe.stock ©Vladimir Mucibabic

ferner ein ganzjährig genutztes **Freilichttheater** des berühmten kroatischen Architekten *Neven Šegvić* von 1957, das 2500 Sitzplätze hat.

■ **Kroatisches Tourismusmuseum,** www.hrmt.hr, Tel. 051-603636, täglich außer Mo 10–18/Winter 16 Uhr Juli/August 10–13 und 17–21 Uhr, Eintritt frei. Veranstaltungen im Freilichttheater siehe www.visitopatija.com/de/veranstaltungskalender.

Blick von der Uferpromenade Lungomare auf das herbstliche Opatija

Walk of Fame

Westlich des Parks, am Strandbad *Slatina,* wurde der Uferweg *Walk of Fame* angelegt, auf dem zahlreiche kroatische Größen aus Sport, Kultur und Wissenschaft (u.a. *Nikola Tesla* und *Goran Ivanišević*) als Sternenfliese verewigt sind.

Uferpark und Kapelle Sv. Jakov

Unmittelbar südlich vom Angiolina-Park und dem Hotel *Kvarner* schließt sich die kleine ehemalige Friedhofskapelle Sv. Jakov (Jakobskapelle) sowie der gleichnamige Uferpark mit farbenfrohen Blumen und einer neobarocken Fontäne mit **Skulpturen von Helios und**

Opatija
0 500 m
©Reise Know-How
IstriF29 6/20
Übernachtung
3 AC Preluk
4 Grandhotel Adriatic I & II
5 Hotel Smart Selection Istra
6 Hotel Admiral
7 Hotel Kristal
8 Hotel Savoy
11 Astoria OHM
16 Hotel Mozart
18 Hotel Milenij
19 Sv. Jakov
21 Hotel Kvarner
27 Hotel Agava
29 Hotel Amadria Park
33 Hotel Ambassador
34 Hotel Miramar
Essen und Trinken
13 Konoba Elita
15 Ružmarin
17 Vongola
18 Café Wagner, Piano-Bar Madonnina
22 Taverna Zelengaj
23 Roko Pizzeria-Restaurant
28 Café Choco Bar
29 Kavana Continental
Nachtleben
1 Weinstube Mala krčma Skalinada
2 Beach Club Kon Tiki
4 Casino Opatija
8 Beach-/Discoclub Colosseum
24 Centar Gervais (Kulturzentrum)
25 Angiolina Bar
26 Hemmingway Bar
29 Juicy Champagne Bar
Einkaufen/Sonstiges
10 Straßenmarkt
12 Agentur Top Adria
14 Slatina Einkaufszentrum
20 Alpi Rent Radverleih
30 Konzum Supermarkt und Markt
31 Agentur Katarina
32 Vinarija-Vinoteka Barolo
A7
E61
Rijeka
Kvarnerska Cesta
Nova Cesta
Ul. Ivana Matetića Ronjgova
Badebucht Črnikovica
Ul. Andrije Štangera
Lipovica
Volosko
Ul. Maršala Tita
Ausschnitt
Opatija
Ul. Matka Laginje
Tomasevac-Beach
0 200 m
Lungomare
Leuchtturm
Lido
Park 1. Maja
Vila Angiolina und Tourismusmuseum
Sv. Jakov Kapelle & Park
Ul. Veлog Jože
Strandbad Slatina
Walk of Fame
Sv Marija
Punta Kolovo
Lovran, Brestova, Pula

Selene (griech. Sonnengott und Mondgöttin; ein Werk des Bildhauers *Hans Rathausky)* an. Im Parkareal liegen außerdem der **Umjetnički paviljon Juraj Matija Šporer** (Kunstpavillon), in dem Ausstellungen gezeigt werden, sowie an der südlichen Uferspitze die **Skulptur „Mädchen mit Möwe"** des Bildhauers *Car* von 1956. Ursprünglich stand hier die „Madonna del mare" (Meeresmadonna) des oben erwähnten Künstlers *Rathausky* aus Graz, welche über die Seelen des Grafen *Arthur Kesselstadt* und der Gräfin *Fries* wachte, die hier 1891 verunglückten.

Sv Marija

Zur **Pfarrkirche** Sv Marija gelangt man über eine kleine, stufige Gasse, die 50 m südlich des Busbahnhofs vor dem Bufett-Grill Elita rechts aufwärts führt. Die Kirche stammt aus dem späten 19./frühen 20. Jahrhundert (Architekt *Karl Seidel*) und besticht durch ihre Holzkuppel (außen grünes Kupfer), Ziegelwände und die prachtvollen, farbigen Glasfenster.

Praktische Tipps

An- und Weiterreise

■ Der **Busbahnhof** liegt am Trg Vladimira mitten im Zentrum an der Durchgangsstraße M. Tita. Wichtige **Regionalbuslinien** sind: 32 (Rijeka – Opatija – Lovran – Mošćenička Draga), 35 (Opatija – Ičići, fährt auch den Vorort Volosko an) und 36 (Lovran). Am Busbahnhof, Tel. 051-271617, liegt die **Kartenverkaufsstelle** *Auto-Trans* für **Langstrecken.** Busse fahren 7 x tgl. von/nach Pula (78–90 K), 3–5x tgl. von/nach Zagreb (via Rijeka und Karlovac) sowie um 12.55 Uhr und um 22 Uhr nach Zadar (152–186 K). Rund um den Busbahnhof werden **Ausflüge** angeboten.

■ Einen kostenlosen **Parkplatz** zu finden, ist fast unmöglich. Im Zentrum sind einige Straßen als gebührenpflichtige Parkmöglichkeit ausgewiesen, z.B. an der Ecke des Parks zum Ufer hinunter (6 K/Std.) oder beim Hotel *Ambassador* (6 K/Std.), weiter im Zentrum kostet es das Doppelte (alles Automaten). Alternativ bietet sich das Parkhaus nahe der Touristeninfo an (durchgehend geöffnet, 10 K/Std.).

Info und Agenturen

■ Die **Touristeninformation** liegt zentral in der Ul. Maršala Tita 101, Tel. 051-271310, www.visitopatija.com, tgl. außer So 7–21 Uhr.

Für professionelle Unterkunftsvermittlung, Fahrzeuganmietung, Geldwechsel und Ausflüge bieten sich u.a. folgende an der Hauptstraße im Zentrum gelegene **Agenturen** an:

31 **Katarina,** Ul. Maršala Tita 71, Tel. 051-718868, www.katarina-line.com. Tgl. 7–21 Uhr für Ausflüge, Geldwechsel, Unterkunft, Radverleih etc.

12 **Top Adria,** Ul. Maršala Tita 129, Tel. 051-343059, www.topadria.hr.

Unterkunft

Opatija ist überdurchschnittlich **teuer!** So muss man auch in Bezug auf die Unterkunft ein wenig tiefer in die Taschen greifen als in anderen Orten der Riviera von Opatija. **Privatzimmer,** von denen etliche in den sehr netten und stilvollen Villen der Stadt liegen, werden über die Agenturen vermittelt (ab 60 €/Doppelzimmer).

In den vergangenen Jahren haben zwei rivalisierende Hotelgruppen (*Amadria* und *Remisens*) über die Hälfte der örtlichen Hotels aufgekauft, es verbleiben nur noch wenige unabhängige Häuser.

Amadria-Gruppe

Hotels der *Amadria*-Gruppe haben die zentrale Reservierungs- und Vermittlungsnummer 051-278 007 und sind buchbar über www.amadriapark.com/de/urlaubsorte/opatija.

18 **Hotel Milenij**⑤, M. Tita 101, derzeit Platzhirsch im Hotelangebot Opatijas. Knapp 100 Zimmer in opulent ausgestatteter, restaurierter Stadtvilla mit direkter Uferlage, Spa-Bereich, neoklassizistisches Interieur, stilvolles, nobles Ambiente. Zum Hotel gehört auch das sehr schöne 18 **Café Wagner,** eines der traditionsreichen Kaffeehäuser Opatijas.

19 **Sv. Jakov**⑤, Pave Tomašića 1, direkt am kleinen Park Sv. Jakov und ebenfalls sehr zentral und ufernah gelegen. Deutlich kleiner als das *Milenj,* alte ehemalige Prachtvilla eines Wiener Arztes. 26 Räume mit allem Komfort und Wellness-Bereich. Die „Zimmer" dieser beiden Häuser würden andernorts spielend als Fürstensuite vermarktet.

27 **Hotel Agava**④, M. Tita 89, ist ebenfalls ein traditionsreiches Haus *(Villa Habsburg)* und liegt beim Park 1. Maja in Ufernähe. Mit 76 sehr gut ausgestatteten Zimmern ebenfalls nicht zu groß. Inklusive Frühstück.

29 **Amadria Park**④, Viktora Cara Emina 6/Ecke M. Tita, am ehesten als „normales Stadthotel" in einem großen Block mit winzigen Balkonetten wahrnehmbar. Moderner als die o.g. Schwesterhotels. Bekannter als das Hotel selbst sind vielleicht die 29 **Juicy Champagne Bar** in der Lobby, die häufig aufwendige Präsentationen bis auf die Straße hinaus betreibt, oder das 29 **Kaffeehaus Kavana Continental** (ebenfalls im Parterre), wo hervorragende Kuchen und rund 50 verschiedene Kaffeesorten stilvoll genossen werden können.

Remisens-Gruppe

Hotels der *Remisens*-Gruppe haben die zentrale Reservierungs- und Vermittlungsnummer 051-7104 44, buchbar über www.remisens.com und www.liburnia.hr.

33 **Ambassador**⑤, F.Peršića 5, außen kein Vergleich zu den *Milenj*-Anwesen, erinnert optisch an ein 08/15-Gruppenhotel. Innen vom Feinsten und modern. Schöner Pool- und Wellnessbereich.

21 **Kvarner**④, Pave Tomašića 2, eines der traditionsreichsten und ältesten Hotels der Stadt direkt am Ufer beim Angiolina-Park. Mit Meerblick wirklich toll, Innen- und Außenpools, Massage, Zimmerausstattung hell und modern, sogar etwas teurer als das *Ambassador.*

6 **Admiral**④, M. Tita 139, beliebt bei Bootsführern wegen der Marina. Markanter, pyramidenähnlicher Großhotelbau, innen und außen seit der Übernahme durch *Remisens* auf nobel und modern getrimmt. Etliche Räume mit Gemeinschaftsterrasse und ein Stückchen abseits vom Zentrum.

7 **Kristal**④, M. Tita 135 und nicht weit entfernt vom *Admiral,* bietet mit Pools, Fitness, Wellness, Sauna und Abendunterhaltung im Sommer bei ähnlichen Unterkünften vielleicht das etwas bessere Freizeitangebot.

5 **Smart Selection Istra**③, M. Tita 145, ganz am Südrand nahe der Casinos gelegen und daher ein Stück abseits vom Zentrum. Gute Ausstattung, Strandzugang, Pool.

Hier folgen noch einige **Anbieter,** die unabhängig der Ketten *Amadria* und *Remisenz* agieren.

34 Das Hotel **Miramar**⑤, Ive Kaline 11, Tel. 051-280000, www.hotel-miramar.info, setzt in Bezug auf Anspruch und Ambiente auf die guten alten Zeiten. Villenkomplex im traditionellen, neoklassizistischen Stil mit Wellness, Park mit Meerblick und Pool, Felsbadestrand, Liegflächen. Stilvolle Zimmer mit Parkett, Minibar, Rollos, Balkon, Safe, Bidet und allem erdenklichen Luxus im Hotelbereich.

16 Ähnlich spricht das Boutiquehotel **Mozart**⑤, M. Tita 138, Tel. 051-718260, www.hotel-mozart.hr, die traditionsbewussten Reisenden an. Neoklassizistisch, stilvoll – alles o.k., aber im Vergleich zu anderen Häusern eher eine Preisstufe zu teuer.

8 **Savoy**④, M. Tita 129, Tel. 051-710500, www.hotel-savoy.hr. Vom Zentrum Richtung Casinos mit eigenem Strandabschnitt, Hallenbad, DZ mit a/c, Minibar, Safe, WiFi.

11 **Astoria OHM**④, M. Tita 174, Tel. 051-706350, www.astoria-hotel.hr, nennt sich „Design-Hotel" und wurde im Jahr 2015 komplett restauriert. Nicht ganz so stilvoll wie das *Savoy*, bei ähnlichen Preisen und Angeboten.

4 **Grand Hotel Adriatic I & II**④, M. Tita 200, Tel. 051-719000, www.hotel-adriatic.hr. Sehr beliebtes Konferenzhotel mit Beauty, Spa, Tantra, Wellness im Obergeschoss mit Meerblick als besondere Attraktion. Zimmer und Ambiente gediegen-modern.

Camping

3 **AC Preluk**③, Tel. 051-623500, http://autocamppreluk.com, 6 km außerhalb Richtung Rijeka, mit Surfen, Tauchbasis und Disco, ansonsten eher bescheidenem Freizeitangebot. Der nächste Platz in südlicher Richtung befindet sich in Ičići.

Essen und Trinken

Gerade in Opatija bemühen sich die Gastgeber, der Erwartung der Oberklasse-Klientel nachzukommen; so sind es denn auch gehobenere Restaurants und edel anmutende Cafés, die das Straßenbild prägen.

■ Sehr nette und qualitativ ausgezeichnete **Caféhäuser der Wiener Schule** findet man vor allem im Zentrum entlang der M. Tita, u.a. das 29 **Kavana Continental** (Ul. Maršala Tita 85/*Hotel Amadria Park*, Tel. 051-278007) oder das 18 **Café Wagner** (Ul. M. Tita 109/*Hotel Milenij*, Tel. 051-202071). Besondere Erwähnung verdient dabei das 28 **Café Choco Bar** (M. Tita 94), geführt von Kroatiens Schokoladenproduzenten Nr. 1 *(Kraš)* – dementsprechend genial sind hier die auf Kakao basierenden warmen und kalten Getränke; tgl. im Winterhalbjahr 7.30–23.30, in der Saison 8–24 Uhr.

15 Reisende empfehlen in Opatija das **Ružmarin,** Veprinacki Put 2, Tel. 051-712673, tgl. 10–1 Uhr. Gehobenes Ambiente bei gleichzeitig sehr gutem Preis-Leistungs-Verhältnis. Hervorragende Vorspeisen, Hausmacher-Brot, reichhaltige und deftige Fleischplatten, aber auch Fisch und Gemüse. Innen- und überdachter Außenbereich, Tischreservierung empfehlenswert, auch da etwas abseits vom Zentrum und häufig sehr gut besucht.

13 Preiswerte Gerichte bietet auch der Buffet-Grill **Elita** an der Hauptstraße (Maršala Tita 208, Tel. 051-271014, tgl. 10–24 Uhr).

17 Sehr empfehlenswert, da direkt im Zentrum an der Promenade gelegen, ist das Buffet **Vongola** (Ul. Maršala Tita 111, Tel. 051-711854, tgl. 8–24 Uhr) mit Snacks und moderner Musik.

18 Am Hotel *Milenij* in der P. Tomašića 3 liegt die **Piano-Bar Madonnina,** Tel. 051-272579, die ausschließlich Kleinigkeiten und Snacks (auch Frühstück) sowie Getränke/Cocktails anbietet; nicht ganz billig – das Ambiente ist es jedoch wert.

22 Zu den schon seit vielen Jahren in Opatija gastronomisch tätigen Etablissements zählt die **Taverna Zelengaj** (Tel. 051-271450, M. Tita 95, tgl. 11–24 Uhr, im Sommer bis 2 Uhr) im Zentrum. Reiche Auswahl an Suppen und Grillgerichten (Preis/Leistung sehr gut). Bei frischem Fisch jedoch Riechsalz für den Moment der Rechnung nicht vergessen!

23 **Pizzeria-Restaurant Roko,** Marsala Tita 114, Tel. 051-711500, ist offen gestanden ein äußerlich eher unauffälliges Lokal, hat nicht nur den Vorteil im Zentrum zu liegen, sondern täglich von 11 bis 1 Uhr auch eine exzellente Küche zu bieten. Abgesehen von einer großen Auswahl im Pasta-Pizzabereich werden istrische Spezialitäten und frisch zubereitete Meeresfrüchte angeboten.

Nachtleben

24 **Zentrum Gervais,** Ul. Nikole Tesle 5, Tel. 051-271377. Modernes, 2017 eröffnetes Kulturzentrum der Stadt mit Disco im Untergeschoss (viele Themenabende wie z.B. sonntags 80er/90er-Hits, samstags *Disco Vibes* oder donnerstags mit lokalen und internationalen DJ-Größen wie *Harem B, James Tucker, Frankie-the-dj, Alex Ivanov, Tommy* u.v.m., Eintritt je nach Event ab 50 K). Zudem gibt es hier ein Theater, Ausstellungs- und Messegalerien (etwa Austragungsort des „Schokoladenfestivals") – alle aktuellen Veranstaltungen findet man unter www.festivalopatija.hr.

26 In Opatija liegt ein kleiner Ableger der **Hemmingway Bar** in der Zert 2 (beim *Hotel Amadria Park* beschildert), Tel. 098-307337. Außer von 6 bis 7 Uhr durchgehend offen. War mal ein gemütlicher Treffpunkt mit Bar-/Clubatmosphäre, hat aber etwas nachgelassen.

25 Besser ist vielleicht wenige Meter weiter das **Angiolina,** Zert ul. 8, tgl. 10–2 Uhr, Fr/Sa bis 5 Uhr; gemütlich, lässig, freundlich.

8 Gute Cocktails und Snacks in tollem Setting am Ufer findet man in der **Colosseum Lounge & Beach Bar,** Ul. Maršala Tita 129, Tel. 051-710500. Direkt am Badeufer, nicht überteuert.

2 Absolut „in" ist der **Beach Club Kon Tiki** im Bezirk Volosko, Obala Frana Supila, Tel. 051-701661, direkt am Uferbecken, sehr gute Cocktails; tgl. 8–24 Uhr, Fr/Sa bis 2 Uhr.

1 Ebenfalls im Bezirk Volosko, an der Marina in der Put uz Dol 17 finden Weinfreunde die **Weinstube Mala krčma Skalinada,** Tel. 051-701109, tgl. 10–24 Uhr. Einfach, rustikal, zünftig, Hausmacher-Gerichte – und natürlich eine breite Auswahl regionaler Weine.

4 Eher elegante und „verlustträchtigere" Unterhaltung bietet das **Casino Opatija** des *Hotel Adriatic,* Tel. 051-272011. Gespielt wird tgl. 12–4 Uhr amerikanisches Roulette, Stud-Poker, Black Jack.

Einkaufen

10 Auf dem kleinen **Straßenmarkt** (nur im Sommer, ab Zentrum Richtung Hotel *Admiral* an der M. Tita) bieten etliche Souvenirstände und fliegende Händler ihre Waren an, meist aus dem Textilbereich: Ältere Frauen verkaufen gelegentlich selbst gehäkelte **Deckchen** und **Strickjacken.**

- Den Alltags-Großeinkauf erledigt man besser im nahe gelegenen Rijeka (z.B. **Tower Center,** s. dort).

14 Ein modernes kleines Einkaufszentrum in Opatija selbst bietet das **Trgovački centar Slatina,** Ulica Maršala Tita 166a. Es umfasst ein 24-Std.-Parkhaus (12 K/Std., wird bei Einkäufen ab 50 K gegengerechnet), ein Bistro, einen *Tommy*-Supermarkt und eine Handvoll Boutiquen/Fachgeschäfte.

30 Selbstversorger finden im Zentrum außerdem einen **Konzum-Supermarkt** direkt neben der *Trznica* (Markthalle) mit großer Obst- und Gemüseabteilung (nur vormittags).

32 Weinliebhaber sollten einen Besuch der guten **Vinoteka Vinarija Barolo,** Tel. 051-272665, neben der Agentur *Katarina* (s. Agenturen), in die Gasse Spincica hineingehend, erwägen – breite Auswahl regionaler und istrischer Weine.

Nützliches

- **Ambulanz:** V. Nazora 2, Tel. 051-271266.
- **Radverleih:** *Agentur Katarina* (s. Agenturen), Spincica 13/Ecke M. Tita, Tel. 091-5648206, oder 20 *Alpi-Rent,* Ul. M Tita 128, Tel. 091-3157777. Richtpreise für Leihräder in Opatija sind 40 K/2 Std., 100 K/Tag und 550–600 K/Woche.

Ika und Ičići

Weiter entlang der dicht besiedelten Riviera folgen nach zwei Kilometern Ika und Ičići, einstmals kleine Siedlungen, die früher vom Fischfang und heute vom Tourismus leben. Hier befinden sich zwei international renommierte Hotelfachschulen sowie die beliebte **Marina ACI Opatija-Ičići** (nicht mit der kleinen am Hotel *Admiral* verwechseln!) mit über 300 Liegeplätzen (überwiegend Segler, keine Betankung, Tel. 051-704004). Zudem liegt in Ičići der einzige **Campingplatz** im Bereich Opatija. Bademöglichkeiten gibt es in den **Steinbuchten** entlang des befestigten Uferweges. Der örtliche **Kiesstrand** (WiFi-Areal) lädt zum Baden ein, weiter Richtung Ika gibt es **befestigte Badeplätze.**

Wanderer können in Tagestouren die Učka-Region erwandern; Wanderschilder ab Hauptstraße weisen den Weg (z.B. beim *Café Cima*/Ika, s.u.). Eine Zusammenstellung von Mountainbikestrecken (www.pp-ucka.hr/en/ucka-outdoor-2/mountain-biking) und sonstigen Outdoor-Aktivitäten, z.B. Hanggliding (www.pp-ucka.hr/en/ucka-outdoor-2/hang-gliding-and-paragliding) sowie Informationen zu Flora, Fauna und Wanderungen wie auch interaktive Karten und Downloads rund um das Učka-Gebiet findet man unter www.pp-ucka.hr.

Praktische Tipps

Information

■ Infos erteilt (nur Juli/August) das örtliche **Turist-Biro,** Liburnijska 7a (**Ika,** mit Wechselstube), Tel. 051-704187, http://icici-tourism.com.

Unterkunft

■ **Hotel Villa Schubert** (vorm. *Ika-Bellevue*)②, Tel. 051-291777, www.villa.hotel-schubert.eu, hübsches Familienhotel direkt an der Strandpromenade von Ika.

■ **Zimmer und Apartments** können beispielsweise über die Direktanbieter www.sutanovac.com oder www.villa-dujmic.com sowie die TI (http://icici-tourism.com/naslovna/en/privatni-smjestaj) organisiert werden.

■ Ein Tipp im gehobeneren Preis-Leistungs-Segment ist die **Villa Oliva④/Apartments Jović** (Poljanska cesta 70 am oberen Ortsrand von Ika, Tel. 091-5026893, https://villa-jovic-croatia.weebly.com) in super Berglage mit FeWo, Studios und einem Bungalow. Außengrill und Gemeinschaftspool für die Wohnungen, die Villa (Sommer 3000 €/Woche für 6 Pers.) verfügt über einen eigenen Pool.

Camping

■ **AC Opatija-Ičići**②, Tel. 051-704387, www.rivijera-opatija.hr. Gute Anlage, mit Tennis, Spielplatz, Minimarkt, Kiesstrand und Bootsanlegestelle in terrassenförmig angelegter Parklandschaft, liegt im Dorf. Geöffnet Anfang April bis Anfang Oktober.

Einkaufen/Essen und Trinken

■ *Ribarnica* **(Fischgeschäft),** aus Opatija kommend am Ortseingang von Ika, rechter Hand.

■ Hier findet man auch das **Bistro Venezija,** Liburnijska ul. bb, Tel. 091-5539097, tgl. 8–24 Uhr, für Snacks.

■ Das **Café Cima,** in der Dorfmitte von **Ika,** Tel. 091-8803235, bietet neben kulinarischen Genüssen auch gelegentliche Live-Events und Karaoke.

■ Als ordentliches Speiselokal empfiehlt sich das **Lučica,** Lučica bb/am kleinen Hafen von **Ika,** Tel. 091-7901914, im Sommerhalbjahr tgl. 9–23 Uhr.

■ In **Ika** liegen ein **Konzum-Minimarkt** und eine **Apotheke** gegenüber vom *Hotel Schubert* an der Durchfahrtsstraße.

Aktivitäten

■ **Sport Centar Ičići** (Tennis, Paintball, Fußball), Tel. 098-327078, mytenniscamp@gmail.com.

Lovran

Die gut 4000 Einwohner zählende Stadt Lovran (ital.: Laurana), die **älteste Siedlung der Riviera von Opatija** aus dem 7. Jh., bewahrte lange Zeit ihr mittelalterliches Stadtbild. Erst die Entwicklung des Tourismus im 19. und 20. Jh. veränderte die Stadt und die Lebensweise der Bevölkerung nachhaltig.

Der berühmte **Lungomare,** eine acht Kilometer lange **Uferpromenade** von Lovran bis Volosko, einem Vorort von Opatija, zieht seit Langem Besucher aus aller Welt an. Obwohl Teil der Opatija-Riviera, konnte Lovran mit seiner **historischen Altstadt** seinen ursprünglichen Charakter weitgehend erhalten. Viele Reisende empfinden Lovran mittlerwei-

le als angenehmer als das benachbarte Opatija.

Durch das untere **Stadttor** mit dem Stadtturm (17. Jh.) kommt man unmittelbar zum kleinen Zentrum (Trg Sv Juraj) mit der **Georgskirche** (Sv Juraj) aus dem 12. Jahrhundert. Der ursprünglich frei stehende Glockenturm wurde im 17. Jahrhundert mit der Kirche verbunden. Am Platz sieht man mehrere verzierte Häuserportale; gegenüber der Georgskirche steht das Rathaus mit einem Relief des *Hl. Georg,* der mit seinem Speer einen Drachen durchbohrt. Ein Relief am Haus neben dem Café zeigt ein Furcht einflößendes Gesicht mit riesigen Bartfransen, genannt **„Mustaćon"** (von frz. *moustache,* Schnurrbart) – eine Art Abwehrmaske gegen böse Geister. Im **oberen Altstadtbereich,** Richtung Parkplatz, hatte die Bruderschaft des *Hl. Johannes* (des Täufers) im 14. Jahrhundert eine romanische Kapelle errichtet; 1998 wurden hier Fresken mit Darstellungen aus dem Leben des *Johannes* entdeckt.

An der Hauptstraße zwischen Lovran und Opatija werden dem Durchreisenden **prachtvolle Villen** auffallen. Im späten 19. Jahrhundert wurden sie als Wohn- und Sommerresidenzen errichtet; alle waren ursprünglich von weitläufigen Parkanlagen (wie man sie in Opatija noch findet) mit teilweise exotischer Vegetation umgeben. Einige der Villen sind Werke des als kreatives Genie berühmt gewordenen Wiener Architekten *Karl Seidl.*

☐ Blick über Lovran und die Uferpromenade Lungomare

adobe.stock ©xbrchx

Zwei **Badebuchten** locken in Lovran, eine etwas kleinere gegenüber der *Pansion Stanger* (am Ortsrand vor dem *Hemmingway-Beach* mit gleichnamiger Bar, Tel. 051-718802) und eine sehr hübsche am Park *Kormušćak* (1 km die Uferpromenade Richtung Opatija entlang).

Praktische Tipps

An- und Weiterreise

- Der Beschilderung **„P-Centar"** folgend, wird man zum großen Parkplatz an der Ulica Brajdice geleitet; hier steht man genau am oberen Ende des Altstadtkerns.
- Die **Regionalbusse** halten auf Höhe der Pizzeria *Oaza*/TA *Kvarner* an der Hauptstraße; von hier geht man 150 m hinunter zur Kurve. Das Stadttor mit Restaurant *Bellavista* ist der untere Zugang zur Altstadt.
- Für das direkte Umland bietet sich der **Stadtbus** Linie 32 (Rijeka – Mošćenička Draga, 5–23 Uhr etwa alle halbe Stunde) an.

Info und Agenturen

- **Touristeninformation Lovran,** M. Tita 63/Trg Slobode, Tel. 051-291740, schräg gegenüber dem Restaurant *Kvarner* an der Ufer-Plattform, www.tz-lovran.hr.

Zwei **Agenturen,** beide an der Durchgangsstraße M. Tita, bieten Information, Geldwechsel, Ausflugsorganisation und Unterkunftsvermittlung:

- **Štanger,** Šetalište maršala Tita 128, Tel. 051-293266, www.pansion-stanger.hr.
- **Kvarner Express,** Šetalište maršala Tita 60, Tel. 051-291118, www.kvarner-express.hr.

Unterkunft

- Wer etwas ganz Exquisites sucht, dem sei das **Astra**④, Viktora Cara Emina 11, Tel. 051-294400, www.lovranske-vile.com, empfohlen. Wirkt wie ein neoklassizistisches Adelslandgut, eigener Uferzugang, parkähnliche Umgebung, sehr fein, mit Spa.
- Ein hübsches (und recht preiswertes) Mittelklassehotel ist das **Lovran**③, M. Tita 19, Tel. 051-291222, www.hotel-lovran.hr.
- Der *Remisens*-Gruppe gehört das nahe gelegene **Excelsior**④, Šetalište maršala Tita 15, Kontaktdaten wie beim *Bristol.* Zimmer wie bei *Remisens* üblich sehr modern und hell, gutes Freizeitangebot (Räder oder *Walking Sticks* kostenlos), Innen- und Außenpool, Massage usw. – wirbt gerne mit illustrer Prominenz wie z.B. Schauspieler *Pierce Brosnan* (bekannt als *James Bond*).
- Das **Bristol**③, Maršala Tita 27, Tel. 051-710444, www.remisens.com und www.liburnia.hr, ist bei vergleichbar guter Qualität noch etwas günstiger.
- Die **Pansion Štanger**②, in der M. Tita 128, www.pansion-stanger.hr, Tel. 051-291154, bietet schöne Doppelzimmer mit Meerblick.
- Günstige Zwei- bzw. Dreibettzimmer findet man zentral im **Hostel Link**②, Šetalište maršala Tita 9, Tel. 051-202090, www.linkhostel.com.

Essen und Trinken

- Das **Café Sv Marija** am Trg Sv Juraj bietet günstige Erfrischungen und Snacks.
- 30 m daneben liegt das **Restaurant Lovranska Vrata,** Stari grad 94, Tel. 051-291050, täglich durchgehend geöffnet, mit guter Küche (Fisch!) der mittleren Preisklasse.
- Beliebt ist auch die **Pizzeria Oaza,** Šetalište maršala Tita 37, Tel. 051-292674, tgl. 12–24 Uhr; auch Stücke auf die Hand.
- Das ähnlich gute **Restaurant Najade,** Tel. 051-291866, M. Tita 69, bietet hervorragende Fischgerichte, tgl. 11–24 Uhr, im Sommer bis 1 Uhr.

Der **Lovranski Pub,** Šetalište Maršala Tita 41, Tel. 051-293237, tgl. 7.30–24 Uhr, ist die einzige Gaststätte mit (auch) ausgewiesen vegetarisch/veganen Gerichten wie Pasta, Pizza und Risotto an der Rivijera von Opatija.

Nachtleben

- **Disco-Club Oskar,** an der Hauptstraße Šetalište Maršala Tita 46, Tel. 051-291860.
- Für einen Drink oder zum abendlichen Erholen bietet sich der **Lovranski Pub,** Tel. 051-293237, tgl. 7.30–24 Uhr, Fr/Sa bis 1 Uhr, direkt am Ufer an (kurz vor dem südlichen Ortsende).

Nützliches

- Das **Kreiskrankenhaus,** Tel. 051-291122, liegt zwischen Lovran und Ika nahe der Badebucht.
- Eine **Ambulanz,** Tel. 051-291042, befindet sich oberhalb vom großen Parkplatz.
- Vom Parkplatz halbrechts 100 m die Brajdice hinauf liegt ein **Minimarkt.** Ein **Konzum-Supermarkt** befindet sich am Ortseingang rechts.
- Eine **Apotheke,** Tel. 51-291051, findet man an der Hauptstraße M. Tita (Nr. 46), 200 m vom Zentrum Richtung Opatija.

Medveja

Mit einem vier Kilometer langen und eher dünn besiedelten Küstenabschnitt zwischen hinter Medveja Richtung Mošćenička Draga beginnt das ruhige und **zerklüftete Felsgebiet** mit Baum- und Buschbestand, welches sich von der istrischen Südspitze bis ins Kvarner Land erstreckt, unterbrochen nur von wenigen nennenswerten Ansiedlungen. Nördlich von Medveja ist es vorbei mit der Beschaulichkeit, ein Küstenort reiht sich an den anderen von Bucht zu Bucht. Ein unberührtes Stück Ufer zu finden, erweist sich als unmöglich. Ein ebensolches Kunststück ist es übrigens auch, an der engen Küstenstraße einen Parkplatz zu bekommen, man gehe daher am besten zu Fuß auf dem bis Lovran durchgehend befestigten **Ufer-Fußweg** *(Obalni Put)* entlang. Der Kiesstrand von Medveja ist im Sommer ziemlich überfüllt.

Praktische Tipps

An- und Weiterreise

- **Busanbindung** besteht mittels der Linien 32 und 54 nach Opatija und Mošćenička Draga (Linie 32 alle 30 Minuten, Linie 54 etwa alle 80 Min.).
- **Parkplätze** kosten in Medveja 40 K/Tag.

Info und Agenturen

- Zuständig ist die **Touristeninformation Lovran,** die im Sommer einen Infostand an der Hauptstraße hat. *Turistički informativni centar Medveja,* Medveja bb, Tel. 051-291296, www.tz-lovran.hr.

Essen und Trinken

- **Konoba Kali,** Kali 39a, Tel. 051-293268. Urige Konoba mit traditionellen Gerichten (aus der Peka, Ravioli, Schnecken) und auch nahrhaftem Trockenobst für Wanderer zum Mitnehmen.
- Die **Špajza Pizzeria** seeseitig in der Kurve bietet ein gutes Standardangebot an Pasta und Pizza. Fleisch/Fisch sind im *Kali* etwas besser. Tel. 051-373 800, geöffnet tgl. 10 (Sa/So 12) bis 22 Uhr.

■ Das **Kod Rokera,** ein einfaches Speiselokal direkt am Kiesstrand (Tel. 095-1992162), wird vorwiegend von Badegästen aufgesucht.

Unterkunft, Camping

■ **Ferienwohnungen/Apartments**②-④: ein gutes Dutzend unterschiedlicher Ferienwohnungen im Raum Medveja wird derzeit auf den Buchungsplattformen www.adriatic.hr/de und www.limba.com/de angeboten.

■ Empfehlenswert, da strandnah und zentral, ist die **Villa Mia**②, Medveja 11c, Tel. 099-3205600, www.villamiamedveja.com. Studios 45–70 €, 4er-FeWo 65–110 €, B & B 45–70 €.

■ Am südöstlichen Ortsrand liegt das **AC Medveja**②, Tel. 051-710444, www.liburnia.hr/de/campingplatz-medveja. Tauchschule, Disco, Restaurant, Internet-Spot. Seit *Remisens* die Anlage betreibt, wird sie ständig erweitert, heute gehören auch Bungalows (FeWo), eine Villa (DZ) sowie eine gute Auswahl an Mobilheimen zum Angebot. Nachteil: liegt landseitig der Straße, nicht direkt am Meer.

Mošćenička Draga

Das istrische Labin und das Kvarner Mošćenička Draga werden landseitig von dem scheinbar in die See stürzenden **Čičarija-Massiv** getrennt; an der Schnittstelle liegt der **Fährhafen Bresto-**

[>] Blick auf Mošćenička Draga und den Strand

va, wo die Autofähren zu den Kvarner Inseln Cres und Lošinj ablegen. Die letzte größere Siedlung in der Kvarner Bucht, Mošćenička Draga, besteht aus **drei Ortsteilen:** Mošćenička Draga selbst an der Küste, das mit touristischen Einrichtungen aufwartet, **Mošćenice** als ruhiges Bergdorf, sowie **Brseč,** der gemütlichen südwestlichsten Station im Kvarner Land.

Mošćenička Draga

Mošćenička Draga (ca. 1200 Einwohner) an der Küstenstraße bildet den eigentlichen **touristischen Kern** in der hübschen Bucht. Hier liegt der Großteil der Freizeit- und Unterkunftsmöglichkeiten. Man schlendert die fast zwei Kilometer lange **Promenade** entlang, badet in der

adobe.stock ©Viktor Pravdica

endlos langen Kiesbucht oder der benachbarten Bucht Sv. Ivan (FKK-Strand) oder frönt dem Tauchsport.

Wanderfreunde werden den **Aufstieg zum Vojak** (1396 m) lieben, der selbständig oder in einer geführten Tour via Detani, Trebišće und Učka durchgeführt werden kann (eine Wanderkarte hängt in der Agentur *Annalinea,* s.u., aus). An dieser Agentur beginnen auch zahlreiche beschilderte **Wanderwege,** ferner gelangt man von hier aus auf einem (befahrbaren) Weg zum drei Kilometer entfernten **Freeclimbing-Gebiet Oprziavica** (ca. 25 Gehminuten).

An- und Weiterreise

■ Mošćenička Draga liegt an der Küstenroute Opatija – Labin. Per **Bus** Linie 32 von/nach Rijeka, etwa alle halbe Stunde (Haltestelle an der Hauptstraße neben der Abzweigung zum Campingplatz), muss man zunächst nach Opatija fahren, um von dort in **Langstreckenbusse** umzusteigen.

Info und Agentur

■ **Agentur Liburnia,** an der Durchfahrtsstraße gegenüber der Zufahrt zum Ufer und Campingplatz, Tel. 051-739166, www.liburnia.hr. *Liburnia* ist der offizielle *Remisens*-Agent; die Hotels und Campingplätze der *Remisens*-Gruppe sind daher auch über die *Liburnia*-Homepage buchbar.

■ **Agentur Annalinea,** an der Zufahrtsstraße zu den Hotels, Tel. 051-737207, www.annalinea.hr. Mit Vermittlung von Privatzimmerm (ab 40 €/Zimmer) und FeWo (ab 400 €/Woche).

Unterkunft

■ **Smart Selection Hotel Mediteran**③, Trg Slobode 1, Tel. 051-710444, www.remisens.hr, direkt am Ufer, gute Mittelklasse, 2019 renoviert.

■ **Hotel Remisens-Marina**④, Aleja Slatina 2, Zufahrt wie Campingplatz, Tel. 051-710444, www.remisens.hr; unmittelbar im Ort gelegen , Pool, Sauna.

■ **Privatwohnungen:** Viele Hausbesitzer entlang der Uferstraßen bieten Ferienwohnungen und Zimmer für 2–6 Personen an; ein Anbieter von Apartments ist **Ornela**②, Barba Rike 6 (im Zentrum nahe der Kirche), Tel. 051-737747, info@apartmani-ornela-mdraga.hr, mit Wohnungen für 2–4 Personen ab 520 €/Woche. Rund 100 € mehr/Woche kosten die Wohnungen der **Villa Kleiner**③, Setaliste 25, Tel. 051-737544, www.villa-kleiner.com, die dafür direkt am Ufer liegt und über Pool und Grill verfügt.

■ Am Ortseingang rechter Hand (von Lovran kommend) wohnt man auch gut in den **Apartments Gea**③, Ljube Mrakovčića 34, Tel. 051-737465, http://apartmani-gea.com, mit schönem Blick über die Kvarner Inseln. Fünf Wohneinheiten (2–6 Personen) im Ort sowie ein Ferienhaus in den Bergen.

■ Zwei Personen können auch bei **Vanda Dujmovic**①, Kraj 1A, Tel. 051-737296, im 2er-Apartment mit zusätzlicher Schlafcouch im Wohnbereich (evtl. f. Kinder) unterkommen. Richtig traditionell privat, bis maximal 65 € in der Hauptsaison.

Camping

■ **AC Draga**②, Tel. 051-737523, www.autocampdraga.com; im Zentrum (Aleja Slatina) gelegen und von März bis Okt. geöffnet, ca. 300 m bis zum Ufer. Minimarkt, Snackbar, wenige Freizeitangebote.

Essen und Trinken

Von **Eisdielen** und **Snackbars** an der Uferpromenade abgesehen – besonders schön sitzt man auf der Uferterrasse der **Gostionica Na Rivi kod Benita,** Tel. 051-737502, tgl. 11–24 Uhr, werden vor allem in der **Konoba Sidro,** Tel. 051-737509, hinter der Agentur *Liburnia* an der Hauptstraße, tgl. 11–23 Uhr, hervorragende Fischgerichte serviert.

Aktivitäten

- **Marine Sport,** Aleja Slatina 2, Tel. 051-737837, www.marinesport.hr, Unterkunftsmöglichkeiten für Taucher vorhanden.
- Am Strand werden **Scooter, Wasserski, „Banane"** u.a. angeboten.
- **Wandern:** Die Agentur *Annalinea,* s.o., bietet für umgerechnet rund 50 € Touren auf den Vojak an.
- Im September können Ausdauersportler sich an **Učka-Rennen** (ab Meer per Mountainbike oder Laufwettbewerbe) beteiligen; Infos über www.tz-moscenicka.hr/de/ucka_trail_2019.

Mošćenice

Gegenüber der Friedhofskapelle Sv Bartolomej (Parkmöglichkeit) liegt mit dem alten **Stadttor** der Zugang zum winzigen Ortskern – es gibt nur eine Gasse bis zur Kirche, ansonsten steht man zwischen Privatgemäuern. Unmittelbar am Stadttor liegt ein kleines, aber sehr feines **ethnologisches Museum** mit Trachten und Gerätschaften, die von der einstigen hohen Bedeutung Mošćenices als Agrarstadt zeugen. Die **Pfarrkirche Sv Andrej** mit dem massiven Glockenturm ist aus dem 17. Jh. und rühmt sich kunstvoller Schnitzereien von *Michael Zierer* und einer Meisterorgel von *Peter Rumpel.*

- **Ethnologisches Museum (Muzejska zbirka Mošćenice),** tgl. 10–17 Uhr, Eintritt 20 K, Kinder/ermäßigt 10 K, Tel. 051-737826.

Unterkunft, Essen und Trinken

- Im Ort kann man unmittelbar neben der Kirche in einer sehr hübschen **Privatunterkunft** nächtigen: **Design Apartment Mošćenice**③, Mošćenička ul. 20, https://hr.airbnb.com. Schöne Ferienunterkunft, wo sich Fuchs und Hase „Gute Nacht" sagen, innen modern, absolut ruhig.
- Eine einfache B & B-Alternative sind die **Rooms Rubinić**②, Mošćenice 71, Tel. 051-737619.
- Ein **Minimarkt** sorgt für das Nötigste.
- Vor dem Stadttor lockt das **Restaurant Perun Mošćenice,** Mošćenice bb, Tel. 051-737515, mit tollem Terrassenblick! Reichhaltige Auswahl, traditionelle und internationale Küche. Auch Zimmer.

Sv. Jelena, Golovik und Martina

Von Mošćenice der Höhenstraße in südliche Richtung folgend, passiert man nacheinander die **Weiler** Sv. Jelena, Golovik und Martina, die zwar keine besonderen Sehenswürdigkeiten aufweisen, aber dafür zunehmend ein **Refugium für Ruhe Suchende** und Anhänger des **Agro-Tourismus** werden. Dementsprechend gibt es hier oben einige tolle Unterkünfte, allerdings muss man für die morgendlichen Brötchen ein Stückchen fahren.

- **Stone & Straw**③, Baruki 8, zwischen Mošćenice und Sv. Jelena weit abseits gelegen, Tel. 095-3542828, https://stoneandstraw.com. Tolles restauriertes Steinhaus für 6 Personen.
- **Villa Tramontana**⑤, Barci 13a, Sv. Jelena, Tel. 091-2290026, www.villatramontana.com. 3500–5500 €/Woche für ein 10-Personen-Traumanwesen mit Pool und Meerblick.

■ Zurück in preislich erschwinglicheren Gefilden bieten sich in **Sv. Jelena** die **Apartmani Sveta Jelena**③, Sveta Jelena 31, Tel. 098-440010, www.apartmani-mauro-svetajelena.hr, an. Schönes Haus für bis zu 8 Personen mit Tiefkühlschrank, Wasch- und Spülmaschine sowie Außengrill.

■ In **Golovik** kann man im Paradies wohnen, im **Piccolo Paradiso**④, Golovik 23, Tel. 095-5072405, http://piccolo-paradiso.com, Villa mit Pool und Meerblick auf 3000 m^2 zu 220 €/Nacht. Ähnliches findet man im gleichen Ort unter https://holiday-home-mirjana.business.site.

■ Auf dem Weg hinunter nach Brsec kreuzt man schließlich den Weiler **Martina,** wo es einige preiswertere Ferienwohnungen gibt, z.B. die **Apartments Martina**③, Martina 2, Tel. 091-1710303, mit sehr schönen, modernen FeWo teils auch mit Meerblick.

Brseč

MEIN TIPP: Brseč liegt zwar unmittelbar an der Küste, aber auf einer rund **160 Meter hohen Klippe,** die den letzten Ausläufer des Čičarija-Gebirges bildet. Von Mošćenice empfiehlt es sich unbedingt, die „Bergroute“ zu nehmen. Das Gebirge er-

adobe.stock ©PanoArt360

hebt sich hier über 800 Meter steil aus dem Meer empor und die malerische Küstenstraße windet sich über rund zwölf Kilometer bis nach Mošćenice. Der kleine und verwinkelte Ort mit seinen 121 Einwohnern (die Zahl ist zweifelhaft, da sie schon seit mittlerweile 20 Jahren offiziell unverändert gilt!) wirkt sehr ruhig und untouristisch. Die örtliche Georgskirche stammt aus dem 18. Jh. und zog mit ihren „goldenen Altären", sogenannt wegen der goldenen Reliquien und Verkleidungen, zahlreiche unliebsame Besucher an.

Unterkunft

- Im Ort werden zahlreiche **Privatzimmer** vermietet; Auskünfte erteilt die Agentur *Annalinea*, siehe unter „Info und Agentur".
- **Pension Galovic**①, Brseč 43, Tel. 051-290017, www.guesthouse-galovic.com. Einfache Studios und DZ mit WLAN, Sonnenterrasse, Grill.
- Etwas moderner eingerichtet sind die Wohnungen der **Brumnic-Apartments**②, Brseč 11c, Tel. 091-3784278, http://brumnic-apartments.yolasite.com). Zwei Studios für 2–3 Personen und zwei 4er-Apartments mit guter Ausstattung.
- Großfamilien bis 7 Personen finden ein sehr schönes Anwesen am oberen Ortsrand mit der **Villa Majda**③, Brseč 12 D, Tel. 098-866063, buchbar über www.adriatic-home.com/Croatia/Brseč/Villa-MAJDA-6043. Zweietagiges Häuschen zur Alleinnutzung in ruhiger und idyllischer Lage. Schöne Terrasse, Gartendusche, Waschmaschine, Meerblick, WLAN.

Essen und Trinken

- Sehr angenehm sitzt man im urigen Biergarten der **Konoba Batelan** am Eingang des Ortskerns, Brseč 4, Tel. 051-290021, tgl. außer Di 12–22 Uhr.
- Einzige Alternative ist die **Pizzeria Sisol,** Tel. 051-290302, tgl. 8–24 Uhr, die für sehr gute Pizza und Snacks gelobt wird.
- Selbstversorger können im Zentrum im **Minimarkt Suzi** das Nötigste einkaufen.

Brseč thront hoch über der Adria

004kb wl

7 Inseln Cres und Lošinj

Die langgestreckten Inseln vor der Ostküste Istriens, durch eine Brücke miteinander verbunden, sind nach einer kurzen Überfahrt von Brestova schnell erreicht. Auch zur Nachbarinsel Krk besteht eine Fährverbindung, sodass sich Inselhüpfen anbietet.

‹ Beschauliche Idylle im Örtchen Cres auf der gleichnamigen Insel

Cres und Lošinj

INSELN CRES UND LOŠINJ

Cres und vor allem Lošinj scheinen, gemessen an der Anzahl deutscher Kfz-Kennzeichen auf den Inseln, der Renner unter den Reisezielen deutscher Touristen in Kroatien zu sein. Und der **„Doppelpack“** der durch eine kleine Brücke verbundenen Inseln bietet in der Tat Atemberaubendes, Unvergessliches und eine so abwechslungsreiche Landschaft auf vergleichsweise engem Raum, dass wohl jeder Besucher der Inseln wiederkommen will. Insgesamt wird der Reisende **Cres** als die kargere, **Lošinj** als die belebtere Insel empfinden, weshalb sich Naturliebhaber eher auf Cres, „Aktivisten“ eher auf Lošinj wohlfühlen dürften.

NICHT VERPASSEN!

- **Valun** – die „Schweiz Kroatiens“ hat ihre eigenen ökologischen Regeln | 221
- **Lubenice** – Biergarten-Bistro in malerischer Idylle | 223
- **Punta Križa,** ein einsames FKK-Camperparadies | 227
- Der Kanal von **Osor** lädt zum Baden und Verweilen ein | 229

Diese Tipps erkennt man an der gelben Hinterlegung.

Die Größe oder besser Länge der fast nadelförmigen Inseln bedingt einige **klimatische und geografische Unterschiede:** Cres ist 409 km^2 groß mit einer Länge von 68 km und einer maximalen Breite von 11 km, das südlicher gelegene Lošinj misst gerade 75 km^2 (31 km lang, max. 4 km breit). Höchste Erhebung ist der **Gorice** (648 m) nahe Beli. Da die Inselgruppe den kühlen Nordostwinden (Bora) ausgeliefert ist, herrscht in der Nordhälfte von Cres (knapp 3500 Einwohner) ein spürbar frischeres Klima (1–2°C, 10–15 % mehr Niederschlag) als im Süden und auf Lošinj (etwa 10.000 Einw.), das durch die Berge rund um den Gorice geschützter liegt. Durch die Feuchtigkeit ist im Norden der Baumbestand an Eichen und Pinien vorherrschend, während sonst Mecchia (Maggikraut) das Landschaftsbild dominiert.

Die Bewohner von Cres gehen meist dem Gemüse-, Oliven- und Weinanbau oder dem Fischfang nach, Lošinj lebt dagegen von einem boomenden Tourismus sowie dem traditionellen Bootsbau. Verwaltungssitz ist **Mali Lošinj,** wo knapp zwei Drittel der Bewohner der beiden Inseln mittlerweile wohnen. Die wichtigste Straße ist die **„Inselachse“** von Porožina auf Cres nach Veli Lošinj auf Lošinj (95 km), eine sehr gut und zügig befahrbare Route.

Geschichte

Erste Siedler muss es schon in der Jungsteinzeit gegeben haben, befestigte Bauten oder Begräbnisstätten lassen sich jedoch erst ab der Bronzezeit nachweisen (liburnische Stämme). Die Inseln waren **ursprünglich nicht getrennt,** in der An-

adobe.stock ©travelpeter

tike wurde vermutlich nach der Eroberung durch die Römer *(Augustus,* um die Zeitenwende) der heute Cres und Lošinj trennende **Kanal** durch *Apsirtides* (so der damalige Gesamtname) gegraben. Nach dem Ende Westroms (476) fielen die nunmehr zwei Inseln an Byzanz, eine slawische Besiedlung erfolgte erst im Mittelalter (Tafel von Valun, 11. Jh.). Bis ins späte 18. Jahrhundert standen Cres und Lošinj unter venezianischer Herrschaft, anschließend (bis 1918) unter österreichischer. Nach dem italienischen Intermezzo (1918–1943) folgten die jugoslawische und schließlich die neue kroatische Epoche.

Allgemeine Reiseinfos

An- und Weiterreise

Fähre vom Festland

■ Bedeutendster Transitort nach **Cres (Porožina-Pier)** ist **Brestova** auf dem istrischen Festland. Die **Fähre** (Pkw mit 2 Personen, 133 K) legt immer um „halb" in Brestova ab, zur vollen Stunde in Porožina. Die große Fähre hat eine Kapazität von ca. 60 Pkw-Plätzen, in der Hauptsaison wird zusätzlich eine kleine Fähre (30 Plätze) eingesetzt, sodass dann halbstündlich gefahren wird. Bei der Überfahrt hat man einen guten Ausblick auf die Küste bis Opatija und Rijeka.

◁ Blick auf das Städtchen Osor auf der Insel Cres, dem Schnittpunkt zwischen den beiden Inseln Cres und Lošinj

Achtung: An Wochenenden ist diese Fährstelle **oft überlastet;** man sollte daher daher nach Möglichkeit einen Wochentag wählen und zudem sehr früh am Pier sein!

Fähre Krk – Cres

■ Seit dem Bau der Krk-Brücke wird auch die **Fähre Valbiska (Krk) – Merag (Cres)** intensiver genutzt: 5.50–22 Uhr 13x tgl. (etwa alle 75 Minuten), Pkw mit 2 Personen ca. 133 K.

Fähre Cres – Krk – Rab

■ **Wichtiger Hinweis für „Inselhüpfer":** Man kann per PKW-Fähre leicht Cres/Lošinj, danach Krk und schließlich auch von dort aus mit der Verbindung Valbiska – Lopar nach Rab übersetzen. Da Krk somit immer „in der Mitte" steht, macht nur die Reihenfolge Cres – Krk – Rab oder umgekehrt Sinn.

Fähre Zadar – Pula

■ Ein **Katamaran-Schnellboot** (nur Personen) bedient im Sommer die Route Zadar – Mali Lošinj – Pula, wobei auch die kleinen Inseln Susak, Ilovik und Unije (s.a. Abschnitt „Kleinere Inseln der Kvarner Bucht") angefahren werden; Preis je nach Strecke 28 K (Mali Lošinj – Susak) bis 200 K (Zadar – Pula), www.jadrolinija.com.

Inselbusse

■ Per Inselbus wird die Route Veli Lošinj – Mali Lošinj – Nerežine – Osor – Matričice – Cres-Stadt und dann entweder Merag – Valbiska (Krk) – Malinska – Omišalj – (4x tgl.) oder Porožina – Brestova – Opatija – Rijeka (3x tgl.) angefahren; Info-Tel. 051-571810.

Unterkunftssuche

Für Cres und die „deutsche Hochburg" Mali Lošinj können **Ferienwohnungen und Wohnwagen** unter www.sunbird.de vorab arrangiert werden; hier gibt es auch zahlreiche Sportangebote, geführte Radtouren, Radverleih, Surfschule usw. Weitere „cresspezifische" Seiten zur allgemeinen Information oder zum Arrangement von Unterkünften sind u.a. **www.tzg-cres.hr, https://tbcres.com/de** (Stadt Cres), **www.ferienwohnung-cres.de** oder **www.insel-cres.net.** Spezielle lokale Seiten zu Ferienwohnungen sind beispielsweise **www.island-cres.com** oder **www.cresapartments.com.** Für Camper wird die zentrale Seite **www.camps-cres-losinj.com** von Interesse sein.

Beli

Nach der steilen Auffahrt vom Pier ist nach zwölf Kilometern der **Barbin-Sattel** (450 m, toller Aussichtspunkt) unterhalb des Gorice-Gipfels erreicht. Die Spitzkehre führt links hinunter nach Beli, einem schon in der Antike zentralen Ort auf Nord-Cres.

Nette Gassen winden sich durch die stille 150-Seelen-Gemeinde, deren höchsten Punkt die Pfarrkirche (18. Jh.) und der davor liegende Platz mit dem Brunnenrad bilden. Man kann sich nicht verlaufen und rund um den Ort mit den eng aneinander gedrängten alten Häusern schlendern, die winzigen Gärtchen prägen Feigen- und Granatapfelbäume. Einige tolle **Aussichtspunkte** gewähren famose Blicke auf den unterhalb gelegenen Strand und bis aufs Festland.

Der Zufahrtsweg zum Campingplatz führt auch zur alten Anlegestelle und dem netten **Steinstrand** von Beli. An der Gaststätte (Wandertafel) führen drei markierte Wanderwege von fünf, sechs und sieben Kilometern Länge in die Hügel des Umlands – gute Schuhe sind Voraussetzung!

☒ Cres-Stadt, das Inselzentrum

Praktische Tipps

An- und Weiterreise

- **Busanbindung** nach Cres-Stadt besteht tgl. um 7.30 und 16 Uhr.
- Selbstfahrer finden einige kostenfreie **Parkmöglichkeiten** etwa 250 m vor dem Ort, nicht jedoch innerhalb.

Unterkunft

- Die **Pension Tramontana**②, kurz vor dem Örtchen links den Stichweg hinauf, bietet auch Tauchgänge, Tel. 051-840519, www.beli-tramontana.com.
- Einfache Zimmer bietet auch die **Gostionica Beli**①-② (s.u.).

Camping

- **AC Brajdi na Moru**③, Tel. 051-840532, www.autokamp-brajdi.com. Vor der Kneipe links hinunter, dort auch Steinstrand und alte Anlegestelle (Bootsslip). 250 Plätze, Minimarkt. Nur Juni bis September geöffnet.

Essen und Trinken

- **Gostionica Beli,** Tel. 051-940515, tgl. 10–24 Uhr. Rustikale Dorfkneipe, zivile Preise trotz Monopol: Seebrasse oder Scampi vom Rost oder Lammbraten sind keinesfalls überteuert.

■ **Pension-Bife Tramontana,** zwischen den Parkplätzen und dem Ortseingang linker Hand den Weg hinauf (beschildert), bietet frische Fischgerichte und organisiert auch Jazz-Abende; Tel. 051-840519.

Einkaufen

An der Zufahrtsstraße wurde ein **„Eko-Centar" Caput Insulae"** („Öko-Zentrum Inselhaupt") eingerichtet, wo in geringem Umfang lokale und besonders umweltfreundlich produzierte landwirtschaftliche Erzeugnisse (vorwiegend Honig und Olivenöl) vertrieben werden. Hauptaufgabe des Zentrums ist allerdings der Schutz bedrohter Vogelarten, etwa des Gänsegeiers. Sehr unregelmäßig geöffnet, Tel. 051-840525, www.supovi.hr/english-sponsorship.

Cres-Stadt

Allein knapp 3000 Menschen und somit 80 % der Gesamtbevölkerung der Insel Cres wohnen in Cres-Stadt, dem unbestrittenen Zentrum. Eingebettet in karg bewachsene Hügel war der kleine Hafen unter dem Namen Crepsa schon in der Antike von Bedeutung. Die städtische Ummauerung stammt aus der venezianischen Zeit, Teile davon, einschließlich der Stadttore, sind gut erhalten.

Heute verfügt Cres über eine **sehenswerte Altstadt** rund um das alte Hafenbecken, wo sich die meisten Touristen aufhalten. Den **Campingplatz** und **Hotelanlagen** findet man westlich, **Ein-**

adobe.stock ©ilijaa

kaufsmöglichkeiten (Supermarkt) östlich der Altstadt. Fußgänger können den angenehmen **Promenadenweg** (Palada/ Lungomare Sv. Mikula) vom Altstadthafen bis zum Campingplatz Kovačine nutzen.

Sehenswertes

Franziskanerkloster

Vom Parkplatz hinter dem Trg Sv Frane passiert man das Franziskanerkloster aus dem 14. Jahrhundert, in dem die **älteste glagolitische Bibel** (gedruckt 1494 in Senj) aufbewahrt wird. Hübsch anzuschauen ist der Innenhof mit Säulengang, Brunnen und der Büste des *Antonius Petris,* des ersten Franziskaners auf Cres.

Hafen

Rund um das kleine Hafenbecken pulsiert das Herz der Stadt; kleine Geschäfte und Boutiquen, Cafés, ein kleiner Fischmarkt (heute meist Honig/Obst/Kunst) und zum Teil recht hübsch restaurierte Altstadtbauten prägen die **Promenade** zwischen Cons Trg und Trg Petrića.

■ Die **Ausflugsboote** am Hafenbecken (sowohl am Cons als auch an der Lungomare-Promenade) werben für Ausflüge aller Art (Baden, Fischpicknick, Weintour usw.), je nach Dauer und Inhalt ab 30 €.

Altstadt

Am Hafen führt rechter Hand ein Durchgang durch das alte **Seetor** aus dem 16. Jahrhundert in den Altstadtkern. Gleich dahinter ragt der **Glockenturm** der Pfarrkirche **Sv Marija Snježna** empor (15./16. Jh.; Turm tgl. 9–11 und 18–20 Uhr). Von hier aus mag es fast ein wenig gruselig wirken, die engen und verwinkelten Altstadtgassen zu durchstreifen – interessant ist es allemal, das Leben in den Hinterhöfen einmal hautnah zu erleben: Beschwingte Rentner füllen fässerweise Šljivovica und Grappa ab, alte Frauen häkeln und stricken vor den Türen, die Kinder tollen durch die verkehrsfreie Altstadt. Sehenswert ist noch die **Kapelle Sv Sidar** mit der ersten Glocke von Cres aus dem 14. Jh.

Praktische Tipps

An- und Weiterreise

Busse

■ Alle **Busse von Lošinj nach Rijeka** halten in Cres, die Haupthaltestelle liegt direkt vor der Altstadt in der Zazid (Details siehe Anfang des Kapitels). Reine **Inselverbindungen** von/nach Cres-Stadt sind die Linien Beli (Mo–Fr 6.30 und 13 Uhr) sowie Valun/Lubenice (nur Mo 4.30 und 16.30 Uhr sowie Fr 4.30 und 19 Uhr jeweils ab Cres). Nach Lošinj (66 K) geht's um 9.35, 14.15 und 19 Uhr. Fahrkarten und Auskünfte erhält man schräg gegenüber der Haupthaltestelle bei *Autotrans* (Zazid 12, Tel. 060-306020).

Auto

■ Selbstfahrer sollten den großen **Parkplatz** (15 K pauschal ohne Zeitbegrenzung) hinter dem Franziskanerkloster nutzen, für Tagesbesucher die einfachste Möglichkeit; die Altstadt selbst ist autofrei.

Info und Agenturen

■ **Touristeninformation** Cres, Cons 10, Tel. 051-571535. www.tzg-cres.hr, Mo–Fr 8–14, im Sommer 8–20 Uhr. Gute Webseite mit Wanderwegen, Veranstaltungshinweisen und einem umfassenden Katalog der meisten Zimmer- und Wohnungsanbieter der Stadt (Spalte „Unterkunft-privat").

■ **Agenturen** für Zimmer, Ferienwohnungen sowie Bus- und Flugtickets findet man rund um den Trg Cons am Hafenbecken. Nützlich für Ausflüge, Touren, Unterkunft, Fahrzeuge ist hier z.B. das 20 *Turist-Biro Cres* (direkt neben der Post, Tel. 051-571133, www.cresanka.hr), wo alle Fahrpläne (Fähren, Busse) außen eingesehen werden können. Empfehlenswert ist auch die Agentur 19 *Croatia Travel* (Cons 10, Tel. 051-573053, Mo–Sa 8.30–13 und 16–19.30 Uhr, So 9–16 Uhr) neben der Touristinfo.

Unterkunft

Hotels

2 **Hotel Kimen**③, Karte S. 216, Tel. 051-571161, www.hotel-kimen.com, ordentliche DZ mit Balkon und Frühstück, mit Open-Air-Disco und Tennisplatz.

FeWo/Zimmer

■ Sehr preiswert und zuverlässig sind die **Zimmer/Apartments Cres,** zu buchen unter www.

Cres-Stadt

Lošinj, Merag, Porožina
Aprila XX Šetalište
Aprila XX Šetalište
Kutonjina
Klančić Rov
Zagrad
Zagrad
K. Creskih Kopaga
Giovanni Moise
Sv. Sidar
Nikola Draže
Creskog Statuta
Ante Tentora
Pfarrkirche
Turion
Pecarica
Pecarica
Markt
Osorskaca
Ribarska
Glockenturm
Pod Urom
Riva Creskih Kapetana
Labinska
Seetor
Trg. F. Petrića
Fischerhafen
Bejanska
Drivenik
Bejanska
Put Fortice
Palada
Varozina
Drivenik
Lubenička
Lošinjska
Žrtava Fašizma
Zagrebačka
Rialto

0 50 m
©Reise Know-How
Kroat19 6/20
Franziskanerkloster
Polizei
Zazid
Peškera
Barnandino Rizzi
Pijaceta
Ribarska
Stadt-museum
Dr. Ćirila i Metoda
Cons
Brodogradilište Marina
Werft
Hafenmeisterei
Palada
WLAN Hotspot, Kinderhüpfburg
Lungomare Sv. Mikula
Promenade
Übernachtung
11 Palazzo Floreus
16 Neho-Guesthouse
Essen und Trinken
1 Santa Lucia
2 Café Obala
3 Pizzeria Luna Rossa
5 Fast-Food Lokale & Eiscafés
7 Restaurant Amfora
9 Konoba Kopač
10 Café-Bar Kadena
12 Konoba Busola
13 Al Buon Gusto
14 Bistro-Pizzeria Chersium
15 Astoria Café Bar
Einkaufen/Sonstiges
4 Vinoteka Katunar
6 Apotheke
8 Zimmervermieter
17 Fischgeschäft
18 Agentur Croatia
19 Croatia Travel
20 Turist-Biro Cres
21 Metzgerei Cons

tbcres.com/de mit Wohnungen für 4 Pers. oder DZ im Zentrum, Tel. 051-571133.

■ Wer selbst etwas direkt im Ort sucht: ein kleiner 8 **Zimmervermieter** liegt direkt im Zentrum (Nr. 5, Ul. Creskog Statuta) und auch direkt um die Ecke vom Glockenturm, im zur *Konoba Busola* gehörenden 11 **Palazzo Floreus** (Tel. 051-571676, www.cres-busola.com), wo auch Apartments vermietet werden.

16 Noch jung im Geschäft ist das **Neho-Guesthouse**②-③ (Zazid 5, Tel. 051-571868, www.villaneho.com), welches schöne DZ/3er-Zimmer, wahlweise auf B & B-Basis oder mit Halbpension anbietet.

3 Auf halber Strecke zwischen Altstadt und Hotel Kimen/Strandbereich liegt die **Villa Erdelja**② (Karte S. 216, Melin II Nr. 31, Tel. 051-571328, www.erdelja.com), die schön verschachtelte, unterschiedliche Wohneinheiten für 2–4 Personen anbietet.

Camping

1 **AC Kovačine**②, Karte S. 216, Tel. 051-571423, www.camp-kovacine.com. Ursprünglich einmal ein reiner FKK-Campingplatz, findet man hier mittlerweile auch DZ *(Haus Tamaris)*, Mobilheime②-③, klassische Stellplätze, ein angeschlossenes Restaurant (Tel. 051-571689) und ein ordentliches Unterhaltungsangebot (Tauchschule, Gymnastik, Basketball, Volleyball, Grillpartys, Live-Musik usw.) direkt am Meer; WLAN inkl. Heute abgetrennte FKK- und Textilabschnitte.

Essen und Trinken

Einfache Snacks, Eiscafés

2 In den Cafés und Restaurants **an der Promenade** bekommt man meist auch Frühstück – ein sonst eher seltener Service in Kroatien. Eines der beliebtesten ist das **Café Obala** (Palada 10).

15 Sehr angenehm ist auch die **Café-Bar Astoria** am oberen Stadttor, gelegentlich Live-Musik (Jazz).

10 Neben der Pfarrkirche (Pod Urom 5) bietet die **Café/Bar Kadena** preiswerte Erfrischungen.

14 In der Zagrad liegt die **Bistro-Pizzeria Chersium** (Tel. 051-571564, tgl. 18–23 Uhr) mit günstigen und einfachen Gerichten.

5 Weitere **Fast-Food-Lokale** und **Eiscafés** liegen direkt am Kopfende des Hafenbeckens am Trg Frane Petrića.

3 Immer gut gefüllt, wenngleich etwas überteuert, ist die **Pizzeria Luna Rossa** (Palada 6, tgl. 9.30–23 Uhr).

Restaurants

■ Bei den **einfacheren Restaurants** empfehlen sich die nett gelegene 9 *Konoba Kopač* (16–24 Uhr, Tel. 571956) sowie das 7 *Restaurant Amfora* am Trg Frane Petrića 5 (Tel. 051-571288, tgl. 7–23 Uhr), beide mit „gutbürgerlicher Küche".

12 Die **Konoba Busola** (Ante Tentora, Tel. 571676, tgl. 10–2 Uhr) bietet ausgezeichnete Fischplatten für 2 Personen, aber auch Kleinigkeiten wie *Pleškavica* oder Spezialitäten wie istrische Würste in Wein sowie *Fuži* mit Trüffeln.

13 **Al Buon Gusto** (Sv. Sidar 14, Tel. 051-571878, 17.30–23 Uhr) serviert einfache, preiswerte und schmackhafte Gerichte wie gegrillten Tintenfisch mit Mangold.

1 Auch an der **Promenade Lungomare Sv Mikula** findet man einige gute Restaurants. Empfehlenswert ist das **Santa Lucia** (Lungomare 41, Tel. 051-573222, tgl. 9–21 Uhr, im Sommer bis 23 Uhr) für den preiswerten Thunfisch in Olivenöl oder das Meeresfrüchte-Risotto. Hier findet man auch Spezialitäten aus dem benachbarten Istrien wie Medaillons mit Trüffeln und *Fuži* mit Trüffeln.

5 Selbstfahrer seien auf die **Konoba Bukaleta** im Weiler **Loznati** (Karte S. 216, Loznati 7a, Tel. 051-571606, tgl. 11–22 Uhr) verwiesen. Hier gibt es überwiegend Grill- und Pekagerichte, dabei oft Lammfleisch – und das extrem gut. Nette Terrasse, gute Weine, mittleres bis gehobenes Preis-Leistungs-Verhältnis.

Einkaufen

■ **Andenkenhändler** säumen den Trg Petrića (Düfte, Aquarelle usw.)

21 **Metzgerei Cons,** Riva Creskih Kapitana (am Hafenbecken). Eine weitere Metzgerei liegt direkt neben dem Glockenturm.

17 **Fischgeschäft** *(Ribarnica),* Zazid 16.

■ **Kioske** mit Andenken, Zeitschriften und Postkarten gibt es am Trg Petrića.

■ Die gute **Bäckerei Loznati** (Tel. 051-573028), aber auch **Obst- und Gemüse-** sowie weitere **Souvenirstände** (Angelzubehör, Textilien) findet man am neuen **Markt** in der Creskog Statuta.

■ Selbstversorger finden einen **Minimarkt** in der Zazid im Zentrum.

4 Deutlich preiswerter kauft man aber im **Konzum-Supermarkt** (Karte S. 216) in der Jadranska Obala ein (vom Franziskanerkloster-Parkplatz aus am Ufer Richtung Marina, erste Abzweigung links ins Wohngebiet, nach 150 m linker Hand), insgesamt günstigste Einkaufsmöglichkeit der Stadt, wenngleich längst nicht so gut wie in Mali Lošinj.

4 **Vinoteka Katunar,** vor der Rialto-Treppe am Hafenbecken links in der Drivenik-Gasse. Hier kann man sowohl Weine aller Art kosten als auch direkt in mitgebrachte Flaschen – je nach Sorte ab 15 K/Liter – abfüllen lassen (Tel. 052-7741839).

Nützliches

■ **Polizei:** Tel. 051-571207, Vatrogasci (nahe Franziskanerkloster).

■ **Erste Hilfe:** Trg Petrića/Ecke Labinska (Tel. 051-571116), 6 Apotheke am Trg Petrića (Tel. 051-571 243); Kreiskrankenhaus 051-571247.

18 **Internetcafé:** Agentur *Croatia,* Cons 8, neben der Touristeninformation, Tel. 040-030387, tgl. 8–22 Uhr. **WLAN** kostenlos im gesamten Hafenareal.

■ **Tankstelle:** am unteren Ende der Zazid neben der Bushaltestelle.

■ **Hafenmeisterei** (für Taucher und Bootsführer): Brodogradilište Marina, Tel. 051-571111.

■ **ACI Marina:** 1,5 km Richtung Lošinj, Tel. 051-571622, www.aci-club.hr.

Aktivitäten

■ **Tauchen:** *PADI Diving Cres,* im *AC Kovačine,* deutschsprachig, Tel. 051-571706, www.diving cres.de.

■ **Kinderhüpfburg:** Ecke Palada/Lungomare.

■ Das **rote „U-Boot"** (www.semisubmarine-cres.hr) am Hafen bietet Rundfahrten mit Blick durch Bullaugen unter der Wasseroberfläche an.

■ **Radverleih:** Über die Agenturen bzw. bei *Cres Rent-a-bike/Galerija Pope* (Tel. 091-1614186, am Markt)

Valun

Auch wenn man nur auf der Durchreise ist – ein Abstecher nach Valun (und Lubenice) ist unbedingt empfehlenswert: Bergdorf und Meer mit dem **klarsten Wasser Kroatiens** in absoluter Ruhe findet man in dieser Zusammenstellung so rasch nirgends. Kurz hinter dem Abzweig von der Inselstraße Richtung Valun/Lubenice besteht rechter Hand eine Haltemöglichkeit (Feldparkplatz) mit schöner Aussicht.

Valun mit seinen etwa 80 Einwohnern gibt sich als **autofreier Kurort** (Parken vor dem Ort für 20 K pauschal), der eigens die **„Valuner Grundregeln"** aufgestellt hat: nichts zerstören, keinen Abfall auf den Boden werfen, keine Mauersteine entfernen – außerdem sollen Eselskarren für den Gepäcktransport der in

Valun untergekommenen Touristen vom Parkplatz zum Domizil sorgen. Das Ganze wirkt nur auf den ersten Blick gekünstelt, bei genauerem Hinsehen entpuppt sich Valun als **„Schweiz Kroatiens“:** idyllische Beschaulichkeit gepaart mit dem vielleicht klarsten Adriawasser überhaupt.

Einziges historisches Monument ist die Pfarrkirche mit der **Valuner Tafel,** einer glagolitisch-lateinischen Steintafel vom Ende des 11. Jahrhunderts. Neben der Touristeninformation lädt eine **traditionelle Ölmühle** (Uljara) zur Besichtigung ein.

Von den hoch gelegenen Parkplätzen kann man entweder links zur kleinen **Badebucht** (Kiesstrand) hinuntergehen oder rechts hinunter zu den Gaststätten und Unterkünften; beide Abschnitte sind per Promenade (ca. 300 m) miteinander verbunden. Geht man vom Gastronomiebereich am Ufer entlang in die entgegengesetzte Richtung, bestehen weitere Bademöglichkeiten (befestigt) bis hin zum Kiesstrand des Campingplatzes.

Praktische Tipps

An- und Weiterreise

- **Bus:** Abfahrt nach Cres tgl. 5.33, 8.50, 16.50 und 19.20 Uhr, nach Lubenice um 8.50, 16.50 und 19.20 Uhr (Sommerfahrplan sonst nur 5.33 Uhr)

Information

- **Touristeninformation** (Cresanka bb, tgl. 8–21 Uhr, Tel. 051-571161 und 525050) mit Zimmervermittlung (ab 50 €/DZ), Geldwechsel, Ticket- und Ausflugsorganisation usw.

005kb wl

Unterkunft, Camping

■ **Pension Za Odmor**②, Tel. 051-573053 oder über die Agentur Cresanka (s.o.), FeWo für 4 Personen 55–90 € je nach Saison.

■ Schöne Wohnungen/Zimmer bieten u.a. **Donatela**③, tolle Apartments mit Meerblick; http://guest-house-donatela.valun.hotels-primorsko-goranska.com, oder direkt am Ufer die **Seaside-Apartments**②, www.valunbay.com, Tel. 091-953 1811, an.

■ Auch das **Bistro Mamalu**②, Tel. 051-525008, www.mamalu-valun.hr, bietet sehr schöne Zimmer direkt am Ufer zwischen 50 und 75 € sowie kleine 4er-Apartments.

■ **FKK-Camp Zdovica-Valun**②, Tel. 051-571161, https://camp-zdovica.com.

Essen und Trinken

■ Besonders nett ist **am Ufer in der Ortsmitte** das **Toš Juna** (Tel. 051-525084) mit seinen glagolitischen Steintafeln im „Biergarten". Sehr gut sind hier Miesmuscheln und der ausgezeichnete Schafskäse. Im gehobenen Preis-Leistungs-Segment serviert das **San Marco** (Tel. 051-525004, tgl. 11–23 Uhr) eine sehr gute Gemüsesuppe oder gegrillten Fisch. Nur vom 1.3. bis 1.9. brät das **Bistro Mamalu** (Tel. 051-525008) nebenan täglich 12–23 Uhr, wobei der Begriff „Bistro" deplatziert ist, da es sich um ein vorzügliches Fischlokal handelt. Leser empfehlen die **Gostionica Na Moru,** Tel. 051-525056, tolles Ambiente, Risottos, Pasta und vor allem Fisch.

■ Für Erfrischungen, Kuchen oder Eis bietet sich die **Caffé-Bar Valunjanka,** Valun bb, Sommer tgl. 8–22 Uhr, an.

Nützliches

■ **Bootsverleih** und Bootstaxi unter Tel. 098-9594566 sowie über die Touristeninformation oder die Agentur vor Ort.

■ **Minimarkt** am Ufer, führt auch Briefmarken, Geldautomat, tgl. 7.30–12 und 17–21 Uhr, So nur vormittags.

■ **Kleiner Obst-/Gemüsemarkt** (auch Speiseeis) am zentralen kleinen Platz, tgl. bis 13 Uhr.

Lubenice

Lubenice ist ein **Bergdorf** mit noch etwa 40 Einwohnern, in dem sich allabendlich Fuchs und Hase „Gute Nacht" sagen, ohne jegliche historische Sehenswürdigkeit oder andere touristische Highlights, mit nur einer tollen kleinen **Biergarten-Imbissstube.** Direkt hoch über dem Meer gelegen, ist der nächste Strand knapp 30 Gehminuten (ziemlich steil hinab) entfernt und das Nachtleben beschränkt sich auf den Sonnenuntergang – und trotzdem ist der Mini-Ort ein echter Tipp! Es sind die wundersame, unvergleichliche, **friedliche Idylle** des luftigen Dörfchens, die malerische, geradezu einmalige Lage oberhalb des Meeres und sicher auch der nur zu Fuß erreichbare **einsame Strand** unterhalb des Ortes: Lubenice ist schlicht Idylle pur!

In zwei, drei Bauernhäusern hängen **Schaffelle** zum Verkauf aus, der Haupterwerb der Bewohner ist die Schafzucht. Am anderen Ortsende (einfach durchgehen) oberhalb der Klippe gibt es mehrere Aussichtspunkte und ein kleines **Museum zur Schafzucht** (kostenlos), welches bis 1986 als Dorfschule diente.

adobe.stock ©RS.Foto

Die **malerische Bucht Sv Ivan** unterhalb des Ortes ist einfach verführerisch! Vom Parkplatz führt ein steiler, nicht immer gut erkennbarer Fußweg hinunter (ca. 45 Min., es geht schneller als vermutet – zumindest abwärts). Ebenfalls sehr schön ist die nahe gelegene **Plave grote** (blaue Grotte), die man auf halbem Weg zum Sv Ivan-Strand links gehend erreicht. Kleiner Kiesstrand und ab Mittag faszinierende Lichtspiele in den kleinen Grottenhöhlen. Beide (Sv Ivan und Plave grote) werden auch gerne von Ausflugsbooten besucht.

Der malerische Strand Sv. Ivan bei Lubenice

An- und Weiterreise

- Der **Linienbus** fährt um 4.30, 16.30 und 19.30 Uhr ab Cres und um 5, 17.30 und 20 Uhr ab Lubenice, allerdings nur im Sommer; ansonsten bleibt nur die Möglichkeit von/nach Valun (siehe dort).
- Ausreichend **Parkplatz** ist vor der Kapelle vorhanden; schon bei der Einfahrt ins Dorf wird ein Parkplatzticket (pauschal 20 K) verkauft, andere Möglichkeiten gibt es nicht!

Essen und Trinken

- **Imbissstube** mit deftigen Schinken- und Käseplatten, im Sommer auch mit Lammgerichten und Fassbier – das alles mit herrlicher Aussicht!
- Mitten im Dorf bietet die **Konoba Hibernica** tolle Lammgerichte im Römertopf, Tel. 051-52504, tgl. 12–22 Uhr.

Miholašćica

Nachdem bei Vrana ein Blick auf das unterhalb gelegene Süßwasserreservoir Vransko Jezero (Zutritt verboten) genossen werden konnte, führt die nächste Abzweigung hinter Hrasta nach Martinšćica und zum *AC Zlatina*. Über die sehr gut ausgebaute Nebenstraße wird Miholašćica durchquert, ein kleiner Bauernort, der sich durch den Durchgangstourismus mittlerweile zu einem Ausweichstandort gemausert hat. An der Hauptstraße liegen einige Vermittlungen für Unterkünfte und Gaststätten *(Konoba Ugnjišće, Gostionica Mareta)*; die kleinen, sehr sauberen **Badebuchten mit Felsstrand** laden zum Baden ein.

Interessant ist etwas außerhalb (Abzweigung Grmov, Hinweisschild) das **Ornithologische Reservat Cres;** tatsächlich sind hier gelegentlich Hunderte von **Gänsegeiern,** die dieses Gebiet besiedeln, im Flug zu sehen.

Im nahezu mit Miholašćica zusammengewachsenen Ortsteil **Zaglav** kann man an einigen Stellen hinunter zu hübschen Badebuchten gehen oder klettern (teilweise steil). Die touristische Infrastruktur von Zaglav beschränkt sich – noch – auf die große gleichnamige Ferienwohnungen-Anlage mit Minimarkt.

Info und Agenturen

■ Derzeit bieten zwei Agenturen ihre Dienste (Unterkunft, Touren usw.) an, die **Agencija Zaglav,** Tel. 051-574169, https://zaglav.hr, sowie **Rona Zaglav,** Tel. 051-715728, www.ronabooking.com.

■ Weitere Angebote zu Zaglav findet man auch unter **www.viacroatia.com/hr/apartmani/zaglav** sowie den am Kapitelanfang genannten allgemeinen Unterkunftsseiten.

Martinšćica

Kurz hinter dem Ortsende von Zaglav geht es an einem Abzweig geradeaus zum *AC Zlatina,* links hinein nach Martinšćica (knapp 200 Einwohner), benannt nach der **Pfarrkirche Sv Martin** mit angeschlossenem Kloster. Parken kann man auf dem großen Parkplatz auf halber Strecke das Sträßchen hinein rechter Hand. Der Ort ist sehr klein und überschaubar, alles ist leicht zu Fuß erreichbar.

Martinšcica gehört noch zu den ruhigeren Orten, Sehenswertes und Touristenströme sucht man hier vergebens. Ansonsten laden der Kiesstrand, das Eiscafé Riva und die örtlichen Gastronomiebetriebe zum Verweilen ein. Einzig der teilweise erhaltene **Aquädukt** am Parkplatz (hinter dem Zaun) zieht die Blicke einiger Interessierter auf sich.

Praktische Tipps

An- und Weiterreise

■ Es mag überraschen, aber das **Personenboot** (Katamaran) Mali Lošinj – Rijeka (3x wöchentl.) hält ausgerechnet hier! Nach Rijeka Mo 8.30, Do 7.05 und Sa 7.50 Uhr; nach Mali Lošinj Mo/Do/Sa 16.40 Uhr (Winterplan); 2.6.–1.10 Mo 8.30, Do 8.20 und Sa 7.50 Uhr nach Rijeka; nach Mali Lošinj Mo/Do/Sa 19.05 Uhr: Mo 8.15 Uhr, Do und Sa 7.40 Uhr, retour ab Rijeka jeweils um 17 Uhr; nach Mali Lošinj Do und Sa 19.05 Uhr, jeweils 6 Uhr ab Mali Lošinj (verkehrt nur im Sommer!).

■ **Bus:** Für Touristen besteht nur eine, für Reisende ziemlich dürftige, Anbindung, 6.30 Uhr Richtung V./M. Lošinj, 7.10 und 14.30 Uhr Richtung Cres.

■ **Bootstaxis** etwa für Individualtouren zu vorgelagerten Inselchen können unter Tel. 098-260088 geordert werden.

Agentur

■ **Agentur Seca Martinšćica/Turist Biro,** neben der *Privredna* Bank an der Promenade, Tel. 051-574107, www.apartments-cres-losinj.com, tgl. 8–21 Uhr. Haben zahlreiche Unterkünfte hier und in den umliegenden Dörfern im Programm; fungiert auch als Filiale der TI Cres.

Unterkunft, Camping

■ **Hotel-Pension Zlatni Lav**③ (Tel. 051-574020, www.hotel-zlatni-lav.com), früher nur eine Disco-Pizzeria, heute nach mehreren Umbauten und Erweiterungen auf dem Weg zur Nobelherberge, kurz vor dem Campingplatz (Sackgasse).

■ **AC Slatina**③ (Tel. 051-574127, www.camp-slatina.com, Infos auch unter www.camps-creslosinj.com). Mit Tauchbasis und FKK-Strand.

Essen und Trinken

■ Einfache Snacks und Pizzen haben **Fast Food Mario** und die **Pizzeria Mia** am Parkplatz (Tel. 051-571217) im Angebot. Im mittleren Segment bietet sich die preiswerte, nach Besitzerwechsel allerdings nicht mehr ganz so tolle **Konoba Kaštel** (Martinšćica 22, Tel. 051-574333) an.

■ In der **Konoba Slaro,** Martinšćica 37, Tel. 051-268625, kann man bei großen Portionen (Fisch, Fleisch, aber auch auf Wunsch vegetarisch/vegan) und einer breiten Getränkeauswahl günstig essen.

■ Sehr gut kann man auch im **Koralj** (Tel. 051-574190, tgl. 11–15 und 18–23 Uhr) essen. Leckerer Fisch und schöne Aussicht.

Einkaufen

■ Am Parkplatz liegen eine kleine **Metzgerei** sowie (je nach Saison) **Obst- und Gemüsestände.**

■ Der **Minimarkt Plus** an der Promenade führt ein umfangreiches Basissortiment.

Nützliches

■ Oberhalb des Parkplatzes liegt eine **Erste-Hilfe-Station** (Martinšćica 92, Tel. 051-574127).

■ **Ausflüge und Inseltouren** können direkt am Pier organisiert werden, z.B. Ilovik/Susak-Tagestour ca. 30 €, Šilba/Ilovik 40 €, *Devin-Tours,* Tel. 098-9919580.

Belej und Ustrine

Das **Straßendörfchen Belej** (nicht zu verwechseln mit Beli ganz im Norden) bietet keine touristisch herausragenden Attraktionen, zeichnet sich aber durch einige Lokale (*Konoba Leut* und *Bife Gromaća*) aus, in denen fast rund um die Uhr knusprige Spanferkel zum Zwischenstopp locken. Am Ortsrand werben Honigverkäufer für meist hausgemachte Produkte. Nördlich von Belej liegt die offizielle Verwaltungsdistriktsgrenze der Inselteile Cres und Lošinj, die aber nichts mit den tatsächlichen geografischen Gegebenheiten zu tun hat.

Zwischen Belej und Osor zweigen eine neuere und eine ältere Seitenstraße nach Ustrine ab. Der Ort war schon in **römischer Zeit** besiedelt (Mosaiken- und Keramikfunde), man vermutet aber, dass Urnenfunde sowie der Name (Ustrinum = Totenverbrennungsplatz) auf eine Bestattungsanlage hindeuten, die schon in der Jungsteinzeit entstanden war.

Heute hat sich hier, etwas abseits der Inselhauptstraße, ein kleines landwirtschaftliches Zentrum mit **Schafzucht** entwickelt. Touristen sieht man weniger, wenngleich immer mehr Einheimische das Zubrot als Zimmervermieter für sich entdecken. Die **Buchten** unterhalb des Ortes zählen noch immer zu den „Geheimtipps" für Badeurlauber: Von der romantischen Kirche des Hl. Martin führt eine asphaltierte Straße extrem steil (geschätzte 20 % Steigung!) hinunter zu den drei Buchten von Ustrine: Porat, Veli Žal und Županj.

Unterkunft, Essen und Trinken

- **Mihaela Svetec,** Tel. 051-524015, misvetec@gmail.com, vermietet einfache und günstige Apartments für 2–4 Personen, ebenso **Danila Viskov,** Tel. 051-231810, ustrine@Losinj.net.
- Für das leibliche Wohl sorgt das **Bufet Panorama,** Tel. 051-524011, tgl. 10–24 Uhr.

Punta Križa

Vor der Brücke in Osor führt links eine schmale Seitenstraße (für Bootshänger und Wohnmobile bei Gegenverkehr ziemlich knapp) zur zwölf Kilometer entfernten **Landzunge** Punta Križa. Diese Landzunge, die den Südrand der Insel

Bootsverleih in Punta Križa

006kb wl

Cres bildet, zeichnet sich durch eine einigermaßen geschlossene Vegetation und die hier wieder angesiedelten **Rotwildbestände** aus (Achtung: in der Dämmerung häufiger Wildwechsel auf dieser Straße!). Außerdem findet man einen sehr beliebten Campingplatz mit FKK-Bereich.

Der gleichnamige **Ort Punta Križa** liegt auf einem kleinen Hügel nicht direkt am Meer, dennoch hat man von den meisten Ferienwohnungen (Hotels Fehlanzeige) eine herrliche Rundumsicht.

An der (einzigen) Kapelle in der Ortsmitte führt ein befestigtes Sträßchen hinunter zu einer kleinen **Bucht** an der Ostseite (**Uvala Ul,** ca. 1500 m; 10 Minuten zu Fuß) mit **Bademöglichkeit.**

Folgt man von Punta Križa aus der „Hauptstraße" vier Kilometer weiter, endet das Sträßchen am **Campingplatz Baldarin-Uvala** in einer ansonsten unbebauten, einsamen Bucht. Hier findet man gute Bademöglichkeiten, das Areal ist trotz Schranke auch für Nichtcamper offen (vor der Zufahrt parken); der FKK-Bereich befindet sich ganz am Ende rechts die Bucht entlang (beschildert).

Wanderung von Punta Križa zum Campingplatz Baldarin

An der kleinen Bucht Uvala Ul (s.o.) wird das Sträßchen zur Piste und führt danach als Wanderweg Richtung Campingplatz *Punta Križa,* mit dem Auto kann man vorsichtig bis zum Kap Zaklopica mit schöner Aussicht über die Inselwelt fahren (nicht aber zum Campingplatz).

Man folgt von der Uvala Ul zu Fuß der Beschilderung „Lusare/40 Minuten" die breite Piste entlang an umzäunten Parzellen vorbei. Nach einer halben Stunde muss man gut aufpassen, die Gabelung **Lusare** ist nämlich nicht weiter beschildert; man achte auf rote Wegmarkierungen rechter Hand an Felsen (geradeaus käme man nach ein paar Minuten zu einem runden Waldparkplatz, wo die breite Piste als Waldweg geradeaus weiterführt). Bei dieser „Bemalung" sieht man zwei kleine Wege, einen nach vorn rechts an einer Ruine vorbei (verkehrt!), und scharf rechts den richtigen Weg zum Campingplatz (nicht für Pkw oder Rad geeignet!). Bald darauf passiert man einen Tümpel (links liegen lassen) und folgt dem Pfad den kleinen Hang aufwärts. Oben angelangt geht der Weg/Untergrund zunächst in Schotter über, dann wird er steinig (schwer zu gehen), man kann sich aber nicht verirren. Nach insgesamt etwa 1½ Stunden passiert man eine Schranke, die bereits im Campingareal liegt (rechts Sträßchen bzw. geradeaus Fußweg zur Rezeption).

Praktische Tipps

An- und Weiterreise

- **Bus:** Im Sommer besteht Mo bis Fr 2x tgl. Busverbindung von/nach Veli Lošinj via Osor (6.10 u. 15.10 Uhr ab Osor, 6.30 u. 15.30 Uhr ab *AC Baldarin*).

Unterkunft, Camping

- Voraborganisation von Ferienwohnungen z.B. unter www. puntakriza.com oder www.tourist-online.de; privat bei **Apartmani Biondic/Vila Fiena,** Punta Križa 36a, Tel. 051-235670, doris.ozanic@email.t-com.hr. Schöne und preiswerte kleine Ferienwohnungen am Ortsausgang Richtung Campingplatz (rechts, unten Naturstein oben hellrot).

■ **FKK-AC Baldarin-Uvala**②, Tel. 051-235680, www.camp-baldarin.com, sehr abgeschieden und ruhig, mit Minimarkt und Obstständen; Mai–Okt. Einige wenige Mietwohnwagen sind erhältlich.

Auf dem Gelände befindet sich auch der **Bootsverleih Dodig** (Segelboot 350 K/Tag, Surfbrett, Kanu, Tretboot je 280 K/Tag, Kajak 150 K/Tag, Motorboot 700 K/Tag), wo auch Räder für 100 K/Tag erhältlich sind; Tel. 098-368778.

Das **Bife Lučica** auf dem Campingplatz (tgl. 9–24 Uhr) wird von Besuchern sehr gelobt für seine ausgezeichneten Muschelgerichte.

Nützliches

■ Das kleine Straßendorf verfügt über einen **Minimarkt** sowie direkt daneben die sehr beliebte **Konoba Tina** mit exquisitem Spanferkel (nur Mi und am Wochenende sowie auf Bestellung, Tel. 098-328381, tgl. 8–22 Uhr).

Osor

Das gerade einmal 100 Einwohner zählende, aber viel größer wirkende Städtchen Osor bildet das **Nadelöhr zwischen Cres und Lošinj** (Hinweis: Die Brücke wird um 9 und 17 Uhr für Segelboote geöffnet; kurzer Stau!). „Apsirtides" hieß die Doppelinsel, als sie an dieser Stelle einst verbunden war, der Hauptort „Apsorus" (Osor). So gibt sich der kleine Ort auch heute noch als das eigentliche, **kulturelle Zentrum** der Inseln. Über 25.000 Einwohner sollen in der nachchristlichen römischen Ära in Apsorus gelebt haben – der Kanal bildete eine beliebte Zwischenstation auf dem Seeweg von Aquilea nach Hellas (Norditalien – Ägäis).

Sehenswertes

Heute ist Osor eine **„Stadt der Kunst"**, ziehen zahllose moderne Plastiken die eher erstaunten Blicke der Besucher auf sich. Der berühmteste Sohn der Stadt, *Ivan Antolčič* (siehe Glossar), seines Zeichens moderner Impressionist, prägt freilich den kleinen Ort. Im **ehemaligen Rathaus** am Kirchplatz unterstreichen eine kleine **Galerie** und das **Museum** diesen Eindruck.

243kro wl

▷ Die „Künstlerstadt" Osor ist das Tor zur Insel Lošinj

Vor der Kathedrale steht die **„Flöterin“** des ebenfalls berühmten dalmatinischen Bildhauers *Ivan Meštrović* (siehe Glossar). Selbst in der **Kathedrale** herrschen moderne Figurinen vor. Das Gotteshaus aus dem 15. Jahrhundert im Stil der frühen Renaissance birgt die Reliquien des einstigen Bischofs *Gaudentius*, dem die Ausrottung aller Giftschlangen auf den Inseln nachgesagt wird.

Weitere Kunstwerke findet man unmittelbar an der alten Stadtmauer am Kanal (gegenüber der *Konoba Adria*), wo nacheinander die **Büsten** von *Stjepan Šulek* (1914–86, Dirigent und Komponist), *Andrija Mohorovičić* (1857–1936, Mathematiker, Physiker und Seismologe), *Dora Pejačevoć* (1885–1923, Komponistin), *Igor Kuljerić* (1938–2006, Komponist und Dirigent) sowie *Stanko Horvat* (1930–2006, Musikpädagoge und Komponist) zu sehen sind.

Interessant ist auch die **Friedhofskapelle** am nördlichen Ortsende, deren Mosaikböden aus der römischen Antike stammen sollen.

Auch der kleine **Ortsstrand** direkt am **Kanal** ist nicht zu verachten, und sei es nur, um die Boote bei der Passage durch den Kanal zu beobachten.

■ **Ehemaliges Rathaus: Galerie** im Erdgeschoss, Eintritt frei; **Museum** im 1. Stock nur Mitte April–Mitte Juni Di–Sa 9–14 Uhr, Mitte Juni–Ende August 10–13 und 19–22 Uhr, September 9–14 und 19–21 Uhr, ermäßigt 5 K.

Osor mit seiner Drehbrücke über den Kavada-Kanal zur Insel Losinj

adobestock ©travelpeter

Praktische Tipps

Information

- Keine eigene Touristeninformation, Infos unter **www.tz-malilosinj.hr.**

Camping

- Am westlichen Ortseingang rechter Hand erreicht man schnell das **AC Bijar**②, Tel. 051-237027, www.camp-bijar.com.
- Das **AC Preko Mosta**③, Tel. 051-237350, www.jazon.hr, liegt unmittelbar hinter der Brücke. Geöffnet Mai–Ende Sept.
- 1,5 km hinter Osor Richtung Nerezine folgt das moderne **AC Lopari**②, Tel. 051-237128, www.losinjplov.hr, 1. April bis 30. September. Hier ist auch ein Sportzentrum für Bootsverleih, Surfschule usw., Tel. 091-5335600.

Essen und Trinken

In der Gastronomie liegen die Preise in einer „Künstlerstadt" naturgemäß etwas höher (ohne dass die meisten Künstler etwas davon hätten ...), so auch in Osor.

- Die **Konoba Adria** (Tel. 051-237151) unmittelbar an der Brücke serviert Kleinigkeiten und Snacks sowie Hausmannskost (tgl. 11–23 Uhr), u.a. Riesen-Salate, schmackhafte Fischplatten sowie den günstigen „klassischen" *Pleškavica* und *Ćevapi.* Manchmal gibt es auch Lamm vom Grill. Hinweis: die *Konoba Adria* ist die einzige (!) Gaststätte auf Cres/Lošinj mit ausdrücklich **vegetarisch-veganem Angebot!**
- Die sehr beliebte **Konoba Livio** um die Ecke von der Post am Dorfplatz bietet Deftiges (Tel. 051-237242): grüne Nudeln mit Lachs, Kotelett, Schweinemedaillons in Salbei mit Gnocchi, Jägergulasch oder Schaschlik mit Pfahlmuscheln sind nur einige der sehr guten Gerichte; tgl. 11–23 Uhr, Mittagspause 15–18 Uhr.
- Sehr zu empfehlen ist auch die nobel-rustikale **Konoba Bonifačić** direkt oberhalb vom Kanal/kleinen Strand. Hier gibt es auch die typischen Spezialitäten Cres-Lammbraten, Schinken oder Schafskäse, aber auch istrischen Eintopf oder Lammsuppe. Sehr gut sind auch die Fischplattesowie das Filet mit Spiegelei. Tel. 051-237413, tgl. 11–23 Uhr.
- Direkt um die Ecke der Hauptkirche findet man die **Pizzeria Orfej,** Tel. 051-237135, mit günstigen Pizzen und Nudelgerichten. Zudem ist das Eis (auch zum Mitnehmen) hier sehr gut.

Nützliches

- Wiederum nebenan versorgt ein **Minimarkt** mit allem Lebensnotwendigen; um die Ecke findet man einen winzigen **Obst- und Gemüsemarkt** für Frischwaren (saisonabhängig; Pflaumen, Kartoffeln, Paprika günstig, sonst eher teuer).

■ Die **Bushaltestelle** liegt von Cres kommend 100 m vor der Brücke an der Hauptstraße rechter Hand unterhalb der Kirche; Anbindung in beide Richtungen.

■ Die nächste **Tankstelle** findet man gleich hinter dem Campingplatz *Lopari* an der Hauptstraße Richtung Nerezine.

Nerezine

Der einzige nennenswerte touristische Ort zwischen Osor und Mali Lošinj beheimatet nicht nur 400 Einwohner, son-

Wanderung über die Insel Lošinj nach Osor

Eine der schönsten, aber auch anstrengendsten Wanderungen auf Lošinj führt von Čunski nach Osor. Die Tour dauert rund acht bis neun Stunden, und man durchwandert die halbe Insel. Eine **kürzere Teilstrecke** führt von Nerezine über den 588 m hohen **Televrin-Gipfel** bis Osor und ist in ca. fünf bis sechs Stunden bequem zu schaffen.

Lange Route ab Čunski

Startet man die Route in Čunski, so beginnt man an einem Stufenweg an der nördlichen Ortszufahrt. Hier steht bergseitig ein Hinweisschild, das zu einer Kapelle weist: **Kapelice Majke Božije Lurdske na Polanži.** Außerdem ist das (optimistische) Erreichen der **Berghütte bei Osor** binnen sechs Stunden vermerkt – sieben trifft es eher. Der schmale Pfad führt nach einigen Stufen den Hang hinauf; eine schweißtreibende halbe Stunde später erreicht man einen kleinen Höhenzug. Die Orientierung ist jetzt einfach, da sich der Höhenweg stetig ansteigend auf dem Bergrücken entlangzieht und ein Verlaufen ausgeschlossen ist. Dabei genießt man **tolle Blicke auf die westlich gelegene Inselwelt.** Zwei Abzweigungen führen vom Höhenweg hinab: etwa eine Dreiviertelstunde nach der Kapelle rechts, Richtung Zatanki-Bucht, und eine Stunde darauf, ebenfalls rechts nach Sveti Jakov, bei Nerezine. Der Höhenweg steigt dann steil an, und man erreicht nach knapp vier Stunden reiner Gehzeit den äußeren Fußweg, der von Nerezine heraufführt (s.u.).

Von Nerezine nach Osor

Startpunkt ist der Trg Studenac im Zentrum des Ortes. Von diesem Platz gehen zwei Wege ab: Rechts von der Post führt die Istarska zur Ortsstraße, wo man links und dann rechts auf den beschilderten Wanderweg zur **Kapelle Sv Nikola** trifft und auf dem Höhenweg **weiter Richtung Osor** gehen kann.

Rundwanderung

Um eine Rundwanderung **zur Kapelle Sv. Nikola und wieder zurück** nach Nerezine zu machen, geht man am Trg Studenac links in die Magdalenska bis zu deren Ende, quert die Dorfstraße und geht gegenüber, das zunächst asphaltierte Sträßchen (Podgora) entlang. Nach etwa 15 Minuten endet die spärliche Besiedelung ganz, und ein Fußpfad mit rot-weißer Wandermarkierung beginnt. Dieser führt zunächst unter der Umgehungsstraße hindurch (dann rechts, Rinne bis zum Pfad linker Hand, Wanderzeichen) und steigt dann permanent in südliche Richtung führend an. Der Untergrund wird zunehmend steinig, teils mit Geröll. Schöne Aussichtspunkte auf Nerezine und das Hotel *Manora* folgen.

dern in den Sommermonaten auch Heerscharen von Touristen. Ein modernes Einkaufszentrum mit Bank, Coiffeur, Boutiquen und Supermarkt, eine neu angelegte Uferpromenade, vor allem aber die Lage unterhalb des **Osorščica-Gebirgszugs** und einige gut beschilderte **Wanderwege** („Sv Nikola", „Televrina" – am Ortsausgang rechter Hand, siehe auch Exkurs links) um dessen 588 m hohen Gipfel mit unvergesslichen Panoramablicken machen Nerezine zunehmend beliebter. Alle Lokalitäten sind ab der Durchgangsstraße gut beschildert, die kleine Marina ebenso wie der Campingplatz. Yachtcharter ist in der Randgemeinde Podgora möglich. **Bademöglichkeiten** findet man beim Campingplatz (befestigt, mit Duschen).

Sehenswertes

Vom Ort aus den Campingplatz immer am Ufer entlang passierend, erreicht man an einem ehemaligen kleinen Hafenbecken das **Franziskanerkloster.** Es wurde als Stiftung der Familie *Kolan Draž* aus Osor 1510 begründet und beheimatete in seinen Glanzzeiten über 100 Mönche. Heute lebt hier nur noch ein einziger Franziskanerbruder, der sich praktisch im Alleingang um Besichtigungen, Messen und Klostererhalt kümmert. Der **Renaissance-Glockenturm**

☐ Ausblick vom Berg Televrin bei Nerezine

adobe.stock ©RS.Foto

wurde um 1600 errichtet, im Kircheninneren sind der Altar von *Girolama di Santacroce* und ein Bild der „Muttergottes mit Kind“ eines unbekannten venezianischen Meisters aus dem 15. Jahrhundert sehenswert.

Die einschiffige **Maria-Heil-Pfarrkirche** am Zentrumsplatz Trg Studenac entstand 1877; auf dem Hauptaltar ist das Titularbild der Muttergottes mit dem Hl. *Nikolaus* und dem Hl. *Gaudentius* zu sehen, das ein weniger bekanntes Werk des Ende des 16. Jahrhunderts führenden venezianischen Künstlers *Jacopo Palma Giovanne* (der Jüngere, 1548–1628) sein soll.

Praktische Tipps

An- und Weiterreise

- Die **Bushaltestelle** befindet sich an der Ortsstraße am Parkplatz vor dem kleinen Einkaufszentrum; Fahrplan/Inselbus siehe Anfang des Kapitels.
- Man parkt am besten an der alten Durchgangsstraße vor der Bushaltestelle meerseitig auf dem größeren **Parkplatz** (kostenlos). Direkt unterhalb liegt das kleine Einkaufszentrum am Ufer, von wo aus man links zum Kloster und Campingplatz oder rechts zur Marina und (hinter dem Hotel *Televrin* wieder rechts) zum kleinen Ortskern Trg Studenac gelangt.

Agentur

- **Agentur Marina Nerezine,** Obala nerezinskih pomoraca 3, Tel. 051-237038, www.marina-nerezine.hr. Ausflüge, Exkursionen, Unterkunft usw.; Mo bis Fr 8–14 und 15.30–21 Uhr, Sa 8–12 Uhr und So 9–12 Uhr geöffnet.

Unterkunft

- **Hotel Manora**④, im Vorort Podgora gelegen, klein und überschaubar, Infos/Buchung unter Tel. 051-237460, www.manora-losinj.hr.
- Direkt am Ufer und absolut zentral im Ortskern kann man im **Hotel Televrin**③ unterkommen, Obala nerezinskih pomoraca, Tel. 051-237121, www.televrin.com. Auch die Nachfolger des verstorbenen und sehr beliebten Kölner Hotel-Mitgründers *K.-H. Pütz* wollen den gewohnten freundlich-kompetenten Service beibehalten.
- Privatanbieter mit Zimmern und FeWos in Nerezine werden von der Agentur *Marina* (s.o.) vermittelt. Ein Direktanbieter ist **Šegota Šime**②, Marinculiceva 13, Tel. 051-237210, www.adria-kroatien.com, oder die direkt am Hafenbecken (kurz vor dem Campingplatz) gelegenen **Apartmani Skipper**③, Fr. *Mirela Kramberger,* Tel. 051-237460. Wenn man am Hafenbecken (an der Agentur *Marina* vorbei) hinten um die Ecke geht, steht man vor den **Apartmani Satalic**③ (Tel. 051-237001, www.visitlosinj.hr/hr/satalic-marta.aspx) – sehr schöne Alleinlage am Ortsrand und direkt am Ufer.

Camping

- **AC Rapoca**②, Tel. 051-237145, www.camping-rapoca.com und https://losinia.hr/en/camp-rapoca, Mai–Ende Sept.; bieten auch Mobilheime für 4–6 Pers. für 45–175 € (saisonabhängig). Radverleih, Kleinfeldsport, liegt toll im Wäldchen und, nur durch den Uferweg getrennt, am Meer und dennoch absolut ortsnah – aber auf der Promenade bewegen sich natürlich auch viele Spaziergänger.

Essen und Trinken

- Das **Café Express,** Marinculićeva bb, bietet Erfrischungen und Kleinigkeiten sowie Eis (neben dem Einkaufszentrum).

- Am Zentralplatz Trg Studenac liegen mehrere Gastronomiebetriebe in enger Nachbarschaft. Die **Pizzeria Mornar** (Studenac 11, Tel. 051-237102, tgl. 7–23 Uhr) bietet schmackhafte und preisgünstige Pizzas und Snacks. Etwas gehobenerer – aber nicht überteuert – gibt sich das **Bonaparte** (Trg studenac 1, Tel. 051-237208, tgl. geöffnet, Mittagspause 15–18 Uhr) mit guter Fischsuppe, herzhafter Käsesuppe, Miesmuscheln oder Rumpsteak.

Mein Tipp: Hinter dem *Bonaparte* rechts den Weg hinein liegt etwas versteckt die **Gostionica Promenada** (Trg studenac 4, Tel. 051-237086, 1.5.–31.8. tgl. 11–23 Uhr), wo man zünftig, gut und preiswert essen kann: Käse, Schinken oder *Ćevapi, Calamari* vom Rost, auch Spanferkel und Lamm – aber nicht täglich. Auch die Riesenpizzen sind hier preiswert und gut.

Einkaufen

- Das kleine **Einkaufszentrum** am Ufer unterhalb des Parkplatzes verfügt über Geldautomat, Supermarkt, Souvenirgeschäfte usw.
- **Fischgeschäft:** *Ribarnica Televrin* am Hotel *Televrin;* geöffnet tgl. 7–12 Uhr.
- **Bäckereien:** *Loznati,* Ul. Spičića, um die Ecke vom Hotel *Televrin; Pekara Martina,* am Trg Studenac.
- **Metzgerei,** Ul. Spičića, neben der Bäckerei *Loznati.*

Nützliches

- Am Trg Studenac (Nr. 13) findet man im Bedarfsfall die **Apotheke Smeralda** (Tel. 051-568059).
- **Bootssport:** *Rota Yacht Center Nerezine,* Biskupija 6, Tel. 051-237020, www.rotamarine.hr.
- **Baden:** Strand Plaža Galboka am südlichen Ortsrand (teils Betonliegeflächen) oder unmittelbar am Campingplatz (Kies/Fels).
- **Radverleih:** im Hotel *Televrin* (auch für Nichtgäste verfügbar).

Čunski

Viele ehemalige Landwirte beherbergte das **Dörfchen** Čunski an der Hauptstraße, Richtung Lošinj, doch die meisten haben ihre Parzellen auf der Artatore-Landzunge längst aufgegeben und der touristischen Bodenspekulation zugeführt. Die schöne, versteckte **Badebucht** unterhalb Čunskis erreicht man in zehn Minuten zu Fuß. Parken kann man an der Kirche, sonst gibt es kaum Möglichkeiten im Ort. Kurz hinter der Post nach links dem Weg mit dem Schild *Kupalište Osiri* bis zum Mini-Sportplatz und dort dem asphaltierten Fußweg hinunter zur Bucht folgen. Die Badestelle ist befestigt (der alte Pier stammt noch aus der K.-u.-k.-Zeit), mit Süßwasserduschen, aber ohne Bewirtschaftung.

Direkt gegenüber der nördlichen Ortszufahrt führen Stufen (an der Hauptstraße Schild *Kapelice Majke Božije Lurdske na Polanži*) hinauf zum **Wanderweg** einer ganztägigen, gut beschilderten Inselwanderung nach Osor (s. Exkurs S. 232). Die noch junge, lokale Firma *Great Escape* (Ćunski 4, Tel. 091-9271011 und 092-2535071, www.great-escape-losinj.com) bietet sehr interessante geführte Wanderungen, Kajaktouren (40–90 €) und professionelles Climbing sowie Mehrtagestouren.

Unterkunft

- Schöne **Privatwohnungen**② bietet Familie *Krajnović,* Čunski 127, Richtung Strand, an der Gabelung rechts und gleich wieder links bis zum Ende des Weges.
- An der Hauptstraße findet man die ordentlichen **Apartments La Meri**② (Nr. 30, http://la-meri.losin-hotels.com), ab 70 €/2 Pers.

Essen und Trinken/Nützliches

- Die **Konoba Dvije Palme** (Tel. 051-235145, tgl. 10–24 Uhr) bemüht sich um Laufkundschaft; aufmerksames Personal, frisch gegrillter Fisch, Lamm, Spanferkel.
- **Minimarkt:** Prodavaonica Čunski, gegenüber der Post.
- **Bus:** Der Inselbus von/nach Lošinj hält 3–4x tgl. in Čunski; ein Fahrplan hängt an der Post aus.

Artatore

Ganz anders als Čunski zeigt sich das **Nachbardorf** Artatore – ein Ort, der eigentlich noch im Entstehen ist und bislang zu 95 % aus Ferienwohnungen, allerdings einzelnen (also keine hässliche Siedlung!), besteht. Hier kann man sehr schön wohnen, ohne dass Tagestouristen die Ruhe stören. Außerdem kann man auf der überwiegend grünen Artatore-Landzunge gut **Wandern** und **Radfahren** oder eine der ruhigen Buchten besuchen, um dort zu baden.

Artatore stellt man sich am besten als Zwischending aus „Goldgräberstimmung" (es wird ständig weitergebaut, vor allem Richtung Flughafen) und „mondänem Vorort" von Mali Lošinj vor.

Unterkunft

- An der Ortszufahrt kann man über die Agentur **art Medias Artatore** (kleine Bude linker Hand, Tel. 051-233070, www.artmedias.com, tgl. 9–13 und 17–23 Uhr) Unterkünfte mieten.
- Einige Direktanbieter sind die **Pansion Ana**③ (www.pansion-ana.com), die **Apartmani Čaić**③ (Tel. 091-5376198, https://apartmani-caic.weebly.com) oder **Apartmani Pletikosa**② (Tel. 051-235019, www.losinj-artatore.com), alle an der Uferstraße gelegen.
- Auch das **Restaurant Janja**③ (s.u.) vermietet Studios für zwei bis drei Personen.
- In der **Liski-Bucht** gibt es eine hübsche Unterkunft direkt am Meer mit 2 Apartments (buchbar über www.liski.com.hr).

Essen und Trinken

- Für die Grundbedürfnisse des Reisealltags steht ein **Minimarkt** zur Verfügung; für das leibliche Wohl sorgen u.a. die **Schänken** *Eki* (Tel. 051-233007) und *Oasa Kordiš* (Tel. 051-235013, tgl. 8–24 Uhr).
- Wer etwas feiner speisen möchte, dem sei das **Restaurant Janja** (Tel. 051-232932, Artatore 132, am Ende der kleinen Straße vor dem Strandwäldchen, www.restaurant-artatore.hr) empfohlen, welches mehrfach als eines der Top-Restaurants der kroatischen Adria prämiert wurde. Muscheln, Fisch aus dem Steinofen und Röstteig gehören zu den Hausspezialitäten; umfangreiche Weinkarte.
- Am Flugplatz bietet die **El Paso Grill Bar** (Tel. 098-799799, tgl. 9–1 Uhr) Fastfood und kühle Getränke an.

Nützliches

- Am **Sportflugplatz** von Mali Lošinj/Artatore (Privlaka 19, Tel. 051-231466, www.airportmalilosinj.hr) werden **Rundflüge,** aber auch **Taxiflüge** nach Italien, Süddeutschland und Österreich/Wien angeboten.

Baden

In Artatore selbst gibt es mehrere Badeabschnitte, genannt **Plaža Artatore, Plaža Venerica** und **Plaža Ornela;** viele Reisende meinen aber, dass die rund um den Flughafen gelegenen Buchten (Plaža Egerija, Plaža Zabodarski, Plaža Liska Slatina, Plaža Bijela und Plaža Liski) ruhiger und schöner seien.

Mali Lošinj

Zwischen Nerezine und Mali Lošinj wird der Bewuchs dichter, die Insel wirkt hier grüner. Vor Mali Lošinj liegt die kleine landwirtschaftliche Siedlung Čunski (s.o.) unweit des **Inselflughafens,** den man von der Hauptstraße aus erspähen kann.

Gegründet im späten 14. Jahrhundert von kroatischen Zuwanderern als Malo Selo („kleines Dorf"), entstand der Ort rund um die **Landzunge Sv Martin** an der gleichnamigen Kapelle. Zu venezianischer Zeit wurde der **Schiffbau** gefördert und Mali Lošinj entwickelte sich zu einer kleinen Hochburg. Eine Marineschule und Segelyachtwerften folgten im 18. und 19. Jahrhundert. Mit der Dampfmaschine und dem Bau schnellerer Dampfschiffe stagnierte der Yachtbau und der **Tourismus** wurde ins Leben gerufen: Schmucke Villen entstanden auf der Čikat-Landzunge, im Jahr 1892 wurde Mali Lošinj zum Kurort erhoben; der Wiener Hochadel nahm hier fortan Quartier. Heute sind Yachtbau und Tourismus das Rückgrat des spürbaren Wohlstands der über 8500 Einwohner.

Die touristische Bedeutung für die gesamte Insel äußert sich nicht nur in einer nahezu vollständigen Infrastruktur und einem Angebot, welches den Küstenstädten auf dem Festland in nichts nachsteht, sondern auch in den inzwischen sehr guten Einkaufsmöglichkeiten, die auch von den Einheimischen gern genutzt werden.

Sehenswertes

Das Besondere an Mali Lošinj ist der **Ortskern:** seine bunte, von prachtvollen spätbarock-klassizistischen **Bürgerhäusern** umsäumte **Hafenpromenade**, an der Obst- und Gemüseverkäuferinnen direkt vom Boot aus frische Ware feilbieten, die dahinter liegenden Altstadtgassen mit der dreischiffigen **Pfarrkirche Sv Marija** von 1696, von der man eine herrliche Aussicht hat, und die **Kastell-Ruinen.**

Im Zentrum lohnt auch ein Blick in folgende **Museen:** Das **Lošinjski Muzej Palaca Fritzy** (Ulica V. Gortana 35, Tel. 051-233614, tgl. außer Mo 10–13 und 19–22 Uhr, Eintritt 35 K, ermäßigt 25 K, unter 12 Jahre frei) bietet zeitgenössische Ausstellungen, meist im monatlichen Wechsel. Das einzigartige **Muzej Apoksiomen** (Riva L. Kapetana 13, Di–So 10–18 Uhr, Eintritt im Winter 50 K, ermäßigt 25 K, Familie (2+2) 75 K, im Sommer 75/40/115 K, www.muzejapoksiomena.hr) ist der Statue eines Apoxyomenos (griech.: „Abschabender", Sportler, der sich nach einer Übung mit einem Gerät den Schweiß abreibt) gewidmet, die vor Ort im Meer gefunden wurde und deren Geschichte im blauen Zimmer im Erdgeschoss beginnt. In neun Szenen werden famose Sinneserfahrungen (Schmecken, Riechen, Hören und Sehen) vermittelt.

Museumstipp

Das **Fritzy-Museum** in Mali Lošinj ist mit dem **Museum/Osor** und dem **venezianischen Turm in Veli Lošinj** assoziiert; beim Besuch von zwei dieser drei Institutionen ist der Besuch der dritten dann kostenlos!

Mali Lošinj

0 500 m
Wassersport
5 Diver Sports Centre, Bootsverleih
6 Sunbird
19 Sumartin Divers
25 SubSeaSon
Flugplatz, Osor
Uvala Slatina
POLJANA
SLATINA
Vela Straža
Aquapark Cikat
Uvala Zabojci
Uvala Privlaka
Brücke
Marina
RT Čikat
Spielplatz
Fußballplatz
PREMUDA
Tennis
Latino-Beach
Uvala Kadin
RT Madona
ČIKAT
RT Podmalin
Uvala Čikat
Uvala Zagazine
ZAGAZINJINE
BOČAC
DRAŽA
Kastell-ruine
ZENTRUM
Veli Žal
Ausschnitt
Uvala Sv. Martin
SUNČANA UVALA
Polizei
Aussichtspunkt Belveder
BUKOVICA
SV MARTIN
Sv Martin
Mtrvaška (Ilovik-Fährpier)
Veli Lošinj

■ **Übernachtung**
1 AC Poljana
2 Camping Zone Wild
3 AC Čikat
4 Hotel Helios
8 Villa Hygeia
9 Hotel Bellevue
10 Hotel Alhambra & Camping Kredo, Hotel Villa Kredo
11 Hotel Aurora
12 Hotel Vespera
23 Villa Antonia
24 Apartmani Mariana
29 Hotel Villa Margarita
35 Hotel Apoksiomen
39 Mare Mare Suites

■ **Essen und Trinken**
7 Pin & Oli
13 Konoba Odyssey
17 Konoba Corrado
18 Konoba Dišpet
20 Lanterna
29 Villa Margarita
32 Pizzeria Draga
36 Zakantuni

■ **Nachtleben**
16 Miomirisni Otočki Vrt
26 Nightbar Pacifico

■ **Einkaufen/Sonstiges**
3 Aquapark
14 Agentur Manora
15 Supermärkte Diskont, Konzum
16 Miomirisni Otočki Vrt
21 Agentur Mediteran
22 Minimarkt
27 Fischmarkt, Metzgerei
28 Minimarkt, Bäckerei
30 Supermarkt/Delikatessen
31 Mini-Einkaufszentrum
33 Losinj-Adventure Safaris
34 Apotheke
37 Buchhandel Knižel
38 Agentur Lošinia-Kvarner

Eine durchgehende **Uferpromenade** führt von Sv. Martin bis zum Nachbarort Veli Lošinj. Um den Ort herum erstrecken sich ausgedehnte Pinienwälder sowie das **Erholungs- und Freizeitgebiet Čikat.** Die Fußwege an der Westbucht/Promenade Richtung Čikat wurden 2012/2013 erheblich umgebaut und verbessert, sodass vom Zentrum bis zur Uvala Čikat inzwischen durchgehende Fußgängerwege bestehen.

Besonders bei **Seglern und Tauchern** ist Mali Lošinj ein ausgesprochen beliebter Standort.

Praktische Tipps

An- und Weiterreise

Fähren

- Passagierverbindungen bestehen per **Katamaran** von/nach Susak, Ilovik und Unije (jeweils Frühfähre tgl. außer Sa) sowie mit der **Autofähre** via Premuda, Silba, Olib und Ist von/nach Zadar (ab Mali Lošinj Fr 16 Uhr, im Sommer häufiger); dabei sind Tagestouren mit einem öffentlichen **Personenfährschiff** nur nach Ilovik (s.u.: „Kleinere Inseln der Kvarner Bucht") ab Mali Lošinj einigermaßen praktikabel möglich. Es gibt zwar eine Personenlinienverbindung von Mali Lošinj nach Srakane, Susak und Unije, die ist aber für die Inselbewohner gedacht und geht morgens um 5 Uhr. Die Fähre erreicht Unije um 6.30 Uhr, Susak um 7.30 Uhr, dreht und fährt um 14.30 Uhr nochmals ab Mali Lošinj, um 15.30 ab Susak, um 16.30 ab Unije (18 Uhr wieder in Mali Lošinj). Srakane wird vom selben Boot Di, Do und Sa zusätzlich angefahren. Im Winterhalbjahr ändern sich die Abfahrtzeiten auf 6 Uhr und 13 Uhr ab Mali Lošinj. Details siehe www.jadrolinija.com oder vor Ort im *Jadrolinija*-Büro am Pier (Riva Loinskih Kapetana, Mo bis Sa 8–16.30 Uhr, So 10–13 und 15–16.30 Uhr).

adobe.stock ©Zechal

Flüge

- Am Sportflugplatz von Artatore (Privlaka 19, vor der Ortszufahrt rechter Hand, Tel. 051-231466, www.airportmalilosinj.hr) werden **Rundflüge,** aber auch **Taxiflüge** nach Italien, Süddeutschland und Österreich/Wien angeboten.

Busse

- Der kleine **Busbahnhof** liegt unmittelbar vor der Fähranlegestelle in der Riva L. Kapetana und in direkter Nähe zur Touristeninformation; (direkte) Anbindung besteht zu allen Orten entlang der Inselstraße bis Osor/Punta Križa, (sonst Umsteigen in Cres) und teilweise bis Rijeka und Zagreb (Gesamtplan siehe am Kapitelanfang). Häufigste Anbindung besteht von/nach Veli Lošinj (von 6–20.15 Uhr je

nach Saison 6–10x tgl. für 15 K), Osor 4–6x tgl. (38 K), Cres 4–5x tgl. (61 K) sowie Rijeka 2–4x tgl. (155 K). Der Bus nach Osor/ Punta Križa fährt im Winter 5.40 und 14.30 Uhr ab Mali Lošinj, 6.30 und 15.30 Uhr ab Punta Križa (20 Min. später ab Osor).

Auto

■ Gebührenpflichtige **Parkplätze** findet man zentral beim Busbahnhof/Fährpier an der Riva L. Kapetana (bis 15 Minuten kostenlos, z.B. morgens zum Brot holen), weitere zentrale Parkplätze stehen in der Ul. Braće Ivana gegenüber vom kleinen Einkaufszentrum zur Verfügung. Einige kostenfreie Parkplätze findet man an der Ampelkreuzung zu den Supermärkten landseitig (kleiner Kreuzweg, hier hinunter).

Wer auch **baden** möchte, sollte den Abschnitt Čikat anfahren (Beschilderung der Hotels) und auf einen Fußballplatz rechts sowie gleich danach auf einen Tennisplatz links achten; am Tennisplatz kann man kostenlos parken und unmittelbar davor links dem Fußweg 50 m zum Strand folgen. Genau entgegengesetzt kommt man auf dem kürzesten Weg zu Fuß ins Zentrum (ca. 15 Gehminuten).

⌃ Traditioneller Kurort des Wiener Adels: Mali Lošinj

Touristenbahn

■ Im Sommerhalbjahr pendelt eine Touristen-Bimmelbahn zwischen **Trg Rep. Hrvatske** und den großen **Hotelanlagen;** ab Čikat 10, 11, 12 Uhr sowie abends um 19, 20, 21, 22 und 23 Uhr; um 10.30, 11.30, 12.30 und 19.30, 20.30, 21.30 und 22.30 Uhr ab Trg Rep. Hrvatske (25 K, Info-Tel. 098-653023).

Taxi

■ Schließlich bleibt noch die Möglichkeit, im Bedarfsfall auf Taxis (am Hafenbecken und beim Busbahnhof) zurückzugreifen; in den Hotelanlagen erledigt dies die Rezeption, allgemeine Rufnummern (englischsprachig, teilweise deutsch) sind 098-329825 sowie 051-231531. Eine Fahrt von Mali Lošinj/Zentrum zu den Hotels auf der Landzunge Sunčana Uvala kostet rund 140 K.

Info und Agenturen

■ Die **Touristeninformation** Lošinj liegt in der Riva L. Kapetana 29, Tel. 051-231884, www.tz-malilosinj.hr, 8–20 Uhr, So 9–13 Uhr.

An **Agenturen** für Unterkunft, Transport, Genehmigungen, Bootsverleih, Ausflüge u.Ä. seien genannt:

14 **Manora,** Priko 29, Tel. 051-233391, www.manora-losinj.hr. Hier werden nicht nur Unterkunft und Ausflüge arrangiert, sondern auch Mopeds, Räder und Quads vermietet; tgl. 9–14 und 17–21 Uhr, Tel. 051-04015742. Betreibt auch das Hotel in Podgora-Nerezine und bietet auf der Webseite Privatunterkünfte auf der gesamten Insel.

Blick über Mali Losinj

38 Die Agentur **Lošinia-Kvarner** (bei der Touristeninformation am Hafenbecken, Mo–Sa 8–22 Uhr, So und feiertags 9–13 und 18–21 Uhr, Tel. 051-231077, www.losinia.hr) vermietet u.a. auch Räder.

Unterkunft

In der Hauptsaison besteht ein breites Angebot an Unterkünften aller Art. Dabei hat sich als allgemeiner Schwerpunkt die **Landzunge Čikat** herauskristallisiert, deren riesige **Hotelanlagen** allerdings nicht unbedingt für Schönheitspreise nominiert werden dürften; hier landen nahezu 90 % der Pauschalreisenden. Wer es etwas individueller mag, sollte einen **Privatunterkunft** (Apartment, Zimmer) über eine der örtlichen Agenturen oder direkt bei Anbietern vorziehen.

Alternativ sollte man erwägen, im **Nachbarort Veli Lošinj** zu wohnen (s.dort) und Tagestouren nach Mali Lošinj zu unternehmen – die Busanbindung ist sehr gut, notfalls kann man aber auch zu Fuß gehen.

Hotels

Zentrum

35 **Apoksiomen**④, (Tel. 051-520820, www.apoksiomen.com), Boutique-Hotel. Absolut zentral und tadellos. Teilweise mit Meerblick, WLAN.

39 Um die Ecke der Touristeninformation, ebenfalls an der 36 Riva L. Kapetana, liegen die **Mare Mare Suites**③ (www.mare-mare.com, Tel. 051-232010), mit B & B, DZ und Apartments (104–154 €). Beide Häuser sind schöner als die Čikat-Hotels und wegen der Lage unmittelbar bei Bushaltestelle und Fährpier logistisch ideal, wenngleich nicht unbedingt billig.

29 **Hotel Villa Margarita**③, etwas versteckt im Altstadtzentrum (Bočac 64, Tel. 051-233838, www.vud.hr). Restaurierte Aristokratenvilla mit nur vier Apartments und 6 DZ. Sehr beliebt ist auch das angeschlossene Hotelrestaurant.

Čikat

■ Im Distrikt Čikat liegen zuvorderst die drei luxuriösen Anlagen **10 Alhambra**④ (Čikat 16, Tel. 051-260700, www.losinj-hotels.com; gehobeneres Boutique-Hotel, Spa und Restaurant mehrfach prämiert) und **9 Bellevue**④ (Čikat 9, Tel. 051-679000, www.losinj-hotels.com; luxussaniert 2017, Wellness, Spa, mehrere Clubrestaurants/Bars, Fitness, Meerwasser-Hydromassage) sowie das 2019 noch im Bau befindliche **4 Helios-Resort**④. Zum *Alhambra* gehört auch das **10 Hotel/Villa Kredo**⑤ (Čikat, Tel. 051-233595, www.artmedias.com). Tolle Lage in mehreren angeschlossenen kleinen Villen im Bereich Čikat, aber auch im Zentrum, aber auch teuer wegen zahlreicher Aufschläge (z.B. Endreinigung, für Aufenthalte unter einer Woche). **10** Auf dem angeschlossenen Campingplatz **Kredo** ③ kostet die Woche/Hauptsaison für eine 4-köpfige Familie inkl. Stellplatz und „Öko-Zuschlag" rund 450 €, Mobilheime (4 Pers.) sind hier für 100–160 €/Tag erhältlich.

Sunčana Uvala

■ Neueren Datums, und auch nicht so teuer wie die Čikat-Nobelherbergen, sind die Hotels der Landzunge Sunčana Uvala, z.B. das **11 Aurora**③ (Sunčana uvala 4, Tel. 051-667200, www.losinj-hotels.com, Besonderheit: Aroma-Spa-Garten) und das familiengeeignete **12 Vespera**③ (Sunčana uvala 5, Tel. 051-667300, www.losinj-hotels.com). Das *Vespera* verfügt u.a. über einen kleinen *Family Acqua Fun Complex* (kindergeeignete Poolanlage), Kleinfeld-Sportplätze, Tennis, Bowling und Bootsverleih – ist aber mit über 1000 Betten nicht gerade lauschig. Wichtig für Besucher dieser Häuser mag der Hotelbus sein, der von 5 bis 22 Uhr (außer 15 bis 17.30 Uhr) etwa alle 45 Minuten zwischen Altstadt und den Hotels *Bellevue* und *Aurora* pendelt.

Ferienwohnungen/Privatzimmer

■ Vor Ort über die o.g. Agenturen, die Touristeninformation, bzw. vorab auch über die ca. 120 Privatanbieter umfassende Seite **www.visitlosinj.hr**

adobe.stock ©michaldziedziak

(hier „Unterkunft, Privatunterkunft") in einer Preisspanne ab 50 € bis zu 250 €/DZ in Mittel- und Oberklasseapartments für 4–6 Personen. Weitere gute Seiten für die Voraborganisation sind beispielsweise **www.losinj.com, www.val-losinj.hr,** oder **www.insel-losinj.hr** sowie schließlich **www.sunbird.de** (eigentlich eine Surfschule, aber mit zahlreichen Angeboten an Wohnungen, Zimmern und sogar Wohnwagen).

Viele der angebotenen Unterkünfte liegen hübsch am Hang im Bezirk Bočac (Fußweg vom Hotel *Villa Margarita* die Ulica Vresikovo rauf zur Hauptstraße).

23 Wer direkt am Ufer nachfragen möchte: **Villa Antonia,** Velopin 23, Tel. 051-232192, insgesamt 4 Wohneinheiten für 3 bis 4 Personen zu 67–95 €/Tag. Schöne Anlage, teilweise mit Balkon. Neben den Agenturen bieten oftmals auch Tauchbasen Zimmer und Ferienwohnungen für Tauchgäste.

Luxus-Ferienwohnungen

8 Im Bezirk Čikat wurden in direkter Ufernähe einige stilvolle **ehemalige Herrenhäuser** aufwendig restauriert und für den Tourismus umgebaut, beispielsweise die **Villa Hygeia.** Dies erfolgte in Kooperation mit dem *Alhambra*-Hotel, welches für zubuchbares Catering auf Wunsch zuständig ist. Luxusausstattung mit Internetanschluss, Waschmaschine, Klimaanlage usw. ab 200 €/Tag (4 Pers.) bis 480 €/Tag (bis zu 10 Pers.), Tel. 051-232022.

24 Auch im Zentrum am Ufer kann man etwas gehobener wohnen: **Apartmani Mariana**④, Priko 51, Tel. 051-231136. Schönes, stilvolles, klassisches Bürgerhaus, teilweise mit Balkon.

▷ Abendstimmung auf dem Campingplatz Čikat

Camping

3 **AC Čikat**②-③, Tel. 051-232125, www.campcikat.com, vorwiegend für Schwimmer und Taucher; größter Platz der Insel, familienfreundlich, seit 2019 auch sehr schöne Mobilheime.

1 **AC Poljana**②, Tel. 098-231728, www.campingpoljana.com, ideal für Bootsbesitzer, aber etwas weit weg vom Zentrum, zudem erstreckt sich die Anlage entlang der Hauptstraße, ist also nicht immer ruhig. Inzwischen wurde ein Rad-/Fußweg vom Campingplatz bis zur Brücke und somit direkt bis ins Zentrum gebaut. Boots- und Kfz-Verleih, Miniklub/Spielpark, Mobilheime, Glamping.

2 Reines Glamping in fertig ausgerüsteten Zelten bietet **Kamp Čikat-Zone Wild**②, Čikat 6, Tel. 098-9231034, www.losinj-glamping.com.

Essen und Trinken

Mali Lošinj bietet Dutzende guter Restaurants, Snackbars und Pizzerien, wobei die unmittelbar am Hafen gelegenen sich naturgemäß das „Setting" mitbezahlen lassen. Daher hier ein paar Tipps abseits des Hafens:

32 In der günstigen Kategorie sollte man unbedingt einmal in der **Pizzeria Draga** (Tel. 051-231132, Ulica Braće Vidulića 77 – der Inhaber heißt übrigens auch *Vidulić!*), gegessen haben: Ab 18.30 Uhr stehen die Leute Schlange, die Portionen sind riesig, gut und günstig.

20 Für Fischplatten zu moderaten Preisen in netter Lage am Fischerhafen Sv. Martin empfiehlt sich das **Lanterna** (Ul. Sv. Martin 71, Tel. 051-233625).

36 Am linken Ende des Hafenbeckens, bei der kleinen Kapelle Sv Antun, liegt linker Hand in einer Seitengasse das **Restaurant Zakantuni** (Ul. Losinjskih brodograditelja, Tel. 051-231840) mit günstigen und guten Fisch- und Fleischplatten. Rustikal-angenehmes Ambiente.

29 Reisende loben das **Hotelrestaurant Villa Margarita** (Bočac 64, Tel. 051-233838; nur Abendküche 18–22 Uhr): besonders beliebt sind hier Käseplatten, Scampicocktail, grüne Nudeln mit Scampi oder hausgemachte Suppen. Spezialität des Hauses ist die Fischplatte. Das Lokal liegt etwas zurückgesetzt.

17 Im gehobeneren Preissegment serviert man sehr exquisite Fisch- und Fleischgerichte zu moderaten Preisen in der **Konoba Corrado,** etwas versteckt in einem Innenhöfchen der Ulica Sv Marije 1 (Tel. 051-232487, nur Ende Mai–Mitte Okt. tgl. 11–14 und 17–24 Uhr).

13 Am Ufer entlang Richtung Čikat bietet die kleine **Konoba Odyssey** Lammbraten, Sardellen und fangfrische Fischgerichte je nach Saison an. Wird von Einheimischen empfohlen, die Bewertungen von Reisenden sind dagegen durchwachsen.

7 Als aktuelles Top-Restaurant gilt das **Pin & Oli** (Čikat 9, c/o Hotel *Belvedere,* Tel. 051-679000, tgl. 12–24 Uhr) mit Gourmetgerichten aller Couleur vom Feinsten!

Mein Tipp: 18 **Konoba Dišpet,** Sv. Martin 10, Tel. 91-5691955. Rustikales, familiengeführtes Dorflokal, welches nur abends von 17 bis 22 Uhr geöffnet hat. Eher kleine, dafür qualitativ richtig gute Speisenauswahl. Die Kalamari mit Mangold sind ebenso zu empfehlen wie die Grillplatte für zwei Personen; sehr gutes Preis-Leistungs-Verhältnis.

Nachtleben

- Im **Automatencasino Vulkan** (Zagrebačka 3, 8–6 Uhr) haben nur Volljährige Zutritt; Automaten- und Tischspiele.
- Abendunterhaltung – von den **Café-Bars am Hafen** abgesehen – bieten die **Hoteldiscos,** z.B. die 26 **Nightbar Pacifico** (Trg žrtava fašizma 9, Tel. 98-1318730, im Sommer täglich 22–5 Uhr) im Zentrum.

16 Am Mittwochabend findet im Hochsommer gelegentlich im **Miomirisni Otočki Vrt** (Bukovica 6, an der Kurve V. Lošinj Richtung Supermärkte rechter Hand) ab 21.30 Uhr die beliebte *Garden Night Party* mit gemeinsamer Gartenbegehung, typischer Musik und Drinks statt – alles unter dem Motto „Mittelmeerdüfte". Eintritt inkl. 2 Getränke 60 K, Infotel. 098-326519. Hinweisplakate im Ort beachten.

adobe.stock ©Daniel Vincek

adobe.stock ©Codegoni Daniele

In der Hauptgasse Richtung Parkplatz (Ul. Nazora) findet man die 9 **Agentur Palma** mit ähnlichem Angebot.

Unterkunft

Als Alternative zu dem zumindest in der Hochsaison etwas gedrängt anmutenden und in den großen Hotelanlagen wenig anheimelnden Mali Lošinj bieten sich in Veli Lošinj eine größere Aparthotelanlage sowie etliche kleinere Pensionen an.

1 Links die Bucht hinauf gelangt man zum **Hotel Punta**④, Tel. 051-236002, www.losinj-hotels.com, mit Disco, Schwimmbad, Restaurant usw. Neben DZ werden Vierer-Apartments vermietet; riesige Anlage, sehr beliebt und gar nicht übel.

■ Direkt am Zentralplatz Obala M. Tita rechts gehend findet man die hübsch restaurierte 6 **Villa Mozart**② (Kaciol 3, Tel. 051-618769, www.villa-mozart.hr). Direkt nebenan liegt die 5 **Pansion Saturn**②, Tel. 051-236604, mit ähnlichen Preisen. Das Haus gehört zur Agentur Val (s.o.) und ist unter www.losinj-val.com auch online buchbar.

8 Neben dem Turm um die Ecke der Post findet man den Privatvermieter **Pjacal**② (Kaštel 3, Tel. 051-236244 und 098-1847115, www.pjacal.eu). Hauseigenes Ausflugsboot mit Inseltouren, Fischpicknick usw.

3 Richtung Hotel bietet sich noch die **Villa San**③ an, Tel. 051-236160, www.vila-san.com, Halb-/Vollpension möglich, Apartments für bis zu 5 Pers.

⌃ Veli Lošinj mit dem kleinen Hafen

7 **HFHS-Jugendherberge**① (Kaciol 4, Tel. 051-236 234, www.hfhs.hr). Auf B & B-Basis pro Person je nach Saison zwischen 16 und 22 €/Nacht.

13 Eine noch recht junge Pension, die **Pansion Veli Lošinj**③ (Slavojna 6a, Tel. 051-236166, pansion_veli_losinj@hi.t-com.hr, buchbar auch über www.losinj-hotels.eu), liegt etwas weiter oben Richtung Bushaltestelle und bietet von April bis Oktober sehr schöne, saubere DZ, wahlweise mit HP.

Essen und Trinken

Cafés

■ **Rund um das kleine Fjordbecken** findet der Hungrige etliche Cafés und Restaurants, etwa das nette *Café Mladost* am M. Tita 6 (Tel. 051-236205) oder das benachbarte *Café Beny,* wo man auch *Burek* bekommt (Obala Tita 8, Tel. 051-236302). Für einen kühlen Drink oder einen Espresso empfehlen sich die *Café-Bar Eskimo* (Tel. 051-301320) sowie das *Café Riva* auf der linken Hafenbeckenseite (Obala Tita 36, Tel. 051-233824).

Restaurants

6 Gut und zünftig speist man am Obala M. Tita Vila in der **Villa Mozart** (Tel. 051-618769) mit biergartenähnlichem Restaurant (u.a. Grillplatte, Fischteller und Snacks).

4 Direkt am Ufer an der linken Hafenseite findet man die **Trattoria Marina** (Tel. 051-236178, tgl. 9–24 Uhr, Mitte Nov. bis Mitte März geschl.), welche eine österreichische Schauspielerin unter dem Motto „kreative Küche" begründet hat – heute ein begehrtes Spezialitätenrestaurant für italienisch-istrische Gerichte (Trüffel).

3 Wenige Meter den Hügel hinauf Richtung Hotelanlage *Punta* bietet das beliebte Terrassenrestaurant **Vila San** (Tel. 051-236160) u.a. Fischplatten, Medaillons mit Feigen und Salbei, istrischer Käse mit Trüffel, Seebarschfilet. Der Koch zählt zu den bekanntesten Fernsehköchen Kroatiens.

1 Auch die **Hotelanlage Punta** verfügt über ein sehr schön gelegenes angeschlossenes Restaurant mit toller Aussicht (geöffnet für Nicht-Hotelgäste tgl. 10–23 Uhr).

11 **Konoba Mol,** Ulica Rovenska 1, Tel. 051-236 008, tgl. 9–24 Uhr, Lesertipp, sehr guter gegrillter oder gebackener Fisch.

Einkaufen

Man findet im Zentrum alles, was man für einen Tagesaufenthalt benötigt, wenngleich die Auswahl in Mali Lošinj natürlich ungleich größer ist.

■ Am Zentralplatz Obala M. Tita liegt ein 8 **Minimarkt** *(Jadranka)* und gleich links am Hafenbecken die **Bäckerei** *Zlatni Klas* mit *Burek* und leckeren Kuchenteilchen. Von hier aus die Nazora 100 m Richtung Parkplatz gehend, erreicht man die 9 **Bäckerei Loznati.** Neben dem *Marine Educational Center* bietet die **Metzgerei Ljuba** frisches Fleisch an. Ein kleines 2 **Fischgeschäft** (*Ribarnica,* tgl. 7.30–12 Uhr) findet man direkt am Ufer unterhalb der *Vila San,* und zumindest in den Sommermonaten wird am Weg hinauf zur *Vila San* ganztägig eine Art 2 **Floh- oder Andenkenmarkt** abgehalten.

Aktivitäten

■ Auch wenn das *Marine Center* sehr interessant ist, wollen viele Besucher die Meeresbiologie doch ganz unmittelbar mit einem **Ausflugsboot** erleben. Im Hafen werden nicht nur Tagesausflüge auf vorgelagerte oder benachbarte Inseln angeboten (u.a. Ilovik, Oruda, Susak, Šilba, Rab), sondern auch **Delfinbeobachtungen,** die immer wieder faszinierend sind. Auch komplette Boote können am Hafen gechartert werden (ca. 1500–2500 K/Tag).

■ **Zahlreiche Ausflüge** zu **vorgelagerten Inseln,** direkt am Ufer, roter Stand, Tel. 051-236244, das rote „U-Boot" fährt auch Veli Lošinj an (www.semisubmarine-losinj.com).

■ *King Adventure* hat **Bootstouren** und **Angelausflüge, Boots-** und **Radverleih** (Tel. 095-8585444, www.losinj-sports.com) im Programm.

12 **Tauchen:** *Benthos Diving Center,* Ulica rovenska 54, Tel. 091-2365151, www.benthosdivers.hr.

■ Am **Plaža Punta** unterhalb vom Hotel **Punta** werden **Liegen, Sonnenschirme** (20 K) und **Wassersport** angeboten.

■ Das **Strandbad** hinter der Hauptkirche im Ortsteil Rovenska hat eine Bar und Meerwasserpools.

■ **Radverleih, Kajakverleih** und **Wassertreten** gibt's am **Strandbad Plaža Veli.**

■ **Baden:** Neben dem Strandbad *Plaža Veli* und dem *Punta-Beach* (beim Hotel) bieten sich die **Buchten Javorna** am südöstlichen Ortsrand, sowie die auf der anderen Inselseite (2–3 km Fußweg) gelegenen Buchten **Krivica, Plaža Plieski, Sunfarni** und **Vela Draga** an, wobei neben Javorna nur die ersten beiden für Fußgänger gut erreichbar sind.

Kleinere Inseln der Kvarner Bucht

Von Mali Lošinj aus kann man die vorgelagerten Inseln **Orjule, Ilovik, Unije, Srakane** und **Susak** per Fährboot oder im Rahmen eines Ausfluges besuchen. Am beliebtesten ist Ilovik wegen seiner Blumenpracht im Frühjahr, während Susak die schöneren Strände bietet. Srakane ist etwas für Robinson-Urlauber, Orjule bietet von allem etwas. Die **Touren** auf die Inseln werden **in Mali Lošinj am Hafen** heftig beworben. Je nach Geschmack sind verschiedene Inseln als Tagestour kombinierbar, was rund 25–30 € p.P. (Kinder halber Preis) inklusive einem Fischpicknick und Getränken (u.a. Wein und Softdrinks) kostet.

Ilovik

Ilovik erfreut sich eines vergleichsweise fruchtbaren Bodens, was sich in der schon beinahe legendären **Frühlingsblumenpracht** der Insel äußert, die Heerscharen von Ausflüglern anlockt. **Gute Fähranbindung, kleinere Badebuchten** (Stein) und eine bescheidene Infrastruktur in der **Siedlung auf der Ostseite** machen Ilovik zu einem lohnenswerten Tagesausflugsziel.

Anfahrt

■ Die **Personenfähre „Tim G"** fährt 3–5x täglich (Juni–Sept.) die Route **Mali Lošinj – Mtrvaška – Ilovik;** 25 K einfach. Tagesausflüge sind somit täglich möglich, wenn man über ein eigenes Transportmittel zum Pier verfügt. Den Pier Mtrvaška erreicht man von der Ampelkreuzung in Mali Lošinj an den Supermärkten vorbei, immer der Straße über den Hügelkamm bis zum Ende folgend (gebührenpflichtiger Parkplatz).

Unterkunft

■ Die meisten Besucher bleiben nur für einen Tagesbesuch, aber auch längere Aufenthalte können über **www.ilovik.hr** arrangiert werden. Achtung: keine Pkw-Mitnahme möglich (Gepäck!).

Blick auf die Ostseite von Ilovik

adobe.stock© xbrchx

Essen und Trinken

Im Dörfchen findet man einen Minimarkt sowie mehrere Gastronomiebetriebe.

- Sehr gelobt für Fisch wird die **Konoba Panino** (Tel. 051-235978), die **Konoba Oliva** (Tel. 051-235922) für sehr schmackhafte Fleischgerichte.

Susak

Susak unterscheidet sich schon optisch von den ansonsten eher kargen Inseln der Ostadria, da die Bewohner zum Schutz vor dem Wind Unmengen an **Schilfgras** angebaut haben und damit ihre Parzellen vor Erosion und Austrocknung schützen. So konnte nicht nur Wein angebaut, sondern auch der Sand der Insel bewahrt werden, der Susaks **Strände** nahezu einmalig macht.

Die **Susački,** wie die Bewohner Susaks genannt werden, pflegen eigene Sitten und Gebräuche – etwa eine ganz eigene Tracht – und sprechen einen eigenen, schwer verständlichen Dialekt. Im August findet ein großes Treffen aller ehemaligen Bewohner auch aus Übersee statt, was auf der Insel als allgemeiner Feiertag begangen wird.

Das **Dorf Susak** ist mehr oder weniger zweigeteilt und wird **Donje Selo** (Unterdorf, rund um die Anlegestelle) sowie **Gornje Selo** (Oberdorf, Treppe zur Pfarrkirche hinauf) genannt. Vor dem Kirchplatz liegt rechter Hand ein schöner Aussichtspunkt. Neben der Kirche dürfte Weinkenner die örtliche *Vinarija* (geöffnet bei Bedarf!) erfreuen, immerhin gibt es auf Susak überraschend umfangreichen Weinanbau. Während Donje Selo für viele Tagestouristen der einzige Eindruck bleibt, bietet sich im Oberdorf ein tiefer gehender Einblick in das Leben der Inselbewohner. Am oberen Ende immer dem befestigten Weg folgend, erreicht man die Friedhofskapelle. Hier rechts gehend, kann man einen **kleinen Rundweg** über einen Leuchtturm (Ruine) und die höchste Erhebung Vela Straža (96 m) unternehmen.

Der **Ortsstrand** in **Donje Selo,** ein ultraflacher Sandstrand, der auch für Kleinkinder ideal ist, bietet an Infrastruktur u.a. Tretboote, Sonnenschirm- und Liegenverleih sowie Massagen (im Sommer). Er liegt außerdem nahe der Gastronomiebetriebe.

Schöner für Ruhesuchende dürften die **Strände der Ostseite** sein: Von der Friedhofskapelle (links) aus folgt man dem Wanderzeichen; der Pfad führt idyllisch durch Weinberge bis zum **Strand Bok** (Sand, links) mit Getränkekiosk und Schirm-/Liegenverleih sowie einem Felsabschnitt rechts des Pfades. Geradeaus weiter kommt man zu einer kleinen Marienkapelle am Ende der Landzunge. Zurück kann man immer den rechten Pfad nehmen und kommt im Unterdorf wieder am Ufer an.

Anfahrt

- Anders als bei Ilovik ist man bei Susak auf ein **Ausflugsboot** oder ein **Wassertaxi** angewiesen. Theoretisch kann man zwar auch von Mali Lošinj mit der *Jadrolinija*-Personenfähre um 5 Uhr hin- und um 15.30 Uhr zurückfahren, was aber nicht jedermanns Sache sein dürfte. Alternativ gibt es im Sommer ein privates Wassertaxi zwischen Mali Lošinj und Susak (am Hafen neben den Ausflugsbooten, Tel. 098-1353567).

Information

- Das kleine **Touristenbüro** am Uferplatz ist 9–12 und 19–21 Uhr, So 11–12 Uhr geöffnet; die benachbarte Post nur im Sommer 10.30–14.30 Uhr.

Unterkunft

Auch für Susak gilt: Man kann durchaus ein paar Tage hier verbringen, muss aber sein Fahrzeug in Mali Lošinj lassen und das Gepäck auf einem Personenboot befördern.

- Allgemeine Unterkunftsorganisation unter **http://ferien-susak.de** und **www.apartmani-grgacsusak.com.**

adobe.stock© xbrchx

■ Das **Hotel/Restaurant Sansegus③** wurde 2018 schick renoviert und bietet unterschiedliche, hübsche Zimmer in frischen Sommerfarben (Tel. 091-9840067, www.otok-susak.org/en/sleeping/hotel-sansegus). Kein Riesenhotel, eher Pension.

■ Wirklich toll sind die restaurierten **Sansego-Houses④**, www.susak.si, für 4–6 Pers. (97–179 €/4 Pers. je nach Haus und Saison).

Essen und Trinken

■ **Minimarkt** (im Sommer tgl. 8–22 Uhr, sonst Mo–Sa 8.30–12.30 und 16.30–19.30 Uhr, So 9–13 Uhr) und **Konoba Ankora** (Tel. 099-8388909, tgl. 9–23 Uhr) am Hafen; außerdem findet sich am Ufer die **Café-Bar Malonogometni Klub** (Getränke und Snacks, manchmal Spanferkel) sowie die **Pizzeria Konoba Vera** (Tel. 051-239012). Etwas abseits vom Tagestourismus speist man sehr ordentlich im Oberdorf in der **Konoba Barbara** (Tel. 051-239128, tgl. 9–24 Uhr).

Male und Vele Srakane

Die beiden Inseln Male und Vele Srakane sind wahrlich etwas für Enthusiasten von **Einsiedler-Ferien.** Nur dreimal wöchentlich mit der Personenfähre (s. Mali Lošinj) an das „Festland“ angebunden, halten es nur noch drei (!) Bewohner auf der größeren der beiden Inseln dauerhaft aus und betreiben einen Öko-Bauernhof. Dabei wirkt das Dörfchen gar nicht so trist, von den ungefähr 30 Häusern sind die meisten liebevoll restauriert worden und dienen wohlhabenderen Kroaten als ruhiger Sommersitz. Ein Drittel der Gebäude scheint allerdings zu verfallen, so auch der ehemalige Minimarkt bei der Kirche Sv. Ana, der inzwischen als Lagerhalle genutzt wird.

Gastrononomie und **Unterkünfte** sind aktuell nicht vorhanden; **Baden** kann man an der Anlegestelle oder auf der anderen Inselseite (Fels). Male Srakane ist auch für den **Tauchspot „Kathedrale“** bekannt, An-/Abreise s. Mali Lošinj.

☐ Dorf Susak mit Donje Selo (Unterdorf) und Gornje Selo (Oberdorf)auf der gleichnamigen Insel

☐ Blick auf Vele Srakane aus der Vogelperspektive

adobe.stock ©Drazen

8 Ostküste der Kvarner Bucht

Von den Ferienzentren der östlichen Festlandsküste um Crikvenica und Novi Vinodolski lohnt sich ein Ausflug in die Hafenstadt Rijeka und ins Hinterland: in den Nationalpark Risnjak im Kvarner Hochland oder zu den Plitwitzer Seen mit ihren Wasserfällen.

< Blick in die Bucht von Bakar nahe Rijeka

OSTKÜSTE DER KVARNER BUCHT

Größere Fährhäfen im Allgemeinen, und **Rijeka** im Besonderen, werden von Touristen meist links liegen gelassen. Die Bedeutung als kulturelles Zentrum mit Universität, Theater und Museen sowie eine angenehme Fußgängerzone in der Altstadt, interessante Sehenswürdigkeiten und vor allem gute Einkaufsmöglichkeiten begründen letztlich aber eine gewisse Attraktivität der Metropole des Kvarner Landes.

Im weiteren Verlauf der Küste nach Südosten schließt sich ein beliebtes Ferienzentrum an: Ausgezeichnete Wasserqualität, ein riesiges Angebot an Unterkünften und Freizeitmöglichkeiten und vernünftige Preise zeichnen die **Riviera von Crikvenica** aus. Im Weiteren folgen **Novi Vinodolski** – mit seinem mittelalterlichen Flair ein attraktives Städtchen – und **Senj** mit seiner berühmten Uškoken-Festung. Das nahe gelegene **Kvarner Hochland** bietet viel unberührte Natur. Eine Rundfahrt wird in diesem Kapitel beschrieben.

NICHT VERPASSEN!

- Shoppen was das Herz begehrt auf dem **Korzo von Rijeka** | 264
- Der **Festungshügel Trsat** thront majestätisch oberhalb der Metropole Rijeka | 265
- Hier gibt es wilde Bären – **Nationalpark Risnjak** | 273
- In der **Tropfsteinhöhle von Lokve** tief ins Innere der Erde blicken | 273
- Die Steintafel-Gesetze von 1288 im **Frankopanenturm von Novi Vinodolski** | 284
- Ein echtes Ritter-WC in der **Uškoken-Festung von Senj** | 288
- Welterbe und atemberaubende Wasserfälle bei den **Plitwitzer Seen** | 291

Diese Tipps erkennt man an der gelben Hinterlegung.

Rijeka

Rijeka (ital.: Fiume), die **Kulturhauptstadt 2020,** ist mit rund 200.000 Einwohnern die **drittgrößte kroatische Stadt** nach Zagreb und Split. Vor allem der **Seehafen** mit seinen Industrieanlagen (*INA*-Raffinerie), aber auch der großstädtische Verkehr und optisch eher unvorteilhafte Vorstadtviertel tragen zum relativ schlechten Ruf der Stadt bei. Doch es gibt einige Sehenswürdigkeiten, die den **Besuch lohnen.** In Rijeka wurden alle wichtigen Bauwerke und Museen vorbildlich mehrsprachig beschildert.

Von besonderer verkehrstechnischer Bedeutung ist der abgeschlossene Ausbau der Bahnstrecke Rijeka – Ungarn via Zagreb wie auch die gute Autobahnanbindung von/nach Slowenien.

Rijeka unterhält einige Städtepartnerschaften, darunter auch mit Neuss und

Ostküste der Kvarner Bucht

Rostock, mit Letzterem sogar schon seit 45 Jahren – somit ist dies eine der ältesten deutsch-kroatischen Partnerschaften überhaupt! Fußballfreunde kennen eventuell den **HNK Rijeka,** Kroatiens dritte Kraft im Kampf um das runde Leder nach Zagreb und Split.

Geschichte

Als Tarsatica (60 v. Chr.) bildete Rijeka in römischer Zeit eine Grenzstadt des liburnischen Limes. Vom 8. bis 15. Jahrhundert vorwiegend in kroatischer Hand, fiel die Stadt 1466 an das Haus **Habsburg** und entwickelte sich zu einer Rivalin der Dogenrepublik Venedig. Erneute Unabhängigkeit folgte im 17. und 18. Jahrhundert, ehe *Maria Theresia* 1776 Rijeka zum Sonderverwaltungsgebiet erklärte. 1848 unterstützte Rijeka den ungarischen Aufstand gegen Österreich, woraufhin der kroatische Vizekönig Gouverneur von Rijeka wurde. Ungarn als Binnenstaat benötigte einen Hafen und betrieb den rasanten Ausbau der Stadt. 1919/20 wurde der **Freistaat Fiume** gegründet – auf Verlangen der im Ersten Weltkrieg siegreichen Italiener mit italienischem Namen –, 1924 von Italien annektiert und nach der italienischen Kapitulation im Zweiten Weltkrieg (1943) zwei Jahre lang von deutschen Truppen besetzt. Nach dem Zweiten Weltkrieg zunächst jugoslawisch, erfreut sich die Stadt seit der Unabhängigkeit Kroatiens immer größerer Beliebtheit bei durchreisenden Touristen.

[>] Dom Sv. Marija mit dem Glockenturm

Sehenswertes im Zentrum

Ein Rundgang beginnt zweckmäßigerweise am **Trg Jelačić** beim Kanal Mrtvi und führt hier halbrechts zum Dom Sv Marija.

Dom Sv Marija/Crkva Uznesenja blažene djevice marije

Die ehemalige Kathedrale Crkva Uznesenja blažene djevice marije (Kirche der Himmelfahrt der Jungfrau Maria) wurde im 13. Jahrhundert errichtet und im frühen 19. Jahrhundert mit einer klassizistischen Fassade versehen. Besonders ist der 33 Meter hohe, um rund 40 cm geneigte **Campanile** (Glockenturm), der auch der „schiefe Turm von Rijeka" genannt wird. Der Grund für die fehlerhafte Statik liegt in seinen Fundamenten, die teilweise auf einer spätantiken Schicht liegen, deren Untergrund unter dem Einfluss unterirdischer Wasserläufe steht. Die Feuchtigkeit zeigt sich auch im Inneren: Da die Kirche sehr schlecht zu belüften ist, sind die Wandmalereien arg in Mitleidenschaft gezogen, sodass Teile des Gotteshauses immer wieder einmal verhüllt sind und Reparaturen vorgenommen werden müssen.

■ **Crkva Uznesenja blažene djevice marije,** Ul. Pavla Rittera Vitezovića 3.

Sv Vid

Die Šporera ein kleines Stück hinaus liegt die Kirche Sv Vid (Veitskirche). Sie ist von ihrer **„legendären" Entstehungsgeschichte** her viel interessanter als der

Dom: Im Jahre 1296 spielte ein Mann Karten, hatte aber Pech und verlor. Daraufhin warf er verärgert einen Stein an ein Christuskreuz und traf dieses auf der linken Seite. Blut floss aus dem Kreuz, und wo es auf die Erde tropfte, öffnete sich ein großer Schlund – der Werfer wurde von ihm verschlungen. Ein Gouverneur im 17. Jahrhundert, zunächst ungläubig, als er diese Geschichte vernahm, ließ den Boden umgraben – und tatsächlich fand man den Leichnam. Der Gouverneur ließ die Überreste verbrennen, eine Bronzehand als Mahnmal an der besagten Stelle aufstellen und die Veitskirche darüber errichten. Die Bauarbeiten wurden 1638 begonnen und dauerten fast 100 Jahre. Prunkstück wurde eine **säulengetragene Kuppel** über dem Zentralraum. In der **Galerie** ist auch eine Sammlung an Bildern, Messgewändern, frühneuzeitlichen Büchern, Grafiken, Goldschmiedekunst und weiteren Sakralkunstwerken zu besichtigen. Dort hängt übrigens auch ein Bildnis des Hl. *Franziskus von Xavier* – dem Schutzpatron der Touristen!

■ **Kathedrale Sv Vid,** Grivica ul. 11, die Kathedrale ist offen für Besucher Mo–Fr 6–21 Uhr, Sa 6–12 Uhr, So 9–13 Uhr, die Galerie (Sakralkunst-Ausstellung) ist nur bei vorheriger Anmeldung im Beisein eines Kurators zugänglich (Anmeldung unter Tel. 051-330879).

Museen

Am Muzejski Trg 1, oberhalb der Veitskirche, entstand im ausgehenden 19. Jh. ein neobarocker Prunkbau für den jeweiligen Gouverneur; heute ist hier ein interessantes **Marine- und Heimatmuseum** mit Exponaten zur Regional- und

adobe.stock ©anshar73

Rijeka

0 100 m
Pomerio
Stadtmuseum & Marinemuseum
Laginjina
Vladimira Nazora Park
Naturwissenschaftliches Museum
Ciottina
Vajnera Čiče
Ivan Pavla II
Ivana Dežmana
Žrtava fašizma
Nikole Hosta Park
Peek & Poke Computermuseum & Kindheitsmuseum
Kapuziner-kirche
Barčića
Erazima
Frana Kurelca
Dolac
Frana Supila
Ciottina
Ivana Grohovca
Školjić
Justizpalast
Trg Žabica
Überland-busse
Trpimirova
Tourist-Bus
Jadranski trg
Moderne Galerie
Ivan-Zajc-Haus & Römischer Triumphbogen
Kovač
Sv Vid
Žrtava fašizma
Korzo
Trg Riječke Rezolucije
Riva
Splitska
Adamićeva
Hieronymus-kirche
Trg Grivica
Đure Šporera
Polizei
Museum der modernen und zeitgenössischen Kunst
Ambulanz
Trg Koblera
RB Stadt-führungen
Aida Collonela
Trg Republike
Korzo
Užarska
Dom Sv Marija
Uhrenturm
Fiumara
Hauptpost
Konsulat der Republik Österreich
Riva
Trg Jelačić
Scarpina
Mrtvi-Kanal
Ivana Zajca
Matije Gupca
Tourist-Bus
Veslarska
Stadt-busse
Fährhafen
Verdijeva
Markt
Park Ivan Zajc
Ribarska
Riva Boduli
Lisinskog
Vatroslava
Matačićeva
Volkstheater
Slavka Cindrića
1
2
3
4
5
6
7
8
9
10
11
12
13
14
15
16
17
18
19
20
21
22
23
24
25
26
27

Tizianova
1. maja
Kozala
Kozala
Riječina
A7
E65
Baštijanova
Franje Račkoga
Fort Trsat
Belveder
Laginjina
Trsat
Fiorella la Guardije
Joakima Rakovca
Slavka Krautzeka
Franzis-kaner-kloster
Park Pančićev
Pomerio
Krešimirova
Brajda-Dolac
Bahnhof, Opatija
Ulica Žrtava fašizma
Franje Račkoga
Stube Petra Kužića (Treppe nach Trsat)
Trpimirova
Školjić
Riva
Fiumara
Oslobođenja
Ivana Gorana Kovačića
Joakima Rakovca
Adamićeva
Oslobođenja
Scarpina
Bulevard
Josipa Jurja Strossmayera
Ivana Zajca
Delta
Slavka Cindrića
Ausschnitt
Brajdica
Šetalište
Crikvenica
XIII divizije
Brajdica
0 300 m
28
29
30
31
32
33
34
35
36

Übernachtung
- 1 Grand Bonavia
- 14 Aptm. Korzo
- 31 Neboder
- 32 AC Oštro
- 33 Jugendherberge
- 34 Best Western Jadran, Villa Nora
- 36 AC Preluk

Essen und Trinken
- 2 Konoba Zlatna Školjika
- 4 Restaurant-Pizzeria Bračera
- 6 Café Ri
- 8 Restaurant Municipium
- 10 Café Sv. Vida
- 17 Maslina Na Zelenom Trgu
- 18 Priroda i Društvo
- 23 Snackbar Hamby
- 25 Makrovega
- 26 Veg. Restaurant Makrovega
- 27 Konoba Feral
- 30 Konoba Borik
- 31 Tower Center

Nachtleben
- 7 Hemingway
- 9 Irish Pub Café Beard
- 20 Tunel
- 21 Nostromo
- 22 Kino Kvarner
- 28 Sabrage
- 29 The Beertija

Einkaufen/Sonstiges
- 5 Fährgesellschaft Jadrolinija
- 7 Bonbonniere Kraš
- 11 Internet Korner
- 12 Kaufhaus Robna Kuća Rijeka
- 13 Buchhandlungen
- 15 Kaufhaus Korzo
- 16 Agentur Neo Mar
- 19 Apotheke
- 23 Vinoteka
- 24 Agentur I.D. Riva
- 31 Tower Center
- 35 ZTC-Shopping

Seefahrtsgeschichte der Kvarner Bucht untergebracht. Besonders interessant ist die kunsthandwerkliche Abteilung aus dem 18. und 19. Jahrhundert.

Nur wenige Meter entfernt steht das kleine, weniger lohnenswerte **Stadtmuseum,** dessen Ausstellungsstücke sich ausschließlich auf Rijeka beschränken.

Das vielleicht schönste Museum für Kinder liegt oberhalb des Marinemuseums im Park V. Nazora: das **Naturwissenschaftliche Museum** mit Ausstellungen zu Meeresflora und -fauna, einer guten Erläuterung der Geomorphologie der Kvarner Bucht sowie Aquarium und Tierpark.

■ **Marine- und Heimatmuseum** (Pomorski Muzej), Muzejski trg, Tel. 051-213578, www.ppmhp.hr, Mo 9–16 Uhr, Di–Sa 9–20, So 16–20 Uhr, 20 K, erm. 15 K, Führungen 70 K.

■ **Stadtmuseum,** Muzejski trg 1/1, Tel. 051-336711, www.muzej-rijeka.hr, Mo–Sa 10–20, So 10–15 Uhr, 15 K, erm. 10 K.

■ **Naturwissenschaftliches Museum** (Prirodoslovni Muzej), Lorenzov prolaz 1, Tel. 051-553669, www.prirodoslovni.com, tgl. 9–20 Uhr, 10 K, Familien p./Pers. 5 K.

Weitere Museen

■ **Peek & Poke Museum,** Ivana Grohovca 2, nur Mai–Oktober Mo–Fr 14–21 Uhr, Sa 11–16 Uhr, sonst bei telefonischer Voranmeldung unter Tel. 091-7805709. 30 K, in Kombination mit dem benachbarten Kindheitsmuseum 50 K.

Peek & Poke Kindheitsmuseum, Hauptthema ist hier Spielzeug von 1900 bis zur Gegenwart (Puppen, Kinderbücher usw.); bislang konnten rund 600 Exponate aus der Region zusammengetragen werden.

Peek & Poke Computermuseum, rund 2000 Exponate aus der Computergeschichte sowie der Audio-, Video- und Foto-Technik sind hier ausgestellt.

Museumstipp

Die Eintrittskarte **„Kvarner Museen zusammen"** ist ein Kombiticket für das Naturkundemuseum, das See- und Geschichtsmuseum, das Stadtmuseum, das Museum der modernen und zeitgenössischen Kunst, das Peek & Poke Museum (alle in Rijeka), das Kroatische Museum für Tourismus (Opatija), das Stadtmuseum von Crikvenica, das Nationalmuseum/Galerie Novi Vinodolski, das Museum des Apoxyomenos (Mali Lošinj) und das Museum von Cres.

Dies alles für preiswerte 30 Kuna für Erwachsene, 50 Kuna für Familien und 10 Kuna für Kinder, Studenten und Rentner. Die Karte ist 60 Tage ab dem Kaufdatum gültig.

■ **Museum der modernen und zeitgenössischen Kunst** *(Muzej moderne i suvremene umjetnosti)*, Krešimirova 26, Tel. 051-492611, www.mmsu.hr, tgl. außer Mo und an Feiertagen 11–20 Uhr, 10 K, erm. 5 K. Hier sind Werke der regionalen Künstler *B. Rašica, R. Venucci* und *S. Grčko* sowie überregionale Sammlungen von Zeichnungen, Grafiken, Skulpturen, Plakaten, Malereien, Fotografien und Medienkunstwerken zu sehen. Ein kleiner Ableger des Museums stellt auch bei der Hieronymuskirche aus.

Römischer Triumphbogen

An den römischen Teil der Stadtgeschichte erinnert fälschlicherweise der römische Triumphbogen. Tatsächlich wurde das den Römern zugeschriebene Portal als repräsentativer Zugang zum römischen Tarsatika, einer antiken Stadt auf deren Überresten sich das mittelalterliche Rijeka erhob, errichtet. Dieses wurde aber vermutlich vollständig zerstört. Das heutige Portal wurde an dieser Stelle in der frühen Neuzeit errichtet. Die Kroaten selbst nennen das Portal folgerichtig auch nur *Stara vrata* (altes Tor), wohingegen in vielen ausländischen Publikationen von einem römischen Triumphbogen zu lesen ist.

Korzo

Vorbei am ehemaligen Rathaus und Geburtshaus des Komponisten *Ivan Zajc* am Trg Ivan Kobler passiert man das Tor des alten Stadtturms. An ihm prangen noch heute die Büsten der Kaiser *Leopold I.* und *Karl VI.* (sie ernannten Rijeka zur Freistadt) sowie der Doppeladler. Dahinter liegt die **Haupteinkaufsstraße** von Rijeka, genannt Korzo, mit zahlreichen Kaufhäusern, Boutiquen, Buchhandlungen und Geschäften für Luxusartikel.

Hieronymuskirche

Durch einen Durchgang erreicht man den Trg Riječke Rezolucije mit der Hieronymuskirche, dem ehemaligen Augustinerkloster. Die **Kirche aus dem 17. Jahrhundert** ist durchaus sehenswert, die modernen Kristall-Lüster wirken jedoch deplatziert.

Galerie

Wenige Meter entfernt, beim *Hotel Bonavia*, wurde die **Galerie der modernen Künste** als Ableger des Museums für moderne Kunst eingerichtet.

■ **Galerie der modernen Künste,** Ul. Dolac, Tel. 051-334280, Öffnungszeiten s. unter Museum der modernen und zeitgenössischen Kunst.

Kapuzinerkirche

Oberhalb des Busbahnhofs lohnt ein Blick in die Kapuzinerkirche **Gospe Lurdske,** wegen ihres markanten Äußeren ein recht häufiges Fotomotiv. Sie wurde 1908 anlässlich des 50. Jahrestages des „Wunders" von Lourdes (dort hatte ein Hirtenmädchen Marienerscheinungen) im neogotischen Stil gebaut, im Inneren finden sich rotbraune Mosaiken. Die Kirche ist täglich von 7 bis 20 Uhr (außer zu Messezeiten) zugänglich.

Festungshügel Trsat

Wer ein wenig Zeit mitbringt oder Rijeka mehr als nur einen Kurz- oder Einkaufsbesuch abstatten möchte, sollte unbedingt den Bezirk Trsat besuchen, der **oberhalb des Zentrums** die Altstadt überragt und schon vom Zentralparkplatz leicht auszumachen ist.

Schon zu illyrischen Zeiten wurde der gesamte Hügel als Festungshügel und Rückzugsgebiet genutzt, heute sind neben der eigentlichen Feste ein größerer **Stadtpark,** ein Franziskanerkloster sowie die lokale Georgskirche zu sehen; ferner wurden ein modernes Sportzentrum sowie ein Messegelände in Trsat integriert.

Es gibt zwei Möglichkeiten, Trsat zu besuchen: entweder **per Stadtbus** ab dem Trg Jelačić (tagsüber etwa alle 40 Minuten) oder **zu Fuß** die Pilgertreppen

⌄ Fort Trsat, das Wahrzeichen von Rijeka

adobe.stock ©Милхан Сафин

Stube Petra Kužića (am Zentralparkplatz/Titov Trg) hinauf – eine durchaus schweißtreibende, aber wegen der Aussicht empfehlenswerte Angelegenheit.

Fort Trsat

Das **Kastell** wurde vermutlich auf den Grundmauern eines römischen Wachturms und einer späteren Schutzburg errichtet, wobei das genaue Entstehungsdatum bis heute nicht festliegt. Im frühen 19. Jahrhundert wählte der irischstämmige österreichische Heerführer *Graf Laval Nugent* das Kastell zu seiner letzten Ruhestätte und verlieh der Anlage das heutige Erscheinungsbild, indem er zahlreiche Erweiterungen und Erneuerungen vornehmen ließ. Vom Kastell hat man eine schöne Aussicht über die Stadt und das Umland.

Unterhalb des Kastells liegt die einstige Pfarrkirche von Trsat, **Sv Juraj** (Georgskirche), aus dem 16. Jahrhundert, die im Laufe vieler Jahrhunderte permanenten Umbauten unterworfen war.

■ **Fort Trsat,** tgl. 9–17 Uhr, im Sommer bis 20 Uhr, 20 K; im Sommer finden hier Messe-, Theater- und Konzertevents statt – der Eintritt variiert dann je nach Veranstaltung.

Franziskanerkloster

Das Franziskanerkloster und seine **Kirche Gospa Trsatske** (Hl. Maria von Trsat) wurden als Schrein zu Ehren der Jungfrau *Maria* angeblich schon im 13. Jahrhundert zu Zeiten der Kreuzzüge gegründet und später unter den Frankopanen als **Pilgerkirche** erweitert. Noch heute sieht man an hohen kirchlichen Feiertagen Gläubige teilweise auf Knien die Treppen vom Trg Titov bis zur Kirche hinaufpilgern. Zahlreiche **Sakralgemälde** des Barockmalers *C. Tasce* sind im Inneren untergebracht, Hauptsehenswürdigkeit ist jedoch die Ikone der Hl. Jungfrau aus dem 14. Jh. Das Klosterareal selbst zeigt sich in einer harmonischen Mischung der Baustile Gotik, Renaissance, Barock und Biedermeier.

■ **Kloster und Kirche** sind außerhalb der Gottesdienste tgl. 6–19.30 Uhr geöffnet.

Praktische Tipps

Touristenbus

In einigen Hotels, der Touristeninformation oder auch beim Busfahrer kann man eine **48 Stunden** gültige Karte für 50 K erwerben für Fahrten mit einem offenen, bunten **Doppeldeckerbus.** Er pendelt 7x tgl. 9–19.30 Uhr zwischen **Rijeka** (Jadranski Trg) und **Opatija** mit Kommentaren zu den wichtigsten Sehenswürdigkeiten in acht Sprachen; im Ticketpreis ist auch der Eintritt zur Burg Trsat enthalten. Während der touristische Doppeldecker nur von Mitte Juni bis Mitte September fährt, ist die Rijeka-Card ganzjährig erhältlich.

An- und Weiterreise

Auto

Aus welcher Richtung man auch kommen mag, und auch, wenn man einfach nur durchfahren möchte: Man sollte immer der Beschilderung **„Centar"** folgen, da alle Umgehungen im weiteren Verlauf wieder zusammenführen und für Ortsfremde meist nur

⊡ Sommerfrische in der Innenstadt von Rijeka

adobe.stock ©xbrchx

Verwirrung stiften! Ein idealer **Parkplatz** („Delta") liegt unmittelbar am Mrtvi-Kanal, wo das östliche Ende der Fußgängerzone ist. Von diesem größten öffentlichen Parkplatz (gebührenpflichtig Mo bis Fr 7–22 Uhr, Sa 7–16 Uhr, So frei) ist man sofort im Zentrum und kann wahlweise auch am Nordende/ Titov Trg die Pilgertreppe nach Trsat hinauf nehmen.

Rijeka war übrigens die erste Stadt weltweit, die eine Bezahlung von **Parkgebühren per SMS** ermöglichte. Dazu muss man das Kfz-Kennzeichen ohne Lücken oder Sonderzeichen an die vierstellige Nummer der entsprechenden Zone, in der man parkt (Schilder beachten), senden; Bestätigung und Abbuchung über die Telefonrechnung folgen sofort (hierzu s.a. *PayDo*-Parkgebührenservice im Kapitel „Praktische Reisetipps A–Z"). Ansonsten bezahlt man am Automat (zweisprachig) bzw. beim Aufseherhäuschen.

CNG-Fahrer

In Rijeka sorgt am nordwestlichen Stadtrand die Tankstelle *Energo* (Ulica Milutina Baraca 48, Mo–So 7–22 Uhr) für den ersehnten Nachschub für **Erdgasfahrzeuge.** Sie liegt günstig an der Uferstraße, westlich von Zentrum und Hauptbahnhof, unterhalb vom *ZTC*-Einkaufszentrum.

Bahn

Gute Bahnanbindung besteht nach **Norden** (Ljubljana) 4x tgl. und **Nordosten** (Zagreb) 4–6x tgl.; auch der **Südosten** (Zadar, Šibenik, Split) wird bedient (3–4x tgl.), Juni bis Sept. Sa auch Direktzug über Zagreb, Salzburg und München bis Hamburg. In allen Fällen aber scheint die Bahnreise eher etwas für Nostalgiker zu sein – Busse und Schiffe sind angenehmer und preiswerter. Der **Bahnhof** liegt 400 m westlich des Busbahnhofs; Tickets am besten unter Tel. 051-213333 (Hauptbahnhof) oder bei einer Touristenagentur reservieren.

Bus

■ Die orangefarbenen **Stadt-** und **Umlandbusse** der Fa. *Autotroleja* stehen alle am Jelačić-Trg (Mrtvi-Kanal). Hier besteht mehrfach tgl. Anbindung nach

Lovran via Opatija, in östlicher Richtung bis Crikvenica. Die Stadtbusse kosten von Zone 1 bis 4 als Einzelfahrschein beim Fahrer 10, 13, 16 und 21 K, günstiger ist der Erwerb einer Tages- (20–34 K je nach Zone) bzw. Wochenkarte (160 K inkl. Vororte, 80 K nur Innenstadt/Zone 1). Am Trg Jelačić fährt auch der Flughafenbus für 30 K einfach oder der Bus 1/1A von/nach Trsat.

Für Kurzaufenthalte eher uninteressant ist die Anschaffung einer **DC RCC Prepaid-Karte** für Buskarten und Parkplatzgebühren, die bei der Betreiberfirma *Autotrolej* (www.autotrolej.hr/karte/gradska-kartica-rijeka-city-card) gegen eine Gebühr von 30 K gekauft werden und (nach Aktivierung bei einer *Autotrolej*-Station) über die Betreiberwebseite aufgeladen werden können.

■ Ein **Pendelbus** verbindet den Regionalbusbahnhof mit dem zentralen Busbahnhof am Trg Žabica (Tel. 051-211222), wo die **Langstreckenbusse** fahren – z.B. zu den Inseln der Kvarner Bucht (Krk, Rab, Lošinj) sowie nach Zagreb, Split/ Dubrovnik, Zadar, Pula usw., www.arriva.hr. Hier verkehren auch internationale Linien mit Anbindung u.a. nach Frankfurt, München, Sarajevo oder Belgrad. **Ticketschalter** (tgl. 5.30–22.30 Uhr) und deutschsprachige Information in der Wartehalle. Hier auch Gepäckaufbewahrung, 5.30–22-30 Uhr, 15 K/Stunde.

Touristenbus

In einigen Hotels, der Touristeninformation oder auch beim Busfahrer kann man für Fahrten mit einem offenen Doppeldeckerbus eine 24/48/72 Stunden gültige Karte für 50/80/100 K erwerben. Er pendelt 7x tgl. 9–19.30 Uhr **zwischen Rijeka** (Jadranski Trg) **und Opatija** mit Kommentaren zu den wichtigsten Sehenswürdigkeiten in acht Sprachen; Infotel. Touristenbus 051-311559.

Taxi

Für längere Strecken, mit viel Gepäck oder zu den günstigen Hotels empfiehlt sich vielleicht ein Taxi. Im Stadtzentrum gibt es drei **Taxistände,** und zwar am Busbahnhof, Tel. 051-335138, in der Stadtmitte/Matije Gupca, Tel. 051-335417, sowie am Bahnhof, Tel. 051-332893. Grundgebühr 32 K und 5 km inklusive, danach 7 K/km; Zentralstand am Busbahnhof.

Fähre

Anders als etwa Zadar oder Split in Dalmatien dient Rijeka weniger als Angelpunkt für Pkw-Fähren, sondern mehr für den schnellen **Katamaran-Personenverkehr.** Wer mit dem eigenen Fahrzeug die Kvarner Inseln bereisen möchte, muss mit den Fähren in Brestova (Cres/Lošinj) und Stinica (Rab) Vorlieb nehmen.

5 Die **Fährgesellschaft Jadrolinija** hat ihr Büro gegenüber dem Fährhafen in der Riva 16 (Tel. 051-211444, www.jadrolinija.hr, Mo bis Fr 7–18 Uhr, Sa 8–14.30 Uhr). Die wichtigsten **Linien** sind im Sommer die Personenfähre von/nach Mali Lošinj über Cres, Martinšcica, Unije und Ilovik (1x tgl.), die Personenfähre von/nach Pag über Rab (nur im Sommer tgl.), die Personenfähre zu den Inseln Silba, Olib und Premuda (1x wöchentlich Sa) sowie die Autofähre von/nach Dubrovnik via Split, Hvar und Korčula (nur Mo und Fr Abend – hält nicht mehr in Zadar!). Details unter www.jadrolinija.hr.

Vom/zum Flughafen

Der oft als **„Rijeka Airport"** bezeichnete Flughafen liegt nicht in Rijeka, sondern auf der **Insel Krk** (siehe dort)! Stadtbusse vom Trg Jelačić kosten 32 K einfach bis zum Flughafen. Weitere Infos unter www.rijeka-airport.hr und unter der Webseite von *Olivari/Malinska,* dem Flughafenbusbetreiber, www.olivari-travel.com. Bustickets kosten 50 K (Rijeka), 40 K (Crikvenica) und 20 K (Omišalj).

Info und Agenturen

■ Die eigentliche **Touristeninformation** liegt zentral in der Korzo 14, Tel. 051-335882, www.visitrijeka.eu, Mo–Fr 8–20 Uhr, von Juni bis September zusätzlich Sa 8–20 Uhr und So 9–14 Uhr. Neben

Auskünften und Infomaterialien bietet die Dienststelle die Vermittlung von Privatunterkünften (ab ca. 40–50 €/DZ) an. Außen findet man eine elektronische Infosäule mit den wesentlichen Informationen zur Stadt (rund um die Uhr). Ein kleines Büro liegt auch am Fährpier/Riva.

Daneben bieten einige **Agenturen** ihre Dienste an, wie üblich werden Unterkünfte, Fahrkarten usw. organisiert, beispielsweise:

24 **I. D. Riva Tours,** Riva Boduli 1, Tel. 51-550473, www.idriva.com.
16 **NeoMar,** Trg Ivana Koblera 1, Tel. 51-316205, www.neomar.hr.

Wer speziell einen **Veranstalter für geführte Stadtrundgänge** sucht:

■ **RB,** A. Medulića 8, Tel. 051-316010, www.rijeka-citybreak.com; im Angebot sind klassische Altstadttouren sowie die Festung Trsat.

Apps zu Rijeka

■ Über die Webseite können auch zwei besonders nützliche *Apps* (kostenfrei) heruntergeladen werden. Zum einen **Bike Rijeka** mit rund 40 Tourvorschlägen in Rijeka und dem unmittelbaren Umland (Rijeka, Kastav, Klana, Viškovo, Jelenje, Čavle, Kostrena und Bakar), zum anderen die sehr informative kleine *App* **Rijeka Connect,** die wahlweise eine dreidimensionale Ansicht oder eine klassische Straßenkartenansicht aller wichtigen Sehenswürdigkeiten bietet.

Unterkunft

Touristen nächtigen im Allgemeinen in den umliegenden Feriendomizilen **Crikvenica** und **Opatija,** in Rijeka selbst gibt es daher kaum Privatzimmer oder ähnlich günstige Unterkünfte. Es empfiehlt sich bei Bedarf eine Nachfrage in einer der Touristenagenturen. Für Geschäftsleute oder Reisende, die mit öffentlichen Verkehrsmitteln unterwegs sind, bietet die Stadt einige Hotels. Wer etwas Günstigeres sucht, ist ohne eigenes Fahrzeug auf ein Taxi angewiesen.

Hotels

1 **Grand Bonavia**④, Dolac 1, Tel. 051-357100, www.bonavia.hr, Top-Hotel im Stadtzentrum am Trg Jadranski mit allen Annehmlichkeiten.
34 **Best Western Jadran**④, Šetalište XIII Divisije 46, Tel. 051-216600, www.jadran-hoteli.hr. 2015 umgebaut und renoviert, DZ und Apartments (bis 4 Personen); Stadtbus 2.
31 **Neboder**②, Strossmayerova 1, Tel. 051-3735 38, www.jadran-hoteli.hr/neboder, noch zentrumsnah, einfache Mittelklasse, hat sich in den letzten Jahren qualitativ verbessert.

Privatunterkunft

Auch in Rijeka bestehen zahlreiche Möglichkeiten, eine Privatunterkunft zu organisieren; entweder wendet man sich vor Ort an die **Toruisteninformation** oder an eine der Agenturen (s.o.).

■ Natürlich kann man sich auch direkt mit Vermietern in Verbindung setzen, etwa 14 **Appartements Korzo,** Korzo 2, Tel. 091-2010298 und 091-2605959, www.apartmanirijeka.com, im Zentrum; oder ein gutes Stück außerhalb im Bezirk Kantrida direkt am Meer mit der 34 **Villa Nora,** Podkoludricu 4, Tel. 099-2158511, www.villanora.info.

Jugendherberge

33 Die städtische **Jugendherberge**① in der Šetaliste 13. Divizije (ca. 1,5 km vom Zentrum Richtung Krk/Crikvenica, Tel. 051-406420, rijeka@hfhs.hr) befindet sich in einer hübschen alten Jugendstilvilla mit nur einem Dutzend Zimmern, alle Mahlzeiten sind auf Wunsch zubuchbar. Bus Nr. 1.

adobe.stock ©PanoArt360

Camping

■ Am Ortsrand Richtung Crikvenica liegt der Campingplatz 32 **Oštro**①, Oštro ul. 16, Kraljevica, Tel. 051-281218 (s. Bucht von Bakar). Es gibt im Umland allerdings wesentlich schönere Campingplätze als hier in Raffinerienähe! So zum Beispiel den etwas angenehmeren Platz 36 **Preluk**②, Tel. 051-623500, http://autocamppreluk.com, am Nordwestrand zwischen Zentrum und Opatija.

Blick auf den Tito-Platz in Rijeka

Essen und Trinken

Snacks

■ Einfache Snacks hält die 23 **Snackbar Hamby** in der A. Starčevića bereit (Pizzaschnitten, Sandwiches usw.; gegenüber *Zagrebačka*-Bank). Weitere Snacklokale/Bäckereien usw. findet man entlang der M. Gupca Richtung Korzo, z.B. **Sewed City** am 12 Kaufhaus *Robna Kuća Rijeka*.

31 Sehr günstig und in einer schier unglaublichen Vielfalt bietet der **Supermarkt im Tower Center** (s. Einkaufen) eine Salatbar und warme Theke mit Speisen und Snacks (nur zum Mitnehmen) von Pizzen über Schweinshaxe bis zu Backfisch.

■ Als **Kaffeehäuser** seien das 10 **Café Sv. Vida** (Tel. 051-315131) an der Veitskirche sowie das 6 **Café Ri** im gleichnamigen Kaufhaus an der Uferstraße gegenüber vom Fährpier erwähnt. Im spartanisch möblierten *Ri*, Tel. 051-311026, gibt es eine große Salatbar oder regionale Besonderheiten wie *jota* (Sauerkrautsuppe); Mo–Sa 8–22 Uhr.

Restaurants

4 Wer einfach und preiswert eine gute Pizza essen möchte, achte am Korzo kurz hinter der Touristeninformation rechter Hand auf ein Schild in die Gasse Kružna Ulica, welches auf die **Restaurant-Pizzeria Bračera** hinweist. Man kann drinnen oder draußen an den wenigen, urigen Tischen in der engen Gasse speisen. Wirklich nicht schlecht und sehr zentral. Geöffnet tgl. 11–23 Uhr, Tel. 051-213782.

27 Gute und keineswegs überteuerte Fischgerichte werden in der **Konoba Feral** (Tel. 051-212274) in der M. Gupca serviert, Mo–Sa 8–24, So 12–18 Uhr.

2 Als sehr zentral, beliebt und dennoch nicht überteuert empfiehlt sich das Fischlokal **Zlatna Školjika** in der Kružna Ulica 12 (Seitengasse des Korzo), Tel. 051-213782, tgl. außer So 12–23 Uhr.

8 Als das Top-Restaurant gilt in Rijeka das **Municipium,** Trg Riječke rezolucije 5, Tel. 051-213000, in einem der ältesten erhaltenen Bürgerhäuser Rijekas zentral in der Altstadt. Traditionelle kroatische Fleisch- und Fischgerichte mit Schwerpunkt leichte Küche; tgl. außer So 10–23 Uhr.

30 Tipp für Liebhaber rustikaler einheimischer Küche: **Konoba Borik,** Šetalište XIII Divisije 102, Tel. 051-458526, Di–So 11–23 Uhr. Zünftiges Interieur, leckere heimische Spezialitäten (Lamm im Schmortopf), nur nicht ganz leicht zu finden und etwas außerhalb: mit dem Auto Richtung Krk/Crikvenica bis etwa Höhe Rijeka-Tower-Einkaufszentrum, hier in Fahrtrichtung rechts Hinweisschild beachten. Mit dem Bus: Linie 2 (Pečine Plumbum).

17 Wer eine ausgezeichnete Pizzeria sucht, ist im **Maslina Na Zelenom Trgu,** Trg Koblera, Tel. 051-563563, Mo–Sa 11–24 Uhr, bestens aufgehoben. Die Pizza ist großartig, riesige Auswahl, darunter seltene Kreationen wie Garnele mit Trüffel oder Tofu mit Spinat. Haben auch etliche andere Gerichte, Salate und Kleinigkeiten.

25 Speziell für Vegetarier/Veganer bietet sich das **Makrovega,** Ul. Matije Gupca 7, Tel. 051-321 145, Mo–Fr 8–3 Uhr an. Frische Säfte, Pfannkuchen und täglich eine kleine Auswahl an Gerichten. Nennt sich „Klub", steht aber jedermann offen.

18 Ebenfalls in der Altstadt bietet die **Salatbar/Café Priroda i Društvo,** Užarska 14, Tel. 097-6240524, Mo–Fr 7–20, Sa 7–15 Uhr, Suppe, Sandwiches und Backwaren.

Nachtleben

21 In der **Užarska,** zwischen Mariendom und Trg Koblera, liegen eine Reihe guter Café-Bars auch für die Abendstunden, z.B. das **Nostromo,** Tel. 051-859318.

9 Urig geht es im **Irish Pub Café Beard** (Tel. 051-215235) gegenüber der Kirche Sv. Vid zu.

20 Als derzeit beliebtester Music-Club gilt das **Tunel** (Školjić 12, Mo–Fr 9–24, Sa 19–3 Uhr). In einem ehemaligen Tunnel wird wechselweise Jazz, Blues, Funk, Soul, Rock und E-Musik aufgelegt. Gelegentlich kleine Live-Events.

28 Das **Sabrage** (Petra Zrinskog 2, Tel. 099-2367 537, tgl. 8–2 Uhr) wird oft als die beste Café/Bar Rijekas bezeichnet. Tolle Terrasse, erstklassige Getränkekarte und nobles Interieur.

29 Wer eine gemütliche Bierbar mit Außenbereich und breiter Auswahl nationaler und internationaler Biere sucht wird im **The Beertija** (Slavka Krautzeka 12, Tel. 051-452183, tgl. 8–24 Uhr, Fr/Sa bis weit nach Mitternacht) fündig. Gelegentlich Live-Events.

7 In einem hübschen österreichisch-ungarischen Bürgerhaus nahm Rijekas Filiale der in kroatischen Städten (u.a. Pula) weit verbreiteten Kette **Hemingway** (Korzo 28, Tel. 099-5414444, tgl. 7–1 Uhr, Fr/Sa bis 5 Uhr) ihren Sitz. Snacks, Kaffee, Zigarren, gute Drinks und gediegene Atmosphäre.

■ **Westlich des Jadranski Trg** liegt ein kleiner **Nachtbezirk** mit einschlägigen Etablissements und **Automatenhallen;** ein weiteres Automatenkasino findet man am Trg. I. Koblera, das modernste liegt wenige Meter hinter der Veitskirche am Mlekarski Trg (Admiral, tgl. 10–2 Uhr).

■ Sollten schließlich noch Reisespesen übrig sein – im **Gradski Casino** (Riva, Tel. 051-501700, www.lutrija.hr) kann man diese leicht loswerden.

Information

- **Touristeninformation Lokve,** Tel. 051-831 278, http://tz-lokve.hr, Mo–Fr 8–16 Uhr.

Unterkunft

- In Delnice, wenige Kilometer nördlich von Lokve, bietet das **Hotel Risnjak**① (Tel. 051-508160, www.hotel-risnjak.hr) Unterkunft in 21 rustikalen DZ. Das Hotel bietet auch spezielle **Radler-Ferien** mit Unterkunft, Leihrad, Tourenplanung usw. für ca. 600 €/Woche an.

Über den Kula

Von Lokve aus noch ein heißer Tipp für Biker oder Autofahrer mit ein klein wenig Mut: Weiterfahren Richtung **Mrkopalj** (842 m ü.N.N.) via Sunger. Die Landschaft wirkt ruhig, rückständig und ländlich, die Häuser sind teilweise beschiefert (was hier als modern empfunden wird!) oder mit Holzschindeln verkleidet. In Mrkopalj auf die Abzweigung „Tuk/Matič Poljana" achten und dieser folgen: Bis **Tuk** (eine Hand voll Berghütten) auf 878 Metern Höhe ist der Weg asphaltiert, dann führt er als Piste abenteuerlich durch einen Wald. Auf dem Plateau Matič Poljana angekommen (linker Hand erkennt man den **1533 Meter hohen Kula**), kann man ein Denkmal und eine **mysteriöse Formation à la Stonehenge** bewundern, bei der es sich um eine Gedenkstätte für 26 an dieser Stelle im Zweiten Weltkrieg erfrorene Partisanen handelt.

Bei der Weiterfahrt (ab hier sehr vorsichtig bzw. geländegängiges Fahrzeug ratsam) geht es an dem Holzschild „Tuk – Rastova Draga" rechts durch einen wunderschönen Hochwald Richtung **Jasenak;** es folgt noch eine Gabelung (links), dann ist die Verbindungsstraße Ogulin – Drežnica mitten im landwirtschaftlichen Herzen des Kvarner Hochlands erreicht. Achtung: Auf dem Weg laufen manchmal wilde (keine aufgebundenen) **Bären** herum!

Brinje und Vrtnik-Pass

Von der kleinen Safari erholt man sich dann in einer der **Straßenkneipen** von Brinje (486 m, 2000 Einwohner) südlich von Drežnica unterhalb der malerischen **Frankopanen-Burgruine** aus dem Jahr 1343. Wie man an den vielen Pflaumenbäumen erkennt, ist die Gegend hier nicht umsonst bekannt für guten Pflaumenschnaps **Šljivovic!**

Über den spektakulären Vrtnik-Pass (an der Konoba Putnik vor dem Pass rechter Hand) mit einmaligem Fernblick rollt man schließlich hinunter zur Küste nach **Senj** (siehe weiter hinten in diesem Kapitel), dem Fährort zur Insel Krk an der Ostseite der Kvarner Bucht.

☒ Das Dörfchen Bakar in der gleichnamigen Bucht

Bucht von Bakar

Die Fahrt von Rijeka unmittelbar an der Küste entlang Richtung Osten bis zur Bucht von Bakar scheint den Eindruck vom ungetrübten Urlaubsparadies zunächst empfindlich zu stören: Die *INA*-Raffinerie, Docks und Gleisanlagen gruppieren sich um die endlos lang wirkende Bucht und übertünchen doch sehr deren eigentliche Schönheiten: das mittelalterliche, unterhalb der Magistrale gelegene **Frankopanen-Wehrdorf Bakar** selbst, dann das **Fischerdorf Bakarac** mit den seltsamen Holzsitz-Leitern am Ufer. Hierbei handelt es sich um jene sehr selten gewordenen Thunfisch-Beobachtungsposten, auf denen die Fischer früher die Schwärme in der Bucht beobachteten und ihre Boote dirigierten, andere sagen, es handele sich einfach nur um ehemalige Anglersitze.

Der nächste Ort ist **Kraljevica** mit einem (allerdings nur von Weitem) malerischen Frankopanen-Schlösschen aus dem 17. Jahrhundert. Schließlich erreicht man die **Brücke zur Insel Krk** (Krk-Most), eines der beliebtesten Fotomotive der Gegend.

Die Bucht von Bakar ist eigentlich kein sonderlich zu empfehlender **Urlaubsstandort.** Wer für Ausflüge nach Rijeka, ins Kvarner Hochland oder nach Krk einen Campingplatz am Meer sucht (oder wenn die Plätze Krk/Crikvenica voll sind), findet hier aber immerhin ein paar Ausweichmöglichkeiten.

Unterkunft, Camping

■ **Hotel Jadran**②, Bakar, Palada 32, Tel. 051-762100, http://hotel-jadran.bakar.hotels-primorsko-goranska.com. Das Hotel verfügt über recht einfache, dafür aber auch sehr preiswerte Einzel- und Doppelzimmer.

260kro wl

■ **Hotel Kraljevica**②, Ul. Josipa Juraja Strossmayera 33, www.hotel-kraljevica.hr.

■ **AC Oštro**③, Oštro 16, Kraljevica, Tel. 051-281 218, Buchungen auch über die Agentur *Novi Turist* in Novi Vinodolski (Tel. 051-792210, über www.jadran-hoteli.hr).

■ **AC Bakarac**②, Tel. 051-291893, etwas beliebter, da vor einigen Jahren umfassend renoviert.

Crikvenica

Zwischen der kleinen Landzunge Kačjak und Selce bietet die Kvarner Bucht ein etwa acht Kilometer langes, zusammenhängendes **Ferienzentrum** mit rund 13.000 Einwohnern und den Orten Dramalj und Crikvenica als Zentrum. Man hat die Wahl, in den eher auf Sommerurlauber spezialisierten Campingarealen Selce oder Dramalj/Kačjak unterzukommen oder aber zentral in Crikvenica mit allen Annehmlichkeiten der Kleinstadt.

Crikvenica („Kirchlein") war schon den römischen Legionären als Station Ad Turres bekannt, wurde unter den Frankopanen erweitert (Paulinerkloster, heute Hotel Kaštel) und unter den Habsburgern schließlich zum **Kur- und Badeort** weiterentwickelt. Das mediterrane Klima mit – laut Tourismusprospekt – über 2500 Sonnenstunden im Jahr sowie die sehr reine und klare Luft dienen insbesondere der Regeneration der Atemorgane, aber auch Allergien und Rheumatismus können in Crikvenica kuriert werden.

adobe.stock ©Valery Bareta

Sehenswertes

Uferpromenade und Aquarium

Das Sightseeing beschränkt sich auf ausgedehnte Spaziergänge entlang der Uferpromenade (mehrere **Bademöglichkeiten** und ein Strandbad) sowie einen Besuch des Aquariums. In 24 Wasserbecken sind hier Flora und Fauna aus dem Mittelmeer und aus tropischen Gewässern zu sehen.

■ **Aquarium,** Ul. Vinodolska 8, nahe dem Busbahnhof, Tel. 051-241006; Apr. und Okt. 10–17 Uhr, Mai 9–18 Uhr, Juni und Sep. 9–19 Uhr, Juli und Aug. 9–22 Uhr; 30 K, Kinder 20 K.

Stadtmuseum

Ein paar Amphoren, alte Gemarkungskarten und Harpunierausrüstungen früherer Jahrzehnte kann man im städtischen Museum bewundern – allerdings nur für wirklich Interessierte oder bei sehr schlechtem Wetter empfehlenswert.

■ **Muzej Grada Crikvenice,** Preradovićeva ul. 1, Tel. 051-781000, 10 K, erm. 5 K (in Kvarner Museumskarte/s. Rijeka enthalten).

Trg Radića

Wer am Ufer entlang flaniert, wird am Trg Radića in der Grünanlage auch die **Büste des Stjepan Radić** entdecken; er ziert nicht nur die 200-Kuna-Banknote, nach ihm sind auch in vielen kroatischen Orten wichtige Plätze oder Straßen benannt. *Stjepan Radić* (1871–1928) war Gründer und Vorsitzender der kroatischen Bauernpartei *HSS* und verfolgte die Idee einer unabhängigen Bauernrepublik Kroatien, weshalb er im Nationalrat 1918 als einziger gegen die Bildung eines Königreiches Jugoslawien stimmte. Bei späteren Wahlen errang er mit der *HSS* in einigen Regionen (insbesondere im bäuerlichen Slawonien) teilweise die absolute Mehrheit und verstand sich als kroatisch-nationalistischer Gegenpol zur Zentralregierung in Belgrad. Er wurde von einem montenegrinischen Extremisten während einer Parlamentssitzung im Juni 1928 angeschossen und erlag fünf Wochen später seinen Verletzungen.

☒ Blick auf Crikvenica

Praktische Tipps

An- und Weiterreise

■ **Stadtbusse:** Drei verschiedene Stadtbuslinien verbinden je 7–10x tgl. den Busbahnhof mit *Selce* (gelbe Linie), *Dramalj* (blaue Linie) und dem innerstädtischem Bereich (grüne Linie).

■ Häufiger fährt eine **Touristenbahn,** die zwischen Zentrum und Kačjak (Nord) sowie Zentrum und Selce (Süd) jeweils tgl. 9–22.30 Uhr etwa alle 30 Minuten pendelt (20 K).

■ Vom **Busbahnhof** (Kartenschalter 6.30–19.30 Uhr, Sa/So 8–14.30 Uhr für den Kartenvorverkauf) am Trg S. Radića bestehen ganzjährig gute Verbindungen per **Nahverkehrsbus** ins Umland (14x tgl., 47 K; 14x tgl. nach Novi Vinodolski, 26 K) sowie mit **Langstreckenbussen** von/nach Zagreb, Pula Zadar oder Split sowie direkt bis Rab-Stadt (7.25 und 14.40 Uhr, 103 K).

■ **Selbstfahrer haben es schwer:** Nur wenige Straßen sind ausgeschildert, viele haben keine Na-

Riviera von Crikvenica

Crikvenica - Zentrum

men. Die lange Uferpromenade (Einbahnstraße!) dient im Abschnitt Dramalj auch als **kostenloser Parkplatz.** Die Küstenstraße liegt nur 300 Meter Luftlinie vom Meer entfernt, aber weit oberhalb des Ufers, sodass sich die Straßen und Gassen steil die Hänge hinaufschlängeln. Die Privatzimmer und Ferienwohnungen liegen beidseitig der Hauptstraße. Man frage die jeweiligen Vermieter nach dem kürzesten Fußweg zur Promenade, da sich die Straßen fast endlos hinziehen. Es gibt aber etliche Schleichwege. Tagesbesucher parken am besten auf dem (gebührenpflichtigen) **Großparkplatz** beim Busbahnhof um die Ecke von der Touristeninformation (5 K/Std.) oder zum Einkauf bei den Supermärkten auf der anderen Seite der Hauptstraße hinter dem Markt.

Info und Agenturen

■ **Crikvenica/Novi Vinodolski/Vinodol Tourist Card,** wer als Gast offiziell registriert ist, erhält über seinen Vermieter/Hotel kostenlos diese 5 Tage gültige *Tourist-Card,* die Rabatte auf Barzahlung bei etlichen Ausflügen, Geschäften und Gastrobetrieben vor Ort gewährt. Hiermit soll „Schwarz-Vermietern" der Zahn gezogen werden, andererseits wird lokalen Dienstleistern eine Werbeplattform geboten.

■ **Touristeninformation Crikvenica:** Trg. S. Radića 1, Tel. 051-241051, www.rivieracrikvenica.com. Hier auch Unterkunft, Ausflüge usw. Geöffnet im Sommer tgl. 8–21 Uhr, sonst Mo bis Fr 8–15 Uhr und Sa/So 8–13 Uhr. Offizielle Webseiten: www.tzg-crikvenice.hr und www.crikvenica.hr. Eine elektronische Informationssäule befindet sich vor der Touristeninformation sowie am Busbahnhof.

■ **Touristeninformation Dramalj:** Ulica Gajevo Šetalište 48, Tel. 051-786363. Geöffnet Mo–Sa 8–20 Uhr und So 8–14 Uhr.

■ **Touristeninformation Selce:** an der Promenade, Tel. 051-782127, www.rivieracrikvenica.com.

Zahlreiche **Agenturen** in der Stadt haben Unterkunftsvermittlung, Geldwechsel, Touren usw. im Angebot, u.a.:

28 **Autotrans,** Tel. 051-243800, www.autotrans.hr, direkt am Busbahnhof, betreibt das Busnetz und arrangiert Unterkünfte, Ausflüge usw.

18 **Sunrise,** Španskih boraca 33 (Bezirk Selce), Tel. 051-764151, www.sunrise.hr; Unterkunftssuche, Ausflugsorganisation.

Unterkunft

Das Angebot ist überwältigend; vom Luxushotel bis zum Privatzimmer wird alles geboten. Man kann sich vor Ort entweder an eine der Agenturen oder die Touristeninformation wenden, auch die folgenden Internetseiten kann man gut für die Vorabsuche einer Ferienwohnung heranziehen: **www.villas-crikvenica.com** (für gehobenere Ansprüche), **www.crikvenica-apartment.net** (große Auswahl an FeWo im ②-③ Bereich), **www.crikvenica-info.com** (ähnliches Angebot) oder über die TI-Webseite **www.rivieracrikvenica.com.**

Im Zentrum

28 Das **Hotel International**②, Ul. Skomerže 1, Tel. 051-241324, www.jadran-crikvenica.hr, schont den Geldbeutel und liegt absolut zentral neben Post und Touristeninformation beim Hafenbecken.

25 Wenige Meter entfernt und damit gleichfalls zentral und ufernah empfiehlt sich das etwas stilvollere **Hotel Crikvenica**②, Strossmeyerovo Šetalište 8, Tel. 051-505800, www.hotelcrikvenica.com, das schon seit über 120 Jahren über alle Höhen und Tiefen hinweg Gäste aus aller Welt beherbergt. Nach Möglichkeit sollte man ein Zimmer zur Seeseite hin buchen. Auch einige Apartments.

15 Am Schnittpunkt der Straßen Dr. Sobol/K. Tomislava liegt etwa mittig zwischen dem Zentrum und Dramalj die **Pension Klaudija**① ,Julija Klovica 2, Tel. 051-785175, www.pension-klaudija.com, für sehr günstige Konditionen. Dabei verfügen alle Zimmer über einen meerseitigen Balkon.

13 **Kvarner Palace**④, Ulica Braće Buchoffer 12/ Ecke Dr. Sobol 1, Tel. 023-555641, www.kvarnerpalace.info. Bereits Ende des 19. Jh. als Grand Hotel gegründet, wurde es später viele Jahre unter dem (für ein Hotel recht gruseligen) Namen *Therapia* geführt, 2006 vom österreichischen Privathotelier *Holleis* aufgekauft und 2014 runderneuert als *Kvarner Palace* wiedereröffnet. Das verspielt-neoklassizistische Haus würde problemlos auch zu Opatija passen. Toller Wellnessbereich und moderne Zimmer und Suiten; attraktive Pauschal- und Nebensaisonangebote.

14 Erwähnenswert ist auch das einfache **Hotel Ad Turres**②, K. Tomislava 111, Tel. 051-785003, www.jadran-crikvenica.hr, das sich bis zur Magistrale erstreckt und schöne Unterkunft bietet.

33 Schließlich ist das schon optisch sehr auffällige **Kaštel**④ (Frankopanska 22, Tel. 051-241044, gehört ebenfalls zur *Jadran*-Gruppe, www.jadran-crikvenica.hr) am Ostrand des Zentrums direkt uferseitig hinter dem Flüsschen erwähnenswert. 1988 wurde das festungsähnliche ehemalige Kloster in ein Luxushotel umgestaltet.

Außerhalb des unmittelbaren Zentrums

■ Die angenehmsten Hotelunterkünfte in der mittleren bis gehobenen Kategorie sind das 11 **Hotel Esplanade**③, Strossmayerovo Šetalište 52, Tel. 051-785006, und das 7 **Hotel Omorika**③, Muževica 35, Tel. 051-785023. Recht preiswert sind hier die sogenannten *Paviljoni* (Bungalowzimmer).

3 Im Sektor Kačjak vermietet das **Feriendorf Kačjak**②, Tel. 051-241970, marketing@jadran-crikvenica.hr, DZ und günstige Apartments – bei Familien sehr beliebt.

19 Im Bereich Selce bietet das **Hotel Katarina**③, Tel. 051-764111, www.jadran-crikvenica.hr, angenehmen Luxus wie türkisches Bad, Außenpools über dem Meer oder Massagemöglichkeiten.

20 Relativ schlicht bei gleichen Preisen wirkt dagegen das **Hotel Selce**③, Tel. 051-765465, www.hotel-selce.com.

Camping

2 **AC Kačjak**②, Tel. 051-241970, www.jadran-crikvenica.hr, Anfang Mai bis Ende September, klein und ruhig.

21 **AC Selce**③, Tel. 051-764038, www.jadran-crikvenica.hr, 3 km südlich des Busbahnhofs. Geöffnet Anfang April bis Ende Okt. Beide sind sehr gut, wobei etliche Campingprofis dem *AC Kačjak* den Vorzug geben.

21 In der Nähe (gut beschildert) liegt das **AC Uvala Slana**③, Tel. 051-764246, www.club-adriatic.hr; schöne Lage, 1.6.–5.10. Kajakvermietung, Tennis, Tischtennis, Beachvolleyball. Haben auch Mobilheime für bis zu 6 Pers. (55–120 €).

Essen und Trinken

Snacks

24 Für einen Happen zwischendurch bietet sich das **Bistro Pizza-Cut** (mit Internetcafé) in der Strossmeyerovo Šetalište 28 neben dem Hotel *Crikvenica* an. Geöffnet tgl. 10–24 Uhr.

■ An der Uferpromenade findet man mehrere **Bäkkereien** (z.B. Sv Jelena, Strossmeyerovo Šetalište 34), ebenso am Marktplatz.

32 Am Marktplatz selbst kann man Burek (kleine Seitengasse Richtung Bach, beschildert) und Grillhähnchen im **Bistro Tržnica** genießen (ganzes Brathuhn, Sardellen, Ćevapi, tgl. 8–24 Uhr).

6 Ausgesprochen gute Speisen serviert das sehr preiswerte **Bistro Aries** (Gajevo šetalište, Tel. 051-786400, nur tagsüber 8–18 Uhr) an der Promenade mit z.B. leckere Fischplatte oder Tintenfischringen. Imbissatmosphäre, aber gut!

Restaurants

■ Besonders nett sind die Cafés an der palmengesäumten **Promenade** im Zentrum von Crikvenica, u.a. 26 **Café-Bar Školjka** (tgl. 7–2 Uhr) und 26 **Café/Restaurant Luka,** beide Trg S. Radića, Tel. 051-243301, tgl. 10–24 Uhr; hier kann man von der Terrasse im OG sehr schön den Hafenbereich überblicken.

9 Gute und günstige Pizzen backt die **Pizzeria Galija** gegenüber der kleinen Marina, Gajevo 1, Tel. 051-784710, geöffnet tgl. 7–2 Uhr. Außerdem kann man hier auch gut frühstücken.

23 Auch die **Brasserie Filumena,** Strossmeyerovo Šetalište 42, Tel. 051-241785, serviert Pizzen, gebackene Tintenfischringe und andere kleine Gerichte im einfachen bis mittleren Preissegment.

■ Wer es eher **nobel** mag, diniert im 4 **Domino Grill** (Grillspezialitäten, nahe *Konzum*-Supermarkt, Braće Car 23, Tel. 051-786472, tgl. 10–24 Uhr) oder im exquisiten Fischrestaurant 16 **Moslavina** (Braće Sobol 13, Tel. 051-785186, tgl. 12–24 Uhr).

MEIN TIPP: 17 Schöne Aussicht und gleichzeitig hervorragende lokale/nationale Küche mit Schwerpunkt Meeresfrüchte genießt man im **Restoran Dida,** Ul. V. Nazora 77, Tel. 051-761070. Gehobenes Preis-Leistungs-Verhältnis, kreieren auf Wunsch auch vegetarische/vegane Menüs (nicht auf der Karte), eine Tischreservierung vorab ist sehr empfehlenswert!

31 Die **Café-Bar Tos,** Frankopanska 2, Tel. 098-9328098, bietet eine überschaubare Auswahl an Eis und Snacks, darunter aber extra ausgewiesen auch für Vegetarier/Veganer.

Nachtleben

■ In der Hauptsaison fahren Pkw die Promenade entlang und verkünden per Lautsprecher, wann und wo diverse **Abendaktivitäten** stattfinden (Turniere, Miss-Wahl o.Ä.).

30 Einzige erwähnenswerte Disco vor Ort ist momentan das **Pulse** (Ul. I. Skomerze 1/beim Casino, Tel. 091-5096998). Mehr für die einheimische Jugend, geöffnet Fr–So 22–4 Uhr, im Sommer auch unter der Woche.

■ Mit vielerlei Spielgeräten locken das große **Automatenkasino** am Trg Radića sowie das **Bistro Mandy** (am Marktplatz) mit Spielhalle.

Einkaufen

■ Ein **Bäckereiwagen** fährt zu unregelmäßigen Zeiten durch den Ort; ein Standort ist nahe dem Supermarkt von Dramalj.

■ Im Zentrum von Crikvenica befindet sich der große **Frischwarenmarkt** landseitig der Touristeninformation, Zidarska/Ecke Vinodolska, mit Metzgerei (Mo bis Fr 7–20 Uhr, Sa 7–14 Uhr, So 7–11 Uhr), Fischgeschäft (*Ribarnica*, 7–12.30 Uhr, So bis 11.30 Uhr), Bäckereien, Obst- u. Gemüseständen usw. Auf diesem Marktgelände liegt auch ein

■ **Konzum-Supermarkt** (ebenso 5 am Hang oberhalb der Touristeninformation Dramalj und in der Strossmeyerovo am Hafenbecken); tgl. 7–21 Uhr, So bis 13 Uhr. Ein Stück weiter (Fußgängerweg über den Bach) folgt ein großer 22 **Plodine-Supermarkt** (gleiche Öffnungszeiten; hier kann man umsonst parken).

■ Ein Stückchen versetzt vom Markt (unterhalb der Riesenbrücke) liegen mehrere größere **Geschäfte** (Supermarkt, Baumarkt usw.).

24 **Kredenca,** Strossmeyerovo Šetalište 25, Tel. 091-5447294. Souvenirs, teils kitschig, aber auch kulinarische Mitbringsel wie eingelegte Honigerzeugnisse, Schnäpse usw. Geöffnet im Sommer tgl. 9–23 Uhr, sonst tgl. außer So 9–13 und 16–19 Uhr.

Aktivitäten

■ **Schwimmen** ist an allen Strandabschnitten möglich, wobei nördlich der kleinen Marina zahllose Felsabschnitte locken. Südlich davon liegt zunächst der (kostenlose) Strand Plaža Balustrada mit kleinem Spielplatz und sehr hübscher Bepflanzung, dann folgt ein umzäunter und flacher Strandabschnitt, der 15 K Eintritt kostet. Die einsamsten Stellen findet man auf dem Weg nach Kačjak hinter der Touristeninfo Dramalj.

■ Ausgedehnte **Spaziergänge** ohne Schwierigkeitsgrade sind entlang der zentralen Uferpromenade möglich oder z.B. auf den sehr beliebten Routen Hotel *Kaštel* – Bucht Slana (1 Std., mit Info-Punkten) oder Hotel *Omorika* – Halbinsel Kačjak (ebenfalls 1 Std.).

8 Zwischen der kleinen Marina und dem umzäunten Strand liegt landseitig eine **Minigolfanlage** mit **Billard-Café** (Tel. 051-786446).

10 Rund um *Rony's Café* liegt das Zentrum für Aktivitäten wie **Bootsverleih** und **Wasserski;** an einigen Strandabschnitten ist **Beach-Volleyball** möglich.

■ Über ein umfangreiches Sportangebot verfügt u.a. das **Feriendorf Kačjak** (ursprünglich ein Sporthotel/Trainingslager), aber auch alle Hotelanlagen und Campingplätze bieten **Bootsverleih** und **Surfen,** teilweise auch **Tennis- und Segelkurse.**

■ Auf Höhe der Touristeninformation befindet sich am Ufer vor dem Hafenbecken im Sommer ein kleiner **Kinderpark** mit Hüpfburg, Mini-Quad usw. Eintritt 10 K.

■ Die größeren Kids zieht es zum **Adrenalin-Park** (Ul. Muzevica, Tel. 098-259755; http://adrenalin-park.eu), wo Kletterparcours (70–130 K) und Paintball (70–270 K) angeboten werden; tgl. 9–21 Uhr.

▷ Die Uferpromenade von Crikvenica

27 **Bootsausflüge** (u.a. Rab, Krk, Disco-Party) werden direkt am Hafenbecken angeboten; Infotel. 051-785085. **Bootstaxis** (z.B. von/nach Dramalj oder Selce) können unter mobil 098-323380 geordert werden.

■ **Bustouren** organisieren die oben genannten Agenturen; bei praktisch allen im Angebot sind u.a. die Postojna-Höhlen/Slowenien, Rijeka und Opatija, Istrien-Rundfahrt inkl. Mittagessen, Plitwitzer Seen und Venedig.

■ **Tauchbasis:** 12 *Dive City,* Buchoffer 18, Tel. 051-784175, www.divecity.net. Auch Unterkunft, Ausflüge, Geldwechsel etc. Eine weitere Basis liegt am Ufer beim Campingplatz *Selce:* Tauchzentrum *Mihurić,* Uvala Slana bb, Tel. 051-765462, www.mihuric.hr.

■ Als traditioneller Kurort verfügt Crikvenica im Bereich Dramalj über ein echtes **Kurhaus** (Thalassotherapie) zur Behandlung von Atemwegserkrankungen. Infos in den Agenturen oder im Kurhaus unter Tel. 051-241433, bzw. www.thalasso-ck.hr.

■ Auch im Bereich Selce bietet das **Gesundheitszentrum Terme Selce,** Ribara 8, Tel. 051-764055, http://terme-selce.hr, seine Dienste an.

Nützliches

■ **Ambulanz:** Strossmayerovo Šetalište, Tel. 051-241111.

■ **Apotheke:** am Markt sowie am Trg Radića.

■ **Polizei:** oberhalb Trg Radića, Tel. 439010.

■ **Marina:** Abwicklung über die Touristeninformation, Trg Radića, Tel. 051-241867.

■ **Hafenmeisterei:** Trg Nikole Cara 1, Tel. 051-241029.

1 **Tankstelle:** große 24-Stunden-Tankstelle an der Küstenstraße.

■ **Fahrzeugverleih:** 29 *Crikvenica Tourist,* Trg Radica 1c, Tel. 051-241249, www.crikvenica-tourist.net, sowie über die Agenturen. Ein reiner **Scooterverleiher** liegt direkt am Markt (*Rent-a-Scooter,* ab 300 K/Tag, Tel. 051-242985). **Fahrräder** werden an dem kleinen Stand neben dem 8 Billiard-Café vermietet, ebenso bei *Crikvenica Tourist* (Trg S. Radića 1, Tel. 051-241516, www.crikvenica-tourist.net) und *Igor Tours* (M. Jeličića 14/Selce, Tel. 051-764167, www.igortours.hr).

■ **Internet:** WLAN-Hotspotzone an der Promenade (rotes Monument).

adobe.stock ©lexlero

Novi Vinodolski

Der Begriff „Vinodolski" leitet sich von Weintal ab, und bezieht sich auf die **Weinbaugebiete,** die sich von Novi Vinodolski entlang der Orte Bribir und Grižane bis nach Crikvenica und Kraljevica hinziehen. 1288 errichteten Frankopanenfürsten ein Kastell in der Oberstadt und nannten die Siedlung „Novi" (neu), erst seit 1953 trägt der Ort seinen heutigen Namen.

Er gliedert sich in die alte, hübsche **Oberstadt** am Hang (Stari Grad mit Fußgängerzone), die **touristische Unterstadt** entlang der Küstenstraße und die reinen **Feriensiedlungen Zagori und Povile.** Der Ort wirkt insgesamt sehr anziehend, wozu die alleeartigen Sträßchen ebenso beitragen wie das Flair einer mittelalterlichen Stadt. Auch muss man anerkennen, dass die Verantwortlichen in den letzten Jahren den Innenbereich kräftig saniert haben, was sowohl den alten Ortskern als auch die Zentralplätze und die kleine Flanier- und Einkaufsmeile *Korzo Hrvatskih Branitelja* betrifft. Nicht zuletzt deshalb gilt Novi Vinodolski auch als der **beliebteste Ferienort des Kvarner Landes südlich von Rijeka** – kann die Masse irren? Bademöglichkeiten bestehen entweder (nicht so schön) bei den Plattformen im Hafenbecken, vor allem aber entlang der äußeren Promenade Šetalište Kneža Domagoja.

Sehenswertes

Alle wichtigen Gebäude in und vor der Altstadt sind mit Hinweistafeln versehen worden. Prunkstück ist die **Pfarrkirche Sv Filip,** die in ihrer jetzigen Form aus dem Jahr 1520 stammt. Die Stuckarbeiten wie auch der Hauptaltar sind Werke der Schweizer Brüder *C.* und *G. Somazzi.* Vom Kirchplatz hat man einen schönen Überblick über Stadt und Bucht.

Frankopanenturm

Auf dem Hauptplatz Frankopanski Trg unmittelbar an der Altstadt steht ein quadratischer Turm, **Kvadrac** genannt, ein Überbleibsel der alten frankopanischen Kastellanlage aus dem 13. Jh. Berühmt sind in diesem Zusammenhang die in Glagolitisch verfassten **„Gesetze von Vinodolski"** (Vinodolski-Kodex) aus dem Jahr 1288, erlassen von den Frankopanenfürsten zur rechtlichen Regelung des Gemeinschaftswesens. Der Turm 10–12 und 20–23 Uhr geöffnet.

Museum

Wenige Meter weiter vermittelt das kleine Museum mit Galerie, **Narodni Muzej Galerija,** einen netten Eindruck von der Region und der Stadtgeschichte.

■ **Narodni Muzej,** Trg Vinodolskog zakona 1, Tel. 051-244266, geöffnet im Winter nur Mo–Fr 9–12 Uhr, im Sommer auch am So 9–12 Uhr und Sa zusätzlich 19–21, Eintritt 15 K (in der Kvarner Museumskarte, s. Rijeka, enthalten).

Praktische Tipps

An- und Weiterreise

■ Die folgenden ganzjährigen **Busverbindungen** sind für Touristen evtl. von Interesse: tgl. rund 14x von/nach Rijeka (via Crikvenica), 4–6x tgl. nach Split (davon 2 bis Dubrovnik), je 3–12x tgl. nach Zagreb und nach Pula sowie nach Rab-Stadt (7.35 und 14.50 Uhr, 93 K). Der Busbahnhof liegt schräg gegenüber der Touristeninformation ostseitig der Marina an der Durchfahrtsstraße; www.arriva.hr.

■ Man findet sich leicht zurecht: Von der **Durchgangsstraße** führt am Südende der Bucht eine einzige Straße – Korzo Hrvatskih Branitelja – hinauf Richtung Altstadt (davor gebührenpflichtiger **Parkplatz**), ansonsten parkt man unten in der Bucht beim Yachthafen (ebenfalls Automat). Am Nordwestrand der Bucht führt auf der anderen Straßenseite ein Stufenweg hinauf zum **Museum** und zum **Kirchplatz.**

Info und Agenturen

■ Die **Touristeninformation** liegt in der Kralja Tomislava 6, Tel. 051-791171, www.rivieracrikvenica.com (für die gesamte Riviera) und www.tz-novi-vinodolski.hr (für den Ort), gegenüber der Tankstelle an der Hauptstraße, tgl. 8–20 Uhr.

■ **App:** Für *iPhone* und *Android* bietet die TI eine kleine Lokalführer-*App* unter www.tz-novi-vino

dolski.hr, an. Dort: *mobile Novi Vinodolski Travel Guide.*

Die **Agenturen** entlang der Hauptstraße vermitteln wie üblich Unterkünfte, Ausflüge usw., u.a.:

- **Novi Turist,** Kralja Tomislava 8, Tel. 051-792210, www.novi-turist.hr, Geldwechsel, Unterkunft.
- **Maritours,** Tel. 051-792134, www. maritours.com, am Busbahnhof.

Unterkunft

2 Als eines der größten Spa & Wellness-Hotels Europas wirbt das supermoderne Luxusresort **Novi**⑤, Tel. 051-006684, www.novi.hr, direkt am Meer um betuchtere Kunden.

14 **Tamaris**④, K. Tomislava 14, Tel. 051-792280, www.hoteltamaris.com. Im Uferpark gelegen, 13 komfortable DZ mit Balkon und Meerblick sowie zwei ähnlich ausgestattete Apartments. Vom Preis-Leistungs-Verhältnis her die beste Wahl im Zentrum.

13 In unmittelbarer, zentraler Uferlage findet sich das **Hotel Lišanj**②, Lišanjska Ulica, Tel. 051-665 600, www.lisanj.com. Kinder bis 12 Jahre 50 %, unter 6 Jahren frei – daher eine gute Wahl für preisbewusste Familien. Pool und großzügige Liegeflächen am Ufer, insgesamt etwas betonlastig.

11 Etwas preiswerter ist die **Pansion Lavanda**②, K. Tomislava 31, Tel. 051-792293, www.pansion-lavanda.net, beim Busbahnhof. Ordentliche DZ mit Safe, a/c, Internet.

Außerhalb

15 **Apartments Povile**②, Tel. 091-1207968, www.ferienhaus-povile.com, für Großfamilien und Gruppen, da hier 15 Personen in 4 Einheiten mit zwei Küchen unterkommen können.

15 **AC Punta Povile**②, Tel. 051-793083, www.autokamp-povile.com, ca. 3 km östlich des Zentrums, klein, schnuckelig, ohne besondere Angebote.

15 **Camp Klenovica**③, Tel. 051-796251, www.camp-klenovica.com. Camping, Mobilheime, Restaurants, Minimarkt, WLAN-Bereich, tolle Pools.

15 **Camp Kozica**②, Tel. 051-222851, www.campkozica.com. Einfacher, größerer Platz am Meer.

Essen und Trinken

9 Die **Snackbar Pakito** gegenüber vom Parkplatz vor der Fußgängerzone bietet Sandwiches und Pizzaschnitten an (nur zum Mitnehmen; Korzo Hrvatskih Branitelja 42, Tel. 051-245556).

10 Für einen Kaffee, kühle Getränke oder auch Eis bieten sich die Cafés in der Fußgängerzone an; wer etwas abseits vom Trubel mit Blick aufs Meer sitzen will: Im **Eiscafé Kalipso,** Korzo H. Branitelja, Tel. 098-9896753, sitzt man sehr angenehm auf der Terrasse mit schöner Aussicht.

4 Am östlichen Altstadtzugang (Stari Grad 1) serviert die **Pizzaria Charlie,** Tel. 051-245987, tgl. 7–23 Uhr in einem an den großen Filmpionier *Chaplin* angelehnten Ambiente gute und günstige Pizzen und Snacks. WiFi.

8 Besonders empfehlenswert für urige Atmosphäre und gute Küche ist die **Konoba Mate** am unteren Ende der Fußgängerzone, 30 m in die kleine Gasse hinein (Tel. 051-245930, Korzo V. Zakona 36b, tgl. 11–24 Uhr).

6 Einfache Gerichte, auch Fisch, hat die **Konoba Pizzeria Nautika** in der Fußgängerzone zu bieten; Sardellen, Calamari, Pizzen,Pasta und andere Kleinigkeiten.

1 Ein gutes Stück außerhalb bietet die **Konoba Studec** (landeinwärts im Weiler Pavlomir; Tel. 051-248888, tgl. 11–22 Uhr) ausgezeichnete traditionelle Fleischgerichte *(Peka)*. Rustikal-biergartenähnliches Ambiente, sehr gepflegt und lecker. Am Kreisel landeinwärts 2 km die Straße entlang, dann Hinweisschild rechts beachten.

Nachtleben

■ Am Abend bieten die **Bars am Hafen** gemütlich-rustikale Unterhaltung, u.a. der *Captain's Club* (Tel. 098-9633220, s.u. Aktivitäten) sowie der leider nur Mo–Fr bis 1 Uhr geöffnete Pub *Pivnica Nill* in der Ulica Antuna Mažuranića; gelegentliche Live-Events, Snacks, Bierbar.

Einkaufen

■ Die Zufahrtsstraße zur Altstadt – Korzo Hrvatskih Branitelja – wurde im oberen Bereich bis zum Zentralplatz Frankopanski Trg zur **Fußgängerzone** umgestaltet; hier finden sich zahlreiche Cafés, Supermarkt *Konzum,* Zeitschriftenhandel, Bäckereien, Fachgeschäfte usw.

■ In der großen **Markthalle** werden Fleisch, Geflügel, Obst und Gemüse sowie frischer Fisch verkauft; hier auch mehrere **Bäckereien.**

5 **Metzgerei Petrak,** Korzo H. Branitelja 9 (Fußgängerzone).

Aktivitäten

■ Um **Crikvenica** und **Novi Vinodolski** wurden sechs unterschiedliche, teils sehr schwierige (von Meereshöhe auf über 1000 m) **Radtouren** in unterschiedlichen Markierungen angelegt; eine Infobroschüre mit Profilen dieser Routen wird von der TI als Faltblatt ausgegeben. Wer sich die PDF mit allen Routen herunterladen möchte: www.tz-novi-vinodolski.hr, dort: Sport und Freizeit, Fahrradpfade, dann *Bike Trails* (PDF).

3 **Bootsverleih:** direkt an der Ortspromenade beim Hafen, Tel. 09-7920150, ab etwa 100 €/Tag je nach Boot.

12 Am Hafenbecken, Obala Branimira, Tel. 051-244039, organisiert der **Captain's Club,** s.o., Bootsausflüge (Vrbnik, Baška, Fischpicknick).

Nützliches

7 **Apotheke:** in der Fußgängerzone, tgl. 7.30–20.30 Uhr, So 8–11 Uhr, Tel. 051-244354;

■ **Erste-Hilfe-Station** am Busbahnhof.

Senj

Mit Novi Vinodolski endet festlandseitig die Region Kvarner Bucht, lediglich ein paar Dörfer (u.a. Bunica, Klenovica) mit kleinen Campingplätzen und einigen Straßenlokalen säumen die Route bis Senj. Die Besiedlung entlang der Küstenstraße zwischen dem **Velebit-Gebirge** und den vorgelagerten Inseln Rab und Pag ist äußerst dünn. Von Senj aus führt eine Inlandsroute über den malerischen **Vrtnik-Pass** ins Kvarner Hochland (siehe „Rundfahrt durchs Kvarner Hochland" weiter vorn in diesem Kapitel).

Die Stadt Senj war bis ins 15. Jahrhundert hinein in Frankopanenhand, sie durfte sich zu dieser Zeit der berühmtesten glagolitischen Druckerei rühmen. Dann übernahmen die von den Türken zurückgeworfenen **Uškoken,** eine mittelalterliche **Seeräuberbande** (siehe Glossar im Anhang dieses Buches), den Ort. Die Uškoken bauten Senj zu einer Festung aus, bekämpften die Türken, arrangierten sich aber 1540 mit ihnen, um fortan freie Hand für Überfälle auf venezianische Handelsschiffe zu haben. Nach einem Pakt zwischen Österreich und Venedig im 17. Jahrhundert wurden die Uškoken aus ihrem Zentrum Senj vertrieben; die Stadt verlor damit ihre Bedeutung als Küstenort.

Ortszentrum und Uškoken-Festung

Das Ortszentrum bilden die Bucht und der **Pavlinski Trg** mit Cafés und Restaurants. Hinter dem Platz führen beschilderte Fußwege durch das Altstadtzentrum, vorbei am Gelnica Trg mit der Büste des Uškoken-Führers *Nikola Jurisič* (1490–1545), hinauf zur markanten **Festung Kula Nehaj,** welche weithin sichtbar oberhalb der Stadt thront. Die quadratische Uškoken-Bastion wurde 1551–59 errichtet und galt als nahezu uneinnehmbar. Nach umfangreichen Renovierungsarbeiten wurde sie zur Besichtigung freigegeben. Ausgestellt sind alte Waffen, Rüstungen, Gewänder und Utensilien der Uškoken sowie eine Sammlung glagolitischer Schriften. Besonders witzig ist der „Uškoken-Freefall-Tower", ein ganz oben außen angebautes Türmchen mit einem auch von unten sichtbaren Loch – WC-Spülungen gab es damals eben noch nicht!

Gleich hinter dem Zugang zur Festung passiert man das **Uškoken-Orakel,** ein mit Münzen eingedecktes Wasserbecken; hier soll man über die Schulter eine Münze ins Becken werfen. Gelingt es, hat man einen Wunsch frei – mehrmalige Versuche sind erlaubt!

■ **Festung Kula Nehaj,** Tel. 051-885277, 15.4.–21.5. tgl. 10–18 Uhr, Juni 10–19 Uhr, Juli/August 9–21 Uhr, 1.9.–15.10. 10–18 Uhr; 20 K, Kinder 10 K.

025kb wl

Blick von der Uškokenfestung auf Senj

Heimatmuseum

Nahe der Hauptkirche bietet sich noch ein Blick ins örtliche Heimatmuseum **Gradski Muzej Senj** an. Neben archäologischen Funden aus dem Umland werden hier Waffen, Kleidung und Münzen ausgestellt.

■ **Gradski Muzej Senj,** Ul. Milana Ogrizovića, Tel. 053-881141, Juli/Aug. 7–15 und 19–21 Uhr, Sa 10–12 und 19–21, So 10–12 Uhr. Sonst nur werktags 7–15 Uhr; 20 K, ermäßigt 10 K.

Praktische Tipps

Information

■ **Touristeninformation,** im Zentrum an der Durchfahrtsstraße, Tel. 051-881068, www.senj.hr.
■ **Informationszentrum Nationalpark Nordvelebit,** Obala Tudmana 6, Tel. 051-884551, http://pp- velebit.hr.

Camping

■ **Minicampingplatz Škver,** Tel. 053-885266, http://visitsenj.com/de/touristiches-angebot/campingplatze/camp-skver, direkt im Zentrum am Ufer.
■ **AC Ujca,** 3 km außerhalb in südlicher Richtung in Sv Juraj, www.camp-ujca.com, Tel. 053-884626. Hier befindet sich auch die Tauchbasis *Dive Croatia,* Tel. 099-6802715, http://dive-croatia.com, die auch Unterkunft vermittelt.
■ Weitere Plätze sind **Eurocamp Rača** bei Sv Juraj, Tel. 053-883209, www.moko.hr, oder **AC Bunica V** des gleichnamigen Dorfes, Tel. 053-616718,

http://visitsenj.com/de/touristiches-angebot/campingplatze/camp-bunica-v, sowie nördlich Richtung Novi Vinodolski das **Minicamp Sibinj,** Tel. 051-796916, www.apartmani-sibinj.com, wo auch Wohnungen und Zimmer angeboten werden.

Essen und Trinken

- Fürs leibliche Wohl sorgen die ordentliche **Restaurant-Pizzeria Krešimir,** Obala Zvonimira 10, tgl. 8–24 Uhr, Tel. 053-885247, am Hafenbecken sowie das **Restoran Košare** am Zentralplatz der Altstadt, Frankopanski Trg 2, Tel. 051-884041, in der mittleren bis gehobenen Preisklasse. Reisende loben besonders das **Kod Veska,** Ispod Volte 1, Tel. 053-884056, tgl. 12–0 Uhr, für hervorragende nationale Küche mit dem Schwerpunkt Fisch/Meeresfrüchte. Nicht sonderlich groß, authentisch, versteckt in einer kleinen Gasse am Ufer, sehr gutes Preis-Leistungs-Verhältnis.

Goli Otok – das jugoslawische Alcatraz

Das Inselchen Goli (4,7 km^2) wurde im Ersten Weltkrieg von Österreich als **Gefängnisinsel** für Kriegsgefangene ausgebaut und nach dem Zweiten Weltkrieg vom „alten" Jugoslawien zum Gefangenenlager für politische Häftlinge von 1949 bis 1985 (vor dem Zerfall Jugoslawiens) ausgebaut. Gewalt und Willkür sowie Folter prägten das Leben der insgesamt rund 16.000 Gefangenen auf Goli, die unter schwersten Bedingungen Strafarbeit leisteten. Touristen können die ehemalige Gefängnisinsel heute im Rahmen eines Tagesausflugs von Lopar/Rab oder Sv. Juraj/Senj aus besuchen (s.a. Kap. 10/Inseln Sv Grgur und Goli Otok).

Nützliches

- **Apotheke** direkt am Hafenbecken links der Hauptstraße.
- Großer **Konzum-Supermarkt** in der N. Suzana (parallel zur Uferstraße; von Norden kommend an der *INA*-Tankstelle linker Hand links hinein).
- Eine **Bäckerei** liegt direkt am Ufer nahe der Touristeninformation in der Zvonimira.

In der Umgebung

Jablanac und Zavratnica-Schlucht

Während die meisten Fährhäfen der Kvarner Bucht praktisch nur aus einem Pier bestehen, darf man **Jablanac** (ca. 70 Einwohner), den einstigen Fährort zur Insel Rab auf dem Festland, getrost als **malerisches kleines Dorf** bezeichnen. Mit dem Bau des neuen Piers in der nahe gelegenen Stinica-Bucht kommen heute kaum noch Touristen hinunter nach Jablanac. An einer kleinen Bucht gelegen, hat es immerhin eine Pfarrkirche, zwei Schänken und ein Hotel zu bieten (unterhalb Bademöglichkeit).

Ein (beschilderter) **Spazierweg,** am Ufer entlang nach Süden, führt über einen Aussichtspunkt zur idyllischen **Nachbarbucht Zavratnica** (20 Min.). Für die unter Naturschutz stehende Bucht, hinter der sich eine **malerische Schlucht** ins Bergmassiv erstreckt, ist eine Eintrittsgebühr von 20 K zu entrichten.

Unterkunft

- **Lux Pension**②, Obala Bana S. Šubića 18, Tel. 053-887069, www.lux-jablanac.eu. Einfache Pension der Mittelklasse mit 8 DZ und 2 Familienzimmern/Apt. (ab 65 €).

Essen und Trinken

- Das **Wanderheim** (*Planinarska kuća Hirtz,* Mai bis September 7–22 Uhr) in der Fabijanska 33 oben am Südhang bietet einen schönen Biergarten mit toller Aussicht.
- An der Uferpromenade serviert der **Oaza-Grill** (Tel. 098-606745, tgl. 9–17 Uhr) einfache kroatische Küche.

Stinica

Das 4 km nördlich von Jablanac gelegene Stinica ist ein erst 2016 neu gebauter **Fährpier zur Insel Rab** (Anbindung s. Rab), um den sich in den letzten Jahren eine Handvoll Gastronomiebetriebe und private Zimmeranbieter angesiedelt haben. Die Wartezeit auf die nächste Fähre kann man mit einem Drink in der Café-Bar *Ante* (tgl. 7–22 Uhr), im *Buffet Manana* (tgl. 8–2 Uhr) oder der Bar *Big Bang* (tgl. 8–24 Uhr) überbrücken. Hübsch im Hang mit Meerblick bis Rab liegen hier z.B. die *Apartmani Mikuš*②, Šegote 17, Tel. 091-5632987.

Plitwitzer Seen

Knapp anderthalb Fahrtstunden von Senj entfernt (in Senj beschildert) liegen im Hinterland der Region Kvarner die bekannten Plitwitzer Seen (Plitvička Jezera), die unbedingt einen Tagesausflug wert sind.

Wer erinnert sich nicht an die malerischen Wasserfälle, von denen der Apachen-Häuptling **Winnetou** seinem weißen Blutsbruder *Old Shatterhand* zuwinkt, um hernach in die Fluten zu stürzen? Noch immer ziehen die überwältigenden **Kaskaden** der Plitwitzer Seen wie die Zrmanja/Norddalmatien – Drehort zahlreicher *Karl-May*-Filme – alljährlich Hunderttausende Besucher an, und das ohne große Werbung.

Wasserspiele faszinieren die Menschen seit jeher und erst Recht, wenn sich **16 größere und kleinere Seen** ganz natürlich, mal als kleine Kaskade, mal als **hoher Wasserfall,** auf einer Gesamtlänge von 7,2 Kilometern inmitten von sattem Grün ineinander ergießen und dabei insgesamt 156 Höhenmeter hinabfallen. Die kristallklaren Seen nehmen eine Gesamtfläche von 2,2 km² ein, die Fläche des Nationalparks beträgt insgesamt 295 km² und erstreckt sich um den Gebirgszug Mala Kapela, ein Ausläufer der dinarischen Alpen.

Das „Land der fallenden Seen", wie Plitvice oft genannt wird, ist eine Region des permanenten natürlichen Wandels. Die östlichen dinarischen Alpen sind von **Kalkgestein** geprägt, das Wasser durchlässt und allmählich unterirdisch ausgewaschen wird (Tropfsteinhöhlen; siehe auch Exkurs zur Karstlandschaft). Im Raum Plitvice trat das nunmehr extrem kalkhaltige Wasser aus dem Gebirge heraus und floss naturgemäß abwärts. In den entstandenen Bach- und Flussläufen siedelten sich Moose an, die für ihre Vermehrung den Kalk herausfiltern und binden, um im Laufe der Zeit dann selbst zu Kalkgestein zu werden. Daher verändern sich die Bachbette und auch Seen und Wasserfälle fortlaufend.

Schon 1928 wurde Plitvice per Gesetz zum Nationalpark ernannt, 1949 international anerkannt und 1979 schließlich zum **UNESCO-Welterbe** erkoren. Nicht zuletzt deshalb konnten im Bosnien-Krieg glücklicherweise größere Schäden

Nationalpark Plitwitzer Seen

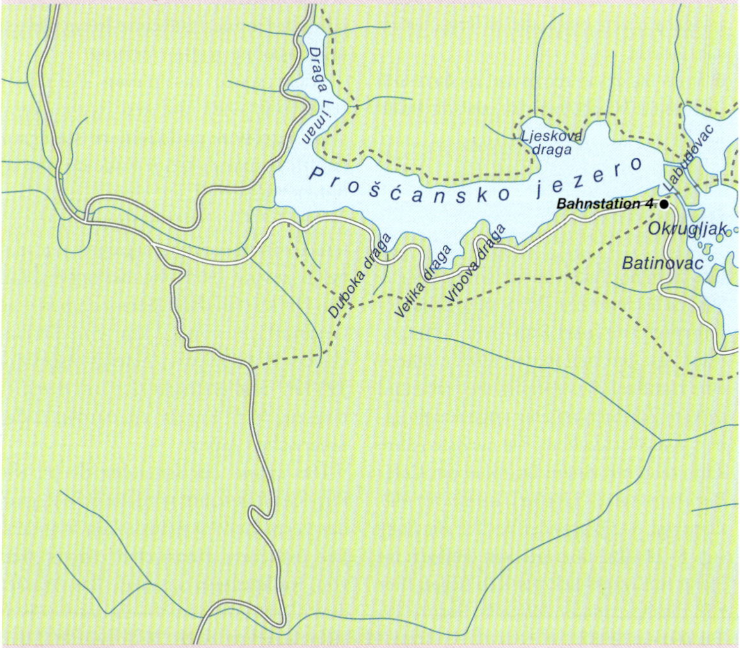

Höhenprofil Plitwitzer Seen

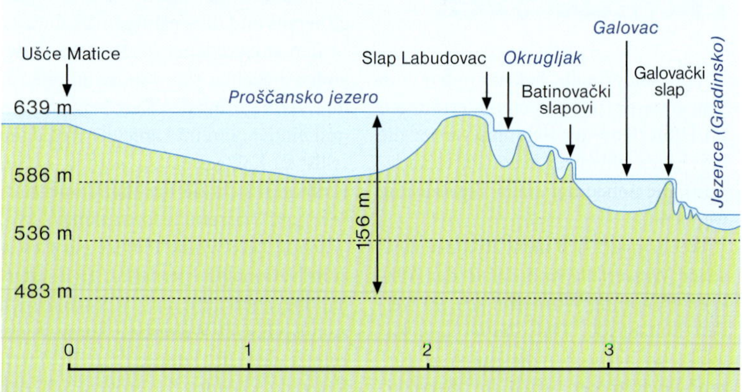

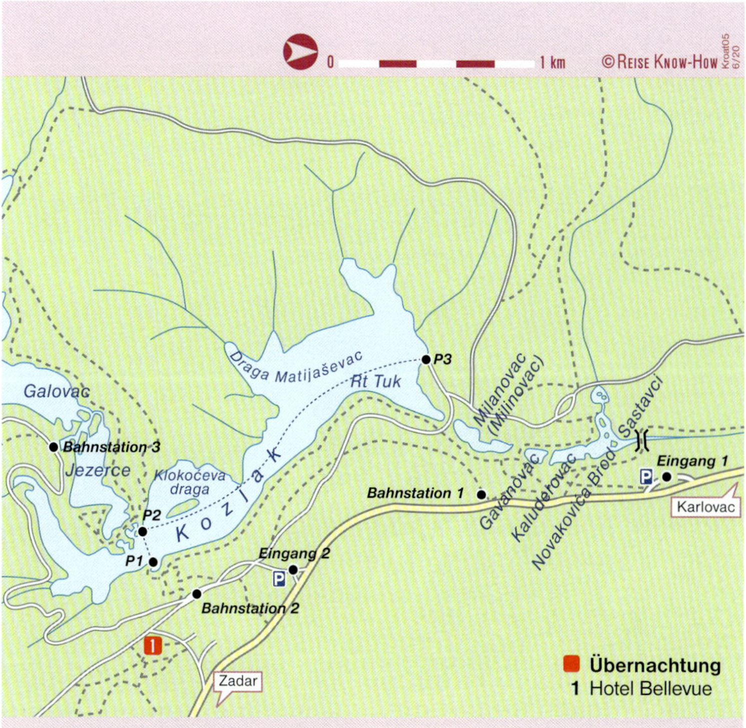
0
1 km
© Reise Know-How
Kroat05 6/20
Galovac
Bahnstation 3
Jezerce
Klokočeva draga
Draga Matijaševac
Rt Tuk
P3
P2
P1
Kozjak
Milanovac (Milinovac)
Sastavci
Eingang 1
Bahnstation 1
Gavanovac
Kaluđerovac
Novakovića Brod
Karlovac
Eingang 2
Bahnstation 2
Zadar
Übernachtung
1 Hotel Bellevue

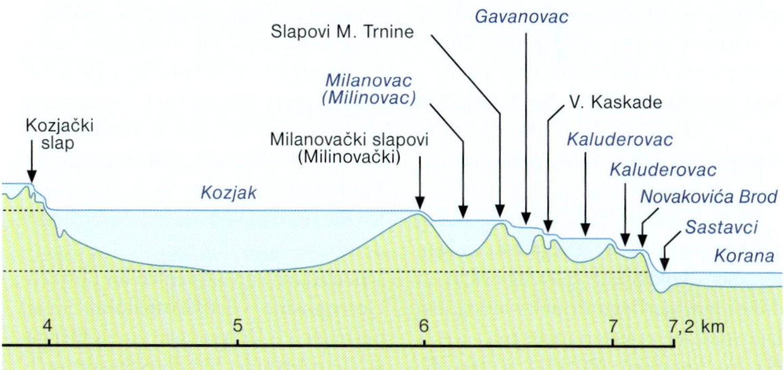
Slapovi M. Trnine
Gavanovac
Milanovac (Milinovac)
V. Kaskade
Kozjački slap
Milanovački slapovi (Milinovački)
Kaluđerovac
Kaluđerovac
Novakovića Brod
Kozjak
Sastavci
Korana
4
5
6
7
7,2 km

im Park vermieden werden, obwohl er im damals heftig umkämpften Bihač-Gebiet liegt. Dieses wurde 1991 von Serbien besetzt und 1995 durch Kroatien zurückerobert; erst 1996 erhielt das **in Europa einmalige Naturdenkmal** seinen würdigen Frieden zurück.

Nichtsdestotrotz hatte der Bürgerkrieg gewisse nachhaltige (negative) Folgen für das ökologische Gleichgewicht in dieser einzigartigen Primärwaldregion: Die Soldaten erlegten mehr oder weniger das komplette Rotwild, sodass die Tierwelt – insbesondere die **Wölfe** – noch heute ohne ihr wichtigstes Beutetier leben muss. Neben zahleichen Vogelarten und Wölfen und Rötelmäusen sind im Park u.a. auch **Braunbären, Luchse, Wildkatzen, Schwarzwild** und **Fischotter** beheimatet. In den Karsthöhlen der dinarischen Alpen lebt ferner endemisch – also nur hier in den dinarischen Alpen von Slowenien bis Bosnien-Herzegowina – der **Grottenolm,** ein als permanente Larvenform in Höhlengewässern lebender blinder Schwanzlurch.

adobe.stock ©rolandbarat

Besichtigung

Die folgende **Tour** beinhaltet alles Sehenswerte im Park und dauert etwa einen **halben Tag:** Es empfiehlt sich, die Runde am Tor 1 (Richtung Karlovac) zu beginnen, dann hinunter zu den großen Fällen der unteren Seen zu gehen und weiter zur Anlegestelle P 3. Mit dem **Boot** setzt man über zu P 2 und geht an den oberen Seen entlang bis Labudovac. Von dort (Bahnstation 4) fährt man mit der **Touristenbahn** bis Station 1 nahe dem Parkplatz zurück. Der **Hotelbereich** liegt bei Haupttor 2 (Bahnstation 2).

Der Park ist vorbildhaft sauber, bitte unbedingt darauf achten, dass dies auch so bleibt! Jegliche Art von Wassersport ist strengstens verboten.

Seit 2019 wurde aufgrund der hohen Besucherzahlen ein **Ticketkontingent** erstellt. Die Parkverwaltung empfiehlt dringend das **Online-Buchungsportal** https://ticketing.np-plitvicka-jezera.hr zu nutzen, da ansonsten nicht gewährleistet ist, dass allen Besuchern an der Tageskasse auch Einlass gewährt werden kann.

■ Der Park ist im Sommer tgl. 8–20 Uhr **geöffnet,** sonst 8–18 Uhr, im Winter 9–16 Uhr. 1.6. bis 30.9. für Erwachsene 250 K, Studenten 160 K, Kinder 120 K; April, Mai und Oktober Erwachsene 100 K, Studenten 75 K, Kinder 50 K; November bis März 60/50/30 K. Alle Fahrten (Boote, Touristenbahn) sind im Preis enthalten; gebührenpflichtige **Parkplätze** (7 K/ Std., Motorrad frei) liegen an den Haupteingängen 1 und 2. Die Tickets sollte man aufbewahren, da routinemäßige Kontrollen vorkommen. Hunde sind nur angeleint zugelassen.

◁ Die Plitwitzer Seen mit ihren Wasserfällen waren Drehort etlicher Karl-May-Filme – der Nationalpark gehört zu den Welterbestätten der UNESCO

■ **Informationen** zum Park erteilen *Nacionalni Park Plitvička Jezera,* 53231 Plitvička Jezera, Tel. 053-751015, und www.discoverplitvice.com.

Camping, Unterkunft

■ Wer als Zwischenstation in Plitvice übernachten möchte, findet den **AC Korana**③ ca. 8 km vor Plitvice Richtung Karlovac im Dorf **Grabovac.** Günstig sind hier auch 2er-Mini-Bungalows (70 €/2 Pers. im Sommer) anmietbar, auch mit Frühstück oder HP; Tel. 053-751888, s.a. Webseite des Nationalparks.

1 Im Bereich von Eingang 2 des Parks wurden drei Hotels etabliert, das günstigste ist das **Bellevue** (Tel. 053-751500, www.np-plitvice.com) – hier greift man aber schon um einiges tiefer in die Tasche als in den umliegenden Ortschaften! Die Parkhotels werden von vielen Reisenden qualitativ generell als Notlösung eingestuft.

■ Relativ neu ist der Campingplatz **Borje**③, 15 km südlich des Parks (ausgeschildert). Kostenloser Shuttlebus (10.30 Uhr Hinfahrt, 17.30 Uhr Rückfahrt) zu den Plitzwitzer Seen, so spart man sich die Parkplatzgebühren. Sehr nettes Areal mit Wechselstube, Minimarkt und Restaurant. Tel. 053-751790, www.np-plitvicka-jezera.hr.

■ **Privatunterkünfte** bieten mittlerweile fast alle Ortschaften zwischen Slunj und Jezerce (nördlich und südlich des Parks) recht preiswert an, insbesondere rund um Grabovac. Eine gute deutschsprachige Homepage mit mehreren hundert Mietangeboten findet man unter www.discoverplitvice.com.

Holzstege führen die Besucher durch das Gebiet der Plitwitzer Seen

adobe.stock ©leprechaun

9 Insel Krk

Auch wenn der Begriff „Kvarner“ nicht vielen geläufig ist – die in der Adriabucht liegenden Inseln Rab und Krk gelten schon lange als klassische Mittelmeerreiseziele. Krk, die größere der beiden, wird durch das Gebirge der Kvarner Bucht geschützt und ist daher sehr trocken. Die Insel zeichnet sich durch ein breites Freizeitangebot, vielfältige Sehenswürdigkeiten, aber auch unberührte Landschaften und Wandermöglichkeiten aus.

Krk ist recht karg

Krk
0 5 km
©Reise Know-How
Kroat24 6/20
Opatija
Rijeka
Kostrena
Bakar
Škrljevo
Krasica
Praputnjak
Hreljin
Bakarac
Fužine
Karlovac, Zagreb
Sunger
Lič
Kraljevica
Sv. Marko
Križišće
Mali Dol
Kula 1533
Rt Kijec
Voz
Jadranovo
Tribalj
Baškovići
Omišalj
Kačjak
Lokovo
Grižane
Riječki zaljev
Tropfsteinhöhle Rudine
Rudine
Dramalj
Dolac
Kotor
Crikvenica
Njivice
Soline-Bucht
Čižići
Rt Šilo
Crikvenica-Riviera
Jargovo
Bribir
Selce
Klimno
Soline
Šilo
Breze
Dobrinj
Rt Tokal
Zagori
Donji Zagon
Rt Pelova
Malinska
Maršići
Gostinjac
Novi Vinodolski
Porat
Vantačići
Turčić
Bogovići
Donje-Selo
Povile
Senj
Sv Krševan
Glavotok
Kras
Risica
Poljica
Garica
Brzac
Milohnići
Bajčići
KRK
Vrbnik
Rt Glavina
Linardiči
Vrh
Muraj
Kornić
Skrbčići
Salatići
Krk
Košljun
Punat
Straževnik-Pass
Valbiska
Diviska 472
Draga Baščanska
Krčki zaljev
Obzova 569
Zec
Merag
Rt Negrit
Jurandvor
Sv Lucija
Sv Majke
Veli Hlam 484
Batomalj
Rt Sokol
Plavnik
Baška
Rt Rebica
Stara Baška
Rt Klobučac
Galun
Rt Škuljica
Rt Stažica
Loznati
KVARNER BUCHT
Prvić
354 Zakantum
CRES
Lopar (Rab)
A7
E65
A1
8
102
104
302
306
309
313
314
315
316
324
327
329
331
338
339
343

INSEL KRK

Etwa 60 Meter über dem Meer überspannen zwei Brückenbögen die 1310 Meter zwischen dem Festland und der Insel Krk, unterbrochen nur von der kleinen Felsinsel Sv. Marko dazwischen. Seit der Eröffnung der **Krk-Brücke** 1980 ist die mit 409 km² **größte Insel der Adria** (neue Vermessungen haben allerdings ergeben, dass Cres auf den Meter gleich groß ist!) mit dem Festland verbunden, ohne jedoch das Inselflair verloren zu haben. Auf der Insel leben ca. 20.000 Menschen. Die Fährverbindungen nach Cres und Rab machen Krk auch zu einem wichtigen Transitpunkt und zum Zentrum des „Inselhüpfens".

Geschichte

Krk war zwar schon in frühgeschichtlicher Zeit besiedelt, die ersten historisch belegten Bewohner sind jedoch die **Liburner** mit dem in römischer Zeit so genannten Zentrum Curicum (bekannt durch die Seeschlacht *Caesars* gegen Pompeji 49 v. Chr.). Nach Rom folgte ein byzantinisches Zwischenspiel und etwa 1000–1797 stand Krk nominell unter venezianischer Herrschaft. De facto regierte jedoch das regionale **Fürstengeschlecht der Frankopanen.** Ab 1797 österreichisch, fiel auch Krk 1918 an Italien, allerdings nur für zwei Jahre. Im Zweiten Weltkrieg nochmals unter deutsch-italienischer Besatzung, folgte anschließend der gesamtjugoslawische und seit 1991 der kroatische Teil der Geschichte.

Allgemeine Reiseinfos

An- und Weiterreise

Brücke und Fähre

Es bietet sich entweder die **Krk-Brücke** (Moped 21 K, Wohnmobil und -wagen 46–81 K, gezahlt wird nur einmal Richtung Krk) oder eine der beiden **Fährverbindungen** an:

- **Route Merag (Cres) – Valbiska (Krk):** 5.45–22 Uhr in der Hauptsaison 13x tgl. (ca. alle 75 Minuten, sonst 9x tgl.), Pkw inkl. 2 Personen 214–378 K (saisonabhängig).
- Die **Route Lopar (Rab) – Valbiska (Krk)** ersetzt die alte Baška-Lopar-Linie und kostet 290 K (Pkw inkl. 2 Pers.) und fährt im Winterhalbjahr nur je einmal vor- und nachmittags, im Sommer je 4x tgl. in beide Richtungen (Infos unter www.rab-visit.com/hr/ostalo/trajekti/1790).

NICHT VERPASSEN!

- Abseits des Trubels – das einsame **Glavotok** | 315
- Sehenswert von der Land- wie der Seeseite – **die Mauern der Stadt Krk** | 317
- Wandern in idyllischer Landschaft an der **Kapelle Sv. Majke bei Batomalj** | 329
- Mal richtig „die Sau rauslassen" in den **Schlammkratern von Soline** | 343

Diese Tipps erkennt man an der gelben Hinterlegung.

Bus und Mietwagen

Es bestehen recht gute **Busverbindungen** zwischen **Flughafen/Omišalj und Rijeka** einerseits sowie entlang der Hauptroute **Baška – Omišalj** andererseits:

- **Omišalj – Rijeka** 16x tgl., 42 K
- **Omišalj – Krk-Stadt** 7x tgl., 40 K
- **Omišalj – Baška** 5x tgl., 58 K
- **Krk-Stadt – Baška** 5x tgl., 38 K
- **Flughafen – Rijeka** (via Omišalj) 1–5x tgl., ändert sich je nach Saison, http://rijeka-airport.hr, dort „parking and transport"; Rijeka kostet (einfach) 50 K, Omišalj 20 K.

In derselben Rubrik findet man auf http://rijeka-airport.hr auch ein Dutzend **Mietwagenanbieter** mit Büro am Flughafen; namhafte Anbieter sind etwa *Avis,* Tel. 098-9107696, www.avis.com.hr; *Europcar Croatia,* Tel. 051-393190, www.europcar.de; *Hertz* Tel. 091-3110985, www.hertz.hr oder *Sixt,* Tel. 051-841615, www.sixt.hr.

Flug

- **Flughafen Rijeka-Krk:** Direkt an der Nordspitze der Insel, ostseitig der Inselstraße, liegt der Flughafen von Rijeka-Krk (Tel. 051-841865, www.rijeka-airport.hr). Abgesehen von den internationalen Flügen (s. Kap. „Reisetipps A–Z, Anreise") sind auch Privatflüge, beispielsweise Transferflüge von/nach Mali Lošinj, möglich (Details unter www.airportmalilosinj.hr).

Nudelspezialität der Insel Krk: Šurlice

Šurlice sind ausschließlich auf Krk hausgemachte traditionelle Nudeln, die noch heute um eine Stricknadel(!) herum von Hand geformt werden. *Šurlice* sind eine beliebte Beilage zu Meeresfrüchten sowie vor allem zu Lammgulasch und werden in etlichen Restaurants auf Krk angeboten.

Wer in Rijeka (also auf Krk) landet, kann – wenn er nicht mit dem Vermieter die Abholung vereinbart hat – entweder einen eigenen Transport arrangieren oder den öffentlichen **Bus von/nach Rijeka** nehmen. Der aktuelle Busfahrplan ist auf der Webseite www.rijeka-airport.hr unter „kako do nas" und dort „raspored autobusa" einsehbar.

Information

- Als eines der am weitesten entwickelten Reiseziele Kroatiens verfügt Krk über **touristische Informationsstellen** in den Ortschaften sowie einen eigenen zentralen **Fremdenverkehrsverband:** Trg. Sv. Kvirina 1, 51500 Krk, Tel. 051-221359, www.krk.hr. Wichtige allgemeine Seiten für die Reiseorganisation auf Krk sind außerdem www.visitkrk.com (Unterkunft) und www.aurea-krk.com (Inselinfos).

Für **Radler** gibt die TI Krk eine *App* mit kompletten Routen und Informationen für die gesamte Insel heraus – einschließlich einer Lagekarte der inzwischen 10 **E-Bike Ladestationen** auf Krk; www.tz-krk.hr/de/krk-bike-aplikacija.

Omišalj

Nach der Überquerung der Brücke passiert man zunächst den **Flughafen** und einen kleinen Campingplatz (erste Abfahrt links: schöner Rast- und Badeplatz mit flachem Meereszugang). Dann folgt das auf einer Anhöhe oberhalb der Omišaljski-Bucht gelegene Omišalj, neben Krk-Stadt der älteste und somit **kulturträchtigste Ort** der Insel. Nachteil: Rundum liegen **petrochemische Betriebe** (Stadtbesuch schön, Standort eher nicht!).

Der nahe Flughafen, die Raffinerien und auch die Nähe zum urbanen Zentrum Rijeka haben in Omišalj zu einem gewissen Wohlstand geführt, den der Tourismus noch ein wenig zu untermauern hilft. Selbst oben in der Altstadt haben viele Häuser eine kleine Gartenanlage unmittelbar am Haus, die gesamte Altstadt sieht sehr gepflegt aus, auch wenn das Umland – man gehe einmal zum Aussichtspunkt im Dubec-Park – eher wenig anheimelnd wirkt.

Omišalj gliedert sich in mehrere vollkommen unterschiedliche und auch voneinander getrennte Abschnitte. Was man als Tagesbesucher ansteuert, ist die **hoch gelegene Altstadt.** Parken: Am Kreisverkehr der Beschilderung zu den Hotels folgen, es kommen gleich linker Hand zwei größere **Parkplätze** (kostenlos); dann vom Kreisverkehr rechts in die (autofreie) Altstadt hinein. Die **Krk-Busse** halten am Zentralkreisel vor der Altstadt (Frequenz siehe Krk-Stadt).

Unterhalb der Altstadt, verbunden durch einen sehr steilen Fußweg, liegt der Hafenbereich für Sportboote mit einem kleinen Sand-Kiesstrand, einem **Kiesstrand** und einem Uferrestaurant (mit dem Auto vom Kreisel aus der Straße folgen, hinter dem Ort scharf rechts hinunter; zu Fuß: gegenüber vom Restaurant Barbi Gerga dem Fußweg immer abwärts folgen); hier liegen einige **Ferienwohnungen** – hier zu wohnen, ist weitaus angenehmer als in den Hotels.

Baden kann man am kleinen Sand-Kiesstrand Kupalište Učka mit Dusche oder am Kiesstrand Plaža Pesja hinter der Marina (Kiosk; Parkplatz 10 K/Tag).

Am Kreisel Richtung Hotelbereich führt das Sträßchen zum Ufer und einigen extrem renovierungsbedürftigen **Hotelanlagen** sowie über mehrere Kilometer hinweg zu einzelnen Häusern (teilweise **Ferienwohnungen**) bis zum **Autocamp Pušća** beim Flughafen – überall am Ufer muss man allerdings auf die JANAF-Raffinerien blicken.

Vom Kreisel in östlicher Richtung immer geradeaus kommt man zur Hauptstraße und den Raffinerien – hier entlang (beschildert) geht es zu den **Ruinen von Mirine-Fulfinum.**

Sehenswertes

Altstadt

Insgesamt ist die hoch gelegene Altstadt durchaus sehenswert und lohnt einen Besuch. Man startet am besten beim Zentralplatz an der Bushaltestelle, folgt der Hauptgasse (alles Fußgängerzone) Prikešte bis zu einer Gabelung und folgt hier der Pod Dubca und geht dann quasi im Uhrzeigersinn durch die Altstadt.

Pfui!

Kein Ausruf des Missfallens, nein, vielmehr ein ganz besonderes **Fest** in Omišalj zur Karnevalszeit im Februar ist das **Bljak Fest** (Bljak = dt. Pfui!). Der geneigte Gast darf (übrigens kostenlos) lokale Spezialitäten der traditionellen Küche wie etwa Bullenhoden, Kutteln, Schweine- und Hühnerbeine, Hühnerhals, „Kohle und Lauch“ und vieles mehr probieren – das *Bljak*-Fest ist auf jeden Fall einen Besuch wert! Die Ursprünge dieses merkwürdigen kulinarischen Vergnügens liegen im Dunkeln, Historiker vermuten eine Art Armenküche/Resteverwertung im Rückgriff auf Belagerungszeiten.

Bedeutendstes Monument ist die dreischiffige **romanische Basilika Sv Marija** von 1213, deren Seitenkapellen bis ins 18. Jahrhundert umgestaltet und restauriert wurden. Die heilige Taufe wurde bis ins 17. Jahrhundert in der Seitenkapelle des Hl. Johannes durchgeführt. Zahlreiche **glagolitische Inschriften** zeugen von der altkroatischen Geschichte des Bauwerks, so die Fragmente romanischer Steinreliefs außen oberhalb des Hauptportals (9./10. Jahrhundert). Der **Campanile** wurde 1533 bis 1536 von einheimischen Baumeistern angefügt. Außen sind ausführliche mehrsprachige Beschreibungen zur Kirche angebracht, das Gotteshaus kann tagsüber außer zu Messen jederzeit besucht werden.

Bevor man zu dieser Kirche kommt, passiert man ein kleines **Lapidarium** (tgl. 10–12 und 18–21 Uhr, Eintritt frei), das durchaus einen Blick lohnt.

Am Westrand der Altstadt (Beschilderung „Park Dubec") erreicht man den netten, weitläufigen **Stadtpark Dubec** mit der Kapelle Sv Anton, einem alten Wasserturm und mehreren sehr schönen Aussichtspunkten über der Bucht.

Vor der Altstadt liegt ein kleiner **Gedenkpark** für die Weltkriegsopfer, unmittelbar darunter ein Kinderspielplatz.

Unten den Fußweg zur Marina/den Stadtstränden hinab, passiert man die **Kapelle Sv Nikole** aus dem 18. Jh. – leider sowohl verschlossen als auch Opfer von Vandalismus.

Ruinen von Mirine-Fulfinum

Eines vorab: Die **Anfahrt** mutet etwas merkwürdig an, fährt man doch auf der Zufahrt zu der rund um die Uhr videoüberwachten Raffinerieanlage *JANAF*. Erst unmittelbar vor dem Werkstor zweigt die eigentliche Zufahrt nach links ab. Kurz vor dem Ufer gibt es Haltemöglichkeiten, ein **Uferweg** führt direkt zur 150 m entfernten Anlage.

Fulfinum ist vermutlich die **älteste städtische Siedlung auf Krk,** die unter den Römern etwa um 300 entstand. Da zu diesem Zeitpunkt das Christentum im Vormarsch war, entstand auch eine außergewöhnlich große **frühchristliche Kirche,** die Anfang des 5. Jahrhunderts fertiggestellt worden sein soll. Das Bauwerk ist – nicht zuletzt durch hervorragende Restaurationsarbeiten – überraschend gut erhalten, und es verwundert, dass hier noch kein Museum eröffnet wurde. Auch außerhalb der Kirche sind zahlreiche Ruinen bzw. Grundmauern erhalten, teilweise sind die Bauten mehrsprachig beschildert (sehr ausführlich).

Die Anlage ist nicht umzäunt und kann jederzeit besucht werden (Eintritt frei). Man kann auch zu Fuß vom Kiesstrand Plaža Pesja hinter der Marina gehen (ca. 20 Minuten).

Praktische Tipps

Info und Agenturen

■ Ein großer **Ortsplan** hängt am Parkplatz; **Touristeninformation** in der Haupt-Altstadtgasse Ribarska Obala (neben der Post), Tel. 051-841042, www.tz-njivice-omisalj.hr und www.visit-omisalj-njivice.hr, Mo bis Sa 8–20 Uhr, So 8–12 Uhr.

6 In der Altstadt vermittelt **Su-Mo-Tours** (Medermuniće 1, Tel. 051-842230, www.sumotours.hr) Unterkunft, Ausflüge, Aktivitäten usw.

Unterkunft

1 Das **Adriatic**③, Tel. 051-842126, www.hoteli-omisalj.hr. Mit Felsbadestrand, Nachtklub und Sportzentrum, gilt als die Nummer 1 vor Ort; die Dependancen *Marina* und *Primorka* sind rund 15% billiger; WLAN inklusive.

2 Nur wenig günstiger kommt man im **Guesthouse Delfin**③, Strana 22, Tel. 051-867780, www.hotel-delfin.hr, weg. Liegt etwas abseits am Ufer Richtung Campingplatz.

2 Auf der Landzunge Richtung Campingplatz hat sich die **Pension Jadranka**① als beliebte Unterkunft bei deutschsprachigen Reisenden etabliert; Stran 56, Tel. 091-7519768, www.pension-jadranka.com, auch 3er-Apartment (150 €).

14 Als eine weitere kleine empfehlenswerte Anlage in Altstadt-Gehnähe empfiehlt sich die **Villa Eva** ②, Zagradi 4, Tel. 051-841041, www.villa-eva.hr. Sehr schöne dreistöckige alte Villa mit herrlicher Terrasse am Ufer, alle Zimmer mit Sat-TV, Minibar und a/c. Auch kleine 4er-Apartments sind verfügbar, allerdings ohne Küche. Beliebtes Restaurant.

9 Wer direkt vor Ort nachfragen möchte: Im **Restaurant U Barbi Gerga,** Tel. 051-842255, werden FeWos vermittelt.

Camping

2 **AC Pušča**③, Tel. 051-841440, www.autocamp-pusca.com. Zufahrt gegenüber vom Flugplatz (Mali Kijec 52), mit Blick bis zum Rijeka-Hafen und zur Raffinerie. Der Campingplatz wurde Ende 2018 komplett neu gestaltet und ist durchaus schön in einer hübschen Bucht gelegen. Es gibt Bungalows, Mobilheime, ein Restaurant, den Pool Kids-Club, einen Minimarkt u.v.m. Mobilheime und Bungalows kosten hier 375–1575 K je nach Belegung und Saison. *Pušča* wurde nach Angaben des Managements bereits vorab (!) mit der Auszeichnung *Croatia's best campsite 2019* geehrt und wirbt auch mit Empfehlungen des *ADAC*.

Essen und Trinken

7 Die einfache **Café-Bar Frankie** direkt hinter der Haltestelle empfiehlt sich auf einen Drink zur Überbrückung der Wartezeiten auf den Bus.
5 Das **Restoran Kaštel,** Baječ 2, Tel. 051-841039, tgl. 8–24 Uhr, bietet einfache und gute kroatische Küche. Sehr zentral, untere bis mittlere Preisklasse.
9 Schon seit vielen Jahren hat sich **U Barbi Gerga,** Prikešte bb., Tel. 051-842255, einen sehr guten Ruf als uriges und gleichzeitig qualitativ ansprechendes Restaurant für kroatische Küche erworben. Nudeln mit Scampi und die Fleischspieße mit drei Fleischsorten nebst Beilagen sind zu empfehlen.
10 Die **Eisdiele/Caféteria Caffe** gegenüber bereitet ausgezeichnetes Speiseeis zu – und das nicht überteuert.
13 Und dann noch etwas ganz Feines, wenn es nicht stört, in einer ruhigen Fußgängergasse an einem Kirchplatz zu sitzen, wo eventuell auch ein paar Kinder spielen oder die eine oder andere ältere Frau klöppelt oder häkelt: Die **Konoba Ulikva** nahe der Kirche, Pod Dubca 20, Tel. 051-841004, tgl. 9–21 Uhr, Sommer bis 22 Uhr, hat keine Riesenkarte, aber wirklich leckere Speisen und Snacks – Tipp der einfachen/mittleren Kategorie!
14 Das Terrassenlokal der **Villa Eva** (s.o.) etwas außerhalb Richtung Hotelbereich wird von Reisenden sehr gelobt. Gleiches gilt für das 2 **Hotelrestaurant Delfin** auf halbem Weg am Ufer entlang Richtung Campingplatz, Stran 22, Tel. 051-867058.

Nützliches

12 **Apotheke:** Kovačnica ul. 1, Tel. 051-842127, Mo–Fr 8–20 Uhr, Sa bis 14 Uhr, So 9–13 Uhr.
■ **Tankstelle:** Direkt an der Nordwest-Abfahrt der Inselhauptstraße.
■ Selbstversorger finden am Zentralkreisel zwei größere 4 6 **Minimärkte** sowie eine sehr gute 8 **Bäckerei;** in der Gasse gegenüber vom Restaurant *U Barbi Gerga* liegt eine 11 **Metzgerei.** In Richtung Flughafen ist außerdem ein großer 3 **Konzum-Supermarkt** an der Hauptstraße.

Njivice

Echte Strandfreuden kommen in Njivice auf, einem kleinen und modern wirkenden **Strandbadeort** an der Nordwestküste. Tatsächlich aber unterhielten schon die Römer in Castrum Musculum, wie sie Njivice nannten, eine Garnison. Entlang der kleinen Promenade (Parkmöglichkeit 5 K/Std.) verkaufen Händler Souvenirs, Imbisse und Allerlei, sorgen mehrere Lokale für das leibliche Wohl. **Bademöglichkeiten** bestehen rundum, es empfiehlt sich aber wegen des Meerblicks, den Fußweg nach links ein Stück hineinzugehen (Süßwasserduschen, Kiesstrand, Hüpfburg, Surfbike, Bootsverleih, Jetski, Parasailing etc.). In der anderen Richtung (Campingplatz sichtbar) hat der Besucher die Qual der Wahl: Bistros, Cafés und Restaurants buhlen um die Gunst des Kunden. Die aushängenden Fischernetze zeugen zwar von der Tradition als Fischerort, sind heute aber nicht mehr als eine Dekoration.

Einzige Sehenswürdigkeit ist die **Pfarrkirche Uznesenje Marije** aus dem

▷ Der kleine Hafen von Njivice

frühen 20. Jh., erbaut nach Vorlagen des bekannten kroatischen Sakralbaumeisters *Mate Vitesić*.

Praktische Tipps

Info und Agenturen

■ **Touristeninformation** für Omišalj und Njivice: Ribarska Obala 10, 51512 Njivice, Tel. 051-846243, www.visit-omisalj-njivice.hr und www.tz-njivice-omisalj.hr, im Sommer tgl. 8–20 Uhr, So 8–12 Uhr.

■ Professionell arbeitet die Agentur 9 **Klub-Tours,** Draga 33, Tel. 051-847664, www.appkrk.com. Weitere Ausflugsanbieter liegen an der Promenade – sehr beliebt ist das „Fischpicknick" ab 250 K.

Unterkunft

■ In den großen Hotels 5 **Jadran**④ (Tel. 051-661444, 10 Minuten vom Zentrum, keine direkte Strandlage) und 2 **Beli Kamik**④ (Tel. 051-846222, direkt am Ufer) sind DZ in der Hauptsaison nicht unter 1000 K zu haben und bieten dabei nicht einmal besonderen Luxus. Webseite für beide: www.njiviceresort.com

3 Ferienbungalows findet man bei der Apartmentanlage **Flora-Bungalows**②, Primorska cesta, Tel. 051-846720, www.njiviceresort.com, sie liegen allerdings nicht am Meer.

12 Ein relativ junges Hotel wurde zentral an der Uferstraße Ribarska Obala 4 mit dem **Miramare**③ (Tel. 051-867740, www.miramarenjivice. hr) direkt am Ufer bei der Post eröffnet. DZ mit Balkon, TV, Minibar usw.

adobe.stock ©travelpeter

14 Privatunterkunft (4er-Apartment) bietet z.B. **Riki**②, Kralja Tomislava 57, Tel. 051-846412, www.riki.hr, der auch einen Rad-/Mopedverleih betreibt.

Camping

1 **Camping Njivice**③, Tel. 051-864185, www.njiviceresort.com, vor der Ortseinfahrt rechts. Anfang Mai bis Anfang Okt. Mobilheime, Pizzeria, Bar.

Essen und Trinken

7 Einfach und günstig speist man in der **Pizzeria Victoria** am linken Hafenbeckenende (Ribarska Obala 49, Tel. 051-859222): Pizzaschnitten, Pizza sowie Pasta und Miesmuscheln; gut sind im *Victoria* die Fischplatte mit Kalamar, Thunfisch, Seehecht und Glatthai sowie das mexikanische Rumpsteak.

4 Sehr nett liegt das **Restaurant Plava Terasa** („Blaue Terrasse", mittlere bis gehobene Kategorie, Tel. 051-846012, Mai bis September tgl. 9–23.30 Uhr, Fr/Sa bis 1 Uhr), das seinem Namen gerecht wird: Die atriumähnliche Konoba scheint fast mit dem Meer zu verschmelzen.

8 **Kod Dide,** Ribarska Obala 17, Tel. 091-725 5268, tgl. 9–23.45 Uhr; feine Fischgerichte, auch einfache Speisen, gute regionale Weine und sehr nettes Ambiente.

13 Die **Konoba Vijon** (Ribarska Obala, 50 m neben der Post; Tel. 051-846842) serviert Frühstück, als

Vorspeise sind die Sardellen, als Hauptspeise die gemischten Grillplatten mit Salzkartoffeln sowie die Scampi vom Rost sehr zu empfehlen.

8 Für einen Grundkurs in der Disziplin „Das Auge isst mit" empfiehlt sich unbedingt die in jeder Hinsicht kreative **Konoba Nora** (Ribarska Obala 15, Tel. 092-2407522, tgl. 13–23 Uhr). Die unterschiedlichsten Kreationen von Tintenfischgulasch über traumhaft zarten Wolfsbarsch und dalmatische Kalbfleischpeka bis hin zum Fischcarpaccio sind nicht nur lecker, sondern stellen auch optisch gehobenere Ansprüche zufrieden.

Aktivitäten

■ **Ausflugsanbieter** finden sich an der Promenade – sehr beliebt ist das „Fischpicknick" ab etwa 30 €, daneben werden Touren nach Rab, Delfinbeobachtung oder Fahrten mit dem Glasbodenboot angeboten.

14 **Riki Scooter- und Radverleih,** Kralja Tomislava 57, Tel. 051-846412, www.riki.hr. Scooter ab 250–350 K/Tag, Räder/Mountainbikes ab 100 K/Tag; auch Kinderräder mit Stützen sind zu haben.

Nützliches

10 **Apotheke:** Mo–Fr 8–20 Uhr, Sa 8–14 Uhr, So 8–12 Uhr).

■ **Taxistand** vor der Post, Tel. 098-258995.

■ **Parkplatz** vor der Post (5 K/Std., Automat).

■ Hinter dem *Miramare*-Hotel verläuft die kleine **Fußgängerstraße Placa Kala** mit zwei Minimärkten, dem 11 Obst-/Gemüseladen *Sabine,* Zeitschriftenkiosk und der Bäckerei *Barba Toni.*

6 Eine **Metzgerei** liegt in der Ulica Od Vojak Draga/Ecke Primorska (Zufahrtsstraße zum Ufer und Hotel *Jadran*), Tel. 051-847297.

Malinska

Anfang der 1970er Jahre entstand das **sozialistische Urlaubsparadies Haludovo** als Paradestück und Devisenmagnet. Hotel neben Hotel, Sportanlagen, Park, Promenaden und Wanderwege verteilen sich auf dem Areal, das traditionell von Pauschalreisenden angefahren wird. Entlang des ausgedehnten **Uferweges Rajska Cesta** lässt sich einiges entdecken, z.B. einsame, winzige Buchten oder der interessante Stadtmarkt. Unter dem Strich ist Malinska (3500 Einw.) als Standort für alle zu empfehlen, die ein etwas gehobeneres Ambiente bevorzugen und Inselausflüge unternehmen wollen.

Praktische Tipps

Info und Agenturen

■ **Touristeninformation,** Obala 46, Tel. 051-859207, www.tz-malinska.hr, Mo bis Fr 9–13 und 17–20 Uhr, im Sommer 8–20 Uhr.

Unterkunft (Ferienwohnungen, Zimmer) vermitteln die **Agenturen** an der Promenade:

12 **Atlas,** Tel. 051-859490, www. atlas-malinska.hr, Ul. Lina Bolmarčića 32a bei der Bushaltestelle. Arbeitet auch mit Aquavision am Hafenbecken (neben dem *Adria*-Hotel) zusammen.

8 **Olivari,** Dubašljanska 111, Tel. 051-859990, www.olivari-travel.com und www.apartments-krk.com speziell für Unterkünfte. *Olivari* ist eine Allround-Reiseagentur mit eigenem Fuhrpark (auch Rundreisen im Angebot) und für Flugreisende interessanten Aktionen wie kostenlosem Transfer bei

Unterkunftsbuchung bis zu einem bestimmten Stichtag.

Unterkunft

16 **Malin**③, Kralja Tomislava 23, Tel. 051-850234, www.hotelmalin.com. Hotel und Aparthotel, vermietet werden DZ und 4er-Apartments. Sauna, kein Pool.

7 Absolut zentral direkt am Hafenbecken liegt das einfache **Hotel Adria**②, Tel. 051-859311, www.hotel-adria.com.hr.

2 **Lavande**③, Apartmentsiedlung, Put Haludova 3, Tel. 051-655888. Etwas zurückgesetzte Reihenbungalows und recht klein, aber überwiegend Meerblick.

Camping

Außerdem säumen **zwei Minicampingplätze** die Buchten um Malinska:

15 **Draga**②, Palih boraca 4, Tel. 051-859905, www.campdraga.com; hier können auch zwei Ferienwohnungen② (2–4 Pers.) angemietet werden.

Essen und Trinken

9 Ein tolles Snacklokal in Malinska für Burger oder für einen Drink ist das **King's Café** (Lina Bolmarchica 39, Tel. 099-7588022, tgl. 8–23 Uhr) direkt am Uferbecken. Gemütliches Ambiente, große Bierauswahl, auch gutes Frühstück.

3 Günstige, frische Fischgerichte serviert das einfache **Fisch & Chips Popaj,** Put Radici 1, Tel. 051-550150. Überraschend vielfältig, preiswert und gut.

11 Ein empfehlenswertes Lokal ist auch die **Gostionica Nostromo** am Südende der Promenade mit köstlichen Fischgerichten (L. Bolmarčića 20, Tel. 051-859318, tgl. 12–23 Uhr).

5 Mexikanische Küche, heimische Fleisch- und Fischgerichte bietet in rustikalem Ambiente die **Pizzeria Matteo** in der J. Tončića 7, etwas rückwärtig vom Hafenbecken in einer Parallelstraße mit schöner Veranda. Tel. 051-858150, tgl. 12–24 Uhr.

9 **Pizzeria Mia,** Tel. 051-858433, tgl. 10–23 Uhr, am Hafenbecken. Gute und günstige Pizzen nebst Lieferservice.

14 Für ausgezeichnete Fisch- und Meeresfrüchtegerichte, aber auch Steaks und Pasta ist in Malinska die **Konoba Bracera** (Kvarnerska 1, Tel. 051-858 700, tgl. außer Mo 12–23 Uhr) bekannt.

Nachtleben

13 **Club BOA,** Dubašljanska 76, Tel. 091-3399339, www.clubboa.com. Musicclub Nr. 1 vor Ort.

10 Als Bar für einen spätabendlichen Drink empfiehlt sich das **Maitai,** Lina Bolmarčića 38A, Tel. 095-8020536.

Einkaufen

8 **Bäckerei Ilirija,** Obala (am Hafenbecken).

9 **Metzgerei** (tgl. 8–16 Uhr, So 7–11 Uhr), Obala (neben der Pizzeria *Mia*).

4 **Konzum-Supermarkt,** Dubašljanska 111 (tgl. 8–20 Uhr), von der Nordabfahrt kommend kurz vor dem Zentrum.

■ **Markt** (Trgovina Krk): Zentral wurde an der Durchgangsstraße der städtische Markt eingerichtet, teils außen und innerhalb des Gebäudes.

■ Zwei **Fischgeschäfte** sowie Obst- und Gemüsestände und die kleine **Vinothek Žlahtina** (Wein vom Fass 20 K/Liter, tgl. 7.30–20 Uhr, So bis 13 Uhr) liegen parkplatzseitig hinter dem kleinen Marktzentrum. Innen findet man einige **Souvenirhändler, Fachgeschäfte** und **Boutiquen.**

Aktivitäten

17 **Tauchen:** *Ronilački centar Submalin,* Kralja Tomislava 23, Tel. 051-850304, www.submalin.de.

■ An den Badeabschnitten werden **Kajaks** vermietet: u.a. bei 6 *Nautika-M,* Plaža Haludovo/N. Tesle

www.fotolia.de © travelpeter

67, Tel. 098-260049, oder bei **1** *Kraljic Rent-a-boat and kayak*, B.o. Malinska, Tel. 091-5199341.

■ **Radverleih:** *Rent a bike Malinska*, Obala 16 und Dubašljanska 92, Tel. 091-5148635.

Der Hafen von Malinska

Nützliches

■ Größerer **Parkplatz** an der Bushaltestelle (wo die Durchfahrtsstraße Dubašljanska fast bis an das Hafenbecken führt), 6 K/Stunde, Tagesticket 25 K (Automat).

Porat

Die Bucht westlich von Malinska ist ebenfalls besiedelt, aufgrund der weniger guten Bademöglichkeiten jedoch längst nicht so (touristisch) intensiv wie bei Malinska selbst. Folgt man der Beschilderung Richtung Porat, passiert man die heute mehr oder weniger mit Malinska zusammengewachsenen Orte Zidarići und Vantačići und erreicht am Ende der Fahrstraße Porat, das **abgeschieden und ruhig** liegt (Sackgasse). Der winzige Ortskern liegt am kleinen **Hafenbecken;** man achte auf einen hohlen Baum am rechten Fahrbahnrand – hier auch Parkmöglichkeit für das Kloster. In den letzten Jahren gab es eine erhebliche Ausweitung der Infrastruktur insbesondere im Apartment-/Pensionsbereich.

Sehenswertes

Magdalenenkloster

Hauptsehenswürdigkeit der gesamten Bucht von Malinska ist das **Samostan Sv Marije Magdalene u Portu** (Magdalenenkloster von Porat). Die Klosteranlage wurde schon 1480 als Schaffensort von Franziskanermönchen amtlich dokumentiert, als die Anlage an der Stelle einer zerfallenen früheren Kapelle genehmigt worden war. Mit Fertigstellung der spätgotischen Klosterkirche wurde die Innenausgestaltung vorgenommen, wobei die venezianischen Sakralkünstler *Francesco* und *Girolamo da Santacroce* für den sechsteiligen Polyptichon am Hauptaltar verantwortlich zeichneten. Im Keller steht eine **Original-Ölmühle aus dem Jahr 1850,** als im Kloster die Ernte der gesamten Region verarbeitet wurde. Der Innenhof des Außenbereichs wurde als Lapidarium gestaltet und beherbergt zahlreiche steinerne glagolitische Inschriften, alles Kopien der ältesten erhaltenen kroatischen Schriftstücke.

Direkt gegenüber vom Kloster leben noch heute einige **Nonnen der barmherzigen Schwestern von Heiligkreuz,** die nicht nur soziale Dienste übernehmen, sondern sich auch um den Erhalt des Klosters kümmern. Das Kloster (zugänglich ist nur der Innenhof mit Steintafeln) wird früh geöffnet (ca. 7 Uhr) und etwa „gegen Sonnenuntergang“ wieder geschlossen (Eintritt frei). Möchte man das von der Gemeinde unterhaltene kleine **Klostermuseum** besuchen, so ist dies Di/Do/Sa 19–21 Uhr, Mi/Fr 9–12 Uhr und So 10.30–12 Uhr möglich; 10 K.

Praktische Tipps

Unterkunft

Zimmer und Ferienwohnungen in Porat werden über die **Agenturen in Malinska** vermittelt – noch gibt es keine Agentur in Porat selbst.

- **Pansion Cvelić**②, Porat 13 (am kleinen Hafen), Tel. 051-867052, pansioncvelic@porat-krk.com. Studios und Apartments.
- Sehr günstig kommt man in den **Apartments**① **der Familie Dujmović** unter, allerdings nicht direkt am Ufer. Porat 50, Tel. 051-867065, www.porat-krk.com und www.aurea-krk.com.
- Schön und ufernah wohnt man in der **Villa Margaret**② (Porat 25, zwischen Kneipen und Kloster,

Tel. 051-867023, https://villamargaret.com) in insgesamt 14 stilvollen DZ oder Dreibettzimmern. Eigener Strandbereich und frische Fischgerichte (eigener Kutter).

- Einzige Hotelunterkunft ist am Westrand der Bucht das **Hotel Pinia-Porat**④, Tel. 051-866333, www.hotel-pinia.hr. Halbpension, Sauna, Wellness und Hallenbad.

Essen und Trinken

- Am Fischerhafen kümmern sich die **Restaurants Piccola Venecia,** Porat 101, Tel. 051-867062, tgl. 12–23 Uhr, Sommer 7.30–24 Uhr, italienisch-kroatische Küche, und **Konoba Porat,** Porat 16, Tel. 051-867046, tgl. 9–23 Uhr, gut-bürgerliche Hausmannskost, um das leibliche Wohl ihrer Gäste.

Nützliches

- Ein **Minimarkt** (tgl. 7–15 Uhr) liegt im kleinen Zentrum am Hafenbecken.

Milohnići

Anstatt von Malinska direkt nach Krk-Stadt zu fahren, bietet sich ein kleiner **Umweg über Glavotok am Westkap** der Insel an. Nur sehr wenige Besucher machen sich auf den Weg, die engen, mauergesäumten Sträßchen, vorbei an Olivenhainen und Feigenbäumen, zu erkunden. Schade, denn dieser Teil liegt etwas abseits und dürfte der vielleicht **ruhigste und idyllischste Abschnitt im Südwesten der Insel** sein.

Es gibt zwei Anfahrtsmöglichkeiten: Richtung Cres-Fähre und an der Kreuzung (links Vrh/Krk, rechts Glavotok) der Hauptroute folgend oder – etwas abenteuerlicher – vier Kilometer vorher bei Bajčići links bis Poljica und dort auf der Waldpiste (befahrbar) bis Milohnići.

Wanderung von Milohnići zur Kapelle Sv. Krševan

Im Dörfchen Milohnići wende man sich an der zentralen kleinen Kreuzung (von Linardići kommend rechts) Richtung Poljica; nach wenigen Metern zweigt ein beschilderter Wanderweg zur **Seekapelle** Sv. Krševan ab. Der Pfad führt erst asphaltiert, dann als Piste bis zu einem Gatter (500 m davor Parkmöglichkeit); dahinter 30 m links dem Wirtschaftsweg (Schild) dann 30 Minuten dem Pfad durch ein einsames Waldstück und über ein Ziegengatter hinweg folgen bis zu einer kleinen Gabelung (Steinzeichen): Rechts geht es in zwei Minuten zum malerischen, absolut **einsamen Ufer,** links in einer Minute zur Ruine der Kapelle Sv. Krševan – ein echter Tipp!

Fährpier Valbiska

Zurück Richtung Krk-Stadt an der Kreuzung führt die rechte Straße drei Kilometer hinunter durch einsame Landschaft zum Fährpier Valbiska, wo die **Fähren nach Merag/Cres** wie auch **nach Lopar/Rab** ablegen, mit Tankstelle und Snackbar (Fährzeiten siehe Kapitelanfang/Allgemeine Reiseinfos.)

☒ Das Kloster von Glavotok

Praktische Tipps

Information

■ Die **Touristeninformation** gegenüber vom Minimarkt (Hinterhof, Treppe hinauf) hat sehr gute Wanderkarten (nur April bis Okt., Mo bis Fr 8–14 Uhr, Sa 8–13 Uhr, So geschlossen, Tel. 051-220226).
■ **Agentur:** *Molnar-Gabor Tourist,* Milohnići bb (Ortsrand Richtung Brzac), Tel. 051-880186, http://krktourist.com; Ferienwohnungen und Zimmer vor Ort und auf ganz Krk.

Unterkunft

■ **Interchalet** hat einige hübsche Angebote zwischen 250 und 450 €/Woche (je nach Saison und Schlafzimmerzahl); www.e-holidayhome.ch.
■ Im **Nachbardorf Brzac** kann man u.a in den FeWo **Ruža**②, Brzec 62, http://apartmani-ruza.hr, entweder im 2er-Apartment oder in einem kleinen Ferienhaus (www.apartmani-ruza-krk.com) unterkommen. Beide Einheiten mit a/c, Grill, Terrasse, Parkplatz – uriges, traditionelles, allein stehendes Steinhaus! Nach Hr. *Cimerman* fragen.
■ Die **Tauchbasis Correct-Diving** bietet ebenfalls Unterkunft an (s.u.).

Aktivitäten

■ **Tauchen:** *Correct-Diving,* Brzac 33, Tel. 051-869 289, www.correct-diving.com. Verschiedene Kurse, Tauchpension *Gaspar*② im Ort, Vermittlung weiterer Unterkünfte und Campingplätze usw.

Nützliches

■ An der Dorfkreuzung in Milohnići Richtung Klosterbucht/Camping folgt rechter Hand ein **Minimarkt.**
■ Etwas außerhalb, an der Ortskreuzung nach rechts Richtung Sv. Krševan, liegt die **Konoba Pod Prevolt,** in der ordentliches Essen (deftige kroatische Hausmannskost) aufgetischt wird, Tel. 051-862149.

Glavotok

Von Brzac sind es noch etwa zwei Kilometer bis zum **Weiler** Glavotok; an einer Straßengabelung fährt man rechts zum Campingplatz und links hinunter nach

adobe.stock ©Creaturart

Glavotok. In dem zehn Häuser umfassenden idyllischen **Fischerdörfchen** direkt am Ufer dominiert ein **Franziskanerkloster** die kleine Bucht: 1507 entstand die einschiffige Kirche Sv Maria mit gotischem Chor, die Seitenkapellen folgten 1760. Die Altarbilder im Inneren stammen von *Girolamo da Santacroce,* der auch im Kloster von Porat gearbeitet hat. An der Außenfassade ist eine interessante Sonnenuhr mit glagolitischer Schrift angebracht. 1879 war der Wellengang so hoch, dass die Anlage einige Meter weiter ins Landesinnere verlegt werden musste. Wegen vieler Piratenüberfälle ummauerte man das Anwesen und verstärkte die Portale mit Eisentoren.

In der Hauptsaison ist ein **Kiosk** an dem kleinen Parkplatz beim Kloster geöffnet (Eis, kühle Getränke, Snacks wie *Hotdog* oder *Čevapi*).

Wer dem Trubel der Touristenorte einmal entgehen möchte, wird Glavotok lieben! Toll für **Schnorchler,** sogar an der alten Anlegestelle! Nahe der Straßengabelung Richtung Campingplatz oberhalb von Glavotok führt nach links ein **Fußpfad** ab; er verläuft direkt und ufernah bis zum Campingplatz (ca. 15 Min.). Man achte dabei auf eine befestigte kleine Plattform am Ufer – hier kann man sehr schön schnorcheln.

Praktische Tipps

Camping

■ Sehr beliebt ist der einsame, abgelegene **AC Glavotok**②, Tel. 051-862117, www.kamp-glavotok.hr. Mit Laden, Restaurant (9–22 Uhr), Boots-Slip, Minimarkt, Restaurant und Geldautomat im Campingareal. Maximal 250 Plätze.

■ Falls Glavotok voll sein sollte, man aber dennoch an der Südküste campen möchte: In einer Nachbarbucht vom Fährpier Valbiska liegen – sehr einsam und idyllisch – die Minicampingplätze **AC Amar**②, Njivine 8 im Weiler Pinezići, Tel. 051-863029, camp_amar@yahoo.com, für 30 Personen sowie **AC Marta**③, Skrbčići 29, Tel. 098-491807, www.camp-marta-krk.com, ebenfalls für rund 30 Personen; beide 1.5.–30.9. geöffnet.

Krk-Stadt

Von Glavotok oder Malinska kommend, durchquert man bei der Fahrt zur Inselhauptstadt größere Mais- und Weinfelder, wobei die insgesamt empfehlenswertere **Route über den Ort Vrh** führt (Nebenstrecke).

Das **römische Munizipium Curicum** war traditionell kultureller, wirtschaftlicher und verkehrstechnischer Schnittpunkt der Insel. Überfälle und Zerstörungen führten zu wehrhaften Verstärkungen der Altstadt, deren **bastionsartige Wälle** sehr gut erhalten sind und das Stadtbild prägen. Die Stadt Krk (mit Eingemeindungen ca. 6500 Einwohner) bemüht sich sichtlich, das historische Erbe zu bewahren (viersprachige Hinweisschilder), ohne dabei übertriebenen Prunk herauszukehren – die Gebäude der Altstadt geben einen außerordentlich gelungenen Eindruck einer **mittelalterlichen Frankopanenstadt.**

⊡ Blick über Krk-Stadt

Sehenswertes

Ummauerte Altstadt und Kastell

Vom Kreisel/Parkplatz westlich der Altstadt am Hafen achte man linker Hand auf einen ehemaligen Waschplatz **Krušija,** der am Austritt eines unterirdischen Bachlaufes lag (Hinweisschild). Die **Uferpromenade,** gesäumt von Souvenirhändlern, führt zur eigentlichen, vom 12. bis 15. Jahrhundert allmählich von Frankopanen und Venezianern aufgebauten und ummauerten Altstadt, die man von der großen Anlegestelle aus durch das **Kleine Stadttor** (Mala Vrata, 1398) betritt. Der Mahvica-Gasse nach rechts folgend, passiert man den ehemaligen **Gerichtssaal** (Sudnica, 1191) und das **Frankopanenkastell** (Kaštel, 1407) am Trg Kamplin, beide beeindruckend.

Kathedrale

Bedeutendstes Bauwerk von Krk-Stadt ist die dreischiffige **Marienbasilika** mit Zwiebelturm, um 1150 errichtet auf den Relikten römischer Thermen aus dem 6. Jahrhundert. Das linke Seitenschiff birgt eine frankopanische Kapelle aus dem 15. Jahrhundert, der Hauptaltar eine ebenfalls frankopanische silberne Madonnenfigurine sowie ein Altarbild der Bestattung Christi von *G. Pordenone* (frühes 16. Jahrhundert).

adobe.stock ©Amedee

Direkt angebunden sind die „gruftige“ romanische **Kirche Sv Kvirin** aus dem 10. Jahrhundert, der **Glockenturm** aus dem 16. Jahrhundert sowie der **erzbischöfliche Palast** mit einer interessanten Sammlung venezianisch-italienischer Gemälde.

■ **Öffnungszeiten:** tgl. 9–12 Uhr; der Kathedralenkomplex kann nur als „Komplettpaket“ zum Preis von 15 K besichtigt werden, Tickets im Turm.

Vela Placa

Durch die von Juwelieren und Boutiquen beherrschte Strossmeyera kommt man durch das **Haupttor** (Magna Porta Civitatis, 1493) zum prachtvollen **Zentralplatz** Vela Placa mit Cafés und Verwaltungsgebäuden. Von hier führt das **Seetor** (Kula Na Obali, 1470) wieder auf die Promenade.

Klöster

Es lohnt ein Spaziergang vom Vela Placa aus die Ulica J. Križnica hinauf zum Trg Krckih Glagoljaša, um von dort einen Blick auf das Nordtor (12. Jh.) und die Klöster Franjevački Samostan und Benediktinski Samostan zu werfen. Der Platz wird wegen seiner Konzentration traditionsreicher Sakralbauten bei Einheimischen auch „Kleiner Vatikan“ genannt.

Das **Franziskanerkloster** entstand um 1277 als Teil der nördlichen Stadtmauer und wurde bis ins 20. Jahrhundert ständig erweitert und renoviert. Kunstfreunde werden das Werk „Madonna mit Kind“ des Renaissancemalers *Vittoreo Carpaccio* in der Klosterkapelle zu schätzen wissen. Die Entstehungsgeschichte des **Benediktinerinnenklosters** reicht bis ins 13. Jahrhundert zurück, wobei zunächst nur ein Klosterteil bei der Konventskirche gebaut wurde und weite Teile der Gesamtanlage erst im 19. Jahrhundert hinzukamen, als von 1803 bis 1906 eine Grundschule auf dem Gelände von den Nonnen betrieben wurde. Die Konventskirche stammt aus dem 14. Jahrhundert und wurde später vom Kvarner Sakralbaumeister Sebastijan Petrucci aus Rijeka ausgestaltet.

Schließlich steht am Trg Krčkih Glagoljaša die **Kirche Majka Božja od zdravlja** (Muttergottes der Gesundheit) aus dem 11. Jahrhundert, die ursprünglich zum Benediktinerinnenkonvent gehörte und dem Hl. *Michael* geweiht war. Später wurde die Kirche abgegliedert und erhielt während einer Cholera-Epidemie im 19. Jahrhundert ihre heutige Bezeichnung.

Praktische Tipps

An und Weiterreise

- Hinter der Ortseinfahrt folgt ein Kreisverkehr an der Bucht – hier kann man gegenüber vom Supermarkt beim Busplatz gut **parken,** die Altstadt kann bequem zu Fuß erkundet werden.
- **Busse:** Der Busplatz von Krk in der Ul. Linardića hinter dem zentralen Kreisverkehr ist der Ausgangspunkt der Busverbindungen zu allen Inselorten. Es besteht Verbindung zu den Ortschaften Baška, Omišalj, Njivice, Malinska, Stara Baška, Vrbnik, Klimno und Brzac/Glavotok sowie nach Rijeka oder Zagreb auf dem Festland (siehe Kapitelanfang, Allgemeine Reiseinfos; *Arriva*-Büro für Tickets: Plavnička 3, Tel. 060-888618, www.arriva.hr).

> Der markante Turm der Kathedrale in der Altstadt

Info und Agenturen

- **Touristeninformation Stadt Krk,** Vela Placa 1, Tel. 051-221414, www.tz-krk.hr, Sa/So 8–13 Uhr, sonst 8–15 Uhr. 18 Für die **Insel Krk:** Trg Svetog Kvirina 1, Tel. 051-221359, Mo–Fr 8–16 Uhr. Organisierte Ausflüge, Privatzimmer und wunderhübsche Ferienwohungen (sehr individuell) vermitteln die **Agenturen;** viele an der Promenade, z.B.:

adobe.stock ©samopauser

6 **Adria Sun,** Šetalište Sv Bernardina bb (Uferpromenade nahe Busbahnhof), Tel. 051-880333, www.adriasun.hr.

■ **Autotrans,** am Busbahnhof (Šetalište Svetog Bernardina 3), Tel. 060-300101, www.autotrans.hr, hauptsächlich Bustransport, hier auch Fahrräder, Zimmer.

Unterkunft

13 In der Dinka Vitezića 32 dürften die meisten Backpacker landen: Das **Hostel Krk**①, Tel. 051-220212 und 220320, www. hostel-krk.hr, hat günstige Zimmer, HP/VP zubuchbar.

7 Im Zentrum selbst, Promenade Hrvatske Mornarice 6, gibt es nur das **Boutique-Hotel Marina**③, Tel. 051-221128, www.hotelikrk.com. Die günstigste und zentralste Hotelunterkunft direkt am Ufer.

22 Am Ufer der Nachbarbucht liegt das teurere **Hotel Tamaris**③, Tel. 051-221022, www.hotelikrk.com, wo Massage, Pool, WLAN usw. in einer überschaubaren Anlage geboten werden.

23 Ein Stück weiter liegt die größere (unpersönlichere) Dependance **Dražica**③ (gleiche Tel./Homepage). Management und Preise sind dort dieselben wie beim *Marina*. Umfangreicheres Angebot, für Familien besser als *Tamaris*.

24 Privatunterkunft und Apartments arrangiert man über eine Agentur (s.o.); ein unabhängiger Direktanbieter wäre die **Vila Cabrajac**② in der Dobrinjska 18, Tel. 051-222047, www.apartmanikrk-cabrajac.hr, mit drei Wohnungen für 4 bis 6 Pers.

■ Privatunterkunft in DZ und Apartments bietet in der nahe gelegenen Bucht von Punat z.B. die Tauchschule **Divesport** (s. Punat).

Camping

2 **AC Bor**②, Crikvenička 10, Tel. 051-221581, www.camp-bor.hr, westlich der Stadt (nicht direkt am Wasser).

3 **AC Ježevac**③, Plavnička ul. 37, Tel. 051-221 081, www.zlatni-otok.hr. Besser als Campingplatz *Bor* und in Gehnähe zum Zentrum.

14 **FKK Camp Krk**③ (vormals Politin), Ul. Narodnog preporoda 80, Tel. 051-465000, www.camping-adriatic.com, am östlichen Ortsausgang Richtung Punat (an der Tankstelle rechts, beschildert). Umfassend renoviert und erweitert, z.B. auch Mobilheime erhältlich, voll ausgestattete Luxuszelte (Glamping), Bootsslip, Kinderbetreuung usw.

Essen und Trinken

5 Das **Bistro Deni** am Trgovina-Krk-Einkaufszentrum (Tel. 051-221503) hat Kleinigkeiten und Snacks im Angebot; weitere einfache Bistros und Pizzerien liegen an der Promenade und am Jelačić Trg.

8 Das **Eiscafé Vili,** Vela Placa 1, Tel. 051-222739, eignet sich vorzüglich, um das geschäftige Treiben am traditionsreichen Hauptplatz von Krk-Stadt bei einem kühlen Getränk oder einem Kaffee zu beobachten.

8 Ähnliches gilt für die **Café-Bar Vela Placa** (Vela Placa 7, Tel. 051-220103), die tgl. 8–24 heiße und kalte Getränke sowie Snacks serviert.

21 In der **Pizzeria Kantun,** Tel. 051-222771, tgl. 7–24 Uhr, am Ostende der Strossmeyera/Ecke Stepinća sitzt man nicht nur sehr angenehm, es gibt weit mehr als nur Pizza, etwa slawonische Kulen, eine Grillplatte oder riesige Fischplatten.

18 Reisende loben die **Konoba Zrinski** (Trg Svetog Kvirina 1, Tel. 099-4316500) für Pizza und für Meeresfrüchte gleichermaßen.

16 Das **Bacchus** Strossmeyera 3, Tel. 051-222002, tgl. 10–23 Uhr, inmitten der Altstadtgassen hat einen für Weinfreunde verlockenden Namen. Chef *Branko* legt aber Wert darauf, dass außer den flüssigen auch die festen Verköstigungen hohen Ansprüchen genügen.

15 Das **Volsonis/Secret Garden,** etwas versteckt am Hauptplatz Vela Placa 8, Tel. 051-880249, tgl. 8–24 Uhr, Fr/Sa bis 2 Uhr, wurde nach einem einstigen Stadtadeligen benannt, dessen Grabstein hier auf den Ruinen eines Stadtpalastes entdeckt wurde (kann auf Anfrage besichtigt werden). Tagsüber prima Restaurant in tollem Ambiente mit Snacks, Pizzas, Nudelgerichten und Vorspeisenplatten, abends dann gemütlich-rustikale Cocktailbar und Musik mit gelegentlichen Live-Events.

17 Im **Frankopan** an der Kathedrale (Trg Sv Kvirina, Tel. 051-221437, tgl. 11–23 Uhr, 1.11.–20.12. geschl.) speist man sehr gediegen, auch wenn es als „Restaurant-Pizzeria" firmiert; Spezialität: Gerichte mit fangfrischem Fisch.

MEIN TIPP: 19 **Citta Vecchia,** Strossmayera 36, Tel. 095-5063179. Liegt etwas versteckt, sehr angenehmes Ambiente, vorzügliche Fischgerichte, nicht überteuert.

9 **Pizzeria Andreja,** Vela Placa 6, Tel. 098-1856032, tgl. 12–23 Uhr. Vegane Burger und Pizza, sogar veganer Parmesan. Einziges Lokal mit ausdrücklich vegetarischer/veganer Küche in Krk.

Nachtleben

12 Abends flaniert man durch die Altstadt oder geht in die **Disco Cocktail Bar Jungle,** S. Radića, Tel. 098-1854265, Mai–Sept. tgl. ab 20.30 Uhr, an Wochenenden bis 5 Uhr.

15 Eine nette Café-Bar mit Spätabendbetrieb liegt mit der **Volsonis Cocktail-Bar** zentral an der Vela Placa 8; Tel. 051-880249, tgl. 7–2 Uhr.

Einkaufen

■ Vom Vela Placa kommend wenige Meter die Strossmeyera hinein, bietet eine **Metzgerei** linker Hand u.a. frische Grillhähnchen.

■ **Bäckereien** (z.B. Ilirija Krk) und **Snacks** auf die Hand (z.B. *Obelix Snackbar,* Tel. 051-604248) findet man entlang der Strossmeyera in der Altstadt.

20 Sowohl diverse lokale Schinken- und Käsespezialitäten als auch Schnäpse und Weine bietet die **Butižica Krk** in der Frankopanska/Ecke Strossmeyera; hier auch sonstige Souvenirs (Honig usw.).

5 Am Kreisverkehr vor der Altstadt liegt das kleine **Einkaufszentrum Trgovina Krk** mit Supermarkt, Bäckerei und Fischgeschäft (rechts um die Ecke).

1 Größer und besser ist der **Konzum-Supermarkt** an der Umgehungsstraße/Kreuzung Richtung Vrh; nimmt alle Plastik-Pfandflaschen an.

11 **Drogeriemarkt dm** in der S. Radića.

Aktivitäten

■ **Bademöglichkeiten** bestehen an der Landzunge zwischen Marina und Campinganlagen sowie beim Hotel Dražica (Surfen, Tennis, Bootsverleih).

■ **Bootsausflüge** aller Art arrangieren die Agenturen (s.o.), sie können aber auch direkt an der Promenade bei den zahllosen Anbietern direkt gebucht werden; z.B. Rundfahrten (ca. 20 €), Fischpicknick (etwa 35–40 €) oder Ausflüge zur Insel Košljun.

Kindern viel Freude macht auch eine Fahrt mit dem roten **Halb-U-Boot Big Marlin,** Tel. 091-2200262, www.semisubmarine-krk.com; im Sommer tgl. am Hafenbecken, 100 K, Kinder 60 K, Familie 300 K, es gibt auch ein kleineres zu 80/50/200 K.

■ **Tauchbasis:** 4 *Fun Diving,* Lukobran 8, Tel. 051-222563, www.fundivingkrk.de.

Eine sehr beliebte und bekannte Basis liegt direkt an der Gabelung Richtung Baška/Punat in der Bucht von Punat: *Dive Center Krk,* tgl. 9–19 Uhr, www.dive-center-krk.de, Tel. 051-867303, bietet neben Tauchen auch preiswerte DZ und Apartments (s. Punat). In der Bucht kann man auch gut **baden** (Parkplätze, Snacklokale, Kinderrutschen).

■ **Radverleih:** *Hotel Dražica* (Tel. 051-221022), sowie *Cycling Union Krk,* Omišaljska ul. 16, Tel. 099-6720424, www.cyclingunionkrk.info. Sehr verkehrsgünstig liegt der *Bike Sport Shop Speed Krk,* Šetalište Svetog Bernardina 3, Tel. 051-221587, Mo–Fr 8–13 und 17–20 Uhr, Sa nur 8–13 Uhr. Segways und Räder kann man auch direkt am Ufer mieten: *Krk rent-a-bike/segways,* Obala hrvatske mornarice, Tel. 098-803477.

10 **Scooterverleih:** *Rent-a-scooter,* am Trg Bana Jelačića, Tel. 098-643515, 45–50 €/Tag sowie in der Tauchschule *Fun-Diving,* s.o.

Nützliches

■ **Hafenmeisterei** *(Kapetania):* Tel. 051-221380.

■ **WiFi/Internet:** WLAN-Hotspot an der Promenade, *Volsonis Cocktail-Bar* und *Krk-Hostel* (für Gäste).

■ **Taxiruf:** Tel. 051-221456.

■ **Apotheke:** am Vela Placa.

Klosterinsel Košljun

Die kreisrunde Insel Košljun in der fast geschlossenen **Bucht von Punat** östlich von Krk-Stadt wirkt in ihrer natürlichen Schönheit geradezu pittoresk-surreal und lohnt jederzeit einen Ausflug. Einzig ein **einsames Kloster** thront erhaben auf dem gut 6400 m^2 großen Eiland, auf dem im 13. Jahrhundert Benediktinermönche eine Abtei errichteten, die im 15. Jahrhundert von den Franziskanern übernommen wurde. Sehenswert ist hier die **Marienkirche** mit dem mehrteiligen Altargemälde, auf dem auch Sv. Kvirin, der Krker Schutzpatron (Stadt in Händen), verewigt wurde. Im angeschlossenen **Sakral- und Heimatmuseum** werden unersetzliche glagolitische Schriften sowie Utensilien und Trachten vergangener Jahrhunderte aufbewahrt. Beachtenswert ist ferner der Grabstein der letzten Frankopanenfürstin *Katarina* (gest. 1529).

Tagestouren inklusive Museumsbesuch werden für ca. 450 K an der Promenade in Krk angeboten.

Punat

Im Südosten der Insel Krk liegen einige Abschnitte, die unterschiedlicher nicht sein könnten: das lebhafte und durch die Marina mondän wirkende Punat und auf der anderen Seite, getrennt durch einen Bergpass, das ruhige Stara Baška (s.u.).

Der **zweitgrößte Ort** auf Krk (knapp 2000 Einwohner) wird wegen der in Kroatien seltenen und schönen **Sandstrände** sowie wegen der gigantischen 5-Sterne-Marina als **mondäner Ferienort** beworben. Offen gestanden: Wer nicht zur privilegierten Schicht gehört und im Besitz einer Yacht ist, dürfte sich hier kaum wohlfühlen. Das mag vielleicht etwas übertrieben sein, auf jeden Fall aber ist Punat fest in der Hand der **Segler,** der Durchschnittstourist wird sich (auf den ersten Blick) deplatziert vorkommen.

Praktische Tipps

An-/Weiterfahrt

- **Bus:** von/nach Krk-Stadt 6–20 Uhr 9–17x tgl., 29 K, 8–20.30 Uhr von/nach Baška 6–12x tgl., 37 K, von/nach Rijeka (Omišalj/Flughafen-Route) 8–20.15 Uhr 5–9x tgl., 71 K; der Busbahnhof (Tel. 051-856132) liegt bei der TI im Zentrum.

Info und Agenturen

- **Touristeninformation,** am Busplatz in der Pod topol (nur im Sommer 8–20 Uhr), Tel. 051-854970, www.tzpunat.hr und www.punat.com (Unterkunftsseite).

Übrigens werden hier auf Rechnungen nicht nur die Kurtaxe (meist 7 K pro Tag und Person), sondern auch eine **„Ekotaxe“** (Ökosteuer) in Höhe von 1 K pro Tag und Person aufgeschlagen. In anderen Regionen ist die Praxis einer Umweltabgabe (noch) nicht verbreitet.

- Für Unterkünfte, Ausflüge und Aktivitäten aller Art wende man sich an die 9 **Agentur Marina Tours,** Obala/Ecke Kljepina, Tel. 051-854375, www.marina-tours.hr, mit Filiale am Yachthafen oder an die 16 **Agentur More** (Tel. 051-855033, www.more-punat.hr); beide liegen zentral an der kleinen Promenade.

Unterkunft

17 Beliebt bei Seglern, da in der Nähe der Anlegestellen (Obala 94), ist das **Falkensteiner-Hotel Park**③, Tel. 051-854024, www.falkensteiner.com Mehrere neuere Dependancen (*Park II* und *Kvarner*) in unmittelbarer Nähe. Kleiner Wasserpark.

2 Das **Hotel Kanajt**④, Kanajt 5, Tel. 051-6543 40, www.kanajt.hr, liegt ruhig oberhalb der Marina und ist ein sehr ansprechendes Familienhotel mit Meerwasserpool und moderner Unterkunft.

21 In der Frankopanska 64 liegt das **Hotel Omorika**③, Tel. 051-654500, www.omorika-punat.com, welches DZ und 4er-Familienzimmer (Kinder-Etagenbett) anbietet.

■ Vor Ort werden zwei Häuser als **Hostel** ausgewiesen. Zum einen das 18 **Youth Hostel Frankopan-Punat**②, Pod topol 12, Tel. 051-854018, om ladinsko.odmaraliste@ri.t-com.hr, um die Ecke von der TI, sowie das 20 **Hostel Kantun**②, Kralja Zvonimira 44, Tel. 051-725880, www.hostelkantun.com. Beide sind einfach, sauber und modern, mit Frühstück, Zimmer für 2–4 Personen. Beide sind ziemlich gut besucht, sodass sich eine rechtzeitige Vorabreservierung empfiehlt.

■ Günstige **Zimmer und Ferienwohnungen** vermitteln auch die örtlichen Tauchschulen.

Camping

22 **AC Pila**③, Tel. 051-854020, www.hoteli-punat.hr. Platz für 2000 Menschen, etwas außerhalb im Süden mit breiter Badeplattform.

23 **FKK Camp Konobe**③, Tel. 051-854049, www.hoteli-punat.hr, in fjordähnlicher Bucht am Ufer Richtung Stara Baška. Keine Pkw-Parkmöglichkeit in den Parzellen, auch Mobilheime.

1 An der Durchgangsstraße liegt der von der Marina betriebene kleine Platz **Maslinik**②, Tel. 091-202009, www.kamp-maslinik.hr.

Essen und Trinken

15 Im **Restaurant Lanterna** (Ul. Kljepina, Tel. tgl. 12–15 und 18–23 Uhr) bekommt man neben Pizzen und Suppen auch vegetarische Gerichte.

13 Die **Pizzeria Ragusa** (Kljepina 8, Tel. 051-855010) hat von Mitte März bis Mitte Okt. täglich 12–24 Uhr (Winter 22 Uhr) geöffnet, neben Pizzen ist hier die mexikanische Küche (Tacos, Burritos, Fajitas usw.) zu moderaten Preisen hervorzuheben.

7 Die Käsespezialisten im **Restaurant Vele Vode** (Obala 29, Tel. 098-369056) bieten z.B. Käse- und Schinkenteller und Knoblauchcremesuppe.

6 Ebenfalls sehr gut und ufernah speist man im **Restaurant Sidro** (Obala 18, Tel. 051-854235, tgl. 11–24 Uhr, im Winter bis 22 Uhr). Sehr zu empfehlen sind hier die Fischsuppe, *Calamari Sidro* mit Rohschinken und Reis.

Einkaufen

4 An der Durchfahrtsstraße liegt ein **„Cash & Carry"-Minimarkt,** ein weiterer in der Ul. Kljepina.

11 **Bäckerei,** Ul. Kljepina, und 8 **Bäckerei Milo** am Ufer (Obala bb.).

13 Eine **Metzgerei** liegt neben dem *Restaurant Ragusa* in der Ul. Kljepina, eine weitere in der V. Nazora 2 (beide zentral).

12 Kunstfreunde mögen sich vielleicht einmal in der kleinen **Galerie Toš** (Ul. Klančić) umsehen wollen, geöffnet wird nur auf Verlangen (klingeln).

Aktivitäten

■ Entlang der Promenade gibt es mehrere **Bademöglichkeiten,** allerdings nicht unmittelbar im

Ortszentrum selbst. Am schönsten ist es etwas außerhalb Richtung Krk am Plaža Punat. Von Krk-Stadt kommend, folgt nach der Abzweigung Richtung Punat ein größerer Strandabschnitt mit Restaurants, Tauchbasis und Wasserskilift.

■ **Strandvergnügungen:** *Aqua Park* (hier u.a. *Parasailing, Tube, Banana* und *Jetski),* Tel. 091-1500503, www.bb-club.hr, außerdem gibt es einen Wasserski-Lift (*Dunat,* Tel. 051-621211, www.wakeboarder.hr).

3 Die Tauchbasis **Divesport** (Tel. 051-867303, www.divesport.de) am Strand Plaža Punat vermittelt auch preiswerte Unterkunft im Ortsteil Kornic nahe der Strandbucht: DZ 30–50 €, FeWo 45–80 € (2 Pers.) bzw. 60–100 €/Tag (6 Pers.).

24 Beliebter Anlaufpunkt für Taucher aus dem deutschsprachigen Raum ist die deutsch-österreichische Basis **Hang Loose,** Krčka ulica 34, Tel. 0171-3320313, in Punat Tel. 091-5414123. Arrangieren auch Unterkunft.

■ Wenige hundert Meter außerhalb von Punat (Hauptstraße Richtung Stara Baška) liegt der gut beschilderte Ausgangspunkt für **Wanderungen** über den Veli Vrh (549 m) nach Jurandvor (12 km). In diesem sehr gut markierten Wandergebiet liegt der höchste Gipfel von Krk, der Obzova (569 m).

■ **Bootsverleih:** *Bartelo rent a boat,* Tel. 091-4575566, www.rent-a-boat-punat.com; *NAS Sailing Center,* Tel. 098-1866798, www.nas.com.hr.

5 **Radverleih:** *Cycling Union Krk* (in der Marina), Tel. 099-6720424, www.cyclingunionkrk.info.

10 **Scooter:** *Bonifačić,* Kljepina 5, Tel. 091-5220 670, www.krk-rentascooter.com.

Nützliches

■ **Ambulanz,** 14 **Apotheke** und **Autoverleih** liegen direkt landseitig an der Promenade.

■ **Marina,** Tel. 051-654111, www.marina-punat.hr, hier auch WLAN-Hotspot.

■ Eine **Touristenbahn** (10 K) verkehrt im Sommer tagsüber zwischen Marina und *AC Pila.*

Stara Baška

Zehn Kilometer von Punat entfernt locken die **einsamen Kiesstrände** von Stara Baška (Sackgasse). Die Gegend erinnert in ihrer rauen Unwirtlichkeit ab dem 238 m hohen **Svinsko-Pass** stark an das südöstliche Rab bzw. Pag. Kurz hinter dem Pass geht es steil abwärts; hier kann man rechts hinunter in die schöne **Badebucht Uvala Stara Baška** gehen (mit Kiosk, parken nur auf der anderen Straßenseite am Rand möglich).

Unten in der Bucht folgt dann noch einen Kilometer vor dem Ort das **Camp Škrila,** dann kommt Stara Baška, das sich die enge Straße entlangzieht und in den steilen Hang gebaut ist. Auch von hier aus bestehen **Wandermöglichkeiten:** auf den 549 m hohen Veli Vrh (an der Straße mehrfach beschildert) sowie über den Veli Hlam (482 m) und Batomalj nach Jurandvor sowie direkt nach Baška.

Unterkunft, Camping

■ In der Ortsmitte mit der kleinen Fußgängerzone zum Meer hinunter liegt die **Agentur Zala** (Tel. 051-844755, tgl. 8–20 Uhr), die für Unterkunfts- und Ausflugsarrangements in Anspruch genommen werden kann.

■ Zimmer bietet die **Pension Stanka**① (Stara Baška 1, Tel. 051-844654) am Ortseingang.

■ Ein Stückchen weiter die Straße in der Nummer 28 verfügt das Haus **Stara Baška**②, Tel. 051-844 658, www.stara-baska-apartments.com, über moderne Apartments mit Meerblick; 4 Personen zahlen 60–100 € je nach Saison.

■ In **Nr. 185**①, rechts der Hauptstraße, Tel. 051-844611, gibt es ebenfalls günstige DZ.

■ Am Ende der Straße etwas oberhalb liegt **Pension-Restaurant Nadia**②, Stara Baška 253, Tel. 051-844663, http://nadia.hr, mit Tauchbasis (www.divepoint-croatia.com).

■ **Villa Mar**④, Stara Baška 244, Tel. 051-428274, www.rent-villa-croatia.com/en/en-villa-mar. Tolles Anwesen mit Pool für 8–12 Personen und Einliegerwohnung für 4 Personen mit separatem Zugang. Top-Ausstattung, traumhafter Ausblick und etliche Annehmlichkeiten (z.B. Eismaschine).

■ **AC Škrila**③, Tel. 051-844678, www.camping-adriatic.com/de/skrila-camp-krk. 1 km vom Ort Stara Baška entfernter Campingplatz, 850 Personen haben Platz, überwiegend unbewachsenes Gelände (kein Schatten!), direkte Meereslage, langer Kiesstrand.

Nützliches

■ Im Ort verstreut liegen einige Gaststätten, etwa der **Felix-Grill** (Stara Baška 241, Tel. 097-7123474, tgl. 10–22 Uhr, Frühstück, Pizza, Fischgerichte) direkt am Meer in der Senke.

■ Einfach und zünftig speist man im **Mul** (Stara Baška 246, Tel. 051-373181); nennt sich Bistro-Pizzeria, verfügt aber über ein breites Angebot auch an Fisch- und Fleischgerichten.

■ **Parken** ist ein Kunststück, am besten bleibt man auf dem großen Platz am Ortsende bei der Pension Nadia (5 K/Stunde).

067kb wl

Von Punat nach Baška

Von Punat bis Vrbnik bildet ein Höhenzug eine natürliche Barriere zwischen dem belebten und dichter besiedelten Nordteil der Insel und dem idyllischen, eher ruhigen Südteil. Nur eine Straße führt Richtung Baška, die **schönste Strecke auf Krk** überhaupt: Durch die erst karge, dann pinien- und kiefernbewachsene Landschaft windet sich die Straße über einen malerischen **Pass am Straževnik** (367 m) hinauf zu einem Aussichtspunkt mit herrlichem Fernblick auf 320 Meter Höhe. Dann öffnet sich das Bergland abrupt gleich einer Schere nach beiden Seiten hin und die Straße fällt jäh ab, während beidseitig die 300 bis 400 Meter hohen Bergzüge allmählich einer abgeschotteten Talebene weichen. An der Abfahrt plätschert rechter Hand eine erfrischende **Süßwasserquelle** an der Straße – hier halten auch viele Einheimische, um Trinkwasser zu zapfen.

☐ Blick vom Straževnik-Pass auf die Badebucht bei Stara Baška

Draga Bašćanska

Die erste Ortschaft im **Ričina-Tal,** benannt nach dem zumindest außerhalb des Sommers wasserführenden Ričina-Flüsschen, ist Draga Bašćanska, ein landwirtschaftlich orientiertes Straßendorf mit einem Plus-Minimarkt und einigen **Obst-, Öl- und Honigverkäufern** direkt an der Straße.

Nützliches

- Am Ortsausgang bietet die **Agentur Igen,** Tel. 051-844095, www.igen.hr, u.a. Unterkunftsvermittlung und Scooterverleih.
- Da das Dörfchen offiziell zu Baška zählt, haben sich die **örtlichen Privatvermieter** auch unter der dortigen TI registrieren lassen, weshalb die spezielle Unterkunftsvoraborganisation etwas kompliziert aussieht: man suche auf **www.visitbaska.hr** (offizielle Webseite der TI Baška) die Rubrik „accomodation", womit man dann auf die Zentralseite der kroatischen Informationsbüros https://croatia.hr weitergeleitet wird. Dort trägt man im ersten Suchfeld „Draga Bašćanska" ein, woraufhin die Privatvermieter aufgelistet werden.
- **Minimarkt,** in der Dorfmitte.

Jurandvor-Batomalj

Kapelle Sv Majke (Crkva Majke Božje Goričke)

Der folgende Abstecher ist unbedingt empfehlenswert: In Jurandvor-Batomalj achte man rechter Hand auf die Beschilderung „Batomalj, Sv Majke"; das Sträßchen führt hinauf zu einer Bergkapelle mit **sagenhaftem Ausblick** über das Tal von Baška. Das schlichte einschiffige

Der Tourismuspionier von Baška: Emil Geistlich

Der Strand von Baška ist wirklich eine Klasse für sich, ob man sich nun in die Fluten stürzt oder nur die Promenade Emil Geistlicha entlang flanieren möchte. Apropos: Emil Geistlich – nicht gerade ein typisch kroatischer Name! Der gebürtige Tscheche (1870–1922) und Leiter der Prager Zeitungsdruckerei „Narodna Politika" (Heimatpolitik) kam 1909 zunächst mehr oder weniger zufällig als Tourist nach Baška. Er war vom Meer und dem örtlichen Strand so sehr angetan, dass er beschloss, in Baška zu bleiben, und schon bald betätigte er sich als nachhaltiger Förderer des Tourismus in der Region: 1910 ließ er den **ersten vorgefertigten Strandpavillon** aufstellen, und ein Jahr später begann der Druckereispezialist mit dem **Druck von Werbebroschüren** über Baška. 1912 organisierte er die „Abende von Baška", eine Art Vorläufer folkloristisch geprägter touristischer Veranstaltungen. 1914 folgte seine **Zeitschrift „Baška",** die insgesamt jedoch nur neunmal erschien, nicht zuletzt wegen des Ersten Weltkrieges, der jeglichen Tourismus verhinderte. Am Ende des Krieges stand die italienische Okkupation, der Tourismus konnte sich nicht erholen. Emil Geistlich blieb seiner Liebe Baška jedoch treu. Er starb dort am 7. Juli 1922. Auf seinen Namen trifft man immer wieder – als Uferpromenade, als Denkmal oder bei einem Besuch der Bergkirche Sv Ivan.

Kirchlein Sv Majke wurde 1415 erbaut und mit Altarbildnissen aus weißem Marmor und einem Marienbildnis von *Celestin Medović* ausgestattet. Der Glockenturm wurde 1594 ergänzt und soll angeblich immer dann genutzt werden, wenn der Bischof von Baška zu Besuch ist.

Im **Weiler Batomalj** treffen sich die Wanderwege Stara Baška – Baška (beschildert) und weitere **Wanderwege** von/nach Baška und zum *AC Zablaca* (alles beschildert), sodass auch längere Wanderungen zur Kapelle von Baška möglich sind (siehe auch Botanischer Lehrpfad, Baška). Oben an der Kirche (am Gittertor links von der Kapelle) führt ein mit „Lipica" bezeichneter Weg zum Nordrand von Draga Bašćanska.

Das Grab von Emil Geistlich bei der Kirche Sv. Ivan oberhalb von Baška

070kb wl

Kapelle Sv Lucija

Zurück an der Durchfahrtsstraße liegt gleich dahinter nach links ausgeschildert („Sv Lucija, Baščanska Ploča") die kleine Lucienkapelle mit der berühmten **Steintafel von Baška,** dem ältesten kroatischen Schriftstück überhaupt. Die Tafel bezeugt die Abtretung des Kapellenlandes durch König *Zvonimir* (gest. 1089) an die Kirche sowie den Bau der Kapelle. Das Gelände ist heute ein archäologischer Park, daher kann die Kirche selbst leider nur noch im Rahmen einer Führung besucht werden (Führungen 10–12 und 16–22 Uhr, 20 K).

Unterkunft/Agentur

■ In Jurandvor bieten zahlreiche Privatvermieter Zimmer und Wohnungen im ①-③ Bereich an, z.B. **Eda & Ivo** ②, Jurandvor 149, http://apartment-eda.com, Tel. 051-261833; eine gute **Agentur** ist *Esperanza* (Jurandvor Ulica, http://esperanza-travel.net). Über die TI Baška (www.visitbaska.hr) kann man ebenfalls Privatanbieter kontaktieren (Vorgehensweise s. Draga Baščanska).

Nützliches/Aktivitäten

■ **Plus-Minimarkt** im Ort.

■ An der Abzweigung zur Kapelle Sv. Majke bietet die **Konoba Malin,** Tel. 091-2528408, deftige Lammgerichte und Spanferkel, tgl. 10–23 Uhr, im Sommer bis 24 Uhr.

■ **Zip-Line:** Auf 2000 m bietet *Edison Zip-Line,* Batomalj bb, Tel. 098-626061, https://zipline-edison-krk.com, tgl. 10–19 Uhr rasanten Fahrspaß mit atemberaubendem Panorama. Der Rutsch auf den 8 Stahlseilen dauert mit Einweisung insgesamt etwa 2 Std. und kostet 390 K p.P., inkl. Equipment.

Baška

Das in die **südliche Inselbucht** eingebettete Städtchen Baška empfiehlt sich für all jene, die es nicht so bieder-touristisch wie an der Nordwestseite von Krk mögen und eventuell einmal halbtägige Wanderungen durch die stille Landschaft unternehmen möchten, ohne dabei auf umfangreiche touristische Angebote wie Abendunterhaltung, Tauchen, Wassersport usw. verzichten zu müssen. Der kilometerlange **Sand-Kiesstrand Velika Plaža,** geradezu paradiesisch umrahmt von kargen Hügeln, die engen Gassen des kleinen Zentrums und nicht zuletzt die majestätisch oberhalb des Ortes thronende Johanneskirche tun ihr Übriges, alljährlich Zehntausende von Besuchern in den Kreis der „Baška-Fans" zu ziehen. Wichtig: Die Autofähre von/nach Rab (Lopar) verkehrt allerdings schon lange nicht mehr hier, sondern ab Valbiska.

Gleich hinter Jurandvor liegt eine Straßengabelung: Rechts geht es zu den Hotels, dem Camp Zablace und zu Parkplätzen für einen reinen Strandbesuch. Die Hauptstraße zieht sich um den Ort herum zum FKK-Campingplatz *Bunculuka* und der Bergkirche Sv Ivan; kurz vor der Zufahrt zu Sv Ivan (Vogelschutzgebiet „Ornitoložska Zona") führt die Kralja Tomislava nach rechts zum Bushalteplatz und einigen Parkplätzen – hier ist man schnell im Altstadtkern, aber etwas weiter vom Strand- und Hotelbereich entfernt.

Übernachtung
- 4 Baška Beach Camping Resort
- 5 Camping Mali
- 6 Valamar-Zvonimir
- 7 Valamar-Atrium Residence, Villa Valamar-Adria
- 8 Valamar-Corinthia Baška
- 18 FKK Camp Valamar-Bunculuka

Essen und Trinken
- 2 Buddha-Bar
- 3 Galeb
- 9 Paulaner Grill
- 10 Lantino und Cicibela
- 11 Konoba Mare
- 13 Bistro Francesca
- 17 Restaurant Captain's, Café-Bar Marinero

Einkaufen
- 7 Konzum-Supermarkt
- 12 Minimarkt
- 14 Fischgeschäft

Wassersport
- 1 Squatina Diving und Delphin
- 15 Bootsverleih
- 16 Surf Center
- 19 Scuba Tironi

Sehenswertes

Pfarrkirche und Museum

Im kleinen Zentrum sind die barocke Pfarrkirche **Sv. Trojice** aus dem frühen 18. Jahrhundert und das benachbarte, 1974 eröffnete kleine **Heimatmuseum** sehenswert. Die acht wertvollen Altartafeln des 2007 komplett restaurierten Altarraumes stammen von venezianischen Künstlern, u.a. von *Palma dem Jüngeren* die Muttergottes mit dem Hl. *Markus* sowie das letzte Abendmahl. Das Triptychon des Hl. *Michael* wird *Paolo Campsa* zugeschrieben (1514). Die Glasfenster wurden vor einigen Jahren eingebaut. Als Sitz des Kapitels von Baška ersetzte sie nach ihrer Inauguration am 29. Juni 1740 die Bergkirche Sv. Ivan.

■ **Heimatmuseum,** Tel. 051-750550, Mo/Fr 11–13 Uhr, Di/Sa 17–19.30 Uhr, Do/So 20–22 Uhr, Mi 8–10.30 Uhr; 15 K (Kirche und Museum).

Aquarium

Aufs Meer blickend am linken Ende der Badebucht den Weg hinauf, liegt in der Kralja Tomislava (Richtung Bushalteplatz) linker Hand das Aquarium mit einer der größten **Muschel- und Schneckensammlungen** der Adria. Es werden über 400 Muschel- und rund 100 Fischarten gezeigt.

■ **Aquarium,** St. Radica 26, Tel. 051-856052, www.akvarij-baska.com.hr, im Sommer tgl. 9–22 Uhr, Mai 10–17 Uhr, im Winter 10–15 Uhr, 30 K, Kinder 20 K.

In den Gassen von Baška, im Hintergrund Sv. Ivan

080kb wl

Sv. Marka

Am Velika Plaža, zwischen *Villa Adria* und Hotel *Atrium*, liegt die kleine unscheinbare Kapelle Sv. Marka (Markuskirche). Es handelt sich um einen **frühchristlichen Komplex,** der vermutlich bis ins 5. Jahrhundert zurückreicht. Recht gut erhalten sind die typischen **römischen Mosaikböden** jener Zeit, das heutige Bauwerk stammt allerdings erst aus dem 16. Jahrhundert (tgl. 8–11 und 18–21 Uhr, 10 K).

Sv. Ivan

Geradezu ein Muss ist der Aufstieg bzw. die Auffahrt zur markanten, ockerfarbenen Friedhofskirche Sv. Ivan mit **phänomenalem Ausblick** über den Velika Plaža bis zur Insel Rab. Einige der wildwestartigen, schlichten Holzkreuze verleihen der Szenerie hier oben eine schaurig-pietätvolle Note. Hier befindet sich auch die letzte **Ruhestätte von Emil Geistlich** (siehe Exkurs).

⌃ Blick auf die Bucht von Baška

Praktische Tipps

Info und Agenturen

■ **Touristeninformation,** Kralja Zvonimira 114, Tel. 051-856817, www.tz-baska.hr, tgl. 8–22 Uhr, im Winter nicht So und nur bis 18 Uhr.

Zahlreiche zentral gelegene **Agenturen** arrangieren Geldwechsel, Unterkunft, Ausflüge, Bootsverleih usw., insbesondere für Apartments/Ferienwohnungen wird man kaum um sie herumkommen. Die beiden folgenden Agenturen liegen an der Hauptfußgängerstraße im Ortszentrum.

■ **Aventura,** Zvonimira 194, Tel. 051-856774, www.aventura-baska.com.
■ **Guliver,** Zvonimira 98, Tel. 051-856004, www.pdmguliver.hr.

Unterkunft

Zimmer und Ferienwohnungen vermitteln die Touristeninformation und die Agenturen; privat findet man Apartments (2 bis 4 Personen, 35–100 €/Apartment und Tag) z.B. unter www.baska.at oder www.baska-krk.at. Weitere Privatanbieter sind die **Apartmani Dvori Narca** und die **Apartments**

www.fotolia.de © Pablo Debat

Petrinic, beide unter Tel. 095-8370999, www.baska.info zu kontaktieren.

Über ein Hotelmonopol in Baška verfügt seit 2018 die Gruppe **Valamar** (wir kennen sie schon aus Istrien!), der alle unten genannten Häuser (teilweise Aparthotel) gehören – und auch mehrere Campingplätze auf Krk.

7 Noch recht neu und direkt am Badestrand bietet die **Villa Valamar-Adria**④ (E. Geistlicha 39, Tel. 051-656111, www.valamar.com/de/apartments-baska/villa-adria) mondäne und luxuriöse Apartmentunterkunft für 2 bis 6 Personen.

7 Wenige Meter entfernt liegt ebenfalls in der ersten Reihe das **Valamar-Atrium Residence**⑤ mit DZ und Studios in glamourösem Ambiente (Tel. 051-656890, www.valamar.com/de/apartments-baska/atrium-baska-residence).

8 **Valamar-Corinthia Baška**③, Riesenhotel mit drei Flügeln in der E. Geistlicha 38, Tel. 051-656800, www.valamar.com/de/hotels-baska/corinthia-baska-hotel. Mit Poollandschaft und diversen Gastronomiebetrieben, inzwischen wegen der Neubauten in der zweiten Reihe.

6 Das **Valamar-Zvonimir**④ (Tel. 051-656810, www.valamar.com/de/hotels-baska/zvonimir-hotel) mit 70 Zimmern und 15 Apartments ist eine Mittelding zwischen dem Hotel *Corinthia* und den Nobelapartments. Noch überschaubar und schöne Lage an der Strandpromenade.

Camping

In Baška können Camper auf drei Plätzen unterkommen: *Baška Beach Camping Resort* liegt näher am Velika-Plaža-Strand, dafür ist es nach der Schließung der Fähre in Bunculuka ruhiger. Infos im Internet für beide Plätze unter www.hotelibaska.hr.

4 **Baška Beach Camping Resort**③, Tel. 051-856909, www.camping-adriatic.com/de/zablace-camp-baska. Geöffnet Mai bis Sept., flaches Wiesengelände, Kapazität 1600 Personen, *Camping Homes* (Mobilheim mit angebauter Terrasse), Sport- und Einkaufsmöglichkeiten.

18 **FKK Camp Valamar-Bunculuka**②, Tel. 051-856806, www.camping-adriatic.com/de/bunculuka-naturist-camp-baska. Geöffnet Mai bis September, Restaurant, Bar und Minimarkt auf dem Gelände, welches sehr verschachtelt an einem Hang liegt (ein Teil der Plätze ohne Pkw-Parkmöglichkeit; Zentralparkplatz), 1200 Personen Maximalkapazität, Sportzentrum (Tauchen, Surfen, Minigolf und Tennis). Zudem schöne Mobilheime in Hanglage für 2–4 Personen. Alle Gäste können auch den Fitnessbereich und die Pools des *Valamar-Corinthia* Hotels kostenfrei nutzen.

5 Etwas länger, meist März bis Oktober, öffnet der kleine **Campingplatz Mali**② am Westrand der Bucht, Put Zablaća 100, Tel. 051-864164, www.camping.info/kroatien/kvarner/kamp-mali-23788.

Essen und Trinken

Snacks

■ Eine kleine Spezialität sind die an der **Promenade Geistlicha** in Buden gebackenen, einer länglichen, essbaren Schuheinlage ähnelnden **Pačića,** eine Art Krapfen mit Puderzucker. Pačića gibt es in einigen Varianten: mit Ketchup, Käse, Schokolade, Zucker, Marmelade usw.

■ Beinahe englisch mutet der kleine **Fish & Chips Fast Fish** am Uferfußweg Palada an; Sardellen, Calamari, Sardinen, Garnelen, auch Pommes und Softdrinks sind erhältlich.

■ Wer mehr auf einen fleischhaltigen Imbiss steht – wenige Meter weiter gibt es einen **Dönerstand.**

Restaurants und Bars

■ Für einen gemütlichen Drink bieten sich die Südseeatmosphäre verbreitende 2 **Buddha-Bar** am Strand (nahe Restaurant *Galeb*) oder beim ehemaligen Fährpier die 17 **Café-Bar Marinero** (Palada Ul. 75) an.

13 Das **Bistro Francesca** in der Zvonimirova 56 (Tel. 099-6547538) wird von Reisenden für das lauschige Ambiente und die kreative Küche gleichermaßen gelobt.

11 Am linken Ende des Velika Plaža (E. Geistlicha 3, Tel. 051-856114) gibt es in der **Konoba Mare** günstige Pizzen, heimische Schinken- und Käseteller, grüne Nudeln mit Meeresfrüchten oder Fischplatte (sehr gut!).

3 Etwas gediegener speist man im **Restaurant Galeb,** E. Geistlicha 38, kurz vor dem Campingplatz, Tel. 051-856651, tgl. 9–24 Uhr.

10 Ebenfalls an der Strandpromenade zaubert das **Bistro-Restaurant Lantino,** E. Geistlicha 30, Tel. 051-856484, gute Salatkreationen wie Meeresfrüchtesalat oder die fast schon legendären Krebsfleischspieße mit Beilagen. Sehr gepflegtes und angenehmes Ambiente; tgl. 10–23.30 Uhr, Oktober bis März geschlossen.

10 Nur wenige Meter weiter (E. Geistlicha 22a, Tel. 051-856013) kreiert der inselweit bekannte Koch *Eda Bogdešić* im **Restoran Cicibela** landestypische Kleinigkeiten und Fleischplatten. Seine Spezialität sind jedoch Fischgerichte wie Jakobsmuscheln, Scampicocktail oder die Fischplatte, nur April bis September tgl. 9–24 Uhr geöffnet.

17 Als die Rab-Fähre Lopar – Baška noch in Betrieb war, rentierten sich auch die zahllosen Lokale rund um die Fähre; heute bietet hier nicht einmal mehr eine Handvoll ihre kulinarischen Schöpfungen an: **Captains** (Tel. 051-856541, April bis Nov. tgl. 10–24 Uhr) serviert leckere Suppen, Fleischplatte, Sardellen und Miesmuscheln.

MEIN TIPP: 9 **Paulaner,** Emila Geistlicha 40, Tel. 091-3701244, tgl. 10–23.55 Uhr. Der Name lässt nichts Gutes erahnen, das Lokal ist aber klasse. Sehr gute deutsch-kroatische Küche von Vorspeisenplatten über Steinofenpizza bis hin zu Grillplatten und Meeresfrüchterisottos wird das *Paulaner* sehr gelobt – und ja, das Weizenbier gibt es natürlich auch.

Einkaufen

Noch gibt es keine ganz großen Supermärkte in Baška, was Sommerurlauber angesichts der Menschenmengen immer wieder etwas verwundert. Wenn man aber bedenkt, dass acht Monate lang nur rund 1000 Einwohner vor Ort leben, erklärt sich dieser Mangel von selbst. Dennoch sind die Einkaufsmöglichkeiten ausreichend, für Großeinkäufe sollte man den Konzum-Supermarkt in Krk aufsuchen.

■ Ein 12 **Minimarkt** liegt in der Hauptgasse Kralja Zvonimira, ebenso ein **Metzger** und eine **Bäckerei;** einen weiteren Bäcker findet man in der E. Geistlicha beim *Valamar-Zvonimir*-Hotel.

7 Ein **Konzum-Supermarkt** findet sich am Ufer bei der *Villa Valamar-Adria,* mit Bankautomat, Backwaren-Selbstbedienungstheke und einem sehr guten Sortiment, wenn man nicht nach Krk fahren möchte.

14 Die örtliche **Fischgeschäft** *(Ribarnica)* liegt in der Palada/Ecke Nazora.

Aktivitäten

1 Die sehr angenehme familiäre **Tauchbasis Squatina Diving,** Zarok 88a, Tel. 051-856034, www.squatinadiving.com, ist schon viele Jahre vor Ort zuverlässig tätig.

19 Auch **Scuba Tironi,** Krcin 12, Tel. 051-856536, www.rare-bird.org, kümmert sich schon seit Jahren um Tauchsportler.

16 Eine **Surf-Schule** liegt an der Zufahrtsstraße zum *AC Zablaće.*

■ Die Hotel- und Campinganlagen bieten **Tennis, Volleyball, Fitness- und Wellnessprogramme.**

■ Am linken Strandende bietet **Water Sports Baška,** Tel. 092-1251507, Banane (ab 10 €/Std.), Paragliding (50 €/Std.), Surfbrettverleih (15 €/Std.), Kajakverleih (10–15 €/Std.).

■ **Sonnenschirme und Liegen** (ca. 10 €/Tag) gibt es am Strand, ebenso die **„Käfer"-Tretboote** (ab 10 €/Std.).

■ Wer **Klettern** (echtes *Climbing*) exerzieren möchte: Es wurden jüngst zwei Abschnitte – Bunculuka beim FKK-Campingplatz und Portafortuna außerhalb im Tal – eröffnet, Infos unter https://climbing.plus/klettern/1255-bunculuka.

15 An den beiden Piers bieten zwei **Bootsverleiher** ihre Wassergefährte an: Bootsverleih *King* (Palada bb, Tel. 092-1045390) und Bootsverleih *Baška* (Tel. 091-3093022, http://baska-rentaboat.com).

Wanderungen und Radrouten

Botanischer Lehrpfad (Poučna Staža): Von den Sandsteinklippen am Südrand der Bucht und vor der Brücke landeinwärts am Bach entlang, bis zum Weiler Batomalj, wurde ein 6 km langer botanischer Lehrpfad ausgewiesen; er führt auch an der Crkva Majke Božje Goričke (s.o.) vorbei und passiert neben Hinweisschildern zur Botanik auch einige ländliche Relikte, wie steinerne Schafspferche oder die Quelle Pod Lipicu; der Rundweg dauert etwa 2½ bis 3 Stunden und ist mit ordentlichem Schuhwerk für jedermann gut zu bewältigen.

■ **Glagolitischer Trail:** Hier handelt es sich nicht um einen *Trail* im klassischen Sinne, sondern um mit Hilfe nationaler und internationaler Sponsoren entwickelte einzelne Kunstwerke glagolitischer Buchstaben, die in und um Baška verteilt zu bewundern sind; mehrere stehen im Bezirk Zarok, z.B. beim Hotel *Tamaris.*

■ **Karten und Apps:** Kleinere und größere Wanderwege sowie Radrouten findet man gesammelt auf www.visitbaska.hr unter „Multimedia" oder vor Ort als Broschüre. Außerdem empfehlen sich die kleinen *Apps Krkbike* und *Krkhike*, die von der TI Baška unter www.visitbaska.hr/en/multimedia#section-197 gratis zur Verfügung gestellt werden.

Nützliches

■ Eine **Apotheke** liegt an der Haupteinfahrtsstraße Richtung Strand (nahe dem Hotel *Corinthia*).

■ **Ambulanz:** Ul. Kralja Zvonimira 100, Notruf 051-856825.

■ **Wassertaxis:** Wem der Hauptstrand in der Hauptsaison zu voll ist, und außerhalb – an anderen Festland-Stränden oder auf den kleinen, vorgelagerten Inselchen – baden möchte, kann ein an mehreren Stellen am Ufer angebotenes Wassertaxi nehmen; Preis rund 50–60 K pro Pers. (Rückfahrkarte, je nach Personenanzahl unterschiedlich und verhandelbar).

Feste

■ Wer am 15. April auf Krk ist, sollte das **Markusfest** zu Ehren des Dorfheiligen nicht versäumen. Gefeiert wird überall im Ort.

■ **Fischertage von Baška:** Am ersten Augustwochenende finden von Freitag bis Sonntag die volksfestähnlichen Fischertage mit Musikgruppen, Bootsparade, Netzziehen, Kinderunterhaltung, Workshops u.v.m. statt. Plakate und Flugblätter im Ort beachten!

Vrbnik

Die eher karge Landschaft südöstlich von Krk-Stadt mit vorwiegend Krüppelkiefer- und Strauchbewuchs steht in deutlichem Kontrast zur **Nordostküste** mit intensivem **Weinbau** rund um Vrbnik – das hölzerne Fass am Ortseingang unterstreicht die Bedeutung dieses Inselteils als zentrales Weinbaugebiet. Das Städtchen (900 Einwohner) liegt 48 Meter oberhalb eines kleinen Fjords und wehrte sich schon im 12. Jh. gegen die Einführung des Lateinischen – seither galt Vrbnik als Hochburg slawisch-glagolitischer Schriftkultur. Auch der letzte Sprecher des Dalmatischen soll hier Ende des 19. Jh. gelebt haben.

Touristisch betrachtet ist Vrbnik ein typisches Ausflugsziel für ein paar Stunden, man nutzt am besten den Parkplatz unmittelbar vor der Altstadt und den Trg Skujica für 6 K/Stunde.

Sehenswertes

Vom Trg Skujica geht man die Fußgängergasse Ulica Potocina hinauf. Ein besonderes Vergnügen bereitet es immer wieder, arglose Touristen im wahrsten Sinne des Wortes durch Vrbnik rutschen zu sehen! Vorbei an zwei **Kapellen** (Sv. Ivan und Sv. Martin mit glagolitischen Inschriften) und dem Placa Vrbničkog Statuta „gleitet" man sanft über die spiegelglatten Pflastersteine der Roč Ulica Richtung **Pfarrkirche.** Der prachtvolle Hauptaltar im Inneren mit den beidseitigen Schnitzereien ist ein Werk des kroatischen Meisters *I. Rendica.* Im Glockenturm der Marienkirche ist ein **Lokalmuseum „Visuelle Identität"** (10–12 und 18–21 Uhr, 15 K) untergebracht. „Museum" ist dabei eigentlich übertrieben, es handelt sich mehr um eine Kunstgalerie mit Werken Zagreber Nachwuchskünstler. Dahinter liegt ein Aussichtspunkt mit dem Weinlokal Nada. Die engen Gassen weiter entlang, folgt eine **Kunstgalerie** (Ulica Petrisa), von der aus der Zentralplatz gleich wieder erreicht ist. Eine **Bademöglichkeit** gibt es im Kies-Strandbad am nördlichen Ortsrand.

Praktische Tipps

Info und Agenturen

- **Touristeninformation,** Trg Vrbničkog Statuta 4, Tel. 051-857479, https://vrbnik.hr.
- **Agentur Mare Tours,** Trg Skujica, Tel. 051-604400, www.mare-vrbnik.com. Vermittelt werden DZ ab 35 €, in der Hauptsaison bis 70 €, oder FeWos von 60 bis 120 €, in der Hauptsaison bis 150 €. Ähnliches bietet **Vrbnik-Tours,** Trg Sv Ivana, Tel. 051-857128, Tel. 091-5466296, 8–13 und 18–20 Uhr (So nur vormittags).

Unterkunft

- Das einfache, pensionsähnliche **Hotel Argentum**② liegt an der Hauptstraße vor der Altstadt, Supec 68, Tel. 051-857370, www.hotel-argentum.net, http://apartments-croatia.info/hotel-argentum/de.htm; nur 10 Zimmer.
- Nummer eins vor Ort ist das **Boutique-Hotel Gospoja**④ (Frankopanska 1, Tel. 051-669350, www.gospoja.hr). Schicke, moderne Zimmer, Wellnessbereich, Hallenbad, eigener Weinanbau (nennt sich daher auch „Vinotel").

Essen und Trinken

■ Noch vor dem Ortseingang liegt die sehr empfehlenswerte **Konoba-Vinarija Katunar,** Tel. 091-4408006, www.katunar.hr, Mo–Sa 10–22 Uhr. Hier besteht die Möglichkeit zu einer Weinprobe inkl. Imbiss (ab 10 Pers.) oder Menü (je 3x Fisch bzw. Fleisch zur Auswahl).

■ In der Frankopanska 1, oberhalb vom Trg Skujica, liegt das **Vinotel-Restoran Gospoja** (Tel. 051-857142, tgl. 10–23 Uhr, Sa/So 12–22 Uhr, Jan.–März geschl.) Spezialitäten sind Gulasch und Lammgerichte mit lokalen Weißweinen aus eigenem Anbau.

■ Für Kleinigkeiten und Snacks empfiehlt sich das **Bistro Galeb** wenige Häuser weiter (Obala hrvatske mornarice 3).

Mein Tipp: Leckere traditionelle Gerichte in modernem Ambiente mit herrlichem Meerblick genießt man in der **Konoba Nada,** Ulica Glavača 22, Tel. 051-857065, tgl. 12–23 Uhr. Beliebt sind hier die Vorspeisenplatten oder das Lammragout. Auch glutenfreie und vegetarische Speisen.

Einkaufen

■ Backwaren bietet die **Bäckerei Pekara Vrbnik** am Trg Sv Ivana 6, 6.30–13 Uhr, So 7–12 Uhr.

■ Gegenüber liegt die **Ribarnica** mit frischen Fisch und der **Minimarkt Draga.**

■ **Minimarkt Stupec** beim Parkplatz die Varoš hinein, Retec 1.

Nützliches

■ **Bushaltestelle** am Parkplatz werktags 3x tgl. von/nach Krk, 33 K.

■ Eine **Touristenbahn** fährt alle Ortsteile von Vrbnik außerhalb der Altstadt an, 15 K.

■ **Tauchen:** *Dive Loft,* Namori ul. 4, Tel. 051-857281, www.dive-loft-krk.com.

Dobrinj

Vergleichsweise selten machen Reisende entlang der Route Šilo/Klimno – Vrbnik einen Abstecher zum Verwaltungszentrum des nordöstlichen Krk. Die Sehenswürdigkeiten der ältesten Siedlung auf dem Plateau beschränken sich auf Sakralbauwerke, namentlich die Hauptkirche **Sv Stjepan** aus dem 11. und **Sv Antun** aus dem 14. Jh. sowie die Kapellen Sv Vid (11. Jh.) und Sv Ivan (14. Jh.).

Informationen

■ Informationen zu Dobrinj und Šilo bietet die **TI Dobrinj-Šilo,** Stara cesta bb (Hauptstraße) in Šilo, www.tzo-dobrinj.hr.

Essen und Trinken

■ **Lokale Spezialitäten** im Raum Dobrinj sind u.a. *presnoc* (eine Art Schafskäsekuchen), *žlahtina* (eine Weißweinart), aber auch *žvacet* (Lammgulasch) und die bereits erwähnten nur auf Krk zu findenden *šurlice* (handgedrehte Nudeln).

■ Für Speis' und Trank sorgt in Dobrinj die **Konoba Kennedy** (Tel. 051-848129, 1.4.–30.9. tgl. 12–24 Uhr) mit Fisch- und Muschelgerichten sowie Spezialitäten vom Grill.

Šilo

Šilo in der **Stipanja-Bucht** war einst ein Fährort zum gegenüber auf dem Festland gelegenen Crikvenica, geriet aber

mit dem Brückenbau trotz der insgesamt guten touristischen Infrastruktur etwas ins Abseits. Auf der Abfahrt hinunter zum Ort passiert man die kleinen Weiler Polje und Zupanje, in denen vereinzelt Privatunterkunft geboten wird. Dann gelangt man über die Nova Cesta hinunter zum Ufer (Parkmöglichkeiten). Ein schmaler Fahrweg führt dort rechts zu Tauchbasis und Campingplatz (knapp 1 km), unmittelbar links liegt das kleine Zentrum rund um das Hafenbecken.

Bademöglichkeiten bestehen am Ufer rechts gehend an befestigten Abschnitten sowie Richtung Camp an Sandstrandabschnitten. Weitere kleine Buchten liegen beim Campingplatz, unterhalb der Ruinen-Kurzwanderung sowie am Fußweg Richtung Klimno.

Das Dorf Dobrinj oberhalb der Soline-Bucht, im Hintergrund erheben sich die Berge des Kvarner Hochlands

www.fotolia.de © xbrchx

Kurzwanderung zur Ruine

Hinter der Bäckerei am Ufer entlang Richtung Campingplatz passiert man nach ca. 100 m das Hinweisschild „Roman Villa 650 m". Nach einem kurzen Anstieg endet das Sträßchen, eine Piste führt weiter landeinwärts; nach ca. 200 m zweigt nach links ein Pfad (wieder beschildert) ab, dem man noch etwa 10 Minuten bis zu den Ruinen eines allerdings kaum mehr als solches erkennbaren **spätrömischen Anwesens** gelangt. Die Anlage selbst ist weniger sehenswert, aber man hat von hier eine **sehr schöne Aussicht.**

Fußweg nach Klimno

Hinter der Apotheke zweigt ein Weg (Borići) ab, der zunächst durch Wohngebiet führt und sich nach ca. 10 Minuten gabelt. Rechts erreicht man in 5 Minuten eine kleine Badebucht, links führt ein markierter Wanderweg über den 114 m hohen Sladova ins ca. 5 km entfernte Klimno.

Praktische Tipps

Info und Agenturen

- **Touristeninformation Šilo,** Stara Cesta bb., Tel. 051-852107, www.tzo-dobrinj.hr (neben der Agentur *Estee*).
- Ein paar örtliche Agenturen helfen bei der Unterkunftssuche: die **Agentur Šiloturist,** Na vodoci 2, Tel. 051-852203, www.siloturist.hr; am Ende des Hafens um die Ecke das Sträßchen hinauf die **Agentur Estee** (Tel. 051-852241, www.estee.hr), jeweils tgl. 8–20 Uhr geöffnet.

Unterkunft, Camping

- **Ferienwohnungen** können vorab über die Webseiten der o.g. Agenturen arrangiert werden.
- **Pension Zeba**②, www.zeba.hr, rechter Hand am Ortseingang.
- Camping ermöglicht das **AC Tiha**③, Tel. 051-852120, https://malin-krk.com, geöffnet Mai bis Sept. mit schönen Mobilheimen in zwei Kategorien für bis zu 6 Personen; gehört zum Hotel *Malin.*

Essen und Trinken

- An der kleinen Promenade liegen einige preiswerte **Snackbars.**
- Die **Konoba Portić,** Cesta bb., Tel. 051-852170, zaubert marinierte Sardellen mit Ruccola und Kartoffeln auf den Teller, Miesmuscheln oder hausgemachte Pasta mit Scampi.
- **Bistro-Pizzeria Roko,** Stara Cesta 1, Tel. 051-852342, u.a. vorzügliche Meeresfrüchtepizzen ab 40 K.

⌃ Winzige Bucht bei Šilo

Nützliches

- **WiFi Hotspots:** bei der TI und am Parkplatz beim kl. Hafen/Badestrand.
- **Geldautomat** und **Apotheke** neben der Touristeninformation in der Stara Cesta.
- Direkt am Hafenbecken beim Parkplatz liegen ein **Minimarkt** und eine gute **Bäckerei** (tgl. 7–13 Uhr), ein weiterer Minimarkt (7–21 Uhr, So 7–13 Uhr) findet sich in der Stara Cesta neben der Touristeninformation.
- **Tauchen** (auch mit Unterkunft) bietet das **Tauchcenter Neptun,** Lokvišća 12, Tel. 051-604 404, www.neptun-silo.com.
- **Baden:** mehrere Strände an der kleinen Landzunge beim Campingplatz.

071kb wl

Soline-Bucht

Klimno

In der nächsten Bucht namens Soline liegt am Ende einer Stichstraße das Dörfchen Klimno, noch heute **Zentrum des Fischerbootsbaus.** Viele neue Häuser prägen das Ortsbild. An der kleinen Promenade liegen eine Agentur (Ausflüge, Bootsverleih), die Marina und ein glagolitisches Denkmal. Am Ende der Bucht befindet sich ein kleiner Campingplatz – die Zufahrt mit breiten Fahrzeugen ist eine Kunstübung. Rund um die Bucht von Soline kann man überall baden. Noch herrscht hier einigermaßen Ruhe – sehr zu empfehlen, wenn man abseits von Malinska oder gar Baška eher Entspannung und Einsamkeit auf Krk sucht.

Unterkunft, Essen und Trinken

- Schöne **Ferienwohnungen** finden sich online unter www.klimno.net, vor Ort hilft die **Agentur Paralela-Tours** (am Uferssträßchen, Tel. 051-850 504, www.paralela-klimno.com) weiter, wenn es um Unterkunftssuche, Geldwechsel, Fahrzeugverleih, Ausflüge usw. geht.
- Kulinarisch empfehlen sich in Klimno das **Fischrestaurant Žal,** Klimno 44, Tel. 051-853142, tgl. 10–24 Uhr, sowie die **Konoba Oleander,** Klimno 36, Tel. 051-853144, tgl. 9–24 Uhr, Febr. geschl.

Soline

Weniger der nächste Weiler der Soline-Bucht, als vielmehr das Treiben unmittelbar außerhalb Richtung Čižići ist mehr als nur einen Blick wert. Die Bucht ist hier extrem flach und am Buchtende von mineralsalzhaltigem **Heilschlamm** geprägt. Ein langer Betonsteg ragt hier ins Meer hinein, beidseitig sind **vulkantrichterähnliche Bodenvertiefungen** auszumachen. Und in diesen Trichtern befindet sich der zähflüssige Schlamm, in dem sich Männer, Frauen und Kinder im echten Wortsinne wälzen und anschwärzen – ein Erlebnis für Jung und Alt. Diese Gruben sind nur hüfttief und ungefährlich; selbstredend sollte man Kinder im Auge behalten.

073kb wl

Nützliches

- Man sollte meinen an einer so beliebten Bucht seien Lokale im Dutzend zu finden – doch nur die **Beach Bar Mosquito** bietet wenigstens im Hochsommer ein paar Erfrischungen.
- Wer in der Nähe der dunklen Pracht nächtigen möchte: **Apartmani Katarina,** Soline 9 C, www.apartmani-katarina.com.
- **Minimarkt** am westlichen Ortsrand (Trgovina Krk, Tel. 051-853277).

Badespaß der gesunden Art – Heilschlamm in der Bucht von Soline

Čižići

Das Dörfchen Čižići am Nordwestrand der Soline-Bucht findet – wenn überhaupt – Eingang in die Reiseliteratur durch den Hinweis auf die einige Kilometer außerhalb gelegenen Tropfsteinhöhle. Ein Touristenmagnet wird die 250-Seelengemeinde wohl mittelfristig nicht werden, immerhin aber findet der Durchreisende mehrere Bademöglichkeiten, eine Reihe ruhiger Unterkünfte, ein paar Gastronomiebetriebe sowie einen Zeitschriftenkiosk am Ufer.

Nützliches

- **Minimarkt Čižići** (an der Ortsdurchfahrt), Mo–Sa 7–20 Uhr, So bis 12 Uhr.
- Für das leibliche Wohl sorgen an der Uferstraße die **Konoba Mala Sten** (Tel. 051-853104, tgl. 7–

23 Uhr), die **Bistro-Pizzeria Fango** (Tel. 092-3006242, tgl. 10–23 Uhr) sowie die **Snackbar Tamaris** (Tel. 097-7009131, tgl. 10–24 Uhr).

Unterkunft

■ **Gigliola Holiday House**②, Čižići 338A, Tel. 095-5967622, www.gigliola.cizici.com. Innen nicht ganz so modern, dafür ein komplettes Häuschen mit Steingrill und Gartengrundstück für 4 Personen; Mikrowelle, eigener Brunnen, Außendusche, ufernah zum Badestrand.

■ **Blue House Apartments**②, Čižići bb, Tel. 095-5967622, https://cizici.com. Zwei kleinere und ein größeres Apartment, saisonabhängig 60–95 €, gepflegtes Anwesen direkt oberhalb vom Badeufer.

■ **Villa Buric**②, Čižići 101, Tel. 091-2222020, www.villaburic.com. Vier kleinere Wohnungen für 2–3 Personen auf einem schön gelegenen Villengrundstück, jeweils mit Balkon oder Terrasse (oben schöner Meerblick).

■ Am Nordrand des kleinen Ortes offeriert die **Villa Bijela Krk**② (Čižići 99, Tel. 0039-346-6251986, www.villabijelakrk.com) ordentliche 60 m²-FeWo in einem erst 2018 errichteten Mehrfamilienhaus, jeweils mit Balkon, ca. 300 m innerorts vom Ufer entfernt.

Tropfsteinhöhle Biserujka-Rudine

Folgt man der Uferstraße und hinter dem Ortsausgang von Čižići an einer Abzweigung der Beschilderung „Biserujka", endet der Weg an der sehenswerten Tropfsteinhöhle Rudine **(Špilja Biserujka-Rudine).** Die Höhle ist zwar nicht besonders groß, dafür hält sich der Andrang in Grenzen und man kann die „Reise zum Mittelpunkt der Erde" einmal genießen!

Von der Uferstraße aus (von der Höhle kommend rechts halten) windet sich das Nebensträßchen durch ein karges, wenig bewachsenes Gebiet bis zur Haupt-Inselstraße bei Omišalj.

■ **Špilja Biserujka-Rudine:** April und Okt. 10–15 Uhr, Mai, Juni 9–17 Uhr, Juli und August 9–18 Uhr, Sept. 10–17 Uhr, Nov. bis März geschlossen, Tel. 051-852203, www.spilja-biserujka.com.hr, Eintritt 30 K, Kinder 6–12 Jahre 20 K.

■ An der Zufahrt bietet im Sommer tgl. von 9 bis 17 Uhr das **Ethno-House Biser** regionale Agrarprodukte (Honig, Wein, Öl, Käse, Eingemachtes).

Oberhalb der Höhle wurde ein kleiner **Lehrpfad** Richtung Bucht Slivanjska mit fünf großen Hinweistafeln zur regionalen Pflanzenwelt angelegt *(Poučna staza Biserujka).* Folgt man dem Uferpfad (zu Fuß) immer in nördliche Richtung, erreicht man nach 6 km die kleine Zufahrtsstraße (beim Flughafen) zum noch knapp 2 km entfernten **Aussichtspunkt Voz** mit freier Sicht zur Krk-Brücke – außerhalb des Hochsommers eine empfehlenswerte Wanderung.

034kb wl

10 Insel Rab

Mit Rab endet die Kvarner Bucht im Südosten – die sich anschließende Insel Pag gehört administrativ bereits zu Dalmatien. Das 94 km² große Rab gilt als die mondänste Insel der Kvarner Bucht, zugleich ist sie am üppigsten begrünt und am dichtesten besiedelt.

◁ In der abgelegenen Ciganka-Bucht auf der Lopar-Halbinsel

INSEL RAB

Ein kleiner Nachteil der Insel ist, dass es auf Rab weniger Bademöglichkeiten als auf anderen Inseln zu geben scheint: Die zum Festland gelegene Ostseite ist steil und unzugänglich, auf der Westseite sind viele Abschnitte entlang der Hauptstraßen in Privatbesitz und umzäunt. Nichtsdestotrotz gibt es natürlich auch auf Rab einige großartige und vielseitige Strandbereiche mit Zentrum rund um den Hauptbadeort **Lopar,** wenn auch teilweise etwas versteckt. Die **Stadt Rab** verzückt jeden, ob man nun auf kulturhistorischen Spuren wandeln oder einfach das erfrischende Seebad mit städtischem Flair genießen möchte.

Geschichte

In vorgeschichtlicher Zeit von illyrischen Liburnern bewohnt (illyrisch *Arb* = „grün, bewaldet"), wurde die Insel als „Arba" 155 v. Chr. römische Kolonie. Unter Kaiser *Augustus* erfolgte der Ausbau der Hauptstadt mit Wehrtürmen, Stadtmauer und Hafen. Mit der Völkerwanderung zunächst byzantinisch, stand Arba vom 9. bis 15. Jahrhundert unter kroatischer, von 1409 bis 1797 unter venezianischer, bis 1918 unter österreichischer und bis 1943/45 unter italienisch-deutscher Herrschaft. Anfang des 20. Jh. setzte eine touristische Entwicklung ein, die heute das Rückgrat der lokalen Wirtschaft bildet – so soll der **erste FKK-Strand Jugoslawiens** auf Rab entstanden sein. Angeblich soll *Edward VIII.*, später König von England, 1934 um die Genehmigung des hüllenlosen Badevergnügens für seine Frau **Wallis** ersucht haben.

NICHT VERPASSEN!

- Markantes Panorama – **vier Kirchtürme in einer Reihe in Rab-Stadt** | 353
- Einsame kleine Badestellen abseits der Zivilisation in der **Schinkenbucht** | 363
- Biken, wandern und entdecken im **Waldpark Šuma Dundo** | 363
- Familien mit Kindern lieben den riesigen **Sandstrand von Lopar** | 367

Diese Tipps erkennt man an der gelben Hinterlegung.

Allgemeine Reiseinfos Insel Rab

An- und Weiterreise

Fähre

- Die Fähre **von Stinica nach Mišnjak** auf Rab (häufigste und schnellste Fährverbindung) legt in der Hauptsaison von 4.30 Uhr bis Mitternacht permanent ab (alle vier Fähren werden eingesetzt und fahren ab, wenn sie voll sind, offiziell etwa stündlich). Pkw inkl. Fahrer kosten 148 K, Fußgänger/Mitfahrer 17 K (Kinder 7 K); Infos unter www.rapska-plovid ba.hr.
- „Inselhüpfer" werden die längst eingestellte, aber noch häufig in Publikationen verzeichnete Route Lopar – Baška (Krk) vermissen, sie wurde durch die (längere) Verbindung **Lopar – Valbiska** (Krk) ersetzt; in beide Richtungen 2x tgl. (nur im Hochsommer 4x tgl.) für ca. 171 K (Pkw + 2 Pers.), www.rab-visit.com. **Abfahrt Valbiska/Krk:** 7.45, 11.45, 16.00, 20.30 Uhr; **Abfahrt Lopar/Rab:** 6.00, 9.45, 14.00, 18.30 Uhr, 30.9.–30.5. nur 6 und 17.15 Uhr ab Rab, 7.45 und 19.30 Uhr ab Krk.
- Der **Personen-Katamaran Rijeka – Novalja (Pag) – Rab** ist eher für die Anwohner nützlich, da er nur je einmal täglich um 6.55 (mittwochs 9.55) von Rab nach Rijeka und um 18.55 nach Novalja in See sticht; www.jadrolinija.hr/hr.

Internationale Personenfähren verbinden Rab-Stadt mit **Cesenatico** und **Pesaro (Italien);** www.croatiaferries.com/italy-ferries.htm.

Bus

Dreh- und Angelpunkt für alle lokalen und Langstreckenlinien ist der **Busbahnhof Rab-Stadt** an der Durchgangsstraße vor der Altstadt; Infos unter www.rab-croatia.com.

■ **Langstreckenbusse** nach Zagreb starten 4 bis 5x tgl. (5.25 und 6.40 Uhr sowie 2–3x am Nachmittag), nach Rijeka tgl. 5.25, 13.40 (nur Sommer) und 15.40 Uhr für 141 K via Crikvenica. Die Agenturen in Rab organisieren auch Direktlimousinen-Service vom/zum Flughafen Rijeka-Krk (4 Personen zusammen etwa 100 €/einfach) oder im Linienbus (etwa 25 € einfach p.P.).

■ Die wichtigsten Linien der **Inselbusse** im Hochsommer sind:

Rab – Lopar: 4.20–22.30 Uhr 11x tgl., 24 K
Lopar – Rab: 4.49–23.04 Uhr 11x tgl., 24 K
Rab – Kampor: 4.45–19.30 9x tgl., 16 K
Kampor – Rab: : 5–19.45 Uhr 9x tgl., 16 K
Rab – Barbat: 5.25–19.30 8x tgl., 16 K
Barbat – Rab: 6.30–19.45 Uhr 8x tgl., 16 K
Rab – Dumici/Supetarska Draga: 7.15, 10.15, 13.15, 15.15 und 19.30 Uhr, 19 K
Dumici/Supetarska Draga – Rab: 7.30, 10.30, 13.30, 15.30 und 19.45 Uhr, 19 K
Rab – S. Punta: 8.45, 12, 13.40, 18.50 Uhr und 22.15 Uhr (nur 1.7. bis 31.8.)
S. Punta – Rab: 9, 12.10, 14, 19 Uhr und 22.30 Uhr (nur 1.7. bis 31.8.)

Eine Autofähre verlässt den Hafen von Mišnjak auf Rab in Richtung Jablanac auf dem Festland

Kulinarische Besonderheit auf Rab

Die Inseln der Kvarner Bucht bieten, weit mehr als das Festland, nahezu alle irgendeine nur jeweils dort erhältliche **Hausmannskost.** Auf Rab ist das der **Sočivo,** ein besonderer geschmorter Fleisch- und Bohneneintopf, der gelegentlich in Lokalen oder auf Festen (Stokalj-Octopusfest Ende Mai, Bierfest Lopar Ende Juni) auch dem Besucher angeboten wird.

Unterkunftssuche

■ Auf in Deutschland organisierbare **Bootsreisen bzw. Bootsausbildung** inkl. Unterkunftsvermittlung für Rab hat sich die **Yachtschule Am Katthagen** mit einem preiswerten, breiten Angebotspaket spezialisiert; Gittruper Str. 67, 48157 Münster, Tel. 0251-3211212, www.yacht-ak.de.

■ Unter **www.apartmani-hrvatska.com, www.rabonline.net** und **www.reisen-nach-rab.de** findet man Angebote für Ferienwohnungen, besonders zu Rab.

■ Eine sehr umfangreiche Homepage mit zahlreichen guten Informationen, vor allem Unterkünfte in den Orten auf Rab, findet man unter **www.rab-croatia.com.** Auch die offizielle Homepage von Rab, **www.rab-visit.com,** hier: auf „Ortschaften" klicken, hilft bei der Suche nach Hotel-, Privat- und Campingunterkunft. Gute Angebote findet man ferner unter **www.apartmani-rab.net.**

Barbat und Banjol

Von der **Fährstelle Mišnjak** erstreckt sich zunächst ödes, unbesiedeltes Land – wie man es von Pag her kennt – den Hang hinauf. Unmittelbar gegenüber der vorgelagerten Insel Dolin liegt die beliebte **Badebucht Pudarica** (Sand!). Ab Barbat ändert sich das Bild grundlegend: Das Land wird deutlich grüner, Wein, Mais und Tomaten werden angebaut. Eine nahezu ununterbrochene Besiedlung entlang der beiden Hauptstraßen bis Lopar bzw. Kampor wird sichtbar.

Bei Barbat und Banjol, einst eigenständige Dörfer, handelt es sich heute praktisch um eine zusammenhängende **Verlängerung der Stadt Rab** in Form eines Straßendorfes entlang der **Uferstra-**

ße auf der der Insel Dolin zugewandten Seite. Irgendwelche Ortsgrenzen sind nicht zu erkennen – ab einem bestimmten Punkt (etwa Hausnummer 800) heißt die Uferstraße einfach „Barbat" statt „Banjol".

Die Bademöglichkeiten sind hier eher mäßig, meist befestigte kleine Plattformen und winzige Kiesabschnitte. Viele der Häuser entlang der sehr schmalen Uferstraße bieten Ferienunterkunft an, oder besser: Wer ein Haus in der ersten Reihe besitzt, vermietet mit hoher Wahrscheinlichkeit Zimmer oder Wohnungen. Es sind hauptsächlich Angler und Bootsbesitzer, die hier wohnen, um unmittelbar eine Anlegestelle vor der Tür zu haben – und/oder ein wenig Abstand vom üblichen Baderummel.

Praktische Tipps

Unterkunft

Vielfach werden Unterkünfte in Barbat und Banjol pauschal als „Rab" angeboten, sie liegen allerdings ziemlich weit außerhalb des eigentlichen Rab (Altstadt); siehe Rab-Stadt.

Essen und Trinken

MEIN TIPP: Von Rab kommend, zweigt unmittelbar hinter dem *Eko-Centar Natura Rab* in Barbat rechts ein Sträßchen ab; dann gleich wieder rechts kommt man zum **Restaurant Bimbo,** Barbat 643, Tel. 051-721176, geöffnet Mitte Mai bis Mitte Okt. 11–14 und 17–24 Uhr. Immer gut gefüllt, keine Laufkundschaft, angenehme Terrasse, super Essen

www.fotolia.de © MaiKai

hundert, zu erkennen an den venezianischen Löwen, die den Balkon stützen. Weitere für das Stadtbild recht typische Familienpaläste liegen in den Gassen Donja und Srednja.

Sehenswertes außerhalb

Kloster Sv Eufemija

Von Rab Richtung Kampor, immer die besiedelte, aber dennoch landwirtschaftlich geprägte Hauptroute entlang, überrascht hinter einer Kurve ein verträumt liegendes Klosterareal aus dem 15. Jahrhundert, genannt Sv Eufemija. Das Kircheninnere beherbergt ein Polyptichon der Gebrüder *Antonio* und *Bartolomeo Vivarini* aus Venedig sowie in der **Klosterbibliothek** über 7000 Werke der Kirchenliteratur. Sehr empfehlenswert ist der **Fußweg** von Rab-Stadt am Ufer entlang (ca. 1 Std.). Auf dem Hauptaltar sticht ein recht seltenes zehnteiliges, farbiges Ikonenbildnis ins Auge.

■ **Museum:** Kampor 19, Tel. 051-724951, 10–12 und 16–18 Uhr, 20 K.

Mundanje

An der Inselhauptstraße beim kleinen landwirtschaftlichen Weiler Mundanje kann man hausgemachte Weine erwerben (Schilder „vino"), je nach Saison auch Obst oder Honig. Hier lohnt die Auffahrt zum 410 Meter hohen **Kamenjak** mit einmaliger **Aussicht auf Rab-Stadt.** Das Sträßchen ist okay, aber sehr eng und erfordert bei Gegenverkehr haarsträubende Manöver – am besten

090is wl

sehr früh hinauffahren, wenn man mehr oder weniger allein ist (bestes Licht!).

Praktische Tipps

An- und Weiterreise

Der **Busbahnhof** liegt günstig vor der Altstadt an der Durchfahrtsstraße, Verbindung besteht von hier sowohl zu den wichtigsten Inselorten als auch auf das Festland (u.a. Rijeka, Zagreb; Details siehe Kapitelanfang). Tickets direkt am Busbahnhof (Autotrans), Mali Palit bb, Tel. 060-306080, tgl. 5.15–19.15 Uhr.

Info und Agenturen

■ **Touristeninformation Rab,** Škver 6, am Trg Municipium Arba, Tel. 051-771111, www.rab-visit.com, Mo bis Sa 8–15 Uhr, im Sommer tgl. 8–22 Uhr, mit Filiale in der Fußgänger-Einkaufszone hinter dem Busbahnhof (tgl. 8–21 Uhr).

Rab-Stadt mit den berühmten vier Türmen

Unterkunftsvermittlung, Ausflüge und Geldwechsel bieten z.B. folgende **Agenturen:**

■ **Atlas Tours,** Trg Municipium Arba und Busbahnhof, Tel. 051-724585, www.atlas-rab.com.

■ **Kristofor,** Palit bb (am Busbahnhof), Tel. 051-725543, www.kristofor-travel.com, bietet Unterkünfte und Ausflüge (auch geführte Wanderungen) an.

Unterkunft

Hotels

21 Segelfreunde und Familien bevorzugen das **Hotel Padova**④, Tel. 051-724544, www.valamar.

030kb wl

com/de/hotels-rab/padova-hotel, da es noch in Gehnähe zum Zentrum nahe der Marina liegt. Riesenanlage mit tollem Blick auf die Altstadt.

9 Der relativ neue Zweckbau des **Hotel Imperial** ③, Tel. 051-724522, www.valamar.com/de/hotels-rab/padova-hotel, liegt gegenüber vom Busbahnhof und wird gerne von Reisegruppen und Paaren („Erwachsenenhotel") genutzt. Keine schöne Aussicht aus den meisten Zimmern, aber zentral.

10 Das zentrale **Hotel Istra**③, Tel. 051-724276 und 724134, www.hotel-istra.hr, gilt zu Recht als ältestes und stilvollstes Hotel von Rab. Sehr schönes gehobenes Ambiente.

26 Die vielleicht schönste Lage, fast an der Spitze der Altstadt-Landzunge, nimmt das **Hotel Arbiana** ④, Obala Krešimira IV Nr. 12, Tel. 051-725563, www.arbianahotel.com, ein. 1928 als Exklusivhotel für betuchte Gäste eröffnet, bieten 28 großzügige Wohneinheiten gediegenen Luxus für die Oberklasse (alle Zimmer mit a/c, Internet, Sat-TV, Safe usw.).

18 Alternativ empfiehlt sich noch das **Hotel International Rab**③, Obala Krešimira 4, Tel. 051-602 000, www.hotel rab.com, ein umfassend renoviertes, gehobenes Mittelklassehotel am Hafen mit Hallenbad, Wellness und komfortablen Zimmern; bei Vorabbuchung über die Homepage maximal 132 €/DZ (in der Hauptsaison).

⌃ Gemütliche Cafés säumen den Trg Municipium Arba

Pensionen und Ferienwohnungen

Die meisten **Privatunterkünfte** liegen im Ortsteil **Banjol** hinter dem Sportplatz (siehe „Agenturen" und Hinweise am Anfang des Rab-Kapitels).

20 Recht beliebt im Bezirk Banjol ist die **Vila Lučica**③, Banjol 737, Tel. 051-721510, hellrotes Haus mit Palme und antiker Brunnenschale davor, mit Apartments und Zimmern.

20 Ein weiterer Anbieter ist die **Villa Petrac**③, Banjol 590, Tel. 051-771088, http://villapetrac.com, schöne Apartments für max. 8 Personen.

2 Am anderen Ortsrand, im Distrikt Palit, empfiehlt sich die **Villa Ana**②, Tel. 051-724719, www.villaana-rab.com, Richtung Kampor kurz vor dem Kloster; 6 Apartments und 2 DZ, etwas zurückgesetzt und ruhig.

Camping

20 **AC Padova**② (Padova I bis III), Tel. 051-724355, ein gutes Stück außerhalb am kleinen Kap Artić in Banjol gelegen, zu Fuß 45 Minuten bis zur Altstadt. Infos unter www.rab-camping.com. Die Beschilderung in Rab vor dem Supermarkt *Tina* linker Hand beachten. Gilt als einer der besten Plätze des Landes mit gutem Freizeitangebot von Tauchschule über Rad-/Bootsverleih bis zu Wassersportvergnügungen sowie Mobilheimen.

Essen und Trinken

Cafés und Snacks

- **Essensstände** rund um den Trg Kristofora haben oft Fettgebackenes (eine Art Minikrapfen) im Angebot, eine Spezialität auf Rab und Krk.
- In der Fußgängerzone hinter dem Busbahnhof findet man **Cafés, Bäckereien** und **Snacklokale.**

Restaurants

Hier soll nicht verschwiegen werden, dass viele Lokale in Rab-Stadt (nicht alle!) vom **Tagestourismus** leben und einige Reisende daher einen gewissen Qualitätsabfall im Vergleich zu Lokalen in anderen Inselorten bemängeln; außerdem sind die Gaststätten in Rab etwas teurer (Getränke!) als gewohnt. Praktisch alle Restaurants liegen an den beiden Sträßchen Sredna und Donja Ulica, man sollte durchaus einmal beide entlanggehen und sich inspirieren lassen.

Innerhalb der Altstadt

12 Sehr schön und zentral am Trg Kristofora wurde das **Restaurant Grand** in die Altstadtmauern integriert. Nationale und internationale Küche, geöffnet tgl. 10 bis 23 Uhr, Tel. 051-724115.

15 In der Ulica Rabske Brigade, abzweigend von der Srednja Ulica, liegt recht versteckt mit kleinem Außenbereich die **Pizzeria San Marko,** deren Portionsgrößen legendär (Lasagne!) sind; die Getränke sind teuer, Tel. 051-724820.

17 Qualitativ um Längen besser ist allerdings das auch von Reisenden sehr gelobte **Gardens,** Donja Ulica 7A, Tel. 051-724850. Regionale Fleisch-, Fisch- und Nudelgerichte in nettem Ambiente mit gelegentlicher Live-Musik.

16 Mit einigen empfehlenswerten Spezialitäten wartet die **Konoba Rab,** Branimira 3, Tel. 051-725 666, tgl. 10–14 und 17–23 Uhr, So durchgehend, auf: Im Angebot stehen Meeresfrüchtesalat, Lamm im Tontopf oder Kalbshaxe. Auch die Getränkepreise sind für Raber Verhältnisse günstig.

19 Als eines der trendigsten Oberklasserestaurants von Rab hat sich das **Restaurant-Café Astoria** (vermieten auch Apartments) etabliert, Trg Municipium Arba 7, Tel. 051-774844, geöffnet tgl. 12–15 und 18–23 Uhr. Die Jakobsmuscheln sind ein Gedicht, ebenso die Kalmare vom Grill mit Knoblauch oder die Fischsuppe nach Hausfrauenart. Sehr lieblich schmecken die Putenmedaillons mit Pflaumen. Hier wird Wert auf die Verarbeitung heimischer, im ökologischen Anbau erzeugter Produkte gelegt.

MEIN TIPP: 24 Ausschließlich auf Fisch und Meeresfrüchte hat sich **Šanpjer,** Obala Kralja Petra Kreshimira IV 6, Tel. 051-724183, tgl. 8–24 Uhr, spezialisiert. Sehr schöne Uferlage, ausgezeichnete, Gerichte mit fangfrischem Fisch in einem guten Preis-Leistungs-Verhältnis. Der aus Frankreich stammende Besitzer *Jean-Pierre* betreibt hier auch ein Fischgeschäft.

Vor der Altstadt

4 Das **Restaurant Velum,** Palit 71, Tel. 051-774855, in der Einkaufspassage ist eines der noble-

ren von Rab: Pasta- und vor allem Fischspezialitäten, sehr gut sind die Riesengarnelen auf Nudeln. Gehobenes Preis-Leistungs-Segment.

6 Die kleine **Konoba Amfora** ist eines der wenigen Spanferkelrestaurants auf Rab, Banjol 1, Tel. 051-776394, tgl. 8–14 und 16–24 Uhr, Jan./Febr. geschlossen. Einfach und zünftig, einziger Nachteil ist die Lage direkt an der Straße.

Nachtleben

25 Für einen gemütlichen Drink in urigem Ambiente in der Altstadt loben Leser die **Cocktailbar 1492/ Santa Maria** (Ul. Dinka Dokule 6, Tel. 091-5779 596, tgl. 18–2 Uhr). Karibische Cocktails und kubanische Zigarren sollen hier die Benennung der Bar nach dem legendären (Wieder-)entdecker Amerikas legitimieren.

19 Neueste Musik wird in der **Santos Beach Bar** am Trg Municipium Arba gespielt. Eine der größten Clubbing-Institutionen der Adria, Tel. 051-724145.

Blick auf die Stadt Rab

Weitere Adressen für Nachtschwärmer vor Ort sind:

11 **Klub Oz** (Tel. 051-777214, Obala Petra Krešimira) und die benachbarte 11 **Lounge-Bar Escape** (Obala Petra Krešimira 2).

■ Im Sommer wird am Sandstrand beim alten Fährpier von Pudarica (s. Banjol) eine **Open-Air Disco** aufgebaut – ein Hit für Einheimische wie Touristen gleichermaßen.

14 Das **Open-Air-Kino** *(Ljetno Kino)* zeigt an Sommerabenden englischsprachige Filme (Aushänge beachten).

13 An der Treppe zwischen Trg Kristofora und dem Aussichtspunkt liegt linker Hand ein Saal, der im Sommer als **Kunstgalerie,** im Winter als **Kino/ Theater** dient.

23 Es wirkt in Rab zwar ein wenig deplatziert, aber man kann nahezu rund um die Uhr im Automatenkasino **Admiral's Club** zocken (am Trg Municipium Arba).

Einkaufen

■ Selbstversorger shoppen im kleinen **Supermarkt Bipa** neben dem Hotel *Istra* oder in der 5 **Einkaufspassage Banka** mit Kaufhaus hinter dem Busbahnhof; hier auch mehrere **Bäckereien.**

5 In der Einkaufspassage *Banka* liegt auch die *Tržnica Rab,* die **Markthalle,** neben dem *Merkur*-Kaufhaus) mit Metzgerei, Fischgeschäft, Obst- und Gemüseständen (nur vormittags).

möglichkeiten sowie unberührte Flora und Fauna, z.B. Zwergeule oder Gelbrückenmaus.

Kampor

Der Name des Ortes Kampor („Camp, Lager", gemeint ist KZ) hat einen faden Beigeschmack: Von **Juli 1942 bis September 1943** unterhielt die italienische Besatzungsmacht hier ein **Konzentrationslager,** in dem 15.000 „Staatsfeinde", großteils Juden und Slowenen, inhaftiert waren. Das ehemalige Lager ist heute ein antifaschistisches Mahnmal (Eintritt frei, Schild „Groblje Žrtava Fašista" vor dem Ort links beachten).

Kampor ist ein winziges **Fischerdorf** mit ein paar Badebuchten rund um den Ort und einer Tauchschule. Man wohnt hier relativ abgeschieden, dennoch gibt es alles Notwendige vor Ort im Einkaufszentrum (unübersehbar) mit Bäcker, Minimarkt und Agentur (Unterkunft, Radverleih). Die Straße ist im Ort zu Ende (Buswendeplatz), dahinter halbrechts über den Hügel verteilt liegen weitere kleine Buchten und ein schmaler, befestigter Ufer-Fußweg bis Donji Supetarska Draga.

▷ In der Bucht von Supetarska Draga

Praktische Tipps

Unterkunft/Privatvermieter (FeWo)

- **Ralf Waldeck**③, Kampor 396, Tel. 098-1303 078, www.rab-apartments.eu.
- **Vila Siska-Staničić**②, Kampor 412, Tel. 051-776022, www.apartmani-siska.com.hr.
- **Fam. Gušćić**③, Kampor 446, Tel. 051-7766695, www.guscic.com.
- **Starturist Vile Kampor**③, Kampor 443, Tel. 099-6457000, www.vil las-rab.com.

Essen und Trinken

- Kleine Kioske und Pizzerien, z.B. **Pizzeria Victoria,** Kampor 298, Tel. 051-318110, findet man an der Hauptstraße und am Ende des langen Strandes (am Minimarkt halblinks blickend).
- Mehr für das Frühstück oder einen Drink eignet sich das **Café Porto** (Tel. 098-442030, tgl. 7.30–24 Uhr) neben dem Minimarkt.
- Ebenfalls gute Pizzen backt das **Skipper,** Kampor 372, Tel. 051-776432.
- Richtig gut essen kann man in Kampor im ausgezeichneten **Restaurant Dupin** (Tel. 051-772061, tgl. 11–24 Uhr) der Tauchbasis **Kron** (s.u.): Spezialitäten ist u.a. Seehecht in Weinsauce!

Aktivitäten

- **Kron Diving,** Kampor 413a, Tel. 051-776620, www.kron-diving.com, ausgezeichnete Basis, tolles Restaurant anbei, auch sehr schöne Unterkünfte.

Nützliches

- **Agentur Matovica,** gegenüber vom Minimarkt, Tel. 051-604199, www.matovica.hr, tgl. 7.30–22

Uhr, Räder und Scooter, Geldwechsel, Ausflüge, Bootsverleih, Unterkunft usw.

- Der **Minimarkt** am Ufer bietet alles Notwendige; gegenüber verkauft der **Bäcker** frische Backwaren.

Supetarska Draga

Vom 11. bis zum 16. Jahrhundert Klosterort, zieht das beidseitig der Bucht (vor der Bucht links Donji Supetarska Draga, rechts Gornji Supetarska Draga) gelegene Straßendorf in erster Linie **Wassersportler** an. Zum Baden ist der Ort weniger gut geeignet, dafür liegen die Strände von Lopar nahe.

Kurz vor Supetarska Draga weist ein braunes Hinweisschild auf **Sv Petar** nach rechts hin. Das **Kloster** geht auf eine großzügige Stiftung der Bürger der Stadt Rab zurück und wurde 1059 im romanischen Stil errichtet. Trotz mehrfacher Restaurationsarbeiten gilt Sv Petar als eine der am besten erhaltenen Sakralanlagen des Landes, deren Glockenturm die älteste Glocke Kroatiens beherbergt.

Praktische Tipps

Unterkunft

- Es werden ausschließlich **Ferienwohnungen bzw. Zimmer** angeboten, und zwar sowohl links in Donji Supetarska Draga (Dumići, Gonar) in den Hängen als auch in Gornji Supetarska Draga entlang der langen Durchgangsstraße. Schöner und auch ruhiger wohnt (und isst) man im Bezirk Donji Supetarska Draga, der ziemlich verstreut in die Hügel gebaut ist.
- Man kann entweder über eine der **Agenturen** (siehe Rab), allgemeine Webseiten (siehe „Unterkunft" zur Insel Rab allgemein) oder direkt über die Webseiten der Vermieter Vorabbuchungen vornehmen, z.B. **M. Dumić,** Sup. Draga 245, Tel. 051-

adobe.stock ©utamaria

tere Weg versperrt) geradeaus weiter bis zu Wegweisern (mit Entfernungsangaben) zu den einzelnen Buchten. Hier kann man der Beschilderung **„Ciganka"** – Bucht – folgen (sehr schön, zwei FKK-Abschnitte).

Die **anderen Buchten** des Wegweisers wie Dubac, Sturić etc. erreicht man auch und etwas schneller, wenn man an der Gabelung bei der Touristeninformation immer geradeaus (Kirche im Blick) das Gässchen hinauffährt (beschildert).

Praktische Tipps

An- und Weiterreise

- **Autofähre Lopar – Valbiska (Krk):** 2–4x tgl. ganzjährig (s.a. Kapitelanfang).
- **Bushaltestelle:** an der Agentur *Numero Uno/* Campingzufahrt und kurz vor dem Fährpier. 4.49–23.04 Uhr 9–11x tgl von/nach Rab (20 K); letzter Bus 23.04 Uhr. Wintermonate/Wochenenden 4x tgl.; 24 K.
- Die **Parkplätze** an der Straße sind im Hochsommer gebührenpflichtig.

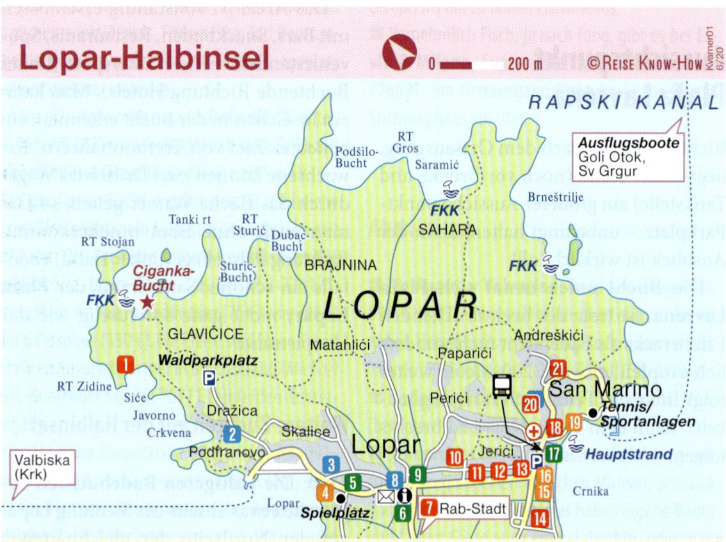

Übernachtung
1 Camp Zidine
7 Hotel Zlatni Zalaz
10 Sunny San Marino
11 Hotel Epario
12 Aptm. Paparić
13 Aptm. Lorena
14 AC San Marino
18 Aptm. Jerić
20 Pension Dragica
21 Pension Lavanda

Essen und Trinken
2 Madonna
3 Konoba Ankora
8 Gostionica Franky's
20 Dragica, Sv Marin

Nachtleben
4 Beach Bar Poco Loco
15 Vergnügungszentrum
16 Bamboocho
19 Sunset Bar

Einkaufen/Sonstiges
5 Bäcker, Minimarkt
6 Konzum-Supermarkt
9 Apotheke
17 Agentur Nr. Uno

Info und Agenturen

■ **Touristeninformation Lopar,** Tel. 051-775 508, www.lopar.com, am Ortseingang/ Gabelung linker Hand, tgl. 7.30–20 Uhr.

17 **Agentur Numero Uno,** am Minimarkt/Abzweigung zum Campingplatz, Tel. 051-775073, www.numero-uno.hr, geöffnet tgl. 8–22 Uhr. Ausflüge, Geldwechsel, Unterkunft, Internetcafé, Fahrzeugverleih, Radverleih usw.

Unterkunft

10 **Sunny San Marino**③, Tel. 052-465000, www.valamar.com/de/resorts-rab/san-marino-resort. Riesenkomplex mit über 1000 Betten.

7 **Hotel Zlatni Zalaz**③, Tel. 051-775150, https://zlatnizalaz.hr. Das 2018 neu renovierte 500-Betten-Haus (DZ, Studios, 1- und 2-Zimmerappartements) liegt günstig zur Marina mit eigenem Zugang zum schönen Badestrand.

11 **Epario**③, kurz vor der Zufahrt zum Campingplatz/San-Marino-Strand linker Hand, etwas abseits vom Trubel, Tel. 051-777500, www.epario.net. Fitness, Kinderbetreuung, Sportcamps usw.

12 **Apartments Paparić**②, Lopar 466, zentral und doch etwas abseits des Trubels, Tel. 098-9692021, www.rajka-lopar.com. Insgesamt vier freundliche und recht geräumige Wohnungen für 4 Personen.

13 Gegenüber der Parkplätze am großen Strand (neben dem Bäcker) liegen die **Apartmani Lorena**③, Lopar 491, Tel. 051-775575, www.apartmani-lorena-lopar.com, mit modernen, insgesamt neun hellen Wohneinheiten.

18 Dem Sträßchen Richtung Fähre folgend, liegen noch vor den großen Hotels rechter Hand oberhalb der Bucht die **Apartmani Jerić**②, Lopar 555, Tel. 051-775320, www.lopar-jeric.com. Apartments für 2 bis 6 Personen.

21 Sehr beliebt ist auch die **Pension Lavanda**② am Hügel im Hotelbereich (Lopar bb., Tel. 051-775399, www.pension-lavanda.com). DZ mit Sat-TV, Internet, Balkon, Meerblick, Apartments mit ähnlicher Ausstattung. Frühstück/HP/VP zubuchbar.

20 Schließlich sei noch auf die **Pension Dragica** ② (s.a. „Essen und Trinken") verwiesen.

■ Weitere Wohnungsanbieter findet man online unter **www.rabonline.net, www.reisen-nach-rab.de** und **www.apartmani-rab.net.**

Camping

14 **AC San Marino**③, Tel. 051-775133, www.camping-adriatic.com/de/san-marino-camp-rab. Sehr großer Platz am Strand Rajska Plaža (Paradiesbucht) mit etlichen Sportangeboten und Tauchbasis *Moby Dick* (s.u.), Boots-, Scooter-, Wasserskiverleih (am Ufer, Tel. 098-9702439) u.Ä. mehr. Die luxuriösen Mobilheime kosten im Sommer allerdings auch 1550 €/Woche (4 Personen), Ende September weniger als die Hälfte. Besonders gut sind hier die Einkaufsmöglichkeiten (für jedermann zugänglich, s.u.), weniger gut ist das eintönige Erscheinungsbild der Parzellen, das einem Schrebergarten-Musterkatalog entnommen sein könnte – es fehlen nur noch die Gartenzwerge ...

1 Ganz anders wirkt da der Campingplatz **Zidine** ②, Forschungs-und Entwicklungszentrum Rab, Tel. 051-775440, www.zidine-lopar.com, wo *Ivo Olip* 15 Mobilheime und 30 Zelte ohne Pkw-Zugang (nur zu Fuß oder per Boot erreichbar!) an der Nordspitze aufgestellt hat. Mini-Obst/Gemüsestand, Restaurant/Bar – und traumhafte Ruhe.

Essen und Trinken

Das gastronomische Angebot in und um Lopar entspricht der touristischen Bedeutung des Ortes, kurz: Man kann hier sehr gut essen. Die Betreiber sind in aller Regel keine Pächter (wie in Rab), sondern Eigentümer und somit noch mehr auf wiederkehrende Besucher angewiesen.

2 Eines der versteckten Lokale von Lopar ist das **Restaurant Madonna,** Lopar 38, Tel. 051-775173, geöffnet 12–23 Uhr. Gutbürgerliche Küche, schöne Terrasse und gute Fleisch- und Fischgerichte. Vor der Fähre nach rechts beschildert.

8 Die **Gostionica Frankys** neben der Touristeninformation hat Spanferkel und Lamm vom Grill im „Programm".

3 Als sehr gutes Fischlokal wird das **Ankora,** Lopar 103, Tel. 051-775461, von Einheimischen wie Reisenden gleichermaßen gelobt. Haben auch sonst eher selten anzutreffende kroatische Gerichte wie *Dalmatinska Pržolica* (dalmatischer Rostbraten) oder *Teleća jetra na žaru* (gegrillte Kalbsleber) auf der Karte. Richtung Fähre, knapp 1 km vor dem Pier rechts.

Mein Tipp: 20 Das **Sv. Marin** an dem Sträßchen zum Hotelbereich linker Hand, Lopar 559, Tel. 051-775074, tgl. 12–24 Uhr, verfügt über einen schönen Außenbereich (Veranda), serviert großartige Pizzen, aber auch Eintopf Hausmacher-Art, Gulasch, gefüllte Paprika und sonstige Leckereien.

20 Ganz in der Nähe liegt auch die **Pension Dragica,** Tel. 051-775420, www.pensiondragica.com, mit Internetcafé, Bootsverleih, Pensions- und Restaurant. Einfache, leckere Kost nicht nur für Gäste.

■ **Obst- und Grillhähnchenstände** an der Abzweigung zum Campingplatz; **Snacklokale** am lin-

085kb wl

ken Buchtabschnitt mit Tischtennis, Spielplätzen usw.

Nachtleben

15 Ein kleines **Vergnügungszentrum Marineros** mit Bars, Billard, Kinderbelustigung (Trampolin, Hüpfburg) und abendlicher Sommerdisco (Millennium, tgl. 21–4.30 Uhr) liegt neben dem Parkplatz am Hauptstrand.

19 An Wochenenden bietet die **Sunset Bar** am Nordrand der Siedlung während der Sommermonate Live-Musik, donnerstags Beachparty.

16 Beinahe karibischen Flair verbreitet die **Beachbar Bamboocho,** Lopar 550/am Strand, Tel. 095-9073883, tgl. 9–1 Uhr, Fr/Sa bis 2 Uhr.

■ An der Fährpier-Straße, etwa mittig, liegt der Ortsstrand **Plaža Lopar;** hier bietet die kleine, aber feine 4 *Beachbar Poko Loko* tgl. von 9 bis 1 Uhr eisgekühlte Biere und Longdrinks. Hier liegt auch die *Bistro-Beachbar Nevera,* wo man neben Getränken auch kleine Snacks bekommt.

Einkaufen

6 Ein moderner, großer **Konzum-Supermarkt** liegt unmittelbar vor der Ortszufahrt linker Hand.

■ **Minimarkt, Apotheke** und **Bäckerei** (*Pekarnica Lopar,* Tel. 051-775623) rund um den Kreisel bei der Touristeninformation am Ortseingang; ein zweiter Minimarkt mit Geldautomat und Bäckerei liegt vor der Zufahrt zum Campingplatz *AC San Marino.*

■ **Fischgeschäft, Metzgerei, Bäckerei, Zeitschriftenhandel** und **Minimarkt** befinden sich auf dem Campingplatz *AC San Marino.*

5 Auch auf der anderen Ortsseite Richtung Pier kann man im **Minimarkt** und in der **Bäckerei** (gegenüber vom Kinderspielplatz) einkaufen.

Aktivitäten

■ Am Nordrand der Bucht findet man **Tennis, Minigolf, Tischtennis,** Sonnenschirm- und Liegestuhlverleih.

■ **Ausflugsboote** zu den Inseln Goli Otok und Sv Grgur fahren unregelmäßig am Pier unterhalb des

☐ Flache Sandbuchten prägen die Halbinsel Lopar

Hotelbereiches ab; hier auch **Wassersport** (Jetski, Banane, Glasbodenboot usw.) sowie **Bootsverleih** direkt am Pier. Reservierung unter Tel. 091-5258147 sowie 091-5391300.

- **Tauchen:** *Moby Dick,* Tel. 051-775577 und 091-5201643, http://mobydick-diving.com, im *AC San Marino* (s.o.) am Ostrand des Hauptstrandes beim kleinen Hafen.
- **Wassersport aller Art** aller Art unterhalb des Hotelkomplexes *San Marino*, im Campingareal und entlang des San-Marino-Strandes.

Feste

- **Dorffeste im August:** Eine gelungene Mischung aus Heiligen- (Sv. Marin) und Mittelalterfest ist in Lopar die **Nacht von Lopar** (Mitte August, die sich freilich über mehrere Tage erstreckt) mit traditionellem Handwerk und Rezepten aus dem 18. Jh. Im Sommer finden außerdem mehrere, auch bei Touristen sehr beliebte **Fischerfeste** statt, wobei Fisch auf traditionelle Art nur mit dem Netz gefangen und anschließend am Ufer gegrillt wird. Ende August schließlich wird das mehrtägige Tomatenfest **Festa pumidora** mit Gesangsgruppen, Kochwettbewerben und kulinarischen Angeboten rund um das rote Gemüse gefeiert.

Nützliches

- Eine **Touristenbahn** verkehrt tagsüber zwischen den einzelnen Ortsteilen von Lopar entlang der Hauptstraße.
- **Internet:** WLAN-Hotspots sind am Fährpier und an der Touristeninformation.
- **Süßwasserduschen** bei den Tennisplätzen am Uferweg.
- **Ambulanz:** an der Hauptstraße gegenüber der Agentur *Numero Uno,* Tel. 051-775165.

9 **Apotheke:** *Debelić,* Lopar 381a (rechts vom TI-Kreisel), Mo–Fr 8–21, Sa 8–15, So 9–13 Uhr.

Kleine, unbewohnte Inseln liegen zwischen Rab, Krk und dem Festland

www.fotolia.de © LianeM

Inseln Sv Grgur und Goli Otok

Von Lopar aus können zwei größere **vorgelagerte Inseln** im Rahmen eines Ausfluges besucht werden, wobei die beiden sehr unterschiedlich sind.

Goli Otok

Heute zwar gänzlich **unbewohnt,** findet man dennoch zahlreiche Spuren einstiger menschlicher Aufenthalte auf Goli Otok. Lange Zeit diente die Insel als ein Weidegebiet für Schafe, wovon noch einige verfallene Hirtenschutzhütten und Zisternen zeugen. Nach dem Zweiten Weltkrieg suchten die Schergen *Titos* nach einem geeigneten „Gulag“ für politische und schwerkriminelle (männliche) Häftlinge – man fand es auf dem nur 4,7 km² großen Goli Otok und errichtete dort ein **Hochsicherheitsgefängnis,** welches von 1949 bis 1985 in Betrieb war. Die Gefangenen mussten unter härtesten Bedingungen Schwerstarbeit (Steinbruch und Marmorwerke) verrichten. Zahlreiche Hintergrundinformationen findet man bei einem virtuellen Rundgang auf der (auch deutschsprachigen) Internetseite www.goliotok.com. Nach dem Zerfall Jugoslawiens wurde das Gefängnis als Synonym für menschenunwürdige Haftbedingungen geschlossen, Goli Otok ist seither unbewohnt. Bunker, Gleisanlagen, Fabriken und Gefängnis können besichtigt werden, ein kleines Restaurant bietet während der Sommermonate Erfrischungen und Snacks.

Sv Grgur

Die größere der beiden Inseln, Sv. Grgur, umfasst 6,4 km². Ähnlich wie Goli Otok war auch Sv Grgur eine **Gefängnisinsel,** allerdings ausschließlich für Frauen. Die Anstalt ist schon seit etwa 1980 geschlossen und der Zerfall relativ weit fortgeschritten, sodass Goli Otok die interessantere, Sv Grgur die unberührtere der beiden Inseln ist.

Anfahrt

- Das übliche Programm beinhaltet eine etwa dreieinhalbstündige **Bootstour** von Lopar/Rab oder Sv Juraj/Senj aus, mit insgesamt jeweils einer Stunde Aufenthalt pro Insel, wobei einige Ausflugsanbieter auch gezielt eine Insel anfahren und z.B. einen mehrstündigen **Badeaufenthalt** anbieten.
- Als ein Beispiel sei das **Glasbodenboot „San Marino“** genannt (Tel. 098-424660), das täglich um 10.30 und 15.30 Uhr in Lopar ablegt (etwa 200 K/Person, Kinder 50 %).

11 Praktische Reisetipps A–Z

Shopping in Poreč

Anreise

Mit dem Auto

Kroatien gehört, ähnlich wie Italien oder Frankreich, zu den klassischen Autoreisezielen. Immerhin gut 90 % aller Kroatien-Urlauber reisen mit dem eigenen Fahrzeug an, wobei verschiedene Routen für die einzelnen Großräume zu beachten sind.

Routen

Die **Tauernroute** ist die Haupttransitroute durch die Alpen, sie führt von München über Salzburg und Villach nach **Ljubljana,** der Hauptstadt von Slowenien. Dabei passiert man in Österreich die **Tauernautobahn** und den **Karawankentunnel** mit der slowenischen Grenze unmittelbar dahinter.

Ab Ljubljana gibt es mehrere Möglichkeiten der Weiterreise nach Istrien und zur Kvarner Bucht. An die **istrische Westküste** fährt man über die Autobahn bis hinter Postojna, von dort geht es auf der Landstraße über Koper und Portorož zum küstennächsten slowenisch-kroatischen Grenzübergang Sečovlje oder zum nahe gelegenen Übergang Kaštel über eine Inlandsstrecke. Von beiden Übergängen erreicht man in wenigen Minuten Savudrija, den nördlichsten istrischen Küstenort, oder die Hauptroute in Richtung Südspitze.

Zentralistrien errreicht man ab Ljubljana und Postojna am besten via Grabovica – Hrastovlje – Sočerga; der kleine Grenzübergang liegt nur wenige Minuten vor Buzet.

Für die **Ostküste Istriens** und zur Kvarner Bucht verlässt man bei Postojna die Autobahn und fährt über die „10“ zum Grenzübergang Rupa, von wo aus die neue Autobahn A7 (alternativ Landstraße E 61) nach Opatija bzw. Rijeka führt. Diese Hauptroute ist aber auch die meistbefahrene Route und tagsüber sowie an den Sommerwochenenden, fast immer **total überlastet!**

Wegen der slowenischen Mautpraxis (s.u.) wählen viele Reisende für Nordkroatien ab dem österreichischem Villach (noch vor der Krawankenroute rechts der Beschilderung nach Italien folgen) als kostengünstigere Alternative die **Autobahnstrecke über Udine bis Triest** (Autobahnmaut bis Triest ca. 10 €) und folgen dort der Landstraße E-61 nach Rijeka. Die Route ab Triest ist nicht ganz einfach zu finden, da Rijeka mit dem alten italienischen Begriff „Fiume“ ausgeschildert ist. Einen ordentlichen Planer bietet www.oeamtc.at/routenplaner.

Achtung: Auch in **Italien** muss bei kurzen Transitreisen eine **Pannen-Signalweste** mitgeführt werden. Außerdem besteht für viele Transitländer (Tschechien, Slowenien, Italien) wie auch für Kroatien selbst vom 1. November bis zum 1. März tagsüber **Lichtpflicht,** Verstöße werden mit 15–40 € Bußgeld belegt.

Gerade in den Ferienzeiten droht die „klassische“ Tauernroute aus allen Nähten zu platzen, kilometerlange Staus an Tauern- und Katschbergtunnel sind nur eine Folge. Den Abschnitt München – Tauern – Ljubljana – Karlovac kann man auf der sogenannten **„Wohlfühlroute“** umgehen: Ab Nürnberg fährt man via Regensburg, Passau, Linz, Graz und **Maribor** bis **Zagreb** und weiter nach **Karlo-**

Anreise
0
100 km
© Reise Know-How
Dalma33 6/20
D
Passau, Nürnberg
Linz
Wien
„Wohlfühlroute“
München, Innsbruck, CH
Salzburg
„Tauernautobahn“
ÖSTERREICH
Radstadt
Pyhrnroute
Graz
Bratislava, Budapest
UNGARN
Lienz
Klagenfurt
Villach
Karawanken-tunnel
Tolmezzo
Maribor
ITALIEN
SLOWENIEN
Budapest
Varaždin
Udine
Ljubljana
Novo Mesto
Zagreb
Postojna
Triest
Kozina
Kočevje
Koper
Podgrad
Karlovac
Rijeka
Skrad
Opatija
Sečovlje
Slavonski Brod, Belgrad
KROATIEN
Poreč
Istrien
Krk
Cres
Pula
Plitvice
Rab
Bihać
BOSNIEN-HERZEGOWINA
Kvarner Bucht
Karlobag
Gospić
Adriatisches Meer
Pag
Obrovac
Gračac
Split, Dubrovnik
Zadar
Dalmatien
A1
A2
A4
A5
A9
A10
A23
A3
A6
A8
E61
3
8

vac/Rijeka. Wer aus Norddeutschland/Ostösterreich anreist, ist damit sicherlich gut beraten, insbesondere seit der Eröffnung des letzten slowenischen Abschnittes (Ende 2018).

Die Ostroute

Etwa die gleiche Reisezeit nimmt die Route **Dresden – Prag – Brno – Wien – Graz** (weiter wie oben) in Anspruch, die für **Reisende aus Ostdeutschland** in Frage kommt. Man vermeidet damit zwar Slowenien, dafür muss in Tschechien eine Autobahnmaut (440 Kronen/18 € für eine Monatsplakette/30 Tage) gezahlt werden.

Transit Österreich

Während man in Deutschland die Beteiligung von Transitreisenden an den Straßenkosten seit Jahren lediglich in Erwägung zieht, darf der deutsche Reiseweltmeister von Böhmen bis zum Genfer See und von Salzburg bis Dubrovnik derweil fleißig zahlen, beginnend in Österreich: Für Kfz bis 3,5 t verlangt Österreich eine **Autobahn-Vignettengebühr** von 89,20 € (Jahr) bzw. 26,80 € (zwei Monate); das zehn Tage gültige „Pickerl" kostet 9,20 € (Motorrad 35,50 €/13,40 €/5,30 €) – es empfiehlt sich somit die Anschaffung zweier 10-Tages-Vignetten. Strafe bei Fahren ohne Vignette: 120 € „Ersatzmautzahlung"! Damit nicht genug: Die gängige Route Salzburg – Ljubljana via Tauernautobahn und Karawankentunnel wird zusätzlich jeweils einfach mit einer Maut von 6 € (Tauern), 11,90 € (Gesamtstrecke Tauern und Katschberg 12,00 €/einfach) und 7,40 € (Karawanken) belegt, auf der Route Linz – Graz sind es 5,50 € für den Bosrucktunnel und 9 € für den Gleinalmtunnel. Alle Mautrouten und aktuellen Details finden sich unter **www.oeamtc.at,** der Homepage des nationalen Automobilclubs, bzw. auf der Betreiberseite www.asfinag.at.

Bei den heimischen Automobilclubs kann man eine **Prepaid-Maut** für die wichtigsten **Tunnelstrecken** zum gleichen Tarif buchen.

Kfz über 3,5 t müssen eine **„Go-Maut-Box"** für einmalig 5 € erwerben (alle Grenzbüros/Tankstellen in Grenznähe) und diese dann mit einem Guthaben von 50 bis 500 € aufladen. Auf allen mautpflichtigen Strecken wird dann automatisch per Funksignal die entsprechende Gebühr „abgebucht". Dieses System gilt auch für **Wohnmobile,** wobei die Bemautung nach Emissionsklassen automatisch vorgenommen wird. Infos unter www.go-maut.at.

Eine **Umgehung der Tauernautobahn** ist möglich, kostet aber Zeit und ist nur für zugkräftige Fahrzeuge mit Einschränkungen, für Kradfahrer jedoch durchaus empfehlenswert: Tauernautobahn Abfahrt „Lammertal", dann via Radstadt und Mauterndorf bis Rennweg (Mehraufwand ca. 40 Minuten, malerische Strecke über zwei Pässe); Karawankentunnel bei Villach-West via Wurzenpass (bis 20 % Steigung, für Gespanne gesperrt!) nach Kranjska Gora, dort Richtung Bled und Ljubljana (Mehraufwand ca. 45 Minuten).

Auch eine **Umgehung der Karawankenroute** ist möglich – hierzu folgt man

▷ Tunnel nahe Hohenwerfen auf Österreichs A 10

kurz vor Villach der Autobahn Richtung Udine/Italien, kurz darauf der Beschilderung „Wurzenpass“; auch hier gilt: vor allem für Biker interessant.

Die Mautpraxis klingt hart, doch muss fairerweise hinzugefügt werden, dass sich die österreichischen Autobahnen im Vergleich zu vielen deutschen Strecken in einem hervorragenden Zustand befinden.

Wichtig: Ab der österreichischen Staatsgrenze (nicht erste Auffahrt o.Ä.!)

Adobe.Stock ©Kruwt

besteht die **Vignettenpflicht,** also auch auf der umstrittenen Route Kiefersfelden – Kufstein; letzte kostenlose Ausfahrt ist, von Rosenheim kommend, die „Ausfahrt 60 – Kiefersfelden"!

Transit Slowenien

Auch Slowenien erhebt Mautgebühren in **Vignettenform,** die an den grenznahen Tankstellen in Österreich oder vorab über die Automobilclubs gekauft werden können: Pkw/Gespanne bis 3,5 t kosten 15 €/Woche oder 30 €/Monat sowie 110 €/Jahr; Motorräder zahlen 7,50 €/Woche, 30 €/Halbjahr oder 55 €/Jahr. Es ist nicht möglich, die Plakette für einen in der Zukunft gelegenen Termin entwerten zu lassen. Ein im Mai gekauftes Monatspickerl wird für den Mai entwertet und ist im Juni nicht mehr gültig. (**Wichtig: Kaufbeleg** für Kontrollen aufbewahren und mitführen!) Ausnahme sind die 7-Tagesplaketten, die – wie die österreichischen – für ein anderes Datum als den Kauftag gelocht (entwertet) werden können. **Fahren ohne Plakette** kostet bis zu 800 Euro Bußgeld! Je nach Heimatort und weiteren Mautstrecken (etwa Tschechien, Schweiz) hat man bis zur Ankunft in Kroatien eine hübsche Vignettensammlung an der Scheibe kleben.

Elektronische Maut in Kroatien

Interessant für Vielfahrer könnte die bargeldlose Bezahlung mit der **ENC/ETC** (www.arz.hr/en/tolls/etc) mit einem Preisvorteil von rund 20 % sein. Hierzu klebt man sich – zusätzlich zur bislang schon beachtlichen Transit-Vignettensammlung – einen Funksender an die Scheibe, der bei den großen grenznahen Mautstellen erhältlich ist; allerdings muss hierfür seit 2018 eine Identitätserklärung (Vorlage: www.arz.hr/attachments/article/49/enc_pristupnica_en.pdf) vorgelegt werden. Es gibt drei Größen (420 K, 610 K und 1000 K), wovon rund 120 K für den Erwerb des Gerätes, der Rest (300 K, 500 K bzw. 900 K) frei nutzbar ist. Damit kann man dann ohne lästige Kleingeldsuche (und vor allem ohne Wartezeiten) durch die deutlich kenntlich gemachte ENC/ETC-Spur fahren – der Mautbetrag wird abgebucht.

Das **Gerät** kann permanent verwendet werden, ein Aufladen ist an bestimmten Mautstationen, über https://prodaja.hac.hr oder als SMS-Gutschein möglich. Das ETC-System wird auf den Autobahnen sowie auf der Brücke nach Krk verwendet. Alle Details siehe www.arz.hr und http://hac.hr (auf Englisch).

Mautgebühren in Kroatien

In Kroatien kosten die Autobahnen eine moderate **Gebühr,** eine Umgehung lohnt keinesfalls; von der slowenisch-kroatischen Grenze zahlt ein Pkw für 100 km umgerechnet rund 8 €, die Krk-Brücke (4,70 €), der Učka-Tunnel bei Rijeka (3,90 €) und die Mirna-Brücke (2 €) kosten im Raum Istrien/Kvarner extra. Die Autobahnen sind ausgezeichnet, viele Autobahnraststätten bieten Übernachtungsmöglichkeiten, die Spritpreise sind landesweit nahezu identisch (auch an Autobahnen). An der Autobahnzufahrt erhält man ein **Ticket** (Automatenschranke, gut aufbewahren!), welches man beim Verlassen an der Mautstation abgibt, dann wird der Routenpreis berechnet. Die Gebühren der privaten Betreibergesellschaften *Hrvatske autoceste* *d.o.o. (HAC)* und *Autocesta Rijeka-Zagreb (ARZ)* auf den Autobahnen betragen als Faustregel ca. 0,08 €/km und sind in Landeswährung bar zu bezahlen. Wer (noch) keine Kuna hat, kann in Fremdwährung zu einem etwas ungünstigeren Wechselkurs als bei Banken zahlen.

Die genauen **Autobahngebühren** (detailliert zwischen zwei Ein-/Ausfahrten) kann man unter www.hak.hr – dort den Suchbegriff „Putne informacije" eingeben und „Cestarina" (Gebührentabelle) aufrufen; dort stehen die kompletten Routengebühren (funktioniert nur in der kroatischen Variante, aber die Ortsnamen kann jeder lesen).

Achtung: für den Transit die gelbe **Pannenweste** nicht vergessen. In Kroatien selbst ist zudem zu beachten, dass ein Satz **Kfz-Birnen** mitgeführt werden muss und keine gefüllten Benzinkanister erlaubt sind! Zum **Autofahren in Kroatien** s.u., Stichwort „Autofahren".

Stau und Rückreiseverkehr

Der vielleicht **wichtigste Tipp** ist: Man meide den **Samstag** auf kroatischen Straßen um jeden Preis; insbesondere im Hochsommer sind stundenlange Staus programmiert! Leider bestehen noch immer viele Unterkunftsvermieter auf den üblichen „Bettenwechsel am Samstag", anstatt durch individuelle Lösungen zu einer Entzerrung dieser Stoßzeiten beizutragen.

Begrenzte Abhilfe ist mit dem EU-Beitritt Kroatiens geschaffen worden, da die früher zeitraubenden Grenzkontrollen auf slowenischer und kroatischer Seite inzwischen „weitgehend" entfallen; es bleiben die **grenznahen Autobahnmautstellen** in Kroatien, die immer wieder zu langen Rückstaus führen. „Weitgehend" deshalb, da seit der Flüchtlingswelle 2015/16 manche EU-Staaten ihre Personenkontrollen (temporär) wieder eingeführt haben, was dann auch an den Transitgrenzen zu Staus führt. Diese Situation hat sich mit der obligatorischen Aufnahme vermehrter bis dauerhafter Kontrollen (2017 eingeführt) der sogenannten **„Schengen-Außengrenzen"** (das ist nicht die Grenze zu einem Nicht-EU Land, sondern die Grenze zwischen dem vorletzten – hier: Slowenien – und letzten EU-Land, also Kroatien) weiter verschärft. Am stärksten betroffen sind davon Autofahrer, die aus Kroatien über Slowenien nach Norden zurückkehren. **Staugefährdet** sind vor allem die Übergänge Dragonja und Rupa auf den Hauptrouten nach Istrien bzw. Dalmatien sowie die Grenzstellen Obrezje (Autobahn Zagreb – Ljubljana) und Macelj (Route Zagreb – Ptuj – Maribor). Österreich erwägt die dauerhafte Wiedereinführung von Grenzkontrollen an den Südgrenzen, und auch Bayern stoppt die Blechlawine nachhaltig. Wartezeiten von bis zu einer Stunde an Grenzen, die eigentlich gar nicht mehr existieren, waren in den letzten Jahren daher leider wieder die Regel.

Autozug

Wer den sommerlichen Autostau Richtung Süden vermeiden will, kann von April bis Oktober auch die Autozugverbindung in Erwägung ziehen. Nach Einstellung zahlreicher Strecken für Autoreisezüge hat *Urlaubs-Express* (www.urlaubs-express.de) die Strecken Hamburg und Düsseldorf via München bis Villach an der slowenischen Grenze übernommen; der Autoreisezug kostet für 4 Personen ab Düsseldorf bis Villach inkl. Fahrzeug rund 600 €.

- **www.oebb.at/de/Reiseplanung**
- **www.bahn.de.**
- **www.urlaubs-express.de**
- **https://bahntouristikexpress.de/autoreisezug-de.html**

Flug

Für die Region Istrien und Kvarner bieten sich hauptsächlich **drei Flughäfen** an.

Nach Pula

Fluganbindung nach/ab **Flughafen Pula,** der etwa zehn Kilometer nordöstlich der Stadt Pula liegt, besteht täglich außer So von/nach Zagreb, Frankfurt/M., Hahn im Hunsrück, Osijek, Split, Toulouse und Charleroi. Außerdem gibt es in den Sommermonaten Charterflüge in mehrere deutsche Städte sowie von/nach Wien. Neben *Croatia Airlines* fliegen hauptsächlich *Ryanair, Eurowings, Lufthansa* (seit Mai 2019 täglich 16.40 Uhr ab Frankfurt/M., 18.55 Uhr zurück), die tschechische *Smart Wings* und *Austrian Airlines* Pula an. Die Flugzeit von Frankfurt nach Pula beträgt etwa 1½ Stunden, weitergehende Informationen zum Flughafen gibt's unter **www.airport-pula.hr.**

Weiterfahrt vom Flughafen Pula

Grundsätzlich gibt es mehrere Möglichkeiten vom Flughafen zum Urlaubsziel in Istrien weiterzufahren: per **Taxi** (Standplätze am Flughafen oder Taxiruf 52530105, Taxis vom Flughafen ins Zentrum kosten 25–30 €), per **Mietwagen** (alle vor Ort tätigen Anbieter siehe Pula/Ortsbeschreibungen), per Abholung durch den Vermieter/das Hotel (kann bei einigen Vermietern vereinbart werden) oder per **Shuttlebus** (etwa 30 Min. nach der jeweiligen Landung). Angeboten wird die Route Flughafen – Pula (30 K) – Verudela – Medulin – Fažana (je 45 K) – Rovinj (150 K) – Poreč (300 K) – Novigrad (338 K) – Umag (375 K) oder der Transfer vom Flughafen nach Rabac (338 K), Tel. 098-255015. Online-Tickets lassen sich unter www.fils.hr buchen, diese sind ca. 25 % günstiger als die genannten Preise beim Kauf im Bus.

Nach Rijeka

Direkt an der Nordspitze der Insel Krk, ostseitig der Inselstraße, liegt der **Flughafen von Rijeka/Krk** (Tel. 051-841865, www.rijeka-airport.hr). Abgesehen von den internationalen Flügen sind auch Privatflüge, beispielsweise Transferflüge von/nach Mali Lošinj, möglich (Details unter www.airport malilosinj.hr).

⊡ Brücke von der Insel Krk aufs Festland

Die wichtigsten nationalen und internationalen Fluganbindungen bestehen von/nach Belgrad, Dubrovnik, Düsseldorf, Eindhoven, Frankfurt/M., Hamburg, Hannover, Köln, München, Split und Stuttgart, ergänzt im Sommer von Charterfliegern.

Vom/zum Flughafen

Der oft als „Rijeka Airport" bezeichnete Flughafen liegt, wie bereits erwähnt, nicht in Rijeka, sondern auf der Insel Krk! Wer in Rijeka (also auf Krk) landet, kann – wenn er nicht mit dem Vermieter die Abholung vereinbart hat – entweder einen eigenen Transport arrangieren (Minibus-Transfer z.B. unter www.rijeka-airport.hr unter „kako do nas" und dort „raspored autobusa") oder den **öffentlichen Bus** von/nach Rijeka nehmen. Weitere Infos unter www.rijeka-airport.hr und bei *Olivari/Malinska,* dem Flughafenbusbetreiber (www.olivari-travel.com). Bustickets kosten 50 K (Rijeka, schneller als der Stadtbus), 40 K (Crikvenica) und 20 K (Omišalj).

Auch sind nationale und internationale (Partner-)**Mietwagenanbieter** am Flughafen vertreten, u.a. *Anticus/Sixt, Anterra/Hertz, Express/Avis.*

Nach Zagreb

Der **F. Tudman Flughafen** von Zagreb ist zwar der größte Flughafen des Landes, für Reisende nach Istrien bzw. in die Kvarner Bucht aber nur bedingt geeignet (z.B. im Winter, da es dann mehr Zagreb-Flüge gibt als nach Rijeka oder Pula). Außerdem gibt es eine ganze Reihe von **Umsteigeverbindungen** über Zagreb, die zwar billiger sein können als die Nonstop-Flüge, bei denen man aber

adobe.stock ©Vera Kailova

auch eine längere Flugdauer einkalkulieren muss. Diese sind mit den meisten europäischen Fluggesellschaften von zahlreichen Flughäfen im deutschsprachigen Raum möglich. Bucht man hingegen nur ein Ticket nach Zagreb, fällt außerdem noch ein entsprechender Weitertransfer an. Um ab Flughafen Zagreb in die Zielregion Istrien/Kvarner weiterzureisen, müsste man entweder erst in die Innenstadt und dort einen Langstreckenbus nehmen oder direkt ab dem Flughafen einen Mietwagen nehmen **(www.zagreb-airport.hr).**

Mini-„Flug-Know-how"

Check-in

Ohne einen gültigen **Reisepass** oder **Personalausweis** kommt man nicht an Bord eines Flugzeuges (auch Kinder benötigen ein eigenes Reisedokument). Bei den innereuropäischen Flügen sollte man **eine Stunde vor Abflug** am Schalter der Airline eingecheckt haben. Je nach Fluggesellschaft kann man den Check-in ab 23 Stunden vor Abflug auch **zuhause** im Internet erledigen und muss am Flughafen nur noch die ausgedruckte Bordkarte vorlegen und sein Gepäck am entsprechenden Schalter abgeben. Manche Fluglinien bieten darüber hinaus die Übermittlung des Bordkarten-Barcodes aufs Mobiltelefon an – interessant vor allem für Passagiere, die nur mit Handgepäck reisen.

Das Gepäck

Man sollte sich beim Kauf des Tickets über die Bestimmungen der Airline informieren, da inzwischen viele Fluggesellschaften Tickets auch ohne Gepäck oder nur mit Handgepäck anbieten und ein eingecheckter Koffer dann richtig Geld kostet!

Beim Packen des Handgepäcks sollte man darauf achten, dass man **Getränke oder vergleichbare Substanzen** (Gel, Parfüm, Shampoo, Creme, Zahnpasta, Suppe, Käse, Lotion, Rasierschaum, Aerosole etc.) nur in Mengen bis zu jeweils 100 ml mit ins Flugzeug nehmen darf. Diese Substanzen muss man separat in einem durchsichtigen Plastikbeutel (z.B. Gefrierbeutel) transportieren, den man beim Durchleuchten in eine der bereit stehenden Schalen auf das Fließband legt. Auch **Notebook** und **Smartphone** müssen in eine solche Schale gelegt werden. Hat man einen **Gürtel** mit einer Schnalle aus Metall, empfiehlt es sich, diesen auszuziehen und ebenfalls in die Schale zu legen, da sonst in der Regel der Metalldetektor anschlägt und man vom Flughafenpersonal abgetastet werden muss.

Aus Sicherheitsgründen dürfen **Nagelfeilen** sowie **Messer** und **Scheren** aller Art, also auch Taschenmesser, nicht im Handgepäck untergebracht werden. Diese Gegenstände sollte man unbedingt daheim lassen oder im aufzugebenden Gepäck verstauen, sonst werden sie bei der Sicherheitskontrolle einfach weggeworfen. Darüber hinaus gilt, dass leicht entzündliche **Gase** in Sprühdosen (Schuhspray, Campinggas, Feuerzeugfüllung), Benzinfeuerzeuge und Feuerwerkskörper nicht im Koffer oder Handgepäck transportiert werden dürfen.

Vom Verschließen des Gepäcks mittels eines Vorhängeschlosses wird abgeraten, da das Flughafenpersonal bei Auffälligkeiten das Gepäck durchsuchen muss.

Flugpreise

Am teuersten ist es in der **Hauptsaison** im Sommerhalbjahr, wenn die Preise für Flüge in den Sommerferien, bzw. im Juli und August besonders hoch sind und über 300 Euro betragen können. Das gilt vor allem bei Abflug von internationalen Großflughäfen wie Basel, Hamburg oder Frankfurt, wo kaum Flüge unter 300 € zu haben sind. In der **Nebensaison** sind dagegen Flüge unter 200 € durchaus im Bereich des Möglichen (Hin- und Rückflug), wobei aber nur bestimmte Routen bzw. Flughäfen angeboten werden.

Kinder unter zwei Jahren fliegen ohne Sitzplatzanspruch für 10 % des Erwachsenenpreises, für ältere Kinder werden die regulären Preise je nach Fluggesellschaft um 25–50 % ermäßigt. Ab dem 12. Lebensjahr gilt der Erwachsenentarif.

Man kann das Ticket über ein **Reisebüro** erwerben, preiswerter ist oft die **Internetbuchung** mit Flugsuchmaschinen. Auch in die Webseite des Flughafens von Pula (www.airport-pula.hr) ist eine Flugsuchmaschine integriert.

■ Mit der Suche starten kann man bei **http://flug.idealo.de, www.skyscanner.de** oder **www.momondo.de.** Nach Wahl der Flugroute und des Reisedatums werden die möglichen Verbindungen aufgezeigt, die Buchung erfolgt erst danach über das verlinkte Online-Reisebüro.

Last Minute

Wer sich erst im letzten Augenblick für eine Reise nach Kroatien entscheidet, kann Ausschau nach Last-Minute-Flügen halten, die von einigen Airlines mit deutlicher Ermäßigung ab etwa 14 Tage vor Abflug angeboten werden, wenn noch Plätze zu füllen sind. Sogenannte Last-Minute-Spezialisten, wie www.restplatzboerse.at oder www.de.lastminute.com, kann man daher auch in die Suche einbeziehen, wobei diese aber im Vergleich zu den genannten Suchmaschinen keineswegs immer den besten Last-Minute-Preis bieten.

Anreise mit dem Bus

Von Pauschalreisen abgesehen (Information und Buchung in jedem Reisebüro), gibt es gerade im Bereich des ehemaligen Jugoslawien (alle Nachfolgestaaten, nicht nur Kroatien), sehr gute und häufige Linienbusverbindungen von zahlreichen Städten in Deutschland zu vielen Zielen in Kroatien.

Als beliebtes Ziel kommt z.B. **Rijeka** in Betracht: Man kommt gegen 3 Uhr nachts an und fährt dann zu vielen weiteren Zielen. Einzelheiten, Fahrpläne und Buchungen sind z.B. bei **Eurolines** erhältlich. Die Preise unterliegen nicht den gewaltigen saisonalen Schwankungen der Flug- oder Bahnticketpreise und bewegen sich in einem Rahmen von derzeit 146–170 € für die Hin- und Rückfahrkarte z.B. ab Frankfurt/M.

■ **Eurolines,** Am Römerhof 17, 60486 Frankfurt am Main, Tel. 069-7903-501, www.eurolines.de. *Eurolines* (vom französischen *Transdev*-Konzern) ging aus der *Deutschen Touring* hervor und wurde im Mai 2019 von *Flixbus* aufgekauft; allerdings wird *Eurolines* zunächst weiter unter dem alten Namen firmieren.

■ **Flixbus,** Birketweg 33, 80639 München, Service-Tel. 030-300137300, www.flixbus.de. *Flixbus* bietet je nach Abfahrtszeit stark unterschiedliche

133is08 wl

Verkehrsbestimmungen

In Kroatien sind die folgenden Geschwindigkeitsbegrenzungen zu beachten: **50 km/h** in Siedlungen, **80 km/h** auf Landstraßen außerhalb von Siedlungen, **100 km/h** auf Kraftfahrtstraßen und **130 km/h** auf Autobahnen; für Pkw mit Anhänger gelten außerhalb von Ortschaften grundsätzlich 80 km/h.

Auf kroatischen Straßen gilt wie auch in Österreich und Slowenien nach vielen Jahren des absoluten Alkoholverbotes eine **0,5-Promillegrenze.** Ausnahme: für junge Kraftfahrer bis 24 Jahre gilt nach wie vor ein absolutes Alkoholverbot. Hierzu eine kleine Anekdote: Ein Priester hat sich gegen die 0,0-Promille-Regelung vor Gericht beschwert. Seine Argumentation: Er müsse mehrere Gemeinden autofahrend betreuen, am selben Tage oft Messwein trinken und käme so aus beruflichen Gründen auf einen gewissen Pegel ...

Kleine Gassen prägen die Altstadt von Rovinj

Weitere Vorschriften: In Kroatien besteht eine grundsätzliche Anschnall- und für Kradfahrer Helmpflicht. Mitzuführen sind **Verbandskasten, Warndreieck, Pannenweste** und **Abschleppseil,** auch **Ersatzbirnen** für die Beleuchtung sind offiziell Pflicht. Ersatzkanister mit Treibstoff dürfen nicht mitgeführt werden. Kinder unter 12 Jahren müssen auf dem Rücksitz befördert werden. Tagsüber muss mit **Abblendlicht** gefahren werden. Und wie in den Transitländern sind während des Fahrens **Mobiltelefone** am Ohr verboten – das scheint sich, wie bei uns, allerdings noch nicht überall herumgesprochen zu haben.

Parken

Wichtig sind auch die **Parkregelungen,** die in fast allen größeren Orten mittlerweile umgesetzt wurden: Das Parken ist (abgesehen von Parkhäusern) nur auf markierten Parkflächen erlaubt, die in aller Regel Mo bis Fr 7–20 Uhr und Sa bis 14 Uhr **gebührenpflichtig** sind (sehr oft Parkscheinautomaten – also Münzen sammeln!).

PayDo Online-Parkgebührenverwaltung

Wer kommod und sicher seine Parkgebühren per Mobiltelefon-App bezahlen und verwalten möchte, kann dies für viele touristische Zentren mit *PayDo* erledigen **(www.paydo.hr).**

Die Applikation *PayDo* unterstützt *iOS* und *Android,* der Zugang ist einfach und beginnt mit der Registrierung des Nutzers, womit zwei Nutzungsarten ermöglicht werden:

- **Direkte Bezahlung** der Parkplatzkarte (Kreditkarte) oder
- Einzahlung auf ein individuelles **Prepaid-Konto,** von dem die Parkgebühr abgebucht wird.

Man „kauft" dann vor Ort per *App* bargeldlos ein Ticket, wird sogar daran erinnert, wenn die Parkzeit abläuft und kann dann direkt „verlängern" ohne zum Fahrzeug zurückkehren zu müssen. Kleingeldsuche und Zettelsammlung entfallen (die Kontrolleure erhalten in Echtzeit eine Meldung zum Fahrzeug).

In **Kroatien** sind derzeit die Städte Biograd na Moru, Bjelovar, Crikvenica, Čakovec, Dubrovnik, Đakovo, Đurđevac, Hvar, Jastrebarsko, Karlovac, Koprivnica, Korčula, Ludbreg, Murter, Novi Vinodolski, Ogulin, Opatija, Orebić, Osijek, Poreč, Požega, Pula, Rab, Rijeka, Rovinj, Samobor, Sisak, Slano, Slavonski Brod, Split, Šibenik, Varaždin, Vinkovci, Virovitica, Vodice, Vodnjan, Vukovar und Zadar eingebunden, die Liste wird laufend erweitert.

Papiere

An Pkw-Papieren sind **Führerschein** und **Kfz-Zulassungsschein** Pflicht; die **„Grüne Versicherungskarte"** *(zeleni karton)* der Kfz-Versicherung ist ebenfalls vorgeschrieben (auch für Bosnien-Herzegowina bei eventueller Weiterreise bis Dubrovnik).

Wer mit einem **Mietfahrzeug** unterwegs ist (Wohnmobil, Leihwagen), benötigt eine Vollmacht des Vermieters – Vordrucke stellen die Automobilclubs zur Verfügung. Außerdem ist, wie bei jeder Auslandsreise, der Kfz-Schutzbrief eines Automobilclubs ratsam.

Unfälle

Bei Unfällen sollte man unbedingt eine **polizeiliche Unfallbestätigung** ausstellen lassen! Nur damit ist die problemlose Ausreise möglich, da Fahrzeuge mit auffälligen Karosserieschäden die Grenze nicht passieren dürfen, ehe der (mögliche) Verkehrsunfall nachweislich geregelt wurde. Für die heimische Versicherung und um langwierige Schadensersatzprozesse zu vermeiden unbedingt das mehrsprachige Formular „Europäischer Unfallbericht" (Automobilclubs) mitführen und zusammen mit dem Unfallgegner ausfüllen! Dieses kann als PDF z.B. beim *ACE* (www.ace.de) oder den Versicherungen (s.u. www.dieversicherer.de) heruntergeladen und ausgedruckt werden.

Notruf/Pannenhilfe

Die Pannenhilfe des **kroatischen Autoclubs HAK** ist unter Tel. 987 durchgehend erreichbar (aus Mobilnetzen unter 01987). Man achte auf die Aufschrift „Pomoć na cesti 987" – andere Pannenhelfer sind wesentlich teurer.

- **Buje:** Stanicna 11, Tel. 052-772423.
- **Pazin:** Družba Kirila i Metoda 3, Tel. 052-24425.
- **Rijeka:** Dolac 11, Tel. 051-212442.

Hilfe ist z.B. für *ADACPlus*-Mitglieder oder *ÖAMTC*-Mitglieder teilweise kostenlos. Man kann sich auch direkt an seinen Automobilclub wenden. Hier die drei größten für Deutschland, Österreich und die Schweiz:

- **ADAC,** Tel. 0049-89-222222 bei Fahrzeugschaden (man wird mit einer deutschsprachigen Notrufstation vor Ort verbunden); Tel. 0049-89-767676 für medizinische Notfälle.
- **ÖAMTC,** Tel. 0043-1-2512000.
- **TCS,** Tel. 0041-58-872220.

Landkarten

Sehr empfehlenswert ist die **Istrien-Karte** aus dem world mapping project des Reise Know-How Verlages im Maßstab 1:70.000. Die Karte besteht aus reiß- und wasserfestem Papier, ist GPS-genau und mit Höhenlinien versehen. Außerdem sind die wichtigsten Sehenswürdigkeiten markiert, ein Register verzeichnet alle Orte. In der gleichen Reihe ist eine Karte von **Kroatien** erschienen, bei der die komplette Küstenregion im Maßstab 1:300.000 abgebildet ist (der Ostteil Kroatiens hat den Maßstab 1:700.000). Brauchbare **Stadtpläne** und **Umlandkarten** gibt es zu Saisonbeginn auch bei den Tourismus-Informationsstellen. Im September kann dort das eine oder andere nützliche Material allerdings durchaus schon einmal vergriffen sein.

Leihwagen

Zahlreiche international renommierte Unternehmen *(Avis, Hertz)* bieten ihren Service auch in Kroatien an und sind an den Flughäfen sowie in größeren Orten vertreten. Die **Preise** liegen in Kroatien

überdurchschnittlich hoch – unter 50 € pro Tag ist kaum ein Kleinwagen zu haben, umgekehrt sind in der Nebensaison bei Buchung z.B. über http://croatia.rentalcargroup.com zumindest bei Kleinwagen tolle Schnäppchen möglich. Günstiger sind **Fahrräder und Mopeds,** die von kleineren Händlern in vielen Touristenorten vermietet werden.

Wer vorab online **Vergleichsportale** (www.mietwagen-check.de, www.billiger- mietwagen.de) durchforstet, kann zumindest in der Nebensaison Wochenpreise von knapp 250 € für Kleinwagen ergattern. Auf die **Vermietstellen/Agenturen** vor **Ort** wird in den Ortsbeschreibungen hingewiesen.

Die meisten Verleihstellen schließen **Grenzübertritte** (etwa nach Slowenien) auch für Tagesbesuche aus, Ausnahme ist nach Erprobung durch Leser z.B. die Firma *Hertz* (www.hertz.de). Andere Leser haben mit kroatischen Leihwagen schlechte Erfahrungen in Montenegro gemacht (willkürliches Abschleppen mit hoher Auslöse usw.).

Barrierefreies Reisen

Kroatien hängt in Bezug auf ein barrierefreies Reisen sowohl den Erwartungen als auch dem Bedarf noch etwas hinterher, eine besonders **gute Vorabplanung ist unerlässlich.** Dabei ist das Fehlen einer barrierefreien Infrastruktur weniger auf mangelnden Willen seitens der lokalen Politik oder der touristischen Anbieter zurückzuführen, sondern oft auch schlicht auf geografische Gegebenheiten wie Felsküste oder steile Ortskerne mit Treppen.

So sollte man zeitig eine geeignete **Unterkunft** (www.uniline.hr/kroatien/unterkunft-behindertengerechte.php oder unter https://rollstuhl-ferienwohnungen.eu) suchen und je nach Interessenslage auch das Ziel den Möglichkeiten vor Ort anpassen. So wird man Kroatien sicherlich auch wegen der Meereslage besuchen wollen – einen guten Überblick zu geeigneten **Stränden** bietet der Reiseveranstalter *Kroati* (www.kroati.de/kroatien-infos/barrierefreie-straende.html). Weitere Unterkunfts- und Strandhinweise findet man unter www.alleskroatien.com/kroatischen-straende-mit-behindertengerechter-ausstattung.html sowie https://barrierefrei.de/news/kroatien-entdecken.

Diplomatische Vertretungen

Die Republik Kroatien unterhält diplomatische Beziehungen zu über hundert Länder, von denen etwa die Hälfte ihre Botschaft in Zagreb hat, einige Länder unterhalten zudem **Konsulate** in Rijeka, Split und Dubrovnik.

Heimatvertretungen in Kroatien

- **Deutsche Botschaft** *(Njemačko Veleposlanstvo),* Ulica Grada Vukovara 64, **Zagreb,** Tel. 01-6300100 und bei dringenden Notfällen Tel. 098-227136, www.zagreb.diplo.de.

- **Honorarkonsulat der Bundesrepublik Deutschland** *(Njemačko Konzulat)*, Ulica Borova 1, Osijek, Tel. 031-220006; osijek@hk-diplo.de.
- **Österreichische Botschaft** *(Austrijsko Veleposlanstvo)*, Radnička cesta 80, 9. Stock, **Zagreb,** Tel. 01-4881050, www.aussenministerium.at/zagreb, marin.mrklic.consulate@email.t-com.hr; **Rijeka,** Stipana Konzula Istranina, Tel. 051-338554, konzulat.republike.austrije@ri.t-com.hr.
- **Konsulat der Republik Österreich** *(Austrijski Konzulat)*, Stipana Istranina Konzula 2, **Rijeka,** Tel. 051-338554; Klaiceva poljana 1, **Split,** Tel. 021-322535.
- **Botschaft der Schweiz** *(Švicarsko Veleposlanstvo)*, Ul. Augusta Cesarca 10, **Zagreb,** Tel. 01-4878800, www.eda.admin.ch/zagreb.
- **Schweizerisches Konsulat** *(Švicarsko Konzulat)*, c/o Stancija 1904, Smoljanci 2, **Svetvinčenat,** Tel. 052-560022, smoljanci@honrep.ch; c/o Hotel Split, Strožanačka 20, **Podstrana,** Tel. 021-420422, split@honrep.ch.

Kroatische Vertretungen im deutschsprachigen Raum

- **Botschaft der Republik Kroatien,** Ahornstr. 4, 10787 **Berlin,** Tel. 030-21915514, http://de.mfa.hr. Konsulate in Düsseldorf, Frankfurt/M., Hamburg, München und Stuttgart.
- **Botschaft der Republik Kroatien,** Heuberggasse 10, 1170 **Wien,** Tel. 01-4859524, http://at.mfa.hr.
- **Botschaft der Republik Kroatien,** Thunstr. 45, 3005 **Bern,** Tel. 031-3520275, vrhbern@mvep.hr.

Ein- und Ausreisebestimmungen

Die Republik Kroatien ist seit 1.7.2013 **Vollmitglied der Europäischen Union.** Für die Einreise nach Kroatien mit einer geplanten Aufenthaltsdauer von bis zu drei Monaten genügt somit ein gültiger **Personalausweis.** Man braucht den Ausweis oder Reisepass auch bei Vermietern für die Anmeldung bzw. Kurtaxe. **Schweizer** sollten einen **Reisepass** mitführen (auch wenn in der Praxis oft ein Ausweis genügt). **Nicht-EU-Bürger** sollten sich bei der entsprechenden kroatischen Botschaft in Deutschland, Österreich oder der Schweiz nach der Notwendigkeit eines Visums erkundigen (siehe „Diplomatische Vertretungen“).

Kinder (ab der Geburt) müssen bei Reisen ins Ausland über ein **eigenes Reisedokument** verfügen.

Impfvorschriften bestehen keine.

Zollbestimmungen

Der private Warenverkehr innerhalb der EU ist grundsätzlich frei.

Als **Richtmengen** für den privaten Gebrauch gelten folgende Mengengrenzen bei hochsteuerbaren Waren:

- **Alkohol:** 10 Liter Spirituosen, 110 Liter Bier, 90 l Wein, davon max. 60 Liter Schaumwein.
- **Tabakwaren:** 800 Stück Zigaretten oder 400 Stück Zigarillos oder 200 Stück Zigarren oder 1 Kilogramm Rauchtabak.
- **Andere Waren (in die EU):** 10 Liter Kraftstoff im Benzinkanister; für See- und Flugreisende bis zu

einem Warenwert von insgesamt 430 €, über Land Reisende 300 €, alle Reisende unter 15 Jahren 175 € (bzw. 150 € in Österreich).

Mehrmengen gelten als gewerblich verbracht und sind grundsätzlich nicht einfuhrfähig, wenn keine glaubhafte Begründung vorliegt, dass die Menge der Ware persönlich verwendet wird.

Einzelne **nationale Verbote** und **Beschränkungen** sind weiterhin zu beachten. Diese betreffen verbotene Waffen (u.a. Springmesser, Schlagringe, Wurfsterne), Artenschutzprodukte, Arzneimittel, Drogen, Markenfälschungen (geringe Stückzahlen sind zum Eigenbedarf/als Geschenk erlaubt), Feuerwerkskörper, die Mitnahme von Haustieren und eigenen Jagdwaffen u.a.

Achtung: Auch für die **Rückeinreise** nach **Österreich** gelten leicht abweichende Freigrenzen.

Das (deutsche) Auswärtige Amt weist darauf hin, dass in der Regel **Reisende aus einem Nicht-EU-Land** durch den kroatischen Zollbeamten aufgefordert werden, die erforderliche Anmeldung mündlich abzugeben. Darunter fallen z.B. sowohl das mitgeführte Laptop, welches die Reisenden wieder ausführen, als auch Waren, welche die Reisenden lediglich durch das Gebiet der Republik Kroatien durchführen möchten. Das Nichtanmelden von Waren trotz Aufforderung durch den Zollbeamten führt in der Regel dazu, dass für diese Waren eine Eingangsabgabenschuld entsteht und zusätzlich strafrechtliche Konsequenzen auf die Reisenden (Schnellgericht) zukommen.

Für die Schweiz

Reisende aus der Schweiz müssen durch die Grenz- und Zollkontrolle, da das Land nicht Mitglied der EU ist. **Freigrenzen** für **Nicht-EU-Staaten:**

- **Alkohol:** 1 Liter Spirituosen über 22 Vol.-%, 4 Liter nicht schäumende Weine, 16 Liter Bier.
- **Tabakwaren:** 200 Stück Zigaretten oder 100 Stück Zigarillos oder 50 Stück Zigarren oder 250 Gramm Rauchtabak.
- **Andere Waren:** Waren zur persönlichen Verwendung oder als Geschenk bis zu einem Warenwert von 430 Euro bei Einreise mit dem Flugzeug oder Schiff . Für Kinder bis 15 Jahren gilt hier ein Warenwert von 175 Euro. Bei der Einreise mit der Bahn, Bus oder Kfz beträgt die Freimenge 300 SFr.

Bei der **Rückeinreise** in die Schweiz sind folgende Freimengen zu beachten:

- **Alkohol:** 5 Liter Alkohol bis 18 Vol.-% und 1 Liter über 18 Vol.-% (für Personen ab 17 Jahren).
- **Tabakwaren:** 250 Zigaretten/Zigarren oder 250 Gramm Tabak (für Personen ab 17 Jahren).
- **Anderes:** 25 Liter Kraftstoff im Benzinkanister, 1 Kilogramm Fleisch/Fisch, 1 Kilogramm Butter, 5 Kilogramm Speisefette/-öle. Übersteigt der Gesamtwert der mitgeführten Waren (inkl. der Wert aller Lebensmittel) 300 SFr, ist in jedem Fall die Mehrwertsteuer zu bezahlen.

Nähere Informationen

- **Deutschland:** www.zoll.de oder beim Zoll-Infocenter, Tel. 069-46997600.
- **Österreich:** www.bmf.gv.at oder beim Zollamt Klagenfurt Villach, Tel. 01-51433 und 564053.
- **Schweiz:** www.ezv.admin.ch oder bei der Zollkreisdirektion in Basel, Tel. 061-2871111.

- **Deutsches Auswärtiges Amt,** Tel. 030-1817 2000, www.auswaertiges-amt.de (auch App „Sicher Reisen" für *iOS* und *Android*).
- **Außenministerium Österreich,** für generelle Anfragen Tel. 01-901153775, für dringende Fälle Tel. 01-901154411, www.bmeia.gv.at (auch „Auslandsservice-App" für *iOS, Android* und *BlackBerry*).
- **Eidgenössisches Departement für auswärtige Angelegenheiten (Schweiz),** Tel. 0800-247 365 oder 0584653333, www.eda.admin.ch, (auch „itinerisApp" für *iOS* und *Android*).

Mehrwertsteuer

Für **in Kroatien gekaufte Waren** (mit Ausnahme von Treibstoffen; auch nicht Dienstleistungen/Mieten usw.) kann die Mehrwertsteuer (PDV, derzeit 23 %) auf Rechnungen von über 500 Kuna **rückerstattet** werden. Beim Kauf verlangt man hierzu das Formular PDV-P, welches vom Verkäufer ausgefüllt werden muss. Bei der Ausreise lässt man diese Rechnungen vom Zollamt gegenbestätigen. Die Mehrwertsteuer kann dann innerhalb von sechs Monaten rückerstattet werden: entweder persönlich beim Verkäufer, bei dem die Ware gekauft wurde, oder postalisch (Adresse des Verkäufers) unter Angabe der Kontonummer, auf die der Betrag eingezahlt werden soll. Die Erstattung erfolgt innerhalb von 15 Tagen nach Eingang.

Mitnahme von Haustieren

Für die Mitnahme von Tieren wird ein gültiger und aktualisierter **Impfpass** (Tierarzt) benötigt. Achtung: Auch schon für die Durchreiseländer innerhalb der EU muss für das Tier eine ordnungsgemäße Tollwutschutzimpfung und ein EU-Heimtierausweis („Pet Passport" genannt) vorgelegt werden. Darüber hinaus muss das Tier mit einem **Mikrochip** gekennzeichnet sein.

Einkaufen und Souvenirs

Man wird als Selbstverpfleger gar nicht umhin kommen, von dem leckeren, frischen **Obst und Gemüse** zu kosten, das auf den lokalen Märkten und oft auch am Straßenrand angeboten wird.

Frischfleisch und Fisch kauft man in der *mesnica* (Fleischerei, Metzgerei) und in der *ribarnica* (örtliche Fischhalle), wo hauptsächlich vormittags Muscheln, Tintenfische, Scampi und diverse Speisefische je nach Saison fangfrisch verkauft werden – für Fischfreunde ein Muss!

Bäckereien *(pekarna)* gibt es in jedem Ort; Brote und Teigwaren sind durchweg sehr preiswert, wobei überwiegend mit Weizenmehl gebacken wird. Kuchenteilchen sind sehr preiswert und lecker – es gibt viele Sorten, einfach mal durchprobieren! Die bekanntesten sind *fritule, krostule,* Strudel, *cukerančići* und die pikant gefüllten *burek* (s.u.). In kleineren Orten, seltener in großen, steht zu bestimmten Tageszeiten ein Bäckereiwagen mit einem Grundsortiment frischer Brote und Kuchen.

Eier, Frischmilch, Konserven, Getränke aller Art und ein ähnliches Angebot wie in westeuropäischen Lebensmittelmärkten sind in **Mini-Märkten** oder **Supermärkten** erhältlich, die sich rapide an den Hauptverbindungsstraßen der größeren Orte ausbreiten.

Unübersehbar dem italienischen Einfluss sind – neben den Pizzerien – die vielen **Eisdielen** *(gellateria)* zuzuschreiben. Im Gegensatz zu früheren Jahren kann das Speiseeis heute als sehr gut bezeichnet werden.

Was kann man mitbringen? Von kitschigen **Erinnerungsstücken** abgesehen, die in den Touristenorten angeboten werden, könnte eine Spitzendecke oder eine Strickjacke gerade älteren Menschen Freude machen. Auch Holzschnitzereien, etwa Puppen mit Regionaltrachten, sind bei Sammlern sehr beliebt. Als Idee für die Wohnungsgestaltung sei erwähnt, dass es in den kroatischen Städten unendlich viele Künstler gibt, die moderne Aquarelle, Radierungen, Plastiken und vieles mehr feilbieten.

Mehr als ein Verlegenheitssouvenir sind lokale **Weine und Schnäpse,** allen voran das auf jedem Bauernhof gebrannte **Nationalgetränk Sliwowitz.** In Touristenorten bekommt man diesen Pflaumenbranntwein als verdünnten Fusel mit künstlichen Aromen, aber in schönen Flaschen, oft mit Kräutern oder eingelegten Früchten. Richtig guten Schnaps erhält man auf den Höfen – einfach auf Schilder wie z.B. „Vino“ und „Šlivovica/Rakija“ achten. Und wer sich mit seinem Wohnungsvermieter gut stellt, bekommt oft für die Heimreise ein Fläschchen in die Hand gedrückt.

Einige Richtpreise

- **Brot** (großes Weißbrot): 15 K
- **Butter:** 20 K
- **Wurst und Käse:** durchschnittlich 20 % teurer als bei uns
- **Eier:** 1,50 K/Stück
- **Eiscreme** (Riesenkugel): 8–12 K

Obst und Gemüse (1 kg)

- **Paprika:** 8–11 K
- **Tomaten:** 8–9 K
- **Trauben:** 12–20 K (starke regionale Schwankungen)
- **Bananen:** 12–15 K
- **Pfirsiche:** 20 K
- **Kohl:** 7–9 K
- **Zucchini:** 8 K
- **Melonen:** 6 K
- **Kartoffeln:** 6 K

Im Lokal

- **Bier:** 20–30 K (0,5 l)
- **Softdrink:** 14–20 K
- **Kaffee:** 8–12 K
- **Cappuccino:** 12–16 K

Elektrizität

Die Stromspannung beträgt wie bei uns **230 V bei 50 Hz,** die Steckdosen sind landesweit **ohne Adapter** nutzbar.

Essen und Trinken

Kroatien kann sich einer **ausgezeichneten Küche** überall im Lande und auf den Inseln rühmen. Es versteht sich von selbst, dass die unterschiedlichen Regionen ihre eigenen **kulinarischen Spezialitäten** hervorgebracht haben.

Typische Speisen

Fisch

Aufgrund der Lage am Meer sind Fischgerichte, Hummer, Scampi, Muscheln und andere Meeresfrüchte typisch für die meisten der in diesem Buch beschriebenen Küstenorte. Typische Speisefische sind Goldbrasse, Wolfbarsch, Drachenkopf und Rotbrasse. Beliebt sind auch Krebs- und Seepolypensalat, Austern sowie Jakobs- und Miesmuscheln, *dondole* genannt. Ferner dürfen gegrillte Sardinen oder Sardellen (köstlich!) auf den Speisekarten nicht fehlen.

Nudeln

Nicht zu verachten sind besonders in Zentralkroatien und Istrien die **hausgemachten Nudeln,** z.B. Makkaroni mit Fleischsauce. Maultaschen *(fuži)*, *gnocchi* mit Wild und *krafi* (mit Käse gefüllte Ravioli) mit Fleischsauce sind Gerichte, deren Rezepte hier von Generation zu Generation weitervererbt werden.

Maneštra, Würste, žarebnjak

Die unersetzliche *maneštra* (Minestrone, Gemüsesuppe) mit Bohnen und jungem

adobe.stock ©Siegfried Schnepf

Mais oder Gerstenkorn, hausgemachte Würste und *žarebnjak* (geräuchertes Schweinskarree) mit Sauerkraut sind traditionelle **„Hausmannskost"**, die in alten Weinstuben und Lokalen *(gostionica, konoba)* serviert wird.

Rohschinken und Schafskäse

An kleinen, kalten Speisen seien der ausgezeichnete Rohschinken **(pršut)** und Schafskäse **(sir)** erwähnt, ergänzt durch **selbst gebackenes Brot** *(kruh).*

Trüffel

In der Gegend um **Motovun** werden hervorragende Trüffel gefunden, die von manchen Kennern zu den besten der Welt gezählt werden, und auch der Kaiserling gilt als istrische Pilzspezialität.

Spanferkel/Lamm

Unübersehbar sind die **entlang der Straßen** scheinbar unentwegt rotierenden, knusprigen Spanferkel *(svinjetina).* Im Norden, bzw. im Hinterland und Richtung Dalmatien, werden Lämmer *(janjetina),* die man mal gekostet haben sollte, zubereitet.

Trüffel aus Istrien werden von Kennern zu den besten der Welt gezählt

Gegrillte Kleinigkeiten

Gegrillte Kleinigkeiten wie **čevapčići** *(čevapi,* Hackfleischröllchen), **pljeskavica** (Frikadellen) oder **ražnjići** (Fleischspieße) werden mit *ajvar,* einer roten Paprikapaste, serviert.

Burek

Sehr beliebt sind auch warme burek (Blätterteigtorte, in Bäckereien), die mit **Spinat, Käse, Hackfleisch oder Apfel** gefüllt sind, eine – wie auch das (in Südkroatien weit verbreitete) Lamm am Spieß – von den muslimischen Bosniern übernommene Spezialität.

Beilagen, Gemüse

Die beliebtesten Beilagen sind Reis, Pommes Frites und Brot; an Gemüse werden je nach Saison Mangold, Tomaten, Feldsalat, Wildspargel, Zucchini, Bohnen, Erbsen und Oliven gereicht.

Vegetarisches/Veganes

Grundsätzlich wird in Kroatien gerne deftig und fleischlastig gegessen, in den Küstenorten bevorzugt Meeresfrüchte. Daneben besteht aber auch, bedingt durch die reichhaltige Landwirtschaft in Nordostkroatien (Slawonien) sowie im istrischen Hinterland, eine sehr **reiche Auswahl an fleischlosen Gerichten,** die allerdings in den landestypischen *Konobas* oder *Roštilj* (Gastwirtschaft, Grill) meist als Beilage (selten als vegetarisches Hauptgericht) serviert werden.

Spezielle **vegetarische Restaurants** sind noch die Ausnahme, soweit vorhanden wird in den Ortsbeschreibungen darauf hingewiesen.

Eigentlich immer sollte man in den weit verbreiteten **Pizzerien** fündig werden. Auf Anfrage werden Vegetarier/Veganer selten abgewiesen und oftmals wird gern irgendetwas außerhalb der Speisekarte gebrutzelt. Wichtig dafür sind etwa die **Vokabeln** *bez mesa* (ohne Fleisch), *vegetarijanac* (Vegetarier) und *vegan* (Veganer).

Getränke

An Getränken steht zuvorderst der heimische **Wein** in diversen Sorten, zu nennen sind vor allem *Pleškavica* (weiß und rot), *Malvasia-Weißwein, Teran-* und *Borgonja-Rotwein* sowie *Hrvatica-Rosé,* im Süden die bekannten *Pelješac-Weine.* Hausmarken können übrigens in den meisten Orten (Schilder „vino" beachten) direkt vom Erzeuger ab ca. 10 K pro Liter gekauft werden, ebenso Schnäpse, allen voran **Šljivovica** (Pflaume) und **Kruškovac** (Birne), wobei besonders die handwarm getrunkene Mischung *Juliška* (Pflaume und Birne) zu empfehlen ist. Als typischer Aperitif wird gern der überall erhältliche, sehr milde **Likörwein** *Prošek* getrunken. Bei der Jugend ist *Bambus* aus Rotwein und Cola beliebt oder auch *Gemišt* (Weißweinschorle), auch *Bevanda* genannt.

Auch **Biertrinker** können getrost zu kroatischen Marken greifen. Als Durstlöscher empfiehlt sich **Mineralwasser,** das mit oder ohne Kohlensäure *(gaz)* in Kunststoffflaschen in Supermärkten vertrieben wird.

Auf Glasflaschen wird wie bei uns teilweise **Pfand** erhoben (z.B. Bier, bestimmte Mineralwassersorten). Die Flaschen kann man prinzipiell in dem Geschäft, in dem sie gekauft wurden, gegen Vorlage des **Kaufbeleges** (gilt als Pfandschein) zurückgeben! Plastikflaschen sind fast immer pfandpflichtig und können nur bei ganz bestimmten großen Supermärkten – ohne Kaufbeleg – zurückgegeben werden (auch in einem anderen Markt derselben Kette). Man sollte also beim Kauf im Urlaubsort fragen, was pfandpflichtig (Flaschenpfand: *kaucija za boce*) ist und wo es abgegeben werden kann. Große Discounter (*Konzum, Lidl* u.a.) nehmen alle Flaschen an und haben inzwischen Pfandautomaten an den Filialen angebracht, sodass man den vom Automaten gedruckten Coupon beim Einkauf einlösen kann.

Restaurants

Ausländische Restaurants sind relativ selten in Kroatien zu finden – mit Ausnahme der allgegenwärtigen **Pizzerien,** die gleichzeitig auch die **günstigsten Lokale** in Kroatien sind.

Ein Wort zum **Preisgefüge:** Essen gehen in Kroatien ist im Durchschnitt immer noch rund 10 % günstiger als in Österreich oder Deutschland, von der Schweiz ganz zu schweigen. Grundgerichte scheinen geradezu billig zu sein, man darf sich jedoch nicht täuschen lassen: Beilagen werden extra bestellt und gesondert berechnet. Recht günstig sind

[>] Paprika und Knoblauch sind Grundbestandteile der kroatischen Küche

Adobe.Stock ©gelilewa

gemischte Platten für zwei Personen, etwa Fisch für 220–280 K oder Grillfleisch für 180–240 K. Als Faustregel gilt: Je weiter weg von der Küste, desto uriger, originaler und preiswerter!

Feste und Feiertage

Neben den gesetzlichen Feiertagen wird in fast allen Orten mindestens ein **lokales Fest** im Jahr gefeiert, von zahllosen Veranstaltungen, Ausstellungen, Sportwettkämpfen usw. ganz abgesehen. Sehr interessant ist in diesem Zusammenhang die Webseite des kroatischen Tourismusverbandes (http://croatia.hr), die unter „Veranstaltungen" zahlreiche Events und Festivitäten anzeigt und erläutert.

- **1. Januar:** Neujahr
- **6. Januar:** Heilige Drei Könige
- **März/April:** Ostern
- **1. Mai:** Tag der Arbeit
- **30. Mai:** Staatsfeiertag (kroatischer Parlamentsbeschluss von 1991 zum Austritt aus der BR Jugoslawien)
- **22. Juni:** Antifaschismustag
- **5. August:** Staatsfeiertag; Rückeroberung der Krajina 1995
- **15. August:** Mariä Himmelfahrt
- **8. Oktober:** Unabhängigkeitstag
- **1. November:** Allerheiligen
- **25. und 26. Dezember:** Weihnachten

Geld

Die nationale Währung heißt **Kuna** (K; 1 Kuna = **100 Lipa**), das kroatische Wort für „Marder" (siehe Exkurs). Im Gebrauch sind Münzen zu 1, 2, 5, 10, 20 und 50 Lipa sowie 1, 2 und 5 Kuna, ferner Geldscheine im Wert von 5, 10, 20, 50, 100, 200, 500 und 1000 Kuna.

Die kroatische Währung wurde im Zusammenhang mit den EU-Aufnahmeverhandlungen in einem engen Korridor **an den Euro gebunden,** sodass große Schwankungen nicht zu erwarten sind. Als generelles Zahlungsmittel soll der Euro in Kroatien um 2025 eingeführt werden. Teilweise (Wohnungsvermieter, Autobahn) kann man auch heute schon in Euro zahlen – es gibt keine einheitliche Regel, im Zweifel sollte man vorher fragen!

Bargeldtausch

Devisen werden in **Banken, Wechselstuben,** auf **Postämtern** sowie in den meisten **Reisebüros, Hotels** und an **Campingplätzen** gewechselt. Es empfiehlt sich nicht, Kuna schon zu Hause zu tauschen, denn der Wechselkurs vor Ort ist deutlich besser. In Kroatien wiederum bieten die Banken den besseren Kurs als Hotels oder Andenkenläden. Wechselstuben sind unkomplizierter, aber etwas ungünstiger.

Die **Banken** sind von 7 bis 19 Uhr geöffnet, samstags bis 13 Uhr; manche Banken in größeren Städten sind auch sonntags geöffnet (meist in touristischen Orten); für Schecks werden 1,5 %, für

Bargeldtransaktionen 1 % Kommission verlangt (besser als Wechselstuben).

Wechselkurse (Stand: Dezember 2019)

- 1 € = 7,44 K, 1 K = 0,13 €
- 1 SFr = 6,76 K, 1 K = 0,15 SFr

Kreditkarten

In den meisten Hotels, Restaurants und Geschäften kann mit gängigen Kreditkarten *(American Express, Diners Club, Mastercard, Visa)* bezahlt werden. Für Barabhebungen per Kreditkarte werden je nach ausstellender Bank Gebühren von bis zu 5,5 % berechnet, für das bargeldlose Zahlen im Ausland dagegen nur 1–2 %.

Bankkarte

Sehr praktisch sind die **Geldautomaten** (auch Deutsch in der Sprachauswahl) an den Banken, wo mit Bankkarte und PIN-Code bis zu 3000 Kuna pro Transaktion (das Maximum schwankt je nach Geldinstitut) abgehoben werden können. Es kommt allerdings manchmal zu sogenannten „Verbindungsschwierigkeiten", sodass man nicht unbedingt auf den letzten Drücker versuchen sollte, Geld abzuheben!

Wie hoch die Kosten für die Barabhebung sind, variiert je nach kartenaustellender Bank und je nach Bank, bei der die Abhebung erfolgt. Man sollte sich daher vor der Reise bei seiner Hausbank informieren, mit welcher Bank man vor Ort zusammenarbeitet, oder bei www.geld-abheben-im-ausland.de die Konditionen für die Kreditkarten vergleichen,

Wissenswertes zur kroatischen Währung

Die Bezeichnung **Kuna** für die kroatische Landeswährung reicht viele Jahrhunderte zurück und beweist allein durch ihren Namen die ehemalige Tauschwirtschaft unter den Menschen. „Kuna" bedeutet nämlich nichts anderes als **„Marder"**, ein Hinweis darauf, dass vor der Verbreitung von Gold und Geld als allgemeinem Zahlungsmittel die einfachen Kroaten mit den auf der Jagd erbeuteten Marderpelzen bezahlten. Auf den kroatischen **Kuna-Münzen** ist das Tierchen verewigt. Recht ähnlich ist auch der ethymologische Hintergrund des russischen Rubel, der „das Abgeschlagene" bedeutet, da die Händler Silberbarren bei sich trugen, von denen sie beim Bezahlen mit der Axt etwas „abschlugen". Derartige **Tauschwirtschaften** wie beim Kuna sind auch aus anderen Kulturen bekannt, etwa aus der Südsee, wo man Muscheln als Zahlungsmittel verwendete.

mit denen man im Ausland gebührenfrei Bargeld abheben kann.

Tipp: Hat man bei Barabhebungen am Geldautomat die Wahl, sollte man den **Betrag immer in der Landeswährung vom Konto abbuchen** lassen und nicht in Euro. Bei einer Abbuchung in Euro wird die *Dynamic Currency Conversion* zugrunde gelegt, die erhebliche Kosten verursachen kann. Bei Abbuchung in der Landeswährung wird hingegen der offizielle Devisenkurs der eigenen Bank zugrunde gelegt, dies ist am sichersten. Grundsätzlich sollte man bevorzugt *Sparkassen-* oder *Raiffeisenautomaten* suchen (da wurde diese Praxis bislang nicht beobachtet) und ansonsten in der Menüführung zunächst auf „Deutsch" umstellen und diesen Punkt beachten! Es ist immer vorteilhafter, im Geschäft per Kreditkarte zu zahlen und für Barabhebungen eine Bankkarte (Debitkarte) zu verwenden.

Bei **Verlust** der Bank- oder Kreditkarte sollte man diese umgehend **sperren lassen** und schnellstmöglich die ausstellende Bank informieren (s. „Notfälle").

Preise und Reisekosten

Kroatien ist immer noch **eines der günstigeren Reiseziele Europas.** Die Verpflegung im Land ist preiswert, vor allem dann, wenn man auf Märkten und in Bäckereien einkauft. Auch bei den Unterkünften finden sich manchmal Schnäppchen. Dazu muss man sich natürlich etwas umsehen (Zeitschriften) oder das Internet durchforsten – Wochenpreise von 250–300 €/p.P. in einem Hotel sind durchaus normal. Auch Ferienwohnungen können vorab gebucht werden, „Wiederholungstäter" vereinbaren ohnehin oft mit dem Vermieter für den nächsten Urlaub eine direkte Buchung.

Die Treibstoffpreise nähern sich immer mehr den mitteleuropäischen an. Insgesamt kann eine vierköpfige Familie für einen dreiwöchigen Camping- oder Apartmenturlaub mit rund 3000–4000 € (Eintrittsgelder und Kosten für eigene Anreise inbegriffen) rechnen. Richtpreise für Lebensmittel siehe unter „Einkaufen und Souvenirs".

Information

Für einen Urlaub in Kroatien steht eine Fülle von nationalen, regionalen und lokalen Informationsstellen zur Verfügung, bei denen man sich vorab ausführlich informieren und/oder Buchungen vornehmen kann.

Touristikbüros außerhalb Kroatiens

Außerhalb des Landes bieten die „klassischen" Touristikvertretungen Kroatiens Informationen, Hilfestellungen und Literatur zur Reisevorbereitung. Die **Kroatische Zentrale für Tourismus** ist im In-

[>] Rathaus in Novigrad

ternet zu finden unter **www.croatia.hr.** Die Seite umfasst neben landesweiten allgemeinen Informationen und Reisemöglichkeiten eine Suchmaschine zu diversen Unterkunftsarten. In Deutschland, Österreich und der Schweiz kann man auch Kontakt mit der Vertretung vor Ort aufnehmen:

- **Deutschland:** Stephanstr. 13, 60313 **Frankfurt,** Tel. 069-2385250, Hesseloherstr. 9, 80802 **München,** Tel. 089-223344, https://croatia.hr.
- **Österreich** und **Schweiz:** Liechtensteinstr. 22a, 1/1/7, 1090 **Wien,** Tel. 01-5853884, http://at.croatia.hr.

Touristikbüros in Kroatien

Wichtig für Touristen vor Ort ist die Nummer **0800-200-200,** eine landesweit kostenlose **Informations-Hotline** der Kroatischen Zentrale für Tourismus.

- **Zentrale für Tourismus,** Iblerov Trg 10/IV, 10000 Zagreb, Tel. 01-4699333, http://de.croatia.hr bzw. www.kroatien.hr.

Daneben existieren einige **regionale touristische Informationsstellen** der Gespanschaften (Verwaltungsbezirke). Diese Stellen bieten reichhaltiges Prospekt- und Informationsmaterial zu den jeweiligen Regionen, ohne einen konkreten Ort besonders hervorzuheben, und sind daher neutraler als die lokalen Touristeninformationen, die ihren jeweiligen Ort propagieren.

- **Istarska (Istrien),** Pionirska 1, 52440 Poreč, Tel. 052-452500, www.istra.hr/de.

adobe.stock ©HenryCzauderna

■ **Kvarner/Primorsko-Goranska (Tourismusverband der Region Kvarner),** Nikole Tesle 2, 51410 Opatija, Tel. 051-272988, 272665, www.kvarner.hr.

Lokale Touristeninformationen

In Kroatien ist die Institution des sogenannten **Turist-Biro** (auch *Information* oder *Tourist Service/Agency*) praktisch allerorts vertreten; hier handelt es sich um kommerzielle Agenturen, die Privatunterkünfte vermitteln, Geld wechseln, Ausflüge organisieren, Angel- und Tauchlizenzen (nicht alle) ausstellen usw. Dieser Service ist nicht umsonst, Auskünfte – etwa in Form von Stadtplänen – kosten. Für die Organisation von Fremdenzimmern und Ferienwohnungen sind diese Institutionen manchmal unumgänglich (siehe „Unterkunft").

Für normale touristische Anliegen (Hintergrundinfos zum Ort, Faltblätter, Stadtpläne usw.) empfiehlt sich jedoch grundsätzlich der Besuch der „richtigen" Touristeninformationen in den einzelnen Orten, **Turistička Zajednica Grada** (Tourismusverband der Stadt). Die lokalen Informationsbüros sind in den jeweiligen Ortsbeschreibungen aufgeführt. Diese verfahren in Bezug auf Informationsmaterial, Karten, Wanderpläne usw., insbesondere auf den Inseln, auf unterschiedliche Art und Weise. Während in einem Ort das Material kostenlos ausgegeben wird, werden in anderen Orten (derselben Insel) auf ein und dieselben Karten bisweilen Gebühren von mehreren Euro erhoben.

Internet

Spezielle Hinweise besonders zu Unterkünften sind im Kapitel „Unterkunft" zu finden, wichtig sind auch die offiziellen Seiten der „Zentrale für Tourismus" (s.o.). Links zu einzelnen Städten und Regionen sind in den jeweiligen Ortsbeschreibungen angegeben. Einige besonders **empfehlenswerte Internetseiten** sind:

■ **www.istra.com, www.istra.hr**
Unter der Kategorie „Preise" können zu allen Hotels, Pensionen, Campingplätzen (inklusive FKK) usw. die aktuellen Preise (in Euro) des laufenden Kalenderjahres abgerufen werden.

■ **www.a-z-istrien.de**
Ein nach Orten gegliederter Überblick über die wichtigsten Dörfer und Städte Istriens.

■ **www.istrien-live.com/forum**
Beliebtes Forum Kroatienreisender zu allen Gebieten und Themen; Anmeldung bzw. Registrierung erforderlich.

■ **www.hak.hr**
Seite des kroatischen Automobilclubs.

■ **www.kroatien.hr, www.croatia.hr**
Offizielle Webseite der kroatischen Fremdenverkehrsämter.

■ **www.crm.de**
Das *Centrum für Reisemedizin* bietet allgemeine Infos und Hintergründe zur Gesundheit bzw. zu Krankheiten, Infos zum Reiseland, viele sonstige reise-/gesundheitsrelevante Adressen.

■ **www.reiseinfo-kroatien.com**
Touristische Highlights und Hintergrundinformationen in Kurzform mit interaktiven Karten und Taucher-Bereich.

■ **www.forum-kroatien.de**
In diesem Forum werden konkrete Reiseerfahrungen ausgetauscht, Fragen beantwortet, Hilfestellungen gegeben und auch speziellere Themen (z.B. Mautstraßenumgehungen) besprochen.

- **www.mint.hr**
Seite des Tourismusministeriums mit Hintergrundberichten (englisch).

Apps zu Kroatien

- Die kleine kostenlose Serie *Mobi-Explore* bietet **Basisinformationen** einschließlich **Unterkunft** und **Freizeitvergnügungen** zu bestimmten Städten und Themen (Tauchen, Nationalpark Krka).
- *Apts Croatia* ist eine allgemeine Hilfestellung zum Thema **Unterkunftssuche** in Kroatien.
- Einen hübschen Eindruck von der Vielfalt des Landes bietet *Top-100,* eine Sammlung der 100 schönsten, von Journalisten ausgewählten **Reiseziel-Fotos** von Kroatien.
- *CityMaps2Go* bietet **Offline-Karten,** unterteilt in kroatische Reiseregionen.
- Wer eine kleine mobile **Sprachhilfe** für unterwegs sucht, ohne tief in die Tasche greifen zu müssen, wird bei *Hrvatski,* einem interessant aufgemachten Mini-Sprachkurs, fündig (Zukäufe möglich).
- Ein umfangreiches **Wörterbuch Englisch – Kroatisch,** das unterwegs hilft und kaum Wünsche offen lasst, liefert die App *Croatian.*
- Die nationale Tourismusorganisation hat mit *Croatia* eine deutschsprachige App **zu allen Regionen** sowie mit aktuellem **Veranstaltungskalender** herausgebracht.

Kinder auf der Reise

Istrien wird Kindern gefallen. Von „Ritterburgen" über „Robinson-Inseln" bis zu Hüpfburgen wird so allerlei geboten – für kleine und für große Kinder (siehe bei den Ortsbeschreibungen).

Dennoch sollte man ein paar Kleinigkeiten beachten, um ungetrübte Urlaubsfreuden mit der gesamten Familie genießen zu können. Wegen des Klimas (sonniges Mittelmeerklima während der Haupturlaubszeit) versteht sich ein guter **Sonnenschutz** (auch für den Kopf ein Hut oder eine Schirmmütze) von selbst; wichtig ist es, **viel zu trinken** – am besten Mineralwasser, das vor Ort preiswert erhältlich ist. Sehr wichtig sind auch **Strandsandalen/-schuhe** wegen der häufigen Kies- und Felsbuchten mit teils unangenehmen scharfkantigen Steinen. Höschenwindeln für ganz kleine Gäste sind meist in größeren Supermärkten/Drogerien erhältlich, Gleiches gilt für spezielle Babynahrung. In nahezu allen größeren Orten ist der bei uns bekannte Drogerie-Anbieter *dm* vertreten.

Kommunikation unterwegs

Von den meisten öffentlichen Telefonen kann **direkt nach Mitteleuropa** gewählt werden: Auslandsvorwahl eingeben (Deutschland 0049, Österreich 0043, Schweiz 0041), Ortskennzahl ohne „0" sowie die Rufnummer des Teilnehmers.

Die **Auslandsvorwahl** nach **Kroatien** lautet **00385,** dann ist ebenfalls die Ortsvorwahl (ohne „0") sowie die Teilnehmernummer zu wählen. Innerhalb Kroatiens wird die „0" (z.B. 052 für Istrien, 051 für die Kvarner Bucht einschließlich Pag) stets mitgewählt. Daneben gibt es eine Reihe Mobilfunkanbieter, die man an den 9er-Nummern erkennt.

Notfälle

Man hofft es natürlich nicht, aber wenn doch einmal etwas passiert, sollte man trotz aller Aufregung einen kühlen Kopf bewahren und bei folgenden Stellen Hilfe in Anspruch nehmen.

Beim **Verlust von Reisedokumenten** kontaktiere man außer der Polizei die diplomatische Vertretung; idealerweise hat man Fotokopien gesondert aufbewahrt!

Ist das Geld weg, diplomatische Vertretung und/oder Sonderversicherer (z.B. Automobilclub) kontaktieren, ein Grundbetrag zur Heimreise wird ggf. vorgestreckt. Bei entsprechender Bonität hilft auch die Hausbank mit einer Geldanweisung, um den Urlaub eventuell wie geplant fortzusetzen!

Verlust der Geldkarte

Bei Verlust oder Diebstahl der Kredit- oder Debitkarte sollte man diese umgehend sperren lassen. Tipp: die Notrufnummer mit IBAN bzw. Kreditkartennummer im Handy speichern.

www.fotolia.de © Evgeniya Moroz

Geldnot

Wer dringend eine größere Summe ins Ausland überweisen lassen muss wegen eines Unfalles oder Ähnlichem, kann sich auch nach Kroatien über **Western Union** Geld schicken lassen. Für den Transfer muss die Person, die das Geld schicken soll, bei einer *Western Union* Vertretung (in Deutschland u.a. bei der *Postbank*) ein entsprechendes Formular ausfüllen und den Code der Transaktion telefonisch oder anderweitig übermitteln. Mit dem Code und dem Reisepass geht man zu einer beliebigen Vertretung von *Western Union* in Kroatien (siehe www.westernunion.de „Vertriebsstandort suchen"), wo das Geld nach Ausfüllen eines Formulares binnen Minuten ausgezahlt wird. Unabhängig von der Summe wird eine Gebühr von 5 € erhoben.

An der Riviera von Opatija

- **Deutscher Sperr-Notruf für alle Debit- und Kreditkarten:** Tel. 0049-116116, aus dem Ausland Tel. 0049-30-0504050. Auch eine kostenlose „Sperr-App" für iOS und Android wird angeboten.
- **Österreichischer Sperr-Notruf für Bankomat-Karten:** Tel. 0043-1-204 8800.
- **Schweizerischer Kartensperrservice des TCS:** Tel. 0041-844 888 111.

Ansonsten gelten für österreichische und schweizerische *MasterCard, VISA, American Express* und *Diners Club,* dass man sich vor der Reise die Rufnummer der kartenausstellenden Bank notiert haben sollte.

Notrufnummern

- **Polizei:** Tel. 92
- **Feuerwehr:** Tel. 93
- **Notruf:** Tel. 94
- **Kfz-Pannendienst:** Tel. 987 oder 01-987, Notrufstation der Automobilclubs: s. „Autofahren"

Öffnungszeiten

Öffentliche Institutionen, Postämter und Banken sind Montag bis Freitag von 8 bis 16 Uhr durchgehend geöffnet, Banken und Postämter größerer oder touristischer Orte von 7 bis 19 Uhr. In der Sommersaison sind viele Postämter auch bis 21 Uhr geöffnet.

Geschäfte und Warenhäuser unterliegen keiner einheitlichen Regelung, öffnen aber meist von 8 bis 20 Uhr. In touristischen Orten sind **Minimärkte** unter der Woche meist 7–21 Uhr geöffnet, am Wochenende etwas kürzer. In Supermärkten und **Einkaufszentren** kann man bis mindestens 22 Uhr täglich shoppen.

Restaurants und touristische Einzelhändler (**Souvenirläden** usw.) passen ihre Öffnungszeiten dem jeweiligen Bedarf an. Wichtig für viele Reisende sind **Bäcker** *(pekara)*, **Metzger** *(mesnica)* und **Fischhändler** *(ribarnica)*; auch hier gibt es keine einheitliche Öffnungszeit, als Faustregel gilt, dass diese Einzelhändler früh (7 Uhr) öffnen und meist gegen 13 Uhr schließen (Bäcker auch später), dafür aber täglich (auch an Sonn-/Feiertagen) geöffnet haben.

Tankstellen sind jeden Tag von 7 bis 19 oder 20 Uhr, im Sommer bis 22 Uhr geöffnet, in größeren Städten und auf Fernverkehrsstraßen rund um die Uhr.

▷ Promenadenweg an der Bucht von Rovinj

Post

Die **kroatische Post HPT** hat sich als effektiv und zuverlässig erwiesen (Öffnungszeiten s.o.). Internationale Briefe (bis 50 g 8,60 K) und Postkarten (8,60 K) benötigen etwa 3–4 Tage nach Mitteleuropa. **Briefmarken** sind nicht nur in Postämtern, sondern auch in Zeitschriftenläden und teilweise in Souvenirshops erhältlich (Faustregel: dort, wo es Ansichtskarten gibt, gleich nach Briefmarken fragen). **Pakete** können bis zu 10 kg per Post ins Ausland versandt werden, wobei neben der üblichen Paketkarte auch eine Zollerklärung (in dreifacher Ausfertigung) beizufügen ist.

Radfahren

Es hat so seine **Vorteile,** unabhängig und gemächlich per Drahtesel sein Urlaubsland zu erschließen. Man hat unmittelbaren Kontakt zum Umfeld, zahlt keine zusätzlichen Straßen- oder Schiffsgebühren (Fähren transportieren Fahrräder kostenlos), und ohne Frage wird auf diese Weise auch ein erheblicher Beitrag zum Umweltschutz geleistet. Aber die **Nachteile** sind nicht zu unterschätzen: Es gibt noch nicht soviele ausgewiesene Radwege, Kroatien ist überwiegend hügelig bis bergig, die Nebenstrecken sind in teilweise abenteuerlichem Zustand, und der Verkehr auf den Landstraßen (vor allem am Wochenende auf der Jadranska Magistrala/Küstenstraße) ist teils so brutal, dass von einer reinen

Radtour durch Kroatien eher abzuraten ist. Was nicht heißen soll, dass ein Rad gänzlich unnütz ist: Als zusätzliche „Mobilitätsreserve" z.B. im Camper macht es durchaus Sinn, so kann man kleinere Nebenstrecken befahren, vom Campingplatz in den nächsten Ort radeln oder vom Standort aus kleine Radtouren unternehmen.

Speziell ausgezeichnete **Radrouten** gibt es fast überall; bei Bedarf wende man sich an die Touristeninformationen für Karten (oft mit Höhenprofil), Routenvorschläge oder Verleihstellen usw. Einige interessante Routen, Hintergründe und Radverleiher werden in den Ortsbeschreibungen genannt.

Kombinierte Touren **Boot/Rad** oder **Boot/Wandern** für Kroatien bietet in unterschiedlichsten Bausteinen die Firma *Radurlaub Zeit Reisen GmbH* an (Fritz-Arnold-Str. 16a, 78467 Konstanz, Tel. 07531-8199390, www.inselhuepfen.de). Wer abwechselnd auf dem Segler, dann wieder per Fahrrad oder zu Fuß unterschiedliche Ziele der Region erkunden möchte, wird hier sicherlich etwas Passendes finden; ähnliche Angebote enthält die Seite **www.radreisen.at.**

Für gehobenere **MTB**-Ansprüche bietet sich ein Besuch des *Mountain-Bike Parks Rabac* (Tel. 091-9028363, rabac@cyclecroatia.com), wo rund 20 Tracks auf verschiedenen Bodenarten (Sand, Asphalt, Natur) in unterschiedlichen Schwierigkeitskategorien angelegt wurden.

Nützliche Webseiten

■ Interessant für die **Vorbereitung eigener Radfahr-Aktivitäten** dürften die Internetseiten www.fahrradreisen.de/laender/kro.htm (kleine Datenbank mit Beschreibungen und Verknüpfung zu den jeweiligen Anbietern), www.frosch-sportreisen.de, www.inselhuepfen.de oder http://radreisen-weltweit.de (Rubrik Gruppenreisen) sein, alle drei Spezialveranstalter für kombinierte Boots-/

Radtouren mit Wochenpreisen ab 799 Euro (Übernachtung/Boot, VP, geführte Radtouren). Im Schweizer Raum ist www.bike-adventure-tours.ch mit Angeboten zum Inselhüpfen und Rundfahrten recht bekannt.

- Für die Vorbereitung von Radtouren auf eigene Faust ist die Seite www.istria-bike.com/de ein Fundus an **Routeninformationen** und komplett ausgearbeiteten Touren zwischen 15 und 120 km Länge in unterschiedlichsten Schwierigkeits-Kategorien.
- Auch der Fahrradführer **Nordwest-Istrien** umfasst etwa 20 verschiedene Touren mit Profil, enthält eine Liste von Radgeschäften sowie alle als „radlerfreundlich" bekannten Unterkünfte. Kostenlos bei den Informationsstellen als Handbuch in englisch/deutsch erhältlich.
- **Kostenlose Broschüren** zum Radfahren in Istrien bieten nahezu alle Fremdenverkehrsämter. Zum Download im **Bereich Umag-Novigrad** finden sich zusätzliche Infos unter www.coloursofistria.com/cms_media/ebook/istria-bike-ebook-en.pdf, dort insbesondere der Routenführer Nordwest-Istrien (mit Bike-Hotels). Eine knappe, aber nützliche Übersicht über Routen der Kvarner Bucht bietet www.kvarner.hr/biciklizam/deutsch/index. html (mit Karten und Höhenprofilen).

Leihräder

In Kroatien nimmt die Zahl der Verleihstellen (insbesondere bei Campingplätzen) durch den Ausbau der ausgewiesenen Radwege permanent zu (siehe Ortsbeschreibungen); auch E-Bikes sind inzwischen in den größeren Touristenorten zu mieten.

Einige Städte verfügen über das **„City-Bike" Leihsystem,** wo Räder an diversen Stationen automatisch entnommen/abgestellt werden können. Soweit vorhanden, werden die Details in den jeweiligen Ortsbeschreibungen vorgestellt.

Bike-Hotels

In Istrien ist auch der europäische Standard „Bike-Hotel" durchaus verbreitet. Mit diesem Prädikat werbende Unterkünfte müssen bestimmte standardisierte Kriterien erfüllen, wie z.B. radwegnahe Lage, sichere Abstellplätze, eine Informationsecke (mit Routenbeschreibungen in der Umgebung), Radverleih, Serviceraum für Reparatur und Reinigung und sogar spezielle energiereiche Speisen im Angebot haben. Eine Komplettübersicht über die in Istrien derzeit aktuellen Radler-Unterkünfte bieten die Broschüre „Fahrradführer Nordwest-Istrien" (www.coloursofistria.com/cms_media/ebook/istria-bike-ebook-en.pdf) und die Webseite www.istria-bike.com, die sowohl die zertifizierten Hotels (ca. 20) als auch spezielle Bed & Breakfast-Unterkünfte für Radler (ebenfalls ca. 20) nennt.

Rauchen

In Kroatien gilt die **EU-Direktive** per Gesetz für öffentliche Gebäude (auch Flughäfen) und Verkehrsmittel, an öffentlichen Plätzen und Lokalen das Rauchen einzuschränken und getrennte Räumlichkeiten für Raucher und Nichtraucher anzubieten. Es wird allerdings allenthalben moniert, dass in Gaststätten und Bars kaum offizielle Kontrollen zur Durchsetzung durchgeführt werden und so der gastgebende Wirt das Sagen hat. Daher: stets Hinweisschilder beachten bzw. beim Fehlen nachfragen! Allgemein gilt Kroatien als deutlich **„lockerer"** im

Umgang mit Rauchern (der Tabakpreis liegt rund ein Drittel unter dem in Deutschland), als störend empfindet man dies als Nichtraucher aber allenfalls im Winter in geschlossenen Räumen.

Reisezeit

Mit der Empfehlung einer idealen Reisezeit ist es so eine Sache: Der eine mag es hektisch und mit Trubel, der andere liebt die aufblühende Natur im Frühling, und wieder andere sind auf Schulferien angewiesen und haben nur begrenzt die Wahl eines „idealen" Zeitraums ...

Die Touristiksaison wird in eine **Hauptsaison** (Juli, August), **Vor- und Nachsaison** (Mai/Juni bzw. Sept./Okt.) sowie **Nebensaison** (Nov. bis April) gegliedert, wobei es allerdings jedem einzelnen Anbieter freisteht, individuelle Termine festzulegen. Nach diesem Schema berechnen Hotels, Vermieter von Ferienwohnungen und Zimmervermittler die Unterkunftspreise, werden Öffnungszeiten für Museen und Sehenswürdigkeiten, aber auch Preise für Campingplätze abgestimmt.

Drei wertvolle Kroatien-Tipps zum Thema Reisezeit

1. Reise Anfang/Mitte September nach Kroatien – Unterkünfte sind dann bei immer noch warmem Meerwasser teilweise schon 50 % billiger als noch drei Wochen zuvor!

2. Meide An- und Heimfahrt am Wochenende wie der Teufel das Weihwasser!

3. Wähle eine Insel als Haupt-Urlaubsziel – je südlicher, desto besser!

Die Monate **Juli und August** sind die absolute Hauptsaison, in der am meisten los ist und natürlich auch **Engpässe** im Unterkunftsbereich oder eine „Massenabfertigung" in den Gaststätten vorkommen können. Die Vorsaison hat den Vorteil, dass man sich gemeinhin in Gastronomie/Hotellerie Mühe gibt und die Touristen umwirbt, während in der Nachsaison eine gewisse Müdigkeit unverkennbar ist.

Von Ende Mai bis Anfang September sind die **Sonnentage** deutlich in der Überzahl, die **Wassertemperaturen** laden zum Baden ein. Außerhalb der Saisonzeiten wird man Mühe haben, etwas anderes als eine Hotelunterkunft zu finden, auch viele Gaststätten stellen von Mitte Oktober bis Mitte April den Herd ab.

Sicherheit

Kroatien ist ein **sicheres Reiseland!** Man kann sich in jeder Hinsicht unbeschwert im Lande bewegen, es drohen keine nächtlichen Überfälle, Gepäckschlitzer und motorisierte Handtaschenräuber. Taschendiebstahl und Touristen„abzocke" kommen nur selten vor, auch wenn es gerade in Istrien durchaus „Gastarbeiter" aus dem nahe gelegenen Italien gibt. Die größte Gefahr für den Reisegast besteht allerdings meist in der **Selbstüberschätzung,** sei es beim **Baden im Meer** (Hitze, Strömungen, Alkohol) oder durch eine etwas andere Mentalität im Straßenverkehr, welche Verkehrssituationen falsch einschätzen lässt.

Sport und Aktivitäten

Kroatien bietet eine recht **breite Vielfalt** an unterschiedlichen Betätigungsmöglichkeiten im Bereich Freizeit und Sport, was im Folgenden näher ausgeführt wird. Zum Radfahren siehe eigenes Stichwort.

Zunächst eine Anmerkung zum **Leistungssport** in Kroatien, der doch im Vergleich zur geringen Bevölkerungszahl des Landes etliche beachtliche Erfolge vorweisen kann. Die junge Demokratie hat nicht nur **zahlreiche Spitzensportler** hervorgebracht (*G. Ivanišević* im Tennis, die vierfache Goldmedaillen-Gewinnerin im Skisport *Janica Kostelić* oder den zweifachen Europameister und dreifachen Vizeweltmeister im Tischtennis *Zoran Primorac*), sondern auch in den klassischen **Mannschaftssportarten** sind kroatische Nationalmannschaften in der Weltelite zu finden. Die Fußballer, als aktueller Vizeweltmeister von 2018, rangieren in der offiziellen Weltrangliste unter den Top 10, ebenso die Hallenhandballer (Olympiasieger 1996 und 2004, Weltmeister 2003, mehrfach im Finale, 2019 WM-Sechster). Und nicht zu vergessen im Trainerbereich *Otto „maximale" Barić,* der in seiner Amtszeit als Fußballnationalcoach gesagt haben soll, Kroatien dürfe getrost gegen jede Nation verlieren – außer gegen Serbien ...!

[<] Die Marina von Novigrad

Strandfreuden

Das Baden im Meer ist für viele die Erholung und der Urlaubsspaß schlechthin. Es gibt in Kroatien kaum private oder gesperrte Küstenabschnitte, und selbst in kleinen und mittelgroßen Städten bieten sich immer wieder kleine **Buchten und Felsstrände** zum Sprung ins kühle Nass an. Sandstrände sind sehr selten: So, wie sich die Berge kahl und steil erheben, so fällt die Küste ebenso kahl und steil ins Meer ab. Die Felsstrände sind zwar nicht sonderlich bequem (zum Sonnenbaden), verleihen jedoch der kroatischen Adria mit ihren spektakulären Felsbuchten und Berglandschaften jene klare und ungetrübte Brillanz, die jeden Besucher verzaubert und fasziniert. Ein eher praktischer Vorteil ist es, dass die Handtücher sandfrei bleiben – aber: Badeschuhe mitnehmen!

Neben den meisten Hotels und Campingplätzen gibt es reihenweise **Sportplätze** für Tennis (sogar ATP-Turniere in Umag), Korbball, Beach-Volleyball usw. Man kann praktisch überall **Boote** sowie **Angel- und Tauchausrüstungen mieten,** auch **Tauch- und Segelkurse** werden organisiert.

Hier ein kleiner Überblick über die Preise der vor Ort üblichen Strandfreuden, die sich als Richtwert zur Orientierung verstehen:

- **Katamaran:** Verleih ab 2000 K/Stunde, 2-Tageskurs ab 600 K, 5-Tageskurs ab 1200 K
- **Fahrrad:** ab 25 K/Std., rund 100 K/Tag
- **Scooter:** ca. 300–400 K/Tag
- **Motorboot:** ab 1000 K/Tag
- **Jetski:** 200 K/15 Minuten
- **Wasserski:** ca. 200 K/Runde
- **Ruderboot:** 30 K/Stunde

- **Tretboot:** 30 K/halbe Stunde
- **Hüpfburg/Trampolin:** 20–25 K/10 Minuten
- **Sonnenschirm/Liege:** je ca. 30 K/Tag

FKK

Spezialisierte **FKK-Campingplätze** mit langer Tradition stehen reihenweise zur Verfügung, teilweise mit Mietbungalows. Neben den meisten Hotelstränden und Campingplätzen gibt es auch gesonderte **FKK-Strände** – diese Bereiche sind stets gut beschildert. Kroatien als eines der ältesten FKK-Paradiese Europas gilt auf diesem Sektor ungebrochen als eines der beliebtesten Urlaubsziele überhaupt. Wer gezielt FKK-Campingplätze oder -Anlagen sucht, findet in der kostenlosen Broschüre „FKK-Naturismus" (nur direkt beim Fremdenverkehrsamt erhältlich) weitergehende Informationen, auch die Internetseite www.camping.hr/de/kroatien-campingplatze/ fkk (mit Suchfunktion) ist dabei vor allem für Camper hilfreich.

Segeln

Kroatien ist ein sehr beliebtes Revier von Hobby- und Freizeitkapitänen, insbesondere Seglern. Es stehen über vierzig eingerichtete **Marinas** mit etwa 12.300 Anlegeplätzen im Meer und ca. 4200 Landliegeplätzen zur Verfügung. Größere Marinas bieten technischen Service, Kräne, Tankstellen, Geschäfte und Gaststätten. In den meisten Marinas kann man Yachten mieten, auch Segelkurse werden organisiert.

Zum Thema **Yachtcharter** informieren folgende Verbände/Clubs:

- **Deutscher Segler-Verband (DSV),** Kreuzer-Abteilung, Tel. 089-586282, www.dsv.org.
- **Zentrale des Adriatic Croatic International Club (ACI),** HR-51410 Opatija, Maršala Tita 151, Tel. 051-271288, www.aci-club.hr. In den Charterbasen Vodice (Norddalmatien, 43°45,2′ Nord, 015° 47,0′ Ost, Tel. 022-443086, www.aci-club.hr, VHF-Kanal 17) und Trogir (Mitteldalmatien, 43°30,8′ Nord, 016°15,2′ Ost, Tel. 021-881544, www.aci-club.hr/trogir.htm) wurde eine eigene **Charterflotte** des ACI aufgestellt, bestehend aus Elan-333-, Elan-36-, 40er und 45er Schiffen. Im ACI sind mittlerweile 21 Marinas in Kroatien zusammengefasst, auch Einweg-Charter (auch von einer der anderen Marinas) ist möglich. Je nach Boot liegt der reine Charterpreis/Woche zwischen 1500 und 5000 € (Hauptsaison, in der Nebensaison bis zu 50 % Nachlass).
- **Messe-Schnäppchen:** Segelfreunde wissen natürlich, dass auf der jährlichen Messe *BOOT* in Düsseldorf (Ende Januar) praktisch alle wichtigen Törnanbieter vertreten sind und teilweise zu Schnäppchen- bzw. Messepreisen um Kunden werben. Auch für Überführungstörns, Pauschaltouren und Komplettcharters hat sich die *BOOT* als optimale Plattform etabliert.

Wichtige Hinweise für Freizeitkapitäne

- **Es ist verboten, sich mit Motor- und Gleitbooten der Küste näher als bis zu 300 m zu nähern!** Strengste Vorsicht ist wegen der Badenden geboten, bei Nichteinhaltung dieser Anordnung können fatale Unfälle passieren!
- Vor Verlassen des Hafens **Wetterbericht** einholen; beim Verlassen des Hafens ist eine Abmeldung erforderlich. Wenn der Bericht ungünstig ist, fahren Sie nicht los!
- Unternehmen Sie keine Fahrt **Anker** und eine Ankerleine von mindestens 50 m Länge.
- Für alle Motorboote sowie sonstigen Boote über 3 m Länge (Segel- oder Ruderboote) muss beim Ha-

[>] Ausflugsboot auf dem Limfjord in Istrien

fenamt eine **Fahrtgenehmigung** beantragt werden. Die Anmeldung ist bei jedem Einlaufen eines Bootes in den Hafen bzw. bei Anreise über das Festland erforderlich; die erteilte Genehmigung gilt für ein Jahr. Vorzulegen sind Funkerlaubnis, Führerschein und Bootspapiere.

Bei Anreise zur See erfolgt die **Anmeldung** in einem der ganzjährig geöffneten Hafenorte: Umag, Poreč, Rovinj, Pula, Raša-Bršica (südlich von Labin), Rijeka, Mali Lošinj, Senj, Maslenica, Zadar, Šibenik, Split, Ploče, Metković, Korčula und Dubrovnik.

■ **Segelwetter** Kroatien (24-Stunden-Dienst) unter: Rijeka Radio auf Kanal 4, 16, 24, 20; Split Radio auf Kanal 7, 16, 21, 23, 28; Dubrovnik Radio auf den Kanälen 7, 16, 24. Die drei Küstenfunkstellen strahlen täglich Seewetterberichte in kroatischer und englischer Sprache aus: *Rijeka Radio* (UKW-Kanal 24) um 6.35, 15.35 und 20.35 Uhr, *Split Radio* (UKW-Kanal 21, 07, und 28) um 6.45, 13.45, und 20.45 Uhr) und *Dubrovnik Radio* (UKW-Kanal 07 und 04) um 7.25, 14.20 und 22.20 Uhr. Zwischen Mai und Oktober sendet *Rijeka Radio* außerdem auf Kanal 69 nonstop Wettermeldungen, auch auf Deutsch.

Bootsausflüge

Den Löwenanteil organisierter Bootstouren – abgesehen von reinen Ausflügen, die in den Touristenagenturen angeboten werden – stellen in **Istrien** Touren zu den **Brionischen Inseln** dar (Details siehe Ortsbeschreibungen). In der **Kvarner Bucht** sind vor allem die Bootstouren ab **Mali Lošinj** zu den vorgelagerten kleineren Inseln sehr populär.

adobe.stoch ©fotolyse

parks ist der Fischfang verboten, dies gilt auch für Muscheln und Krebse.

Wer die **Lizenz** erwerben möchte: Es werden Monatslizenzen für 700 K, Wochenlizenzen für 300 K sowie Ein- und Dreitagesgenehmigungen ausgestellt (60 bzw. 150 K). Man kann sich vor der Reise an das Ministerium für Land-, Forst- und Wasserwirtschaft wenden (Pula, Sv. Polikarpa 2, Tel. 052-591323) oder vor Ort an die jeweiligen Reisebüros, die sich aber nicht alle mit Angellizenzen befassen – im Zweifel die Touristinformation fragen. Ohne großen bürokratischen Vorlauf können Fischfanggenehmigungen auch in der *Cafè Bar* im Zentrum von Cerovlje (Istrien) gekauft werden. Öffnungszeiten Mo–Sa 6.30–23, So 7–23 Uhr (Tagesgenehmigung 60 K, zzgl. 20 K Beitrag zum Vermehren).

Fischfanggebiete sind die Gewässer rund um die Küste und die Inseln, wobei hauptsächlich Tintenfisch, Makrele, Goldbrasse, Brauner Serran, Thunfisch, Drachenkopf, Meeräsche, Aal, Zahnbrasse, Gelbstriemen, schwarzer Schattenfisch, Muräne, Sackbrasse, Seebarbe und Rotbrasse gefangen werden.

Die Fremdenverkehrsämter geben alljährlich die Gratisbroschüre „Sportfischerei" heraus, ferner kann man sich an die Tourismusbüros vor Ort oder den „Zentralverband für Unterwasseraktivitäten und Sportfischerei am Meer" wenden (51000 Rijeka, M. Gupca 2, Tel. 051-212196, www.hssrm.hr).

Wandern in der Schlucht zwischen Labin und Rabac in Istrien

Wandern

Die meisten Kroatien-Urlauber suchen die Erholung an den Stränden und in den Küstenorten; doch seien wir ehrlich: Nach ein oder gar zwei Wochen des reinen Müßigganges reizt es gewiss, wieder einmal etwas anderes zu sehen und vielleicht einsame Gegenden des Hinterlandes kennenzulernen. Auch im scheinbar flachen Istrien gibt es interessante Wandermöglichkeiten. **An den Küsten** laden teilweise kilometerlange befestigte Spazierwege entlang malerischer, einsamer Felsbuchten zu ausgedehnten Fußmärschen ein, besonders beliebt ist die Strecke Opatija – Lovran an der Ostküste der istrischen Halbinsel. Einige beispielhafte Wanderungen werden in den Ortsbeschreibungen ausführlicher dargestellt.

Das istrische **Hinterland** bietet kaum höhere Schwierigkeitsgrade. Dennoch sorge man stets neben vernünftigem **Schuhwerk** auch für ausreichenden **Getränkevorrat.**

Sportklettern, vor allem im Nationalpark Paklenica (Dalmatien), aber auch in Istrien (Raum Lovran), ist mittlerweile recht beliebt; Auskünfte erteilen die Fremdenverkehrsämter der jeweiligen Regionen.

Reiten

Insbesondere an der istrischen Westküste bestehen Möglichkeiten zu Ausritten und Reitkursen; in den Ortsbeschreibungen wird gesondert darauf hingewiesen.

adobe.stock ©Fotolyse

Wintersport

Kroatien bietet **drei Skizentren** mit mehreren Drahtseilbahnen und eingerichteten Skipässen: **Medvednica** bei Zagreb, **Platak** bei Rijeka (Kvarner Land) und das Olympiazentrum **Bjelolašica** bei Ogulin. Drei Schlepplifte und ein Sessellift bedienen insgesamt über 6000 m Piste bei recht günstigen Preisen. Infos unter www.bjelolasica.hr (Skigebiet) sowie www.hoteljastreb.com (Skihotel in Mrkopalj).

Zip-Line

Kein klassischer Sport, wohl aber ein beliebtes **Freizeitvergnügen** sind die sogenannten *Zip-Lines,* wo man (gut angeseilt) an Rollen auf Drahtseilen in rasantem Tempo Schluchten und Flüsse überquert. Derzeit gibt es im Raum Istrien/Kvarner Zip-Line Anbieter in **Pazin** (Zentralistrien) und **Baška** (Krk); Details siehe Ortsbeschreibungen.

Sprache

Kroatisch ist seit der Unabhängigkeit die allgemeine offizielle Landessprache. Für Istrien gilt jedoch die Besonderheit, dass die Region, historisch bedingt, offiziell zweisprachig ist – **Kroatisch und Italienisch.**

Im Gebirgsland des nordöstlichen Istrien wird in einigen wenigen Ortschaften das sogenannte **Istrorumänische** gesprochen, im Süden (Raum Rovinj/Pula) zudem **Istrioto** (Istroromano), eine unmittelbar auf das sogenannte

Der Begriff „Kroate" und die Entstehung der Krawatte

Der Begriff „Kroate" kommt vom altslawischen *Chrvat,* was sich wiederum vom altiranischen *fšuhaurvat* ableitet, und bedeutet (damals wie heute) „Viehhüter", ein Hinweis auf den Haupterwerb bzw. die Haupttätigkeit der frühen Bewohner der kroatischen Landstriche. Die Kroaten wurden im 7. Jh. vom byzantinischen Kaiser *Herakleios* zum Schutz gegen die vordringenden Awaren ins Land gerufen und lebten vorerst als Hirten und Viehzüchter an der dalmatinischen Adriaküste, von wo aus sie sich nach Norden bis zur Kupa und nach Osten bis zur Save und Drau ausbreiteten.

Die Krawatte, gemeinhin die gängige Bezeichnung für Halsbinde oder Schlips, hat überraschenderweise ihren Ursprung in Kroatien! Das deutsche Wort leitet sich vom französischen *cravatte* ab, das folgendermaßen entstand: Im 17. Jh. hielten sich am französischen Königshof Gesandte aus aller Herren Länder auf, auch wurden besondere Militärverbände gern aus anderen Ländern rekrutiert, da man diesen größere Loyalität unterstellte. Ein solch besonderer Kavallerieverband wurde von den Franzosen aus Kroatien angeworben. Die hervorragend ausgebildeten Reiter dienten der französischen Reiterei als Vorbild. Bemerkenswert war aber noch etwas anderes: Um ihren Hals trugen diese Kroaten seltsam gebundene Halstücher, die schon bald als modisch empfunden und am Königshof getragen wurden. Da es keinen eigenen Namen für diesen Halsschmuck gab, nannten die Franzosen ihn nach der Herkunft seiner Träger *Crvate,* woraus dann allmählich das französische Wort *cravatte* und das deutsche *Krawatte* wurde.

Hobbyangler werden sich vielleicht des Begriffs „Kroat" entsinnen, der die gemeine Garnele bezeichnet. Dieser hat nichts mit dem südslawischen „Kroaten" zu tun.

Vulgärlatein der dort ansässigen Römer zurückgehende Sprache. Beide Idiome sind sehr seltene, eigenständige Sprachen, keine Dialekte.

Kroatisch

Die kroatische Sprache gehört ebenso wie das Slowenische und das Serbische zu den **südslawischen Sprachen.** Im Unterschied etwa zum Bulgarischen oder Serbischen wird in Kroatien unsere **lateinische Schrift** verwendet, sodass dem Besucher die Orientierung anhand von Straßenschildern oder Hotelnamen einfacher fällt als in Sprachgebieten mit kyrillischer Schrift.

Verständigung

Obgleich man in Kroatien sehr gut **englisch, italienisch und deutsch** versteht, kann ein kleiner Wortschatz der Landessprache in entlegenen Gebieten oder kleinen Orten doch sehr hilfreich sein. Wer sich einige Kroatischkenntnisse für den Urlaub aneignen möchte, sei auf den Kauderwelsch-Band **„Kroatisch – Wort für Wort“** verwiesen, der im Reise Know-How Verlag erschienen ist. Hier werden sehr anschaulich die Grundlagen der Alltagskommunikation erläutert, ohne dass man sich mit unnötiger Theorie und Grammatik herumplagen muss. Begleitender AusspracheTrainer auf Audio-CD oder als mp3-Download erhältlich. Wer noch tiefer in die Sprache einsteigen möchte, findet weitere Vokabeln im KauderwelschPlus-Band **„Kroatisch Wort für Wort plus Wörterbuch“** mit über 10.000 Einträgen.

Wichtige Grundbegriffe zur Gastronomie siehe unter „Essen und Trinken“. Eine kleine **Sprachhilfe** mit Hinweisen zur **Aussprache** findet sich im Anhang.

Trinkgeld

Es ist üblich, Rechnungsbeträge in der **Gastronomie** oder bei **Taxifahrten** aufzurunden und etwa **Hotelpersonal** (Zimmermädchen) eine Aufmerksamkeit von ca. 50–100 K pro Woche zukommen zu lassen. Dies gilt auch für **Ferienwohnungen,** wenn allgemeine Dienste (Zimmerreinigung, Handtuchwechsel usw.) mit einiger Regelmäßigkeit vorgenommen werden. Dabei sollte man die ersten ein bis zwei Tage abwarten und je nach Service dann das Trinkgeld vergeben, um das Personal frühzeitig besonders zu motivieren.

„Bakschischgelder“ – wie in anderen Ländern auf dem Balkan teilweise üblich – sind in Kroatien **nicht erforderlich,** also auch nicht für Parkplätze, Auskünfte oder etwa besonders gute Zimmer. Bei uns weniger bekannt ist das System der **„Scheibenwischer“:** An manchen Fähren, Ampeln oder Tankstellen verdienen sich Schüler/Studenten vor allem in den Ferienmonaten etwas hinzu, indem sie unaufgefordert (!) die Fahrzeugscheiben reinigen und dafür ein kleines Trinkgeld (5 K) erwarten.

Uhrzeit

In Kroatien gilt wie bei uns die **Mitteleuropäische Zeit (MEZ)** und vom letzten Märzwochenende bis Ende Oktober die **Sommerzeit** (MEZ + 1 Std.).

Unterkunft

Kroatien ist prinzipiell ein „Eldorado“ für Glücksritter, die sich treiben lassen und **unorganisiert reisen** und ohne Vorabbuchung ein Zimmer oder ein Apartment suchen möchten. Dies ist auch mit oder ohne Hilfestellung vor Ort möglich, zwei Kleinigkeiten sind aber auch dann zu beachten: Zum einen kommt es im **August** (Sommerferien in den meisten Ländern) zu **Engpässen,** außerhalb des „Bettenwechsels“ am Samstag muss man dann schon viel Glück haben, um etwas Passendes zu finden, außerdem sollte man auch einen guten Standort wählen, der Ausflüge in andere Gebiete erleichtert.

adobe.stock ©asafaric

Natürlich hat jeder seine eigenen Vorstellungen, allgemein aber ist es für einen reinen Istrienurlaub durchaus ausreichend, **nur einen Standort** zu wählen. In der **Kvarner Bucht** dagegen, sollte man durchaus erwägen zwei oder drei Inseln für jeweils eine Woche zu besuchen. Und es lohnt sich auf jeden Fall, einige Zeit in die Unterkunftssuche zu investieren, denn eine gute Ferienunterkunft macht viel aus. Der eine möchte unbedingt urig-privat wohnen, der andere um keinen Preis den Vermieter im Haus haben, der Dritte wird nur mit Meerblick glücklich und Familien werden auf die für Kinder geeignete Ferienwohnung achten wollen. Die Spannbreite dessen, was man in Kroatien buchen kann, ist immens. Was in den letzten Jahren vermehrt auf den Markt kommt, sind moderne, aber recht charakterlose Familien-Neubauten für zwei bis sechs Personen, meist in „dritter Reihe" mit Klimaanlage und moderner Küche. Doch es gibt auch umgebaute Landhäuser mit Pool, professionelle Aparthotelanlagen großer Ketten, das ausgeräumte Dachgeschoss von Oma mit rustikalem Interieur aus der k.u.k.-Zeit als Doppelzimmer ohne Frühstück und Frischluft oder aber strandnahe Mobilheime auf Campingplätzen, 20 m^2, voll ausgestattet für sechs Personen inklusive Klaustrophobietabletten. Ein Trend ist inzwischen auch das sogenannte „Glamping", wo man auf Campingplätzen voll ausgestattete Zelte mieten kann.

Hotelanlage auf der Insel Sv. Andrija bei Rovinj

Buchung und Bezahlung

Bei der Suche vor Ort nach einer Privatunterkunft orientiert man sich entweder an den allgegenwärtigen, oft mehrsprachigen Schilderwäldern (*apartman* = Ferienwohnung, *sobe* = Zimmer), oder man wendet sich an eine der sogenannten **Touristenagenturen („Agencija")**, die dem Suchenden eine Liste von Privatzimmern und Ferienwohnungen vorlegen – das ist etwa so kompliziert wie bei uns der Zeitungskauf an einem Kiosk. Dann besichtigt man selbstständig das Objekt. Sollte das Zimmer zusagen, füllt man – wieder beim Agenten – die Unterlagen aus. Der Pass wird zur Registrierung einen Tag (bzw. bis zur

Überblick Buchungsportale

Als Ergänzung zu den sorgfältig zusammengetragenen Unterkunftsempfehlungen in diesem Buch können **Buchungsportale** wie *Booking.com, Agoda.com* oder *Airbnb* dazu genutzt werden, aktuelle Preise und die Bewertungen anderer Reisender einzusehen sowie Unterkünfte direkt zu buchen.

Die Plattformen arbeiten mit Unterkünften aller Art zusammen und machen diese für Reisende leicht auffindbar. Sie übernehmen bürokratische Aufgaben wie die Abwicklung der Bezahlung oder stellen den Kontakt zwischen Unterkunft und Unterkunftssuchenden her.

Hilfreich bei der Entscheidungsfindung sind die **Bewertungen** anderer Kunden in diesen Portalen. Gäste bewerten eine Unterkunft nach oder während ihres Aufenthalts und sorgen im besten Fall für aussagekräftige Benotungen (1–10, 10 ist das Optimum). Je mehr Nutzer eine Bewertung abgegeben haben, desto verlässlicher ist das Ergebnis. Vorsicht ist geboten, wenn nur sehr wenige Nutzer ihre Meinung abgegeben haben. Aber auch sonst lohnt es sich, kritisch zu lesen: Achtet man auf die zu den Rezensionen verfassten Texte, so erhält man oft Aufschluss über die Echtheit der Bewertung. Auch lassen sich Veränderungen im Qualitätsstandard erkennen, wenn eine insgesamt positiv bewertete Unterkunft in jüngster Zeit zahlreiche schlechte Bewertungen erhalten hat.

Über die Plattform **Airbnb** können private und gewerbliche Vermieter ihr „Zuhause" oder einen Teil davon anbieten. Auch hier vermittelt das Portal zwischen Anbieter und Kunde. Es werden zusätzlich Touren und Aktivitäten mit Einheimischen vermittelt, bisher allerdings nur in touristischen Ballungsgebieten.

Tripadvisor ermöglicht es, auch Bewertungen ohne eine Buchung abzugeben. Dies hat Vor- und Nachteile. Bei den Gastronomietipps ist es ein Vorteil, da auch Gäste, die nicht über ein Buchungsportal einen Tisch reserviert haben, eine Bewertung abgeben können und somit deutlich mehr Bewertungen zustande kommen.

Ob man sich für die Buchung über ein **Online-Buchungsportal** entscheidet, hängt weitestgehend von der Präferenz der Nutzer ab. Zu einer generellen Sondierung der Marktsituation und zur Einschätzung von Unterkünften sind die Portale meist recht empfehlenswert. Die Nutzung ist für Endkunden zunächst kostenlos, für die Betreiber der Unterkünfte fällt jedoch eine Provision an – die im Zweifel irgendwann eingepreist wird. Die Haltung der Betreiber ist unterschiedlich: Während manche über das Portal sogar günstigere Preise anbieten, freuen sich andere ausdrücklich, wenn man persönlich und direkt bucht.

Rechnungsbegleichung) hinterlegt. Somit ist gewährleistet, dass Privatzimmer auch ordnungsgemäß vom Vermieter versteuert werden (bis zu 40 %!) und die **Kurtaxe** gezahlt wird (0,50–1 €/Tag). Der Kunde merkt von Kurtaxe und Vermittlungsprovision meist nichts, er zahlt einen Endbetrag.

Viele Prospekte, Preistafeln usw. in Kroatien arbeiten auf Euro-Basis, die **Abrechnung** erfolgt jedoch überwiegend in Kuna (der Euro wird manchmal auch akzeptiert).

Wer **direkt zu Vermietern** geht (manche freuen sich, können doch Steuer und Kurtaxe sowie Agenturenprovision gespart werden), darf nicht irritiert sein, wenn man gelegentlich trotz der Eigeninitiative an eine Agentur verwiesen wird: Es bestehen sprachliche Probleme, der Vermieter hat oft feste Verträge mit Agenturen, oder er will ehrlich Steuern zahlen.

Wichtig sind natürlich auch **Internetvorabbuchungen,** die entweder über Agenturen (Vermittler) oder auch – allerdings noch nicht so häufig – direkt mit dem Vermieter und somit gebührenfrei geknüpft werden können. Dabei sind einige **Besonderheiten** zu beachten: Eine Agentur in D/A/CH rechnet in Euro ab und fungiert quasi als „Reiseveranstalter" (mit Sicherungsschein usw.) – man hat also einen Ansprechpartner im Heimatland. Die Rechnung wird nicht nach Kroatien überwiesen, dafür sind die Kosten höher als bei Agenturen in Kroatien. Diese treten auch als Vermittler auf, fordern meist eine Anzahlung von etwa 20 %, der Rest ist dann direkt an den Besitzer der Unterkunft zu zahlen (bar bei der Ankunft, oft wahlweise in Euro oder Kuna). Dabei hat mancher Urlauber ein „flaues Gefühl", gibt es doch keinen Sicherungsschein, ist die Anzahlung nach Kroatien vorab zu überweisen und muss man zudem darauf vertrauen, dass die Unterkunft zum Zeitpunkt der Ankunft wie vereinbart auch tatsächlich frei ist. Zumindest in der Hauptsaison kann man bei zeitgerechter Vorplanung dafür aber auch sicher sein, ein „Wunschobjekt" anmieten zu können. Eine **Vier-Personenwohnung** kann man in Istrien **ab rund 400 €** im Hochsommer bekommen, je nach Ausstattung und Lage kann sich der Preis allerdings auch verdoppeln.

Achten sollte man auf **versteckte Kosten:** In jüngster Zeit kommt es vereinzelt immer wieder vor, dass Vermieter zwar attraktive Preise bieten, dann aber irgendwo im Kleingedruckten die Benutzung der Klimanlage 5–10 €/Tag extra kostet oder auch eine Endreinigungsgebühr von 20–50 € anfällt. Solche Posten fallen weniger bei den kleinen Privatvermietern als bei den großen Feriensiedlungen und Camps an!

Grundsätzlich zuverlässig sind **Buchungen** über die **lokalen Tourismusbehörden,** die in sehr vielen Orten des Landes gleichzeitig auch als Vermittler von Unterkünften fungieren.

Hier folgt für die allgemeine **Vorabbuchung** von Privatwohnungen, Feriendörfern, teils auch Campingplätzen (Mobilheime) und Hotels eine Auswahl zuverlässiger **Anbieter im Internet:**

- Zuvorderst kann man sich auf **www.istra.hr,** der **Seite der Touristeninformation,** orientieren. Nach Orten gegliedert, findet man hier eine gute Auswahl mit Buchungsformular und ohne Vermittlungskosten, allerdings oft spärlich bebildert, sodass man nicht immer einen vollständigen Eindruck der Objekte gewinnt. Ähnliches gilt für die lokalen Touristeninformaitonen der einzelnen Orte (siehe Ortsbeschreibungen), die ebenfalls einen Blick für die erste Information lohnen.

- Für die **Region Kvarner** gibt es die eigene Seite **www.kvarner.hr** (dort: Tourismus – Planen_Sie _Ihre_Reise – Unterkunft_auswählen).
- **Überregional** zu allen Gebieten Kroatiens arbeitet die noch junge Seite **www.apartmanihr vatska.com;** über die interaktive Landkarte kann man „sein Urlaubsziel" nach möglichen Unterkünften durch Anklicken der gewünschten Region/Unterregion/Orte durchforsten und erhält neben Preis- und Bildinformationen auch den Direktkontakt zum Vermieter.
- **www.homeholidays.com** bietet sehr schöne und günstige **private Unterkünfte;** Kontakt wird direkt zum Vermieter hergestellt.
- Auf der internationalen Seite **www.traumferi enwohnungen.de** findet man auch **Privatanbieter,** u.a. kann man hier „Robinsonurlaub auf den Kornaten" (auf einer einsamen Insel) buchen.
- **www.kroatien-adrialin.de** arbeitet im Unterkunftsbereich mit TÜV-Süd und rund 7500 Privatanbietern zusammen und bietet **Unterkünfte** vom Gästezimmer über familienfreundliche Ferienanlagen bis zur exklusiven Ferienvilla.
- Wer als Familie oder Kleingruppe vielleicht ein eigenes **größeres Urlaubsdomizil** sucht, wird bei **www.ferienhaus-kroatien.de** fündig. Im Suchbereich können auch Sonderwünsche wie „Sauna" oder „anglergeeignet" berücksichtigt werden.
- **Familiengeeignete Unterkünfte** kann man gezielt auf **www.kroatien-ferienwohnung.de** suchen. Daneben werden dort auch Hotelunterkunft und **Rundreisen** angeboten.
- Auf **www.ferienwohnungkroatien24.de** findet man ebenfalls **Apartments** und **Wohnungen** in ganz Kroatien. Interessant ist hier die Suchfunktion nach Nähe des Objekts zum Meer.
- **http://histrica.com/de** ist eine sehr vielseitige, gebührenfreie **Unterkunftsvermittlung,** deren Stärke im unmittelbaren Herstellen eines Direktkontaktes zum Vermieter besteht. Man kann dann entsprechende Nachfragen stellen, Vereinbarungen treffen usw.
- Regional begrenzt auf die Region um Medulin arbeitet **www.medulinriviera.info;** ca. 200 Unterkünfte werden mit reisezeitabhängigen Preis und Direktkontakt zum Vermieter vorgestellt.

Preiskategorien in diesem Buch

Bei Hotels und Apartments/Bungalows sowie Privatunterkünften wird **in Kroatien** nach den Klassen A bis D oder 1 bis 4 unterschieden, manchmal gibt es zusätzlich „L" für Luxus. Um dem Leser eine einigermaßen vernünftige Orientierung zu ermöglichen, wird in den Ortsbeschreibungen in diesem Buch **nach fünf Klassen katalogisiert** (①-⑤). Diese Einteilung ist unabhängig von der Kate-

Schwarze Schafe

Leider tummeln sich inzwischen auch manchmal schwarze Schafe in der Masse der **Internetanbieter.** So warnen Reisende ausdrücklich in den einschlägigen Foren vor Anbietern, die zwar bereits mehrfach kassiert, aber beim Erscheinen der Buchenden vor Ort gar keine Unterkunft bereitgestellt haben sollen. Dabei soll zudem bereits vor der Reise (eigene Anreise, nur Unterkunftsbuchung) der gesamte Preis für die Unterkunft bezahlt worden sein, was in Kroatien weitgehend unüblich ist und stets stutzig machen sollte! Üblich ist bei der reinen Unterkunftsbuchung lediglich eine Anzahlung nach der Buchung (rund 20 % des Rechnungsbetrages) und Begleichung des Restbetrages bei der Schlüsselübernahme.

Preiskategorien der Unterkünfte

Kategorie	Hotel	Apartment/FeWo	Campingplatz
①	DZ 45–70 €	2er Apt. 30–50 € 4er Apt. 50–80 € 6er Apt. 70–100 €	4 Pers./Zelt 30 € 4 Pers./WoWa 35 € 4 Pers./WoMo 35 €
②	DZ 70–120 €	2er Apt. 50–80 € 4er Apt. 80–110 € 6er Apt. 100–150 €	4 Pers./Zelt 30–40 € 4 Pers./WoWa 40 € 4 Pers./WoMo 40 €
③	DZ 120–180 €	2er Apt. 75–120 € 4er Apt. 120–150 € 6er Apt. 150–200 €	4 Pers./Zelt 40–50 € 4 Pers./WoWa 50 € 4 Pers./WoMo 55 €
④	DZ 180–250 €	2er Apt. ab 120 € 4er Apt. ab 150 € 6er Apt. ab 200 €	4 Pers./Zelt ab 50 € 4 Pers./WoWa ab 50 € 4 Pers./WoMo ab 60 €
⑤	DZ ab 250 €	–	–

Berücksichtigt sind jeweils die Richtpreise in der Hauptsaison. Alle Angaben gelten pro Tag, die Hotelpreise mit Frühstück für zwei Personen im Doppelzimmer. Bei Campingplätzen gelten die Preise für Wohnwagen und Wohnmobile inkl. Strom. Oftmals bietet übrigens schon die Preiskategorie ① gute Qualität.

gorisierung vor Ort. Die Kategorien sind der **Tabelle** (s.o.) zu entnehmen. Genannt sind die Höchstpreise während der Hauptsaison (Mitte Juli bis Ende August); außerhalb sinkt der Preis auf etwa zwei Drittel, in der Nebensaison teilweise bis auf ein Drittel!

Camping

Insgesamt gibt es in den kroatischen Urlaubsgebieten **über 300 registrierte Campingplätze,** etwa je zur Hälfte auf Istrien/Kvarner Bucht und Dalmatien verteilt. In Nordkroatien sind sie größer und organisierter (Tischtennis, Minimarkt, Busanbindung), wohingegen viele dalmatische Campingplätze – von ein paar größeren Plätzen abgesehen – als sogenannte **Mini-Camps** nur einige Zelt- und Stellplätze mit „rustikaler Atmosphäre", oft ohne Infrastruktur, anbieten. Die Tourismuszentrale publiziert einen für die Voraborganisation brauchbaren Gesamtkatalog aller offiziellen kroatischen

Campingplätze mit Preisliste, der entweder als Broschüre oder als Download unter www.croatia.hr kostenlos zur Verfügung steht.

In den Ortsbeschreibungen sind alle wichtigen Plätze kurz charakterisiert; wer konkrete Reservierungen vornehmen möchte (im Sommer dringend angeraten), kann dies über die Webseiten der jeweiligen Plätze tun. Infos bieten außerdem der kroatische Campingverband www.camping.hr sowie die regionalen Webseiten www.istra.hr bzw. www. kvarner.hr.

Offizielle Kategorien/ Preiskategorien

Für Campingplätze existieren unterschiedliche Kategorisierungen und Angaben über die Qualität, teilweise werden Sternchen (* bis ****), teilweise Kategorien benannt (Kat. I bis IV), wobei jeweils „1/I“ die geringste und „4/IV“ die höchste Komfortklasse bedeutet. Zu den Preiskategorien für Campingplatze siehe Tabelle „Preiskategorien der Unterkünfte“ auf der linken Seite.

Mobilheime

Diese Kategorisierung beinhaltet nicht eine Preisorientierung für sogenannte Mobilheime, manchmal auch **Camping-Bungalows** genannt, die in einigen (nicht allen) Anlagen inzwischen im Angebot sind. Dabei handelt es sich um kleine, ca. 20–30 m² große Häuschen, meist mit Flachdach, die bis zu vier Personen Platz bieten und voll ausgestattet sind (Kochnische, Nasszelle, Klimaanlage) – wenn man so will: ein Wohnwagen ohne Räder. Der Nachteil ist der im Vergleich zu einer Mietwohnung höhere Preis (im August kaum unter 100 €/ Tag), der Vorteil die **strandnahe Lage** in einem Beachresort oder auf einem Campingplatz. Diese Zwischenform zwischen Camping am Meer und Mietwohnung mit festem Dach über dem Kopf erfreut sich ebenso zunehmender Beliebtheit, wie das Anmieten fix und fertig eingerichteter Zelte (Glamping).

Wildcamping

Wildes Campen ist in Kroatien nicht nur generell **untersagt,** sondern erweist sich auch ab der Ostseite Istriens, insbesondere entlang der dalmatischen Küste, mit dem jäh aufsteigenden Bergland als ausgesprochen schwierig. Wohnmobile werden dagegen immer ein mehr oder weniger unberührtes Fleckchen Erde finden.

Adresshinweise

Häufig steht bei kroatischen Anschriften statt einer Hausnummer bei der Straße die **Abkürzung „bb“.** Dies bedeutet *bez broja,* ohne Nummer, und weist darauf hin, dass das gesuchte Objekt in Alleinlage liegt, dass es sich um eine bekannte Anlage (Ferienresort o.Ä.) handelt oder um einen Weiler, in dem es nur eine Straße und maximal 5 Häuser gibt.

Eine andere in Kroatien gängige Abkürzung ist die **Namensergänzung „b.o.o.“,** die *Društvo s ograničenom odgovornošću,* Gesellschaft mit eingeschränkter Haftbarkeit, bedeutet und in etwa unserer GmbH entspricht.

Jugendherbergen

Jeweils eine Jugendherberge gibt es in der Region **Istrien/Kvarner** derzeit u.a. in Pula, Punat/Krk, Zadar, Dubrovnik, Veli Lošinj, Zagreb, Rijeka sowie im Raum Split. Es empfiehlt sich wegen der großen Nachfrage eine (Online-)Reservierung vorzunehmen.

Hat man einen internationalen Jugendherbergsausweis aus dem Heimatland, schläft man auch bei den kroatischen Jugendherbergen zum günstigeren Tarif, sonst muss man eine Tagesmitgliedschaft erwerben. Tipp: Kann man auch als Familie beantragen. Weitere Auskünfte sowie aktuelle Preislisten können hier angefordert werden:

- **Deutsches Jugendherbergswerk,** Bismarckstr. 8, 32657 Detmold, Tel. 05231-74010, www.jugendherberge.de.
- **Österreichischer Jugendherbergsverband,** Schottenring 28, 1010 Wien, Tel. 01-5335353, http://oejhv.at.
- **Schweizer Jugendherbergen,** Schaffhauserstr. 14, 8042 Zürich, Tel. 044-3601414, www.youthhostel.ch.
- **Youth Hostel Association,** Savska Cesta 5, 41000 Zagreb, Tel. 01-4829294, www.hfhs.hr.

Verkehrsmittel

Bus

Die nationale Busgesellschaft *Autotrans* wurde von der *Deutsche Bahn*-Tochter *arriva* aufgekauft, **Online-Tickets** und **Fahrplanauskünfte** werden zentral unter **www.arriva.com.hr** bereitgestellt.

Der Bus dürfte für diejenigen, die nicht mit einem eigenen Fahrzeug unterwegs sind, das Haupttransportmittel sein; die **Verbindungen** zwischen den Ortschaften sind **ordentlich** und **preiswert:** Als Faustregel gilt, dass pro Kilometer rund 1–1,50 K zu entrichten sind – auch auf internationalen Routen, wenn die Tour in Kroatien beginnt.

Für Istrien im Besonderen gilt, dass **Pula** das einzige große Zentrum und somit auch Ausgangs- bzw. Endpunkt der meisten Linien ist. **Fahrpläne** hängen in Busbahnhöfen und an Haltestellen aus, dabei sollte man die Begriffe „polazak iz ..." (Abfahrt von), „polazak za ..." (Abfahrt nach), „dolazak" (Ankunft), „radni dan" (werktags), „subota" (samstags) und „nedelja i blagdan" (sonn- und feiertags) kennen.

Soweit vorhanden, werden die **innerstädtischen Verkehrsmittel** bei den jeweiligen Ortsbeschreibungen erläutert.

Internationale Busse siehe oben unter An-/Abreise, zusätzliche **Stadt-/Umlandbusse** findet man in Pula (www.pulapromet.com) und Rijeka (www.autotrolej.hr), die in den Ortsbeschreibungen beschrieben sind.

Bahn

Im Vergleich zum Bus bietet die Bahn in Kroatien eigentlich nur eine Alternative für Eisenbahnfans. Die Anbindungen, insbesondere im Süden, sind – bedingt durch die gebirgige und teils unzugängliche Landschaft – **außerordentlich beschränkt.** Bahnlinien führen von Slowe-

▷ Strand auf der Medulin-Halbinsel

nien nach Pula (Südspitze Istriens) oder über Karlovac nach Rijeka bzw. durch das Binnenland nach Dalmatien (Zadar, Šibenik und Split). In den Ortsbeschreibungen wird auf die jeweiligen Verbindungen hingewiesen. Je nach Route zahlt man in der 2. Klasse als Richtpreis etwa 1,50–2 K pro Kilometer.

Fähren

Zu den vielen interessanten und sehr beliebten Inseln der Kvarner Bucht verkehren ganzjährig **Autofähren,** zu kleineren Inselchen Passagierfähren (teilweise Privatanbieter, zu buchen direkt am Pier). Die meisten in den Karten verzeichneten „Fährorte" sind oftmals nur eine Anlegestelle mit einer kleinen Ticketbude. Selbstfahrer stellen sich einfach hinten an und kaufen während der Wartezeit das Fährticket; von den beiden Coupons wird einer bei der Einfahrt auf die Fähre abgegeben, die Kopie gilt als Beleg. Man kann zwar auch Online bei *Jadrolinija Tickets* vorab buchen, man hat dann aber nur die Gewähr überhaupt mitgenommen zu werden, eine Uhrzeit wird nicht garantiert (sich anstellen und gegebenenfalls warten muss man so oder so).

Im Gegensatz zu anderen Ländern der Region (z.B. Italien) ist das Fährpersonal auch in Stressphasen durchaus hilfsbereit und freundlich. **Wartezeiten** kommen je nach Zielinsel immer wieder mal vor, auf die Frequenzen und Verbindungen der diversen Routen wird in den Ortsbeschreibungen eingegangen.

Über die **aktuellen Preise** und **Fährverbindungen** zu den Inseln informiert die Hauptfährgesellschaft *Jadrolinija* unter www.jadrolinija.hr (Tel. Split 21-338333). Für alle Inselfahrer empfiehlt sich die Gegenkontrolle der Fährzeiten für die gewählte Insel kurz vor der Abreise. Es gibt häufig Änderungen, oft werden in Stoßzeiten im Hochsommer zusätzliche, nicht im Plan verzeichnete, Fähren eingesetzt.

www.fotolia.de © Aleksander Todorovic

Taxi

Einige **Städte** verfügen über einen regulären, relativ teuren Taxi-Service; Einzelheiten und Richtpreise finden sich in den Ortsbeschreibungen.

Trampen

Ein Wort zum Thema Autostopp: Trampen ist nicht sonderlich beliebt in Kroatien, eigentlich sogar **eher verpönt.** Das heißt allerdings nicht, dass in Notfällen oder bei miserablem Wetter nicht geholfen würde. Im Sommer jedenfalls stehen die Chancen für Tramper eher schlecht, obgleich zu dieser Zeit mehr Touristen als Einheimische auf kroatischen Straßen fahren.

Versicherungen

Egal welche Versicherungen man abschließt, hier ein Tipp: Für alle abgeschlossenen Versicherungen sollte man stets die **Notfallnummern** notieren und mit der **Policenummer** gut aufheben! Bei Eintreten eines Notfalles ist es ratsam, die Versicherungsgesellschaft sofort telefonisch zu verständigen!

Der Abschluss einer **Jahresversicherung** ist in der Regel kostengünstiger als mehrere Einzelversicherungen. Günstiger ist auch die **Versicherung als Familie** statt als Einzelpersonen. Hier sollte man nur die Definition von „Familie" genau prüfen.

Auslandskrankenversicherung

Die gesetzlichen Krankenkassen von Deutschland und Österreich garantieren eine Behandlung im akuten Krankheitsfall auch in Kroatien, wenn die Versorgung nicht bis nach der Rückkehr warten kann. Als Anspruchsnachweis benötigt man die **Europäische Krankenversicherungskarte,** die man von seiner Krankenkasse erhält.

Im Krankheitsfall besteht ein Anspruch auf ambulante oder stationäre Behandlung bei jedem zugelassenen Arzt und in staatlichen Krankenhäusern. Da jedoch die Leistungen nach den gesetzlichen Vorschriften im Ausland abgerechnet werden, kann man auch gebeten werden, zunächst **die Kosten der Behandlung** selbst zu tragen. Obwohl bestimmte Beträge von der Krankenkasse hinterher erstattet werden, kann ein Teil der finanziellen Belastung beim Patienten bleiben und zu Kosten in kaum vorhersagbarem Umfang führen.

Deshalb wird der Abschluss einer **privaten Auslandskrankenversicherung** dringend empfohlen. Eine solche Zusatzversicherung erhält man z.B. bei den Automobilclubs oder bei Banken, teilweise sind derartige Leistungen bereits in Kontenverträgen bzw. Premium-Mitgliedschaften usw. enthalten.

Bei Abschluss der Versicherung – die es mit bis zu einem Jahr Gültigkeit gibt – sollte auf einige Punkte geachtet werden. Zunächst sollte ein **Vollschutz ohne Summenbeschränkung** bestehen, im Falle einer schweren Krankheit oder eines Unfalls sollte auch der **Rücktransport** übernommen werden, denn der Krankenrücktransport wird von den gesetzlichen Krankenkassen nicht übernommen. Manchmal ist eine solche Auslandsversicherung, auch für die gesamte Familie, in Kontenverträgen mit **Kreditkarte** bereits enthalten oder kann preiswert über die **Automobilclubs** abgeschlossen werden, insbesondere wenn man bereits Mitglied ist. Diese Versicherung bietet den Vorteil billiger Rückholleistungen in extremen Notfällen.

Wichtig ist auch, dass im Krankheitsfall der **Versicherungsschutz über die vorher festgelegte Zeit hinaus** automatisch verlängert wird, wenn die Rückreise nicht möglich ist.

Schweizer sollten bei ihrer Krankenversicherungsgesellschaft nachfragen, ob die Auslandsdeckung auch für Kroatien inbegriffen ist. Sofern man keine Auslandsdeckung hat, kann man sich kostenlos bei *Soliswiss* (Gutenbergstr. 6, 3011 Bern, Tel. 031-3810494, www.soliswiss.ch) über mögliche Krankenversicherer informieren.

Zur Erstattung der Kosten benötigt man ausführliche **Quittungen** (mit Datum, Namen, Bericht über Art und Umfang der Behandlung, Kosten der Behandlung und Medikamente).

Andere Versicherungen

Ist man mit einem Fahrzeug unterwegs, ist der **Schutzbrief** eines Automobilclubs eine Überlegung wert. Wird man erst in der Notsituation Mitglied, gilt diese Mitgliedschaft auch nur für dieses Land und man ist in der Regel verpflichtet fast einen Jahresbeitrag zu zahlen, obwohl die Mitgliedschaft nur für einen Monat gültig ist.

Ob es sich lohnt, weitere Versicherungen abzuschließen wie eine Reiserücktrittsversicherung, Reisegepäckversicherung, Reisehaftpflichtversicherung oder Reiseunfallversicherung, ist individuell abzuklären. Gerade diese Versicherungen enthalten viele **Ausschlussklauseln,** sodass sie nicht immer Sinn machen.

Die **Reiserücktrittsversicherung** lohnt sich nur für teure Reisen und für den Fall, dass man vor der Abreise einen schweren Unfall hat, schwer erkrankt, schwanger wird, gekündigt wird oder nach Arbeitslosigkeit einen neuen Arbeitsplatz bekommt, die Wohnung abgebrannt ist u.Ä. Es gelten nicht: Terroranschlag, Streik oder Naturkatastrophe etc.

Die **Reisegepäckversicherung** lohnt sich seltener, da z.B. bei Flugreisen verlorenes Gepäck oft nur nach Kilopreis und auch sonst nur der Zeitwert nach Vorlage der Rechnung ersetzt wird, manche Gegenstände sind per sé nicht versicherbar. Wurde eine Wertsache nicht im Safe aufbewahrt, gibt es bei Diebstahl auch keinen Ersatz. Kameraausrüstung und Laptop dürfen beim Flug nicht als Gepäck aufgegeben worden sein. Gepäck im unbeaufsichtigt abgestellten Fahrzeug ist ebenfalls nicht versichert. Die Liste der Ausschlussgründe ist endlos ... Überdies deckt häufig die Hausratsversicherung schon Einbruch, Raub und Beschädigung von Eigentum auch im Ausland. Für den Fall, dass etwas passiert ist, muss der Versicherung als Schadensnachweis ein Polizeiprotokoll vorgelegt werden.

011kb wl

12 Land und Leute

In der Altstadt von Rovinj

Kroatiens fünf größte ...

Kroatiens fünf größte Städte:

Zagreb	800.000 Einw.
Split	155.000 Einw.
Rijeka	135.000 Einw.
Osijek	115.000 Einw.
Zadar	80.000 Einw.

Kroatiens fünf höchste Berge:

Dinara	1830 m
Kamešnica	1810 m
Sveti Jure	1762 m
Vaganski Vrh	1757 m
Ozeblin	1657 m

Kroatiens fünf längste Flüsse:

Sava	562 km
Drava	505 km
Kupa	296 km
Donau	188 km
Bosut	151 km

Kroatiens fünf größte Inseln:

Krk	410 km^2
Cres	410 km^2
Brač	395 km^2
Hvar	300 km^2
Pag	285 km^2

Kroatiens fünf größte Nationalparks:

Kornaten	234 km^2
Plitwitzer Seen	195 km^2
Krka-Fälle	110 km^2
Paklenica	102 km^2
Mljet	54 km^2

Istrien ist anders

Was der Tourist nur in den seltensten Fällen erkennen wird, ist der besondere politische Zündstoff, den die Halbinsel für Kroatien birgt. Der aufmerksame Besucher wird sich vielleicht fragen, warum denn die Ortsschilder, teilweise auch die Straßenschilder und gelegentlich sogar Gebäude der öffentlichen Hand, **zweisprachig** – kroatisch und italienisch – beschriftet sind. Nun bietet natürlich die lange Zugehörigkeit Istriens zu Italien sowie zu den norditalienischen Besitzungen der k.u.k. Doppelmonarchie Österreich-Ungarn eine gewisse Erklärung. Allerdings wäre doch unter Berücksichtigung des kroatischen Nationalstolzes und der noch jungen Unabhängigkeit genau das Gegenteil zu erwarten. Immerhin betonen alle anderen Landesteile eine einheitliche kroatische Geschichte und bemühen sich geradezu krampfhaft um eine gemeinsame Erziehung und Gestaltung des Landes.

Istrien ist anders. Dies liegt zum einen an der durch den intensiven Tourismus entwickelten **besonderen Wirtschaftskraft** der Halbinsel. Zum anderen kann man sich zuweilen des Eindrucks nicht erwehren, dass es in Kroatien ähnlich wie in Italien einen **Nord-Süd-Konflikt** gibt, eine gewisse „Ungeduld" der wohlhabenderen nördlichen Regionen gegenüber den eher eine Belastung darstellenden ärmeren Regionen des Südens.

In der Tat entstand auch schon eine istrische Unabhängigkeitspartei mit Sitz in Pula. Die „Istrische Demokratische Versammlung" (*Istarska Demokratična Sobranija,* siehe auch „Politik") versteht sich zum einen als Widerpart der Zentralregierung in Zagreb und zum anderen als Vorreiter einer istrischen **Unabhängigkeitsbewegung,** ohne allerdings (momentan zumindest) einen formellen Austritt aus dem kroatischen Staatsverband zu fordern.

Nicht vergessen werden darf auch die Tatsache, dass den **über 20.000 Italienern,** die überwiegend in Kroatisch-Istrien ansässig sind (ein Drittel davon in Slowenien und der Kvarner Bucht), der Status einer autochthonen nationalen Gemeinschaft zusteht, dass zudem viele Bewohner sich als **„Istrianer"** bezeichnen und somit ebenfalls eher in eine istrische denn in eine kroatische Kerbe schlagen.

Geografie

Kroatien

Auf der Karte ähnelt das Territorium Kroatiens einem Bumerang, dessen Basis nach Nordwesten und dessen Spitzen nach Südosten zeigen. Diese recht eigentümliche Form erklärt sich aus der Geschichte bzw. der Zusammensetzung des ehemaligen Vielvölkerstaates Jugoslawien und seiner unterschiedlichen ethnischen Besiedlung. Im Norden **grenzt Kroatien** an Slowenien (gemeinsame Grenzlänge: 501 km), im Osten an Ungarn (329 km), Serbien (241 km) und

Bosnien-Herzegowina (932 km), im Süden an Montenegro (25 km). Das Staatsgebiet umfasst 56.542 km^2 und beinhaltet **1185 Inseln,** die größtenteils an der dalmatischen Küste liegen, von denen allerdings nur 67 bewohnt sind. **Hauptstadt** der Republik Kroatien ist **Zagreb,** wo (mit Umland) rund ein Viertel der insgesamt gut 4,5 Millionen Bewohner des Landes lebt und arbeitet.

Die **Bevölkerung** besteht zu 90 % aus Kroaten, 7 % sind Serben, 3 % Italiener, Ungarn, Slowaken, Slowenen, Deutsche und Bosnier.

Geografisch unterteilt man Kroatien in das fruchtbare Flachlandbassin von Sava (Save) und Drava (Drau) im Nordosten, ein bergiges Karstland im Norden und im Zentrum sowie die touristisch bedeutsame **mediterrane Küstenregion.** Diese Küstenregion – und somit der untere „Bügel" des Bumerangs – gliedert sich historisch bedingt in drei Regionen: die Halbinsel Istrien, die sich anschließende Kvarner Bucht sowie, im Süden, Dalmatien. Die gesamte Küste misst eine Länge von 1780 Kilometern.

Istrien

Die **Halbinsel** Istrien erstreckt sich nach geografischer Definition eigentlich auf drei Staaten (je ein winziger Teil zu Italien und Slowenien gehörend), wobei sich in der Reiseliteratur der Begriff „Istrien" für den kroatischen Teil der Halbinsel durchgesetzt hat. Die kroatisch „Istarska županija" genannte Region Istrien umfasst 2813 km^2 und wird von rund **210.000 Menschen** bewohnt, wobei nach einer Volkszählung von 2001 eine Verteilung von 72 % Kroaten, 7 % Italienern, 3 % Serben, 1,5 % Bosniaken, 1 % Albanern und 1 % Slowenen festgestellt wurde. Knapp 9000 (oder gut 4 %) nannten keine klassische Nationalität, sondern bezeichneten sich als „Istrer".

Die in diesem Band ebenfalls beschriebene **Riviera von Opatija** gehört administrativ und historisch zur Gespanschaft *Primorsko-goranska županija* (Kvarner Bucht), geografisch jedoch noch zur Halbinsel Istrien.

Geologisch-geografisch gliedert sich Istrien in drei Teile: Westistrien einschließlich seines Hinterlandes wird wegen des mit rötlicher Erde bedeckten Kalkgesteins auch „Rot-Istrien" genannt, die Ostseite mit ihrem Hinterland wegen des fruchtbaren hellen Bodens „Gelb-Istrien", und das Čičarija-Gebirge im Norden ist wegen der kargen weißen Felsfarbe auch als „Weiß-Istrien" bekannt. Geomorphologisch besteht Istrien größtenteils aus Kalkgestein mit einer teils tief eingeschnittenen Küste. In Nord- und Zentralistrien liegen die Ortschaften häufig auf markanten und landschaftlich reizvollen Kalksteinhügeln.

Die Region Kvarner

Die kroatische Region Kvarner bildet den nördlichsten und somit Mitteleuropa am nächsten gelegenen Teil Kroatiens. Die Adriabucht unterteilt man in **drei Gewässerabschnitte:** den eigentlichen Kvarner im Westen vor der Halbinsel Istrien, die Kvarner Bucht in der Mitte und den Velebit-Kanal zwischen den Inseln Krk, Rab und dem Festland. Wegen der Fallwinde gehört Letzterer zu einer der gefährlichsten Seepassagen weltweit.

Bewohnte Inseln der Kvarner Bucht sind Krk, Cres, Lošinj, Rab, Susak, Unije und Ilovik.

Die **Festlandküste** reicht von Mošćenička Draga auf der Halbinsel Istrien im Westen bis in die Gegend von Novi Vinodolski im Osten. Das wichtigste **urbane Zentrum** ist Rijeka, **touristische Küstenhochburgen** sind u.a. Opatija und Crikvenica. Der Küstenstreifen von Zagorje bei Brseč bis oberhalb von Opatija wird manchmal auch als „Liburnische Küste" bezeichnet.

Das zur Region Kvarner gehörige **Hinterland** reicht bis zur slowenischen Grenze im Nordosten. Hier erstreckt sich ein über 1500 Meter hohes, faszinierendes **Bergland** um den malerischen Veli Risnjak (1528 m).

Während die Abgrenzung nach Südosten administrativer Natur ist und unauffällig verläuft, bildet das Čičarija-Gebirge mit dem Učka-Massiv im Westen eine sehr deutliche Barriere zur sich anschließenden Halbinsel Istrien. Auch kulturhistorisch lässt sich eine Art Trennlinie zwischen Istrien und der Region Kvarner erkennen: Während Baumeister und Künstler in Istrien vorwiegend aus Italien kamen, warten die Baudenkmäler des Kvarner Landes auffallend häufig mit Namen deutschsprachiger Künstler und Architekten auf. Besonders auffällig ist diese historisch bedingte Tatsache bei den Kirchen.

Klima

Entlang der kroatischen Küste herrscht **Mittelmeerklima** mit warmen, trockenen Sommern und milden Wintern, wobei es innerhalb dieses langen Küstenabschnitts noch gewisse Unterschiede gibt (siehe Grafik auf der nächsten Seite). Der Grund dafür ist die jeweilige Lage zu den schützenden Bergketten des kroatischen Festlands.

Als Faustregel kann festgehalten werden, dass es von **Mitte Juni bis Ende August kaum regnet** und die Tageshöchsttemperaturen regelmäßig über die 30°C-Marke klettern, wobei die Temperaturen der südlichen Landesteile meist noch ein bis zwei Grad höher liegen als als die auf der istrischen Halbinsel. Nicht zuletzt wegen des besonders milden Klimas konnte die Region Istrien eine Vorreiterrolle im Tourismus einnehmen.

Zur Thematik siehe auch den Abschnitt „Reisezeit" im Kapitel „Praktische Reisetipps A–Z".

Flora und Fauna

Pflanzenwelt

Jedes Fleckchen fruchtbarer Erde wird zum Anbau genutzt: Wein, Paprika, Oliven, Tomaten und andere **Obst- und Gemüsesorten** zählen zu den wichtigsten landesüblichen Agrarerzeugnissen, wobei freilich die Pflaume als Basis für den allgegenwärtigen, selbst gebrannten *Sliwowitz* (Pflaumenschnaps) nicht ver-

Klima

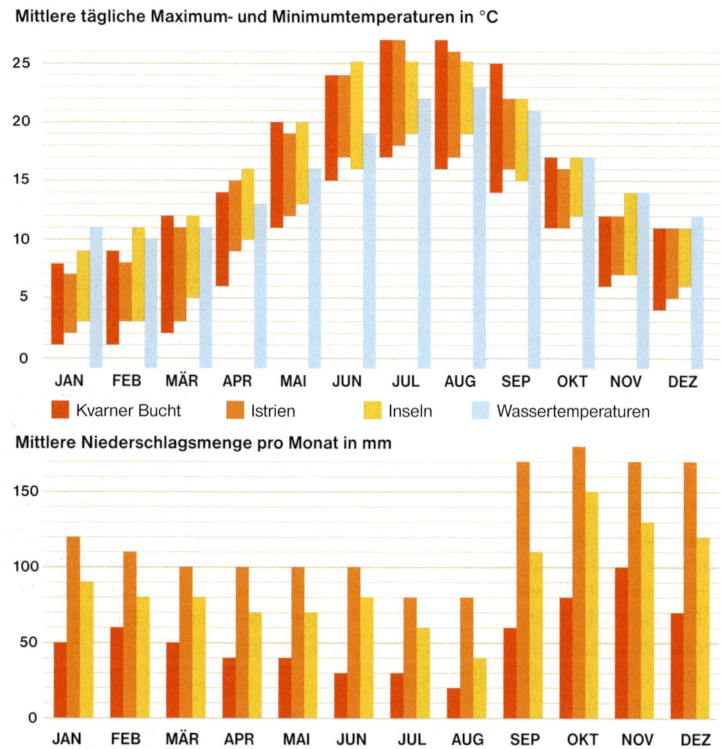

gessen werden darf. Häufige Nutzpflanzen sind auch **Maulbeer-, Lorbeer-** und **Feigenbaum** sowie **Esskastanien** (Maroni). Ansonsten wächst auf dem steinigen Karstboden ein spärlicher, immergrüner **Buschwald** mit Rosmarin, Salbei und Thymian; sehr markant duftet auch das Maggikraut. An der istrischen Küste und auf den Inseln gedeiht der **Ölbaum,** sonst finden sich vorwiegend **Nadelhölzer** wie Zypressen, Kiefern und Pinien. Exotische Gewächse wie etwa Tamarisken, Akazien, Agaven und Palmen werden an einigen „Vorzeigepromenaden" (z.B. Opatija) gepflegt.

[>] Festung der Uškoken, einer mittelalterlichen Seeräuberbande, in Senj

Säugetiere

Wo eine Kultivierung der Felslandschaften nicht möglich ist, dominieren **Ziege und Schaf** als pflegeleichte Nutztiere. **Esel und Mulis** dienen noch heute als Transportmittel auf den unwirtlichen Bergpfaden und Hängen. Wild lebende Säugetiere scheinen weit seltener vorzukommen als in nördlicheren Gefilden; gelegentlich hoppelt ein Hase durchs Hinterland, auch Rot- und Schwarzwild lebt im Landesinneren. **Luchse und Bären** haben im Kvarner Hochland zwischen den Nationalparks Plitvice (Plitwitzer Seen) und Risnjak eine Heimat gefunden. Mit etwas Glück kann man sogar **Steinadler** beobachten, auf den Kvarner Inseln auch **Weißkopf- oder Gänsegeier.**

Unterwasser-Fauna

Unter Wasser entdeckt der Taucher Nacktschnecken, Einsiedlerkrebse, Garnelen, Seeigel, Seespinnen, Sepia, Zackenbarsche und sogar Katzenhaie. Auch an Wracks und Grotten oder Höhlen mangelt es nicht. Bedingt durch den Felsboden ist die **Sicht sehr gut,** das Wasser fast überall von **hervorragender Qualität.** Umweltschäden sind in der kroatischen Adria glücklicherweise nicht vorhanden.

Geschichte

Geschichte Kroatiens

Die Entwicklung der einzelnen Regionen Kroatiens nahm – bedingt durch die Lage zwischen verschiedenen Machtregionen – einen sehr unterschiedlichen Verlauf. Daher wird in den Ortsbeschreibungen der jeweiligen Stadtgeschichte stärker Rechnung getragen, an dieser Stelle sei nur ein kurzer Gesamtüberblick gegeben.

052kb wl

Josipović-Administration

Die Josipović-Administration genoss im Westen einiges Ansehen und war ernsthaft bemüht, den „Filz" der Tudjman-Ära zu beseitigen. Das galt sowohl für Ex-Premier *Račan* als auch für Ex-Regierungschef *Ivo Sanader,* der nicht nur die einstige Einheitspartei *HDZ* reformierte, sondern auch das brisante Thema der Kriegsverbrecherfragen energisch und im Sinne Den Haags (Internationales Strafgericht) anging.

Schien die *HDZ* mit ihren Skandalen und Strukturen dauerhaft geschädigt, so erhob sie sich als *HDZ*-geführtes Mitte-Rechts-Parteienbündnis *DK* im November 2015 – nicht zuletzt auch wegen der Flüchtlingskrise – wie ein Phönix aus der Asche und errang mit 59 Sitzen überraschend die Parlamentsmehrheit vor *Milanovićs SDP*-geführtem Mitte-Links-Parteienbündnis *HR* (56 Sitze). Da der Dritte im Bunde, die neue Partei *Most* (19 Sitze) bereits vor den Wahlen jedwede Koalition ablehnte, konnte keine Regierung gebildet werden, Neuwahlen waren zu befürchten.

Im Ergebnis konnte keiner der beiden großen Blöcke den dritten im Bunde als Juniorpartner gewinnen – also durfte sich die kleinste Partei (*Most,* ein Interessensbündnis) einen der Großen als Junior suchen! Nach heftigen Verhandlungsturbulenzen einigte sich *Most* im Januar 2016 auf *Tihomir Orešković* als designierten Ministerpräsidenten (Regierungschef), wobei dieser von *DK,* also der *HDZ,* unterstützt wird.

Das alte königliche Wappen (links) auf dem Dach der Markuskirche in Zagreb

Adobe.Stock ©Dr. Jürgen Tenckhoff

Das aktuelle Führungsduo Grabar-Kitarović und Plenković

Manche Insider der kroatischen Polit-Szene bemängeln dubiose bis mafiöse Strukturen. Unter dem Strich bemüht sich das neue Kroatien unter Präsidentin *Kolinda Grabar-Kitarović* und Premier *Andrej Plenković* aber, Anschluss an die westlichen Nachbarn zu gewinnen und kurz- bis mittelfristig einen guten Platz in der Europäischen Union zu finden. Als noch zu verbessernde Sachgebiete gelten das Justizwesen, die Verwaltung und die Bekämpfung der Korruption.

Verwaltung

Die Republik Kroatien ist administrativ in **20 Gespanschaften** (Verwaltungsdistrikte, kroat.: *županje,* eine Gespanschaft entspricht etwa einem Kanton bzw. Bundesland) und die **Stadt Zagreb** gegliedert. Der Begriff Gespanschaft stammt aus der k.u.k. Zeit, als südosteuropäische Territorien in **Banate** gegliedert waren und der *Ban* (Herr) des Banates den Großgespan quasi als Gouverneur der Gespanschaft ernannte. Diese Gliederung wurde 1918 übernommen (Königreich der Serben und Kroaten), nach dem Zweiten Weltkrieg abgeschafft und im Jahr 1992 reaktiviert.

Istrien

Zunächst muss die 3476 km² große **Halbinsel Istrien** von der kroatischen **Gespanschaft Istrien** mit 2813 km² unterschieden werden. Ein kleiner Teil im Nordwesten der Halbinsel liegt nämlich in Slowenien, der nordöstliche Teil gehört administrativ bereits zur kroatischen Gespanschaft „Kvarner Bucht“ *(Primorsko-goranska županija).*

In Kroatisch-Istrien leben rund 210.000 Menschen, Verwaltungssitz ist **Pazin** im Landesinneren. Die Gespanschaft Istrien, die von der Bedeutung her etwa einem Bundesland oder Kanton entspricht, wird zu verwaltungstechnischen Zwecken noch in 10 Städte und 31 Gemeinden untergliedert.

Kvarner Bucht

Verwaltungstechnisch setzt sich die Kvarner Bucht aus den **Gespanschaften Primorje-Gorski Kotar** im Norden und **Lika-Senj,** südlich davon, zusammen. Die Gespanschaft Primorje-Gorski Kotar umfasst flächenmäßig etwa 3600 km² mit rund 305.000 Einwohnern, Lika-Senj ca. 5350 km² mit nur knapp 58.000 Bewohnern. Hierzu zählt auch der Nordteil der touristisch ebenfalls bedeutsamen Insel Pag, die jedoch mehr-

> Die Flagge Kroatiens

heitlich schon zu Norddalmatien gehört. Auch einige bekannte **Natur-** und **Nationalparks** liegen im Kvarner Land, etwa der Nationalpark Risnjak, die Plitwitzer Seen sowie die Naturparks Učka im Norden und Velebit im Süden (bis nach Dalmatien hinein).

Staatssymbole

Flagge und Wappen

Die kroatische Flagge setzt sich als Trikolore aus den waagerechten Balken **Rot-Weiß-Blau** zusammen und entstand in dieser Form 1848 im Geiste der europäischen Revolutionen. Zur Unterscheidung etwa von der niederländischen Staatsflagge wird die kroatische mittig ergänzt durch das Staatswappen, ein **rot-weißes Schachbrett** mit 25 Feldern, dessen Ursprung auf die ersten kroatischen Könige (Funde aus dem 11. Jahrhundert) zurückgeht und als „typisch kroatisch" gilt. Oberhalb des Schachbretts befindet sich eine Krone, die sich aus den fünf ältesten kroatischen Wappen (Kroatisches Königreich, Istrien, Dalmatien, Slawonien und Republik Dubrovnik) zusammensetzt.

Nationalhymne

Die kroatische Nationalhymne **„Lijepa naša domovino"** (Unsere schöne Heimat), 1835 von *A. Mihanović* geschrieben, wurde 1974 offiziell genehmigt und dient seither als ein alle Kroaten einigendes Band.

Wirtschaft

Das unter *Tito* wohlhabende Jugoslawien zeigte sich nach zehnjähriger HDZ-Regentschaft und Balkankrieg zunächst als wirtschaftlich zerrüttet. Mit den Kriegswirren 1995 brach die EU damals zunächst alle Verhandlungen ab, auch Kredite des IWF (Internationaler Währungsfond) wurden eingefroren, ausländische Investoren zogen sich zurück. **Hyperinflation** (1500 %) war die Folge, auch der Tourismus brach zusammen. Neben einer künstlichen Überbewertung des Kuna sorgte ein immenses **Handelsdefizit** – die Importe betrugen fast das Doppelte der Exporte – für Stabilitätsprobleme.

Die EU-nahen Folgeregierungen unter Präsident *Mesić* schafften unerwartet rasch eine deutliche **Trendwende:** Mit einem Pro-Kopf BIP von knapp 10.400 Euro stand Kroatien zum Zeitpunkt des EU-Beitrittsantrages besser da als EU-Mitgliedsstaaten wie Rumänien (9800 Euro; –6,8 %) oder Bulgarien (8400 Euro; –4,5 %). Deutliche Fortschritte wurden auch in den Bereichen **Inflationsbekämpfung** (durchschnittlich etwas über 2 %) und einer leichten Eindämmung der **Arbeitslosigkeit** (in den 1990er Jahren teilweise über 25 %) erzielt. Nicht zuletzt aufgrund dieser Entwicklung erklärte Brüssel Kroatien seinerzeit zum offiziellen EU-Beitrittskandidaten. Längst wickelt Kroatien über die

▷ Fischerei-Boote im Hafen von Poreć

Hälfte seines Außenhandels mit EU-Staaten ab, dabei etwa zu einem Viertel mit Deutschland.

Doch trotz des EU-Beitritts im Juli 2013 sah sich Kroatien 2014 im sechsten Jahr in Folge in einer **Rezession,** die insgesamt seit 2009 –12 % betrug. In den Folgejahren (2015–2018) konnte dann eine neuerliche Kehrtwende mit **Wachstumsraten** von 2,4 bis 3,5 % notiert werden, die **Arbeitslosenquote** konnte von über 17 % auf aktuell unter 13 % gedrückt werden.

Schwerindustrie, Handel, Landwirtschaft und Fischerei sind die wichtigsten Säulen der nationalen Wirtschaft, auch dem **Tourismus** (25 % BIP-Anteil) kommt eine wichtige Rolle zu (s.u.). Es liegt auf der Hand, dass es den touristischen Zentren entlang der Küsten etwas besser geht als dem abgelegenen Hinterland etwa in Slawonien.

Wichtigste **Exportgüter** Kroatiens sind Maschinen, Kleidung, Kleingeräte und petrochemische Produkte; **importiert** werden hauptsächlich Fahrzeuge, Transportausrüstungen und Industriemaschinen. Zentren der Schwerindustrie (Schiff-, Maschinen-, Bergbau, Petrochemie) sind Rijeka, Zadar, Šibenik und Split, während Istrien und Slawonien als **Agrarhochburgen** (nur gut 15 % des kroatischen Landes sind für landwirtschaftliche Nutzung geeignet) das Land mit Obst, Gemüse, Wein, Oliven und Getreide versorgen. **Fischfang,** meist nur noch im Nebenerwerb, wird auf den Inseln und in den meisten Küstenorten betrieben.

adobe.stock ©don57

Tourismus

Nach anfänglicher Skepsis und der irrigen Ansicht, Kroatien sei ein Teil Jugoslawiens und daher ob des Balkankrieges sowie wegen des Kosovo-Konfliktes ein unsicheres Reiseland, erfreut sich die Tourismusbranche längst wieder einer kontinuierlich **steigenden Tendenz.** Der **natürlichen Schönheit des Landes** taten alle politischen und kriegerischen Wirren der Vergangenheit keinen Abbruch, und mit der EU-Mitgliedschaft ist absehbar, dass die kroatische Adria auch mittelfristig eines der beliebtesten europäischen Urlaubsziele bleiben wird.

Während das „alte" Kroatien der 1980er Jahre 60 Mio. Besucher jährlich verbuchen konnte, brach der Tourismus Anfang der 1990er Jahre zunächst durch den Balkankrieg fast völlig ein und lag 1995 (Balkankonflikt) gerade noch bei knapp 13 Mio. Übernachtungen, fast ausschließlich in Istrien. Inzwischen verbucht die Branche jedoch wieder satte **Zuwachsraten,** die jährlich zwischen 5 und 10 % betragen und zu rund 120 Mio. Übernachtungen (2018) führten.

Von den heute jährlich über 13 Mio. ausländischen Kroatien-Urlaubern kommen die meisten aus dem **deutschsprachigen Raum** und Slowenien sowie den ehemaligen Ostblocknachbarn Ungarn, Polen und Tschechien.

Interessant ist auch die **zeitliche Verteilung der Besucherströme:** Von den insgesamt 13 Mio. Auslandsgästen besuchen 8 Mio. das Land im Juli und August; weitere 4 Mio. im Juni und im September – auf die restlichen 8 Monate kommen dann nur eine Million.

Die **räumliche Verteilung der Besucherströme** unterliegt einem markanten **Nord-Süd-Gefälle,** der kroatische Küstenstreifen zieht dabei die große Mehrheit der Urlauber an: Knapp die Hälfte aller Kroatien-Touristen reisen nach Istrien, 25 % zur Kvarner Bucht, 20 % entfallen auf die dalmatinische Küste. Nordkroatien und das Binnenland teilen sich 5 %, Letzteres ist meist nur Transitstation.

Verkehr und Umwelt

Man ist sich in Zagreb darüber im Klaren, dass nur eine heile Umwelt auf Dauer den Anspruch an stetig steigende Besucherzahlen flankieren kann. Gleichzeitig steht auch fest, dass westliche Besucher gestiegene Ansprüche an Infrastruktur, Unterkunft und allgemeine Qualität des Urlaubszieles (von der Eiscreme über den Straßenzustand bis hin zum Unterhaltungsangebot) stellen. Und erstaunlicherweise scheint die Quadratur des Kreises zu gelingen: Wegen der recht **geringen Industrie- und Fahrzeugdichte** bleibt die Umwelt nahezu intakt, was sich vor allem auf die **Luft- und Wasserqualität** positiv auswirkt. Die Regierung hat auch ein **modernes Müllkonzept** entwickelt, was sich auch in der Rücknahmepflicht von Kunststoffflaschen und Ähnlichem äußert.

Auch das Thema **E-Mobilität** ist in Kroatien im Vormarsch, viele Radverleiher sind bereits auf diesen Zug aufgesprungen und bieten E-Bikes zum Mieten an.

Probleme bereiten allenfalls veraltete **Chemiewerke.** Aufgrund fehlender finanzieller Möglichkeiten wurden strenge gesetzliche Auflagen bei Neuinvestitionen und -gründungen festgeschrieben, um zumindest keine neuen Sünden zu schaffen. Es bedarf dennoch westlicher Unterstützung, um eine technische „Entgiftung" der altjugoslawischen Kraftwerke und Chemieanlagen zu ermöglichen.

Der Tourist wird hiervon wenig bemerken, sicht- und spürbar sind saubere Luft und **exzellente Wasserqualität.** Messstationen an der gesamten kroatischen Adriaküste kontrollieren dies permanent und bezeugen lastenfreien Badespaß allerorten!

Mentalität und Brauchtum

Allgemein sind die Kroaten sehr **freundlich und hilfsbereit,** dabei aber weit weniger aufdringlich, als man dies aus anderen Ländern der Region gewohnt ist – aber Achtung: Allein reisende Frauen werden durchaus angesprochen, allerdings stets im höflichen Rahmen. Die Kroaten geben sich im Großen und Ganzen sehr **deutschfreundlich,** zeigte sich Deutschland doch als (im Westen umstrittener!) Vorreiter bei der Anerkennung des unabhängigen Kroatien.

Sehr wichtig ist es, die **Privatsphäre** zu respektieren, bei aller Freundlichkeit bleibt man Fremden gegenüber immer etwas reserviert. Dies ändert sich schlagartig, wenn man etwa privat unterkommt und Kontakt zum Vermieter hat – sehr schnell sind freundschaftliche Bande geknüpft, wozu auch der dann reichlich fließende hausgebrannte Sliwowitz oder ein Krug Wein aus eigener Herstellung beitragen.

Sonst trifft man sich zu einem **Plausch vor der Tür,** spaziert die Promenaden entlang, beobachtet die lokale Fußballmannschaft beim Training oder spielt eine Partie **Boccia,** ein im westlichen Mittelmeerraum weit verbreiteter Freizeitspaß. Am Sonntag treffen sich die Männer nach dem Kirchgang zum Frühschoppen in einer Bar, die Frauen zum Schwatz auf den Straßen, oder es werden vor den Türen Spitzendecken und Wolljacken gehäkelt.

Das Wichtigste aber ist, dass der Besucher den **Stolz der Kroaten** auf ihre junge Republik und die wirtschaftlichen Leistungen würdigt und nicht durch abwertende Bemerkungen über Land, Leute und Eigenheiten verletzend wirkt.

Politik ist Männersache in Kroatien, **Frauen** lösen sich erst ganz allmählich aus der traditionellen Rolle als Hausfrau und Mutter. Immerhin sind per Gesetz die Löhne und Gehälter zwischen den Geschlechtern angenähert worden, und eine moderne Sozialgesetzgebung ermöglicht durch Erziehungsurlaub die Berufstätigkeit auch als Mutter.

Der familiäre Zusammenhalt ist nach wie vor sehr groß und bildet die Grundlage der **sozialen Gemeinschaft,** aber auch Vetternwirtschaft und Schwarzarbeit sind – von obersten Führungsetagen bis zum kleinen Mann – weit verbreitet, teilweise aus schnöder Gewinnsucht, teils aber auch aufgrund sozialer Nöte.

Wie anderswo auch blüht in Kroatien der Irrglaube, man könne mit Lotto und Fußballtoto sein bescheidenes Einkommen aufbessern – die **Wettkioske** scheinen allgegenwärtig zu sein.

Typisch südländisch und angesichts der im Sommer sehr hohen Hitze auch verständlich, ist die **lange Mittagspause,** die häufig von 12 bis 15 Uhr dauert. Zu dieser Zeit scheinen die Dörfer und Altstadtgassen wie ausgestorben; in den Städten herrscht dagegen Dauerbetrieb.

Traditionelle Künste und Folklore

Tänze

Einige Bekanntheit erlangten mehr im Süden die mit Begeisterung gepflegten Tänze, die teils auf **Fastnachtsbräuche** und teils auf eine Tradition seit den Türkenkriegen zurückgehen. Bekannteste Bräuche sind in diesem Zusammenhang das Verbrennen einer in türkische Gewänder gehüllten Puppe zu Fasching *(Mesopust),* der **Moreška-Tanz,** ein Schwerttanz aus Süddalmatien, und die **Kumpanija,** ein musikalisch begleitetes Kampfstück. Obwohl die Türken auf kroatischem Boden kaum Relikte hinterließen, so wurden doch Speis' und Trank und die Volksmusik erheblich von ihnen beeinflusst, wenn auch nicht so wie im stärker muslimisch geprägten Bosnien-Herzegowina. Bedeutendste **Musikinstrumente** sind Dudelsack (nur in Istrien), *Tamburica* (eine Art Balalaika), *Kavala* (Langflöte) und *Sopila,* eine in der Kvarner Bucht verbreitete Oboenart.

Häkeln und Stricken

Zu den interessanten kunsthandwerklichen Besonderheiten Kroatiens gehört das Häkeln von **Zierdeckchen** und das Stricken von **Pullovern** und **Jacken,** eine noch heute insbesondere von älteren Frauen vor der Haustür oder im Hinterhof in Istrien ausgeübte Volkskunst.

Trachten

Volkstrachten sind selten geworden und werden in der modernen Gesellschaft verdrängt. Nur gelegentlich, etwa zu **Feiertagen** oder auch bei **Festspielen,** vornehmlich in touristischen Hochburgen, werden noch Trachten getragen, die sich an ländlicher Kleidung früherer Jahrhunderte orientieren. Es dominieren dabei die Farben Rot, Weiß und Schwarz.

Bildung und Soziales

In der Republik Kroatien besteht eine allgemeine Schulpflicht von **neun Schuljahren** ab dem fünften oder sechsten Lebensjahr. Mit Erlangen der Hochschulreife kann an den nationalen Universitäten oder im Ausland ein Studium aufgenommen werden. Wichtigste **Fremdsprachen** sind **Englisch, Deutsch und Italienisch,** wobei kaum regionale Unterschiede zu machen sind – als Tourist denkt man bald, jeder Kroate beherrsche fließend vier Sprachen.

So positiv diese Beurteilung bei den Dienstleistungen erscheint, im Bereich der Facharbeiter äußern sich viele westliche Wirtschaftsberater skeptisch, dass das Bildungssystem in Kroatien den Anforderungen des künftigen Marktes genügen kann. Die **Sozialgesetzgebung** gilt im Vergleich zu Westeuropa als entwicklungsbedürftig, auch wenn im Vorfeld des EU-Beitrittes bereits wichtige Fortschritte erzielt wurden.

Die **Einkommensverhältnisse** haben sich in den Jahren nach dem Krieg **permanent verbessert,** nicht zuletzt auch durch den Tourismus. Was verdienen die Leute im Durchschnitt? Verglichen mit anderen Ländern des Balkans beachtlich viel! Statistisch verdienen Geschäftsführer nach einer Studie in Kroatien etwa 7000 Euro monatlich, Facharbeiter knapp 1200 Euro im Monat, dem Durchschnittskroaten stehen etwa 1000 Euro Monatslohn (jeweils brutto) zur Verfügung, und im Bereich Tourismus ist der Himmel das Limit! Allerdings sind mehrere Einkommensscheren zu beobachten: Zum einen sind die Durchschnittseinkommen in Gebieten, die im Tourismus verwurzelt sind, spürbar höher als andernorts, zum zweiten litt die Region Istrien am wenigsten unter dem Bürgerkrieg, was zu einem nachhaltigen Vorsprung gegenüber anderen Landesteilen führte.

Religion

Die überwiegende Mehrheit der Kroaten gehört traditionell der **römisch-katholischen Kirche** (über 80 %) an, daneben existieren serbisch-orthodoxe, moslemische und protestantische Minderheiten im Lande. Die Kirche spielt eine **bedeutende Rolle** im Leben der Kroaten, wenngleich nicht so dominant wie etwa in Italien (gesellschaftlich) oder Polen (politisch). Der katholische Glaube wird zuvorderst als einigendes Band der „Kroaten" und Differenzierung/Abgrenzung zu den orthodoxen (Serbien, Montenegro) und muslimischen (Bosnien-Herzegowina) Nachbarn betrachtet und somit auch als Legitimation der Westintegration verstanden.

In der kroatischen Geschichte spielten diverse **Mönchsorden** eine gewisse Rolle (siehe Exkurs), deren bauliche Monumente von einstiger reger Missionstätigkeit zeugen.

Architektur und Kunst

Griechen

Die im 5. Jahrhundert nach Süddalmatien und auf einige Inseln vorrückende griechische Kultur hinterließ bemerkenswerte Spuren, die besonders wegen ihres Realismus bestechen. Ein bekanntes Beispiel ist das Kairos-Relief in Trogir (Zentraldalmatien).

Römer

Mit der römischen Kolonisation folgte für den gesamten Küstenraum eine **architektonische und kulturelle Blüte** durch die Errichtung von Tempeln und

Die bedeutendsten Mönchsorden

In der Geschichte Kroatiens spielten vielfach verschiedene Mönchsorden bei Klostergründungen und Kirchenbauten eine wichtige Rolle, einige der wichtigsten seien hier vorgestellt.

Dominikaner (in Frankreich Jakobiner)

1215 von *Dominikus* in Toulouse gegründeter katholischer Orden mit weißem Gewand und weißer Kapuze; erster mittelalterlicher Bettelorden, einflussreich, da 1232 mit der Leitung der Inquisition beauftragt. Inhaltlich wissenschaftlich ausgerichtet, haben bedeutende Gelehrte und Prediger hervorgebracht (u.a. *Albertus Magnus, Thomas von Aquin*).

Franziskaner

Berufen sich auf Gründervater *Franz von Assisi* als katholischer Orden der Minderen Brüder, die nach der 1223 von Papst Honorius III. bestätigten Bettelorden-Regel des *Franz von Assisi* leben (braune Kutte mit weißem Gurtstrick, oft Sandalen). Theologisch betonen sie die Nächstenliebe als Weg zu Gott. Dispute bzgl. der Ordensregel führten zu zahlreichen Untergruppierungen und Abspaltungen, u.a. der Spiritualen (wörtliche Regelbefolgung), Konventualen (Angleichung an alte Orden) und Kapuziner; letztere wirkten besonders in der Zeit der Gegenreformation als wortgewaltige (Straf-)Prediger.

Augustiner

Zusammenfassende Bezeichnung für zahlreiche katholische Ordensgemeinschaften, die nach der auf Schriften des heiligen *Augustinus* beruhenden Augustinusregel leben.

Jesuiten

Katholischer Regularklerikerorden, 1534 von *Ignatius von Loyola* gegründet und 1540 durch Papst Paul III. bestätigt. Hauptziel des Ordens ist die Ausbreitung, Festigung und Verteidigung des katholischen Glaubens durch Mission, Predigt, Seelsorge, Unterricht, wissenschaftliche Arbeit und geistliche Übungen (Exerzitien). War in der frühen Neuzeit wesentliches Element der überseeischen Missionierungen. Die Jesuiten leben in offenen Häusern und Kollegien und tragen keine Ordenskleidung.

Zisterzienser/Bernhardiner

Benediktinischer Reformorden aus dem 11. Jh.; der Ordensname leitet sich von dem 1098 durch *Robert von Molesme* gegründeten Kloster Citeaux ab. Nach der päpstlichen Bestätigung der Ordensverfassung „Charta caritatis" 1119) breitete sich der neue Orden insbesondere unter *Bernhard von Clairvaux* (daher *Bernhardiner*) aus und gewann Einfluss in ganz Europa. Durch die praktizierte Verbindung von geistlichem Leben und praktischer Arbeit, besonders die Einrichtung von landwirtschaftlichen (Muster-) Betrieben, wurden die Zisterzienserklöster zu wesentlichen Trägern der deutschen Ostsiedlungen im 12. und 13. Jahrhundert.

Karmeliter

Katholischer Orden basierend auf einer von Kreuzfahrern im 12. Jahrhundert gegründeten Einsiedlerkolonie auf dem Karmel (Nordisrael), 1226 päpstlich bestätigt, Ausbreitung über Zypern und Sizilien nach Europa. Einige Zweige leben streng asketisch-meditativ und setzen sich primär seelsorgerisch ein.

Trappisten

Aus der Reform-Zisterzienserbewegung 1664 hervorgegangener Orden insbesondere mit strenger Beachtung des absoluten Schweigegelübdes.

Johanniter, Templer, Deutschherren

Militärische Rittermönchsorden, gegründet während der Kreuzzüge zum Schutz der Pilgerwege ins Heilige Land.

Theatern, Aquädukten und Thermen sowie den Bau von Kanalisationssystemen. Damit wurde ein für die damalige Zeit modernes Stadtbild geprägt, welches sich noch heute sehr gut in Poreč oder Pula (Istrien) sowie in Zadar (Norddalmatien) studieren lässt.

Byzanz

Nach dem Untergang Westroms folgten Rückeroberungsversuche byzantinischer Kaiser von Konstantinopel aus bis nach Norditalien, wodurch die christianisierte Bevölkerung als neues Gebetshaus die **Basilika** mit Intarsien aus Perlmutt und Marmor, Mosaiken und steinernen Baldachinen am Hauptaltar erhielt. Das Prunkstück dieser Zeit ist die Eufrasius-Basilika in Poreč (Istrien).

Slawen

Byzantinisch beeinflusst, aber in vollkommen eigenständiger, frühromanischer Bauart, errichteten die eindringenden Slawen vom 7. bis 11. Jahrhundert vor allem zylindrisch geformte, sehr **massiv wirkende Kirchen mit Kuppeldach** in den unterschiedlichsten Größen – so etwa die kleinste Kuppelkirche der Welt in Nin oder die berühmte Donat-Kirche in Zadar (Norddalmatien).

Romanik

In den bereits existierenden Städten entlang der gesamten Küste hielt die Epoche der Romanik vom 11. bis ins 13. Jahrhundert Einzug. **Monumentale Kir-**

chenbauten (Bischofskirchen) entstanden in Dubrovnik, Trogir, Zadar (alle Dalmatien), in Senj sowie auf Rab und Krk. Daneben erfuhr auch der **Profanbau** einen bedeutsamen Aufschwung, grob gehauene Steinblöcke lösten Holz und Fachwerk als Baumaterialien ab. In diesen **trutzigen Wohnhäusern** (erhalten in Split, Trogir und z.T. in Poreč) waren ebenerdig Stallungen, im Obergeschoss Wohnräume untergebracht.

Gotik

Während der kroatischen Gotik (13.–15. Jh.) prallten zwei unterschiedliche Strömungen aufeinander: Durch den blühenden Seehandel waren Fürsten und Kaufleute wohlhabend geworden und versuchten, diesen Wohlstand in einer großartigen Stadtarchitektur zu zeigen und – nicht zu vergessen – vor Eindringlingen von außen zu verteidigen. So entstanden die typischen **mittelalterlichen Stadtanlagen** mit gewundenen Gassen, herrlichen Bürgerhäusern und wehrhaften, die gesamte Stadt umgebenden Stadtmauern und Verteidigungsanlagen. Beste Beispiele hierfür finden sich in Dubrovnik und Trogir (Dalmatien), auf Rab und in Motovun (Kvarner Inseln). Die Geistlichkeit präsentierte sich in dieser Phase in Form von bescheidenen, sogenannten Bettelorden (Franziskaner, Dominikaner). Sie bauten ihre Gotteshäuser ebenso schlicht, wie sie lebten. Beispiele für diese **einschiffigen, schmucklosen Kirchen** sind Sv Franje in Pula (Istrien) und Sv Dominik in Dubrovnik (Süddalmatien).

Renaissance

Vorhandene Bauwerke wurden während der Renaissance (15./16. Jh.) **erneuert und erweitert**, das Stadtbild der

085akro wl

führenden Handelsmetropolen wurde zum Muster für die Stadtplanung mit Loggien, Stadtplätzen, Rathäusern und Rektorenpalästen. Gute Beispiele sind etwa das Rathaus in Pula oder der Rektorenpalast in Dubrovnik: Säulengang außen am Erdgeschoss, zwei- oder dreiteilige, verschnörkelte Fenster im ersten Stock und fast quadratische, kleinere Fenster im zweiten Obergeschoss. Fast alle bestehenden Kirchen wurden innen umgestaltet und verziert. Die Stadtmauern wurden wegen der vorrückenden Türken stärker befestigt. Als Paradebeispiel für den Festungsbau sei Karlovac (Nordkroatien) mit seiner typischen Sternform genannt.

Barock

Den Barock des 17./18. Jahrhunderts muss man für Kroatien insofern als zweigleisig betrachten, als die Kvarner Bucht – und hier insbesondere **Rijeka** – zunehmend unter österreichischen Einfluss fiel (Beispiel: Veitskirche in Rijeka) und mit einigen Neuerungen aufwartete, während der Süden (Republik Ragusa, Dalmatien) im Zuge des türkischen Rückzugs und eigenen Machtverlusts eher eine Flaute erlebte. Die wichtigsten Küstenstädte verlegten sich auf das Minimum, nämlich den **Erhalt der Stadtmauern.** Lediglich in Dubrovnik wurden nach dem verheerenden Erdbeben von 1667 von vorwiegend italienischen Architekten unter Beteiligung örtlicher Baumeister barocke Neubauten geschaffen (Kathedrale).

◁ Die byzantinische Kapelle „Maria del Carmine" aus dem 14. Jh. im Küstenort Fažana

Klassizismus

Das 19. und frühe 20. Jahrhundert – die Phase des Klassizismus – brachte der Kvarner Bucht, vor allem Rijeka und Pula als durch Bahnlinien erschlossenen Häfen Österreichs, neue **Verwaltungsgebäude und Schauspielhäuser,** aber auch **erste Hotels.** Beispiele hierfür lassen sich gerade zwischen Rijeka und Pula zuhauf entdecken, etwa das Theater und das Jadrolinija-Gebäude in **Rijeka** oder die verspielten Villenbauten in **Opatija,** die teilweise in den Jugendstil fallen. Der Bahnanschluss brachte auch den dalmatinischen Städten Split und Zadar neuen Aufschwung und damit klassizistische Neubauten. Im Hinterland entstanden unzählige österreichische **Festungs-** (z.B. Varaždin, Karlovac in Nordkroatien) und **Repräsentationsbauten** (z.B. Našice in Slawonien), die man auf den diversen Transitrouten besuchen kann.

Gegenwartskunst

Es ist nur natürlich, dass diese Vielfalt an kulturellen Einflüssen nicht nur ihre Spuren hinterließ, sondern auch Kunst

702is bk

und Kultur der Gegenwart nachhaltig beeinflusst. Im Straßenbild der Städte wird man auf viele kleine **Ateliers und Kunstwerkstätten** wie z.B. Filigranjuweliere, aber auch Straßenmaler und -musikanten treffen, die den klassischen Vorbildern nacheifern bzw. unter deren Einfluss hervorragende Eigenkreationen hervorbringen. Bekannte Vertreter der gegenwärtigen Kulturszene sind der faszinierende **Maler I. Antolčić** (Lošinj), der beliebte klassizistisch geprägte **Bildhauer I. Meštrović** (Split) und der **Regisseur P. Prpović** mit seinem ungebrochen aktuellen Kinofilm „Tito i Ja" („Tito und ich"), welcher die Erinnerungen eines kleinen Jungen an die Ära *Titos,* der in Kroatien geadezu heroisch verehrt wird, filmisch aufarbeitet. Insgesamt sechs Auszeichnungen (u.a. Berlinale 2000) erhielt der Film **„Marschall Titos Geist"** („Maršal") von *Vinko Brešan,* in dem sich ein Hotelbesitzer auf einer Insel das Erscheinen des Geistes *Titos* zunutze machen möchte.

Der venezianische Glockenturm an der Uferpromenade in Rovinj

Musik

Auch in der **modernen Musik** sind einige kroatische Künstler zumindest auf nationaler Ebene erfolgreich. Erfolgreich ist die Rock-Punkband *Hladno Pivo* (Kaltes Bier) um den charismatischen Leadsänger *Mile* mit 60.000 verkauften Alben und ihrem Hit „Nije sve tako sivo" („Es ist nicht alles grau"). Andere populäre kroatische Rockbands sind *Prljavo Kazalište* (Dreckiges Theater) aus Zagreb oder die Surf-Rock-Band *Bambi Molesters* um die Gitarristen *Dinko Tomljanović* und *Dalibor Pavcić*. Als Hip Hop-Bands sind *TBF* und *Elemental* ein Begriff, der prominenteste Rapper ist der Bosnokroate *Edo Maajka*. Außerdem sind für Metal noch *Djubrivo* und die rockige Band *Let 3* erwähnenswert.

Sehr bekannt ist **Marko Perković** (Kampfname „Thompson") mit Band. Der Neofaschist gilt aufgrund seiner Leidenschaft für das kroatische Ustaša-Regime und seiner Haltung im Bürgerkrieg – er betrachtet den bosnischen Kanton Neretva um Mostar als national-kroatisch – als höchst umstrittene Persönlichkeit im eigenen Lande. Augenfällig ist allerdings der Zulauf *Perkovićs*, der in Split vor 40.000 und auch schon in Frankfurt/M. vor 13.000 Zuhörern auftrat. *Perković* ist Miteigentümer des „Narodni Radio" (etwa: Völkischer Sender) und verwendet Teile seiner Einkünfte zur Verteidigung mutmaßlicher kroatischer Kriegsverbrecher in Den Haag.

Im deutschsprachigen Raum könnte zumindest bei Insidern der Name **Sandra Nasić** vertraut klingen. Die Deutsch-Kroatin (geboren in Göttingen) war von 1994 bis 2005 Sängerin der deutschen Rock-Band **Guano Apes.** 2001 erhielt *Nasić* die „Eins-Live-Krone" als beste Sängerin. Seit 2009 feierte die Band mit Auftritten auf Festivals wie „Rock am Ring" ein Comeback und brachte 2017 ihr sechstes Studioalbum heraus.

Besonders im Süden Kroatiens kennt man die Popsängerin **Danijela Martinović,** deren Album „I po svijetlu i po mraku" (Im Hellen wie im Dunklen) zu den meistverkauften des Landes gehört. Das umtriebige Multitalent *Martinović* spielt außerdem eine Hauptrolle in der TV-Soap „Cimer fraj" (TV Nova), brachte ein Parfüm, ein Kinderbuch und eine eigene Modekollektion heraus. Noch eine kleine pikante Note: *Martinović* war heimlich mit *M. Perković* (s.o.) verheiratet, ließ sich aber 2006 scheiden. Vor und nach (und vermutlich auch während) dieser Ehe lebte sie mit dem Sänger *P. Grašo* zusammen.

Sehr bekannt ist auch **Oliver Dragojević** (geboren 1946, Absolvent der Musikschule Split), der nicht weniger als 53 Alben herausgebracht hat und u.a. 21 Mal (!) mit dem wichtigsten, alljährlich vergebenen kroatischen Musikpreis „Porin" ausgezeichnet wurde.

Die **Volksmusik Istriens und der Region Kvarner** kann man vor allem im Sommer bei Dorffesten und größeren (touristischen) Veranstaltungen, manchmal auch in großen Hotelanlagen bewundern. Folkloregruppen heißen hier *Klappa* (Band, Kapelle), gerade in Istrien begleitet von der fast ausschließlich hier bekannten *Sopila* (Holzblasinstrument ähnlich einer Schalmei).

262is08 wl

13 Anhang

Labin im Osten der Halbinsel

Literaturtipps

■ *Dubravka Ugrešić:* **Kultur der Lüge,** Suhrkamp Verlag, 1995. Auseinandersetzung mit dem jugoslawischen bzw. kroatischen Nationalstaat.

■ *Elsässer, Jürgen:* **Kriegslügen,** Kai Homilius Verlag, 2004. Erläutert die unselige Geschichte des Balkankonfliktes bis zum Milošević-Prozess.

■ *Held, Kurt* (eigtl. *Kurt Kläber*): **Die rote Zora und ihre Bande,** Fischer, 2015. Berühmter Jugoslawien-Kinderroman nach den Erlebnissen des Schweizer Autors. 1941 erstmals, inzwischen in zahlreichen Ausgaben veröffentlicht und 2008 (mit *Mario Adorf* und *Ben Becker*) verfilmt.

■ *Hösch, Edgar:* **Geschichte der Balkanländer,** C. H. Beck Verlag, 2002. Grundlagenwerk zur Geschichte des ehemaligen Jugoslawien und seiner Nachfolgestaaten.

■ *Jovanović, Dragoslav:* **Kroatisch – Wort für Wort,** Kauderwelsch Band 98, Reise Know-How Verlag, Bielefeld. Kroatisch für den einfachen Einstieg und die schnelle Verständigung im Reisealltag. Der „AusspracheTrainer Kroatisch" (Audio-CD, ca. 60 Min. Laufzeit) enthält die wichtigsten Sätze und Redewendungen des Kauderwelsch-Bandes zum Hören und Nachsprechen.

■ *Koenig, Marcus:* **Der Coreolanus Betrug.** Zürich, 2010. Thriller über ein vor der kroatischen Küste gesunkenes Schiff und die abenteuerliche Aufdeckung eines dunklen Geheimnisses aus der Zeit des Zweiten Weltkrieges.

■ *Lipps, Volker:* **Kroatien – Buchten, Ankerplätze, Häfen, Landgänge.** DSV-Verlag, 2010. Der – nicht mit dem Autor verwandte – Verfasser beschreibt die Grunddaten (Bojenfelder, Luftaufnahmen usw.) für alle Segelsportler.

■ *Nikolić, Ranka:* **Mord mit Meerblick.** Blanvalet-Verlag, 2017. „Mord mit Meerblick" ist das Erstlingswerk der Autorin *Ranka Nikolić,* die als Kind mit ihren Eltern von Kroatien nach Deutschland kam. 2018 folgte „Mord im Olivenhain", 2019 schließlich mit „Mord im Felsenmeer" der bislang dritte Roman um die Kriminalpolizistin *Sandra Horvat,* die in und um Rijeka in kniffligen Mordfällen ermittelt.

■ *Pavlovic, Mirko:* **Lesereise Kroatien.** Picus-Verlag, 2009. Kurzweilige Geschichten und Anekdoten, Reportagen und Porträts der eher unbekannten Seiten aus einem aufstrebenden Land jenseits von Winnetou, Balkangrill und FKK.

■ *Pleterski, Friederun:* **Typisch Kroatien,** Styria Verlag, 2014. Kombinierte Foto- und Beschreibungsreportage zu interessanten, kuriosen und auch seltener in anderen Publikationen erwähnten Orten und Gebräuchen.

■ *Wagner, Christoph:* **Das Apfelhaus.** Haymon, 2011. Abenteuer des kauzigen Archäologen und Amateurdetektivs *Carozzi* in Istrien. In acht Erzählungen erfährt der Leser Geschichte und Anekdoten aus den Karstlandschaften Nordkroatiens, unter anderem was es mit *Maria Theresias* Zankapfel auf sich hat oder wie ein römisches Karstpferd tickt.

■ *West, Rebecca:* **Schwarzes Lamm und grauer Falke,** Berlin, 2002. Geschichtlicher und kultureller Hintergrund des Balkan basierend auf einer Reise einer Engländerin in den 1930er Jahren.

Glossar

Abecedarium: Alphabet (lateinisch, kyrillisch oder griechisch), welches vom Bischof bei der Kirchweihe in den Boden graviert wird.

Antolčić, Ivan (*15.5.1928 in Komarevo, Sisak): In Zagreb ausgebildeter Bildhauer, von 1954–1991 Bühnendekorateur und Skulpteur des Nationaltheaters in Zagreb, gleichzeitig gefragter Poster-Zeichner (Ballett Zagreb) und Maskenbildner. Seit 1963 stellt er selbst aus und arbeitet bevorzugt für Kinderzeitungen („Radost“, „Modra“), gestaltet Folianten, Medaillen, Plaketten u.Ä. *Antolčić* gilt als Aushängeschild der kroatischen Allround-Kunst des 20. Jh.

Aquilea (ital. Aquileia): Ab 181 v. Chr. als römische Kolonie erwähnt, wurde als zweite italienische Stadt christianisiert und war eine der größten Städte Italiens überhaupt. Ab Mitte des 6. Jh. war es Patriarchat („Patriarch“ ursprünglich: Vorsteher des Sanhedrin, des höchsten jüdischen Gerichtes, dann ähnlich einem Erzbischof). Ab 1421 gehörte das Patriarchat Aquilea zu Venedig, verlor 1445 seine weltliche Macht und wurde schließlich von Papst *Benedikt XIV.* aufgelöst. Heute Ruinenstadt in Nordost-Italien (Grado). Mit dem Zusammenbruch Westroms (476) fielen zahlreiche Städte Nordkroatiens, insbesondere Istriens, an das Patriarchat Aquilea.

Archidiaconus: geistlicher Titel (Erzdiakon), ursprünglich erster Diakon und Vertreter des Bischofs, oft in Personalunion Dompropst, beteiligt an Vermögensverwaltung und Kirchenrechtsprechung.

Ban: Vizekönig, Statthalter.

Byzanz: Hauptstadt des byzantinischen Weltreichs (später Konstantinopel, heute Istanbul), gleichzeitig Bezeichnung für das oströmische Reich nach der Abspaltung von Westrom (Reichsteilung 395 n. Chr.). Während Westrom schon 476 n. Chr. von den germanischen Goten zerschlagen wurde (Odoaker), blieb Byzanz (Ostrom) bis zur Eroberung durch die Türken 1453 ein wichtiger Machtfaktor und Bollwerk gegen den Islam im östlichen Mittelmeerraum. Obgleich die kroatische Adria im Allgemeinen und Istrien im Besonderen eher dem weströmischen Einfluss zuzurechnen sind, war Ostrom nicht unbedeutend, was an der nur allmählichen Trennung von Kirche und Staat lag: Kirchlich unterstanden viele Städte weiterhin dem Patriarchen von Konstantinopel, während sie politisch an die Nachfolger Westroms fielen (etwa Venedig) und so erst später unter römisch-katholischen Einfluss gerieten.

Campanile: Glockenturm, der neben der Kirche steht und nicht in das Kirchengebäude integriert ist, sehr häufig in Italien und in vielen Kirchen Kroatiens, die während der venezianischen Phase errichtet worden sind.

Dalmatinac, Juraj (1410–1473): Dalmatischer Innenarchitekt und Künstler aus Zadar in der Übergangsphase von der Spätgotik zur Renaissance. Seine Werke sind von außerordentlicher Bedeutung für Kroatien und sogar Italien, wo *Dalmatinac* in Ancona und Venedig (Kaufmannsloge) tätig war. Die Gesamtanlage der Stadt Pag, Wohnhäuser und Befestigungsmauern von Dubrovnik sowie die Kathedrale von Šibenik gehören zu seinen bedeutendsten Werken.

■ **Exarchat:** Verwaltungsrat und Statthalter von Byzanz.

■ **Frankopanen:** Kroatisches Fürstengeschlecht in Hoch- und Spätmittelalter sowie der frühen Neuzeit, welches insbesondere die Kvarner Bucht südlich von Rijeka kontrollierte und mit Wehrschlössern befestigte. Architektonische Musterbeispiele findet man in der Kvarner Bucht von Bakar bis Novi Vinodolski sowie auf den Inseln.

■ **Garibaldi:** Nach der Kapitulation des faschistischen Italien (1943) schlossen sich etliche der bis dahin für die Achsenmächte auf dem Balkan kämpfenden Italiener den Partisanen *Titos* im Kampf gegen die Deutschen an. Diese italienischen Einheiten wurden als „Division Garibaldi" bekannt und erlangten einiges Ansehen in den befreiten jugoslawischen Landesteilen. Ihnen zu Ehren findet man in einigen Städten Istriens eine „Ulica Garibaldi" (Garibaldi-Straße).

■ **Gespanschaft:** Die Republik Kroatien ist administrativ in 20 Gespanschaften gegliedert, die etwa einem Bundesland bzw. Kanton entsprechen (die Stadt Zagreb bildet zusätzlich eine eigene Verwaltungseinheit). Der Begriff stammt aus der k.u.k. Zeit und wurde 1918 übernommen (Königreich der Serben und Kroaten), nach dem Zweiten Weltkrieg abgeschafft und 1992 reaktiviert.

■ **Glagolitisch:** altslawische Schrift, die im 9. Jahrhundert entwickelt wurde, um Bibeltexte aus dem Lateinischen ins Altslawische zu übersetzen.

■ **Grabar-Kitarović, Kolinda:** Die 1968 geborene aktuelle Präsidentin ist erfahrene Außenpolitikerin (u.a. Nordamerika, stellvertretende NATO-Generalsekretärin), und wurde bei der Präsidentschaftswahl 2014 und 2015 im zweiten Wahlgang überraschend zum Staatsoberhaupt gewählt.

■ **Gregor von Nin (Grgur Ninski):** Hochmittelalterlicher Bischof (10. Jahrhundert) der Stadt Nin sowie Zeitgenosse und Berater, später Kanzler des kroatischen Königs *Tomislav. Gregor* trat für die Erhaltung der slawischen Sprache (statt Latein) in den Gottesdiensten ein, wandte sich stets gegen den dominanten Klerus von Split und wird als erster kroatischer Freiheitskämpfer verehrt.

■ **Histrer & Liburner:** Im Nordwesten des heutigen Kroatien, insbesondere in Istrien verbreitete regionale ethnische Gruppe der Illyrer des Altertums. Der Name der Halbinsel „Istrien" (lat. Histria) wird oft auf die dort einst ansässigen „Histrer" zurückgeführt.

■ **IDS:** Die Istrische Demokratische Versammlung IDS *(Istarska Demokratična Stranka)* versteht sich zum einen als Widerpart der Zentralregierung in Zagreb und zum anderen als Vorreiter einer istrischen Unabhängigkeitsbewegung, ohne allerdings (momentan zumindest) einen formellen Austritt aus dem kroatischen Staatsverband zu fordern. Durch die besondere Wirtschaftskraft Istriens (Tourismus!) scheint eine Art Nord-Südkonflikt auf Dauer unvermeidlich, ohne dass die geistig-kritische Bewegung der IDS zu Gewaltmaßnahmen greifen würde (die baskische ETA wird hier oft als Negativbeispiel zitiert). Auch zu Zeiten *Tudjmans* wirkte die IDS von ihrem Zentrum Pula aus als Speerspitze gegen den monokratischen Machtapparat des Staatsgründers.

■ **Ikonostase:** dreiteilige, mit Ikonen versehene Trennwand zwischen Altar und Kirchenhauptschiff in serbisch- und griechisch-orthodoxen Kirchenhäusern.

■ **Illyrer:** Bedeutende indoeuropäische, staatlich organisierte Volksgruppe des Altertums, die im Nordwesten des Balkans und entlang der Adria beheimatet war; einzelne Stämme sind auch in Italien und sogar Griechenland nachgewiesen. Nach der Zeitenwende wurden die Illyrer schnell romanisiert; ab Mitte des 3. Jahrhunderts gingen zahlreiche römische Imperatoren („Zeit der illyrischen Kaiser", *Diokletian)* aus ihren Reihen hervor. Auf der Halbinsel Pelješac bei Dubrovnik wurde im Jahr 2000 in einer Höhle eine 8000 Jahre alte, unberührte Tempelstätte gefunden, deren Auswertung noch andauert. Die Annahme, dass ihre Herkunft in Mitteldeutschland (Lausitzer Kultur) liegt, blieb bislang ohne zwingende Beweise.

■ **Karamarko, Tomislav:** aktueller Spitzenpolitiker (*1959) der seit 2016 wieder mitregierenden HDZ. Zuvor Innenminister und Direktor der kroatischen militärischen Sicherheit (POA) und des nationalen Geheimdienstes (SOA).

■ **Klappa:** kroatische Kapelle für folkloristische Musik mit oder ohne Tanz und Gesang.

■ **Lapidarium:** Für kleine Museen und Ausstellungen wird oft der Begriff Lapidarium verwendet. Es handelt sich dabei um Sammlungen steinerner Relikte (lat. *lapidarius* = steinern) wie Fußböden, Wandplatten oder andere Fragmente bzw. Bauteile (etwa Säulen).

■ **Meštrović, Ivan** (*1883 in Otavice/Šibenik, †1962): Bildhauer und Urheber zahlreicher Büsten und Denkmäler in den Küstenorten Kroatiens. Er emigrierte wegen der italienischen Besatzung in die USA und gilt heute als bedeutendster kroatischer Vertreter des modernen Expressionismus und Neoklassizismus. Sein einstiges Atelier liegt in der Zagreber Altstadt (Gradec) in der Mletačka-Straße nahe des Markusplatzes.

■ **Milanović, Zoran** (*1966) ist ehemaliger Premierminister (2011–2015) und leitet die stärkste Oppositionspartei, die sozialdemokratische *Socijaldemokratska Partija Hrvatske* (SDP).

■ **Militärgrenze:** In der Zeit vom 16. bis 19. Jh. ein militärisch organisierter und mit zahlreichen Festungsbauten bestückter Landstrich an der türkischen Grenze Österreich-Ungarns (wurde 1849–66 ein eigenes österreichisches Kronland). 1881 wurde die kroatisch-slawonische Militärgrenze mit Kroatien-Slawonien vereinigt. Die Grenzer waren örtliche Bauernsoldaten, die Wehrdienst in Grenzregimentern leisteten und dafür zu meist keine Abgaben zu entrichten hatten.

■ **Orešković, Tihomir:** zwar 1966 in Zagreb geboren, wuchs *Orešković* aufgrund der Emigration der Eltern ausschließlich in Kanada auf. 2008 stieß er zum (heute israelischen) Chemiekonzern *Pliva,* 2014 zu *Teva*/Amsterdam. Zu den Wahlen 2015 ließ er sich für die neu gegründete lose Interessensverbundspartei MOST aufstellen und errang sensationelle 19 Sitze. Da sich die großen Parteien nicht einigen konnten, wurde *Orešković* 2016 mit der Regierungsbildung beauftragt.

■ **Polyptychon:** Meist holzgeschnitzte, baldachinähnliche Kirchenaltäre oder Seitenschreine mit einer Vielzahl von Bildnissen christlicher Heiliger. Das äußere Erscheinungsbild eines Polyptychon ist dem einer Ikonostase nicht unähnlich, man geht daher von einem byzantinischen Ursprung aus. Der für Kroatien bedeutendste Künstler ist *Antonio Vivarini.*

- **Portikus:** Von Säulen getragenes Vordach einer Kirche, Kathedrale oder Basilika, das häufig bei Sakralbauten byzantinischen Ursprungs zu sehen ist.
- **Sanmichele, Michele:** Venezianischer Architekt, der Mitte des 16. Jahrhunderts im Auftrag der Dogenrepublik zahlreiche weltliche und geistliche Baudenkmäler in Nord- und Zentraldalmatien schuf (Zadar).
- **Strossmayer:** Fast jeder größere Ort Kroatiens hat eine Hauptstraße mit dem Namen „Ulica Strossmayera". Dahinter verbirgt sich *Josip Juraj Strossmayer* (1815–1905), Bischof von Đakovo und Beichtvater Kaiser *Franz Josephs.* Er war ein Vordenker des Panslawismus (Streben nach Einheit aller Slawen von Russland bis Kroatien). Da aber hierzu die slawisch-orthodoxe und die römisch-katholische Kirche vereinigt werden mussten, war er ein Gegner aller die Kirchen trennenden Dogmen, v.a. der katholischen Theorie der unbefleckten Empfängnis, womit er in scharfer Opposition zum Papst stand (Erstes Vaticanum 1870).
- **Uskoken:** Mittelalterliche Seeräuberbande, die sich gegen die türkische und die venezianische Fremdbestimmung auflehnte und entlang der norddalmatischen Küste mit Zentrum in Senj ihr Unwesen trieb.

Kleine Sprachhilfe Kroatisch

Aussprache

Bei der Aussprache des Kroatischen gibt es folgende Besonderheiten:

- **c** wie ts
- **č** wie tsch
- **ć** wie tj
- **s** wie ss
- **š** wie sch
- **ž** wie sh in „Gelee"
- **z** wie s in „Suppe"
- **e** wie ä
- **dj** wie j in „James"
- **h** wie ch in „ach"
- **v** wie w
- **r** wie är (Krk = Kärk, Hrvata = Härvata)

Kleiner Reisewortschatz

Allgemeines

Ja	Da
Nein, nicht	ne
Bitte sehr	Molim
Danke (sehr)	Hvala ljepo
Guten Tag	Dobar dan
Auf Wiedersehen	Doviđenja
Entschuldigung …	Molim vas …
Was?	Što?
Wer?	Tko?
Wohin, wo lang?	Kuda, kamo?
Ich, du, er/sie	Ja, ti, on/ona
Wir, ihr	Mi, vi, oni

Geld und Einkaufen

Gaststätte	konoba
Zahlen bitte!	Platiti molim!
Ich zahle mit Kuna/Euro	Placam u kunama/ euro
Kreditkarte	Kreditna kartica
Geldautomat	Bankomat
Laden	Prodavnica
Kaufhaus	Robna kuća
Markt	Tržnica
Wieviel kostet das?	Pošto je to?
Wo kann man ... kaufen?	Gdje se može kupiti …?
Ich suche …	Tražim …
Gibt es …/ es gibt …	Ima li … /ima …

Unterwegs

Abfahrt von	polazak iz
Abfahrt nach	polazak za
Fahrkarte	Bilet
Bahnhof	Kolodvor
Busbahnhof	Autobusni kolodvor
Haltestelle	Stanica
Wann fährt der Zug?	Kada polazi vlak?
Fähre	Trajekt
Wo (ist)	Gdje (je)
Wie kommt man nach …?	Kako se die u …?
Können Sie das aufschreiben?	Možete to napisati?
rechts	desno
links	ljevo
Im Zentrum	U centru
Straße	Ulica
Platz	Trg
Autobahn	Autoput
Landstraße	Cesta
Panne, Unfall	Kvar, sudar
Werkstatt	Radionica
Parkplatz	Parkiralište
Tankstelle	Benzinska pumpa, crpka
Fahrrad	Bicikl
Handyempfang	Prijem mobitelu

Zeit

Montag	Ponedjeljak
Dienstag	Utorak
Mittwoch	Srijeda
Donnerstag	Četvrtak
Freitag	Petak
Samstag	Subota
Sonn- und Feiertag	Sedelja i blagdan
täglich	svaki dan
werktags	radni dan
Wie spät ist es?	Koliko je sati?
5 vor X	pet do X
5 nach X	X i pet

Zahlen

0	nula	18	osamnaest
1	jedan	19	devetnaest
2	dva	20	dvadeset
3	tri	21	dvadeset jedan
4	četiri	22	dvadeset dva
5	pet	30	trideset
6	šest	40	četrdeset
7	sedam	50	petdeset
8	osam	60	šesdeset
9	devet	70	sedamdeset
10	deset	80	osamdeset
11	jedanaest	90	devedeset
12	dvanaest	100	sto
13	trinaest	200	dvjesto
14	četrnaest	300	ctristo
15	petnaest	400	četrsto
16	šesnaest	500	petsto
17	sedamnaest	1000	tisuća

(Grundbegriffe zur **Gastronomie** siehe „Essen und Trinken“ im Kapitel „Praktische Reisetipps A–Z“)

Register

A

B

U

V

W

Y, Z

Der Autor

Nach abgeschlossenem Studium (Slawistik, Sinologie und Geschichte) arbeitete *Werner Lips* u.a. als Offizier im Balkaneinsatz, Manager bei Markenunternehmen und Betriebsleiter in der Baunebenbranche. Heute unterrichtet er an Schulen und der TH in Unterfranken die Fächer Chinesisch, Russisch, Geschichte und Sport. Nebenbei beriet der gefragte Osteuropa- und Asien-Experte wiederholt Fernsehen *(WDR, VOX)* und Behörden, darüber hinaus engagiert sich der lizensierte Handball-Trainer ehrenamtlich im Vereinssport.

Als Taucher, Motorradfahrer und Trekker ist er seit geraumer Zeit intensiv über und unter Wasser in Südeuropa und Südchina unterwegs auf der Suche nach interessanten Reisezielen. Dabei fiel ihm häufig echte Pionierarbeit zu, etwa als erster Reisejournalist überhaupt auf den taiwanesischen Militärinseln KinMen und MaTsu, mit dem ersten Reiseführer zu ausschließlich Nordzypern oder einem der ersten deutschsprachigen Reisebücher zu Montenegro.

Kroatien fasziniert ihn landschaftlich, kulturell und in geschichtlicher Hinsicht, nicht zuletzt wegen der zahlreichen historischen Stätten, aber auch wegen der politischen Besonderheiten auf dem Balkan. Von ihm sind zu Kroatien auch die Reiseführer „Kroatien – Küste und Inseln“ sowie der Gesamtband „Kroatien“ (einschließlich Hinterland und Zagreb) erschienen.

501al wl

Danksagung

Ein herzliches Dankeschön geht an dieser Stelle an alle **Leser,** die sich die Mühe machten Änderungen und Neuerungen zu berichten, oder die ein oder andere eigene Anekdote beizutragen. Für die vorliegende Auflage waren die Zuschriften folgender Leser-/innen besonders hilfreich: *S. Schneider, S. Bergmann, Dr. Schaffhauser, M. Winkler, M. Dalbosco, H. Hapke, D. Schulze, F. & B. Bucher, E. K. Steinemann, B. Weusthof* und *K. Grewe.*